MITTE DER ERDE

Andreas Suchantke / Hans-Ulrich Schmutz
Wolfgang Schad / Wolfgang Fackler

MITTE DER ERDE

Israel im Brennpunkt
natur- und kulturgeschichtlicher Entwicklungen

Herausgegeben von Andreas Suchantke

Verlag Freies Geistesleben

CIP-Titelaufnahme der Deutschen Bibliothek

Mitte der Erde: Israel im Brennpunkt natur- u. kulturgeschichtl. Entwicklungen / Andreas Suchantke . . . Hrsg. von Andreas Suchantke. – Stuttgart: Verl. Freies Geistesleben, 1988.

ISBN 3-7725-0916-9

NE: Suchantke, Andreas [Mitverf.]

Schutzumschlag: Felswüste bei Timna, Aufnahme: A. Suchantke
Einbandprägung: Byzantinisches Motiv aus Teqoa
Frontispiz: Blick in südlicher Richtung über die Mäander des Jordan, auf halbem Wege zwischen See Genezareth und Totem Meer. Zeichnung: A. Suchantke

Satz und Druck: Greiserdruck, Rastatt
Reproduktionen: Willy Berger, Stuttgart
Buchbinderische Verarbeitung: Riethmüller, Stuttgart

Inhalt

Als Noah den Tod nahen fühlt, befiehlt er seinem erstgeborenen Sohne Sem, gemeinsam mit Melchisedek den Leichnam Adams zu holen, den sie auf der Arche mitgeführt hatten:

«Der Engel des Herrn geht dann vor euch her
Und zeigt euch den Ort, den ihr gehen sollt,
Ebenso den Ort, wo Adams Leichnam
Niedergesetzt werden soll,
Nämlich den Mittelpunkt der Erde.
Dort hängen vier Enden miteinander zusammen;
Denn als Gott die Erde schuf,
Lief vor ihm seine Kraft her,
Und die Erde lief ihr von vier Seiten aus,
Gleich Winden und Säuseln, nach;
Dort aber blieb seine Kraft stehen und kam zur Ruhe.
Dort wird die Erlösung Adams
Und all seiner Kinder vollbracht werden.»

(Aus der «Schatzhöhle», einer im 4. Jahrhundert n. Chr. aufgezeichneten Sammlung althebräischer Sagen und Legenden, neu herausgegeben von M. J. bin Gorion.)

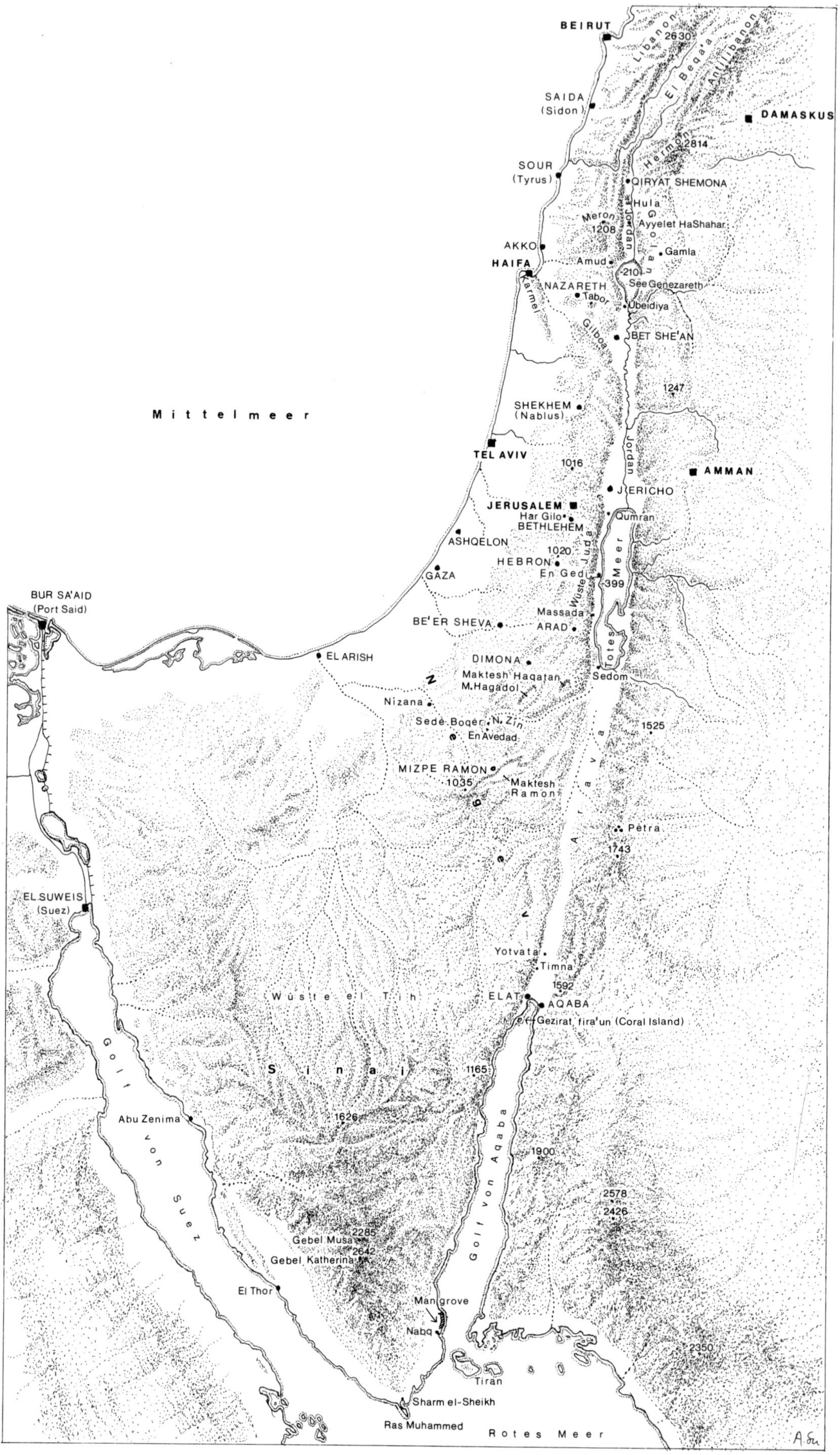
BEIRUT
Libanon
2630
El Beqa'a
Antilibanon
SAIDA
(Sidon)
DAMASKUS
Hermon
2814
SOUR
(Tyrus)
QIRYAT SHEMONA
Hula
Meron
1208
Jordan
Golan
Ayyelet HaShahar
AKKO
Gamla
Amud
HAIFA
-210
Karmel
NAZARETH
See Genezareth
Tabor
Ubeidiya
Gilboa
BET SHE'AN
1247
Mittelmeer
SHEKHEM
(Nablus)
TEL AVIV
Jordan
1016
AMMAN
JERICHO
JERUSALEM
Har Gilo
Qumran
BETHLEHEM
ASHQELON
Wüste Juda
1020
Totes Meer
HEBRON
En Gedi
GAZA
-399
BUR SA'AID
(Port Said)
Massada
BE'ER SHEVA
ARAD
EL ARISH
DIMONA
Maktesh Haqatan
M.Hagadol
Sedom
Nizana
Sede Boqer
N. Zin
En Avedad
1525
MIZPE RAMON
1035
Maktesh Ramon
Arava
Negev
Petra
1743
EL SUWEIS
(Suez)
Yotvata
Timna
1592
Wüste el Tih
ELAT
AQABA
Gezirat fira'un (Coral Island)
Golf von Suez
Sinai
1165
Abu Zenima
1626
Golf von Aqaba
1900
2578
2426
2285
Gebel Musa
2642
Gebel Katherina
El Thor
Man grove
Nabq
2350
Tiran
Sharm el-Sheikh
Ras Muhammed
Rotes Meer
A.Su

Vorwort

Innere und äußere Anstöße führten dazu, dieses Buch in Angriff zu nehmen. Die inneren Anregungen waren Gedanken und Ideen, die sich aus dem Erlebnis der unerhörten Landschaftsvielfalt Israels und seiner überaus reichen Natur ergaben. Dieser Reichtum und eine dramatische Gegensätzlichkeit auf engstem Raum, wie sie weder in Europa – das ja keineswegs arm ist an landschaftlicher Vielfalt – noch in irgend einem anderen Kontinent in solcher Durchdringung erlebt werden können, stellten Fragen über Fragen. In ihrem Verfolg zeigte sich, daß dieses Gebiet Vorderasiens tatsächlich eine Sonderstellung einnimmt und eine Mittelpunktslage behauptet, die in ihrer Art einmalig ist. Das mag befremdlich klingen für eine Region, die so sehr Durchgangs-, Grenz- und Übergangszone ist, daß ihr bei oberflächlicher Betrachtung ein eigenständiger Charakter ganz zu fehlen scheint, und die sich, so möchte man meinen, eher als ein Tummelplatz europäischer, asiatischer und afrikanischer Einflüsse darstellt. Aber sind nicht gerade die Übergangsgebiete besonders ereignisreiche Zonen, die mitunter geradezu die Bedeutung von Seismographen annehmen und mit besonders sensiblen Ausschlägen registrieren, was von weitentfernten Zentren ausgeht – vor allem dann, wenn, wie in Israel, Einflüsse aus den gegensätzlichsten Richtungen aufeinanderprallen, sich durchdringen und in Auseinandersetzungen eintreten? Dann ist ein solches «Grenzland» nicht mehr Peripherie, sondern rückt in die Mitte und wird zum Brennpunkt, an dem sich alles vereinigt. Kein Wunder, daß dann umgekehrt Ereignisse von menschheitlicher Bedeutung diesen Punkt als Geburtsort wählen und von hier aus nach allen Richtungen über die ganze Erde hin ausstrahlen.

Diese Feststellung gilt aber nun nicht nur für die historisch erfaßbaren Bereiche der Kulturentwicklung, sondern trifft gleichermaßen auch für die weit zurückliegenden Früh- und Anfangsphasen der Menschwerdung zu. Faszinierend, ja aufregend ist nun, daß dieser Tatbestand auch für die Entwicklungsabläufe der Natur- und der Erdgeschichte Gültigkeit besitzt. Es gibt keinen zweiten Ort der Erde, an dem in auch nur annähernd ähnlicher Weise die entscheidenden Prozesse der Tier- und Pflanzen-Ausbreitung oder der geologischen Prozesse aufeinandertreffen und sich durchdringen. Soweit uns bekannt, dürfte Emil Bock der erste gewesen sein, der auf diesen durchgehenden Zusammenhang hingewiesen hat – er war der Überzeugung, «Palästina müsse ein Brennpunkt der großen erdgeschichtlichen Werdeprozesse gewesen

Abb. 1: Karte des Vorderen Orients und der Sinai-Halbinsel. Um die Anschaulichkeit der Bodenstrukturen nicht zu beeinträchtigen, wurden die politischen Grenzen weggelassen.

sein». Und «nicht durch Zufall haben die Ereignisse des Alten und des Neuen Testamentes gerade diesen Schauplatz gehabt. Sie haben sich dort zugetragen, weil unser Erdenplanet dort wie nirgends sonst im Erdenbild die Urbilder-Welt anschaubar abbildet» (Bock 1986).

Daß ein und dasselbe Motiv alle Bereiche durchzieht, daß derselbe Duktus, der sich auf der kulturgeschichtlichen Ebene findet, auch in den Abläufen der belebten Natur und der mineralischen Welt und ihren Bildeprozessen findet, ist ein gewiß ungewöhnlicher Gedanke, der schlecht in das heutige Weltbild paßt, das in allen Naturabläufen nur zufallsbedingte, beliebige Ereignisse gelten lassen will. Aber dieser Gedanke ergab sich ganz von selbst beim tieferen Eindringen in die Fülle der Erscheinungen, die sich dem beobachtenden und vergleichenden Blick in dieser Region darbieten – er war nicht eine Hypothese, die am Anfang stand und um deren Überprüfung es ging, sondern ergab sich unerwartet und verstärkte sich im Verlauf der Untersuchungen immer mehr.

Zwei Gesichtspunkte sind es mithin: einmal die Brennpunkt-Situation, die diesem Raum gleichermaßen in natur- wie in kulturgeschichtlicher Hinsicht zukommt und die sich an keinem anderen Ort der Erde auch nur annähernd vergleichbar wiederfindet: Mitte der Erde. Die «Schatzhöhle» ist da sehr exakt! Sie legt nahe, daß es ein altes Wissen von diesem Sachverhalt gegeben haben dürfte, das verloren gegangen ist. Zum anderen ist es die Durchgängigkeit, die Parallelität, oder wie man es nennen will, der Ereignisse im Natur- ebenso wie im Kulturbereich. Dieser Tatbestand ist geeignet, ganz neuartige, gerade heutzutage außerordentlich bedeutsame Einblicke in die Beziehung von Mensch und Erde, Mensch und Natur zu erlauben. Augenscheinlich gehören beide, Mensch und Erde, auf intime Art zueinander – aber nicht auf eine Weise, daß Ereignisse der Kultur- und Geistesgeschichte durch Gegebenheiten der Natur kausal bedingt wären, sondern so, daß in beidem ein Gleiches, die menschheitlichen wie die erd- und naturgeschichtlichen Entwicklungen Durchziehendes am Werke ist.

Die Gewißheit, daß es so ist, dringt ja heute von einer ganz anderen Seite her in das allgemeine Bewußtsein. In der von uns bewirkten Zerstörung der lebenden Natur werden wir gewahr, daß unser eigenes Schicksal und das der Natur aufs engste verknüpft, ja, daß sie eines sind. Immer stärker erwacht etwas, das man als soziales Gewissen gegenüber der Natur bezeichnen könnte: wir beginnen, unsere Verantwortung gegenüber der Mit-Kreatur sehr real als moralische Verpflichtung zu erleben.

Und gerade damit ist ein weiteres und sehr bewegendes Erlebnis verbunden, das man in Israel immer wieder hat: die Liebe der Menschen zu ihrer Natur, ihrer Tier- und Pflanzenwelt, ihren Landschaften. Wie stark sich diese Verantwortung gegenüber der Natur bereits eingebürgert hat, wurde uns während des «Jahrhundertfrühlings» 1983 demonstriert, als alle Welt hinausfuhr, den farbigen Blütenteppich zu sehen, der über die Wüste Juda gebreitet war. Als wir unser Erstaunen darüber ausdrückten, daß niemand Blumen pflückte, erklärte man uns, daß es sich um ein Ergebnis der Arbeit in den Schulen handle, wo den Kindern nicht nur die Schönheit der heimischen Natur, sondern auch deren Schutz ans Herz gelegt werde: schöne

Blumen soll man bewundern – und stehen lassen. Am Wochenende dann, wenn alles hinauszieht, werden die Eltern von ihren Kindern in diesem Sinne erzogen – wirkungsvoller als es jede Aufklärung durch die Medien erreichen könnte.
Wenn die wilden Pfingstrosen in den Wäldern am Meron-Berg blühen, kommen die Besucher in Bussen aus den Städten, das Blütenwunder zu sehen. Und wenn sich die Blüten von Iris samaria bei Nablus öffnen, wird es sogar im Radio bekannt gegeben – eine unter den Fachleuten nicht unumstrittene Maßnahme, die davon ausgeht, daß der beste Schutz einer großen Kostbarkeit darin liege, von möglichst vielen gekannt zu werden.
Naturschutz, so betrieben, ist nicht nur eine administrative Angelegenheit, wie so oft bei uns, wo der Schutz nicht selten ein bloß papierener bleibt. Nein, hier ist er ein Herzensanliegen der Bürger dieses Landes, und er entspringt aus der Liebe und aus dem Verantwortungsgefühl gegenüber der Natur, die einem anvertraut ist und für die man sich aktiv einsetzt – auf eine Weise und mit einem Erfolg, die den Besucher aus Europa richtig neidisch werden läßt. Hier formierte sich, nicht zuletzt als Folge schwerwiegender Anfangsfehler aus rücksichtslosem «Entwicklungs»-Denken (hemmungsloser Gifteinsatz in der Landwirtschaft, unkontrollierter Abschuß der heimischen Tiere, Zerstörung landschaftlicher Schönheiten, z. B. am Karmelberg durch den monströsen Wolkenkratzer der Universität Haifa) eine echte Volksbewegung, die sich in der mitgliederstarken Israelischen Gesellschaft für Naturschutz zusammenschloß und heute ein politischer Machtfaktor ist. Sie hat in Fragen der Landesplanung entscheidend mitzureden und setzt durch, welches Gebiet geschützt und in seinem ursprünglichen Zustand belassen werden soll – man stelle sich so etwas bei uns vor! Darüber hinaus entfaltet die israelische Naturschutz-Gesellschaft umfangreiche volkspädagogische Aktivitäten: die über das ganze Land verteilten «Field Schools» führen botanische, zoologische, geologische und archäologische Kurse und Wanderungen durch, die von Menschen aller Altersgruppen, vor allem aber von der Jugend besucht werden, aber auch Lehrgänge für das Militär, das für Aufgaben des Natur- und Landschaftsschutzes sensibilisiert und herangebildet werden soll und vielerorts Naturschutzaufgaben zu übernehmen hat (z. B. Überwachung des Verbotes, Gazellen zu jagen). Und in welchem anderen Land wäre es denkbar, daß die Luftwaffe ihre Übungsflüge während der Zeiten des Vogelzuges aus jenen Korridoren heraushält, in denen die großen Segler – die Störche, Adler und anderen Greifvögel – über das Land ziehen (natürlich nicht nur den Vögeln zuliebe; seit Einführung dieser Regelung kommt es zu erheblich weniger Unfällen).
Es ist erstaunlich, wie wenig außerhalb Israels von den Schönheiten und Kostbarkeiten und von den Besonderheiten der Natur dieses Landes bekannt ist. Was weiß man bei uns von Israel? Dieses und jenes zum Nahostkonflikt, ein wenig Religionsgeschichtliches, ein bißchen etwas über die Kibbuzim. Die heiligen Stätten und (für viele Jugendliche) die Kibbuz-Gemeinschaften sind die Ziele des Israel-Tourismus. Daß dieses Land über eine unglaubliche Vielfalt großartigster Landschaften auf kleinstem Raum verfügt, wissen nur wenige, und den Reichtum seiner Natur, seiner Tier- und Pflanzenwelt kennen nur Eingeweihte. So ist es denn ein weiteres Anliegen dieses Buches, besonders in seinem ersten Beitrag, auf diese Schönheiten und

Kostbarkeiten aufmerksam zu machen und sie dem Leser auf einer Wanderung durch die verschiedenen Regionen des Landes und seiner Nachbarschaft nahezubringen.

Kann eine Veröffentlichung über Israel unpolitisch sein? Sie kann es nicht, und die vorausgegangenen Zeilen haben dem Leser bereits gezeigt, daß auch dieses Buch keine Ausnahme darstellt. Indes ist die Nuance doch eine dezidiert andere als gemeinhin üblich, und die Aufmerksamkeit gilt einem ganz bestimmten Bereich: der Art und Weise, wie sich die Bürger dieses Landes für den Schutz ihrer Natur auf der politischen wie der Sachebene einsetzen. Es gibt auch eine staatliche Naturschutzbehörde, aber die entscheidende Kraft geht doch von der «Basis» aus, von der Initiativkraft der vielen einzelnen. Es ist den Verfassern ein Anliegen, auf diesen Tatbestand aufmerksam zu machen, weil er außerhalb Israels kaum bekannt ist – bedauerlicherweise, denn er hat Vorbildcharakter und sollte sehr aufmerksam studiert werden. – Die Politisierung aller Bereiche bringt aber auch Probleme und Schwierigkeiten mit sich. Sie führt dazu, daß gewisse Begriffe nicht verwendet werden können, ohne den Benutzer in Verdacht zu bringen, bestimmte politische Positionen zu beziehen – auch dann, wenn es ihm völlig fern liegt. In unserem Falle gilt das für den Namen Palästina. Die Autoren fühlen sich hier in der Falle einer unlösbaren Situation gefangen, die nicht zuletzt deshalb so prekär ist, weil alles, was von Deutschland aus über Israel gesagt wird, in ganz besonderem Maße auf politischen und menschlichen Takt zu achten hat. Es führt aber kein Weg um die Verwendung dieses Begriffes herum: er ist tatsächlich der einzige, der eine ganz bestimmte *geographische* (biogeographische, geologische) Region adäquat zu benennen vermag. Wenn es etwa um die geologischen oder die vegetationskundlichen Besonderheiten des Jordan-Totmeer-Grabens geht, dann muß die östliche, trans-jordanische Seite natürlicherweise mit einbezogen werden, die Gebiete von Edom, Moav, Ammon und Gilead. Sie gehören zur gleichen Region, für die sich seit altersher als geographisch-kulturgeschichtliche, nicht aber als politische Bezeichnung der Name Palästina eingebürgert hat (obwohl auch er – man kommt aus der Falle nun eimal nicht heraus – eine Wortschöpfung der römischen Okkupanten ist). Als solcher findet er auch im folgenden Verwendung. Die Autoren fühlen sich um so mehr dazu berechtigt, als sie dabei auf ein Vorbild verweisen können: auf das Standardwerk des bedeutenden israelischen Botanikers Michael Zohary, auf dessen *Flora Palaestina*.

Den äußeren Anstoß zu diesem Buch gab – eine Eule, genauer: ein Kauz. Noch genauer: ein sandfarbener, unterseits fast weißer Nachtgeist der Wüste, der Fahlkauz, vor kurzem noch vom Nimbus umgeben, einer der seltensten Vögel der Welt zu sein, in Wirklichkeit wohl eher einer der verstecktesten und an besonders unzugänglichen Orten – in felsigen Wüstenwadis – lebender. Er lag morgens vor unserem Zelt, längst tot, von der trockenen Hitze der Wüste mumifiziert. Er mag da schon lange gelegen haben, wir hatten ihn am Abend vorher nicht bemerkt, da wir den Platz, abseits in der Einöde des Wadi Arava unter afrikanischen Schirmakazien, erst im allerletzten Dämmerlicht gefunden hatten.

Aufnahmen des toten Vogels wurden später nach Jerusalem geschickt, an Yossi

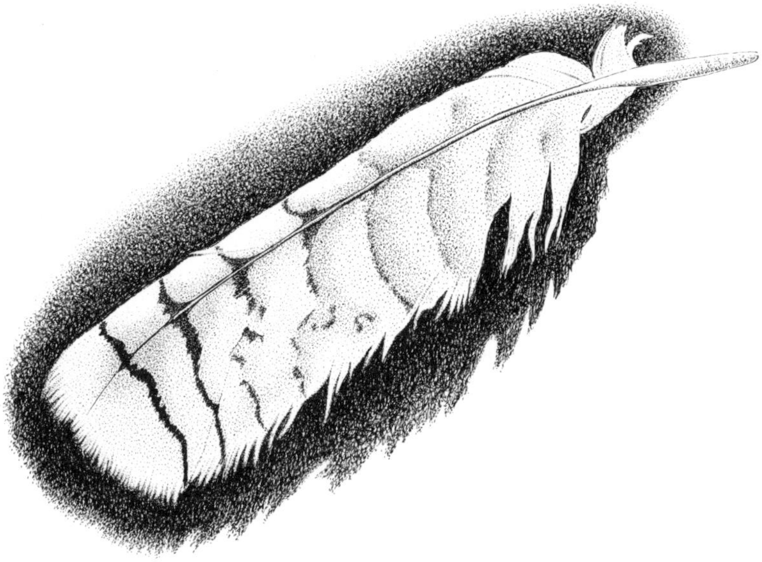

Abb. 2: Schwanzfeder des Fahlkauzes *Strix butleri.*

Leshem, den Leiter der israelischen Greifvogelzentrale, einer von der Universität Tel Aviv und der Israelischen Gesellschaft für Naturschutz gemeinsam betriebenen Institution. Yossi Leshem hatte vor Jahren einen Aufsatz über den Fahlkauz in einer deutschen Fachzeitschrift veröffentlicht, und nun war seine Antwort prompt und herzlich und mit der Zusage verbunden, bei einer zukünftigen Reise alle erdenkliche Hilfe und Unterstützung zu gewähren.

Aus dem Briefwechsel entstand der Plan zu einer zweiten Reise, der in den folgenden Jahren noch weitere folgen sollten. Die Gespräche mit Yossi waren so anregend, die Hinweise so fruchtbar und ergiebig, daß daraus der Plan für dieses Buch entstand – ein Projekt, das von Yossi mit Enthusiasmus unterstützt wurde, durchaus nicht nur mit Worten: wir wurden auf unseren Reisen, wo wir auch hinkamen, in den über das ganze Land verteilten Field Study Centers auf die generöseste Weise gastfrei aufgenommen und erhielten alle Unterstützung, die wir brauchten. Wir nahmen diese Hilfe immer wieder dankbar in Anspruch, obwohl wir es im allgemeinen vorzogen, frei in der Landschaft zu zelten – das beste Mittel, um möglichst viel zu beobachten, vor allem, wenn man nur beschränkte Zeit zur Verfügung hat, die gut genutzt sein will. Es erwies sich als völlig ungefährlich, selbst dann, wenn wir, wie im Karmelgebirge, eine ganze Nacht hindurch von Schakalen umheult wurden oder, im Nahal Zin, Hyänen um die Zelte strichen. Zu Beschwerden hat einzig die Gruppe von Wolfgang Schad Anlaß: eine für derlei Zudringlichkeiten landesweit bekannte Wölfin stahl ihnen nächtens im Makhtesh Ramon einen Teil des Reiseproviants.

Was uns immer wieder aufs Neue beeindruckte, war die selbstverständliche Hilfsbereitschaft aller Menschen, mit denen wir zu tun hatten. In erster Linie ist da natürlich Yossi zu nennen, der gewissermaßen der gute Geist der Unternehmungen war und dessen Schutzbrief («to whom it may concern») auch in kitzligen Augenblicken die Situation rettete, etwa, wenn wir uns, immer auf der Suche nach seltenen Pflanzen oder Tieren, allzu ungeniert und unter Ignorierung aller militärischen Gesichtspunkte in Gegenden herumtrieben, in denen Zivilisten nicht gerne gesehen werden (wie etwa im Niemandsland zwischen israelischen und syrischen Stellungen am Hermon).

Ohne den Rat und die Hilfe von Dr. Michael Avishai, dem Direktor des Botanischen Gartens der Universität Jerusalem, und von Dr. Avi Shmida, Botanisches Institut der Universität Jerusalem, hätten wir die großen Kostbarkeiten der israelischen Flora, die weißen und schwarzen Schwertlilien, nicht gefunden. Für den Norden erhielten wir wichtige Hinweise von Moshe Galili, dem Naturschutzbeauftragten für Obergaliläa. Besonders gern gedenken wir der Hilfsbereitschaft von Ami Ohaion, der uns während einer stürmischen, eiskalten Nacht in den ersten Märztagen in der Hütte des Naturschutzwartes im Hochnegev beherbergte und uns anderntags ins Nahal Elot führte. Giora Ilani leitete eine Exkursion zu den Leoparden der judäischen Wüstenschluchten. Frau Eva und Herr Michael Levy, Jerusalem, halfen mit Rat und Tat, ebenso wie die Mitarbeiter von Kfar Rafael/Be'er Sheva, und des Kibbuz Harduf. Frau Elfriede Werner, Öschelbronn, und Herr Dr. Ibrahim Abouleish, Heliopolis-Kairo, waren bei der Beschaffung einer Wüstenläuferlerche als Vorlage für die Zeichnung auf S. 142 behilflich. Ihnen und all den übrigen Helfern – zu denen auch die wechselnden Begleiter aus Deutschland und der Schweiz gehören – zu danken, ist herzlich empfundenes Anliegen der Autoren. Dank gilt nicht zuletzt auch der GLS Gemeinschaftsbank Bochum und dem Verlag Freies Geistesleben, ohne deren Unterstützung einige der Unternehmungen nicht möglich gewesen wären.

Andreas Suchantke

ANDREAS SUCHANTKE

Natur in Israel – Brennpunkt und Synthese weltweiter Einflüsse

Abb. 3: Auf dem Heimzug rastende Störche im Nahal Yissakhar. 5. April 1985.

Alle Abbildungen dieses Beitrages sind vom Autor gezeichnet.

Pflanzen- und Tiergeographie dynamisch: Ausbreitungsrichtungen und Wanderbewegungen über die Erde hin

Wandert man irgendwo in Israel, dann hören die Überraschungen nicht auf – immer neue landschaftliche Eindrücke, wie sie gegensätzlicher nicht zu denken sind, folgen einander und überstürzen sich geradezu. War man eben noch in den fruchtbaren Gärten vertrauter mittelmeerischer Gegenden, mit Ölbaumhainen und Rebterrassen, so nimmt einen unvermittelt die Halbwüste und rasch darauf die Vollwüste auf, in der nur einige anspruchslose Salzgewächse ein kümmerliches Dasein fristen, schwarzweiße Saharasteinschmätzer hektischen Fluges wie grellfarbige Schmetterlinge über den steinigen Boden huschen und ein Trupp Gazellen in weiten Sprüngen flüchtet. Unvermittelt steht man dann an einer tiefen Felsenschlucht, die in jähem Absturz über Klippen und Vorsprünge, Terrassen und Felsbänder in schwindelnde Tiefen hinabführt; die Stille wird nur durch das gelegentliche Klicken fallender Steine unterbrochen: ein Rudel Steinböcke bewegt sich in schlafwandlerischer Sicherheit durch die Felsen. Ein schmaler Saumpfad führt in das Wadi hinab, und wenn wir ganz großes Glück haben, begegnen wir beim Abstieg einem Leoparden. Tief unten fließt ein Bächlein, eingerahmt von Weiden und Pappeln, Tamarisken und Schilf, von engen Felswänden auf schmalstem Raum zusammengedrängt. Das Echo von Froschgequake wird von den Felsen zurückgeworfen. Allmählich weitet sich das Tälchen; das saftig-üppige Grün bewässerter Gärten und Palmenhaine taucht auf, eine Siedlung inmitten tropischer Blütenpracht der Bougainvilleas, weißer und rosa Bauhinien und mit einem mächtigen Baobab, einem afrikanischen Affenbrotbaum, in der Mitte, dessen weiße Lampionblüten am Abend von unzähligen Fliegenden Hunden umflattert werden. Übergangslos, wie abgeschnitten, grenzt die Oase an die Steinwüste, die in glastender Hitze daliegt, gelbe und rote Felsbastionen, und dann der bleierne Spiegel des wohl lebensfeindlichsten Gewässers der Erde, des Toten Meeres.

Eine einfache Tageswanderung ist das, von Hebron nach En Gedi, die alle diese Landschaften, zwischen denen Welten zu liegen scheinen, durchmißt: knappe 25 km Luftlinie!

Noch extremer und verwirrender wird das Bild dort, wo sich der Jordangraben nördlich des Sees Genezareth verengt. Inmitten bunter Frühlingswiesen voller Anemonen und Schwertlilien liegen unvermittelt tropisch-afrikanische Papyrussümpfe, in denen bis Anfang des Jahrhunderts Krokodile lebten, wo sich Marabus und heilige Ibisse zeigten. Eingerahmt und begrenzt wird diese tropische Fata Morgana von Hängen und Hügeln, die mit üppig grünen Eichenwäldern bedeckt sind, in denen noch vor wenigen Jahrzehnten Rehe lebten (auch sie, natürlich, ausgerottet; in Kürze werden sie indes wieder da sein, sie werden schon zur Aussetzung vorbereitet). Dabei ist es nur eine gute Tagesreise bis zu den Korallenriffen bei Elat, zu den Mangrovesümpfen am Golf von Aqaba. Wie ist so etwas möglich, wie kann es zu solch einmaliger – tatsächlich auf der ganzen Welt einzigartigen – Durchdringung von Landschaften kommen und zum Mit- und Nebeneinander von Tieren und Pflanzen, die normalerweise durch ganze Klimazonen und über Tausende von Kilometern voneinander getrennt sind?

Zum besseren Verständnis dieser Zusammenhänge müssen wir, ausgehend von lokalen und kleinräumigen Beispielen aus unserer mitteleuropäischen Umgebung, einige erdumspannende Erscheinungen aufsuchen, die sich in der Verbreitung der Tiere und Pflanzen zeigen und die mit der Oberflächengestaltung der Erde in engem Zusammenhang stehen.

Wir sind geneigt, die Verbreitung der Lebewesen als etwas Dauerhaftes, Beständiges anzusehen. Das ist verständlich, weil sich in den uns umgebenden Landschaften jedes Jahr das gleiche Bild zeigt. Regelmäßig kehren die Schwalben und die Stare wieder, dieselben Blumen blühen an den altbekannten Orten, und die einzigen Veränderungen, die wir bemerken, sind künstlicher, vom Menschen verursachter Art und zeigen sich im Aussterben von immer mehr Arten: die Störche brüten nicht mehr, die Schmetterlinge werden selten, Kornblumen und Mohn verschwinden von den Feldern.

Was uns dabei entgeht, sind die leisen und langsamen Veränderungen, die sich in der Tier- und Pflanzenwelt ohne unser Zutun abspielen. Sie werden nur dem aufmerksamen Beobachter bemerkbar, der ein bestimmtes Gebiet jahrelang oder ein ganzes Leben hindurch im Auge behält. Da zeigt sich dann etwa das Auftreten einer neuen Brutvogelart, die vordem nur als gelegentlicher Gast erschien und nun seßhaft wird, also in Neuland eindringt. Andere Arten geben ihre Brutgebiete auf und ziehen sich zurück. So ist in Europa eine Ausdehnung der Brutgebiete des Girlitz *Serinus serinus* zu beobachten, einer südlichen Vogelart, die noch um 1800 auf das Mittelmeergebiet beschränkt war und heute bereits Schweden erreicht hat. Umgekehrt hat das Moorschneehuhn *Lagopus lagopus* seine südlichsten Brutplätze in Norwegen und Schweden aufgegeben. Für die Ausdehnung der einen und den Rückzug der anderen Art sind wahrscheinlich klimatische Gründe ausschlaggebend: die langsame Erwärmung Europas. Die Ausbreitung des Girlitz nach Norden ist kein Einzelfall.

Eine andere Einwanderungsrichtung erreicht aus dem Osten unser Gebiet. Osteuropäische Vögel wie Karmingimpel *Carpodacus erythrinus* und Grüner Laubsänger *Phylloscopus trochiloides* rücken in Norddeutschland langsam und zögernd nach Westen vor, im Unterschied zur Wacholderdrossel *Turdus pilaris*, die während des 19. Jahrhunderts von Osteuropa kommend ganz Mitteleuropa besiedelte und inzwischen in Ostfrankreich Fuß gefaßt hat. Nur in ganz seltenen Ausnahmefällen kommt es zu solch spektakulärer Überflutung eines ganzen Kontinents, wie es die Türkentaube *Streptopelia decaocto* vorführte, die in den 40er und 50er Jahren vom Balkan her ganz Europa besiedelte und inzwischen auf den Faeroer und in Island angelangt ist.

Verglichen mit den anderen, stationären Arten, scheinen die Wanderer nur eine verschwindende Minderheit auszumachen. Nichts ist falscher als das: sie sind nur

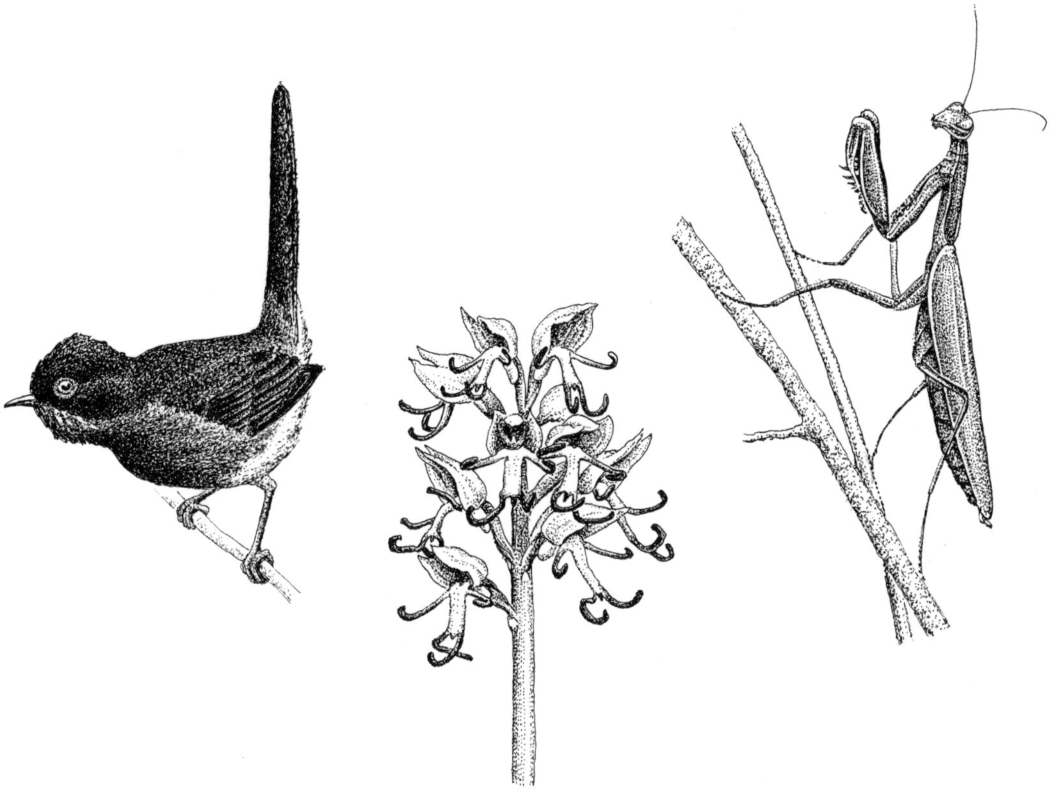

Abb. 4: Südeuropäer, die bei ihrer Ausbreitung nach Norden die Barriere der Alpen im Westen und Osten umgingen, von links: Provence-Grasmücke *Sylvia undata*, Affenorchis *Orchis simia*, Gottesanbeterin *Mantis religiosa*.

die vorläufig letzten in einer langen Reihe; die übrigen Arten haben ihre Einwanderung bereits hinter sich bzw. zukünftige Bewegungen vor sich. Der Eindruck der Beständigkeit und der Beharrung ist eine Täuschung, in Wirklichkeit herrscht fortwährendes Fließen, Vor- und Zurückfluten; wir bemerken es nur nicht, weil der Film zu langsam abläuft. Daß der allergrößte Teil unserer mitteleuropäischen Tier- und Pflanzenwelt aus Einwanderern besteht, wird sofort klar, wenn man sich die Klimaverhältnisse auf dem Höhepunkt der Eiszeit vor Augen führt, als die skandinavischen Gletscher bis Mitteldeutschland, die alpinen bis zur Donau vorstießen. Lößsteppen ohne Baumwuchs, mit Gräsern und arktisch-alpinen Kriechgewächsen bestimmten das Vegetationsbild, dazu kam eine an extreme Kälteverhältnisse angepaßte Tierwelt, die heute entweder ausgestorben oder nach Norden und in die Hochgebirge zurückgewichen ist.

Die Wiederbesiedlung nach dem Rückzug des Eises und mit fortschreitender Erwärmung erfolgte dann aus bestimmten Refugien, die man heute recht gut kennt. Ihr eiszeitlicher Pflanzenbestand läßt sich pollenanalytisch bestimmen. Außerdem zeichnen sie sich durch großen Reichtum an Arten aus, nicht nur solcher, die sich später wieder ausbreiteten, sondern auch sogenannte Reliktendemiten, d. h. Arten, die bis heute auf ihr eiszeitliches Refugium beschränkt geblieben sind. Die Balkanhalbinsel ist besonders reich an Relikten, aber auch die anderen mittelmeerischen Halbinseln, Italien und Spanien, und bestimmte geschützte Zonen der Südalpen.

Bei allen Wanderungs-, Ausbreitungs- und Wiederausbreitungsbewegungen erweisen sich die hohen Gebirge als die entscheidenden Gestalter der Ereignisse. Sie sind zum einen unübersteigbare Hindernisse. Das erlebt jeder Italienreisende, der die Alpen überquert und nach dem Passieren der Hauptkämme eine plötzliche Veränderung der Vegetation und der Atmosphäre erlebt: unzählige Tier- und Pflanzenarten sind plötzlich da, die nördlich der Alpen fehlen, die hier anzubranden scheinen und vor deren weitere Ausbreitung sich das Hochgebirge wie eine Mauer stellt. So manche dieser Arten konnten vor allem westlich der Alpen, durch Frankreich hindurch – sei es im atlantiknahen Bereich, sei es durch das Rhônetal – viel weiter in den Norden, ja z. B. bis nach Südengland vorstoßen, wie die Provence-Grasmücke («Dartmoor Warbler») *Sylvia undata* oder die Affen-Orchis *Orchis simia*, die in den Gebieten nördlich der Alpen fehlen – oder sich dort auf Umwegen unter Umgehung der Alpen sozusagen «einschlichen», z. B. durch die Burgundische Pforte oder durch das Donautal: Affen-Orchis, Smaragdeidechse und Gottesanbeterin *Mantis religiosa* gelangten auf diese Weise aus dem Mittelmeergebiet von Südwesten her in den südlichen Oberrheingraben, die beiden letzteren von Südosten, der Donau folgend bis Passau und Böhmen, die Smaragdeidechse, wohl durch die Mährische Pforte, sogar bis an die untere Oder – in ein klimatisch besonders begünstigtes Gebiet, in dem sogar noch Weinbau möglich ist.

Gerade dieser Tatbestand zeigt, daß die Gebirgsmauer nicht einfach nur eine gleichsam mechanisch wirkende Trennschranke ist, die sich nicht überqueren läßt; zumindest für Pflanzensamen und flugfähige Tiere wäre das kein Hindernis. Nein, Hochgebirge pflegen, in mehr oder minder großem Umfange, auch klimatische und, damit zusammenhängend, ökologische Grenzen zu sein. Die Alpen halten mittelmeerische Klima-Einflüsse erfolgreich ab, die nur in Ausläufern «außenherum» und durch bestimmte Kanäle am Rande eindringen können.

Was für die Alpen gilt, trifft in noch weit höherem Maße für die große Gebirgsmauer zu, die Asien west-östlich durchquert. Sie ist eine absolute Trennschranke, an die, im Himalaya, von Süden her, die Fülle der tropischen Tier- und Pflanzenwelt nun wirklich heranbrandet und emporschäumt, sich in den übereinandergestaffelten Vegetationszonen allmählich ausdünnt und jenseits der Zentralketten schlagartig und übergangslos von einer vollständig anderen Welt abgelöst wird: von den kalten, windgepeitschten Wermutsteppen und Halbwüsten Zentralasiens. Die Trennwirkung dieses west-östlichen Riegels wird noch verstärkt durch die beidseits oder nur im Norden vorgelagerten, das Gebirge flankierenden Trockengebiete: Steppen und Kältesteppen, Halbwüsten und Wüsten. Sie beginnen in Kleinasien, ja, andeutungsweise im pannonisch-südosteuropäischen Raum, und steigern sich, analog den Gebirgen, nach Osten gegen den zentralasiatischen Raum hin.

Im ostasiatisch-pazifischen Raum ändern sich diese Verhältnisse vollständig. Die hohen Gebirgsketten, vom «Dach der Welt» kommend, knicken nach Südosten ab

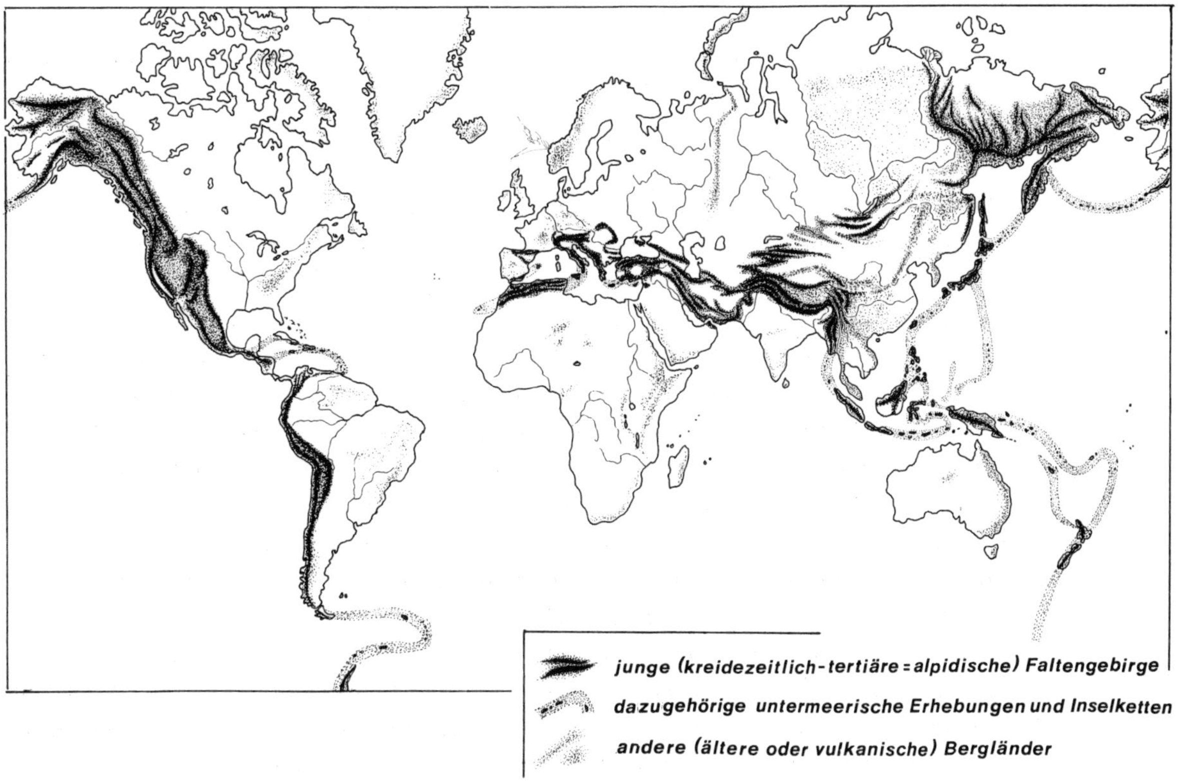

Abb. 5: Die jungen Faltengebirge der Erde.

und werden, allmählich abflachend, Teil des zirkumpazifischen Gebirgskreises, der auf der westlichen, altweltlichen Seite über den indonesischen bis in den polynesischen Raum ausgreift.

Daraus resultiert nun etwas sehr Wichtiges, etwas, das Europa erstaunlicherweise in hohem Maße beeinflußt hat. Im Fernen Osten, im chinesisch-mandschurisch-koreanischen Raum, ist keine Trennschranke mehr vorhanden zwischen den südlichen, den Tropen zugewendeten Teilen des Kontinents und den nördlichen, durch die Vereisung verarmten und entleerten Gebieten. Dadurch ist es in weiten Gebieten Chinas einerseits zu einer starken Durchmischung südlicher, tropischer Elemente mit solchen nördlicher, gemäßigter Breiten gekommen. Tiger und Affen leben neben Rehen und Rothirschen, Elstern und Eichelhäher neben Papageien und farbenprächtigen Fasanen; anderseits haben sich hier Refugien herausbilden können, die an Artenreichtum kaum ihresgleichen haben. Berühmtestes Beispiel eines Reliktes ist (neben dem Panda) der Gingko, der im Tertiär über ganz Eurasien verbreitet war und die Eiszeit nur in einem winzigen «Versteck» in Südwestchina überstand.

Vor allem aber wurde dieses Gebiet – besonders in seinen nordöstlichen, pazifiknahen Bereichen, zum wichtigsten Ausgangsort erdumspannender nacheiszeitlicher

Neubesiedlung in den nördlichen gemäßigten Zonen, in denjenigen also, die durch die Vereisung vollständig verarmt waren. Vom mandschurischen Zentrum, das Nordostchina und Korea umfaßte, nahm über die Neue wie über die Alte Welt hin die nördliche Nadelwaldvegetation, die Taiga, ihren Ausgang (de Lattin 1967). Sie umfaßt heute als zusammenhängendes Gebiet die ganze nördliche Hemisphäre und besitzt von Skandinavien bis Kamschatka und weiter durch Nordamerika hindurch eine einheitliche Tier- und Pflanzenwelt, deren Vertreter als sibirische Elemente bezeichnet werden. In der Tierwelt zeigen sich sowohl Reichtum wie expansive Kräfte dieses Zentrums daran, daß es selbst in so entfernten Gebieten wie Nordost- und Osteuropa noch rund die Hälfte aller Schmetterlingsarten stellt, eine Situation, die sich auch in Norddeutschland nur unwesentlich verändert und erst weiter im Süden und Westen Europas deutlich abklingt. «Das vom mandschurischen Zentrum ausstrahlende Gefälle sibirischer Arten macht also keineswegs an der derzeitigen Taiga-Grenze halt, sondern reicht mit einer recht beträchtlichen Artenzahl noch bis an die äußerste Westküste Nord- und Mitteleuropas. Der eigentliche mediterrane Raum wird dagegen von ihnen weitgehend gemieden. Nur relativ wenige dieser sibirischen Elemente sickern noch mehr oder weniger tief in nordmediterrane Bereiche ein. Eine absolute Grenze des Vordringens der sibirischen Elemente in den mediterranen und vorderasiatischen Raum läßt sich zwar mit Sicherheit nur schwer festlegen, doch kann man sehr deutlich eine auffallende, letzte Stauungszone dieser Elemente nachweisen. An dieser Linie machen fast alle sibirischen Formen endgültig halt; nur sehr wenige dringen von hier aus noch etwas weiter – bis in die Sierren Mittel- und selbst Südspaniens, bis nach Mittelitalien, Nordgriechenland, Bithynien, in den Nordosten der Türkei und den Nordwesten Persiens – vor. Noch weiter

Abb. 6: Westwärts gerichtete nacheiszeitliche Ausbreitungsbewegungen mandschurisch-sibirischer Elemente.
Oben: a) der Mauerfuchs *Lasiommata maera*, eine Art mit mediterranem Schwerpunkt, im Vergleich mit zwei mandschurischen Arten; b) Schwarzer Trauerfalter *Neptis rivularis* (westwärts bis Südschweiz); c) Blauäugiger Waldportier *Minois dryas* (nach de Lattin 1967).
Mitte: d) Grauspecht *Picus canus*, einerseits nach Westen bis zum Atlantik verbreitet, andererseits von Ostasien aus, wo keine Gebirgsschranke die Ausbreitung nach Süden behindert, bis in den äquatorialen Bereich vordringend; e) die Blauelster *Cyanopica cyana* mit zwei extrem weit getrennten Verbreitungsgebieten auf der Iberischen Halbinsel und in Ostasien. Es handelt sich wahrscheinlich um eiszeitbedingte Reliktareale – in den dazwischen liegenden Regionen erlosch die Art, weil sie wegen der Gebirgsschranke nicht nach Süden ausweichen konnte (nach Harrison 1982).
Unten: f) die Tatsache, daß auch die westlichen Populationen des Grünen Laubsängers *Phylloscopus trochiloides* nach Süd- und Südostasien ins Winterquartier ziehen, deutet auf das ursprünglich ost- und zentralasiatische Verbreitungsgebiet dieser Art, die im Bereich von Norddeutschland und Fennoskandien immer noch weiter nach Westen vordringt; g) im Vergleich dazu das Brutareal B und die Winterungsgebiete W eines nahen Verwandten, des Berglaubsängers *Phylloscopus bonelli*. Wie den meisten mediterranen Formen gelang es dieser Art nicht, ihr Areal nacheiszeitlich wesentlich zu erweitern (nach Harrison 1982).

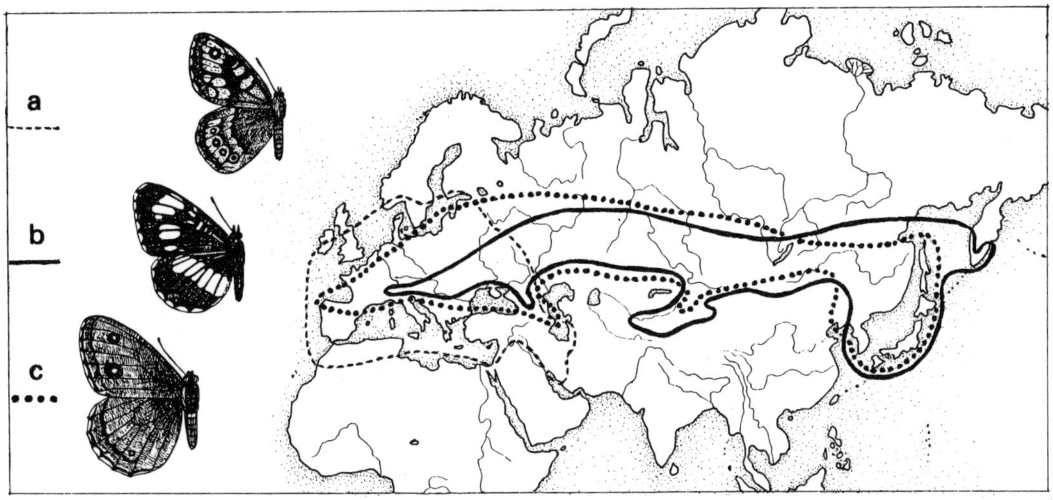
a
b
c

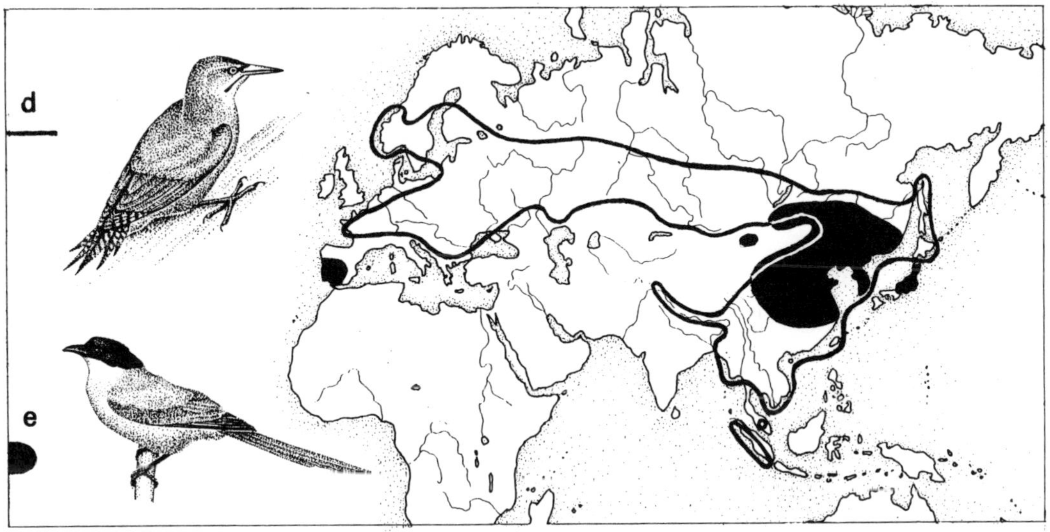
d
e

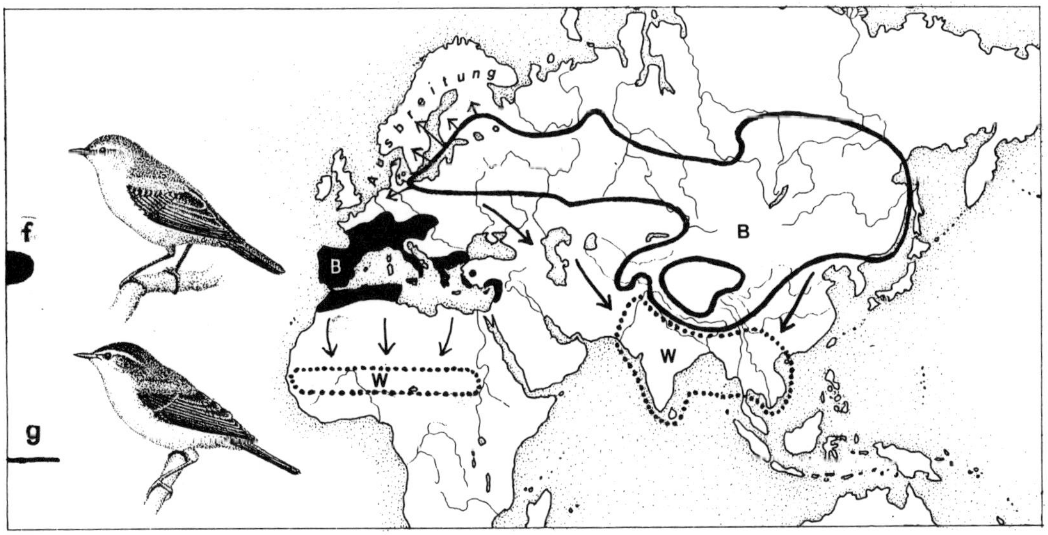
f
g
Ausbreitung
B
B
W
W

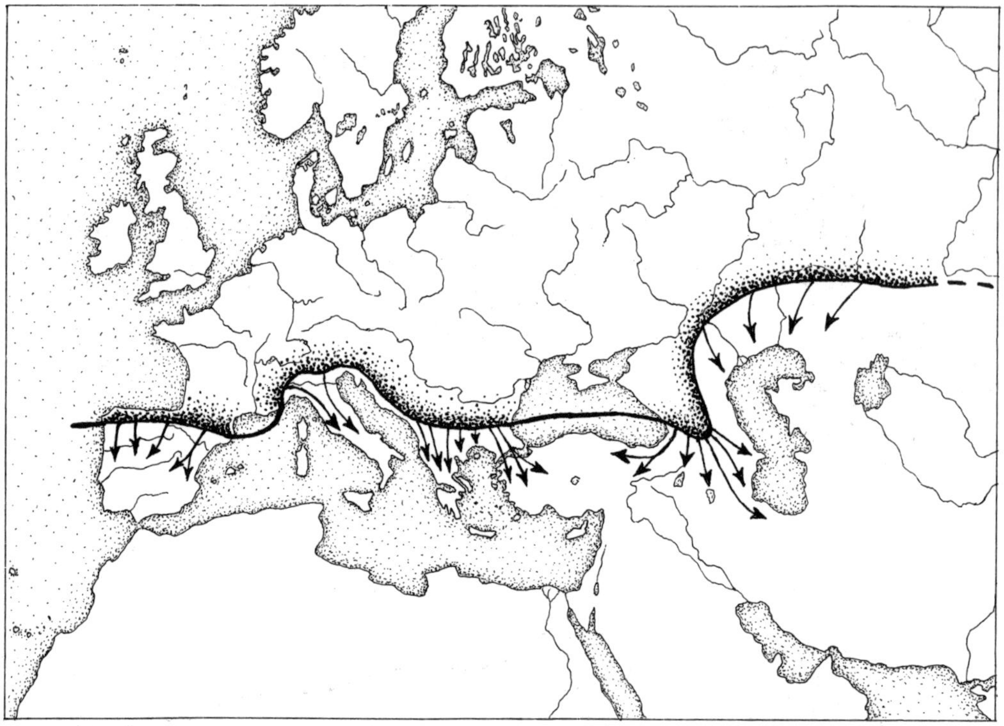

Abb. 7: Stauungszone sibirischer Elemente unter den Tagfaltern Westasiens und Europas. Die Pfeile geben an, wie weit einzelne Arten darüber hinaus vorzudringen vermochten (nach de Lattin 1967).

südlich geht jedoch kein sibirisches Element. Das gesamte mittlere und, in abgeschwächter Form auch das nördliche Europa wird demgemäß von einer ausgesprochenen Mischfauna bewohnt, die ganz vorherrschend aus mediterranen und sibirischen Elementen zusammengesetzt ist. Obwohl sich die Elemente beider Faunenkreise in Mitteleuropa zahlenmäßig ungefähr die Waage halten, finden sich doch in feuchteren und kühleren Lebensräumen (Bergwäldern, Sümpfen, Mooren etc.) sibirische Elemente in deutlicher Überzahl» (de Lattin 1967).

Nehmen wir die Verhältnisse Europas, so geben sich zwei Haupteinflüsse zu erkennen: der mittelmeerische und der mandschurisch-sibirische. Verglichen mit letzterem, ist der mediterrane Einfluß geradezu als autochthon, als nahezu «einheimisch» zu bezeichnen. Er kam, unter Umgehung der Alpen, aus Südost und Südwest bis West. Damit stellt sich die dominierende Ausbreitungsrichtung und Wanderbewegung der Lebewesen im gemäßigt eurasischen Raum als eine überwiegend ostwestliche dar. Die nordsüdliche Tendenz tritt demgegenüber zur Bedeutungslosigkeit zurück, bedingt durch die Kombination von Trockengebieten und Hochgebirgen. Diese führen zu der erwähnten, von den Tiergeographen ermittelten Stauungs- und Grenzlinie, die unser Gebiet nach Süden abriegelt.

Dazu scheint der (im großen ganzen) nordsüdlich verlaufende Vogelzug im Widerspruch zu stehen. Das Ziehen der Vögel hat aber einen völlig anderen Charakter als die Ausbreitungsbewegungen. In den Überwinterungsgebieten verbinden sich die Gäste, bildlich gesprochen, nicht mit der Erde, sie beheimaten sich und sie brüten dort nicht. Die Ausnahmen sind so selten, daß sie geradezu Aufsehen erregen: Bruten des Schwarz- und Weißstorches, des Bienenfressers *Merops apiaster* in Südafrika. Noch weniger gelingt es den Schmetterlingen, die jedes Jahr aus dem Süden, aus Subtropen und Tropen bei uns einfliegen, sich hier anzusiedeln: Totenkopf *Acherontia atropos* und Windenschwärmer *Herse convolvuli*, Admiral *Vanessa atalanta* und Distelfalter *Vanessa cardui* gehen bei uns regelmäßig im Winter zugrunde.

Der ost-westlich verlaufende Gebirgszug Eurasiens markiert damit in bezug auf die Lebewesen und ihre raumzeitlichen Veränderungs- und Entwicklungsprozesse zweierlei:

In seiner *Querrichtung* ist er Schranke, Grenze, Trennmauer – im *Längsverlauf* hingegen geradezu Leitlinie, Richtungsweiser oder plastischer Ausdruck der in derselben Richtung verlaufenden Ausbreitungsbewegungen.

Der Vergleich mit den völlig anderen Verhältnissen in der Neuen Welt, die wir weiter unten heranziehen werden, wird das noch zusätzlich verdeutlichen.

Sehr interessant ist außerdem, daß auch die großen kulturgeschichtlichen Abläufe dieser Räume eine gleichsinnige Tendenz aufweisen. Die Sukzession der abendländischen, in einem inneren Kontinuum stehenden Hochkulturen verläuft in ost-westlicher Richtung, und die Geschichte Europas ist undenkbar ohne die Auseinandersetzung mit dem Osten, vom Altertum bis in die Gegenwart. *Physio-geographisch* ist Europa zunächst nicht viel mehr als eine westliche Halbinsel Asiens. Ein Kontinent ist Europa hingegen im *kulturgeographischen* Sinne. Europa, so läßt sich wohl zu Recht sagen, fand in der Auseinandersetzung mit Asien, mit dem Osten, zu sich selber. Das beginnt mit der Abwehr der Perser durch die Griechen und setzt sich über die Hunneneinfälle, den Mongolensturm und den Vorstoß der Türken, die Auseinandersetzung zwischen Russen und Tataren bis in die Gegenwart hinein fort. Natürlich gab es auch andere Bewegungen, aber die ost-westlichen haben ein besonderes Gewicht und sind für Europa stets von existentieller Bedeutung.

In verblüffender Übereinstimmung mit der Einwanderungsroute mandschurisch-sibirischer Tiere und Pflanzen bildete sich eine vom Menschen begangene Wanderstraße aus, nicht die berühmte Seidenstraße, die allzuviele geographische und politische Hindernisse aufwies, um rege benutzt zu werden, sondern die «Nordstraße»: «Man darf auch hier von einer Straße sprechen, obwohl es sich mehr um ein breites Bett handelte, darin der Verkehr strömte. Nicht nur einzelne Karawanen zogen einher: ganze Völker suchten und bahnten sich ihren Weg. Der Gürtel der Prärien, südlich der Waldzone, nördlich der Trockensteppe und der Wüstenkette verlaufend, wies den Wandernden den Weg. Von der Inneren Mongolei über die kirgisische und südrussische Steppe zieht er sich gleich einem breiten Band, das in Dobrudscha und Wallachei, in Teißebene und kleinem Alföld seine westlichen Ausläufer besitzt» (Altheim 1955).

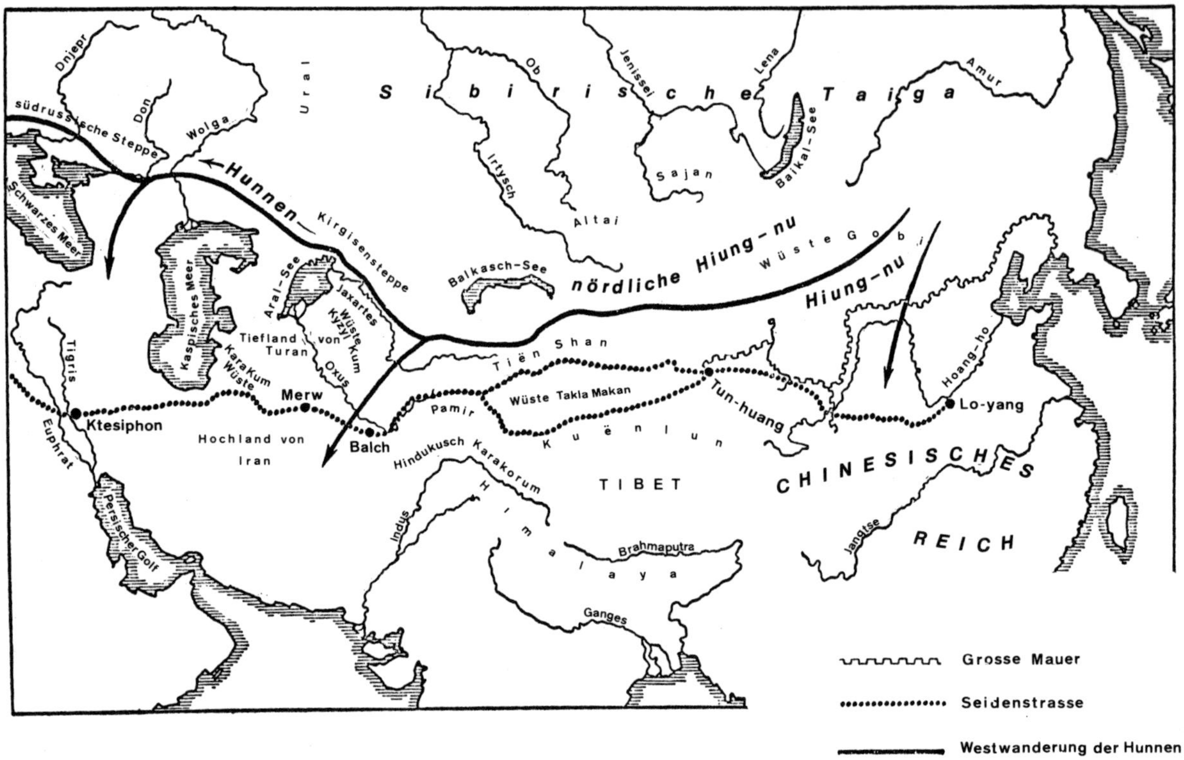

Abb. 8: Der Weg der Hunnen nach Westen entlang der «Nordstraße» (nach Altheim 1955).

Beispielhaft dafür ist die Völkerwanderung. Ihre innerasiatischen Frühstadien stimmen so sehr mit den beschriebenen Wanderungsbewegungen der Floren- und Faunenelemente desselben Raumes überein, daß sie hier, den Schilderungen Franz Altheims folgend, in aller Kürze dargestellt sein sollen:

In den letzten Jahrhunderten vor der Zeitenwende war die Geschichte Chinas von einem schwerwiegenden Nord-Süd-Konflikt geprägt. Nomadische Reitervölker aus den Steppengebieten nördlich der Grenze, die Hiung-nu (bzw. in der neueren Schreibweise die Hsiung-nu), fielen regelmäßig plündernd und raubend in die südlicher gelegenen Ackerbauregionen ein. Diese berittenen Horden waren dem schwerfälligen, zu Fuß kämpfenden chinesischen Militär weit überlegen. Zwei Maßnahmen brachten schließlich die Wende. Die eine, defensiver Natur, bestand im Bau der berühmten Chinesischen Mauer, die das gesamte Reich von der Ostgrenze Tibets bis zum Pazifik abriegelte. Die zweite war offensiver Art und bestand in der Aufstellung berittener und besser bewaffneter Heere. Mit ihrer Hilfe gelang es, die Hiung-nu bis in ihre Wohngebiete zu verfolgen und dort um 100 n. Chr. endgültig zu schlagen. «Unter dem Druck dieser Ereignisse brachen die nördlichen und westlichen Stämme aus ihren Sitzen auf und wandten sich gen Westen... Seit etwa 170 n. Chr. waren sie aus dem Blickfeld der Chinesen entschwunden. Im Westen

sollten sie unter dem Namen der Hunnen 200 Jahre später den Anstoß zur Völkerwanderung bringen.» (Altheim 1955).
Die Chinesische Mauer ist in gewissem Sinne die Fortsetzung des gewaltigen transversalen Gebirgsriegels bis zum Pazifik. Ihre Errichtung schloß kulturell einen Raum ab, der von seinen natürlichen Gegebenheiten her zum Gegenteil veranlagt ist, zur Offenheit zwischen Nord und Süd, zur Durchdringung und Durchmischung. Der künstliche Riegel hatte nun auf kulturgeographischem Feld dieselbe Wirkung wie die Gebirgs- und Wüstenschranke im biogeographischen Bereich: er zwang die Völker zur Wanderung in ost-westlicher Richtung.
Zum Zwecke der Verdeutlichung sei noch ein kurzer Blick auf die Verhältnisse in der Neuen Welt geworfen. Dort verlaufen die hohen Gebirgsketten in nord-südlicher Richtung, und entsprechend erscheinen die biogeographischen Gegebenheiten abgewandelt: zwischen Nord und Süd herrschen keine Schranken. Davon ist z. B. das Klima Nordamerikas in hohem Maße geprägt: im Sommer können tropische Warmluft-Vorstöße vom Golf von Mexiko ungehindert bis Kanada gelangen, während im Winter arktische Kältewellen tief in den Süden vordringen. Andererseits hatte die Eiszeit nicht jene Auslöschungswirkung wie in Europa, da sich, den Verhältnissen im pazifischen Ostasien vergleichbar, viele Pflanzenarten in Refugien im Süden des Kontinentes erhalten konnten. Dadurch ist beispielsweise der Artenreichtum an Gehölzen in den USA weit größer als in Europa; Arten, die im Tertiär in beiden Kontinenten vorkamen, verschwanden in Europa und hielten sich in Nordamerika (Magnolien, Sumpfzypressen und andere).
Genau jedoch wie in Eurasien wirken die Hochgebirge transversal als Trennschranke, longitudinal als Leitlinien:
Die kleinräumig gegliederten Landschaftsmosaike der südamerikanischen Westküste besitzen einen vollständig anderen ökologischen Charakter als die ungegliederte Großlandschaft im andinen Osten (Regenwald, Cerrado, Chaco, Pampa), und am Anden-Ostfuß findet sich eine ähnliche «Stauungszone» wie in der Alten Welt (vgl. Schwabe 1968, Suchantke 1982).
Beide Amerikas wurden, seit sie sich im Tertiär miteinander verbanden, unentwegt von Wanderungen in nord-südlicher Richtung durchzogen. Als in der Eiszeit der Spiegel der Weltmeere um durchschnittlich 100 m niedriger lag als heute (soviel Wasser war in Form von Eis gebunden), fand ein intensiver Faunen- und Florenaustausch über die Beringstraße statt, von und nach Asien – viele anscheinend typisch altweltliche Tierformen wie Pferde und Kamele entstanden in Nordamerika, wo sie später wieder erloschen, und umgekehrt war es ebenso – nicht zuletzt kamen die Vorfahren der Indianer aus Ostasien herüber. Was von diesen Ausbreitungsbewegungen innerhalb des amerikanischen Doppelkontinentes stattfand, verlief hauptsächlich entlang der Nord-Süd-Achse. Nach der Verbindung Südamerikas mit Nordamerika wanderten Großtiere nach Südamerika ein, die diesem Kontinent vorher gefehlt hatten (von denen einige, wie Pferde und Elefanten, längst wieder ausgestorben sind), und führten zu einem weitgehenden «Ersatz» der autochthonen Großtierwelt Südamerikas durch die Immigranten aus dem Norden. Von den ursprünglichen, altertümlichen Formen ist nur wenig erhalten (Faultiere, Ameisenbären, Gürtel-

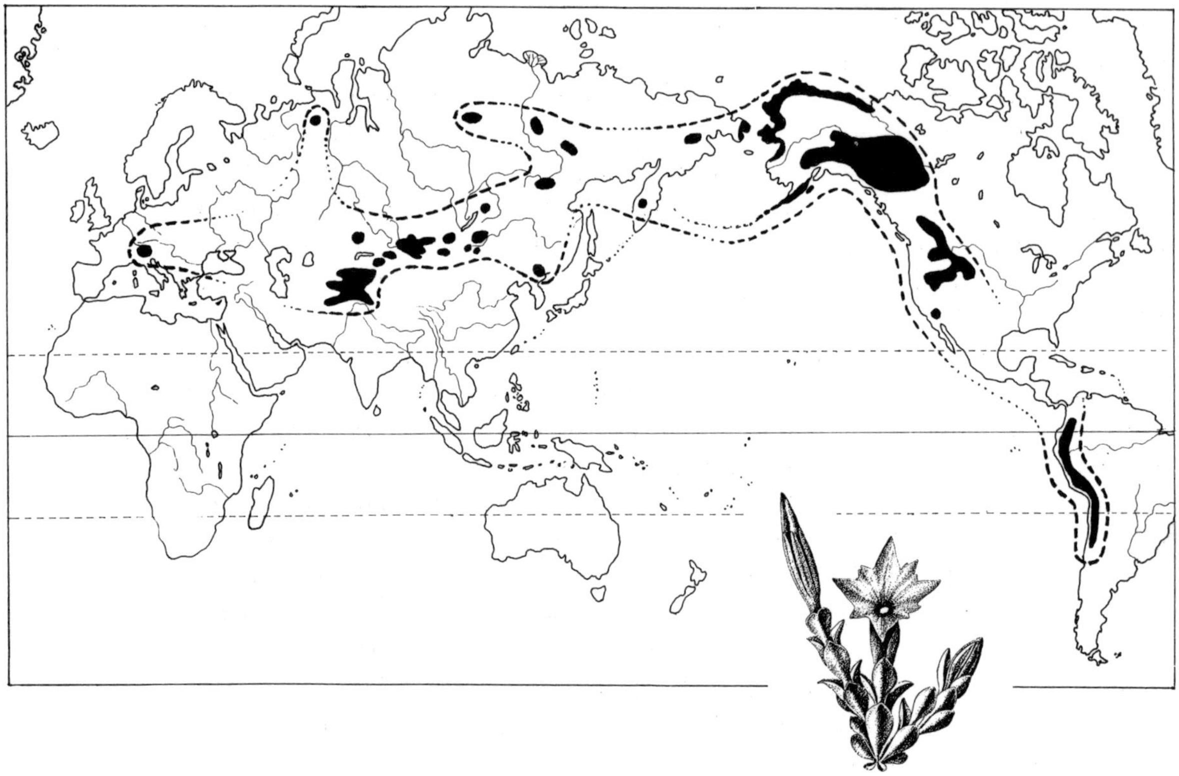

Abb. 9: Nacheiszeitlich zerrissenes, ehedem sicherlich stärker zusammenhängendes Verbreitungsgebiet des Niederliegenden Enzians *Gentiana prostrata*, der heute auf die Hochgebirge und einige Gebiete der Arktis beschränkt ist. Die Art zeigt in der Alten Welt deutlich ost-westliche, in der Neuen, wo sie auf den Anden bis in die südlich gemäßigten Zonen vorstößt, nord-südliche Ausbreitung. Nach verschiedenen Quellen kombiniert.

tiere); die Hirsche, Großkatzen, Kampfüchse, Wildlamas sind nördlicher Herkunft; Pumas sind von Alaska bis Feuerland verbreitet. Umgekehrt drangen Kolibris von Südamerika aus bis Alaska vor. Auf dem Festland scheint die Richtung von Nord nach Süd vorzuherrschen – in den Meeren ist es umgekehrt: antarktische Wasserbewohner und Meeresvögel gelangten, vor allem an der Westküste, bis zum Äquator (Galapagos- und Humboldtpinguin, Dominikanermöwe, vgl. Suchantke 1982).
Allerdings ist die Gegenüberstellung in meeresgebundene Südabkömmlinge und landgebundene Nordeinwanderer allzu vereinfachend. Es gibt auch nordwärts verlaufende Wanderungen auf dem Festland. Sie finden allerdings bezeichnenderweise in einer Landschaft statt, deren Klima so feucht ist, daß man es geradezu als ozeanisch bezeichnen kann: an den Osthängen der Kordilleren, dort, wo die warmen Feuchtluftmassen der Tieflandregenwälder im Emporsteigen zu dichten Nebelbänken kondensieren und ein immerfeuchtes, kühles Klima («Baumfarnklima» nach C. Troll) herrscht. Hier, in den bolivianischen Yungas und der peruanischen Céja de la

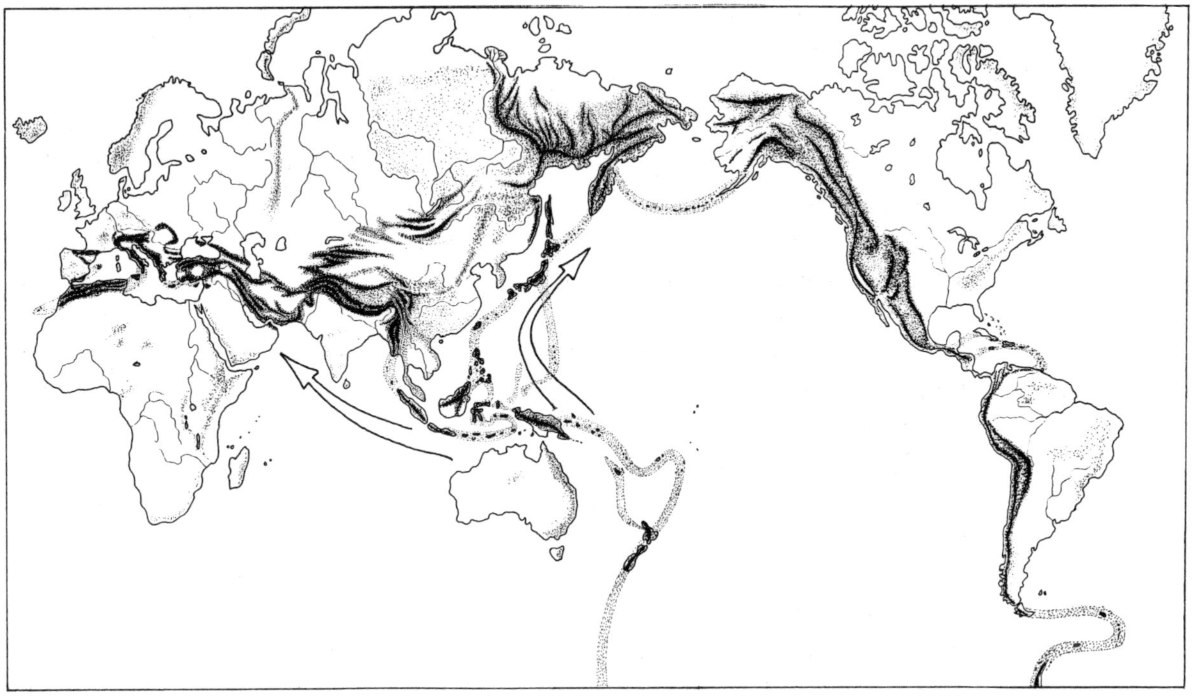

Abb. 10: Die frühe (kreidezeitlich-tertiäre), von Südost nach Nordwest gerichtete Wanderstraße der Blütenpflanzen im pazifisch-indonesischen Raum spaltet sich in zwei Äste: in einen westwärts gerichteten, ost-westlich verlaufenden Zweig, und in einen zirkumpazifischen, der in der Neuen Welt nord-südlich orientiert ist (die pazifische Wanderstraße ist später auch in umgekehrter Richtung beschritten worden, wobei Eichen (*Pasania*) bis Neuguinea und Rhododendren bis Nordaustralien gelangten).

montaña («Augenbraue des Gebirges»), wanderten Pflanzen mit zirkumantarktischer Verbreitung weit nach Norden – die Fuchsien etwa, die neben Südamerika auch Neuseeland und Tahiti bewohnen und entlang der Anden bis Mexiko gelangten (und auf einer östlichen «Nebenstraße» bis in die Gebirge um Rio de Janeiro).
Damit dürfte die fundamentale Bedeutung der Gebirge für die Dynamik der Lebensprozesse auf der Erde deutlich geworden sein – ihre Funktion als Trennmauern oder als Leitlinien. In ihrem Verlauf spiegeln sich tatsächlich die vorherrschenden Bewegungsrichtungen, so als seien sie gefrorene Strömungsrichtungen des Lebendigen. Daß tatsächlich gleichsinnige Bewegungsabläufe auch in den Gesteinsmassen dieser Gebirge stattfinden, wird noch zu zeigen sein.
Eigenartigerweise kommt es dabei zur Aufteilung der Welt in zwei Bereiche – während in dem einen ausschließlich die Nord-Südrichtung vorherrscht, dominiert im anderen der ost-westliche Verlauf.
Wir begegnen hier dem, was im Lehrplan der Waldorfschule von Rudolf Steiner als

Leitmotiv – als «Leitlinie» – für jene Altersstufe angeregt ist, in der sich der Blick vermehrt globalen, die ganze Erde umfassenden Abläufen zuwendet. Hier, am Übergang von der Unter- zur Oberstufe, steht das «Gebirgskreuz» im Vordergrund, die erdumfassenden, ost-westlich und nord-südlich verlaufenden Gebirgsketten. An sie, so verstand er es, schlösse sich alles übrige in natürlicher Weise an. Wie wir gesehen haben, ist dies tatsächlich der Fall.

Wir wollen nicht unerwähnt lassen, daß es auch noch eine dritte «Leitlinie» gibt, die zwischen den beiden bereits erwähnten insofern vermittelt, als sie mit jeder von ihnen in Verbindung steht oder, besser, sich in beide aufspaltet: die indopazifische Wanderstraße. Sie beginnt (oder endet) dort, wo die zentralasiatischen Hochgebirge nach Südosten abbiegen und über den indonesischen Archipel in den australischen Raum führen. Blickt man in umgekehrter Richtung, von Süd nach Nord, dann spaltet sie sich in der Nähe des asiatischen Festlandes in den oben erwähnten einen Arm, der nach Nordwesten zieht, und einen zweiten, der über China und Japan nach Nordosten verläuft.

Entlang dieser Linie sind nördliche Gewächse, wie Eichen *(Pasania)* und Rhododendren bis Neuguinea gewandert, wo sie mit den zirkum-antarktischen Südbuchen (*Nothofagus* – südlichstes Südamerika, Australien, Tasmanien) zusammentreffen, während umgekehrt die südhemisphärischen Stielfruchteiben *(Podocarpus)* bis in den Himalaya vordrangen.

Aber diese dritte erdumspannende Leitlinie hat doch eine etwas andere Bedeutung als die beiden anderen. Sie ist im Grunde nicht die dritte, sondern, zeitlich gesehen, die erste: während uns bisher relativ späte, spät-tertiäre, eis- und nacheiszeitliche Ereignisse beschäftigten, spielt die indopazifische Region zeitlich sehr viel früher, offenbar noch vor der Wende Kreide/Tertiär eine Schlüsselrolle. In diesem Raum zwischen Assam, China und Polynesien spielte sich nach allem, was man heute weiß, die Entstehung der angiospermen Blütenpflanzen (der «eigentlichen», ohne die Nadelhölzer, die älteren Ursprungs sind) ab: in diesem Gebiet findet sich in auffälliger Konzentration eine große Fülle von Blütenpflanzen mit den urtümlichsten, primitivsten Merkmalen. Von hier aus, so scheint es, vollzog sich dann die Ausstrahlung in die Alte wie in die Neue Welt – die Gabelung der Leitlinien veranschaulicht diesen lang zurückliegenden Vorgang (Takhtajan).

Palästina als Kreuzungspunkt der Lebensströme

Nicht nur der Bewegungsstrom der Lebewesen über die Erde hin ist ein wechselvolles, in ständiger Veränderung begriffenes Geschehen, auch die Erde selber, die Festländer und Meere sind in Bewegung – allerdings in solch gewaltigen zeitlichen Dimensionen, daß alle Ausbreitungsbewegungen der Tiere und Pflanzen dagegen wie Zeitrafferaufnahmen wirken.
Durch die Forschungen der letzten Jahrzehnte sind wir recht gut unterrichtet über die Dynamik der Plattentektonik, über das «Wandern der Kontinente» (und der Meeresböden). Im folgenden seien einige Aspekte davon herausgegriffen, ohne die ein Verständnis der besonderen biogeographischen Situation Palästinas nicht möglich wäre. Wir werden uns dabei immer wieder auf die ausführlichen Darstellungen von H.-U. Schmutz in diesem Buches beziehen.
Die jungen Hochgebirge der Erde entstanden durch das Aufeinandertreffen ursprünglich getrennter, mehr oder weniger weit entfernter Platten, von denen eine beim «Zusammenprall» in der Regel von der anderen überfahren und dabei in die Tiefe gedrückt wird. Die auffahrende Platte staucht sich an der Berührungszone und faltet sich zum Hochgebirge auf. Der eingangs geschilderte Eindruck, der sich aus biogeographischen Beobachtungen aufdrängt, daß die Hochgebirge Trennschranken zwischen einander fremden Regionen seien, trifft also durchaus zu und bestätigt und vertieft sich durch die Forschungsergebnisse der Geomorphologie. Weiterhin muß festgehalten werden, daß die Richtungen, in der die Gebirgsbildungsbewegungen ablaufen, völlig andere sind als diejenigen, die sich in der Ausbreitung der Lebewesen zeigen. Letztere verlaufen, der Längsausdehnung der Gebirge folgend, senkrecht, d. h. im rechten Winkel zu den Bewegungen der Gebirgsfaltung.
Wie sich zwei Pole gegenseitig bedingen, so stehen den Kompressionszonen – den Regionen des «Zusammenpralls», der Gebirgsbildung und Krustenverschluckung – Gebiete gegenüber, an denen Erdkruste aus den Tiefen heraus neu gebildet und nach den Seiten hin abgedrängt wird. Es sind dies die mittelozeanischen Rücken, die sich zwischen den Kontinenten durch die Weltmeere erstrecken. So sehr die Kompressionszonen festländischen Charakter tragen bzw. im Zusammenschub Festlandsmassen auftürmen, so sehr sind die Ausdehnungszonen den Meeren zugehörig – auch dann, wenn sie sich auf das Festland erstrecken. Dort entstehen ja durch ihre Bewegungsaktivität Gräben, die sich im weiteren Verlauf vertiefen und erweitern, bis irgendwann das Meer einströmt und die auseinandergebrochenen Landgebiete beider Seiten voneinander trennt. Das ist in der Vergangenheit an vielen Stellen der Erde geschehen und hat zur Aufsplitterung jener ursprünglich einheitlichen und geschlossenen Landmasse geführt, wie sie am Ende des Erdaltertums als «Pangaea»

auf der einen Seite der Erdkugel zu finden war, allseitig umflossen vom Weltenozean Panthalassa (vgl. Abb. 14 im Beitrag Schmutz S. 296). Durch Grabenbildungen und -erweiterungen kam es anschließend zuerst zu einem Auseinanderdriften zweier Superkontinente, einem nördlichen, Laurasia, und einem südlichen, Gondwana. Beide lösten sich weiter auf, Laurasia in Nordamerika und Eurasien, Gondwana in die heutigen Landmassen von Afrika, Südamerika, Indien, Australien und Antarktis. Die Stellen des Auseinanderbrechens sind durch die mittelozeanischen Rücken markiert.

Sieht man sich die Gestalt von Pangaea am Ende des Erdaltertums an, so gleicht diese «Allerde» einem Embryo, der sich um den Dottersack krümmt. Die Einbuchtung in der «Herzgegend» ist der nach Osten zum Weltozean hin offene Vorläufer des Mittelmeeres, die Tethys. An ihrem Südrand liegt, knapp nördlich des Äquators, die Gegend, die später einmal Palästina sein wird – dieselbe Stelle auf dem Gradnetz der Erde, die heute von Äthiopien eingenommen wird. Schlägt man einen Kreis um Pangaea und bestimmt dessen Mittelpunkt, so trifft man genau auf das damalige Proto- oder Palaeo-Palästina: Mitte der Erde!

Im weiteren Verlauf des Driftens der Kontinentplatten verlagert sich der noch einheitliche, also noch nicht vom Roten Meer aufgespaltene afrikanisch-arabische Schild nach Norden und berührt den laurasischen Nordblock, was zur Verschmelzung beider Platten im vorderasiatischen Raum und zur Auffaltung der jungen Hochgebirge dieses Gebietes führt. Gleichzeitig wird die Tethys abgeschnürt, deren westlicher Restbereich sich dann später zum allmählich entstehenden Atlantik hin öffnet (noch heute zeigt die Fischfauna des Mittelmeeres stärkere Beziehung zum Indopazifik als zum Atlantik).

Die Berührungszone des vorderasiatischen Raumes wird zum Brennpunkt, in dem alles nur Erdenkliche aufeinandertrifft. So finden sich hier nicht nur Gebirgsbildungen, wie sie für eine Kompressionszone bezeichnend sind (und deren letzte Ausläufer von den anatolischen Gebirgen über Libanon und Hermon bis ins nordgaliläische Bergland zu verfolgen sind), sondern auch das Gegenstück, das Aufreißen und Auseinanderbrechen, das «Negativ» der Gebirgsbildung gleichsam, im Totmeer-Jordan-Grabenbruch. Divergenzzonen sind ja, wie wir feststellten, vorwiegend maritim, und dort, wo sie aufs Festland übergreifen, bereiten sie Meeresbildung vor – also auch in Palästina. Der heutige Zustand der Erde kennt nur wenige solcher Zonen auf den Festländern, und die markanteste und ausgedehnteste ist tatsächlich das Ostafrika-Rotmeer-Jordan-Grabensystem. Dieses hochinteressante Gebiet vermittelt den Eindruck, daß es sich nicht nur geomorphologisch, sondern auch in bezug

Tafel 1
Oben: Pelikane kreisen auf dem Frühjahrszug hoch über der Küstenebene Israels. Aufnahme aus einem Gleitflieger, mit dem Yossi Leshem die Vögel auf ihrem Flug über das ganze Land hin begleitete. Aufnahme Y. Leshem.
Unten: Silberreiher als Wintergäste und Durchzügler aus dem Balkan und Südrußland in den Fischteichen Galiläas. Aufnahme A. Suchantke.

auf die Lebensprozesse antagonistisch zu den Konvergenzzonen, den Regionen des Zusammenschubes, verhält: es ist nicht Grenze oder Barriere, sondern Zentrum und Ursprungsort außerordentlicher Ereignisse. In seinem Bereich liegen die Brennpunkte der Menschwerdung und der Menschheitsgeschichte: von Äthiopien – wo Ur-Palästina einstmals lag! – bis Tansania stammen die Funde von *Homo habilis*. Es ist die Region der physischen Menschwerdung.
Auf die Bedeutung Palästinas für die Menschheitsentwicklung braucht an dieser Stelle nicht besonders hingewiesen zu werden. Zwischen beiden Zentralorten der Menschheit besteht ein Zusammenhang, der unmittelbar erlebbar ist. Im abschließenden Kapitel unseres Beitrages («Eichensavannen und wilde Getreidefelder im Golan») werden wir von den physiognomischen Übereinstimmungen in den Landschaftsbildern Ostafrikas und Nordpalästinas ausgehen – beides sind Savannen, und *die Savanne ist die Landschaft des Menschen schlechthin.* Das übereinstimmende Bild ist Ausdruck realer Zusammenhänge und gegenseitiger Beziehungen. Bei diesen Andeutungen sei es an dieser Stelle belassen, um dem Endkapitel – und dem Beitrag von Wolfgang Schad, der sich an dieser Stelle mit unserem Thema berührt – nicht vorzugreifen.

Palästina ist Zentrum eines Geschehens, bei dem sich kontinentübergreifende Einflüsse aus Nord und Süd, Ost und West überkreuzen – einmalig auf der Welt, auf der doch, je nach Lage, entweder die ost-westliche oder die nord-südliche Bewegungstendenz das Bild bestimmt, niemals aber beide gemeinsam in gleich starkem Maße.
Die *Nord* und *Süd* verbindende Entwicklung ist die Vereinigung des arabischen Teiles von Gondwana mit Laurasia. Dadurch entstehen Landverbindungen weit hinein in den *Osten*, in die Räume Asiens, die für Palästina, wie anschließend gezeigt werden soll, von ausschlaggebender Bedeutung sind. Gleichzeitig öffnet sich nach *Westen* das Mittelmeer zum neu entstehenden Atlantischen Ozean. Das bedeutet, im Verein mit der Nordwärtsverlagerung des Gebietes aus den Tropen und dem Bereich der südwestwärts streichenden Passatwinde (die westliche Meereseinflüsse abhalten) in die nördlich gelegene Westwindzone, eine Öffnung gegenüber den ozeanischen, golfstrombestimmten Einflüssen aus dem Westen: das milde, winterregenreiche Mittelmeerklima bildet sich heraus. Wiederum müssen wir mit Erstaunen

Tafel 2
Oben: Blütenwiese am Nordrand des Negev zwischen Hebron und Be'er Sheva, Ende März. In wenigen Wochen werden die überwiegend einjährigen Pflanzen ihren Vegetationszyklus beendet haben, die vertrockneten Reste verweht und die Landschaft wüstenhaft kahl sein.
Unten: Terrassiertes Kulturland im Judäischen Bergland, an den Hängen des Nahal Refa'im bei Jerusalem: zwischen den Äckerchen, von Ölbäumen bestanden, ist genügend Platz für kleine Macchienreste, die eine artenreiche Pflanzenwelt mit vielen Orchideen, Cyclamen, Zistrosen, Anemonen und Asiatischem Hahnenfuß beherbergen. Aufnahmen A. Suchantke.

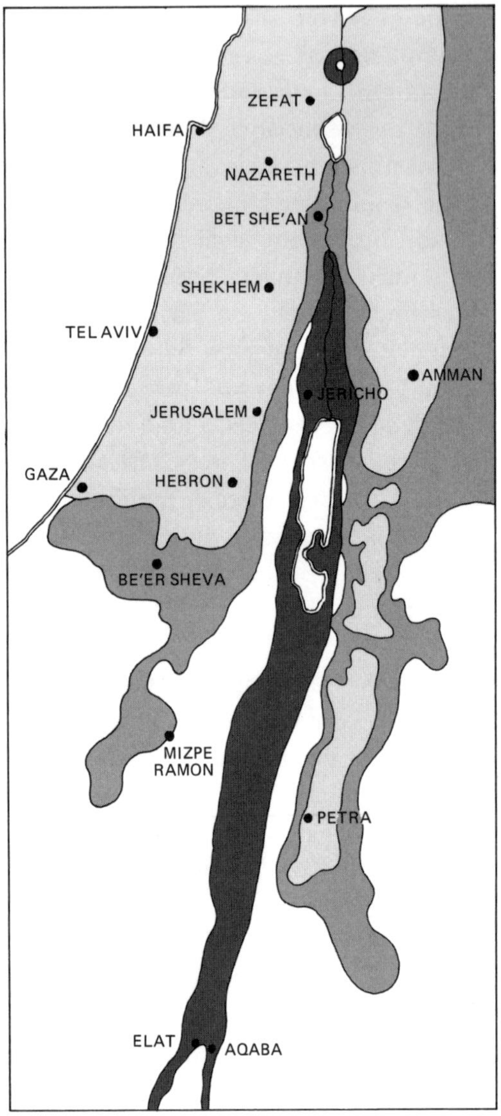

Abb. 11: Durchdringung der Florenelemente aus vier verschiedenen Regionen (euro-sibirisch, mediterran, iranoturanisch, sudanisch) im Bereich der autochthonen saharo-arabischen Vegetation. Links der palästinensische, rechts der gesamte vorderasiatische Raum. Schwer abgrenzbar ist die euro-sibirische Region, da sie besonders in der Türkei starker Durchdringung mit irano-turanischen und mediterranen Einflüssen ausgesetzt ist bzw. in die höhere Gebirgslage zurückweicht. In diesen ist es (mit Buchenwäldern) noch im Amanus-Gebirge am Nordostrand des Mittelmeeres nachweisbar. Nach M. Zohary 1970.

festhalten, wie exakt die «Schatzhöhle» ist, wenn sie Palästina als Mittelpunkt der Erde bezeichnet, an dem «vier Enden zusammenhängen»!

In den *Sagen der Juden*, gesammelt und aufgeschrieben von M. J. bin Gorion (1962), ist von den vier Enden der Welt und den von ihnen ausgehenden vier Winden noch in einer anderen Weise die Rede. Dabei werden ihnen unterschiedliche Eigenschaften und Qualitäten zuerkannt, die mit den Lebensprozessen in der Natur zu tun haben und auch im Lebensgefüge des Menschen ganz bestimmte und jeweils charakteristische Wirkungen entfalten:

«Und wie der Herr der Welt vier Richtungen gab, so umstellte er auch seinen Stuhl mit vier heiligen Tieren und mit vier Engeln: Michael, Gabriel, Uriel und Raphael. Vier Winde wehen alltäglich, von allen vier Weltgegenden kommen sie her. Von

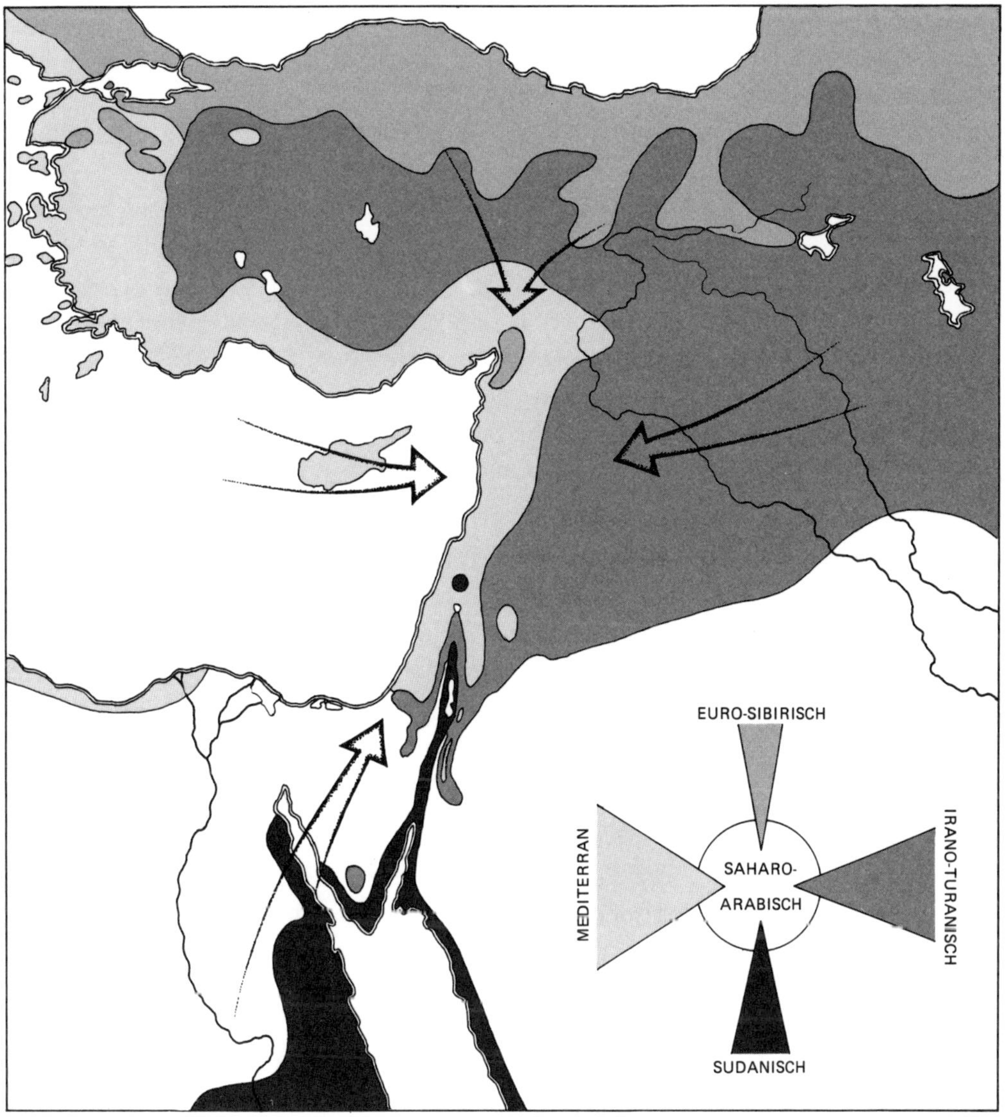

Morgen bis Mittag weht der Ostwind, und mit ihm zusammen kommen dreitausendfünfundsiebzig für die Welt heilkräftige Winde; alle entspringen sie einer Schatzkammer, welche oben in den östlichen Toren liegt und welche die Schatzkammer der Luft genannt wird. Was immer für Leiden und Gebrechen den Menschen plagen, er strauchelt nimmer am Morgen. Der Engel aber, der von Morgen bis Mittag über diesen Wind, der von Osten kommt, befohlen ist, heißt Michael, derselbe Michael, von dem geschrieben steht: ‹Siehe, mein Bote geht dir voran.›
Wenn der Morgenwind erwacht, um in der Welt zu wehen, und zu derselben Zeit einer unterwegs ist und diese Richtung einschlägt, ihm gehen alle Wünsche in Erfüllung, und er ist frohen Mutes den ganzen Tag.
Der Westwind weht von Mittag bis Abend, und mit ihm zusammen gehen aus

vierhundertfünfundsechzig Winde, welche die Gräser, die Bäume und alle Gewächse zum Blühen bringen. Ein Engel ist von Mittag bis Abend über diese Winde befohlen, der heißt Raphael.
Der Südwind weht von Anfang des Abends bis Mitternacht, und mit ihm zusammen gehen aus der Schatzkammer der Luft zweihundertfünfundsiebzig Winde, welche die Erde fett machen und die Kälte lindern. Ein Engel ist über diesen Wind befohlen, Uriel ist sein Name. Dieser Wind legt sich schwer auf die Kranken, und sie fühlen seinen Druck, aber der Welt bringt er Gutes.
Der Nordwind weht von Mitternacht bis Morgen, und dreihunderttausend andere Winde wehen mit ihm zusammen; er ist der rauheste von allen, aber er tut wohl denen, die gebrechlichen Leibes sind.»
In ganz anderer Form tritt uns die Vierheit der lebensspendenden Kräfte in dem Bild der vier Ströme entgegen, die vom Paradies ausgehen (ebenfalls nach bin Gorion 1962):

«Es ging aus von Eden ein Strom, zu wässern den Garten, und der teilte sich von da in vier Hauptflüsse... Der Pischon, auch Ganges genannt, fließt um das ganze Inderland und bringt mit sich das Gold. Der Gichon, das ist der Nil, der fließt um das Land Äthiopien; es ist der größte Strom der Welt. Der dritte Fluß ist Chiddekel, auch Tigris genannt, seine Fluten sind reißend, und er fließt um das Reich Armenien. Der vierte Fluß ist Prat, auch Euphrat genannt, er fließt um das Land der Chaldäer, teilt Babylon und mündet in das Schilfmeer.»

An diesem Bild fällt auf, daß die vier Flüsse, obwohl sie alle dem Paradies entstammen, ihre Quellen an ganz verschiedenen Orten der Erde haben. Das Paradies kann also kein lokalisierbarer geographischer Ort sein, selbst dann, wenn die Pforte, der Eingang zum Paradies an einem bestimmten Erdenort zu finden ist – in Jerusalem. Mit dem Paradies, von dem hier die Rede ist – und so sieht es auch Emil Bock in seiner *Urgeschichte* – kann nur ein geistiges Kräftezentrum gemeint sein, selber nicht physisch-räumlicher Natur, aber in den physischen Raum hineinwirkend. Es ist als ein geistiger Quellort zu verstehen.
Möglich, daß in späteren Zeiten, als das Wissen oder Ahnen von diesen geistigen Kräfteströmen des Lebendigen verblaßte, die Meinung entstand, es seien die erwähnten vier Flüsse der Erde darunter zu verstehen, die vier eben, die man damals kannte und die ja auch in hohem Maße als Lebensspender wirken: ein Versuch gleichsam, das Paradies irdisch zu lokalisieren! Wesentlich jedoch ist, daß wir es wieder – und stärker noch als bei den Winden – mit *vier* Strömen als Trägern der Lebenskräfte zu tun haben, daß diese Lebenskräfte also als ein vierfach gegliedertes Bewegungsgefüge erlebt wurden, von denen jeder Bereich seine eigene, ganz

Abb. 12: Der Wüstenwermut *Artemisia herba-alba*, eine Charakterart der irano-turanischen Vegetation. Frühjahrsaspekt, neben den vorjährigen Fruchtständen treiben neue Blatt- und Blütensprossen aus dem verholzten, hin und her gewundenen, jahrzehntealten Stämmchen. Maktesh Ramon Anfang März 1987.

bestimmte Qualität besitzt. Spiegeln sich nicht in diesen, so wäre zu fragen, die unterschiedlichen Qualitäten der vier Elemente Erde, Wasser, Luft und Feuer? Bei den vier Winden zumindest scheint das der Fall zu sein.*

Behalten wir die damit zusammenhängenden Fragen in Erinnerung und stellen den Hinweis auf mögliche Parallelen zwischen den vier Winden und den vier Elementen noch einen Augenblick zurück – so lange, bis wir uns mit den vier Hauptrichtungen beschäftigt haben, die in Palästina zusammentreffen. Diese sich kreuzenden, durchdringenden, vermischenden Einflüsse sind ja die Ursache der landschaftlichen Vielfalt und der verwirrenden Fülle der Lebensformen und der Lebewesen, die uns hier begegnen. Sie sollen in den folgenden Kapiteln in ihrem ganzen Reichtum entfaltet werden. Um sich aber in ihnen orientieren zu können, ist einleitend eine knappe und skizzenhafte Entflechtung der einzelnen «Lebensströme» nötig, wobei jeder für sich betrachtet werden soll (die in Klammern angefügten Seitenzahlen verweisen den Leser auf die Stelle, wo die betreffenden Sachverhalte ausführlicher behandelt werden). Wir fußen bei unserer Skizze auf den grundlegenden Arbeiten vor allem israelischer Biologen, die ein sehr detailliertes Bild der biogeographischen Verhältnisse Vorderasiens erarbeitet haben.

Die Einflüsse aus dem Osten

Als sich die nördlichen und südlichen Landmassen verbanden und die Tethys zurückgedrängt wurde, wanderte eine Fülle von Pflanzen aus den Trockengebieten Asiens ein – die außerordentlich artenreiche Gruppe irano-turanischer Pflanzen. Der Doppelname soll die unterschiedliche Herkunft charakterisieren: die iranische

* Daß die «Vierheit» in der Mythologie noch ganz andere Dimensionen hat, sei nur am Rande angemerkt (vgl. z. B. H. Gsänger, *Golgatha*, Freiburg i. Br. 1966). Wir beschränken uns hier, um nicht ins Uferlose zu geraten, auf einen ganz bestimmten Aspekt, der mit unseren Betrachtungen in konkretem Zusammenhang steht. – In der Vierzahl spiegelt sich augenscheinlich eine Grundordnung unseres Planeten, taucht sie doch auf den verschiedensten Ebenen immer wieder auf. So beispielsweise in Forschungsergebnissen aus dem Gebiet der Plattentektonik, die auf eine Vierersymmetrie in Form eines Kreuzes oder Tetraeders hinweisen: die horizontalen Drehbewegungen Afrikas und der um 180° gegenüber liegenden Pazifischen Platte weisen auf spiegelbildliche spiralige Strömungsbewegungen der darunter liegenden magmatischen Massen hin; senkrecht dazu verlaufen entsprechende Bewegungen unter den Polkappen (H. G. Wunderlich, *Das neue Bild der Erde*, Hamburg 1975). Man vergleiche damit die frühen Hinweise Steiners auf die tetraedrische Grundstruktur der Erde, die von H.-U. Schmutz (1986) aufgrund moderner geomorphologischer Forschungsergebnisse verifiziert werden konnten. In seinem Beitrag in diesem Buch weist Schmutz auch noch auf eine ältere, Pangaea vorausgehende, hochinteressante Gruppierung der damaligen Kontinentmassen hin, die in einer zuerst ost-westlich, dann zunehmend nord-südlich orientierten Anordnung auf der Erde verteilt waren. Von Anfang an ist also die Vierheit der Kreuzstruktur erdumspannendes Gestaltungsprinzip!

Abb. 13: Uralte Atlantische Pistazie *Pistacia atlantica* in der Artemisia-herba-alba-Wüste des zentralen Negev.

Gruppe, die sich vor allem in den Steppen und Halbwüsten um ihre Leitart, *Artemisia herba-alba,* eine kleine, buschige, verholzende Wermut-Art, gruppiert und die nach Westen weit über Palästina hinaus vorstieß, quer durch die Sahara bis an deren Westrand. Diese Pflanzengesellschaft, die vor allem im nördlichen und zentralen Negev weiträumig verbreitet ist, zeigt dann, wenn es im Winter reichlich geregnet hat, im Frühjahr einen bunten Blütenteppich von unerhörter Farbenvielfalt – die indes nur aus der Nähe erlebt werden kann. Die Verteilung der Pflanzen ist so locker, daß sich die Farbflecke schon auf kurze Entfernung hin in die Umgebung hinein auflösen. Zu diesem iranischen Element gehören aber nicht nur Kräuter, sondern auch kraftvolle Bäume und Büsche, die in ihrer ursprünglichen Heimat, im Zagros-Gebirge Persiens, lichte Steppen-Haine bilden und ebenfalls bis in die Sahara hinein ausstrahlen. Sie gruppieren sich vor allem um *Pistacia atlantica,* die mächtige

Abb. 14: Die Gazellen Israels. Links die grazile Aravagazelle, die anmutigste der vorderasiatischen Gazellen; sie ist wahrscheinlich eine Rasse der Arabischen oder Echtgazelle (rechts). In der Mitte zwei Dorkasgazellen.

Baumgestalten zu bilden vermag. Dazu kommen Mandelarten wie *Amygdalus korschinskii, ramonensis* usw. Im westlichen Negev, nahe der ägyptischen Grenze, am Westrand des Maktesh Ramon, sind Reste solcher Steppengehölze erhalten, mitten in der Wüste, wo sie niemand vermuten würde (vgl. Danin 1983).

Die zweite östliche Einwanderung, die turanische, betrifft echte Wüstenpflanzen, die weithin durch Zentralasien, östlich bis in die Gobi verbreitet sind. Wandert man durch die judäische Wüste, nur wenige Kilometer östlich von Jerusalem und Bethlehem, begegnet man den graugrünen, schwärzlichgrünen, rötlichgrünen Büschen unscheinbarer Gewächse mit zurückgebildeten (oder dickfleischigen, zylindrischen, sproßähnlichen) Blättern und wäßrig fleischigen, an der Basis verholzten Stämmen: Vertreter der Familie der Meldengewächse, *Chenopodiaceae* (Abb. 23), die beim Zerkauen stark salzig schmecken.

In Sanddünengebieten der Arava, des südlichen Grabenbruches, gedeihen die weißlichgrauen, übermannshohen und verholzten, vom Winde verformten Büsche des Saksaul *Haloxylon persicum,* eines typischen zentralasiatischen Wüstengewächses (Tafel 15). Zu dieser Gruppe östlicher Fernwanderer gehört auch die berühmte Rose von Jericho *Anastatica hierochuntica* (Tafel 11) und eine Reihe höchst bezeichnender, verholzender Zwergsträucher aus der Familie der Jochblattgewächse *(Zygophyllaceae).*

Eines der interessantesten Gewächse dieser Region ist die Euphratpappel *Populus euphratica,* deren saftig grünes Laub gar nicht zur Wüste passen will. Aber sie kommt auch nur dort vor, wo ständig Wasser fließt – und sei es auch stark salzhaltig – in einigen wenigen Wüstenwadis und entlang des Jordans, wo sie zusammen mit Tamarisken dichte Uferwälder bildet. Dieser Baum hat ein gewaltiges Verbreitungsgebiet, von China und der Mongolei bis in die westliche Sahara und bis zum Athi-River in Kenia (Engler, Knapp 1973, Walter 1974). Diese Pappel ist nicht nur innerhalb ihres weit gespannten Wohngebietes sehr vielgestaltig, sondern zeigt auch als Einzelbaum eine große Mannigfaltigkeit der Blattgestalt – von weidenartig schmal über pfeilförmig bis rund und queroval. Sie ist einer der wenigen Bäume mit ausgesprochener Blattmetamorphose, und zwar einer solchen, in der die ganze Erscheinungsfülle der Familie, der dieser Baum angehört, durchlaufen wird (*Salicaceae,* Weiden- und Pappelgewächse, Abb. 101 und 102).
Unter den Steppen- und Wüstentieren, die in Vorderasien vorkommen (oder vorkamen), ist es gar nicht leicht zu unterscheiden, wer Zuzügler ist und wer an Ort und Stelle entstanden ist. Palästina liegt ja im Berührungspunkt zweier großer Wüstenbereiche – des saharo-arabisch-indischen Wüstengürtels und des vorder- und zentralasiatischen Wüsten- und Steppenbereiches. Aus letzterem sind, wie wir sahen, viele Pflanzen eingewandert. Bei den Tieren lassen sich solche Aussagen nur in

wenigen Fällen mit ähnlicher Klarheit machen. Mit Sicherheit ist der Onager oder Pferdeesel *Equus hemionus* ein sandbrauner, kraftvoller Wüstenrenner zentralasiatischer Herkunft – sein Verbreitungsgebiet reichte von Tibet und den indischen Wüsten bis Anatolien und Palästina, wo er, als begehrte Jagdbeute, schon früh ausgerottet wurde. Heute wird er, von den Gehegen in Hai Bar aus (S. 184), erfolgreich wieder eingebürgert: mit etwas Glück kann man ihm im Maktesh Ramon im Negev begegnen. Eindeutig zentralasiatischen Ursprungs sind auch einige die Felswüste und das höhere Bergland bewohnende, außerordentlich scheue rote Finken, wie der Einödgimpel *Carpodacus synoicus* des Sinai, Weiß- und Rotflügelgimpel *Rhodopechys obsoleta* und *sanguinea*. Sie gehören zu einem Verwandtschaftskreis, der in den Hochländern Zentralasiens und im Himalaya mit vielen Arten beheimatet ist. Auch die Gazellen gehören hierher, von denen in Israel drei Formen vorkommen: im Norden die Echtgazelle *Gazella gazella gazella*, im Süden die Dorkasgazelle *Gazella dorcas* und in einer kleinen Enklave in der Arava eine Rasse von *Gazella gazella*, die erst kürzlich, gleichsam zufällig, entdeckt wurde – eine winzige Reliktpopulation weniger Tiere in der Schirmakazien-Pseudosavanne des Wadi Arava, der wir noch begegnen werden (S. 40 und Tafel 13). Diese besonders zarten, schlankgliedrigen Tiere scheinen nicht nur einer südlichen Subspecies *Gazella gazella arabica* der Echtgazelle zuzugehören, wie man zunächst annahm, sondern eine selbständige, in der Isolation entstandene Unterart darzustellen (Tchernov 1983).

In den Gazellen haben wir eine Tiergruppe vor uns, die, von ihrem hypothetischen Ursprungsort einmal abgesehen, für die gesamte Wüstenregion der Alten Welt typisch ist und die sich von der Mongolei und den indischen Wüsten bis in die Sahara und durch die gesamten Trockenräume Afrikas bis in die Kapregion verbreitet und in eine große Fülle von verschiedenen Arten differenziert hat. Es sind sozusagen die «klassischen» Wüstentiere, auf wunderbare Weise angepaßt an ihren Lebensraum, mit ihrer Scharfsichtigkeit, ihrem Wüstenkolorit und ihrer Fähigkeit, auf die Aufnahme von Wasser zu verzichten: Gazellen trinken nicht und entnehmen die Flüssigkeit, die sie brauchen, der Nahrung.

Tiere verhalten sich anders als Pflanzen! Während einige sehr markante und auffällige Tiergestalten aus dem tropisch-südasiatischen (also nicht dem gemäßigten irano-turanischen) Bereich einwanderten, ist kein Parallelfall aus dem Pflanzenbereich bekannt. Einige der auffälligsten Vogelgestalten gehören jedenfalls hierher. Der überall häufige, im Flug leuchtend azurblaue, hähergroße und temperamentvoll lärmende Königsfischer *Halcyon smyrnensis* (Tafel 19) – ein Eisvogel, dessen wissenschaftlicher Name von seinem nordwestlichsten Vorkommen bei Izmir (Smyrna) abgeleitet ist – fällt ebenso darunter wie ein kleiner, leuchtend grüner Bienenfresser mit blauem Kopf, der in den heißesten Gebieten vorkommt: der Smaragdspint *Merops orientalis* (Tafel 22). Dazu gesellt sich der Weißbürzelige Haussegler *Apus affinis*, dessen Brutkolonien unter dem Dach des archäologischen Museums von Ayyelet HaShahar zu besichtigen sind (Abb. 33), die versteckt lebende, uhugroße Fischeule *Ketupa ceylonensis*, ebenso wie zahlreiche Libellen und Nachtfalter, vor allem Schwärmer *(Sphingidae)*, allesamt also sehr gute Flieger. Um so mehr erstaunt es, daß einstmals ein ganz anderes Tier hier seine Bahnen zog: der Asiatische Elefant *Elephas maximus.* Daß es wirklich der Asiate und nicht der Afrikaner *(Loxodonta africana)* war (der einstmals «nebenan» in Nordafrika, ebenfalls bis an die Küsten des Mittelmeeres verbreitet war), geht aus bildlichen Darstellungen hervor, die Thutmosis III. (1475–1450 v. Chr.), Tiglat Pileser (1115–1100 v. Chr.) und Assur-Nasirpal (884–859 v. Chr.) auf der Elefantenjagd darstellen (Arnold).

Westliche Einflüsse – das mittelmeerische Element

In diesem Abschnitt können wir uns kürzer fassen. Nicht, weil das mittelmeerische Element etwa eine geringe Rolle spielte – im Gegenteil, sein Einfluß ist sehr groß und spiegelt sich in einer enormen Artenvielfalt und in der Gestaltung ganzer Landesteile. Die gesamte nördliche Hälfte Israels mit Ausnahme des Grabenbruches und der ihn flankierenden judäischen Wüste gehört zur mittelmeerischen Vegetations- und Klimazone, es ist die Region der dichtesten Besiedelung und der intensiven landwirtschaftlichen Kulturen. Nein, wir ersparen uns eine ausführliche Schilderung deshalb, weil es das bekannteste von allen vorderorientalischen Elementen ist, das vertrauteste – jeder kennt die mittelmeerische Flora zumindest von ihrem äußeren Eindruck her aus Italien, Spanien, Griechenland. Außerdem wird es in den anschließenden Kapiteln sehr detailliert behandelt.

Diese Zone endet übrigens nicht am Grabenrand, sondern findet auf der östlichen Seite, in Jordanien, ihre Fortsetzung und zugleich ihre östliche Begrenzung. Die westwärts gerichteten Hänge des östlichen Grabenrandes erhalten noch genügend Feuchtigkeit durch die Westwinde, um mittelmeerische Pflanzengemeinschaften beherbergen zu können.

Eine besonders charakteristische Pflanzenformation des Mittelmeergebietes ist die Macchie – ein dicht verfilzter Busch, der in den feuchteren westlichen Gebieten des Mediterraneis, in Südspanien und Portugal, waldartig zu werden vermag und in trockeneren, aber auch stark überweideten Gebieten fast Steppencharakter bekommt – niedrige Büsche, locker verteilt, wie wir sie aus der griechischen Phrygana, aus der palästinensischen Batha kennen. Dennoch gibt es auch in Palästina richtigen Macchienwald – auf den höher gelegenen Hängen Nordgaliläas und am Berg Karmel. Zwischen die immergrünen Kermeseichen *Quercus calliprinos* mischen sich am Karmel Lorbeer *Laurus nobilis* und wilder Ölbaum *Olea silvestris,* dazu kommen Johannisbrotbäume *Ceratonia siliqua,* Palästinensische Pistazie *Pistacia palaestina,* Erdbeerbaum *Arbutus andrachne* und viele andere.

Im Spätwinter und im zeitigen Frühling ist die mittelmeerische Landschaft ein einziges Blütenmeer. Was sich in den gemäßigten Breiten über Frühjahr und Sommer ausdehnt, ist im Mittelmeerraum auf eine kurze Zeitspanne zusammengedrängt und gesteigert. Ganze Hänge erstrahlen im Gold wilder Margeriten *Chrysanthemum coronarium,* sind von geschlossenen weißen Teppichen verschiedenster Kamil-

Abb. 15: Inbegriff und strahlender Höhepunkt der Mittelmeerflora sind die Zistrosen – hier die zartrosa Blüten des Kretischen Zist *Cistus creticus* – mit ihrem goldgelben Blütenzentrum. Die Blütenblätter sehen immer etwas zerknittert aus.

lenarten, *Anthemis* bedeckt oder scharlachrot gesprenkelt von Mohn, Anemonen, Wildtulpen und Asiatischem Hahnenfuß *Ranunculus asiaticus* (Tafel 6). In der Macchie, der Batha, sind die Kugelbüsche der Zistrosen über und über mit weißen und rosa Blüten bedeckt *(Cistus salvifolius* und *creticus)*. Überall blühen Orchideen und aus Gesteinsspalten leuchten die enggescharten weißrosa Blütengruppen der wilden Alpenveilchen *Cyclamen persicum*, der Stammform unserer Topfcyclamen, und dazwischen stehen die weißen Kerzen und Kandelaber der Asphodelen *Asphodelus ramosus*.

Bienen besuchen die Zistrosen und Salbei-Arten, der Duft der Blüten und der ätherischen Öle erfüllt die Luft. Kleine Grasmücken huschen durch das niedrige Gestrüpp von Versteck zu Versteck und zetern uns an. Es sind typische, altvertraute Bewohner der Macchie, bekannt aus dem ganzen Mittelmeergebiet, allen voran die Schwarzkopfgrasmücke *Sylvia melanocephala*, die wir ebenso in der Provence, in Spanien oder Italien finden können.

Der südliche Einfluß – das afrikanische und gesamttropische Element

Seien es die temperamentvollen, metallisch blau und grün schimmernden Nektarvögel *Nectarinia osea* in einem Garten in Jerusalem, das längst vertraute «bülbül», «bülbülbül», das einem immer dann, wenn man es nicht erwartet (z. B. in einem nordgaliläischen Eichenwald) entgegenschallt und auf seinen Urheber, den amselgroßen, grauen, schwarzköpfigen Bülbül *Pycnonotus xanthopygos* (Abb. 32, Tafel 19) aufmerksam macht, seien es die Schirmakazien am Toten Meer – das afrikanische Element in Palästina ist einfach nicht zu übersehen und zu überhören im vielfarbigen und vielstimmigen Ensemble auf der Bühne der palästinensischen Natur. Es hat seine größte Konzentration naturgemäß im Jordan-Totmeer-Rotmeer-Graben, wo es sich von der Mangrove der Sinaiküste mit ihren Renn- und Winkerkrabben (S. 205 ff.) über die nördlichsten Dumpalmen *Hyphaene thebaica* der Welt (Tafel 15), die Akaziensavannen der Arava (S. 170), die ehedem von Oryx-Antilopen, Straußen und Geparden bevölkert waren, durch die Wüstengebiete südlich des Toten Meeres erstreckt, in denen Ägyptische Wüstenkobras *Walterinnesia* vorkommen (Abb. 59), hin zur afrikanischen Oase von En Gedi am Toten Meer mit seinen Leoparden und Klippschliefer-Kolonien, den Tristramstaren *Onchyognathus tristrami* und afrikanischen Schmetterlingen, und weiter nach Norden zu den Buntbarschen *(Cichlidae)* des Sees Genezareth (S. 249) und den Papyrusdschungeln des Huleh-Sumpfes (Tafel 27). Aber es gibt noch einen weiteren Einwanderungsweg entlang der Küste nach Norden, einen Weg, den der Wüstenwaran *Varanus griseus* gegangen ist und wohl vom Nildelta her auch Nilkrokodil und Flußpferd, diese beiden heute aus der Fauna Palästinas verschwundenen Afrikaner (das Krokodil wurde sehr spät, erst in diesem Jahrhundert, in seinen letzten Refugien in den Küstenflüssen ausgerottet).

Der äthiopische (tropisch-afrikanische) Einfluß ist auf allen Ebenen des Tier- und Pflanzenreiches nachweisbar, sei es in der Wasserinsektenwelt von Wüstenoasen (wo die äthiopischen Elemente 31 %, die saharo-arabischen 19 % stellen; Furth 1983), seien es die Heuschrecken und Gottesanbeterinnen (Bodenheimer 1935 b) oder die Tagfalter (S. 124). Afrikaner sind die lärmenden, schwarzweißen, wie Harlekine aussehenden und sich auch so benehmenden Spornkiebitze *Hoplopterus spinosus* (S. 245, 254, Tafel 27), die möglicherweise das erste sind, was der Palästinareisende zu sehen bekommt, wenn er die Küstenebene durchquert und an abgeernteten, frisch gepflügten Feldern vorüberkommt.

Daneben gibt es eine Reihe von Tieren, deren Herkunft schwer zu entschlüsseln ist, da sie selber oder der Verwandtschaftskreis, dem sie angehören, über die gesamten altweltlichen Tropen verbreitet sind. Dazu gehören das Chamäleon *Chamaeleo chamaeleon,* ein unscheinbarer kleiner brauner Schmetterling mit großen Augenflecken und dem klangvollen Namen *Yphtima asterope* (Tafel 23), der durch ganz Afrika bis Südasien und Australien vorkommt, aber auch der auffällige und temperamentvolle schwarzweiße Graufischer *Ceryle rudis* (Abb. 112) vom See Genezareth, endlich Honigdachs *Mellivora capensis,* Wüstenluchs *Felis caracal* und Stachelschwein *Hystrix indica* (dem östlichen Vertreter des afrikanischen *Hystrix cristata*). Gleichsam beschützt wie in einem Gewächshaus ruht die afrikanische Enklave in der Tiefe des Grabenbeckens, abgeschirmt durch die Hänge der Grabenwand wie durch Mauern. Der nordwärts gerichtete Verlauf dieser Senke könnte den Eindruck vermitteln, als handele es sich hier um einen Wanderweg. Das ist indes nicht der Fall, wir haben es tatsächlich mit so etwas wie einem klimatisierten Gewächshaus zu tun, einem Refugium für eine Tier- und Pflanzenwelt, die ehedem viel weiter verbreitet war, lange vor der Eiszeit, während des Tertiärs, als Afrika-Arabien noch weiter südlich lag, noch getrennt vom euroasiatischen Kontinentblock. Die Fauna und Flora ist also wohl nicht eingewandert, sondern höchstwahrscheinlich mitsamt ihrer Heimatlandschaft nach Norden verfrachtet worden. In dem Graben, der sich erst später bildete, fand sie dann unter den inzwischen rauheren klimatischen Verhältnissen den nötigen Schutzraum. Dennoch ist es erstaunlich, wie die tropischen Lebewesen die Eiszeit überstanden haben, die sich auch in Palästina im Rückgang der Temperaturen ausdrückte, ein Vorgang, der es Lebewesen nördlicher Bereiche ermöglichte, weit nach Süden vorzudringen.

Nördliche Einwanderer und Durchzügler

Schieben sich von Süden her die uralten präkambrischen Granite Gondwanas nach Palästina hinein, so dringen von Norden her die Wellen der jungen alpidischen Faltung bis nach Galiläa, unmittelbar nachdem sie in letzten, mächtigen Bewegungen Libanon und Antilibanon emporgehoben haben. Genau das gleiche Bild zeigen die beiden gegenläufigen Bewegungen der Tiere und Pflanzen, die aus den afrikanischen Tropen nach Norden verliefen, und die südwärts gerichtete Wanderbewegung, die Vertreter gemäßigter Regionen weit nach Süden führte.

Im Unterschied zu den bisher geschilderten Einwanderungsbewegungen gibt es für diese nördliche Gruppe, auch für ihre pflanzlichen Vertreter, keine eigenen Territorien, in denen sie so dominieren, daß sie das Gesamtbild bestimmten. Es existiert in Palästina kein «euro-sibirisches» Gebiet, wie es ein mediterranes, irano-turanisches, saharo-arabisches und sudanisches gibt. Ausläufer davon kommen aber doch recht nah an unser Gebiet heran; so finden sich Tannenwälder südwärts bis in den Libanon, bestehend aus der Kilikischen Tanne *Abies cilicica,* die dort wie im anatolischen Taurus zusammen mit der Libanonzeder auftritt (aber andere Standorte bevorzugt). Diese trockenresistente Tannenart ist über Zwischenformen mit unserer mitteleuropäischen Weißtanne *Abies alba* verbunden – über eine westliche Form der Nordmannstanne *Abies nordmanniana subsp. equi-trojani* in Nordwestanatolien (Troja), die griechische Apollotanne *Abies cephalonica* und die Balkantanne *Abies borisii-regis.*

Nur wenig weiter nördlich, am Nordende des Grabenbruches finden sich im Amanus-Gebirge* bereits die ersten Buchenwälder. Sie schieben sich dort zwischen die Zone der immergrünen Eichen und ostmediterranen Kiefern *Pinus brutia* der Tiefla-

Abb. 16: Wüstenluchs *Felis caracal* und Honigdachs *Mellivora capensis.*

gen und die Tannen- und Zedernbestände der höheren Bergregionen. Diese Wälder aus *Fagus orientalis* (die unserer Rotbuche *Fagus silvestris* sehr nahe steht und ebenfalls über Zwischenformen im Balkan mit ihr verbunden ist) vermitteln dem Besucher einen geradezu mitteleuropäischen Landschaftseindruck, der noch durch die Anwesenheit von Eiben *Taxus baccata,* Stechpalmen *Illex,* Hasel *Corylus avellana* und Silberlinden *Tilla tomentosa* verstärkt wird, und in der Krautschicht des Bodens finden sich Waldmeister *Galium odoratum* und Walderdbeere *Fragaria vesca.* Und dennoch, trotz aller «Ausdünnung», spielen Pflanzen, die holarktischen, die gemäßigten Zonen Eurasiens wie Nordamerikas, das alte Laurasien also, umspannenden Verwandtschaftskreisen entstammen, in zahlreichen Gebieten Palästinas eine durchaus landschaftsgestaltende Rolle. Da sind einmal die Eichen, neben der mittelmeerischen, immergrünen Kermeseiche *Quercus calliprinos* vor allem die laubabwerfenden Arten *Quercus ithaburensis* und *boissieri,* die Tabor- und die Zyperneiche (S. 96). Auch die Kiefern sind als Vertreter der Tannen-Fichten-Kiefernfamilie *(Pinaceae)* eine ausschließlich nördliche Gruppe. Die Aleppokiefer *Pinus halepensis* bildet große, natürliche Bestände am Berg Karmel (S. 115) und dürfte früher viel weiter verbreitet gewesen sein. Dazu gesellen sich ein Ahorn *(Acer obtusifolium),* Rosengewächse wie unsere mitteleuropäischen Arten Heckenrose *Rosa canina* und Weißdorn *Crataegus monogyna,* die Wildpflaume *Prunus ursina* und eine Verwandte der Eberesche und der Mehlbeere, *Eriolobus trilobata,* die im

* Das Amanus-Gebirge (Nur-Daglari) ist auf der Vegetationskarte S. 35 an der nordöstlichen Ecke des Mittelmeeres als eurosibirische Exklave eingetragen.

Abb. 17: Feuersalamander vom Berg Karmel.

nordgaliläischen Meron-Bergland (S. 108) ihre Südgrenze erreichen – sie alle haben ihre Verwandten im Norden und fehlen den Tropen völlig. Das gleiche gilt für die wilde Pfingstrose *Paeonia mascula* (Tafel 8) dieses Gebietes und für die Orchideen der Gattung *Epipactis,* die schattige Wälder und Feuchtgebiete Eurasiens besiedeln und in einer besonders großen und prächtigen Art *(Epipactis veratrifolia)* sogar bis in die Wüste am Toten Meer und bis in den Sinai vorgedrungen sind, wo sie auf überrieselten Tuff-Felsen blühen (Abb. 103).
Nördliche Einwanderer sind die Wildschweine und die Wölfe (letztere bis Südarabien), war das heute ausgerottete Reh, war der Braunbär (Rehe kamen bis Anfang des Jahrhunderts noch in Galiläa vor, Bären am Hermon). In den von Weiden und Tamarisken umstandenen Bachtümpeln des Nahal Arugot bei En Gedi hat der Seefrosch *Rana ridibunda* seine Südgrenze (S. 232), während der Feuersalamander *Salamandra salamandra* bereits in Galiläa haltmacht. Sehr viel weiter über das

Tafel 3
Oben: Lieblicher Frühjahrsschmuck der meisten Mäuerchen und steinigen Plätze ist *Cyclamen persicum.* Diese Wildform unseres Topf-Alpenveilchens ist ungleich anmutiger und zarter als alle Züchtungen.
Unten: Blick vom Gipfelplateau des Tabor über das galiläische Hügelland nach Norden. Anfang April. Aufnahmen A. Suchantke.

Gebiet hinaus nach Süden gewandert sind die Steinböcke *(Capra ibex nubiana)* in den Gebirgen, die das Rote Meer auf beiden Seiten flankieren: bis nach Südarabien *(nubiana)* und Äthiopien *(Capra ibex waliae)*.

Daß die Wanderstraße von Norden nach Süden in der Vergangenheit viel stärker beschritten wurde, dafür gibt es zahlreiche Zeugen, die auf ein kühleres, gebietsweise wohl auch feuchteres Klima während der Eiszeiten hinweisen (Tchernov 1981, Zohary 1983). Das wirkte sich ja beispielsweise auf die benachbarte Sahara so aus, daß dort in weiten Gebieten mittelmeerische Vegetation und in Hochlagen wie im Hoggar, in denen heute eine rein sudanische Pflanzenwelt vorherrscht, gemäßigtkühle Laub- und Nadelholzmischwälder aus Linde *Tilia*, Fichte *Picea orientalis* und Eibe *Taxus* wuchsen – Gehölze, die heute nirgendwo in Afrika vorkommen, auch im Atlas nicht (Moreau 1963, Walter 1973).

Im Vorderen Orient kam es zu ausgedehnten Südwärtsausbreitungen nördlicher Pflanzen und Tiere, teilweise weit über den palästinensischen Raum hinaus – die bereits genannten Steinböcke sind eines der Zeugnisse dafür. Reliktvorkommen von Arten, die sich heute wie Fremdkörper in ihrer wüstenhaften Umgebung ausnehmen, sind weitere Belege. So etwa das völlig isolierte Auftreten einer gelbblühenden Schlüsselblume *Primula boveana*, im Gebirgsmassiv des südlichen Hochsinai, wo sich die zarte Pflanze dank der vielen kleinen Quellen, die allenthalben aus dem roten Granit austreten, hat halten können. Diese Primel gehört zu einem Verwandtschaftskreis, dessen übrige Vertreter im Zagrosgebirge Persiens, aber auch in den Hochländern von Jemen und Ostafrika vorkommen: Fußspuren einstiger Wanderungen. Sie ist nicht allein. In ihrer Umgebung wachsen ein Weißdorn *Crataegus sinaica* und eine Braunwurz *Scrophularia libanotica*, deren nächstbenachbarte Vorkommen im Antilibanon liegen (Näheres, auch Abbildungen von *Primula boveana* bei Danin 1983). Inselartige Reliktvorkommen auf dem Sinai und in der arabischen Halbinsel besitzen einige Tiere, die man dort nicht vermuten würde, sind sie doch alles andere als Wüstenbewohner: Seefrösche *Rana ridibunda* und Sumpfschildkröten *Clemmys caspica*, die Elster *Pica pica asirensis*, deren (heutige) Südgrenze ihres geschlossenen Verbreitungsgebietes durch Nordsyrien und den Irak verläuft und die in Palästina völlig fehlt, eiszeitlich jedoch nachgewiesen ist (Tchernov 1981). Das gleiche gilt für den Westasiatischen Gartenschläfer *Eliomys melanurus*.

Solche inselartigen Vorkommen, weitab vom geschlossenen Verbreitungsgebiet, sind stets Hinweise darauf, daß die betreffende Art ursprünglich viel weiter verbreitet war und ihre Areale dann infolge klimatischer und ökologischer Änderungen aufgab und an geschützten Orten, an denen sich die ursprünglichen Verhältnisse erhielten, Reliktpopulationen zurückließ. Ein besonders interessantes Beispiel sind die Wacholderarten *(Juniperus)*. Diese rein nördliche Nadelholzgattung entsendet eine Reihe von Arten aus der engeren Verwandtschaftsgruppe *sabina* (nach der

Tafel 4
Die Königin der Schwertlilien ist eine der ganz großen Kostbarkeiten der Flora Israels: *Iris lortetii*. Obergaliläa. Aufnahme A. Suchantke.

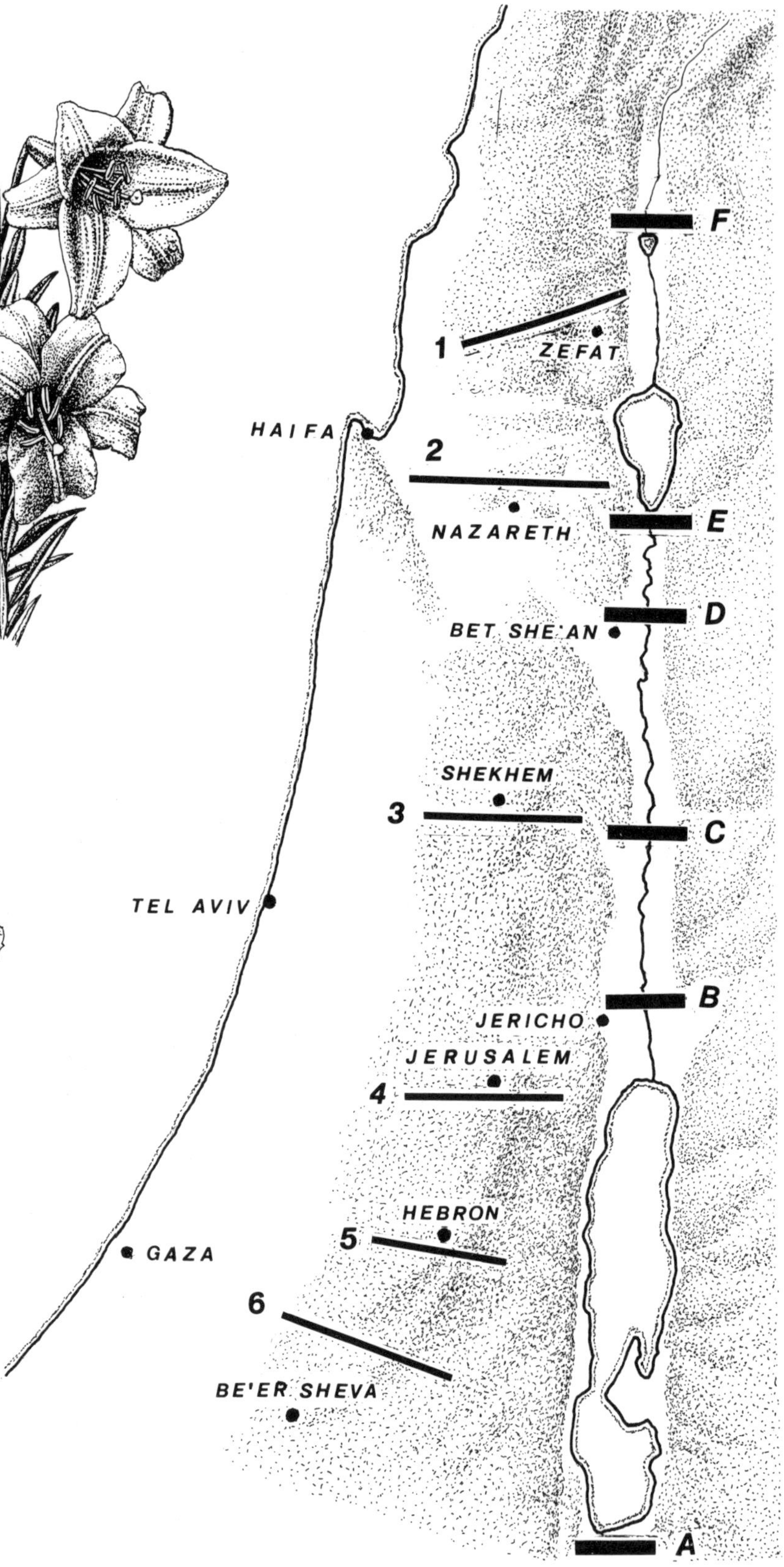

F
1
ZEFAT
HAIFA
2
NAZARETH
E
D
BET SHE'AN
SHEKHEM
3
C
TEL AVIV
B
JERICHO
JERUSALEM
4
HEBRON
5
GAZA
6
BE'ER SHEVA
A

Leitart *Juniperus sabina,* dem Sadebaum) in das Mittelmeergebiet, von denen eine, der im ganzen Mittelmeergebiet in den Küstenbereichen verbreitete Phönizische Wacholder *Juniperus phoenicaea,* isolierte Reliktvorkommen weitab der Küste im Sinaibergland und auf den jordanischen Höhen besetzt. Eine andere Art, die an günstigen Standorten hohe Bäume zu bilden vermag, ist vom Balkan an durch das östliche Mittelmeergebiet und Vorderasien vertreten: *Juniperus excelsa.* Sie findet sich im Libanon und am Hermon, fehlt in Palästina, besetzt aber Inselvorkommen in Hochjordanien, südlich von Amman, und tritt dann wieder in geschlossener Verbreitung in den küstennahen Saudiarabischen Gebirgen auf, von Mekka an südwärts, wo sich eine zweite hochstämmige Art dazugesellt – der Afrikanische Baumwacholder *Juniperus procera.* Beide Arten sind einander so ähnlich, daß sie sich artlich kaum

Abb. 18: Nordgrenze (A–F) tropisch afrikanischer Pflanzen im Bereich des Jordan-Totmeergrabens, und Südgrenze (1–6) nördlicher Gewächse im Hochland westlich des Grabenbruches. Eine weitere, von Süd nach Nord gerichtete Wanderstraße tropischer Elemente verläuft entlang der Mittelmeerküste (nicht eingetragen).

Südgrenze mediterraner Arten:
1 – Obergaliläa: Stumpfblättriger Ahorn *Acer obtusifolium,* Wildpflaume *Prunus ursina,* Eingriffliger Weißdorn *Crataegus monogyna,* Zedernwacholder *Juniperus oxycedrus,* Engelsüßfarn *Polypodium vulgare,* Braunstieliger Milzfarn *Asplenium trichomanes,* Pfingstrose *Paeonia mascula* (Tafel 8).
2 – Karmel: Madonnenlilie *Lilium candidum* (Abb. links oben), Lorbeer *Laurus nobilis,* Judasbaum *Cercis siliquastrum,* Immergrüner Schneeball *Viburnum tinus,* Scharfe Waldrebe *Clematis flammula,* Schwarzstieliger Milzfarn *Asplenium adiantum-nigrum.*
3 – Samaria: die Ulme *Ulmus canescens,* Taboreiche *Quercus ithaburensis* (Abb. 41, auch Tafel 28), Immergrüner Faulbaum *Rhamnus alaternus,* Binsenginster *Spartium junceum.*
4 – Nordjudäisches Bergland: Platane *Platanus orientalis,* Boissier-Eiche *Quercus boissieri,* Syrische Birne *Pyrus syriaca,* Erdbeerbaum *Arbutus andrachne.*
5 – Südjudäisches Bergland: Kermeseiche *Quercus calliprinos,* Palästinensische Pistazie *Pistacia palaestina,* Styrax-Strauch *Styrax officinalis,* Aleppokiefer *Pinus halepensis* (Abb. 48).
6 – Nördlicher Negev: Johannisbrotbaum *Ceratonia siliqua,* der Weißdorn *Crataegus aronia,* Kretischer und Salbeiblättriger Zist *Cistus creticus* (Abb. 15) und *salvifolius,* Alpenveilchen *Cyclamen persicum* (Tafel 3), Dornbibernelle *Sarcopotherium spinosum* (Abb. 27).

Nordgrenzen afrotropischer Gewächse:
A – Schirmakazie *Acacia tortilis.*
B – (Jericho): die Akazie *Acacia raddiana,* Moringabaum *Moringa peregrina* (Tafel 23).
C – *Salvadora persica* (Abb. 87), *Ochradenus baccatus* (Abb. 78, 79), Graufilziger Nachtschatten *Solanum incanum.*
D – (Bet She'an): Sodomsapfel *Calotropis procera,* (Abb. links unten), Akazien-Mistel *Loranthus acaciae* (Tafel 21).
E – *Acacia albida.*
F – (Huleh): Papyrus *Cyperus papyrus* (Tafel 27).
Nach M. Zohary in Atlas of Israel 1970.

Abb. 19: Ein großer Flug Störche gerät über dem Meron-Bergland in aufkommende Gewitterwolken. 11. April 1984.

voneinander trennen lassen (man vergleiche die ausgezeichnete Übersicht bei v. Wissmann 1972). Der Afrikanische Wacholder nun «springt» über die Meerenge am Südende des Roten Meeres (in Wirklichkeit hat sich Arabien erst nachträglich von Afrika getrennt) und bildet von Äthiopien an, den Rändern des afrikanischen Grabenbruches folgend, ausgedehnte Waldgebiete in den Hochländern von Kenia und

Tansania bis zum Nordrand Südafrikas in 10° südlicher Breite. Auf diesem Wacholder-Wanderweg sind viele andere Gewächse mitgegangen. Sie bestimmen dann vielfach das Vegetationsbild und überraschen den Besucher, der die ostafrikanischen Gebirge besteigt: hat man die Tropenzone unter sich gelassen, dann begegnen einem plötzlich gute Bekannte aus den nördlichen Breiten: *Viola*-Arten, Anemonen, Rittersporn *(Delphinium)*, Schlüsselblumen *(Primula)*, Klee *(Trifolium)* und viele andere (vgl. Hedberg 1961).
Wieder sind es die Gebirgszüge, die Wanderbewegungen markieren. Heute sind sie Refugien, in denen sich Arten halten konnten, die während der eiszeitlichen Temperatursenkungen, die sowohl für Palästina (Tchernov 1981) als auch im tropischen Afrika nachgewiesen wurden (Moreau 1963), auf viel breiterer Front nach Süden vordrangen.
So ergibt sich das eigenartige Bild parallel verlaufender, aber entgegengesetzter Ausbreitungsbewegungen in nord-südlicher Richtung, unmittelbar benachbart und einander fast berührend: während in den Gräben tropische Lebensformen – nicht etwa nach Norden wanderten, sondern mitsamt der von ihnen bewohnten Landschaften nach Norden verschoben wurden, wanderten auf den flankierenden Höhenzügen – dem cis-jordanischen und Sinai-Bergland im Westen, den transjordanisch-südarabischen Gebirgen im Osten – nördliche Pflanzen und Tiere nach Süden.
Das Bild bliebe unvollständig, erwähnten wir nicht unter den großen nord-südlich gerichteten Wanderbewegungen den Vogelzug, obwohl er einer anderen Kategorie als den bisher besprochenen Bewegungen angehört. Der Vogelzug ist ein hin- und herflutendes, aber kein Ausbreitungsgeschehen (obwohl auch das, wie bereits an früherer Stelle angedeutet, als gelegentliche Ausnahmeerscheinung vorkommen kann).
Es gibt wenige Orte auf der Erde, an denen sich das Zuggeschehen der Vögel so überwältigend darstellt wie in Palästina: hier konzentriert es sich wie in einem Flaschenhals zwischen Wüste und Mittelmeer. Aber es ist nicht nur das – der wahrhaft grandiose Eindruck wird durch die gewaltigen Zahlen der großen Segelflieger, der zahlreichen Adlerarten, der Pelikane und vor allem der Störche hervorgerufen. Diese Vögel mit ihren mächtigen Schwingen ziehen den Segelflug allem anderen vor; sie lieben es, sich von den warmen Aufwinden ohne eigenes Zutun und ohne Flügelschlag in Spiralen hochtragen zu lassen, mit den Luftströmungen weiterzugleiten bis zur nächsten Thermik, das gleiche Spiel zu wiederholen und so fort. Warme Aufwinde gibt es aber nur über dem festen Land, auf dem Meer fehlen sie; hier müßten die großen Vögel in schwerfälligem und mühseligem Ruderflug selber die Bewegungen vollführen. Deshalb umgehen die Störche, die Adler und die Geier (aber nicht die Kraniche!) das Mittelmeer im Westen wie im Osten und nehmen dabei weite Umwege in Kauf.
Es sind aber nicht nur Europäer, die hier durchziehen. Zwar stammen die auffälligsten und auch die zahlenmäßig vorherrschenden Vertreter, die Weißstörche, aus Osteuropa. Überall sieht man sie im März und April einzeln und in großen Gruppen auf den Wiesen stehen und in gewaltigen Flügen langsam nach Norden kreisen. Ihr Hauptverbreitungsgebiet ist der europäische Osten, dort sind sie, von Niederöster-

reich an, noch häufig, ja sogar in Zunahme begriffen. Aber schon die Schwarzstörche, die gemeinsam mit ihren weißen Vettern ziehen oder für sich in kleineren Verbänden und mitunter in Riesenflügen, die 300 Vögel umfassen können (Beobachtung im Frühjahr 1985, mündliche Mitteilung von Yossi Leshem), haben ein gewaltiges Verbreitungsgebiet, das quer durch das gemäßigte Asien bis zum Pazifik reicht. Dasselbe gilt für die Mehrzahl der großen Greifvögel. Zwar sind die Riesenscharen von Schreiadlern *Aquila pomarina*, die jeden Herbst nach Süden ziehen (am 29. Sept. 1983 flogen zwischen 10.35 Uhr und 14.15 Uhr 45579 Schreiadler in einer breiten Front über Kafr Quassem, einem Beobachtungsposten im Inland. Am folgenden Tage wurden ähnliche Zahlen registriert. Man vermutet, daß in diesen Tagen ungefähr 200000 Schreiadler durch Israel zogen! Leshem 1984), Osteuropäer (und Kleinasiaten), aber die so häufigen fahlbraunen Steppenadler *Aquila rapax* (Abb. 20) und die Kaiseradler *Aquila imperialis*, die ebenfalls in großer Anzahl durchziehen, müssen überwiegend aus den Weiten Zentralasiens stammen – ihre Brutgebiete liegen vom östlichen Europa an ostwärts. Das gleiche gilt für die häufigsten aller durchziehenden Greifvögel, für die Wespenbussarde *Pernis apivorus* (200000 in einer Riesenwelle allein am 5. und 6. Mai 1983 über Elat am Golf von Akaba. Leshem 1984) und für die nördlich-östliche Rasse unseres Mäusebussards, einem Bewohner Nordskandinaviens, Finnlands, Rußlands und Zentralasiens: *Buteo buteo vulpinus* ist im Gegensatz zu unserem heimischen Mäusejäger ein ausgesprochener Fernzieher, der bis nach Südafrika fliegt. Die gewaltigen Mengen, die Palästina durchziehen (Abb. 20), stammen offenbar alle aus Rußland und Westsibirien. So kamen beringte Vögel, die man im Irak fing, aus dem Bereich zwischen Wolga und Nowossibirsk, aber auch aus Armenien (Glutz).

Es ist jedoch nicht nur Palästina, es ist der gesamte Vordere Orient, Palästina und Syrien, das Zweistromland und der Iran, das als Durchgangsgebiet für das Vogelzugsgeschehen dient, dieser Bewegung, die auch in der Neuen Welt, in Nord- und Südamerika, vom alten laurasischen Nordblock in den Südkontinent Gondwana führt, so, als entspräche das Lebensgefühl der Vögel noch der alten Pangaea.

In breiter Front geht der Zug über die Landbrücke hinweg, und es sind in Wirklichkeit nur wenige Arten, deren Weg sich in Palästina trichterartig verengt. Wir nannten sie schon; ergänzend müssen wir noch die Pelikane Südosteuropas und Kleinasiens hinzufügen, die sich eng an die Gewässer des Jordangrabens halten – ohne das Tote Meer natürlich, aber unter Hinzunahme der vielen künstlichen Fischteiche, die südlich des Sees Genezareth für Pelikane, Fischadler, Reiher und Schwarzstörche willkommene Stationen der Zwischenverpflegung darstellen (Abb. 115).

Keine Art hält sich indessen so strikt an eine engumschriebene «Zugstraße» wie die Weißstörche. Vor allem auf dem Herbstzug gleiten sie getreulich den Jordan-Totmeer-Graben entlang und ziehen dann in schmaler Front über die höchsten Ketten des Sinai. Der Golf von Suez wird auf schmaler Flugbrücke an einer bestimmten Stelle, bei El Tor, überquert. Ein Augenzeuge möge hier zu Wort kommen, der das Ereignis von einem Schiff aus am 3. September 1903 beobachtete. «Einige Tausend Störche überflogen in einer Kette aus den Sinaibergen kommend

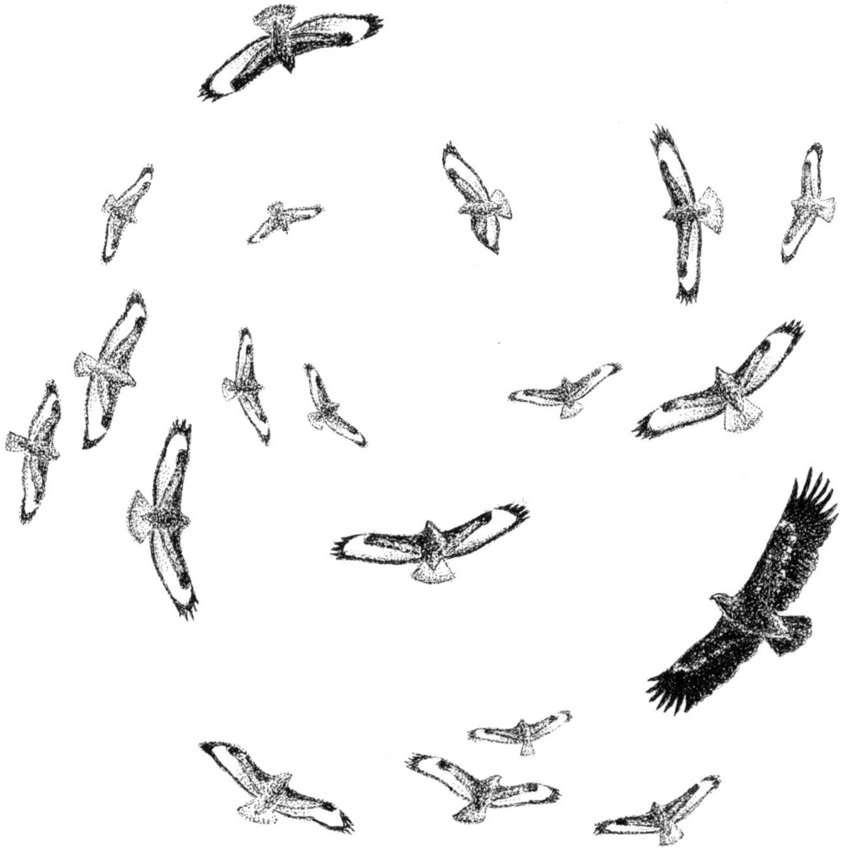

Abb. 20: Blick von unten in einen Schwarm nordeuropäisch-russischer Falkenbussarde *Buteo buteo vulpinus,* denen sich ein Steppenadler *Aquila rapax* aus Zentralasien zugesellt hat. Die Vögel lassen sich von einer Thermik in Schraubenlinien emportragen. Timna, Anfang April 1981.

ganz niedrig einen 3 km von uns entfernten Frachter. Ihnen folgte ein zweiter Schwarm, der den Frachter nach einer Viertelstunde erreichte und sich bis dicht auf das Schiff herabsenkte, um dann ebenfalls nach Afrika weiterzufliegen. Auf der Sinai-Seite war kein Ende abzusehen; immer neue Massen quollen aus dem Tal hervor, in einer einzigen, nirgends unterbrochenen Linie, eine lebendige Kette von Erdteil zu Erdteil. Der Frachter war inzwischen einige Kilometer weitergefahren; die Kette der Störche hielt mit und bildete einen Bogen, der sich immer weiter nach Norden hinauszog. Nun machte sich die Kette vom Frachter los und warf sich mit elegantem Schwung über unser Schiff, das schneller fuhr als der Frachter und diesem inzwischen näher gekommen war. Als sich die Kette über unser Schiff gelegt hatte, war das Ende immer noch nicht abzusehen» (nach Schüz 1971).

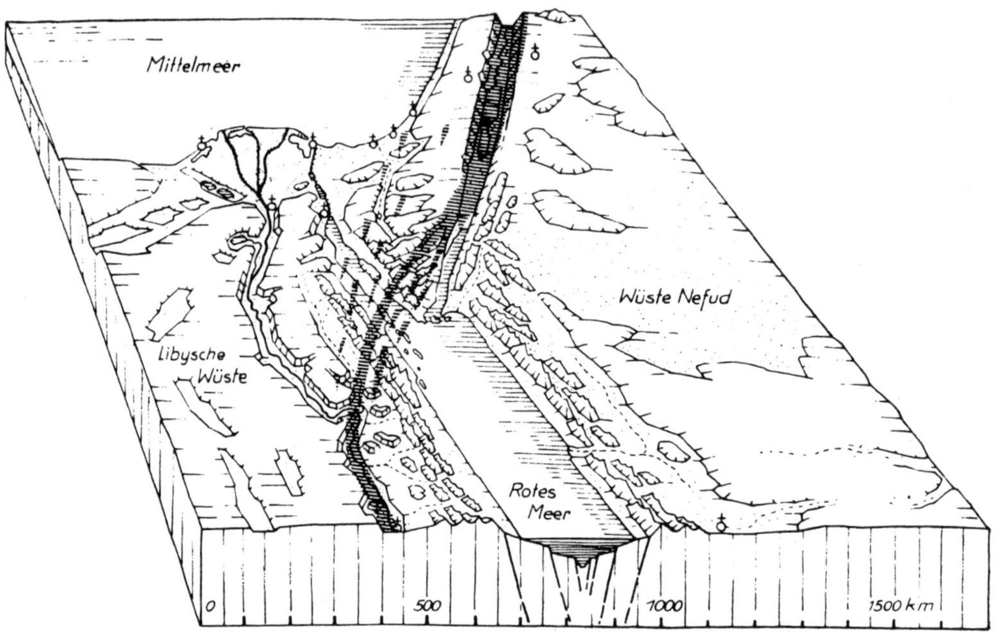

Abb. 21: Herbstzug des Weißstorches in schmaler Front entlang des Totmeergrabens, über den Sinai und den Golf von Suez zum Niltal. Nach Schüz 1971.

Die Erforschung des Zuggeschehens in Palästina wird von den israelischen Ornithologen mit großem Einsatz betrieben, hat sich doch längst herausgestellt, daß es wohl keinen zweiten Ort auf der Welt geben dürfte, wo sich der Vogelzug in ähnlicher Weise konzentriert. Dabei zeigen sich ganz neue und unerwartete Erscheinungen, die beispielsweise die Frage aufwerfen, ob neben der Nord-Süd verlaufenden Hauptzugrichtung noch eine weitere existiert, die das Gebiet in Ost-West-Richtung kreuzt. Man kam auf dieses Problem, weil man im Gegensatz etwa zu den Schreiadlern, die sich klar in Nord-Süd-Richtung durch das Land verfolgen lassen, asiatische Steppenadler in großen Mengen fast nur bei Elat am Golf von Akaba zu sehen bekommt und, in noch größeren Scharen, bei Suez. Schon wenig weiter nördlich, bei Timna im Wadi Arava etwa, sind sie kaum noch festzustellen und treten auch im übrigen Israel nur als sehr spärliche Durchzügler auf. Offenbar zieht die Hauptmasse dieser Asiaten in Ost-West-Richtung durch Palästina, vom Iran kommend, um erst in Afrika nach Süden umzuschwenken (Leshem 1983).

Wie sieht es nun aus mit dem besonderen Charakter jeder der «vier Winde», jeder Einwanderungs- und Ausbreitungsbewegung? Wir hatten ja die Vermutung geäußert, daß in der Darstellung der jüdischen Legendensammlung in den vier Windrichtungen die Vierheit der Elemente angedeutet sein könnte. Prüfen wir den Sachverhalt einmal darauf hin.

Der östliche Wind kommt aus der «Schatzkammer» der Luft, also aus dem Bereich,

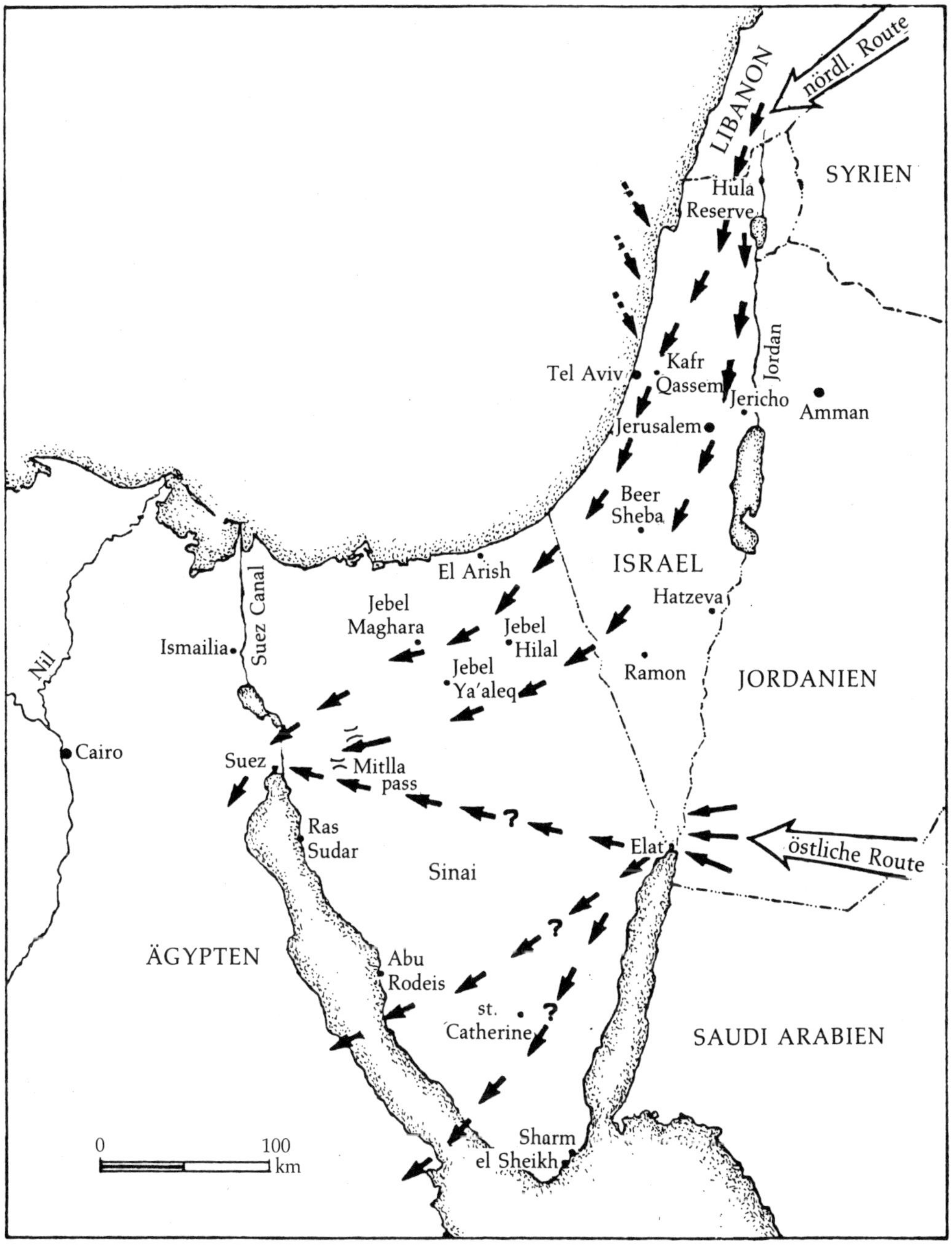

Abb. 22: Hauptrichtungen des herbstlichen Greifvogelzuges im Raum der Levante und des Sinai: eine ost-westlich gerichtete Route quert die nord-südlich verlaufende Hauptzugrichtung. Im Frühjahr ergibt sich ein ähnliches Bild mit umgekehrter Orientierung. (Aus Leshem 1985.)

in dem die durchlichtete, von Winden bewegte Luft über die anderen Elemente – der Erde, des Wassers und des Feuers – vorherrscht.

Es ist der Bereich der irano-turanischen Steppen und Wüsten, genauer: der kalten Wüsten. Wassermangel, durch die Austrocknungswirkung des Windes noch verstärkt, führt zur Blattreduktion, zum Verholzen und zur Sukkulenz. Die Wärme ist jahreszeitlich begrenzt und wirkt in Verbindung mit der Wasserarmut lebenshemmend. Die Möglichkeiten der Erde können nur bedingt erschlossen werden infolge des vorherrschenden Wassermangels, die hohe Salinität der Böden läßt nur Pflanzen zu, die über besondere Anpassungen verfügen. Die Luft ist das dominierende Element – die *bewegte* Luft, der Wind. «Der Wind ist der Hauptakteur bei der Samenverbreitung, und die Anpassungen der Samen sind zwar die gleichen wie in den gemäßigten Gebieten, aber wesentlich verbreiteter», sagt Paul Ozenda über die Pflanzenwelt der Wüste. Ob es sich um lange Federhaare handelt, wie bei den *Stipa*-Gräsern oder, ganz übereinstimmend, bei den für die vorderorientalischen Halbwüsten so typischen Reiherschnabel-Arten *(Erodium)*, ob es die papierartig dünnen Kelche vieler Meldengewächse *(Chenopodiaceaen)* sind, die, oft rötlich gefärbt, den Früchten den Anschein kleiner bunter Blüten geben – was auch tatsächlich stimmt, da die Blütenblätter, die zur eigentlichen Blühzeit unscheinbar klein und grünlich sind, während der Samenreife weiterwachsen, sich färben und eine «Blüte zur falschen Zeit» produzieren (Abb. 23) – etwas, das auch bei Ampferarten vorkommt, wo es dann allerdings die breit geflügelten Kelchblätter sind (Abb. 93), welche die Früchte umgeben und rötlich wie Blüten leuchten; oder die fallschirmartigen Kelche von *Scabiosa prolifera* und *porphyroneura* (Abb. 26 u. 64):

Immer sind es federleichte Bildungen, die vom Wind weit fortgetragen werden können. Manchmal ist es auch die ganze Pflanze selber, die nach der Samenreife abstirbt und sich dabei knäuelig einrollt, wobei die Samen schützend im Innern verborgen werden, wie es die berühmte Rose von Jericho *Anastatica hierochuntica* tut, aber auch manch andere Wüstenpflanzen, die dann als «Steppenroller» oder «Steppenhexen» über weite Gebiete geblasen werden. Auf diese Weise entsteht, im Verein mit der Fähigkeit, bei fehlendem Regen über Jahre hinweg die Keimung zu verzögern, das Bild einer eigenartigen Unbeständigkeit: viele Pflanzen «verlassen ihre Lebensräume ähnlich den nomadischen Beduinen in Jahren der Trockenheit und kehren zurück, wenn sich die Verhältnisse verbessern» (Zohary 1973).

Auch die Tierwelt ist an die Weite des Luftraumes angepaßt – es sind nicht zufällig viele Vogelarten, die aus den östlichen Bereichen, der zentralasiatischen Wüste ebenso wie der südasiatischen Tropen, eingewandert sind, allesamt vorzügliche Flieger. Für die Gazellen, diese wohl scharfsichtigsten aller Huftiere, hat der Luftraum die Bedeutung des Sehraumes.

Von den drei übrigen Winden ist der nächste der von Westen wehende, der, so sagt die Legende, die Gewächse zum Blühen bringe. Nun, wer je zu wiederholtem Male im zeitigen Frühjahr in Palästina war, sei es in dessen mittelmeerischen Bereichen, sei es in den oben erwähnten Wüsten- und Wüstensteppengebieten östlicher Herkunft, der weiß, was die Pflanzen zum Blühen bringt: die Regenfälle des Winters und des Vorfrühlings. Bleiben sie aus, waren sie spärlich, dann blüht nur wenig. Wir

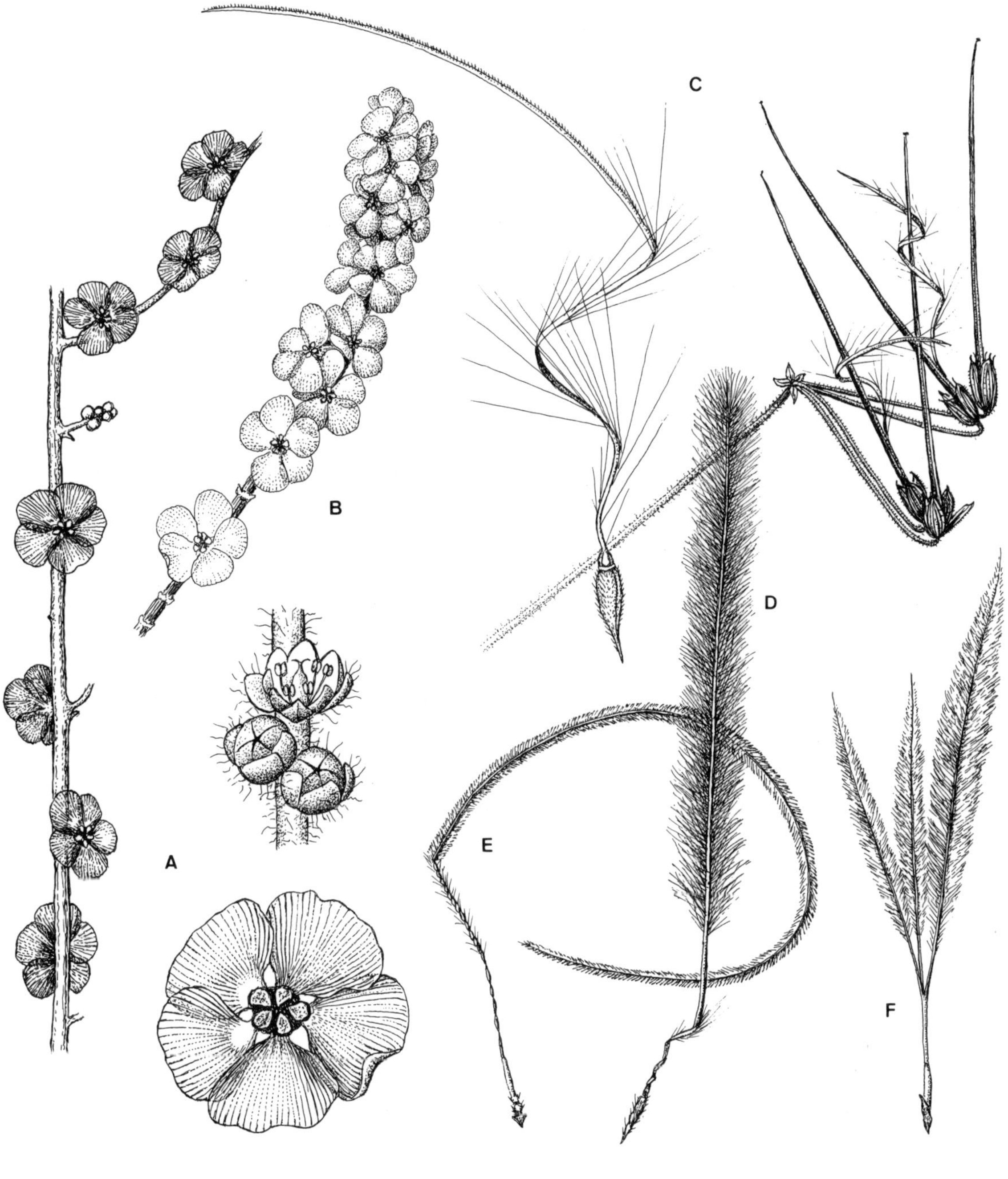

Abb. 23: Visuell auffällige und Flugsamen typischer Wüstengewächse. Links zwei Meldengewächse (Chenopodiaceen) mit reifen Fruchtständen, die ihre Auffälligkeit von den zartrosa getönten Blüten-(Kron-)Blättern beziehen: a) *Salsola inermis,* unten vergrößerte «Frucht», darüber die unscheinbare Blüte, deren Kronblätter erst nach dem Verblühen zu voller Größe heranwachsen werden; b) *Hammada schmittiana;* c) Fruchtstand und vergrößerter Same des Reiherschnabels *Erodium subintegrifolium,* d) von *Erodium glaucophyllum.* Außerdem zwei Federgräser: e) *Stipa barbata,* f) *Stipagrostis lanata.* Nach Flora Palaestina.

haben uns damit ja bereits ausführlich beschäftigt. Wenn gewisse Gegenden der Wüste mit einem dichten, vielfarbigen Blütenteppich bedeckt sind, dann deshalb, weil hier vor kurzem ein starker Regenfall niedergegangen ist (vgl. auch S. 199 und Tafel 16). Die Westwinde bringen den lebenspendenden Regen vom Mittelmeer.

Der Südwind ist natürlich der Überbringer der Wärme, des Feuers – er ist es, der «die Kälte lindert». Andererseits «legt er sich schwer auf die Kranken, und sie fühlen seinen Druck»: eine Erfahrung, die auch der Gesunde machen kann, wenn tagelang der heiße Wüstenwind, der Chamsin, aus Süden weht.

Der Einfluß des Südens ist naturgemäß im Gebiet des Jordan-Totmeer-Grabens am stärksten: abgeschirmt nach Osten wie nach Westen und offen für die Einflüsse, die von Süden her, vom Roten Meer, eindringen. Wenn auch die meisten afrikanischen Tiere und Pflanzen dieses Gebietes, wie wir bereits festhielten, keine Einwanderer im üblichen Sinne sind, sondern wohl eher mitsamt ihrer Heimat nach Norden verdriftet wurden, so konnten sie sich doch nur halten, weil tropische Klimaeinflüsse von Süden her die Voraussetzungen dazu schufen. Das Rote Meer ist noch in seinen nördlichen Buchten ein tropisches Meer, die Mangrove an seinen Küsten bezeugt es ebenso wie der unerhörte Reichtum der Korallenriffe noch im Golf von Akaba, die ihren indopazifischen Pendants in nichts nachstehen. Auf der Karte der Vegetationszonen Palästinas ist der Vorstoß tropischen Klimas vom Roten Meer aus als weit nach Norden reichender Keil zu erkennen, seine allmähliche Abnahme an den sukzessiven Nordgrenzen tropischer Gewächse (vgl. Abb. 18).

Die Eigenschaften des Nordwindes sind in der knappen Legende nur angedeutet. Er wirkt, obwohl er der «rauheste von allen» ist, wohltuend auf diejenigen, «die gebrechlichen Leibes sind». Er wirkt also gesundend, stärkend. Ob damit die Kräfte der Erde gemeint sind? Im Norden jedenfalls liegen die Gebiete, in denen die Erde fruchtbar, wo sie «gesund» ist – nicht in den Wüstengebieten des Südens und erst recht nicht in den versalzenen Böden des Jordan-Tieflandes auf den sterilen Lissanmergeln. Nach Norden zieht sich das Gebiet des «fruchtbaren Halbmondes». Es umfaßt den Norden Palästinas und greift von dort nach Nordosten aus. Hier ist es die Erde – natürlich im Verein mit dem Wasser – die eine reiche Kultur ermöglichte, die Züchtung der Kulturpflanzen und der Haustiere. Die nördlichen Gebiete, vor allem das anatolisch-armenisch-iranische Hochland, sind es auch, welche die größte Zahl von lokalen Neubildungen in der Pflanzenwelt besitzen, die größte Zahl von Endemiten. Palästina, Arabien, Ägypten, die Wüstengebiete also, haben viel weniger hervorgebracht (Zohary 1973). Hier ist es auch die Erde, die ihre Fruchtbarkeit immer wieder erneuert; durch die Mineralstoffe, die von den Flüssen aus den Gebirgen mitgebracht und durch Bewässerung (und Überschwemmungen) auf die Felder geleitet werden.

Eine Frage bleibt zum Schluß übrig und drängt sich immer mehr auf: besitzt denn Palästina gar nichts ihm Eigenes, Typisches, etwas, das diesem Gebiet seinen spezifischen Charakter verleiht?

Palästinas Schicksal ist es, Durchgangsland zu sein, Kreuzungspunkt der Karawanen; es ist Schnittpunkt dreier Kontinente und Berührungsort der Tropen mit den gemäßigten Breiten. Alles, was es besitzt, scheint es, kommt von irgendwo anders her.

Abb. 24: Einige Steinschmätzer Vorderasiens: Oben futtertragendes Männchen (links) und Weibchen des Saharasteinschmätzers *Oenanthe leucopyga*. Links unten der auch in Mitteleuropa vorkommende Graue Steinschmätzer *Oenanthe oenanthe*; in der Mitte Schwarzrükkensteinschmätzer *Oenanthe lugens*, rechts unten Wüstensteinschmätzer *Oenanthe deserti*.

Aber das ist es gerade: das Besondere Palästinas ist nicht quantitativer Natur, liegt nicht in der Zahl der Pflanzen- und Tierarten, die ihm eigen sind und an anderen Orten fehlen, nein, Palästinas Eigenart ist qualitativer Natur: es ist die Komposition der Vielfalt seiner Naturräume und seiner Lebewesen. Darin ist es unübertroffen. Dazu gehört, daß manche Vertreter des Tier- und Pflanzenreiches, obwohl keineswegs auf diese Region beschränkt, gerade in Palästina eine erstaunliche Vielfalt und besondere Höhe ihrer Entwicklung erreicht haben.

Unter den Vögeln wären da etwa so typische Wüstenformen wie die Steinschmätzer *Oenanthe* zu nennen. Sie sind ebensowenig wie andere charakteristische Wüsten-

und Steppenvertreter, die Flughühner, Trappen und Lerchen beispielsweise, nur hier zu finden, sondern über ein gewaltiges Gebiet verbreitet, das praktisch alle Trockengebiete der Alten Welt (und, wie im Falle der Lerchen, auch die Kultursteppen) umfaßt. Aber in den palästinensisch-arabischen Wüsten haben sie ihre größte Vielfalt erreicht: das kleine Israel besitzt, mit Gästen und Durchzüglern elf Steinschmätzer-Arten, von denen sieben Brutvögel sind (zum Vergleich: in Deutschland kommt eine Art vor, in Spanien finden sich drei, in Marokko sieben Arten).

Auch die Gazellen haben in diesem Raum, faßt man ihn nur nicht zu eng, ein ausgesprochenes Mannigfaltigkeitszentrum – wiederum wird das kleine Israel von drei verschiedenen Formen bewohnt (siehe S. 42).

Sind die Steinschmätzer besonders hübsche und aparte Vögel, so dürften die Gazellen, was Schönheit und Vollkommenheit der Körperproportionen angeht, die Krone unter den Säugetieren verdienen (mit «ghazzale» bezeichnen die Araber die grazilsten und liebreizendsten ihrer jungen Mädchen). Die Anmut ihrer Gestalt, sei es im Sprung, im schnellen Lauf, im gemessenen Schreiten, beim aufmerksamen Lauschen im Stand, vermittelt einen ästhetischen Genuß von solcher Reinheit und Intensität, wie ihn sonst nur Schöpfungen der Kunst bieten: hier wächst Natur über sich selber hinaus.

Im Pflanzenreich ist es nicht anders – wieder ist es nicht die Quantität, die das Besondere ausmacht (Palästina weist weniger Endemiten – auf sein Territorium beschränkte Arten – auf als der Libanon oder Arabien); es ist die Qualität: Palästina besitzt unübertroffene «Meisterwerke» edelster Blütengestalten. In erster Linie verdient hier eine Gruppe nahverwandter Schwertlilien Erwähnung, aus einer Sippe, die auf den Vorderen Orient beschränkt ist und in Palästina ihre höchste, formen- und farbenreichste Ausgestaltung erreicht. Der Reigen abweichender Blütenfarben reicht von den tiefschwarzen *Iris atrofusca* und *loessicola* über die bizarr schwarzweiß gemusterte *nazarena* und die dunkel blauviolette *heynei* und die zartlila *mariae* bis zu den weißen, purpurn überhauchten *samaria* und *lortetii*. Diese letztere, die unter Liebhabern als schönste aller Schwertlilien gilt, ist eine königliche Blume von solcher Ausstrahlung, daß ihr Anblick, begegnet man ihr zum erstenmal, einem buchstäblich den Atem verschlägt (vgl. die Seiten 87 ff. und die Tafeln 4 und 5).

Im Raum von Palästina und in seinem Umkreis wurden aller Wahrscheinlichkeit nach einige jener Kulturpflanzen entwickelt (oder die ersten Schritte zu ihrer Veredelung getan), ohne die menschliche Existenz nicht denkbar ist: die Züchtung von Weizen, Gerste und Hafer scheint hier begonnen zu haben (S. 257 ff.) und möglicherweise wurde in diesen Gebieten auch der Ölbaum in Kultur genommen (Zohary vermutet das aufgrund linguistischer Hinweise). Gleiches gilt für die Mandel, von der mehrere (bittere) Wildarten wie *Amygdalus communis* und *korschinskii*, die als Ausgangsformen in Frage kommen, charakteristische Elemente der palästinensischen Flora darstellen. Schließlich scheint die Dattelpalme in Palästina und in der benachbarten syrisch-mesopotamischen Region ihre Urheimat zu haben, Zohary (1973) ist davon überzeugt: «Durch das ganze Gebiet finden sich Bestände von *Phoenix dactylifera* an Stellen, die weit von gegenwärtigen oder früheren mensch-

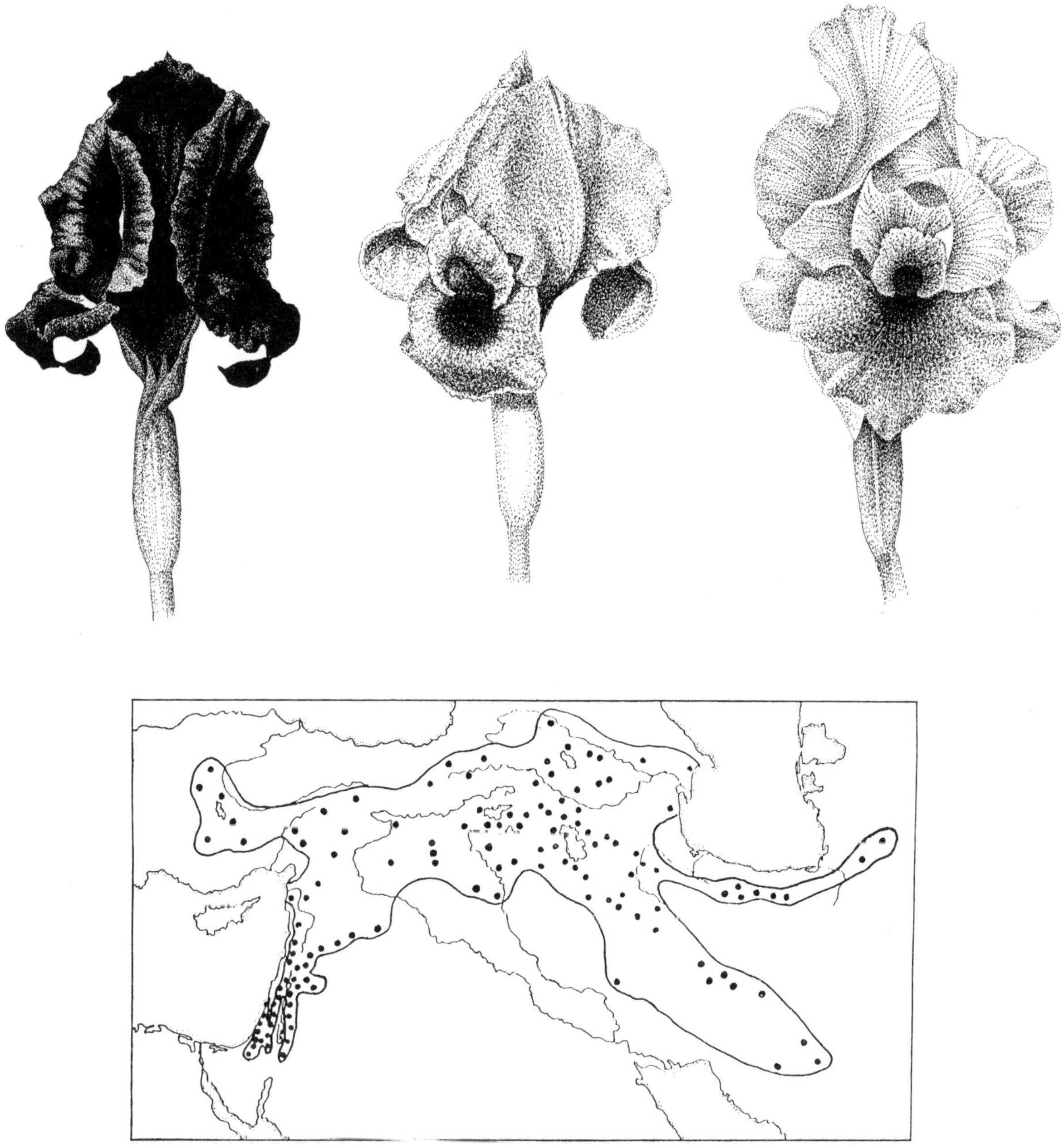

Abb. 25: Die prächtigen, großblütigen Schwertlilien aus der *Oncocyclus*-Sippe sind auf das Gebiet des «Fruchtbaren Halbmondes» beschränkt. Die Häufung der Funde in Israel ist einerseits Ausdruck der besonders guten Durchforschung dieses Raumes, andererseits erreicht hier die Formenvielfalt der Gruppe ihren Höhepunkt. Oben drei Arten aus Israel: links die tiefschwarze *Iris atrofusca*, in der Mitte die zartviolette *Iris mariae*, rechts die strahlend weiße, hell purpur übergossene *Iris lortetii*. (Verbreitungskarte aus Avishai 1981).

lichen Siedlungen entfernt sind. Ein Beispiel sind die Vorkommen an steilen, steinigen Hängen gegen das Tote Meer zwischen dem Arnon-Fluß und der Lissan-Halbinsel. In dieser unzugänglichen, steinigen Wüste wurde niemals irgend etwas angebaut.»

Und heute – wehen die vier Winde immer noch? Offenbar! Daß die kulturgeschichtliche Ebene von ihnen genauso beeinflußt wird wie die naturgeschichtliche, wird Wolfgang Fackler in seinem Beitrag zeigen. Erlebt man das moderne Israel mit seinen Menschen, dann spürt man wahrlich, wie sich hier Vertreter der ganzen Menschheit aus den vier Himmelsrichtungen zusammengefunden haben, aus Asien und Amerika, aus Europa und Afrika, um etwas ganz Neues zu schaffen – etwas *qualitativ* Neues.

Aber die kultur- und menschheitsgeschichtliche Ebene unterscheidet sich doch in einer Hinsicht grundsätzlich von der naturgeschichtlichen – sie besitzt eine Dimension, die dem Bereich der von uns behandelten rein biologischen Abläufe fehlt. Mag Palästina im Verlauf seiner Kulturgeschichte auch noch so sehr von überraschend ähnlichen Nord-Süd- und Ost-West-Auseinandersetzungen geprägt worden sein, so bleibt doch die Tatsache bestehen, daß gerade in diesem Raume vollkommen neue Kulturimpulse auftraten, die den Gang der menschlichen Geistesgeschichte auf das stärkste und nachhaltigste beeinflußten. Diese Impulse sind keineswegs etwa bloße Synthesen und Synkretismen aus vielerlei Einflüssen, die hier natürlich aus allen vier Weltrichtungen aufeinandertrafen, sondern originäre Schöpfungen innerhalb dieses Raumes, die dann von Palästina aus über die ganze Welt hin in «alle vier Winde» ausstrahlten.

Um so beeindruckender bleibt, wie auch die Natur diesen Zentralort der Erde ausgezeichnet hat. Es könnte als Hinweis darauf verstanden werden, daß wir es wohl mit zwei unterschiedlichen Bereichen zu tun haben – Natur und Kultur sind, wiewohl ineinandergreifend, so doch getrennte Ebenen –, aber mit ein und demselben Geschehen in beiden Sphären, jede auf ihre spezifische Art und Weise prägend.

Wanderungen durch die Landschaften Palästinas

Der liebliche Garten: das mittelmeerische Palästina

Blütenfülle des Frühlings

Kleine, schmale Ackerstreifen in warmen Brauntönen, in Terrassen sorgfältig übereinandergestuft und jeder Windung des Berghanges angeschmiegt. Ein arabischer Bauer, sein weißes Kopftuch leuchtet weithin, führt den Pflug, vor den ein kleines Eselchen gespannt ist. Kunstvoll erscheinen die Stützmauern aufgeschichtet, die den Acker vor dem Abrutschen und Abschwemmen bewahren, die Furchen sind säuberlich von Steinen gereinigt. Überall im Gebiet von Jerusalem und Bethlehem und bis hinüber nach Hebron sieht es so aus, an den steilen Hängen des judäischen Hügel- und Berglandes – uraltes, ältestes Kulturland, bis auf den heutigen Tag von der Hand des Menschen und mit Hilfe seiner Tiere gepflegt; allerdings auch viel Aufgegebenes, Verfallenes, im Stich Gelassenes, das nun wieder von Macchie überwuchert oder mit Aleppokiefern und Zypressen aufgeforstet wird.
Warum beglückt den Besucher diese Landschaft so mit ihren Oliven- und Mandelbäumen, im Frühlingskleid eines überreichen Blütenschmuckes? Es ist die «klassische Landschaft», wie wir sie an so vielen Stellen des Mittelmeeres finden, die griechische Landschaft. Hier scheinen Mensch und Natur in vollkommener Harmonie zu sein, obwohl es eine ganz und gar vom Menschen geschaffene Landschaft ist, in der von den ursprünglichen Macchienwäldern aus stacheligen Kermeseichen, Aleppokiefern und wilden Mandelbäumen nichts mehr oder nur noch kleine Reste übrig sind.
Woran liegt es also? Eine Fahrt hinunter in die Küstenregion, in die breite Ebene von Yesreel oder zu den trockengelegten Huleh-Sümpfen im Norden des Sees Genezareth zeigt es sofort. Dort arbeitet der Mensch mit Maschinen, und Landschaft und Mensch müssen sich der Maschine anpassen: vollkommene Monotonie, mit dem Lineal ausgerichtete Felder im rechtwinkligen System, keine bewegten, geschwungenen Linien und Formen, keine Bodenerhebungen oder -vertiefungen, kein Baum – oder, wie in den Zitrus- und Avocadoplantagen, nur noch Bäume, alle gleich geformt, gleich groß, gleich alt. Riesige Flächen sind von weiß glitzernden Plastikbahnen bedeckt, die in der Abenddämmerung wie Wasserflächen schimmern und durchziehende Reiher verleiten, zur Nachtruhe einzufallen; verunsichert und verloren stelzen sie dann an den Rändern herum. Keine Büsche oder Hecken, keine nutzlos und farbenfroh vor sich hinblühenden Acker- und Wegrandkräuter – Maschinen, Plastik und Gift lassen nichts Störendes aufkommen.

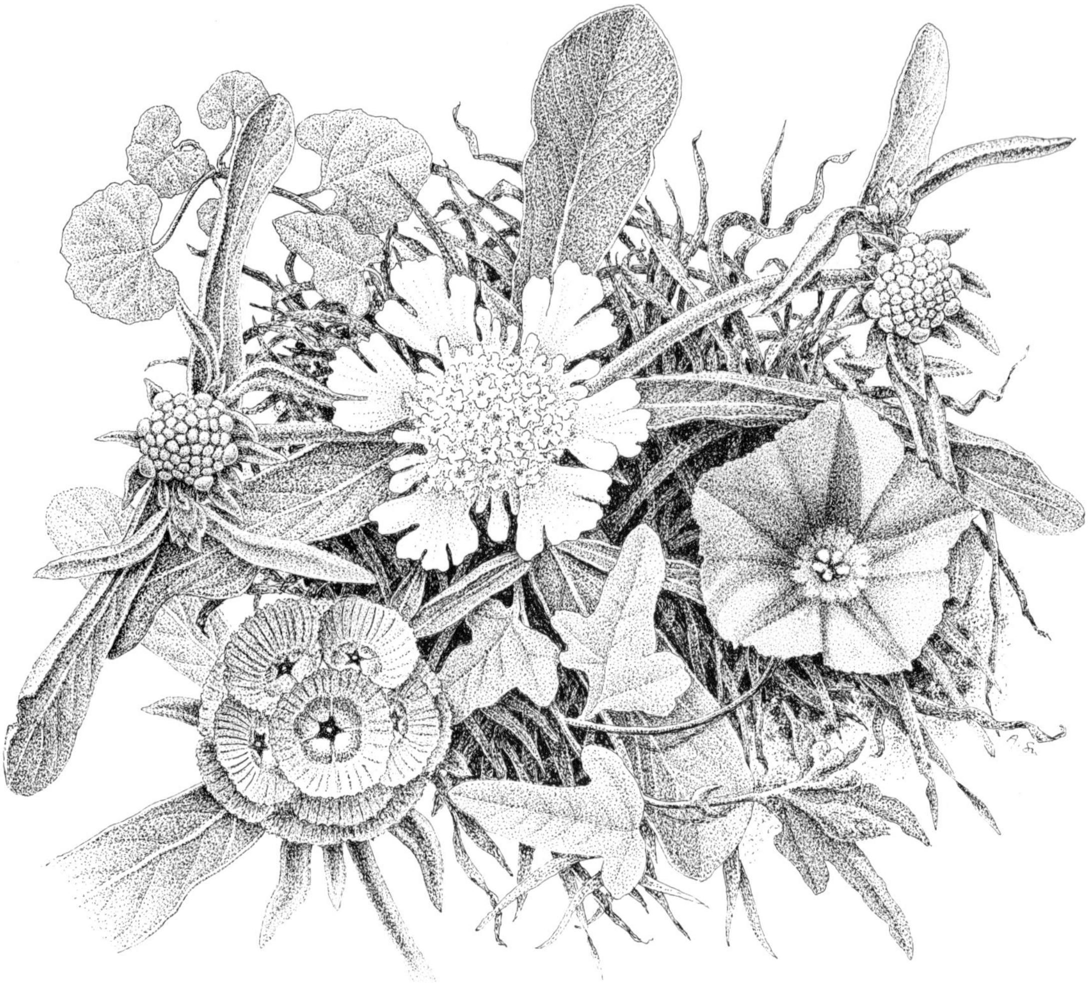

Abb. 26: Rasenstück vom Berg Karmel mit blaßgelb blühender *Scabiosa prolifera* – links unten ein Fruchtstand – und der zartrosa Winde *Convolvulus coelesyriacus* mit verschieden gestalteten Blättern.

Wie anders hier oben an den Hängen der kleinräumig verwinkelten Täler, jedes eine Welt für sich. Die steilen, steinigen Hänge erlauben es nicht, zwischen den Menschen und die Natur Maschinen zu stellen, deren Forderungen sich beide, Natur und Mensch, zu fügen haben. Hier ist es unmittelbare und direkte Auseinandersetzung des einen mit dem anderen, und das führt allemal zu stärkster gegenseitiger Beeinflussung. Der Mensch muß sich den Bedingungen anpassen, die ihm die Natur, die Art des Bodens, des Gesteins und der Erde und die Landschaftsstruktur stellen. Greift er verändernd und umgestaltend ein, dann immer so, wie es ihm die Natur vorschreibt und erlaubt. Er lernt von der Natur, wie er mit ihr umzugehen hat.

Natürlich ist da nicht alles Gold, was glänzt, viele dieser «klassischen» Landschaften im Mittelmeergebiet, von Spanien über Italien bis Griechenland und bis zum Vorderen Orient, sind durch schonungslose Überweidung und Entwaldung verarmt, verwüstet, verkarstet und erodiert. Aber von diesen Landschaften ist hier nicht die Rede, wohl aber von solchen, wo der Mensch kultivierend und pflegend auftritt, mit seinen Ölbaumhainen und Weingärten, Getreide- und Linsenäckerchen, die er in liebevoller Arbeit dem steinigen Boden abringt. Hier zerstört er die Natur nicht, sondern verwandelt sie und gestaltet sie um. Wieviel reicher ist diese Kulturlandschaft als der niedrige Kiefern- und Eichen-Macchienwald, der vorher die Hänge überzog und wenig Platz für einen reichen Blütenflor ließ. Und dieser ist auch gar nicht total verschwunden – hainartige Gehölzgruppen blieben überall da erhalten, wo der Boden zu steinig und zu steil zur Bearbeitung ist und wo die aus den Feldern herausgelesenen Steine abgelegt werden. Kugelrunde, saftig hellgrüne Bäumchen der Kermeseiche *Quercus calliprinos* stehen auf ihren kurzen, verwinkelten und gekrümmten Stämmchen, und unter den lockeren Ästen der Aleppokiefern *Pinus haleppensis*, die das Licht ungehindert durchlassen, sind goldene Fluten blühenden Ginsters ausgeschüttet. Dazwischen funkelt goldrot das junge, in Entfaltung begriffene Laub der Palästinensischen Pistazienbüsche *Pistacia palaestina*, und die dunkelgrünen, breit hingelagerten Styraxbüsche *Styrax officinalis* sind weiß beschneit von abertausend kleinen Blütenglocken.
Anders als im Wald, wo der tiefe Schatten der eng stehenden Bäume jeden Bodenwuchs behindert, geben die einzeln stehenden Bäume reichlich und genügend Platz für einen üppigen Kraut- und Blumenflor. Überall dringt die Sonne ungehindert zum Boden, und nur in Stammnähe breitet sich Schatten aus, den wieder andere Kräuter bevorzugen, Aronstabarten vor allem, mit schwärzlich dunkelpurpurner Tüte *(Arum palaestinum)* oder, eigenartig befremdlich in seiner Tierhaftigkeit, *Arum dioscoridis*: die Spatha ist auf gelbgrün hellem Grunde mit unregelmäßigen größeren und kleineren, ineinanderfließenden schwarzen Flecken bemalt, die sich in der dunklen Höhlung des Schlundes verlieren. Auch die Alpenveilchen lieben die Nähe der alten Ölbäume, sie siedeln sich direkt zu ihren Füßen an, und das lichte Karmin ihrer Blüten, mal aufgehellt bis zum Weiß, an anderen Stöcken zu intensivem Lila abgedunkelt, leuchtet wie kleine Freudenrufe vor dem ernsten Dunkel der schwärzlichen Stämme. Überall blühen sie im März und April, dort, wo sie sich mit ihren handgroßen, kreisförmigen Knollen in Spalten oder Hohlräume zwängen können, zwei Dutzend und mehr der Blüten bilden an Terrassenmäuerchen, an Erd- und Steinwällen bunte, farbenfrohe Sträuße. *Cyclamen persicum* ist die Stammform der Topfpflanzen unserer Fensterbänke und von wesentlich stattlicherem Wuchs und von hellerer Blütenfarbe als unsere Europäischen Alpenveilchen *Cyclamen europaeum* der lichten Südalpenländer, und unendlich viel schöner als die immer etwas aufgedunsenen und wäßrig wirkenden Verwandten aus den Blumenläden. Das Karmin ihrer Blüten ist nie gleichmäßig verteilt, meist ist das Blütenzentrum dunkler, und die nach oben geschlagenen Kronzipfel werden von einem zunehmend aufgelichteten Rosa überhaucht, was ihnen, im Verein mit ihren angedeuteten Drehungen und Windungen, den Anschein hell züngelnder Flämmchen verleiht (Tafel 3).

Den gleichen Farbton greift die Ackergladiole *Gladiolus italicus* auf, steigert ihn aber ins Kräftige und Einheitliche. Das leuchtende Karmin ihrer Blütenkerzen ist überall zu sehen, mit Vorliebe in Getreidefeldern und an Wegrändern. Eine typische Mittelmeerpflanze, die ebenso in Spanien oder Italien zu finden ist, und die das saftige junge Grün der Getreidefelder mit rosa Flächen und Farbtupfen belebt. Eine Besonderheit Vorderasiens ist dagegen die nahverwandte *Gladiolus atroviolaceus*, von ganz ähnlich hohem Wuchs, aber mit abgedunkelter, purpurvioletter Blütenfarbe. Wo die Gärten und Terrassenäckerchen verwildern, dringen sofort die Zwergsträucher aus der Batha der umliegenden Trockenhänge ein. Es ist eine Pflanzengemeinschaft, die sich um das ganze Mittelmeer zieht, von wechselnder Zusammensetzung ihrer Arten, aber überall von ähnlichem Aussehen. Sei es die provenzalische Garrigue, sei es die griechische Phrygana: dornige, stechende Gewächse geben darin vielfach den Ton an – die Antwort der Pflanzenwelt auf die starke Beweidung: es ist die bevorzugte Schafweide. Ein guter Bekannter aus Griechenland um Delphi und vom attischen Hymettos bestimmt auch hier das Bild – die Dornige Bibernelle *Sarcopotherium spinosum*, ein Rosengewächs unscheinbaren Zuschnittes, das durch seine schönen Halbkugelpolster der Landschaft einen kleinräumig welligen Aspekt verleiht. Unscheinbare hellgrüne Blütchen sitzen zwischen den winzigen Fiederblättchen, und das Ganze ist überzogen und durchwebt von einem schützenden Netzwerk regelmäßig polygonal verzweigter abgestorbener Ästchen, die in spitzen Dornen enden, zwischen denen später die scharlachroten kleinen Früchte hindurchschauen. Dieses Stachelgitter, das aussieht, als sei es aus Maschendraht, allerdings mit lauter freien, spitzen Enden, ist ein Abschirmungsmotiv, das auf verblüffend übereinstimmende Weise von ganz anderen Pflanzen aufgegriffen wird, so von der griechischen, in Palästina nicht vorkommenden, Igelwolfsmilch *Euphorbia acanthothamnos*, aber auch von einigen Wüsten- und Halbwüstenpflanzen, denen wir noch begegnen werden, dem Kreuzblütler *Zilla spinosa* und dem Korbblüter *Launaea spinosa*. Stachelpolster, Igelpolster sind Antworten der Pflanze auf trockene, heiße Standorte, die Abschirmung nach außen geschieht durch abgestorbene, zu Dornen und Stacheln erstarrte Bildungen, die Pflanze zieht sich kugelig in sich selber zurück. Die Kakteen machen das auf ihre Weise, und wahrhaft landschaftsbestimmend wird die Erscheinung, wenn man auf die Höhen der vorderasiatischen und nordafrikanischen Gebirge oberhalb der Baumgrenze steigt, wo noch der tägliche Wechsel von

Abb. 27: Nicht näher verwandte Pflanzen trockener Standorte mit Stachelbildungen aus abgestorbenen Triebspitzen, die sich gitterartig über die lebenden Teile legen:
Oben links der Korbblütler *Launaea spinosa*, daneben der habituell ganz ähnliche Kreuzblütler *Zilla spinosa*; in der Mitte eine Jungpflanze von *Zilla*. Beides sind reine Wüstenformen, die im Negev und der Arava nebeneinander vorkommen.
Unten wiederum ein «Ähnlichkeitspaar»: rechts das Rosengewächs *Sarcopotherium spinosum*, links die Igelwolfsmilch *Euphorbia acanthothamnos*. In Griechenland und der Ägäis, wo beide Arten gemeinsam auftreten (nur *Sarcopoterium* erreicht den Vorderen Orient), bevorzugt die Wolfsmilch felsige Standorte, während die Dornbibernelle die trockene, degradierte, überweidete Macchie und Batha besiedelt.

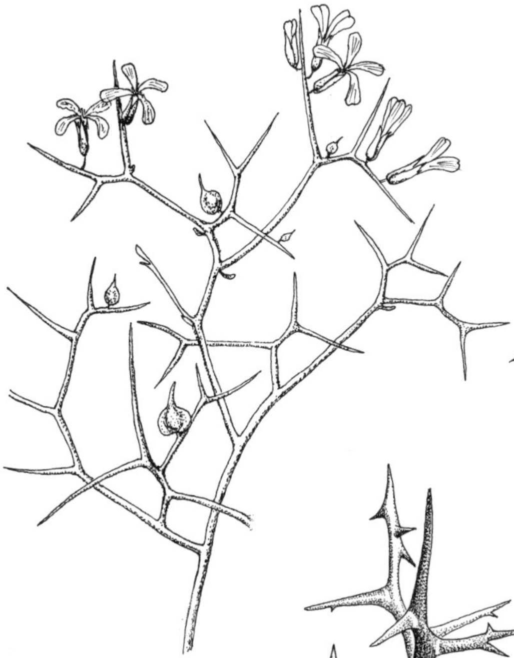

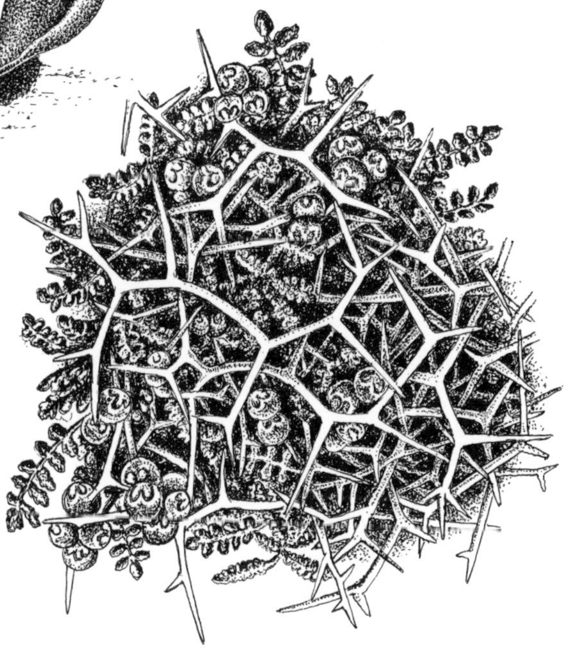

Hitze und Kälte hinzukommt sowie die lange winterliche Schneebedeckung. Eng an den Boden geschmiegt, der alleine die Lebensmöglichkeiten bietet, schirmen sich die Pflanzen nicht nur gegen die lebensfeindlichen Einflüsse aus der atmosphärischen Umgebung ab und legen einen schützenden Mantel dazwischen, sondern werden selber in ihren Dornen und Stacheln zum geprägten Ausdruck, zum Bild dieser feindseligen, lebensausdörrenden Einflüsse.

Die Büsche der Dornenbibernelle sind da allerdings noch recht gemäßigt. Es tut zwar ein bißchen weh, wenn man sich in die vermeintlich weichen Polster fallen läßt, sticht aber doch nicht bis aufs Blut wie die lanzenstarrenden Igelpolster der Hochgebirgswüsten, der *Astragalus*- und *Acantholimon*-Arten. Wir sind schließlich in einer doch immer noch recht regenreichen Gegend, der Einfluß des Mittelmeeres ist stark, obwohl die Regenfälle auf die Zeiten des niedrigen Sonnenstandes, auf die Winter- und ersten Frühlingsmonate beschränkt sind. Im Sommer herrscht Trokkenzeit, dann sieht man überall nur stachelige Dornen. Jetzt im Frühling ist eine überwältigende Blütenpracht über das Land ausgegossen, dringt in die Äckerchen, in die Getreidefelder ein und läßt keinen Wegrand aus. Was in Mitteleuropa und im Norden in gleichsam verdünnter Weise über den Frühling und Sommer bis in den Herbst hinein verteilt ist, drängt sich hier wie überall in der südlichen Mediterraneis in gewaltiger Steigerung auf wenige Wochen des Frühjahres zusammen. Wer Blüten sehen will, Blumen und Farben in überwältigender Fülle, der reise im März oder April nach Griechenland, nach Sizilien oder nach Palästina. Wer im Sommer oder gar im Herbst kommt, sieht nur noch das monotone Braungelb der vertrockneten Vegetation, aus der die schwarzen Silhouetten der Pinien und Zypressen ragen: Sommerzeit ist Todeszeit, die Erde hat alles Leben ausgeatmet.

Die Batha, die Zwergstrauchsteppe, ist überall voll kleiner Wunder, die man aufmerksam suchen muß – Orchideen stehen zwischen den Polstern, einzeln oder in kleinen Schwärmen. Das zarte Purpur- oder Karminrot der Anatolischen Orchis *Orchis anatolica* leuchtet schon von weitem, ebenso wie die ähnliche, etwas blassere Farbe der Schmetterlingsorchis *Orchis papilionacea,* die hier merkwürdig kleinblütig ist, ganz anders als ihre kretischen und griechischen Artgenossen – im Grunde ist sie eine der schönsten Arten mit ihrer breit gefächerten, einem Schmetterlingsflügel nicht unähnlichen, zart getönten Lippe, die von dunkelroten Adern durchzogen wird. Diesen Hang zur Unscheinbarkeit zeigen auch andere hiesige Orchideen, eigentlich so gut wie alle. Man muß sie schon ganz von nahem ansehen und sich auf den Boden knien, um die aparte und etwas fremdartige Schönheit von *Orchis galilaea* überhaupt zu bemerken: die zartrosa Tönung und die roten Tupfen auf den grünlich-gelben Lippen, die in ihrer eigenartigen Gestaltung wie kleine drangehängte Kobolde mit Armen und Beinen aussehen; von weitem übersieht man die

Abb. 28: Orchideen Israels. In der Mitte Blütenstände von *Orchis galilaea* (links) und *Orchis punctulata.* Die Einzelblüten: a) *Orchis galilaea,* b) *Orchis sancta,* c) *Orchis anatolica,* d) *Orchis papilionacea,* e) *Ophrys transhyrcana (= sintenisii),* f) *Ophrys bornmuelleri,* g) *Ophrys carmeli (= umbilicata).*

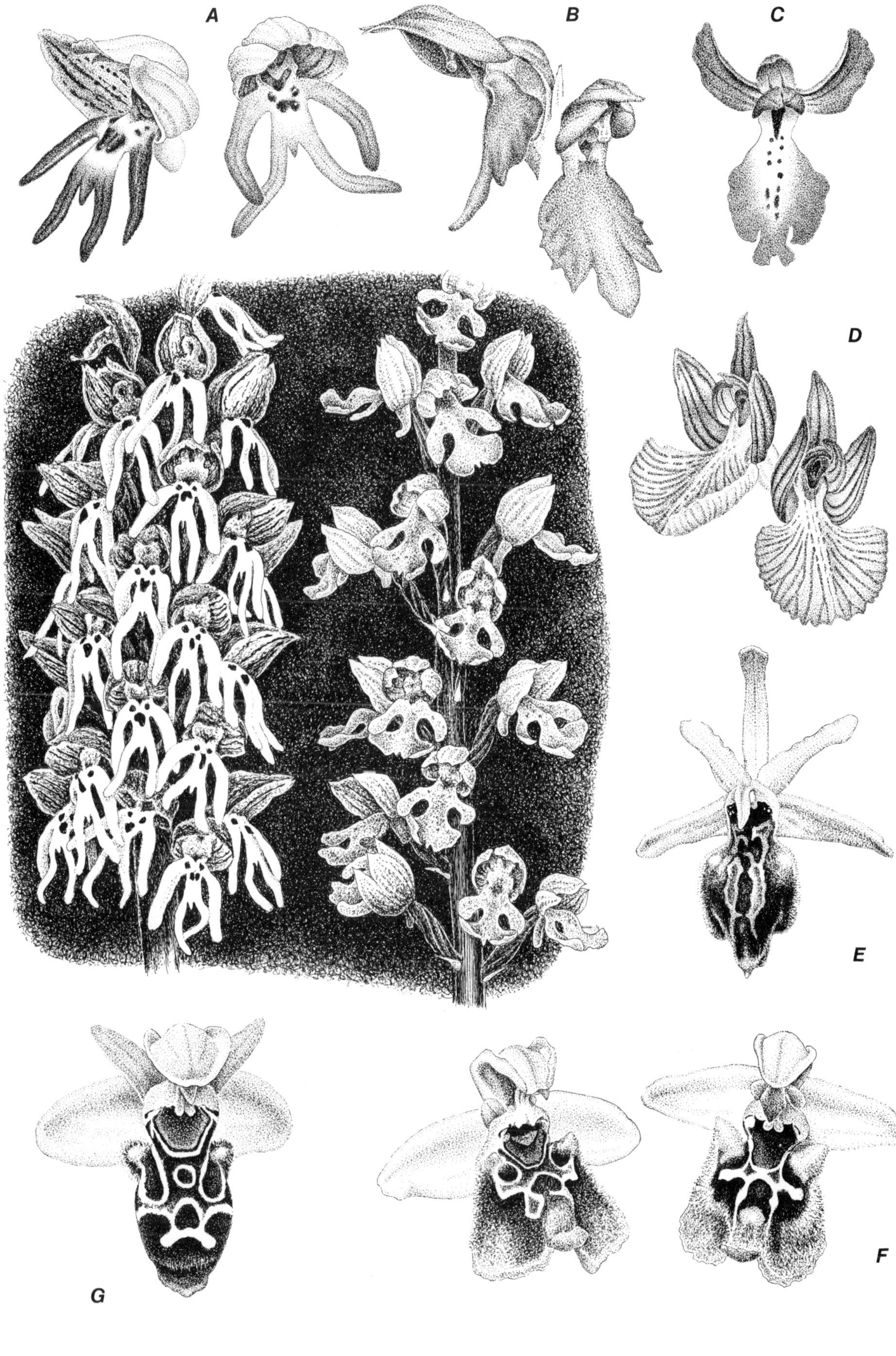
A
B
C
D
E
G
F

unscheinbaren grünlichen Blütenkerzen dieser Art nur allzu leicht. Und was wie ein kleines, nur durch Zufall zu entdeckendes Käferchen aussieht, ist von nahem betrachtet die bizarre, harlekinartig gemusterte Lippe der Karmel-Ragwurz *Ophrys umbilicata (= Ophrys carmeli). Ophrys bornmuelleri*, eine nahe Verwandte der bei uns vorkommenden Hummel-Ragwurz *Ophrys holosericea (= Ophrys fuciflora)*, ist von unscheinbar bräunlicher Färbung. Nur die Bienen-Ragwurz *Ophrys apifera*, die bekannteste ihrer Sippe, ist genauso bunt leuchtend mit tief rosa Blütenblättern geschmückt wie bei uns an ihren letzten Standorten in den Trockenwiesen des Rheintales und Mitteldeutschlands.

Aber warum fangen wir mit dem Unscheinbaren an, dem Verborgenen, das aufgesucht werden will, statt dort zu beginnen, wo uns die Farben entgegenspringen und von einer Überraschung in die andere werfen? Bezeichnenderweise sind es gerade die verachteten «Unkräuter», die dabei den Ton angeben und am intensivsten blühen. Da gibt es Brachen und ungepflügte Getreideäcker, die vom Goldgelb der Kronen-Margerite *Chrysanthemum coronarium* völlig zugedeckt werden und in der Sonne so intensiv strahlen, daß man geblendet wird. Zarter sind die Teppiche, die sich in hellem Rosa unter den Ölbäumen ausbreiten und unter den Pfirsichbäumchen, die im gleichen Ton blühen, so daß es den Anschein hat, als sei der Boden mit den herabfallenden Blüten der Fruchtbäume bedeckt. Es ist *Silene aegyptiaca*, eine kleine Lichtnelke.

Tafel 5

Obere Reihe: Das Gegenbild zu *lortetii* ist die lackschwarze *Iris loessicola* vom Nordrand des Negev bei Be'er Sheva. Darunter vier Exemplare der Gilboa-Iris *Iris heynei*, die das Ausmaß der «Individualisierung» dieser Art an einem einzigen Standort zeigen. Gilboa-Bergrücken, Galiläa. Aufnahmen A. Suchantke.

Tafeln 6 und 7

Scharlachrote Blüten mit dunklem Zentrum aus Palästina und ihre gelb oder weiß blühenden Verwandten aus westlicheren Gebieten:

Obere Reihe: Links Asiatischer Hahnenfuß *Ranunculus asiaticus* und *Tulipa systola*, zusammen mit rosa Sonnenröschen *Helianthemum vesicarium*, Wermut-*(Artemisis herba-alba-)* Wüste bei Mizpe Ramon im Negev. Daneben Blüte von *Ranunculus asiaticus*, Judäa. Auf der rechten Tafel im Anschluß daran gelbe und weiße Blüten von *Ranunculus asiaticus* aus Kreta.

Mittlere Reihe: Links Syrischer Mohn *Papaver syriacum*, Jerusalem. Auf der Tafel gegenüber an gleicher Stelle: *Papaver rhaeticum* vom Mt. Ventoux, Südfrankreich. Neben dem Mohn auf der linken Tafel ein großblütiges Adonisröschen, *Adonis aleppica*, vom Berg Gilboa. Die Entsprechung auf der rechten Tafel ist *Adonis vernalis* vom Mainzer Sand in Westdeutschland.

Untere Reihe: Links *Tulipa agenensis* aus dem Meron-Bergland in Obergaliläa, ihre Entsprechung auf der rechten Tafel *Tulipa australis* aus der Sierra Morena in Andalusien. Schließlich auf der linken Tafel rechts unten *Anemone coronaria* aus Galiläa, und rechts an korrespondierender Stelle *Anemone palmata* aus Andalusien (Algeciras).

Aufnahmen A. Suchantke.

Die kräftigsten Akzente aber werden in brennendem Scharlachrot gesetzt (vgl. Tafel 6), und es sind immer besonders große Blüten, die in diesen Feuerfarben blühen: Mohnarten, aus den Gattungen *Papaver* und *Glaucium*, aber auch prächtige Anemonen *Anemone coronaria*, die den Mohnblüten in nichts nachstehen. Dazu kommen flammende Wildtulpen *Tulipa* und rot glühende Adonisröschen (*Adonis cupaniana, dentata, annua* und das anemonengroße *Adonis aleppica*). Am häufigsten und allenthalben anzutreffen, unter den Ölbäumen und am Straßenrand und bis tief hinein in die Steinwüste des Negev, aber ist der Asiatische Hahnenfuß *Ranunculus asiaticus*, der prächtigste und größte aller Hahnenfußarten. Niemand würde zunächst an einen Hahnenfuß denken bei diesen mohngroßen Blüten, eher an eine prächtige Anemone, aber der seidige Glanz, ja fette Schmelz der Blütenblätter verrät ihn dann doch, und vor allem die für alle Hahnenfüße so charakteristischen Blattmetamorphosen. Die Grundblätter sind einfach, rundlich oder spatelförmig lang gestielt und gehen allmählich in dreilappige, mehr und mehr zerschlitzte Formen über, die dann entlang des Stengels und der in mehreren Blüten endenden Verzweigungen – was kein Mohn und keine Anemone tut – als vielfach gespaltene, dünne Zipfel enden.

Von weitem kann man sich immer wieder täuschen lassen. Sind es Anemonen, ist es Mohn oder Hahnenfuß? Die Blüten – zu denen auch die der Wildtulpen und Adonisröschen gehören – besitzen allesamt das gleiche brennende Scharlachrot. Die Übereinstimmung geht aber noch weiter: allen ist ein schwarzes Blütenzentrum gemeinsam, das bei Mohn, Adonisröschen und Tulpe durch den schwarzen Ansatzteil der Kronblätter gebildet wird, bei Anemone und Hahnenfuß durch die violettschwarzen Staubblätter. Und sie ähneln sich auch in der Blütengestalt. Sogar die Tulpe nimmt, in voll erblühtem Zustand, die Gestalt einer weit geöffneten Schale an. Diese Übereinstimmung ist den israelischen Botanikern natürlich auch aufgefallen, konnte aber in ihrer funktionellen Bedeutung bisher nicht gedeutet werden. Auffallend ist jedenfalls, daß sie sich in ihrer Blühzeit, trotz breiter Überlappung, von Januar bis tief in den Mai hinein untereinander ablösen – es ist also immer eine der roten Arten, die zu einer bestimmten Zeit vorherrscht; meist blühen allerdings zwei bis drei gleichzeitig. Noch interessanter wird der Sachverhalt, schaut man sich die Verbreitung dieser feuerroten Blüten innerhalb und außerhalb Palästinas an. Im Innern des Landes treten sie – mit Ausnahme des tropisch-afrikanisch beeinflußten Grabenbruches und der südlichen Negevwüste – überall auf; Mohn, Anemonen, Hahnenfuß, Adonisröschen und rote Tulpen finden sich in der Küstenebene ebenso wie auf den Hängen der judäischen Berge, in den mittleren Lagen des Hermon und in der steinigen Ödnis des zentralen Negev – es sind «Ubiquisten», die überall

Tafel 8
Oben: Die wilde Pfingstrose *Paeonia mascula* am südlichsten Punkt ihres Vorkommens im Meron-Bergland Obergaliläas.
Unten: Der Kleinasiatische Apollofalter *Archon apollinus*, der an der Küste schon im Januar anzutreffen ist, im Bergland aber erst im März und April fliegt. Aufnahmen A. Suchantke.

Abb. 29: Jerusalemer Salbei *Salvia hierosolymitana.*

vorkommen, oft den Ton angeben und das Bild bestimmen. Zu ihnen gesellen sich eine Reihe von «Sympathisanten», in den üppigen Macchien des Nordens und Zentrums vor allem eine allerliebste Strohblume *Helichrysum sanguineum,* ein zauberhaftes Gewächs mit silbrigen Stengeln und Blättern und scharlachrotem Köpfchen.

Außerhalb Palästinas finden wir kaum etwas Vergleichbares. Wer an das (weithin verschwundene) Rot unserer Kornfelder denkt und an die wilden scharlachfarbenen Adonisröschen *Adonis aestivalis,* die im Sommer nach der Mohnblüte im Getreide erscheinen, der halte sich vor Augen, daß es sich um unfreiwillige Einwanderer handelt, wie überhaupt die meisten unserer Feldkräuter vom Menschen unabsichtlich mit dem Getreide aus dessen Ursprungsgebiet mitgebracht wurden. Sie stammen also aus Vorderasien. Avi Shmida von der Hebräischen Universität Jerusalem hat die israelischen Mohnarten, die Tulpen, Anemonen, Hahnenfüße in bezug auf die Blütenfarbe mit ihren jeweiligen Verwandten in Europa und in der übrigen Welt verglichen (1981). Dabei zeigte sich, daß das Rot in diesen Gattungen außerhalb Vorderasiens kaum oder gar nicht vorkommt. Wir brauchen nur einmal die uns

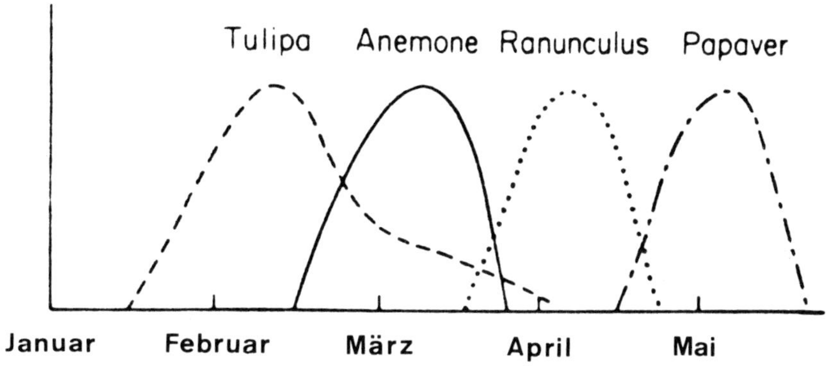

Abb. 30: Die Sukzession der scharlachroten Blüten; von links: Tulpe, Kronenanemone, Asiatischer Hahnenfuß, Mohn. (Aus Shmida 1981.)

bekannten europäischen Arten mit ihren vorderasiatischen Verwandten zu vergleichen, um das Bild zu konkretisieren. Von unseren heimischen Anemonen sind Großes und Buschwindröschen *(Anemone silvestris, Anemone nemorosa)* weiß und *Anemone ranunculoides* blüht strahlend gelb. Das gleiche gilt für die Tulpe. Die Weinbergtulpe *Tulipa silvestris* des Elsaß, *Tulipa australis* der südeuropäischen Berghänge blühen gelb, das einheimische Adonisröschen *Adonis vernalis* und die seltene Pyrenäenform *Adonis pyrenaeica* ebenfalls. Diejenigen Mohnarten, die bei uns wirklich einheimisch sind, Alpen- und Gletschermohn *(Papaver rhaeticum, Papaver burseri)*, sind gelb und weiß. Und einen roten Hahnenfuß gibt es bei uns nicht, auch hier beherrschen die Farben Gelb und Weiß alleine das Feld. Ein besonders interessanter Fall ist der Asiatische Hahnenfuß. Er kommt von der Türkei ausgehend rings um das östliche Mittelmeer vor und besiedelt als einzigen Punkt in Europa die Insel Kreta und das benachbarte kleine Karpathos. Niemand käme zunächst bei diesem Kreter auf die Idee, es mit unserem *asiaticus* zu tun zu haben, denn seine Blütenfarbe ist – rein weiß, inselartig dazwischen auch einmal goldgelb. Zwar sind die weißen Blüten oft zartrosa überhaucht, aber das ist eine andere Farbgebung, die leicht ins bläuliche hinübergleitet, wie sie unsere Buschwindröschen, Gänseblümchen, der Gletscherhahnenfuß *Ranunculus glacialis* oder die Apfelblüte zeigen, pfirsichblütfarben oder hell-lila, niemals aber das gelbbestimmte, grell brennende Scharlachrot, mit dem wir es bei unseren Vorderasiaten zu tun haben. Scharlachrote Blüten gibt es auf Kreta auch, sie sind aber selten. Auf Rhodos, das politisch zwar noch zu Europa, geographisch und geobotanisch aber bereits zu Vorderasien gehört, kommen nur noch scharlachrote Formen vor, wie auf dem ganzen anschließenden Festland. In Israel gibt es keine weißen oder gelben asiatischen Hahnenfüße. So gleitet die Farbe von West nach Ost von Weiß über Goldgelb ins Blutrot hinüber, sie wird tiefer, irdener und schwerer; das Licht, das im Westen die Blüte zum Aufleuchten bringt, wird aggressiver und steigert die Farbe zu flammender Glut, die Blüten in ihrem schwarzen Zentrum geradezu verbrennend. Es ist das Leitmotiv dieser Pflanzenwelt, allerdings noch nicht in seiner letzten Konsequenz. Mit ihr werden wir uns zu beschäftigen haben, wenn wir in die Wüste eindringen.

Vögel der Tropen und des Nordens

Die Tierwelt macht sich vor allem durch die Vögel bemerkbar, aber auch, wenn man offenen Auges durch die Landschaft geht und behutsam auf alles achtet, durch die Reptilien. Leises Rascheln und schabende Geräusche im Gebüsch, die vorübergehend aufhören und dann wieder neu einsetzen, als lege ihr Verursacher immer wieder besinnliche Pausen des Nachdenkens ein, stammen von den behäbigen Landschildkröten, die gemächlich auf Futtersuche sind. Auf den Mäuerchen huschen blitzschnell graue Schatten entlang und sind im Nu in einer Ritze verschwunden: Mauergeckos, wie überall ums Mittelmeer. Eindrücklicher sind da schon die mitunter recht großen, schwarzbraunen Drachen, die mit aufgerichtetem Vorderkopf und wichtigtuerischem Kopfnicken auf einer Felsnase oder einem emporragenden Stein sitzen und uns aufmerksam beobachten. Dieses Kopfnicken kennen wir – aus afrikanischen Dörfern, wo die blauen Siedleragamen auf den niedrigen Dächern sitzen und genauso mit den Köpfen nicken. Unser Hardun *Agama stellio* ist ein Verwandter, schlichter und ohne bunte Farben, einer der nördlichsten, bis auf die griechischen Inseln vorgedrungender Pionier aus der tropischen Sippe der Agamen. Er ist da nicht der einzige; auch das Chamäleon, das wir nur durch Zufall entdecken, weil vor uns die Zweige des kleinen Mandelbäumchens so merkwürdig schwanken, ist ja ein Vertreter der afrikanischen Fauna. Fauchend und erblassend, wobei dunkle Zornflecken auf dem ganzen Leib hervortreten, ist es unter sanftem Zwang bereit, auf die ausgestreckte Hand umzusteigen. Mit dem einen Auge, das weit nach hinten ausgerichtet ist, behält es den Übeltäter im Auge, während das andere nach vorne und nach unten gewendet wird und nach einem geeigneten Fluchtweg Ausschau hält. Mit einem verblüffend plötzlichen Sprung, den niemand diesem Phlegmatiker zugetraut hätte, rettet es sich ins bodennahe Gestrüpp und bleibt, sich behend davonangelnd, aller Nachsuche entzogen. Unter der scheinbaren Trägheit verbirgt sich also ein gehöriger Schuß Cholerik!

In der Vogelwelt ist die Durchmischung von Abkömmlingen der verschiedensten in Palästina zusammengestoßenen Weltgegenden noch auffälliger als in der Pflanzenwelt. Diese letztere besitzt ja in den Regionen, in denen wir uns aufhalten, in Judäa, Samaria und Galiläa, ein überwiegend mittelmeerisches, aus Europa vertrautes Gepräge. Tropisch-afrikanische Formen treten ganz zurück, sind aber in Einzelfällen durchaus vorhanden. Bei genauerer Überprüfung zeigt es sich dann, daß es sich in der Vogelwelt nicht anders verhält; die tropischen Arten stellen hier, im mediterranen Bereich, eine kleine Minderheit, sie fallen nur durch ihre Farbigkeit besonders ins Auge – und, wenn man so sagen darf, durch ihre Stimme ins Ohr. Sie sind es aber auch wert, und man staunt wirklich über alle Maßen, wenn man zwischen den Tabor-Eichen – echten, typischen, laubabwerfenden Eichbäumen – inmitten von Amselgesang und geschäftigen Kohlmeisen und Distelfinken – afrikanische Nektarvögel herumfliegen sieht, die man in der Vorstellung bislang stets mit leuchtend roten Aloen- und Hibiskusblüten tropischer Gefilde in Zusammenhang gebracht hat. Im Fluge ist der Jericho-Nektarvogel *Nectarinia osea* ein winziger, pfeilgeschwind

Abb. 31: Chamäleon – links absprungbereit nach einem Fluchtort Ausschau haltend, rechts nach geglücktem Sprung in einem Mandelbäumchen. Kirmizan südlich Jerusalem, 4. April 1981.

dahinschießender schwarzer Punkt, von metallisch durchdringenden Rufen begleitet. An den Blüten schillert er dann im Sonnenlicht azurblau, tiefviolett, kupfergrün. Daß er hier durchaus zu leben versteht, zeigt sich, wenn er die unterschiedlichsten Blüten aufsucht, heimische wie fremdländische, in den Gärten besonders die großen scharlachroten Trichter des Hibiskus oder die feuerfarbenen, zur Tüte zusammengedrehten, stets geschlossenen Blüten von *Malvaviscus*, aus denen lange Narben und Staubblätter heraushängen. Diese Südamerikaner sind für Kolibris geeignet, aber nicht für unser kurzschnäbeliges Nektarvögelchen, das sich indes durchaus zu helfen weiß. Es bricht von hinten in die Blüte ein, ähnlich wie es unsere heimischen Hummeln mit dem Eisenhut zu tun pflegen und perforiert sie am Grunde mit spitzem Schnabel – ein Nektardieb also (Tafel 21). Außerdem verschmäht es keineswegs Insekten, Spinnen und anderes Kleingetier, mit dem es seine Jungen sogar ausschließlich ernährt.

Zu Nektarvögeln gehören Nektarvogelblüten, Pflanzen mit roten Röhrenblüten ohne auffallende Kronblätter oder Lippen, also ohne Landeplatz für Insekten, Blüten, die sich ausschließlich an Vögel wenden. Diese werden wir hier in der Natur vergebens suchen. Wir vergessen dabei, daß das Gebiet mittelmeerischer Vegetation, in dem wir uns befinden, sehr schmal ist und sich nahe im Osten der Grabenbruch anschließt, der tropische Vegetation beherbergt. Auf den dornigen Akazien dieser Region ist ein Parasit aus der Verwandtschaft unserer Mistel weit verbreitet, mit leuchtend korallenroten Röhrenblüten, die von unserem Nektarvogel, und wohl ausschließlich von ihm, bestäubt werden.* *Loranthus acaciae* ist zwar auf den Nektarvogel angewiesen, aber das Umgekehrte gilt augenscheinlich nicht, denn der kleine Tropenbote ist in den Eichenhainen Nordgaliläas, wie wir sahen, ebenso zu finden, wie in den Gärten Jerusalems und entlang der Mittelmeerküste – er ist ein «Opportunist», er nimmt, was sich ihm bietet. Wie schön wäre es, würde er sein Verbreitungsgebiet bis Europa ausdehnen, er wäre eine willkommene Zierde unserer Gärten – aber das ist ihm aus klimatischen Gründen verwehrt. Er geht denn auch über das nördliche Palästina nicht hinaus, ist aber nach Süden bis tief nach Arabien hinein und im afrikanischen Savannengürtel südlich der Sahara überall weit verbreitet.

Nicht von afrikanischem, sondern südostasiatischem, bis zu den Philippinen reichendem Verbreitungstyp ist der Braunliest *Halcyon smyrnensis*, bei dem wir in diesem Fall lieber den treffenderen englischen Namen verwenden – der Smyrna-Kingfisher. Er geht nach Nordosten tatsächlich bis in die warmen Küstenregionen Südwestanatoliens – ein Eisvogel, aber was für einer: fast so groß wie ein Eichelhäher, mit leuchtend ultramarinblauem Mantel und einem derben und langen, roten Speerschnabel (Tafel 19). Eigentlich ist unser kleiner europäischer Eisvogel mit seinem leuchtend roten Bauch viel prächtiger, aber was nützt das, wenn man ihn kaum bemerkt, weil er sich in der Ufervegetation unserer Teiche und Flüsse so gut versteckt und als blauer Blitz schon längst auf und davon ist, bevor wir ihn bemerken. Der Smyrna-Kingfisher ist dagegen alles andere als ein Heimlichtuer. Er ist auch gar nicht so eng ans Wasser gebunden, sondern sucht seine Beute auch auf dem Land, fängt Eidechsen, Mäuse und Insekten. Meistens ist er viel eher zu hören als zu sehen, seine lauten keckernden und trillernden, auf charakteristische Weise allmählich abfallenden Rufreihen verraten ihn weithin. Und wir werden ihn überall hören und bald darauf auch sehen, wo sich die Erdhänge finden, in die er seine Bruthöhlen gräbt, meistens entlang eines Wadis, eines Baches, aber es kann auch weit ab vom Wasser sein. Offen und frei ist er dann irgendwo auf einem weit herausragenden toten Ast oder einem Leitungsdraht zu sehen, aber niemals für lange Zeit – über kurz oder lang schießt er laut trillernd hinaus in die Luft und jagt als blaues Geschoß rasenden Fluges hoch über Tamarisken und Weiden dahin. Er ist, ähnlich dem Bülbül und dem Nektarvogel, zu einem richtigen Kulturfolger geworden. So kann

* Nicht unbedingt! In der Arava beobachteten wir den Bülbül als eifrigen Besucher der *Loranthus*-Blüten (siehe S. 177).

Abb. 32: Bülbül. Oben das typische Bild zweier «befreundeter», stets zusammenhaltender Individuen.

man ihn auf der Fahrt von der Küste nach Jerusalem im intensiv bebauten Kulturland inmitten von Orangenhainen überall auf den Leitungsdrähten sitzen sehen. Der dritte im Bunde ist zugleich der häufigste und vertrauteste und dem Menschen nächste – so sehr, daß man seine weichen, sanft geflöteten Rufe gehörig vermißt, sobald man Palästina wieder verläßt. Der Doppelruf des Bülbül *Pycnonotus xanthopygos* – der ihm auch zu seinem Namen verhalf – ist in allen Landschaften Palästinas zu hören, in denen Bäume und Büsche vorkommen. Wir hörten ihn ebenso in den ganz mitteleuropäisch anmutenden Eichenwäldern des nordgaliläischen Berglandes in tausend Meter Höhe wie in den heißen Wüstenwadis des südlichen Negev, in den Palmengärten Jerichos wie in den Parkanlagen und Alleebäumen von Jerusalem. In jedem, der Afrika kennt, wecken diese Rufe spontan Erinnerungen wach – wo einen stets die gleichen Rufe zu wecken pflegten, die auch hier an jedem Morgen die ersten sind: «bül bül», «bül bül bül». Der Urheber der Rufe sieht selber recht unscheinbar aus: hellgrau, der Kopf ist grauschwarz, das Auge ziert ein weißer Ring wie eine Brille. Der einzige Farbtupfer ist der gelbe Bürzel, und auch das ist nur aus der Nähe zu sehen (Tafel 19) . In der Größe gleicht er der Amsel, aber darin erschöpfen sich auch schon die Gemeinsamkeiten – er hat nichts von der nervösen Alarmbereitschaft und der Aufgeregtheit unseres Gartengenossen, sein Wesen neigt zu gemütlicher

Behäbigkeit, mit Pfiffigkeit und Neugier gepaart. Reglos und träge und aufgeplustert kann er lange an einem Ort sitzen, ohne sich aus der Ruhe bringen zu lassen. Erregt aber etwas seine Aufmerksamkeit, dann ist er plötzlich hellwach und fliegt unter ständigem Rufen an einen Platz, der ihm vollen Überblick über die Lage verschafft und sein großes Bedürfnis nach Neuigkeiten befriedigt. Es ist immer das gleiche Erlebnis, das sich viele Dutzend Male am Tage abspielt – wo man auch unterwegs ist, plötzlich ertönt der vertraute Ruf, ein dunkler Vogel, nein, zwei pflegen es in der Regel zu sein, fliegen aus dem Dickicht und aus den Büschen auf und setzen sich auf einen erhöhten Ast, den Besucher aufmerksam und wach musternd. Tatsächlich sind es sehr oft zwei Vögel, durchaus nicht immer ein Ehepaar, sondern nicht selten zwei Männchen oder zwei Weibchen, die miteinander befreundet sind und in allen Unternehmungen gemeinsame Sache machen.

Kein Wunder, daß es von Vogelgesang nur so klingt und schallt. Die ganze Landschaft ist ein natürlicher Garten, ist Singvogelland. Vertraute, bekannte Stimmen füllen die Luft, Kohlmeisengeklingel, Zaunkönigtriller und die klirrenden Stimmchen der Distelfinken. Vieles ist auch auf dem Durchzug, die grauen Mönchsgrasmücken mit ihren schwarzen Käppchen, die vielen Nachtigallen. Manchen merkt man es an, daß sie hier nicht zu Hause sind, sie benehmen sich unsicher und nervös in fremder Landschaft, Steinschmätzer etwa, die mit nervös wippenden Schwänzen auf Ölbaumzweigen sitzen und sichtlich verwirrt da- und dorthin flattern. Sie sind ja nächtliche Zieher, die den Tag in fremder Landschaft rasten und nach Futter suchen müssen. Schwalben sind unterwegs in locker verteilten Flügen, mal sind es die hübschen Rötelschwalben *Hirundo daurica* mit rostfarbener Unterseite, es mögen teils hiesige Brutvögel, teils Vögel aus dem Balkan oder aus der Türkei sein; die vielen Rauchschwalben sind sicherlich unterwegs nach Rußland, desgleichen die Uferschwalben. Auch die Mauersegler sind auf dem Heimweg, sie nehmen es gemütlich, in ihren Brutgebieten werden sie erst vier Wochen später eintreffen – wenn sie wollten, könnten diese schnellen Flieger in zwei bis drei Tagen dort sein. Aber wie die Schwalben fangen sie ihre Nahrung im Fluge und verweilen deshalb in günstigen Gebieten längere Zeit, nur langsam nach Norden vorrückend. Unter sie mischen sich die heimischen, eigentlich südasiatischen Haussegler, sofort am leuchtend weißen Hinterrücken zu erkennen und am weniger schnittigen Flugbild. Diese Tropenvögel ziehen nicht und sind bereits mit dem Nestbau, vielleicht sogar schon mit dem Brüten in ihren Kolonien beschäftigt. Eine sehr sehenswerte Brutkolonie ist nur knapp über Kopfhöhe unter dem vorragenden Dach des kleinen archäologischen Museums im Kibbuz Ayyelet HaShahar («Morgenstern») nördlich des Sees Genezareth zu besichtigen. Die großen Kugelnester sind hauptsächlich aus weißen Federn zusammengeklebt, die von ihren Erbauern, den Seglern, im Flug über einer nahegelegenen Hühnerfarm aufgeschnappt werden.

An all den kleineren Arten läßt sich der Vogelzug nur indirekt wahrnehmen, dann etwa, wenn man in einem bestimmten Gebiet von Tag zu Tag das schon erwähnte «fremdelnde» Benehmen so mancher Gäste registriert, oder die Arten, die über Nacht neu hinzugekommen oder weggezogen sind. Einen sichtbaren Vogelzug führen die großen Segler vor, allen voran die Störche. Wenn die Sonne morgens

Abb. 33: Haussegler *Apus affinis* an ihren voluminösen Kugelnestern aus Federn, Grashalmen, Schafwolle.

hoch am Himmel steht, und die Thermiken, die Warmluftsäulen, emporsteigen, dann brechen die Störche aus den Baumgruppen oder von den Felsklippen auf, in denen sie die Nacht verbracht hatten. Sie streichen mit schweren, rudernden Schlägen ihrer langen Schwingen ab, immer wieder in Gleitflug übergehend und ausprobierend, ob die Luft schon genügend Auftrieb hat. Ist dann eine Thermik von den ersten entdeckt worden, die sich in sie einschwingen und sich Segelflugzeugen gleich, ohne eigenes Zutun, in Spiralen hochtragen lassen, dann kommen rasch andere Störche von allen Seiten zusammen und folgen nach. Eine Storchensäule von manchmal weit über hundert Vögeln steht dann am Himmel, sich langsam drehend und im Höhersteigen fortschwebend. Oben angekommen, gleiten die mächtigen Vögel heraus und schweben nun, einen weiten Teppich bildend, zur nächsten Warmluftspirale. Im Herbst, auf dem Zuge in die Winterquartiere, ist dieses Schauspiel noch eindrucksvoller, sind es doch jetzt viel mehr Störche durch die hinzugekommenen Jungvögel. Daß es im Frühjahr weniger sind, liegt an den Verlusten, die während des Zuges und im Winterquartier unvermeidlich sind.

Auch die anderen großen Segler, die Greifvögel, sind naturgemäß im Frühjahr spärlicher vertreten, obwohl auch dann noch die Zahlen beeindruckend sind – vor allem der dunkle, schwärzlich rostbraune Schreiadler *Aquila pomarina*, der in kleinen oder größeren Trupps, einzeln oder zusammen mit den Scharen der Falkenbussarde *Buteo buteo vulpinus* und gemeinsam mit Schwarzen Milanen *Milvus migrans* vorübergleitet, oder der frühmorgens, noch träge von der Nacht, auf Felsvorsprüngen und in Baumwipfeln sitzt. Er ist deutlich kleiner als die mächtigen Raub- und Kaiseradler *(Aquila rapax orientalis* und *A. heliaca)* aus Innerasien, die hier nur ausnahmsweise zu sehen sind und erst im äußersten Süden Israels in größeren Mengen auftauchen (über die unterschiedlichen Zugwege der Palästina durchwandernden Adler vgl. S. 56). Die Schreiadler sind schnittige, kraftvolle Aare, etwas verkleinerte Abbilder unseres Steinadlers *Aquila chrysaetos*. Sie ziehen in die Waldgebiete Osteuropas.

Nicht alle großen Greife berühren Palästina nur auf dem Durchzug. Israel besitzt selber eine stattliche Anzahl von Brutvogelarten. Das ist nicht selbstverständlich. Es dürfte kaum eine Vogelgruppe geben, die so sensibel auf Störungen durch den Menschen reagiert wie die fliegenden Jäger. Hinzu kommt die Gefährdung durch die Gifte, die in der Landwirtschaft verwendet werden, und das geschah gerade in Israel anfangs in exzessiver Weise: fressen die Greife die vergifteten Nager, dann gehen sie selber zugrunde. Darunter hatten vor allem die Geier als Aasfresser zu leiden, diese in den heißen Ländern so wichtigen Mitglieder des Naturhaushaltes: Abfälle und tote Tiere werden ganz einfach vor die Tür oder neben die Straße geworfen und für die Beseitigung – das hat sich seit Jahrtausenden so eingespielt – sind die Schakale und die Geier, die Hyänen und Raben zuständig. Die moderne israelische Sauberkeit, aber auch die künstliche, durch und durch lebensfeindliche Welt ihrer von Technik und Chemie geprägten Landwirtschaft, ist eine Sphäre, in der es für die herrlichen Gestalten der großen Greife buchstäblich keinen Raum mehr gibt.

Zwar kann man noch Gänsegeier *Gyps fulvus* sehen, auch die kleineren Schmutzgeier *Neophron percnopterus* mit ihrem schwarzweißen Flugbild zeigen sich noch immer – sie sehen leuchtend hell, elegant und gar nicht schmutzig aus, solange sie in der Luft sind – aber ihre Bestände haben sich doch stark vermindert. Endgültig besiegelt dürfte dagegen – wenn nicht in letzter Stunde ein Wunder passiert – das Schicksal des mächtigsten und imposantesten der palästinensischen Geier sein, des Ohrengeiers *Torgos tracheliotos*. Dieser tropisch afrikanisch-arabische Riesenvogel, dessen palästinensische Vertreter eine eigene, von den afrikanischen Artgenossen deutlich verschiedene Rasse bildeten, brütete einst im Jordangraben in mehreren Kolonien. Der hemmungslose Gifteinsatz wurde dann diesem Geier zum Verhängnis: 1984 versuchte noch ein Paar in der Krone einer Schirmakazie in der südlichen Arava zu brüten, aber trotz hermetischer Abriegelung des Gebietes mißglückte die Brut. Und die zwei Bartgeierpaare *(Gypaetus barbatus)*, die Israel besitzt und deren Heimat die Felsschluchten sind, die von der judäischen Wüste gegen den Totmeergraben hinabziehen (z. B. das Nahal Arugot bei En Gedi, das auf den Seiten 219–244 ausführlich beschrieben wird), brüten schon seit Jahren nicht mehr: zu groß ist die Beunruhigung durch die vielen Touristen und die zahllosen Gruppen naturbegeister-

Abb. 34: Geier in Israel. Oben der kleine, schwarzweiße Schmutzgeier *Neophron percnopterus*, darunter der mächtige Gänsegeier *Gyps fulvus*, zuunterst sein Porträt. Während diese beiden Arten noch recht häufig sind, ist der Ohrengeier *Torgos tracheliotos* – rechts im Segelflug und mit Jungem am Horst – wohl kaum mehr zu retten. Die einst im Jordangraben häufige Art fiel dem hemmungslosen Gifteinsatz der Landwirtschaft zum Opfer.

Abb. 35: Steinadler bei der Fütterung. Nahal Refa'im bei Jerusalem.

ter Wanderer, sind die Störungen durch das Militär, das offenbar der Meinung ist, alle dünn oder gar nicht besiedelten Gebiete seien sein selbstverständliches Eigentum, in dem es nach Belieben mit Kalibern aller Art herumdonnern könne.
Hier schützend und aufklärend zu wirken, war der Anlaß für die Gründung des Israel Raptor Information Center, eines Forschungs- und Schulungsinstitutes, das von dem initiativen, fachlich kompetenten und in der Öffentlichkeitsarbeit versierten Yossi Leshem geleitet wird. Hier werden Kurse abgehalten, Jugendgruppen kommen hin, und regelmäßig finden Lehrgänge für Soldaten statt. Die Naturschutzorganisation versucht mit Erfolg, das Militär für die Aufgaben des Umweltschutzes zu sensibilisieren und auch dafür einzusetzen. Das Institut liegt südlich von Jerusalem auf den Hügeln von Har Gilo im Gelände einer Field School, die heute den Platz eines ehemaligen jordanischen Militärgrenzpostens einnimmt. War es Zufall, war es Sympathie, daß sich Israels populärster Adler genau diesen Ort als Nistplatz aussuchte? Jedenfalls baute er seinen Horst zu Füßen des Hügels, im Angesicht der immer dichter heranrückenden Jerusalemer Satellitenstädte, in eine einzeln und frei stehende Gruppe mächtiger Aleppokiefern. Das Steinadlerpaar wurde rasch zur Attraktion, zu Stars. Das Fernsehen nahm das Familienleben auf, und Scharen von Städtern strömten herbei, die Sensation zu bestaunen. Um so mehr, als diese Adler Spezialisten ganz besonderer Art waren und sich in ihrer Ernährung auf Landschildkröten spezialisiert hatten. Eine Beute, die leicht zu erjagen, aber nur schwer aufzuschließen und aus ihrer «Verpackung» zu schälen ist. Die Adler halfen sich auf

Abb. 36: Mehrere Jahre benutzter, inzwischen verlassener Brutplatz des Steinadlers inmitten teils aufgelassener, teils noch bewirtschafteter Terrassenäckerchen im Nahal Refa'im. Der Horst befindet sich im rechten äußeren Baum der Aleppokiefergruppe im Talgrund. Im Hintergrund und, nicht sichtbar, noch näher auf dem Kamm des nach rechts ansteigenden Hanges die ersten Vorstädte von Jerusalem.

eine Weise, die man bisher nur vom Bartgeier kannte, der seine Methode, an große und harte Knochen heranzukommen, auf Schildkröten übertragen hat. Er trägt sie hoch in die Luft und läßt sie dann auf Felsen herabfallen, auf denen sie zerschellen. Überall in der Umgebung des Steinadlerhorstes von Har Gilo liegen zerschmetterte Schildkrötenpanzer. In den letzten Jahren wurde den Vögeln der Betrieb um den Horstplatz offensichtlich zu viel, sie wurden zwar noch immer gesichtet, brüteten aber nicht mehr. 1984 versuchten sie eine neue Horstgründung, ungeschickterweise

Abb. 37: Steinadler läßt eine Schildkröte auf felsigen Untergrund fallen. Nach einer Beobachtungsskizze aus Griechenland von Handrinos und Demetropoulos 1983.

auf einem Baum an einer stark befahrenen Straße. Natürlich war auch das Fernsehen gleich wieder da, und der übliche Rummel setzte ein, die Vögel gaben den Platz auf und kehrten zum alten Horst zurück, wo es zur Ablage eines Eies kam, das aber in der Folge nicht ausgebrütet wurde. Das verträgt sich eben nicht – eine Adlerbrut als Mittelpunkt einer Show und als Anlaß eines Volksfestes. Auch eine königliche Familie hat ein Recht auf Privatleben!

Es gibt noch 17 Brutpaare des Steinadlers in Israel (1985, nach Auskunft von Yossi Leshem), eine zwar für ein so kleines Land erfreulich hohe Zahl – wenn man an die Größe des Reviers denkt, das ein brütendes Paar benötigt – die aber dennoch aufs höchste gefährdet erscheint, hält man sich die rasch vorschreitende Besiedelung des Landes vor Augen und die Tatsache, daß in der Regel nur ein einziges Junges aufgezogen wird und auch das nicht einmal jedes Jahr (das Paar von Har Gilo hatte in einem Jahr allerdings, eine große Seltenheit, drei junge Adler im Nest!).

Erschöpft und ein wenig enttäuscht saßen wir am Rande eines kleinen Gehölzes und verspeisten unser Mittagsmahl – enttäuscht, weil wir den Morgen mit stundenlanger, ergebnisloser Suche nach einer Schwertlilie verbracht hatten. Solch vergebliche Unternehmungen gehören nun einmal dazu, man muß sie mit Gelassenheit nehmen, außerdem führen sie mitunter zu ganz anderen, völlig unerwarteten und überraschenden Begegnungen. Diesmal war es aber anders – die Suche galt einem der Hauptziele der ganzen Reise, einer Iris, die von den Kennern als die schönste und prächtigste aller Schwertlilien gerühmt wird, die obendrein äußerst selten und nur inselartig an ganz wenigen Stellen vorkommt.

Dabei war uns der Standort von *Iris lortetii* – so heißt die Schöne – von Dr. Michael Avishai, dem besten Kenner und wissenschaftlichen Bearbeiter der israelischen Schwertlilien, ganz genau beschrieben worden, und in anderen Fällen hatten wir die Zuverlässigkeit seiner Angaben stets bestätigen können. Waren wir ausgerechnet jetzt, wo es um den ersehnten Höhepunkt ging, vergeblich gekommen? Einen Steilhang jenseits des Flüßchens hatten wir noch nicht begangen, er war unsere letzte Hoffnung und sollte nach der Mittagspause aufgesucht werden.

Mit der Zeit bemerkten wir, daß wir beobachtet wurden. Zuerst von einem schwarzbraunen Hardun, der sich auf dem Holzstoß neben uns sonnte und uns dabei scharf im Auge behielt. Dann kam zuerst ein kleiner Junge auf seinem Fahrrad, inspizierte uns neugierig und kehrte wieder um. Dann holperte ein Auto den Feldweg entlang, wir wurden kritisch gemustert. Als nächstes erschien ein Jeep mit dem vertrauten Emblem der israelischen Naturschutzorganisation, der Schwertlilie. Vielleicht doch noch ein gutes Zeichen? Wir wurden ziemlich barsch gefragt, was wir wollten und wer wir seien. Verständlich, so wie wir aussahen – gerade aus dem Süden, aus der Wüste gekommen, in unserer leichten, aber schon reichlich mitgenommenen hellen Kleidung, behängt mit Rucksäcken, Fotoapparaten und einem unförmigen Teleobjektiv, das durch seinen pistolenartigen Handgriff an eine schwere Waffe denken ließ. Und das mitten im Grünen, am Rande der Gärten und der Parkanlage eines Kibbuz! Wie Touristen sahen wir nicht aus, Einheimische waren wir ersichtlich auch nicht – was dann?

Der Schutzbrief, den uns Yossi mitgegeben hatte, wirkte wieder einmal Wunder: die Miene von Moshe Galili, dem Naturschutzbeauftragten dieser Region – so gab sich der Mann im Jeep zu erkennen – hellte sich auf, als wir ihm von unserem Vorhaben und unserer vergeblichen Suche erzählten. Mit ausgestreckter Hand wies er auf den Hang, den wir uns noch vornehmen wollten, und sagte: «Dort blühen sie!»

Wir machten uns natürlich sofort auf den Weg, hinauf zur Hügelkuppe, wo wir den üppig bewachsenen Steilhang unter uns voll einsehen konnten. Kalanderlerchengesang brachte die sonnendurchflutete Luft zum Vibrieren, die gegenüber liegenden Hänge des Tel Hazor leuchteten im tiefen Goldgelb der Kronenmargeriten, und in der Ferne thronte der Schneegipfel des Hermon über dem weiten Land. Kleine Bäumchen des wilden Syrischen Birnbaumes *(Pyrus syriaca)* blühten weiß beschneit

am Steilhang, und dann sahen wir sie plötzlich, große, weiße Blüten, ganz weit drüben und tief unter uns, fast einen halben Kilometer entfernt. Erregt und in freudiger Hochstimmung glitten wir den Hang hinunter und standen alsbald vor ihnen. Umrahmt von gelbem Ginster waren sie noch weit schöner als wir es uns erträumt hatten. Es waren nur zwei, alles andere war noch nicht aufgeblüht, aber diese beiden, die ersten Blüten, die wir von *Iris lortetii* sahen, stellten alles in den Schatten, was wir später noch in reicher Fülle finden sollten, und sie waren größer als jede Schwertlilienblüte, die wir bisher gesehen hatten. Die drei hochgeschlagenen, an den Spitzen einander zugeneigten Kronblätter waren breiter als bei anderen Irisarten und dadurch an ihren Rändern weiter und üppiger gewellt, sie glichen bewegten, im Licht und im Winde spielenden Feenschleiern. Ihre Ergänzungen und Gegenstücke, die drei scharf nach unten gebogenen Blütenblätter, waren nicht minder breit gefächert, am Rand barock gekräuselt und mit ihren Spitzen so eng an den Stengel geschmiegt, daß dessen oberer Teil und der Fruchtknoten völlig verhüllt wurde. Besonders ausgestaltet zeigte sich auch die Narbe. Statt, wie sonst üblich, schräg nach oben zu weisen, machte sie ein Stück weit die Krümmung des herabgebogenen Kronblattes mit, ohne sich ihm jedoch völlig anzuschmiegen, sondern mittels der herabgebogenen Ränder ein tunnelartiges Dach bildend. Die beiden Endzipfel der Narbe schließlich waren, das Motiv der übrigen Blüte aufnehmend, wie Schmetterlingsflügel wieder nach oben gekrümmt und ausgebreitet (Tafel 4). Das Tor des kleinen Tunnels lag in geheimnisvollem Dunkel, die einzige Stelle, an der die Blüte nicht aufgelichtet war, sondern sich düster verhüllte; ein dunkel lockender Eingang, dessen ansaugende Wirkung noch dadurch verstärkt wurde, daß purpurne Linien – die Blattadern – wie die Radien eines Fächers auf die Öffnung zuliefen und mit zunehmender Nähe immer dunkler, schwärzlicher wurden, bis sie im Eingang der Höhle verschwanden. Ganz anders auf den nach oben gerichteten Blütenblättern. Statt hereingezogen zu werden, schienen die feinen Purpurlinien sich hier in den Umkreis auszubreiten, von Anfang an viel aufgelichteter und zarter, um schließlich im Umkreis zu verstrahlen. Etwas auf Distanz betrachtet, lösten sich diese zartrötlichen Linien in die umgebende weiße Grundierung hinein auf, und es entstand der Eindruck zartesten Purpurs, ein Hauch nur, der aus noch größerer Entfernung ganz verschwand und einem reinen Weiß Platz machte.
Was geht im Betrachter vor, der nach intensiver Vorbereitung und langer vergeblicher Suche endlich am Ziel angelangt ist? Was denkt er? Nichts! Zuerst jedenfalls denkt er überhaupt nicht, er nimmt nur wahr, mit höchster Aktivität, denn waches Sehen heißt, mit dem Auge die ganze Pflanze und jede Einzelheit an ihr wie mit Händen abtasten und nachplastizieren. Dabei stellen sich starke Empfindungen ein, die Formgebärden und -gesten werden wie starke Klänge erfahren und sind in diesem Zusammenspiel von solcher Macht, daß sie tiefe Erschütterung hervorrufen. Gleichzeitig darüber nachzudenken, hieße, im selben Augenblick alles zu zerstören und die Verbindung abreißen zu lassen. Dies kann und muß natürlich später folgen, dem Bild nachblickend, und nun in völlig emotionsfreier, gewissermaßen distanzierter Weise die Eindrücke gedanklich durchdringend.
Kurz vorher hatten wir eine andere Schwertlilie gefunden, eine nahe Verwandte

unserer königlichen *lortetii. Iris nazarena,* ganz nahe der Stadt Nazareth wachsend, und an dem Standort, an dem wir sie entdeckten, bereits aufs äußerste bedroht – von einer Seite schieben sich moderne Siedlungen, von einer anderen Fabriken heran, und das Gelände selber ist gerade frisch mit jungen Kiefern bepflanzt worden, zwischen denen sich die Schwertlilien kaum werden halten können. Sie waren allesamt verblüht, mindestens eine Woche schon, wie wir vermuteten. Aber eine einzige Blüte hatte sich verspätet und stand in herrlicher Frische da, als habe sie auf uns gewartet. Eine geringfügige Änderung der Natur nur, und anstelle der überirdischen Schönheit von *lortetii* steht eine fremdartig faszinierende, aber auch etwas unheimlich anmutende Blüte vor uns: jedes der drei herabgeschlagenen Blütenblätter trägt in der Mitte ein großes schwarzes Mal, umgeben vom Geflimmer zahlloser schwarzer Spritzflecken auf weißem Grund, die den Eindruck verwirrender Unruhe entstehen lassen. Das samtschwarze Mal zieht wie ein dunkles Auge magisch den Blick auf sich. Darüber die nach oben geschlagenen, rein weißen und von zartbläulichem Schimmer überhauchten Kronblätter von überirdischer Schönheit. Eine erregende Blüte, die viele Fragen stellt!

Der große schwarze Fleck bei *nazarena* wirkt auf eigenartig befremdende Weise tierhaft, der Vergleich mit Orchideen drängt sich auf. Da könnte etwas dran sein – Bestäuber all dieser Schwertlilien sind Hummeln und die großen, tiefschwarzen Holzbienen *Xylocopa.* Das herabgeschlagene Blütenblatt von *Iris nazarena* sieht tatsächlich von weitem so aus, als säße eine riesige schwarze Hummel oder Biene darauf – genau unter der Stelle, wo sich der enge Eingang in den Nektar und Pollen bergenden Tunnel findet. Daß die Blüten vieler Pflanzen sich gegenüber ihren Bestäubern im Laufe der Evolution außerordentlich entgegenkommend verhielten und sich von ihnen «plastizieren» und dadurch gewissermaßen zum Abbild der Triebe (des Nahrungs-, bei manchen Orchideen aber auch des Fortpflanzungstriebes) ihrer Bestäuber formen ließen, ist eine allgemein verbreitete Erscheinung, nicht zuletzt bei den Schwertlilien, auf deren Blütenblättern durch dunkle Linien und helle Bärte der Weg des Bestäubers zu den Nektarquellen «abgebildet» ist – die Blüte wird solcherart zum Abbild der Triebe und Begierden des Bestäubers. Extremste Beispiele dafür sind ja die Lippen der Ragwurz-Orchideen *Ophrys,* Abbilder des Insektes selber, das diese Blüten anfliegt und zu begatten versucht. Um solche Paarungsaufforderung wird es sich in unserem Fall sicherlich nicht handeln, aber vielleicht um eine Gestaltbild-Attrappe im Zusammenhang mit dem Nahrungstrieb des Insektes, das zu den Blüten besonders hingezogen wird, auf denen es das Bild der gleichen Art, eines Artgenossen erblickt? Das ließe sich untersuchen, indem man bei einem Teil der Blüten die schwarzen Flecken weiß übermalte und den Blütenbesuch durch Hummeln und Holzbienen an diesen und normal belassenen Blüten vergliche.

Oder handelt es sich bloß um sozusagen «sympathische» Bildungen, wie sie beispielsweise bei vielen Vogelblüten auftreten, die eine nicht zu übersehende Ähnlichkeit mit Vogelköpfen aufweisen, ohne dabei zu genauen Abbildern ihrer Bestäuber zu werden, wie etwa *Strelitzia,* die wie der phantasievoll abgewandelte Kopf eines Kronenkranichs aussieht, aber mit seinen eigenen Bestäubern, winzigen Nektarvögelchen, keinerlei nähere Übereinstimmung besitzt. Weitere Beispiele finden sich

unter tropischen Blüten in Fülle, die alle eine im allgemeinen unspezifisch gehaltene Überformung durch den Vogel erkennen lassen.
Lortetii und *nazarena* gehören zu einer Sippe innerhalb der Gattung *Iris*, die sich durch bestimmte Merkmale auszeichnen: die besonders großen Blüten mit den gewellten Rändern, die Tatsache, daß ein Stengel jeweils nur eine einzige Blüte trägt, die tunnelartig über den Bart gebogenen Narbenblätter und der auffällige «Signalfleck» auf den herabgezogenen Kronblättern, der bei *lortetii* nur angedeutet, bei *nazarena* dagegen um so auffälliger ist.
Diese Schwertlilien der *Oncocyclus*-Sippen bewohnen ausschließlich Vorderasien im «Fruchtbaren Halbmond» und strahlen von dort nach Anatolien und bis zum Elburs aus. Innerhalb dieses Gebietes haben sie eine verwirrende Fülle unterschiedlichster Formen ausgebildet, und diese Aufspaltung erreicht ihren Höhepunkt im Südwesten, im Gebiet von Palästina, Syrien und Libanon. Während die nördlichen, die Hochländer bewohnenden Arten in morphologisch-gestaltlichen Eigentümlichkeiten deutlich eigenen Artcharakter zeigen, wird das Bild bei den Bewohnern Palästinas komplizierter. Die Unterschiede bestehen so gut wie nur noch in der Farbgebung und Zeichnung der Blüten, deren Gestalt völlig übereinstimmt. Diese Färbungsunterschiede sind nun überaus markant, neben den beiden uns bereits vertrauten Varianten gibt es die gleichmäßig dunkelviolette, eigenartig grauseiden schimmernde Blüte von *Iris heynei*, der wir im folgenden noch begegnen werden (Tafel 5). *Iris mariae* ist zartviolett aufgehellt in den nach oben gerichteten, dunkelviolett auf den nach unten gefalteten Kronblättern (Abb. 25). *Iris atrofusca* und *loesscila* endlich, vom Nordrand der Negev-Wüste, sind das absolute Gegenbild zu *lortetii*, ihre Blüten sind tiefschwarz (Abb. 25 und Tafel 5). Unerhörte Blüten, ohne Beispiel in der Natur, vollkommen unverständlich und rätselhaft! Zunächst allerdings stellen wir die Frage nach der Bedeutung dieser Schwärzung noch zurück, bis wir uns den Farberscheinungen der Pflanzen- und Tierwelt der Wüste zuwenden – in deren Randgebieten diese schwarzblütigen Irisformen auftreten.
Alle diese in der Gestalt so übereinstimmenden, in der Färbung hingegen unverwechselbaren Schwertlilien bewohnen jeweils inselartig kleine Areale, oft weit voneinander getrennt, zwischen die sich andere Formen schieben. So kommt *lortetii* in Obergaliläa an mehreren, voneinander nicht allzuweit entfernten Stellen vor, und dann wieder weiter südlich in Samaria. *Iris nazarena* schiebt sich dazwischen.
Auch die Blühzeiten können ganz verschieden sein. So stand *Iris lortetii* in Samaria in voller Blüte, als die relativ nah benachbarte *nazarena* schon mindestens drei Wochen verblüht war. Also sind es doch verschiedene Arten? Ein wichtiges Kriterium dafür wären unterschiedliche Anzahl und abweichende Gestalt der Chromosomen, aber da findet man, wie Michael Avishai (1977, 1988) nachwies, praktisch keine Unterschiede innerhalb der ganzen Sippe, gleichgültig ob es Pflanzen aus dem Elburs, aus Westpersien oder aus Palästina sind. Hier versagen augenscheinlich alle

Abb. 38: Eine besonders kontrastreich gezeichnete Blüte von *Iris nazarena*. Bei Nazareth, Ostern 1984.

Nazerat Illit
Ostern 84

Abb. 39: Verschiedene Blütengestalten von *Iris samaria* vom gleichen Standort bei Shekhem (Nablus).

Kriterien und üblichen Begriffe, mit denen wir eine «Art», eine Spezies bei Pflanzen und Tieren diagnostizieren können. Vielleicht gab es ursprünglich nur eine einzige Art oder einige wenige im Gebiet, gleichmäßig und weiter verbreitet, die sich dann, sicherlich nicht ohne Zutun des Menschen, in immer kleiner werdenden Teilpopulationen ohne Genaustausch auflösten. Vergessen wir nicht, daß dieses Land seit Urzeiten von Menschen bebaut, gepflügt, beweidet, aber auch verwüstet wird. Vielleicht haben auch die Araber ihren Teil dazu beigetragen, pflanzen sie doch mit Vorliebe Schwertlilien auf die Friedhöfe.

Aber damit ist noch längst nicht die Grenze der Differenzierung erreicht. Die einzelnen Kolonien von *lortetii* unterscheiden sich im Aussehen nicht unwesentlich voneinander. Die riesenhaften und überaus zart gefärbten Blüten, die wir zuerst fanden, lassen sich klar von ihren kleineren, kompakteren und dunkelblütigeren Nachbarn unterscheiden, die nur wenige Kilometer entfernt im Nahal Dishon wachsen. Sogar an ein und demselben Standort können zwischen einzelnen Stöcken markante Verschiedenheiten auftreten. So stand, unweit der tiefschwarzen Blüten von *Iris loessicola* bei Beersheba, ein Exemplar mit stark aufgelichteter bräunlich purpurner Färbung. Bei *Iris heynei* endlich wird uns diese Tendenz in besonders extremer, auf die Spitze getriebener Weise begegnen (S. 107).

Wo führt das hin? Ist zum Schluß jede Pflanze, jedes Exemplar eine unverwechselbare Einmaligkeit? Jedenfalls haben wir es mit einem nicht zu leugnenden Individualisierungsprozeß zu tun – wiederum wohl nicht ohne Mitwirkung des Menschen.

In den Tälern der Schlangenadler und der Gazellen und am Berg Gilboa

Moshe Galili hatte uns aber noch mehr erzählt. Er verriet uns auch den bereits erwähnten zweiten Standort von *Iris lortetii* in dem schmalen, engen Tal, das sich von der Jordan-Niederung gegen die libanesische Grenze hinaufzieht. Und auf den Plateaus seien Gazellen häufig. Außerdem brüteten Geier in den Felsen, und es gäbe dort viele Schlangenadler. Viele? Ja, sie seien dort zahlreich. Das konnten wir uns nicht vorstellen, Schlangenadler *Circaetus gallicus* kennt man sonst nur paarweise. Wir waren skeptisch, wollten uns aber das Tal keineswegs entgehen lassen.

Als wir dann von der Hauptstraße abbogen, ging es auf holprigen Feldwegen zunächst durch Kulturen, aber bald schon verengte sich das Tal, und die Einsamkeit umschloß uns. Goldenes Spätnachmittagslicht glänzte auf den Kronen der Eichen, die sich an dem steilen Talhang emporzogen – richtige rundkronige Eichen in saftig grünem Laub, natürlich nicht die eigenwilligen Riesengestalten, wie wir sie aus Mitteleuropa kennen, niedriger, kurzstämmiger und mit breit gerundeter Krone, aber doch unverkennbar Eichen, laubabwerfende, sommergrüne noch dazu. Die Blätter sind allerdings nicht gelappt und eingebuchtet, sondern breit oval und von seitlichen Spitzen eingerahmt, nicht unähnlich einem kurzen Edelkastanienblatt. Gelegentlich allerdings ist das Laub auch unregelmäßig eingeschnürt, als sei es auf dem Wege zum typischen Eichenblatt. Die runden Bäume stehen da und dort in Gruppen zusammen, an anderen Stellen weiter voneinander entfernt, und jeder von einem Freiraum umgeben. Durch das tiefe und gedämpfte Grün dieser Taboreichen bekommt die Landschaft einen Zug, der stark an gemäßigte, heimische Landschaften gemahnt, die strahlende Helligkeit mittelmeerischer Gefilde ist abgeschattet; aber sie mischt sich doch dazwischen, im lichten Gelbgrün der Kermeseichen, die gerade junges Laub bekommen.

Und dann tauchten die Schlangenadler auf – zwei, vier, sechs auf einmal! Sie schwammen in der Luft, getragen von den warmen Aufwinden, die sich an der sonnenbeschienenen, südwärtsgerichteten Hangseite bildeten. Drei Paare waren es, die sich, höchst ungewöhnlich, ohne jede Rivalität ausgezeichnet vertrugen, über- und nebeneinander hinglitten, aneinander vorbeitauchten und wieder emporschossen und ihre klangvollen «jok-jok-jok»-Rufe hören ließen. Sie waren offensichtlich nicht auf Beutesuche, sondern genossen das Fliegen als spielerischen Genuß, auch am kommenden Tag waren sie nachmittags wieder da und blieben bis zum Einbruch der Dämmerung und der abendlichen Kühle – Feierabendvergnügungen. Sie standen mit brettartig gebreiteten Schwingen reglos an einer Stelle oder ließen sich mit angewinkelten Schwingen, einem heraldischen Adler gleichend, nach der Seite abkippen, um sich gleich darauf vom nächsten Windstoß wieder steil und pfeilschnell in die Höhe tragen zu lassen. Dabei leuchteten ihre weißen Unterseiten jäh auf, die durch das kontrastierende dunkle Brustschild noch akzentuiert wurden. Gelegentlich segelten hoch über ihnen ziehende Störche in nördlicher Richtung durch den blauen Himmel, oder es gesellte sich einer der mächtigen Gänsegeier *Gyps fulvus*, die in den

Abb. 40: Kreisende Schlangenadler.

Klippen der gegenüberliegenden Talseite ihre Brutplätze hatten, für kurze Zeit dazu. Untertags konnte man die Schlangenadler, wenn man sehr aufmerksam war, in den Kronen runder Eichbäume sitzen sehen, in denen sie ihre Horste haben mochten, oder, ganz frei, auf einem Telegrafenmast entlang der Straße, die das Hochplateau überquerte. Dabei fiel einem ihre aufrechte, hochbeinige Haltung auf und der dicke, eulenartige Kopf, der durchdringende Blick der bernsteingoldenen Augen.
Im letzten Abendlicht schlugen wir dann unsere Zelte auf, es war gar nicht so einfach gewesen, ein ebenes Plätzchen auf der schmalen Talsohle zu finden, zwischen Steinblöcken und Christusdornbäumen. Dann kamen die Stimmen der Nacht – ein Steinkauz *Athene noctua* und das krächzende Schnarchen einer Schleiereule *Tyto alba* waren zu hören, dazwischen immer wieder das Greinen der Klippschliefer in

den Felsen, höchst komische Laute, es klang, als stöhne jemand mit letzter Kraft und bejammere sein mühebeladenes Dasein – zu Recht, wie sich im Laufe der Nacht herausstellen sollte: zuerst waren die hohlen Rufe eines Uhu zu hören, und plötzlich zerriß ein markerschütterndes Kreischen die Stille und verkündete das jähe Ende eines Klippschliefers.

Am anderen Morgen war die Luft erfüllt von Vogelgesang, die engen Talwände warfen das Echo vielfältig zurück. Amselgesang weckte uns, dazu das Trillern eines Zaunkönigs, das Klappern einer Zaungrasmücke, Kohlmeisen riefen wie zu Hause und Stieglitze flogen vorüber; man mußte sich, noch im Zelt liegend, mit Mühe klarmachen, wo man war. Aber dann war plötzlich das vertraute «bül bül» zu hören und kurz darauf das laute Lachen des großen blauen Eisvogels. Eine Orpheusgrasmücke *Sylvia hortensis* ließ ihr volltönendes Flöten erklingen, und weniger später schoß eine kleine schwarze Kugel an uns vorbei, und ein scharfer metallischer Pfiff zerschnitt die Luft – ein Nektarvogel hier, in einer Landschaft, die schon fast gemäßigt und kaum noch mittelmeerisch anmutet im satten sommerlichen Grün der Eichen! Wieder das frappierende Erlebnis tropischer Eindrücke vor einer ganz und gar nicht tropischen Kulisse.

Später, als wir dann das Tal hinaufzogen, glitten die mächtigen Geier aus den Bastionen über uns, und der rauhe Felsvogelgesang einer Blaumerle brach sich an den Klippen. Am jenseitigen Hang leuchteten die weißrosa Blütenköpfe der edlen Schwertlilien aus den steilen Matten. Welch Paradies, hier laßt uns bleiben!

Ein Aurorafalter umgaukelte uns, die tieforangeroten Spitzen seiner blütenweißen Flügel leuchteten in der Sonne – auch er ein Gruß von den Frühlingswiesen des Nordens und hier nahe seiner südlichen Verbreitungsgrenze. Und als wir die enge Schlucht, die sich im oberen Teil des Tales gebildet hat, durchquerten, glitt zwischen den dicht belaubten Ästen der Eichen, immer wieder zwischen tiefen Schatten und gleißendem Sonnenlicht wechselnd, ein Kleiner Eisvogel *Limenitis reducta* – nein, kein Vogel, sondern ein Auen- und Bachuferschmetterling, auf dessen tiefschwarzen, mit weißen Lichtbändern und -flecken geschmückten Schwingen sich der Wechsel von hellem Licht und tiefem Schatten seines Lebensraumes abbildet. Auch er ist eine vertraute Erscheinung aus Mittel- und Südeuropa.

Der südwärts geneigte Hang ist trockener, er trägt nur wenig Eichen, sondern vor allem sparriges Buschwerk aus Weiß- und Kreuzdorn. Plötzlich raschelte es unter uns und brach in wilden Fluchten los – ein Sprung Rehe? Sie waren nur undeutlich zu erkennen. Nein, die Größe stimmte zwar, aber die Tiere erschienen zu schnell – ein Sprung Arabischer Gazellen, ein Bock vorneweg mit schön geschwungenem Gehörn, hellsandbrauner Decke und leuchtend weißem Spiegel. Die eleganten Tiere flüchteten hangaufwärts und waren im Nu entschwunden.

Um Rehe zu sehen, sind wir fast hundert Jahre zu spät gekommen. Die letzten Rehe verschwanden bereits vor dem ersten Weltkrieg aus Palästina, ausgerottet von den Siedlern. Die scharfäugigen Gazellen, in der offenen Landschaft weniger leicht anzupirschen, haben sich als überlebenstüchtiger erwiesen – obwohl auch sie gewaltig dezimiert wurden, und ihre jetzige Häufigkeit ein Ergebnis jahrelangen, rigorosen Schutzes ist.

Abb. 41: Blauschwarzer Eisvogel *Limenitis reducta* und Taboreiche *Quercus ithaburensis.*

Tafel 9
Oben: Blick über das nach Osten geweitete Erosionstal des Nahal Zin im Negev. Entlang des ganzjährig Wasser führenden, von der Avdat-Quelle gespeisten Bachlaufes ein schmaler «Galeriewald» aus Tamarisken.
Unten: Im Oberlauf, der zur Quelle von En Avdat führt, verengt sich das Tal zur engen Klamm. Noch eine Biegung weiter endet es in einem wolkenkratzerhohen Spalt, den der Bach immer weiter rückwärts einschneidet. Frühmorgens und abends kommen die Steinböcke zur Tränke, in den Wänden brüten Uhu und Schmutzgeier, Felsentauben und Schieferfalken. Aufnahmen A. Suchantke.

Abb. 42: Mesopotamische Damhirsche. Die abgebildeten Tiere stammen aus dem Georg-von-Opel-Freigehege im Taunus und sind wohl gefangenschaftsbedingt etwas feist.

Wie gut würden Rehe sich hier ausnehmen, in dieser parkartig aufgelockerten Waldlandschaft, in der es immer wieder undurchdringliche Dickichte gibt, in denen die Kitze versteckt werden könnten! In wesentlich weiter zurückliegenden Zeiten lebte hier noch eine weitere Hirschart, der Mesopotamische Damhirsch, größer und kräftiger als sein Verwandter unserer Parks und Wildgehege, mit stärkerem Gehörn; in prähistorischer Zeit kam er im ganzen Vorderen Orient und bis zum Nildelta vor, heute dürfte er in der Natur wohl ausgestorben sein, seine letzten Vorkommen lagen in den Auenwäldern des Euphrat und Tigris, wo der irakisch-iranische Krieg tobt. Glücklicherweise konnte die Art dann doch noch in letzter Minute gerettet werden. Georg von Opel, der wohlhabende Gründer des «Opel-Zoos» bei Kronberg im Taunus, rüstete in den 50er Jahren mehrere Such- und Fangexpeditionen aus, durch

Tafel 10

Oben: Zwei besonders zutrauliche Vögel der Wüste: Saharasteinschmätzer und das im ganzen Land, nicht nur in der Wüste häufige Chukarhuhn.

Unten: Blühender Retamginster im Krater des Maktesh Hagadol. Der Gesteinsschutt auf den schräg einfallenden Kreideschichten im Hintergrund ist von schwarzem Wüstenlack überzogen. Aufnahmen W. Fackler (Chukarhuhn), A. Suchantke.

die eine kleine Zuchtgruppe nach Europa gelangte. Nachkömmlinge davon wurden an Israel abgegeben, wo diese Hirsche nun in einem großen Gehege auf dem Karmel weitergezüchtet und – zusammen mit Rehen – auf die Freilassung vorbereitet werden. Vielleicht kann damit wiederholt werden, was beim europäischen Alpensteinbock gelang; dieser existierte ja ebenfalls nur noch in einem kleinen Restbestand an einem einzigen Ort, und all die vielen und kopfstarken Kolonien, die heute dank sorgsamer Hege wieder durch die ganzen Alpen anzutreffen sind, nahmen von dieser Keimzelle ihren Ausgang.

Braunbären waren hier heimisch, der hell isabellfarbene Syrische Bär, der noch bis in die ersten Jahrzehnte unseres Jahrhunderts am Hermon vorkam, dem Bergmassiv, das wir vom Hochplateau oberhalb unseres Schlangenadlertälchens fast in Griffweite vor uns haben. Die gewitzten und geschickten Wildschweine haben es bis heute verstanden zu überleben.

Wie bei den Vögeln, so mischen oder mischten sich auch unter den Säugetieren Arten, die ihre Heimat in der nördlichen eurasischen Waldzone haben, mit Formen der heißen südlichen Wüsten, ja der Tropen. Hier Reh, Braunbär, Wolf und Wildschwein, dort Klippschliefer und Gazelle, Streifenhyäne, Mungo und Schakal.

Auf einem schwarzen Basaltblock sitzt reglos eine Gottesanbeterin, ein höchst bizarres Wesen. Die Flügeldecken sind, auf hellem Grund, von einem hellgrünen Petersilienmuster in regelmäßiger Gruppierung geziert, das Nackenschild läuft in gezackte Ecken aus, die dünnen Beine haben flügelartige Anhängsel. Beim Versuch, sie von vorne zu fotographieren, geht sie in drohende Abwehrstellung und breitet die angelegten Fangbeine seitlich wie einen Schild aus. Jetzt ist die blaue Innenseite der Oberarme zu sehen. Wen mag das erschrecken?

So auffällig sie dasaß – im dichten Gras hätten wir sie schwerlich entdeckt – noch schwerer zu entdecken ist die flügellose Larve, die ich im Jahr vorher durch Zufall in einer *Gundelia*-Blüte fand. Durch den empor- und zurückgeschlagenen Hinterleib, der gleichfalls an den Segmenten lappenartige Verbreiterungen trägt, sah das Insekt mit seinen dünnen Beinen wie ein Zweigstückchen mit etwas vertrocknetem Laub aus.

Nachdem wir die Steilhänge durchstiegen haben, breitet sich vor uns das wellig gestufte Plateau aus, das uns einen weiteren Blick nach Norden und Osten erlaubt, während im Westen die nahen Berghänge die Sicht versperren. Da oben, ganz nah, verläuft die libanesische Grenze. Am weitesten schweift der Blick nach Norden, tief hinein in die Bekaa-Ebene, vom tiefer gelegenen nordisraelischen Dan-Tal durch eine Hügelschwelle getrennt. Ein gigantischer, schwarzer Rauchpilz steht als gespenstisch erschreckende Silhouette über dem fernen Land, die ganze Ebene überspannend. Unberührt davon thront daneben der mächtige Rücken des Hermon, von weißen Schneefeldern begrenzt. Zu seinen Füßen, ganz nah, in der Jordansenke,

Abb. 43: Hellgrüne Musterung auf weißem Grund kennzeichnen die große Gottesanbeterin *Blepharopsis mendica*. Oben die furchterregende Drohhaltung, daneben, mit emporgekrümmtem Hinterleib, eine Larve.

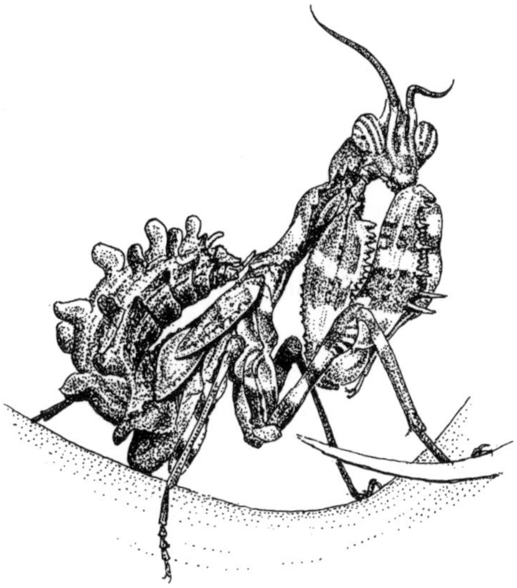

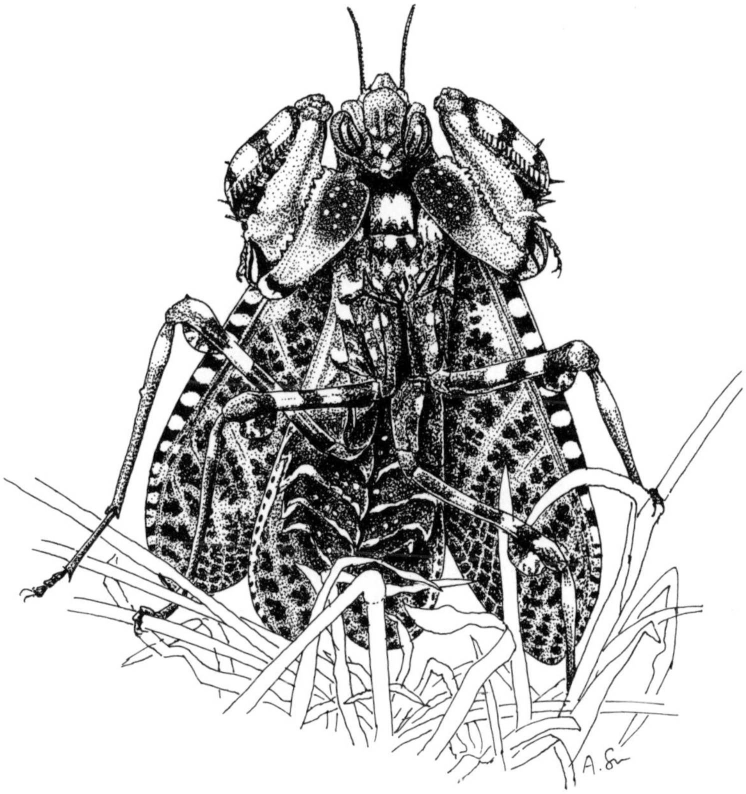

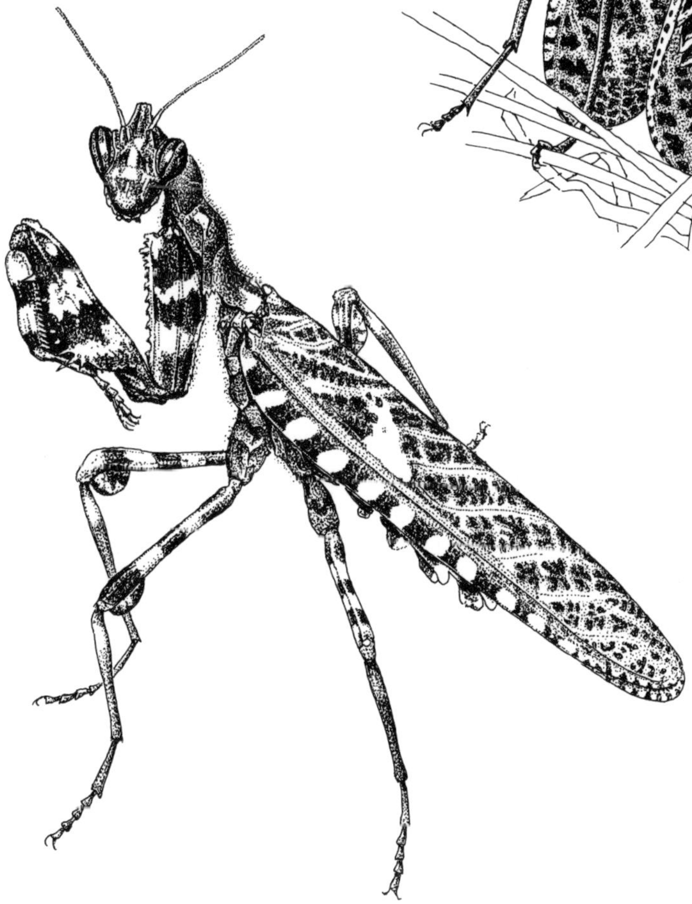

die Wasserfläche des Huleh-Sees, umrahmt von tropisch-afrikanischem Papyrusdschungel.

Steinige Abhänge führen hinunter auf eine weite grüne Wiese, die von Gebüsch umstanden ist. Ein Rudel von etwa zwanzig Gazellen weidet, in kleinen Gruppen verteilt, unter uns, ein paradiesischer Friede breitet sich über das Land. Da und dort gibt es spielerische Kämpfe zwischen einzelnen Böcken – nach der Größe der Gehörne noch keine voll ausgewachsenen Tiere. Sie stehen sich gegenüber, die Köpfe zu Boden gesenkt, Stirn an Stirn, Gehörn an Gehörn. Die anderen Tiere sind Geißen. Als wir uns zu nähern versuchen, bemerken sie uns sofort in dem deckungslosen Gelände, obwohl wir noch fast einen Kilometer von ihnen entfernt sind. Die kleinste Bewegung von uns führt zu aufgeregten Fluchten, die anfangs allerdings schnell wieder abgebrochen werden, sowie wir stehen bleiben. Sobald wir uns aber zügig in Bewegung setzen, beginnt die geordnete Flucht in weiten Sprüngen. Unerhört ist die Scharfsichtigkeit dieser Tiere, wie wir immer wieder feststellen – mir ist noch kein Säugetier begegnet mit so hoch entwickeltem Sehsinn. Merkwürdig auch die Scheu der Tiere und die große Fluchtdistanz, wo sie doch vollkommenen Schutz genießen! Nahe Begegnungen mit Gazellen waren immer Zufalls- und Überraschungsmomente, beide Seiten standen für einen kurzen Augenblick wie festgefroren, dann erfolgte ein Riesensprung, das Tier warf sich herum und war mit wenigen Sätzen verschwunden. Woher diese Scheu, die doch z. B. die ebenfalls geschützten und nicht bejagten Steinböcke weder in den Klippen ums Tote Meer noch in Europa in den Alpen je zeigen und denen sich der Beobachter oft bis auf wenige Meter nähern kann. Nun, der Unterschied hängt mit dem Gelände zusammen, das die beiden Hornträger bewohnen – im Fels braucht es andere Fähigkeiten, um sich zu schützen, schlafwandlerisch sicheres und blitzschnelles Klettervermögen, um sich vor dem anschleichenden Leoparden oder Luchs in Sicherheit zu bringen.

In der offenen Wüsten- und Halbwüstenlandschaft hingegen, die der normale Lebensraum der Gazelle ist, ist es der Gepard, dieser rasend schnelle Hetzjäger, vor dem tatsächlich die große Distanz der beste Schutz ist. Aus der Nähe kann der Gepard eine Gazelle ohne Schwierigkeiten niederrennen – aber er ist kein Langstrekkenjäger, der seine Beute über größere Entfernungen verfolgt, wie es Windhunde und Wölfe tun. So dürfte das Fluchtverhalten der Gazellen tatsächlich eine Antwort auf die Eigenart ihres Hauptjägers sein. Geparden hier? Leider nicht mehr, wie gerne hätten wir eines dieser herrlichen Tiere gesehen! Auch dafür sind wir Jahre zu spät gekommen. – In Jerusalem findet sich in der sehenswerten Sammlung von Pater Schmitz, eines deutschen Missionars des Jahrhundertbeginnes, dem neben der Seelsorge die Erforschung der Tierwelt Palästinas am Herzen lag, ein Gepard, der 1911 in der Umgebung des Toten Meeres geschossen wurde.

Aber sind es wirklich nur die angeborenen Fluchtinstinkte, die uns die Gazellen vom Leibe hielten? Wo wir auch waren, wir kamen nie näher an sie heran – es sei denn in flüchtigen Augenblicken überraschenden Zusammentreffens: so war es auch im Nahal Yissakhar, jenem Tal zwischen Tabor und dem Jordangraben, das über die größte Gazellenpopulation Israels verfügt. Wir stießen auf ein Rudel von über neunzig Tieren, dem wir uns immerhin auf dreihundert Meter nähern konnten, weil

Abb. 44: Wiedehopf – im flappenden Flug überaus auffällig.

wir uns die Deckung eines Steilhanges zunutze machten; als wir dann aber die Köpfe vorsichtig darübersteckten, wurden wir prompt und umgehend enttarnt.

In diesem Gebiet, das weiß man, wird gewildert, von streunenden Hunden, aber auch von den Bewohnern der Umgebung. Und das wird anderswo genauso sein. Die Vorsicht wird also wohl nicht nur angeboren, sondern auch ein Ergebnis schlechter Erfahrungen sein.

Dieses Wildern ist den Naturschutzautoritäten, so merkwürdig es klingen mag, gar nicht so unlieb – solange es sich in Grenzen hält. Durch den totalen Schutz und das Fehlen großer Raubtiere ist nämlich der Vermehrung der Gazellen keine natürliche Grenze gesetzt; die Bestände würden uferlos anwachsen und den umliegenden Kulturen noch mehr Schaden zufügen, als es ohnehin schon der Fall ist. Der Ruf nach Dezimierung von seiten der Landwirtschaft könnte dann nur noch schwer abgewehrt werden . . .

Das Wunder des Nahal Yissakhar und Nahal Tabor! Niemand, der über die weiten Ebenen Galiläas zwischen Nazareth im Westen und dem Jordangraben im Osten unterwegs ist, käme auf die Idee, in der Monotonie unendlicher flacher Getreidefelder diese verborgenen Paradiese zu vermuten. Kein Baum, kein Strauch unterbricht die Öde, auf der nur gigantische Bewässerungsmaschinen und Riesentraktoren unterwegs sind. Indes – was als lückenlos bebaute Fläche erscheint, ist – unsichtbar – von breit eingetieften Tälern und Tälchen unterbrochen, an deren Abbruchkanten die Weizenfelder jäh enden. Frühlingshaft grüne Steppenwiesen ziehen sich zum weiten Talboden hinab, im hohen Steppengras nisten niedrige Buschgruppen von *Ziziphus lotus.* Sprünge von Gazellen brechen vor uns los und jagen hangaufwärts, hinein in den Schutz der Getreidefelder. Die jenseitigen Hänge sind mit schwarz-weißen Tupfen übersät, die langsam dahinziehen: rastende Störche, zu Hunderten, die sich eine Nahrungspause gönnen. Wiedehopfe *Upupa epops* fliegen mit flappenden Flügelschlägen auf und wirken wie grell gemusterte Schmetterlinge, das Riesenrad der Haube wird beim Einfallen jedesmal erregt gefächert und schnell wieder zusammengeklappt. Schmetterlingsbunt und von tropischer Farbenpracht ist auch die ultramarinblaue und rostbraune Blaurake *Coracias garrulus,* die vor uns abfliegt. Ein Häherkuckuck-Pärchen *(Clamator glandarius)* beschimpft uns aus einem Lotosbusch, die Vögel fächern die langen, weiß getupften Stachelschwänze und lüften aufgeregt die schwarze Haube. Sie benehmen sich ganz anders, lärmend und auffälliger als unser heimischer Kuckuck, der ebenfalls als Zuggast zugegen ist und ängstlich und unsicher von Deckung zu Deckung fliegt. In seinem unscheinbaren Grau ist er der typische Dickicht-Vogel, während sich die lärmenden Verwandten in ihren kontrastreichen Kleidern dreist und aggressiv laut aufführen; beim Unterschieben ihrer Eier in die Wirtsvogel-Nester werden sie sich wohl kaum so benehmen, der Mißerfolg wäre ihnen sicher – um so mehr, als sie auf Rabenvögel spezialisiert sind, kluge und wehrhafte Tiere – von denen hier nur Nebelkrähe und Eichelhäher vorkommen. Die kugelrunden, kopfgroßen Haufennester, die zu vielen höchst auffällig in den Bäumen gegenüber hängen, kommen jedenfalls nicht in Frage: sie gehören einer Kolonie von Weidensperlingen *Passer hispaniolensis.* Raupen laufen über den Weg, zu Tausenden, zu Zehntausenden, verpuppungsreif ausgewachsene, aber auch junge Exemplare. Hunderte von Metern weit wimmeln sie über den Boden: Raupen eines sehr schönen Schmetterlings, den man bei uns höchstens einmal vereinzelt findet, des Distelfalters. Hier sitzen sie in Massen in den Mariendisteln und Malven, aber der Wandertrieb kann nicht durch Nahrungsmangel hervorgerufen sein, eher durch eine Krankheit, wie sie sich bei Massenvermehrung nur allzu leicht ausbreitet. Von den Raupen, die wir mitnahmen, verpuppten sich alle, aber es schlüpften dann in Europa nur wenige Falter. Wir ließen sie fliegen mit dem Gefühl, ihnen ein Stück des Weges abgenommen zu haben: Distelfalter sind große Wanderer, und die bei uns im Sommer anzutreffenden fliegen alljährlich zu. Aber solche Massenvorkommen? Da müssen ja sämtliche Distelfalter Israels an einem Platz ihre Eier abgelegt haben!

Die Hänge hinauf stoßen wir auf einen Stachelschweinbau: ein großes Loch im Hang und eine große Erdschütte davor, in der einige der schwarzweiß-geringelten, dünnen Stäbchen den Urheber verraten. Wenig weiter dann, als wir gerade den Abschluß eines flachen Nebentälchens durchqueren, saust vor unseren Füßen ein mächtiger und dickköpfiger brauner Vogel lautlos in die Luft hinaus – ein Uhu *Bubo bubo,* der da zu unseren Füßen in einer leicht zugänglichen Felsnische brütet und nun ein

Abb. 45: Brütender Uhu im Nahal Yissakhar, Galiläa, 5. April 1984. Unten Ei und vier- bis fünftägiger Jungvogel (die Augen bleiben bis zum 4. Tag verschlossen!). Daneben, aus der eingetragenen Beute, eine Flankenfeder des Chukarhuhnes.

weißes Ei und ein wenige Tage altes Dunenjunges, ebenfalls schneeweiß, neben den Überresten eines Chukarhuhnes zurückläßt. Das unbeholfene Uhuküken nimmt uns wohl noch nicht so richtig wahr, jedenfalls zeigt es noch gar keine Scheu und rudert mit seinen Flügelärmchen wie mit Schwimmflossen in der Sandmulde herum – die Augen sind noch dunkle Schlitze, aber der schwarze Hakenschnabel zeigt bereits deutlich, was da werden wird. Als wir anderntags wiederkommen, vorsichtig uns anschleichend, sitzt der Altvogel natürlich wieder schützend und wärmend über seinem Nachwuchs, weithin sichtbar und doch völlig unsichtbar. Er schmiegt sich flach dem Boden an und hat die Lider bis auf einen schmalen Schlitz geschlossen, so daß ihn seine leuchtend bernsteinfarbenen Augen nicht verraten. In seinem braunscheckigen Federkleid ist der mächtige Vogel nichts weiter als ein Büschel vertrockneter Zweige und dürren Grases. Ein Vexierbild: das gehörnte mephistophelische Gesicht, das einen aus dem Laubhaufen anblickt, scheint von der Art zu sein, wie die Gnomengesichter, die man mit etwas Phantasie an alten Weidenstümpfen findet. Aber urplötzlich ist der Spuk fort, so blitzartig fliegt der Vogel aus seiner liegenden Haltung vom Horst ab, daß man an eine Sinnestäuschung glaubt: kein langsames Aufrichten, keine sichtbare Startbereitschaft, schneller als ein Gedanke ist der schwere Vogel auf und davon. Eine Sinnestäuschung? Das Foto später zeigt es dann: der Uhu saß tatsächlich da.

Die Landschaft des Yissakhar-Tälchens hat kaum noch mittelmeerischen Charakter. Durch die Nähe des Jordangrabens, dem sich das Tal entgegenwindet, dringen saharische wie irano-turanische Einflüsse ein; die vielfarbig bunten Blütenteppiche der mediterranen Landschaften fehlen ebenso wie das saftige Grün der Wiesen. Es ist Steppe, bräunlich graugrün, monoton, die Lotosbüsche sind nordafrikanischen Ursprunges, an besonders trockenen Stellen treffen wir auf ein zierliches Gewächs, das uns später als eine Charakterpflanze der Negev-Wüste wieder begegnen wird und einen saharo-arabischen Verbreitungsschwerpunkt besitzt: *Limonium thouini,* verwandt mit dem Strandflieder unserer Küsten *(Limonium vulgare),* aber von ganz anderer Tracht: eine kleine Rosette zierlich gefiederter Blättchen, die dem Boden angeschmiegt sind, darüber auf kurzem Stengel eine Scheindolde mit breit geflügelten Stielen, überwölbt von zart bläulich-weißen Blütenkelchen, aus denen kleine cremeweiße Krönchen ragen.

Eine Grenzsituation anderen Charakters erleben wir, wenn wir den langgezogenen Bergrücken des Gilboa besteigen, der sich jenseits, im Süden der endlosen Getreidefelder breit hinlagert, ein mächtiger Riegel oder eine gewaltige Klammer, die zwei ganz verschiedenartige Ebenen aneinander bindet – das Yesreel-Becken im Westen, das sich vom Mittelmeer bis Afula erstreckt, und die Tiefebene der Region von Bet She'an, unter dem Meeresspiegel gelegen und eine Erweiterung des Jordangrabens südlich des Sees Genezareth darstellend. Beide Ebenen sind von landwirtschaftlichen Intensivkulturen industriellen Zuschnittes überzogen, unterbrochen lediglich von den Flächen künstlicher Fischteiche, in denen sich der blaue Himmel spiegelt. Immer wieder kamen wir uns verirrt und völlig fehl am Platze vor, wenn wir in unserer für die Wildnis passenden Ausrüstung und Kleidung, mit unseren Zelten und dem

Abb. 46: *Limonium thouini* ist ein zierlicher Verwandter des «Strandflieders» unserer Küsten, besonders apart durch seine hellblauen Kelche, in denen die crèmeweißen kleinen Blüten sitzen. An seinem Stengel ruht ein unscheinbarer Weißling, *Euchloë belemia,* ein typischer Bewohner der Halbwüsten. Das Vorkommen beider im Nahal Yissakhar bezeugt, daß sich saharische Elemente entlang des Jordangrabens und seiner Seitentäler weit nach Norden vorschieben.

A. Su

kanonenartigen Teleobjektiv diese Gebiete durchquerten. Waren wir nicht etwas lächerliche und weltfremde Forschungsreisende, die, ausgerüstet mit den Reiseberichten der klassischen Erforscher Palästinas aus dem 19. Jahrhundert, nach Paradiesen suchten, die längst der Vergangenheit angehörten?

Dieses Empfinden totaler Absurdität wich jedesmal schlagartig, sowie wir die scharfen Grenzen überschritten, die das moderne Israel vom ursprünglichen Palästina trennen. Beides ist mosaikartig ineinander verzahnt, wie wir es schon im Nahal Yissakhar erfuhren; man kann mit einem Fuß in dieser, mit dem anderen in jener Welt stehen, zwischen beiden scheinen Jahrhunderte zu liegen.

Atemberaubend ist das Nebeneinander auch an dem Bergrücken des Berges Gilboa. Ist man durch die Wälder aus (aufgeforsteten) Aleppokiefern emporgefahren und auf dem langen Gratrücken angekommen, dann blickt man aus unberührter Bergsteppenlandschaft hinab in eine andere Welt, zu der es keine Brücken zu geben scheint – in die weiten Ebenen riesenhafter Äcker in monotonen Schachbrettmustern.

Es herrscht aber noch ein anderes Nebeneinander hier oben; zwei Regionen grenzen aneinander, die mittelmeerische, die auf der Südwestflanke des Bergzuges vorherrscht, und die irano-turanische der asiatischen Steppenregion, welche auf der anderen, der nordwestlich orientierten Flanke das Bild bestimmt – soweit sie nicht durch die Kiefernwälder zurückgedrängt wird.

Im Grenzbereich beider, in der Kammregion oder, genauer, hart auf der iranoturanischen Seite, wächst die Gilboa-Iris *Iris heynei.* Sie kommt nur auf diesem Höhenzug vor und zieht zur Blütezeit Bewunderer von weit her an. Nicht nur Leute wie wir, sondern Menschen aus den Städten Israels, die aus Liebe zu den Naturwundern ihres Heimatlandes hierher pilgern. Wir verbrachten einen ganzen Nachmittag und den folgenden Morgen im Banne dieser herrlichen Blüten. Ihre Besonderheit erschließt sich erst allmählich, und je mehr man von ihnen entdeckt, desto fesselnder wird die Beschäftigung mit ihnen (Tafel 5).

Es sind keineswegs sehr hohe Pflanzen, ganz im Gegenteil, ihre Stengel sind recht niedrig und überragen kaum die graugrünen Schwertblätter. Jeder Stengel trägt nur eine einzige Blüte – aber was für eine! Sie ist nicht nur von eindrucksvoller Größe – etwas größer als bei unserer violettblauen Gartenschwertlilie *Iris germanica* – sondern zeigt auch, von Blüte zu Blüte abgewandelt, ein unglaublich nuanciertes Farbenspiel. Das Grundkolorit ist zartes Violett, mal dunkler, mal heller – keine Partie der Blüte gleicht der anderen. Besonders dunkel sind die herabgeschlagenen Blütenblätter, auf denen nahe dem Ansatz, dort wo sich die Narben tunnelartig darüber wölben, ein schwarzes Mal sitzt. Es kann stark hervortreten, wenn die Umgebung aufgehellt ist, oder ganz in der ebenfalls schwärzlich violetten Umrahmung verschwinden. Von besonderer Schönheit aber sind die drei emporgewölbten Blütenblätter des Helmes, auf blaulila Grund von purpurnen Adern durchzogen, im Zentrum dunkler gefärbt und gegen den elegant gewellten Rand zu immer lichter werdend, mitunter reinem Weiß genähert, als verstrahle die Blüte in den Umkreis und ginge in reines Licht über; es ist in allem das gleiche Prinzip wie bei *Iris lortetii* (S. 87f.), mit der unsere Pflanze ja nahe verwandt ist – lediglich in einen anderen, abgedunkelteren Farbbereich transponiert.

Jede Blüte hat zwei völlig verschiedene Gesichter – je nachdem, ob man sie im auffallenden oder im durchscheinenden Licht anblickt. Hat man die Sonne im Rücken, dann erscheint die Blüte (im auffallenden Licht) in seidig schimmerndem Glanz, tief violett und manchmal fast schwarz. Fällt das Licht hingegen durch die Blüte hindurch, dann erglüht sie in feurigem Lila, tiefem Amethyst oder strahlendem Purpur, Farbtöne, die nach außen, an den Rändern des Helmes, in einer lichtweißen Aura verstrahlen.
Iris heynei ist häufig auf der Höhe des Gilboa, einzelne Pflanzen, kleinere Gruppen und dicht gedrängte Nester stehen allenthalben zwischen den Kalkbrocken und der wilden Gerste, zwischen weißen und rosa Blütenscharen wilder Zyklamen, überragt von mannshohem gelbem Fenchel und begleitet von den unvermeidlichen blutroten Tupfen des Asiatischen Hahenfußes, zu dem sich – welche Freude des Entdeckens! – die gleich großen und ebenso scharlachfarbenen Blüten des Aleppo-Adonisröschens *Adonis aleppica* gesellen, das wir beinahe übersehen hätten, so sehr stimmt es mit dem roten Hahnenfuß überein (Tafel 6).
Je mehr Gilboa-Schwertlilien wir sahen, desto unersättlicher wurden wir, geradezu Iris-trunken. Einfach deshalb, weil keine Blüte wie die andere war, jede neu gefundene war eine Neubegegnung, noch nie gesehen und nie sich wiederholend. Meinten wir, endlich das ganze Spektrum zu überblicken, dann kam gleich darauf eine Blüte, wie wir sie nie erwartet hätten. Eine Individualisierung also der Einzelpflanze, die über das bereits bei *lortetii* festgestellte Maß noch hinausgeht!
Einmal war es die Farbe; niemand könnte auch nur annähernd diese Variationsbreite erfinden, von nahezu Schwarz bis Zartlila über Purpurblau oder Graulila in allen nur denkbaren Kombinationen und Übergängen. Ähnliches gilt für die Gestalt der Blüten – da gab es solche mit fest geschlossenen Helmen und weit herab- und zurückgeschlagenen unteren Kronblättern, abweisend und zurückgenommen; daneben standen strahlend geöffnete Blüten, gleich Kronen, die sich hingebend dem Lichte zuwenden. Gekräuselte und kokett geschwungene Blütenblätter, die von Künstlern des Rokoko geschaffen schienen, neben ganz strengen, ebenmäßig im Spitzbogen einander zugeneigten, die gotischen Kirchenfenstern glichen.

Bergwälder im Norden Galiläas

So sehr uns die Schwertlilien des Gilboa verzaubern, so wenig können wir uns mit künstlichen Kiefernforsten an seinen Flanken befreunden, die wir auf endloser Piste durchfahren. Wir sehnen uns nach richtigem Wald, nach den Tabor-Eichen des Nahal Dishon, des Schlangenadlertales. Wir machen deshalb einen Sprung zurück, hinüber nach Norden und in die Nachbarschaft dieses Tälchens, in die höchsten Berglagen Obergaliläas. Unmittelbar angrenzend an die dichtbesiedelte Yesreel-Ebene steigt das Märchenland des Meron-Gebirges bis auf 1200 m an. Ölbäume klettern die Hänge empor, umrahmt von goldenem Ginster. Dichte Wälder überziehen wie Teppiche die welligen Kuppen, da und dort unterbrochen von größeren Lichtungen um die Dörfer drusischer Bauern. Schwarz gewandete Männer mit martialischen Schnurrbärten und markanten, holzgeschnitzten Gesichtern schreiten würdevoll durch die Gassen, den Tarbusch mit einem blütenweißen Tuch umwickelt, das nach unten in einer eleganten Bewegung um den Hals gelegt wird. Die buntgekleideten Frauen sind unterwegs und arbeiten mit großer Sorgfalt auf den Terrassenäckerchen, die, wiewohl unbeabsichtigt, doch mit hohem landschaftsgestalterischen Können angelegt sind. Die Ortschaften selber werden leider immer häßlicher und gesichtsloser – schade, daß auch die Drusen dem gleichen Einheitsbaustil frönen, dem in allen arabischen Ortschaften in tötender Monotonie gehuldigt wird: ein kubischer Betonkasten, auf hohen Betonstelzen an einen Hang geklebt. Wir lassen uns davon nicht stören, grüßen nach rechts und nach links, werden freundlich wieder gegrüßt und verlassen das winklige Dorf, in dem wir uns erst einmal kreuz und quer verfahren haben, in Richtung Meronberg, auf die Wälder zu. Die Wolken hängen tief, es fängt an zu regnen. Immer wieder reißt der Nebel auf, die Sonne bricht hervor, und alles glitzert, Tausende von lichtsprühenden Diamanten hängen an den Blättern. Das junge Laub der Palästinensischen Pistazien *Pistacia palaestina* leuchtet zart orange im durchfallenden Licht, und das intensive Rosa der blühenden Judasbäume *Cercis siliquastrum* belebt das bräunliche Grün des Kronendaches. Wir tauchen in den Wald ein, an goldenem Ginster vorbei, am Fuß der Baumstämme und der Felsen blühen wieder die Cyclamen, rosa, karmin und weiß. Niedrig sind die Bäume, es ist kein hochstämmiger Wald, Macchienwald eigentlich, der vor allem aus Kermeseichen mit gelbgrünem frischem Laub besteht, unter die sich jedoch auch eine laubabwerfende Art mischt – Boissiers Eiche *Quercus boissieri,* in höheren Lagen die Tabor-Eiche ersetzend, die wir aus dem Nahal Dishon bereits kennen. Das breitflächige Laub ähnelt stärker unseren mitteleuropäischen Eichen, ist runder und lappiger als das Tabor-Eichenblatt – allerdings ist es erheblichen Variationen unterworfen und kann an ungünstigen Standorten recht klein bleiben. Überdies ist es jetzt, jahreszeit- und höhenbedingt, eben erst in Entfaltung. Überall glitzern die Regentropfen im Sonnenlicht auf smaragdgrünem jungem Laub, etwa der seltenen Wildpflaume *Prunus ursina,* die nur hier im äußersten Norden Israels vorkommt. Spiegelnd glänzen dagegen in der Sonne die großen ledrigen, lorbeerähnlichen Blätter des Erdbeerbaumes *Arbutus andrachne,* der jetzt allerdings noch nicht seine langgestielten roten, äußerlich erdbeerähnlichen (und geschmacklich leider enttäuschenden) Früchte trägt, sondern überschüttet ist von den hängenden Dolden gelblich weißer Krugblütchen, wie Preiselbeerblüten, nur größer, grünlicher; besonders apart sind die Stämme, so glatt- und dünnrindig, daß man an Tropenbäume erinnert wird, von leuchtendem Rostbraun. Lianen ziehen die Stämme hoch und durch das Geäst, die Stechwinde *Smilax aspera,* vor deren Dornen man sich vorsehen muß, und die zarte Schmerwurz *Tamus orientalis.* Überall Heckenrosen, es ist die gleiche Art, die auch bei uns zu den allerhäufigsten ihrer Sippe gehört: *Rosa canina,* die Hundsrose (welch unpassender Name für diese Schönheit!) – leider blüht sie noch nicht. Orchideen, besonders häufig *Orchis galilaea,* und überall auch die großen weißen Blüten des Schwertblättrigen Waldvögleins *Cephalanthera longifolia.* In den schattigen Ritzen der Kalkfelsen, die überall aus dem Boden ragen, überrascht uns ein Farn, den wir auch bei uns an ähnlichen Stellen erwarten können: der schwarzstielige Milzfarn *Asplenium adiantum-nigrum.*

Und dann stehen wir neuerlich vor einem der großen Blütenwunder Palästinas, vor den wilden Pfingstrosen, die halb unter den Bäumen, zwischen den Büschen, halb am Waldrand blühen, in einzelnen Gruppen und stets so stehend, daß jede Blüte in voller Pracht zur Geltung kommt. Wie ungleich schöner sind diese Blüten als all die gefüllten, aufgeplusterten und überquellenden Gartenpfingstrosen! Dabei ist die Blüte keineswegs kleiner und weniger eindrucksvoll – im Gegenteil; beim Aufblühen ist sie zunächst eine fast vollkommene Kugel, dann öffnen sich die Blütenblätter zu einer hochgewölbten Schale, die sich zusehends weitet und dabei ihr zuvor verborgenes Inneres den Blicken freigibt: den dichten Kranz goldgelber, rotgestielter Staubblätter, die sich um die wenigen, weißlich bepelzten Fruchtknoten scharen, an denen jeder mit einer leuchtend roten Narbe in der Form eines kleinen Blütenblattes gekrönt ist (Tafel 8).

Während ihrer Entfaltung durchläuft die Blüte einen bezeichnenden Farbwandel. Wenn die Knospe immer größer und kugelförmiger wird, als triebe sie eine innere Kraft machtvoll hervor und blähe sie auf, dann leuchtet sie in begierdehaft flammendem Feuerrot. Entfaltet sie sich, dann dämpft sich der schreiend grelle Ton zu ruhigerem Rot, die Gelbkomponente verliert sich und verringert damit die Strahlkraft der Blüte, dafür tritt ein leichter Blaueinschlag auf, die Farbe mehr und mehr ins Karminrot, Karminrosa, Zartrosa überführend und gleichzeitig aufhellend. Besonders die Ränder der Kronblätter erscheinen jetzt durchlichtet; das triebhaft Sinnliche des Anfanges weicht der Hingabe, der Vereinigung mit dem Licht, dem sich die Blüte jetzt rückhaltlos anvertraut, so, als gäbe sie alles Eigensein auf und lasse sich bis ins Zentrum durchglühen, alles Sonnenlicht im Innern, im Kreis der Staubgefäße wie in einem Brennpunkt sammelnd. Und sie gibt ihr Dasein nun auch tatsächlich auf. Die zum Schluß weißlich-rosa gebleichten Blütenblätter fallen zu Boden, die Blüte ist erloschen.

Es ist *Paeonia mascula,* weit verbreitet im Mittelmeergebiet bis an den Südfuß der Alpen und bis Mittelfrankreich. Ihr Rot schien mir gedämpfter und auch zu Beginn des Aufblühens etwas weniger aggressiv zu sein als bei ihrer nahen Verwandten *Paeonia officinalis* aus den Tessiner und Gardaseealpen. Der auffälligste Unterschied liegt aber in der weniger starken Zerteilung des Laubes, *mascula* besitzt wenigere, aber breitere Abschnitte.

Eine andere Blütenkostbarkeit bekamen wir nicht zu Gesicht: die schneeweiße große Madonnenlilie *Lilium candidum* unserer Gärten, die hier in waldiger Felslandschaft wild vorkommt und genau wie die Pfingstrose, vom Balkan über die Türkei ausstrahlend, im nördlichen Galiläa und am Berg Karmel ihr südlichstes Vorkommen besitzt. Um sie zu sehen, hätten wir mindestens einen Monat später kommen müssen.

Als wir im folgenden Jahr zur selben Zeit wiederkamen, empfing uns strahlende Sonne, smaragdenes Grün und leuchtende Blüten. Wir entdeckten Versammlungen von Tulpen, Anemonen und Asiatischen Hahnenfüßen, allesamt rot, auf versteckten Lichtungen im Buschwald. Schmetterlinge flogen in solcher Fülle, wie wir es nirgends vorher in Palästina gesehen hatten. Zitronenfalter der mittelmeerischen Art *Gonepteryx cleopatra*, deren Männchen auf den Vorderflügeln orange übergossen sind, eine Tönung, die bei der vorderasiatischen Rasse *Gonepteryx cleopatra taurica* allerdings nur zart angedeutet ist. Blasser, weißlich-gelb zeigten sich die Bergosterluzeifalter *Allancastria deyrollei*, elegante Flieger, sie schienen zarte und zierliche Ausgaben unserer Segelfalter zu sein, mit kürzeren, aber doch deutlich ausgeprägten Schwänzen an den Hinterflügeln. Häufigster von allen jedoch war der Kleinasiatische Apollofalter *Archon apollinos* – ein zauberhaftes Wesen, mit transparenten, von schwarzen Rieselmustern übermalten Schwingen und einer breiten Randbinde auf den Hinterflügeln, die aus einer doppelten Kette blauer und roter Flecken gebildet wird (Tafel 8). Diese aparte Schönheit erschließt sich allerdings erst bei näherem Hinsehen – im Fluge wirken die Falter wie etwas ungeschickt und schwerfällig herumflatternde, unansehnlich gefärbte Weißlinge. Setzen sie sich auf die charakteristische Art der Apollofalter auf einen Stein oder ein welkes Blatt, ihre Flügel ausbreitend und Sonnenwärme tankend, dann sind sie erst einmal völlig unsichtbar: das verwirrende Schwarzweiß-Muster und die Transparenz der Flügel machen die Falter unauffindbar; um sie zu entdecken, muß man sich sehr genau merken, wo sie sich niedergelassen haben. Zerbrechlich, hinfällig wirken sie, und nichts ist falscher als dieser Eindruck – sie sind nicht weniger widerstandsfähig und zählebig wie die Apollos unserer europäischen Gebirgswelt. Sie fliegen, unten an der Küste, bereits im Winter (der freilich recht milde ist), mitunter schon ab November, und sind dann noch Monate später, inzwischen völlig zerfetzt, immer noch unterwegs. Im Libanon-Gebirge gehen sie bis in die höchsten Regionen hinauf und sind dort oben bereits unterwegs, wenn der größte Teil der Landschaft noch mit Schnee bedeckt ist.

Karmel und Tabor

Zwei Orte, zwei Landschaften seien zum Schluß noch besucht, im gewissen Sinne Höhepunkte des mittelmeerischen Palästina, in denen alles wie in einer Essenz vereinigt und gesteigert erscheint, wenn auch auf gänzlich verschiedene Weise.

Der eine ist der Bergrücken des Karmel, der sich als markante Felsbastion, hoch über der Stadt Haifa thronend, ein Stück weit nach Nordosten ins Mittelmeer vorschiebt und den gleichmäßigen, gradlinigen Küstenverlauf unterbricht. Von seiner steilen Höhe nahe dem Meer fällt er nach Südosten in sanften Hügeln und lang hingestreckten Plateaus allmählich gegen das Landesinnere ab, da und dort von schmalen und gewundenen Tälern durchzogen. Überaus abwechslungsreich ist dieser bewegte Höhenzug, ein Mosaik kleinräumiger Landschaften, die sich umschließen und durchdringen, von ständig wechselndem Charakter, mal mit Ausblicken hinab und weit hinaus aufs Meer, das sich hinter der Kreuzfahrerruine des Hafens von Atlit dehnt und nach Europa hinüber weist. Wohlhabende Drusendörfer finden sich auf den weiten Ebenen des Südostens, und fährt man das enge Tal hinab, das nach Atlit hinunterführt – zuerst durch Kiefernwald, dann durch die grünen Kugelbüsche des Macchienwaldes und schließlich im Schatten uralter Johannisbrotbäume – dann reckt sich als letzte Bastion zur Rechten, unmittelbar vor Beginn der Küstenebene, eine rötlichgelb in der Sonne leuchtende Felswand steil über die Hänge empor. Man erkennt die berühmten Höhlen, in denen die Siedlungsplätze und Grabstätten von Neandertalern gefunden wurden und die ältesten bekanntgewordenen Schädel mit echten *Sapiens*-Merkmalen (näheres darüber im Beitrag von Wolfgang Schad).

An den Wochenenden ist der Karmel überflutet von Ausflüglern aus dem nahegelegenen Haifa, aber abseits der beliebten Picknickplätze bleibt es still und ungestört. Und sind die Besucher gegen Abend wieder verschwunden, dann ist die Natur so unberührt und gesund wie eh und je. Nichts kündet von der Anwesenheit von Menschen. Auch eine höchst erfreuliche Seite israelischen Lebens – es fehlen alle Formen organisierter Freizeitgestaltung, von Imbißbuden bis Hotels, Fitness-Parcours und Holiday-Parks, die bei uns so oft die landschaftlich schönsten Gegenden in Rummelplätze verwandeln und eine banale Atmosphäre schäbiger Kommerzialisierung verbreiten. Die Menschen sind nicht nur bescheidener, sondern offensichtlich auch verantwortungsbewußter. Sie wollen ihre Landschaften in all ihrer Ursprünglichkeit erhalten. Gerade am Karmel haben sie viel dafür getan – zwar ging der Kampf gegen den Bau des gigantomanischen Wolkenkratzers der Universität Haifa verloren, ein Riesenturm, der nun als häßliches Gespenst die Landschaft überragt, dafür aber wurde das Industrie-Konsortium abgeschlagen, das den ganzen Karmel kaufen und in – Zement verwandeln wollte. Heute steht die Landschaft unter peinlich eingehaltenem Schutz. Bald werden hier ja auch wieder Rehe und Damhirsche, die man in einem Gehege bereits auf die Freilassung vorbereitet, durch die Wälder ziehen.

Welch Unterschied zwischen Tag und Nacht! Am Abend verwandelt sich der Wald, die Büsche des Karmel auf geheimnisvolle Weise. Im Sonnenlicht daliegend ist die

Welt der Hügel und Täler ein Bild der Lieblichkeit und der friedlichen Ruhe. Sanft ist alles, die runden Wipfel der Kiefern und der immergrünen Eichen, die sich im gemächlichen Wogen der Landschaft und in den Windungen der Tälchen wiederholen; da gibt es keine wilden Klippen, enge Durchbrüche oder jähe Abstürze: eine Landschaft zum Spazierengehen und zur Erholung.

Abends, nach Sonnenuntergang, wird es unheimlich. Merkwürdig, das hatten wir noch nie erlebt in diesem Land, in irgendeiner seiner Landschaften, weder in der Wüste noch in den judäischen Bergen. Vielleicht lag es an der Dichte des Baumwuchses, der dunklen Kiefern vor allem.

Die Wiesen, tagsüber bunte Teppiche hellgelber Skabiosen *(Scabiosa prolifera)*, übersät mit tiefblauen Sternen einer kornblumenähnlichen Flockenblume *(Centaurea cyanoides)* und unterbrochen von rosa Flächen niedrigen Leines *(Linum pubescens)*, versanken in fahle Dunkelheit.

Wir hatten unsere Zelte neben einer niedrigen, von Kiefern eingerahmten Felswand aufgebaut, aus deren vorspringendem Sockel ein ebenes Kreisrund herausgehauen worden war, von einer Rinne umgeben und mit einem tiefen Loch in der Mitte: eindeutig sehr alt, sehr verwittert schon, ein alter Opferstein aus prähistorischer Zeit, die Rinne zum Abfließen des Blutes! Am anderen Morgen, als uns in der hellen Sonne nüchterner zumute war, schien uns das Rund eher das Negativ eines Mühl-

Tafel 11
Lebensformen der Wüste:
Oben rechts: nur nach besonders regenreichen Wintern zeigt sich solche Blütenpracht; der Reiherschnabel *Erodium hirtum* und das Kreuzkraut *Senecio glaucus*, am linken Rand der Gruppe der graufilzige Wüstenwegerich *Plantago ovata*. Nördlicher Negev, Frühjahr 1983. Links daneben eine bodenbewohnende, schnellfüßig dahinhuschende Wüsten-Gottesanbeterin, *Eremiaphila sp.*, die genau dieselbe Farbgebung von rosa, violetter und weißlicher Sprenkelung zeigt wie der Sand aus verwittertem Sinaigranit, den sie bewohnt. Taba am Golf von Elat.
Mitte links: Die berühmte Rose von Jericho, *Anastatica hierochuntica*, ein Kreuzblütler. Die stark verholzte (!) einjährige Pflanze knäuelt sich nach dem Fruchten zusammen und umschließt dabei die (auf dem Bild gut sichtbaren) Samen – solange, bis sie, Monate später, im Regenwasser aufquillt, sich auseinanderspreizt und die Samen fortgeschwemmt werden können. Wadi Taba, Sinai. – Daneben rechts der Wüsten-Akanthus *Blepharis ciliaris*. Diese ebenfalls einjährige Pflanze schützt ihre Samen gleichfalls bis zum nächsten Regen und umhüllt sie mit der Basis ihrer harten, spitzen Blätter. Bei Befeuchtung werden die Samen durch einen auf Quellung beruhenden Explosionsmechanismus herausgeschleudert und keimen schon nach wenigen Stunden. Timna, Wadi Arava.
Unten links: die fleischig verdickten, stark kochsalzhaltigen Blätter von *Mesembryanthemum nodiflorum*, einem winzigen Eiskrautgewächs, das stark versalzene, lehmige Stellen der Wüste mit lückenlosen Teppichen überzieht. Nahal Zin, Negev.
Unten rechts: *Caralluma negevensis*: die fleischige Sukkulenz der Stämmchen ist eine Parallelbildung zu den Kakteen, und die eigenartigen Blüten dieser afrikanisch-arabischen Wüstengewächse locken Aasfliegen an. Nahal Be'er Hayil, nördlicher Negev.
Aufnahmen A. Suchantke.

Abb. 47: Alte verwitterte Ölpresse im Karmel, aus dem Fels gehauen.

steines zu sein, der mit einem dicken Zapfen oder einer hölzernen Achse in dem Loch in der Mitte verankert wurde. Eine alte Ölmühle also wohl...
Die Stimmen der Nacht hoben an, Steinkäuze, Zwergohreulen riefen. Plötzlich und jäh begann ein hohes winselndes Singen und Jaulen, weit entfernt zuerst, dann kamen Antworten, schon näher, und bald schallte es rings um uns herum, ganz nah in ohrenbetäubendem, nervenzerreißend hohem Singen, aufsteigend und dann klagend wieder absinkend. Wir waren eingekreist – aber von wem? Anfangs, als es noch weit weg war, dachten wir an Kinder. Aber so laut, so ausdauernd, so wenig menschenähnlich? Schlagartig brach der schreckliche Gesang ab, Totenstille folgte. Nach einiger Zeit hub es neuerlich an, das schauerliche Konzert, und viele Male fuhren wir während der Nacht aus dem Schlaf hoch, wenn die Stimmen ganz in der

Tafel 12
Zweimal die gleiche Landschaft, in verschiedenen Jahren fast auf den Tag zur selben Jahreszeit (Wende März/April) aufgenommen: der große Erosionskrater des Maktesh Ramon im Negev, vom Steilabsturz bei Mizpe Ramon aus gesehen. Im Unterschied zu dem sehr trockenen Frühjahr 1984 (unten) zeigte sich 1983 (oben) ein zarter grüner Schimmer über der Wüste, der vor allem auf den schwarzen Kegeln eruptiver Gesteine gut zu erkennen ist: das «Algenmeer» (siehe S. 162). Aufnahmen A. Suchantke.
(Durch ein Versehen beim Druck hat die untere, rein gelbbraune Landschaft ebenfalls eine Grüntönung erhalten, wodurch der Eindruck der unterschiedlichen Färbung verwischt ist.)

Nähe unvermittelt aufheulten. Im Strahl der Taschenlampe zeigte sich stets – nichts. Schakale waren es, viele. Da Schakale nicht wie Wölfe in Rudeln leben, aber dennoch stets ganze Gruppen jaulten, so müssen es verschiedene Familien gewesen sein: Vater, Mutter und Kinder in trautem Vereine. Es waren auch deutlich tiefere und höhere Stimmen zu unterscheiden: Familienkonzerte.

Wir wollten uns viel Zeit lassen am Karmel, um seine verschiedenen, so markant gegensätzlichen Vegetationsgesellschaften kennenzulernen. Ein erster Besuch galt den Aleppokiefernwäldern *(Pinus halepensis)*, natürlichen uralten Beständen neben jung aufgeforsteten. Mächtige, riesenhafte Baumgestalten, die im Alter zedernartig breite Kronen bekommen als Abschluß eines bemerkenswerten Gestaltwandels, der in der «Kindheit» mit spitzkronig aufstrebenden Gestalten beginnt und über kugelrunde Jugendkronen zur Abflachung der Alterswipfel führt. Tiefer Schatten liegt unter den alten Bäumen, aus denen sich der Jungwuchs nur mühsam emporarbeitet. Er ist durchwoben von einem übermannshohen, sich überall anlehnenden und zwischen den Kiefernästen spreizklimmenden Johanniskraut mit kleinen ovalen Blättchen: *Hypericum serpyllifolium.* Am Boden stehen die großen, weißen Blütenkerzen des Schwertblättrigen Waldvögleins *Cephalanthera longifolia*, dessen Blüten wie kleine weiße Schmetterlinge aussehen, die sich zu gemeinsamer Rast versammelt haben.

Der Waldrand ist weiß beschneit von abertausend Blüten der Salbeiblättrigen Zistrose *Cistus salvifolius*, die dunkelgrüne Kugelbüsche zieren. Die blaßvioletten Kerzen eines reich verzweigten, mannshohen Salbeis *(Salvia fruticosa)* sind umsummt von Bienen. Niedrige Büsche von Kermeseichen wechseln mit goldenen Fluten eines Ginsters ab, dem man seiner spitzen Stacheln wegen lieber nicht zu nahe kommt *(Calycotome villosa)* – Mittelmeervegetation in einer Komposition, wie sie genauso in Griechenland und auf Kreta anzutreffen ist. Ebenso wie die prächtige große Bienen-Ragwurz *Ophrys apifera* mit ihrer braun bepelzten und gelb gezeichneten Lippe, die tatsächlich einer Wildbiene gleicht und von drei tief karminroten Blütenblättern umstanden wird. Einzig *Orchis galilaea*, die drüben im Schatten am Waldrand steht und längst verblüht ist, wird man in Griechenland vergeblich suchen. Wer weiß – vielleicht wird sie wie so manche andere Art auch dort noch entdeckt!

Wir sind auf der Südseite des Tälchens, das von der Kammhöhe nach Atlit hinunterführt. Die andere Talseite sieht völlig anders aus. Die Vegetation ist graugrün, der Boden steinig, karg und arm an Blüten. Zwar blüht auch hier der Zist *Cistus salvifolius* und *creticus* weiß und rosa, vereinzelte karminrosa Gladiolen *Gladiolus communis* lenken den Blick auf sich, und hochstengelige cremefarbene Palästinensische Skabiosen *Scabiosa palaestina* mit ihren aparten Fruchtständen, die Anhäufungen von Zellophantütchen gleichen, unterbrechen gelegentlich die Eintönigkeit. Am Grau des Landschaftsbildes ist vor allem ein schmal- und silberblättriger Busch schuld, der mal als sparriges, niedriges Gestrüpp vorkommt, mal als kleines, knapp

Abb. 48: Junge Aleppokiefern. Typisch ist die weiche Rundung der Krone, die auch im Alter niemals den flachen Schirmcharakter der Pinie annimmt.

mannshohes Bäumchen auf dünnem Stamm und mit schütterer Krone: die wilde Form des Ölbaumes *Olea silvestris.* Er tritt hier mit seinem typischen Begleiter auf, dem Johannesbrotbaum *Ceratonia siliqua,* der allerdings auch nur die Ausmaße höherer Büsche erreicht und erst weiter unten im Tal, an den Hängen unterhalb der Neandertalerhöhlen von Natuf, große und mächtig kronige Bäume zu bilden vermag. Jedenfalls ist diese *Olea-Ceratonia*-Assoziation allenthalben ums Mittelmeer herum anzutreffen (mit Ausnahme der nördlicheren Randbereiche) und erreicht im Südwesten, in Südspanien und im angrenzenden Nordafrika, ihre üppigste Ausgestaltung. Dort jedenfalls werden die größten Exemplare des wilden Ölbaumes beobachtet, richtige Bäume und nicht nur die etwas krüppeligen Exemplare, wie sie von Palästina bis Süd- und Mittelitalien vorkommen und den Besucher in Erstaunen versetzen – warum bringt die Natur es nicht fertig, was in Kultur doch ohne weiteres gelingt: mächtige Baumgestalten zu bilden?

Eigenartig sind diese wilden Ölbäumchen, besitzen sie doch ganz unterschiedliches Laub und unterschiedliche Zweige. Bei den jungen, kleinen Büschen sind die Äste dornig und sparrig steif und mit ganz kleinen, rundlich ovalen Blättchen besetzt. Diese finden sich bei den höheren Bäumchen ebenfalls an den untersten bodennahen Zweigen; nach oben wird das Laub dann immer länglich-lanzettenförmiger und geht allmählich in die vertraute Form des Ölbaumblattes über (vergleiche die Zeichnung), das allerdings auch an den obersten Zweigen nicht die Ausmaße des kultivierten Ölbaumes erreicht – das jedoch mag standortbedingt sein.

Aber sind es wirklich wilde Ölbäume, die hier stehen, oder bloß verwilderte? Diese sind nämlich beinahe nicht voneinander zu unterscheiden. Unter den Fachleuten jedenfalls besteht keine Einigkeit; angeblich soll die Wildform an den kleineren Früchten zu erkennen sein. Aber auch das kann schließlich standortbedingt sein.

Ist der Streit nicht müßig? Die Unsicherheit zeigt doch lediglich, daß der kultivierte Ölbaum, trotz seiner verschiedenen Sorten (der Fruchtbildung) und seiner uralten Inbesitznahme durch den Menschen, seinem Ursprung, der Natur, nahegeblieben ist, näher als die meisten anderen Kulturpflanzen, die sich ohne die Pflege des Menschen nicht mehr selbst erhalten können, und gleichsam jederzeit wieder in den Naturzustand zurückkehren kann.

Jedenfalls ist der Ölbaum zu Recht das Wahrzeichen der mittelmeerischen Landschaft – er ist es in doppelter Hinsicht, als Charaktergewächs sowohl der ursprünglichen Wildvegetation der Macchie wie der Kulturlandschaft.

Er stimmt darin mit einem anderen Baum des immergrünen mediterranen Buschwaldes überein, der an weniger trockenen Stellen gedeiht und etwas höhere Feuchtigkeit braucht: der Lorbeer *Laurus nobilis.* Ihn würden wir hier vergeblich suchen, treffen ihn aber an einer anderen Stelle des Karmelgebirges weiter östlich, im Südosten des Drusendorfes Daliyat al-Karmil, wo sich die Macchie artenreicher

Abb. 49: Wildes, knapp zwei Meter hohes Ölbäumchen in der Macchie des Karmel. Darunter Zweige eines jungen Bäumchens, rechts vom unteren, bodennahen Bereich, links ein Spitzentrieb.

und üppiger entfaltet und wo es (dem *Atlas of Israel* zufolge) tatsächlich etwas regenfeuchter zu sein scheint – was schon aus der sichtbaren Lebensfülle der Vegetation hervorgeht. Hier sind die Kermeseichen größer und rundkroniger, die Büsche der Palästinensischen Pistazien höher als im Ölbaumgebiet, dazu kommen Erdbeerbäume – und Boissier-Eichen (laubabwerfende und relativ zartblättrige Bäume also) von teilweise stattlichen Ausmaßen und mächtigen Kronen. Dafür fehlt der wilde Ölbaum völlig. Seine Stelle – wenn sich das so sagen läßt – nimmt der Lorbeer ein, im satten, glänzenden Tiefgrün seiner breitovalen Blätter deutlich ein Vertreter einer «feuchteren» Vegetationsgruppierung: feucht, aber auch heiß, das Laub ist ledrig derb und reflektiert gleißend das Sonnenlicht. Obwohl es keine hohen Bäume sind – die drusischen Bauern dürften hier ihren Holzbedarf decken – ragen die Lorbeerbüsche doch unverkennbar aus dem übrigen Baumwuchs heraus durch die spitzen Pyramiden ihrer Gestalten, nicht starr wie Zypressen, sondern in bewegter, geschwungener Form in den Himmel hinauf verströmend; ja, es sind bewegte Strömungsformen, es ist nichts Flammendes, aber viel Fließendes in ihnen, sie neigen in ihrer Formgebung dem Wasser zu – ganz anders als der Ölbaum, der ein Geschöpf des Sonnenlichtes ist. Und sie entfalten sich ja auch dort am üppigsten und reichsten, wo die Macchie unter den regenfeuchten Einfluß des Atlantik gerät, also nicht hier in Vorderasien, sondern in den südspanischen Küstengebirgen um Algeciras oder auf den Kanarischen Inseln. Hier bilden *Laurus*-Arten und nahe Verwandte in der nebelreichen Passatzone moos-, farn- und epiphytenreiche Wälder aus – Lorbeerwälder.

Neben einer mächtigen Boissier-Eiche schlagen wir unsere Zelte auf. Als wir gerade fertig sind, kommen die Adler, einer nach dem anderen, im Gleitflug heran: Schreiadler *Aquila pomarina*, tief schwarzbraune mächtige Segler, die in gemächlichen Kreisen ihre Runden ziehen, wobei sie niedrig über uns hinweggleiten. Sie halten ganz offensichtlich nach Übernachtungsbäumen Ausschau. Oberhalb des Kammes und außerhalb der Sichtweite, aber dennoch ganz nah, müssen sie dann eingefallen sein, denn am anderen Morgen kreisen sie wieder in königlicher Ruhe über uns, zusammen mit einem kleineren, schwarzweißen Zwergadler *Hieraetus pennatus*, bevor sie geruhsam entschwinden, der Heimat entgegen, die irgendwo im Osten Deutschlands, in Polen oder in Rußland liegt.

Der letzte markante Punkt, den wir auf unserem Rundgang durch das mittelmeerische Palästina aufsuchen wollen, ist der Berg Tabor – wir hatten ihn ursprünglich gar nicht auf unserer Liste. Wir sahen ihn direkt vor uns, als wir am Rande eines idyllischen Tabor- und Kermeseichenwäldchens südöstlich von Nazareth unsere Zelte aufschlugen. Es blühte, wilde Gladiolen umgaben uns, zwischen den Bäumen leuchteten die weißen und roten Blüten der Zistrosen, und über uns kreisten zwei Schlangenadler. Hier fühlten wir uns wohl und empfanden kein Bedürfnis, den Berg dort drüben aufzusuchen, der in seinem regelmäßigen Halbrund merkwürdig unpassend in der Ebene stand, wie ein von Riesenhand hereingesetzter Fremdkörper. Seine Flanken sind mit eintönigem Kiefernjungwuchs aufgeforstet. Was wird es da oben schon geben? Touristen, solche der frommen Sorte, massenweise. Nein danke.

Abb. 50: Berg Tabor. Nach einem Stich aus dem 19. Jahrhundert.

Wir fuhren dann doch hinauf und erlebten eine gewaltige Überraschung. Zwar war der Kiefernwald, wie erwartet, langweilig, und das viel zu große Kloster eine architektonische Abscheulichkeit, aber als wir durch die schmale Maueröffnung schlüpften und im Klostergarten standen, da waren wir plötzlich im Paradies angekommen. Nein, es war kein gepflegter Garten, hier war alles sich selber überlassen und blühte über und über. Ein Äckerchen war mit einem Goldteppich aus Kronenmargeriten bedeckt und mit roten Ornamenten aus Mohnblüten verziert. Mächtige, alte Walnußbäumchen breiteten ihre Kronen über verfallenen Mäuerchen, weiß beschneite Weißdorn- und Styraxbüsche begleiteten den schmalen Pfad. Wo war Kulturland, wo Wildnis? Beides ging ineinander über und vermählte sich harmonisch, Wiesen mit bunten Blütenflächen trugen locker verteilte Baum- und Buschgruppen, ein saftig grüner Hang, der sich sanft zu Tale herab neigte, war mit uralten Ölbäumen bestanden (Tafel 3).
Vogelgesang erfüllte die Luft; Schwalben zogen in großen Scharen durch und pfiffen uns am Kopf vorbei, ein Wiedehopf kam wie ein schwarzweißer Federwisch angeflogen und fächerte seine Haube beim Landen zu einem viel zu großen Rad.

Wie läßt sich die Stimmung beschreiben, die hier herrscht? Unendlicher Friede und zeitlose Ruhe, so will es uns scheinen. Vollkommene Harmonie des Landschaftsbildes, aus der sich keine Einzelheit heraushebt, weder durch besondere Reize, die den Blick auf sich ziehen, noch durch störende fremde Eingriffe. Natur, durch den gelassenen, vielleicht sogar nachlässigen, niemals aber technisch-perfektionistischen Einfluß des Menschen zum Kunstwerk erhoben. Und alles in ein warmes, goldenes Licht von großer Klarheit getaucht. Durch seine Lage, die weithin über die bebauten Felder des tiefliegenden Umlandes blicken läßt, erscheint das kleine Landschaftsidyll von inselartiger Entrücktheit, herausgehoben aus den Niederungen geschäftiger Veränderungen. In gesteigertem Maße wird hier erlebbar, was im Grunde für ganz Palästina gilt: die historischen wie die religiösen Stätten schienen uns tot, bar jeglicher Atmosphäre, oft abstoßend banalisiert – wer hier etwas erlebt, der kann es wohl nur, weil er das Erleben in sich trägt, weil er es mitbringt. Ganz anders die Natur. Obwohl sie jahrtausendelang von Menschen gestaltet, geprägt, verwandelt und mißhandelt wurde, ist sie von einem elementarischen Leben erfüllt, geht ein inneres Leuchten von ihr aus, das sich an keiner anderen Stelle der Erde findet. Ein Rätsel, das uns immer wieder beschäftigte: der Gegensatz zwischen dem Reichtum, der Vollkommenheit und dem tiefen, zeitlosen Frieden der palästinensischen Landschaften und der Hektik und Zerrissenheit, dem Fanatismus und den Feindseligkeiten unter seinen Bewohnern, von Urzeiten bis heute.

Im Wüstengürtel zwischen Sahara und Mongolei

Der Übergang zur Wüste: Salzpflanzen und schwarze Schwertlilien

Geradezu atemberaubend schnell vollzieht sich der Übergang von der mittelmeerischen Landschaft zur Wüste, wenn man die Höhen des judäischen Berglandes in Ostrichtung überschreitet. Sowie sich das Land wieder zu senken beginnt, gegen den Grabenbruch hin, gerät es in den Regenschatten und fällt der Trockenheit anheim (bezeichnenderweise taucht dann auf der jenseitigen, der transjordanischen Seite des Grabens, wo sich das Gelände zu steilem Bergland erhebt, an den Westflanken nochmals eine schmale Zone mediterraner Vegetation auf, mit Resten von Zypressenwäldern, die einstmals ausgedehnter gewesen sein müssen). Bei Bethlehem wird das sehr deutlich – die kleinen Täler im Osten und Nordosten des Städtchens sind im Frühjahr mit üppig grünen Teppichen jungen Weizens ausgelegt, und die unteren Lagen der Hänge tragen Terrassenäckerchen, mit Öl- und Mandelbäumen bestanden. Darüber zieht sich die Batha den Hang empor, mit den Polstern der Dornbibernelle, zwischen denen weißer Asphodelus und scharlachroter Asiatischer Hahnenfuß blühen. Wie zu biblischen Zeiten sind die Hirten auf dem Felde, sie trotzen im Sommer einer alles ausdörrenden Hitze und haben im Winter bittere Kälte zu ertragen, mitunter sogar Schnee, noch an Ostern weht hier ein schneidender Wind, und feuchtkalte Nebel hüllen das Land ein. Überschreitet man die Hügel- und Bergkämme nach Osten, dann löst sich die Batha schnell in einzelne, isolierte, niedrige Polster auf, zwischen denen Geröll und Wüstenboden sichtbar werden.

Die Übergangszone zwischen mittelmeerischer Zwergstrauchsteppe und Vollwüste hat ihren besonderen Reiz – sie kann im Frühling Schauplatz eines einzigartigen Blütenwunders werden. Allerdings nicht in jedem Jahr. Es hängt davon ab, ob der vorangegangene Winter reichlich Regen brachte. 1983 war das der Fall, die Wüste blühte über und über, und an den Wochenenden und nach Feierabend strömten die Menschen aus Jerusalem heraus, um das Wunder zu sehen. Da funkelten überall die scharlachroten Wildtulpen mit weitgeöffneten Blütenschalen, dazwischen glühte der Asiatische Hahnenfuß im gleichen Farbton, weißer Asphodelus leuchtete, ganze Hänge waren goldgelb gefärbt von kleinen Korbblütlern *(Compositae)*, Sonnenröschen strahlten in intensivem Rosa *(Helianthemum vesicarium)* oder zartem Gelb *(Helianthemum ventosum)*, und überall standen dicht gedrängt die zartpurpurvioletten Köpfchen des Prophetenklees *Trifolium prophetarum*, einer Charakterpflanze dieser Übergangszone – und auch auf sie beschränkt. Ganze Hänge waren lückenlos von zartrosa Teppichen eines Kreuzblütlers *(Erucaria boveana)* überzogen. Ein naher Verwandter, *Hirschfeldia incana*, färbte andere Flächen einheitlich schwefelgelb. In tieferen Lagen der Hänge, wo sich mehr Feuchtigkeit ansammelt, herrschte das tiefe Azurblau der großen *Anchusa strigosa* vor, einer Verwandten von Bor-

Abb. 51: Übergang der mittelmeerischen Landschaft in die Wüste, Judäisches Hochland südlich Bethlehem, Blick nach Osten. Im Vordergrund Öl- und Mandelbäume, anschließend die dürftige, allmählich immer schütterer werdende, von Schafen beweidete Macchie (Batha), die schrittweise in die Wüste Juda übergeht. In den Talsenken schieben sich Kulturen (Weizenfelder) in die Wüste vor. Der letzte, den Horizont bildende Höhenzug liegt bereits jenseits des (in der Tiefe nicht sichtbaren, weil gegenüber dem Standort des Betrachters mehr als 1000 Meter tiefer gelegenen) Toten Meeres und stellt die östliche Seite des Grabenbruches dar.

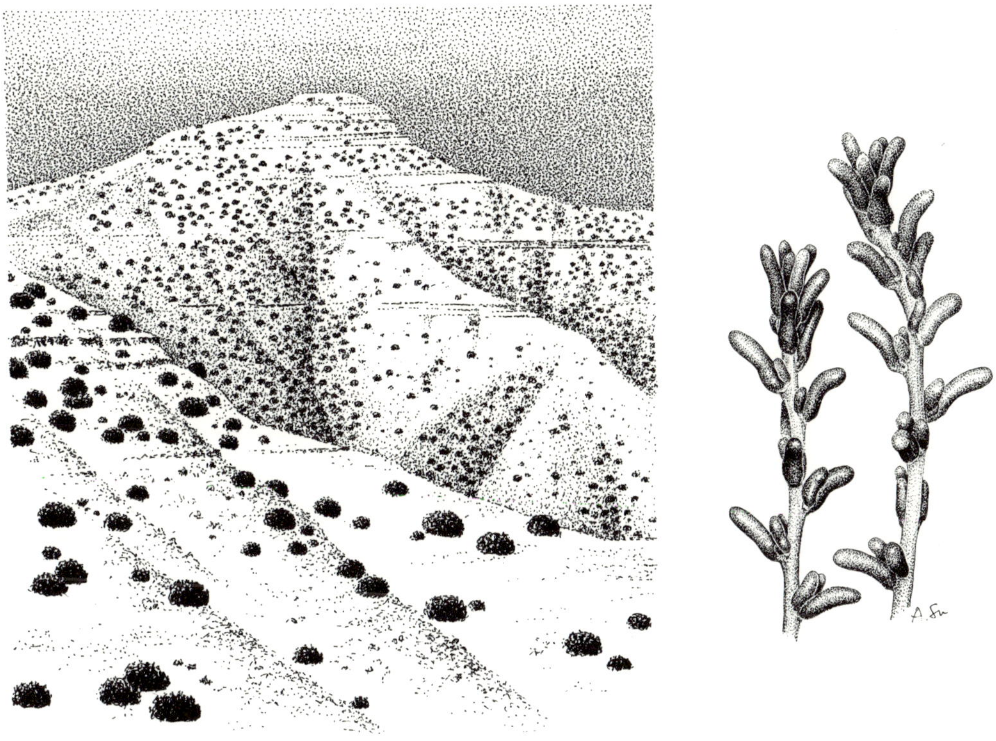

Abb. 52: Die dunklen Kugelbüsche von *Suaeda asphaltica*, eines Meldengewächses mit fleischig-wäßrigen Trieben und Blättern beleben die kahlen Berghänge in der Wüste Juda zwischen Jerusalem und Jericho.

retsch und Vergißmeinnicht aus der Familie der Rauhblattgewächse. Einige Wochen später wird von dieser Pracht nichts mehr zu sehen sein, die Pflanzen haben längst gefruchtet, sind verwelkt und vertrocknet, vom Wind zerrieben und verweht. Nackter Wüstenboden dehnt sich dann in monotoner Gleichförmigkeit, und würde uns jemand zu diesem Zeitpunkt von der vergangenen Pracht erzählt haben, wir hätten es nicht geglaubt.

Das ist nun beileibe nicht jedes Jahr so. Das eben geschilderte farbenfrohe Bild kennzeichnet einen wahren «Jahrhundertfrühling», wie uns die einheimischen Botaniker erzählten, die gewiß nicht zu Übertreibungen neigen. 1984 zeigte sich dann das Gegenbild – es hatte im Winter nur spärlich geregnet, und es herrschte schon im März ein Bild sommerlicher Dürrnis, keine einzige Wildtulpe blühte, lediglich die vertrockneten Fruchtstände des letzten Jahres erinnerten an das, was hier möglich ist. Die Tulpen verharrten in diesem Jahr im Ruhestand, in ihre Zwiebeln zurückgezogen, und bildeten nicht einmal Blätter aus. Viele Wüstengewächse sind ja darauf eingestellt, sich oft über mehrere Jahre hinweg nicht entfalten zu können – sie bleiben dann rein unterirdisch oder, wenn es sich um einjährige Pflanzen handelt, verharren so lange in Samenruhe, bis günstige Witterungsverhältnisse eintreten.

So ist die Wüste zuerst ein jahreszeitliches Phänomen des Sommers und des Herbstes, ehe sie, nur wenige Kilometer weiter östlich, zur Dauererscheinung wird. Dieser rasche Wechsel zeigt sich dem Beobachter besonders drastisch, wenn er auf der Straße von Jerusalem nach Jericho fährt: nach der allmählich auslaufenden Batha und ihrem Übergang in die Halbwüste, also in die «Sommerwüste» mit ihrem Frühlingsflor, gelangt er in stark zerschnittene helle Kreidehänge, die in höchst charakteristischer Weise bewachsen sind. Sie tragen auf der westlichen (dem Mittelmeer zugewandten) Seite im Frühling einen dichten grünen Flor aus Gräsern und Kräutern, während die ostwärts geneigten Hänge auffallend dunkle, niedrige Kugelbüsche von höchstens einem halben Meter Höhe in lockerer Verteilung tragen, Büsche, die im Frühling blaugrün aussehen, in der Sommerglut dunkel und dann von weitem tief schwarz erscheinen. Es ist *Suaeda asphaltica* – der Artname «*asphaltica*» spielt auf die dunkle Färbung an – mit fleischig verdickten Stengeln und kleinen Blättchen, die zeitig im Jahr abgeworfen werden. Eine Wuchsform, die wir von der europäischen Meeresküste kennen, vom nah verwandten Queller *Salicornia*. *Suaeda* ist ebenfalls ein Meldengewächs *(Chenopodiaceae)*, ein typisches Mitglied dieser hier so artenreichen Familie von überwiegend demselben sukkulenten Habitus, und für uns die erste echte Wüstenpflanze, der wir begegnen. Die Ähnlichkeit mit dem Queller ist nicht von ungefähr. Beide Pflanzen sind Bewohner salzhaltigen Bodens und haben die Fähigkeit, hohe Salzmengen in sich zu konzentrieren: man zerkaue nur einmal die Sprosse. Durch die abfallenden Blätter erhöht sich im engen Umkreis der Büsche die Salzkonzentration des Bodens, wodurch andere Pflanzen ferngehalten werden und sich die Keimlinge der eigenen Art ohne Konkurrenz entfalten können. Blätter sind nur im Frühjahr vorhanden, sie sind klein und hinfällig; eine kleinstmögliche Oberfläche garantiert geringste Verdunstung. Genau wie *Suaeda asphaltica* bewohnt auch der Queller unserer Meeresküsten Stellen, die periodisch fast vollkommen austrocknen, Schlickflächen und ähnliches. *Suaeda asphaltica* ist ein Endemit Israels, eine Pflanze, die nur hier vorkommt. Zahlreiche andere Meldengewächse aus nah verwandten Gattungen und von ganz ähnlichem Aussehen sind viel weiter verbreitete Charakterpflanzen der Salzwüstensteppe Zentralasiens und reichen nach Westen durch die Sahara bis an den Atlantik, bis Marokko. Wenn es einige Gattungen sogar geschafft haben, Vertreter bis an die Küste West- und Mitteleuropas (und an Salzquellen und in die Umgebung von Salzbergwerken des Binnenlandes) vorzuschicken – *Suaeda maritima* z. B., der mit *asphaltica* nahe verwandte Meerstrand-Gänsefuß unserer Nord- und Ostseeküste, das Salzkraut *Salsola kali* oder der bereits genannte Queller mit den beiden Gattungen *Salicornia* und *Arthrocnemum*, dann heißt das doch wohl, daß diese Dünen- und Schlicklandschaften unserer Küste manches mit Wüsten gemeinsam haben. Dazu ließen sich noch weit mehr Belege anführen, die uns aber allesamt vom Thema abbringen würden.

Folgen wir statt dessen weiter der Straße, die sich zum Grabenbruch hinuntersenkt und uns dabei eigentlich in die Vollwüste führen sollte – wovon wir kaum etwas

Abb. 53: Die große Oase von Jericho, ein Meisterwerk arabischer Gartengestaltung.

bemerken, da wir in eine weitläufige Oasenlandschaft geführt werden. Moderne Oasen sind es zunächst, intensives, sicherlich sehr produktives, aber überaus langweiliges Grün, das vielfach gar nicht in der Erde wurzelt, vielmehr wachsen die Melonen und Gurken in irgendwelchen synthetischen Mischungen, die auf Plastikbahnen auf dem Boden ausgebreitet sind. Eine eigentümliche und befremdende Form der Landwirtschaft ist das, aber im gewissen Sinne auch die klare Konsequenz der modernen Agro-Chemie: die Pflanzen sind von ihrem ernährenden Substrat vollkommen losgelöst und wachsen als hochgezüchtete, durch Gifte geschützte Kunstprodukte in einem artifiziellen Milieu. Vielleicht wird eines Tages die Landwirtschaft auf der ganzen Erde so aussehen, wenn die Böden weltweit so mit Schadstoffen belastet sind, daß sie nicht mehr genutzt werden können. Hier allerdings ist die Anreicherung mit solchen Stoffen eine natürliche, und eine andere als diese künstliche Form der Landwirtschaft könnte gar nicht betrieben werden – der Boden läßt sich tatsächlich nur als Auflage gebrauchen, er ist lebensfeindlich. Wir sehen die Naturlandschaften jenseits der Kulturen, kahle Flächen, von den früheren Regengüssen der Pluvialzeit mit tiefen Wadis durchzogen, zwischen denen tisch- oder pagodenartige Plateaus in bizarren Formen aufragen: «badlands», die Ablagerungen des alten Lissanmeeres, das viel größer war als das Tote Meer, und das bei seiner Schrumpfung gewaltige Flächen außerordentlich salzhaltiger und sehr weicher Mergelschichten zurückließ: schlechtes Land, badlands.

Und dann die Oase von Jericho! Blühende Gärten, Palmenhaine und Zypressen und im Winter die scharlachrote Blütenpracht der afrikanischen Flamboyant-Bäume, die an allen Straßen stehen, wohnliche Häuser mit Innenhöfen und Springbrunnen, überwuchert von den Farbkaskaden der Bougainvilleas, erfüllt vom Gurren der Palmtäubchen und den wohlklingenden Rufen der Bülbüls, im Sommer viel zu heiß, aber milde Winterresidenz der Wohlhabenden seit alters her, ein Meisterwerk der Bewässerungs- und Gartenbaukunst der Araber und ihrer Vorfahren, ihrer Vor-Bewohner aus urältester Zeit. Jericho – älteste Oase der Menschheit, älteste Stadtsiedlung der Welt? Die Anfänge der befestigten Siedlung Tell es-Sultan am Rande der heutigen Oase werden auf 7000 vor Christus datiert!

Ganz anders dagegen, allmählich und in kaum merklichem Wechsel, vollzieht sich der Übergang zur Wüste, fahren wir von Jerusalem aus nach Süden, auf dem Höhrenrücken des judäischen Berglandes, das immer flacher und niedriger wird, je weiter wir uns über Bethlehem und Hebron langsam Be'er Sheva nähern. Reine Batha wird es zunächst, die Äckerchen hören auf, und wo das Land nicht mit Zypressen und Aleppokiefern aufgeforstet ist, stehen in den flachen Senken die schwarzen Zelte der Beduinen, umgeben von Herden kleiner, schwarzer Ziegen, die von verschleierten Frauen in schwarzen Umhängen gehütet werden.

Inseln unerhörter Blütenpracht unterbrechen die immer eintöniger und flacher werdende Landschaft und bringen Abwechslung in das gleichförmige, einschläfernde Bild. Weiß beschneite Hänge – beschneit von Blüten, nicht von Schnee – auf denen eine große *Anthemis*-Kamille oder -Margerite (sie steht gestaltlich und in der Größe etwa in der Mitte zwischen beiden) den Ton angibt, gesprenkelt vom Feuerrot eines großen Mohnes *(Glaucium grandiflorum)*, neben dem die kleinen, mal feuerroten, mal gelben Blüten von *Adonis cupaniana* kaum auffallen. Auch die roten Tulpen übersieht man zunächst, geblendet vom Mohn. Gelb leuchten die Ackerchrysanthemen, und auch das Blau fehlt nicht, ist aber am bescheidensten, in Gestalt der winzigen, dem Boden angeschmiegten Sternchen des Ackergauchheils *Anagallis arvensis* oder durch die einzelnen großen Büsche von *Anchusa strigosa* präsentiert. Zartes Rosa leuchtet vom Boden empor, aus den großen Blütenschalen der Malve *Alcea acaulis* und den Trichtern der Eibischblättrigen Winde *Convolvulus althaeoides*, deren Blätter in höchst dekorativer Weise von der einfach langgestielten Löffelform eine ganze Verwandlungsskala bis zur tief eingeschnittenen, fast stiellosen, handförmig gefingerten Gestalt durchlaufen, einem antiken Akanthusmotiv nicht unähnlich (Tafel 2).

Fremdartig wirkt zwischen all den fröhlichen Farben die dunkle Tönung eines eigenartigen hochstengeligen Bilsenkrautes *(Hyoscyamus reticulatus)*, dessen

Abb. 54: Die düsteren, dunkelvioletten Blütenglocken des Netzblütigen Bilsenkrautes *Hyoscyamus reticulatus.*

große, nickende Glockenblüten zuerst grün, dann schmutzig lila gefärbt sind und von einem aparten Muster dunkler Adern durchzogen werden.

Steppenhaft ist das Land um Be'er Sheva, eine flachgewellte Landschaft, im Frühling von zartgrünem Teppich überzogen, Weideland zahlloser Beduinenfamilien. Nur wenige Kilometer südlich der Stadt beginnen weite Gebiete reiner Sanddünen, Sand, der von der Küste und aus dem nördlichen Sinai hierher geweht wurde – nein, keine dramatische Saharalandschaft mit Barchanen und riesigen Wanderdünen, sondern eine weithin fast ebene Landschaft, und der Sand ist durch schütteren Pflanzenbewuchs fixiert. Wenigstens schien es uns so, als wir im Frühling 1983 das Gebiet begingen. Ein üppiger Blütenteppich und saftiges Grün verhüllten den Wüstenboden. Aber viele dieser Gewächse sind kurzlebige Einjährige, die schon nach wenigen Wochen verdorren und vom Wind verweht werden, und im trockenen Frühjahr 1984 war nichts als nackter Sand zu sehen.

Wo die Sanddünen durch die Vegetation stabilisiert sind, stehen überall die grünen Büsche des Retamginsters *Retama raetam,* die mitunter die Gestalt kleiner Bäumchen annehmen können. In Senken, wo ihnen reichlich Grundwasser zur Verfügung steht, sind sie von weißen Blüten so eingehüllt, daß man von den Zweigen nichts mehr sieht; wo weniger Wasser erreichbar ist, werden entsprechend weniger Blüten gebildet. Die kleinen Schuppenblättchen fallen schon bald ab, so daß dann die rutenartig dünnen Stengel die Assimilation übernehmen. Ganz ähnlich verhält sich eine Tamariske *(Tamarix aphylla)*, die hier einheimisch ist und vielfach zur Aufforstung benutzt wird – ein richtiger Baum mit runder Krone und kräftigem Stamm, nicht das übliche, ein wenig regellos wachsende Buschwerk, das Tamarisken sonst meistens bilden. *Tamarix aphylla* bildet lange, schachtelhalmähnliche Zweigsprosse (Abb. 79), und die bei den Tamarisken übliche zypressenartige Verkleinerung der Blätter ist bei dieser Art auf die Spitze getrieben, so daß nicht einmal mehr Reste davon erhalten sind: wie beim Retamginster übernehmen die grünen Zweige die Photosynthese.

Zwischen den Polstern des feinblättrig zierlichen Wüstenwermutes *Artemisia monosperma* und dem fiederblättrigen, silbrig bepelzten Wolligen Salbei *Salvia lanigera* schweben auf dünnsten Stengeln, die sich unvermittelt aus dem Sand erheben und nur von ein oder zwei grasartig schmalen Blättern begleitet sind, große, blaue Lilienblüten von überirdischer Schönheit – ein völlig unerwarteter Farbenklang im Weiß, Gelb und Zartviolett des umgebenen Flors, fremdartig wirkt diese Blüte, wie von weither verirrt. Im Gegensatz zum Retamginster und zum Wüstenwermut, die echte Saharapflanzen sind, ist *Ixolirion tataricum* eine zentralasiatische Wüsten- und Steppenpflanze. Sie verträgt sich gut mit dem weiß blühenden Asphodelus, neben dem sie steht, und der mittelmeerischen Ursprunges ist.

Das größte Blütenwunder aber ist *Iris mariae*, nach *Iris lortetii* vielleicht die schönste der vorderorientalischen Schwertlilien aus der *Oncocyclus*-Sippe (vgl. Seite 63). In ganzen Herden bevölkern sie den Sand, dicht gedrängt stehen die zartvioletten Blüten, die auf dunklen Sockeln zu ruhen scheinen – die nach unten geschlagenen Kronblätter tragen im Zentrum das tiefschwarze Mal, das wir schon von *nazarena* kennen, umgeben von schwärzlich verdunkeltem Violett. Verglichen mit *lortetii*, aber auch mit *nazarena* hat sich die Dunkelung ausgebreitet, nicht nur auf den unteren Kronblättern, sondern auch auf den oberen. Was dort als zartes Purpur *(lortetii)* oder Blau *(nazarena)* auf die Aderung der weißen Kronblätter beschränkt war, strahlt bei *mariae* auf die ganze Blattfläche aus und dämpft ihre Tönung zu lichtem Violett.

Was bei *Iris mariae* noch gemäßigt ist und den Eindruck vollkommener Schönheit und edler Harmonie der Farbgebung vermittelt, ist bei anderen Sippen dieser vielgestaltigen

Tafel 13
Oben: Ein weibliches Tier der erst vor kurzem im Wadi Arava entdeckten kleinen Population der Echtgazelle *Gazella gazella*, wahrscheinlich der Restbestand einer eigenen, vom übrigen Artareal isolierten Rasse (vgl. S. 42), die heute strengsten Schutz genießt. Der dunkle Fleck über der Nasenwurzel kennzeichnet das Tier als Echtgazelle und unterscheidet es von der Dorkasgazelle. Aufnahme A. Suchantke.
Unten: Drei Dorkasgazellen-Böcke. Aufnahme Y. Eshbol.

Abb. 55: Eine Charakterpflanze der Halbwüsten, Steppen und Brachäcker Vorderasiens: *Ixolirion tataricum* mit tiefblauen Blütenglocken.

Tafel 14
Säbelantilopen *Oryx dammah* (rechts oben und unten) und Addaxantilope *Addax nasomaculatus* (links oben), ehemals in allen Wüstengebieten Vorderasiens und Nordafrikas beheimatet und heute praktisch ausgerottet, werden ebenso wie die in freier Wildbahn gänzlich ausgestorbene Weiße Oryx (siehe S. 146) in einem großen Freigehege inmitten der Schirmakazien-Landschaft des Wadi Arava auf ihre Auswilderung vorbereitet. Aufnahmen A. Suchantke.

Schwertlilien, die ebenfalls die Randgebiete der Sandwüste bewohnen, zu extremer Verdüsterung gesteigert. Bei *Iris atrofusca*, aus den Sanddünen der Küstenebene, ist die Farbe zu schwärzlichem Dunkelbraun verdichtet; und *Iris loessicola*, die wir unmittelbar am Stadtrand von Be'er Sheva fanden, ist, so unglaublich das klingt, tiefschwarz! Glänzend pechschwarz sind bei dieser Art alle, auch die nach oben geschlagenen, bei den anderen Sippen stets helleren Kronblätter – einzig der Bart (der bei *nazarena* und *lortetii* dunkel ist) leuchtet goldgelb aus der Finsternis heraus.

Tatsächlich erscheinen die Blüten von *loessicola* tiefschwarz im auffallenden Licht, dann also, wenn man sie aus einem Blickwinkel betrachtet, bei dem man die Sonne im Rücken hat. Schaut man jedoch gegen die Sonne in die Blüten hinein, so daß die Strahlen durch die Kronblätter dringen, dann erweisen sie sich als tief bräunlich purpurfarben, so stark abgedunkelt, als seien sie verkohlt.

Diese Verdunkelung der Blütenfarbe bis hin zum Schwarz ist nicht auf *Iris loessicola* beschränkt. In den Sanddünen wächst eine kleine Aronstabart, *Eminium spiculatum*, mit unregelmäßig fingerförmig zerschlitzten Blättern und einer Spatha, die auf der Innenseite tiefpurpur getönt ist, eine Farbe, die sich bei einzelnen Exemplaren bis zum reinen Schwarz verfinstert (Abb. 56). Andere palästinensische Aronstabarten zeigen eine ähnliche Abdunkelung der Spatha-Innenseite, gehen aber längst nicht so weit. Entweder bleibt es bei tiefem Purpur, wie bei *Arum palaestinum*, oder die Dunklung ist auf die basisnahen Bereiche der «Tüte» beschränkt, wie bei *Arum dioscorides*, bei dem sich die Schwärzung nach oben in einzelne Flecke und Punkte in hellgelbgrüner Umgebung auflöst.

Unsere europäischen *Arum*-Arten besitzen helle, aufgelichtete Spathen – beim heimischen Aronstab *Arum maculatum* ist nur ein zarter Purpurhauch auf dem bleichgrünlich weißen Grunde übriggeblieben, und schwärzlich purpurn ist nur der Kolben im Innern. Auch *Arum italicum* verhält sich ganz analog, und *Arum creticum* besitzt gar eine gelbe Spatha. Ganz ähnlich ist die Schlangenwurz *Calla* unserer Waldsümpfe und Erlenbrüche: sie besitzt eine weißlich grüne, leicht purpurn überhauchte Spatha.

Wir begegnen hier also einer ähnlichen Erscheinung, wie wir sie bereits bei den scharlachroten Blüten mit dem schwarzen Zentrum konstatierten: wo unter nah verwandten Arten in Europa weiße und gelbe Farben dominieren, herrschen in Vorderasien Verdunkelungen hin zum brennenden Rot und zur Schwärzung der Blütenzentren vor. Haben wir es hier, bei der schwarzen Iris und den «finsteren» Aronstäben tatsächlich mit demselben Phänomen zu tun, lediglich in gesteigerter Form?

Nun gibt es jedoch auch in Europa Aronstabarten mit dunkelpurpurner Spatha – und in Palästina solche, die über eine weißlich-fahle «Tüte» verfügen. Aber gerade diese scheinbaren Gegenbeispiele sind außerordentlich sprechend: *Dracunculus*, die «Drachenwurz» Südeuropas, vor allem Griechenlands, mit ihrer intensiv purpurvioletten Spatha ist, wie die dunklen vorderasiatischen Arten, ein Liebhaber trockener, heller, heißer Standorte, während das bleichfahle palästinensische *Arum hygrophilum* – der Name sagt es schon – feucht schattige bis nasse Standorte bevorzugt, genau wie die weißlich-fahlen europäischen Arten *Arum maculatum*, *Arum italicum*, *Calla*. *Arum dioscorides* nimmt eine interessante Zwischenstellung ein – er wächst nicht wie

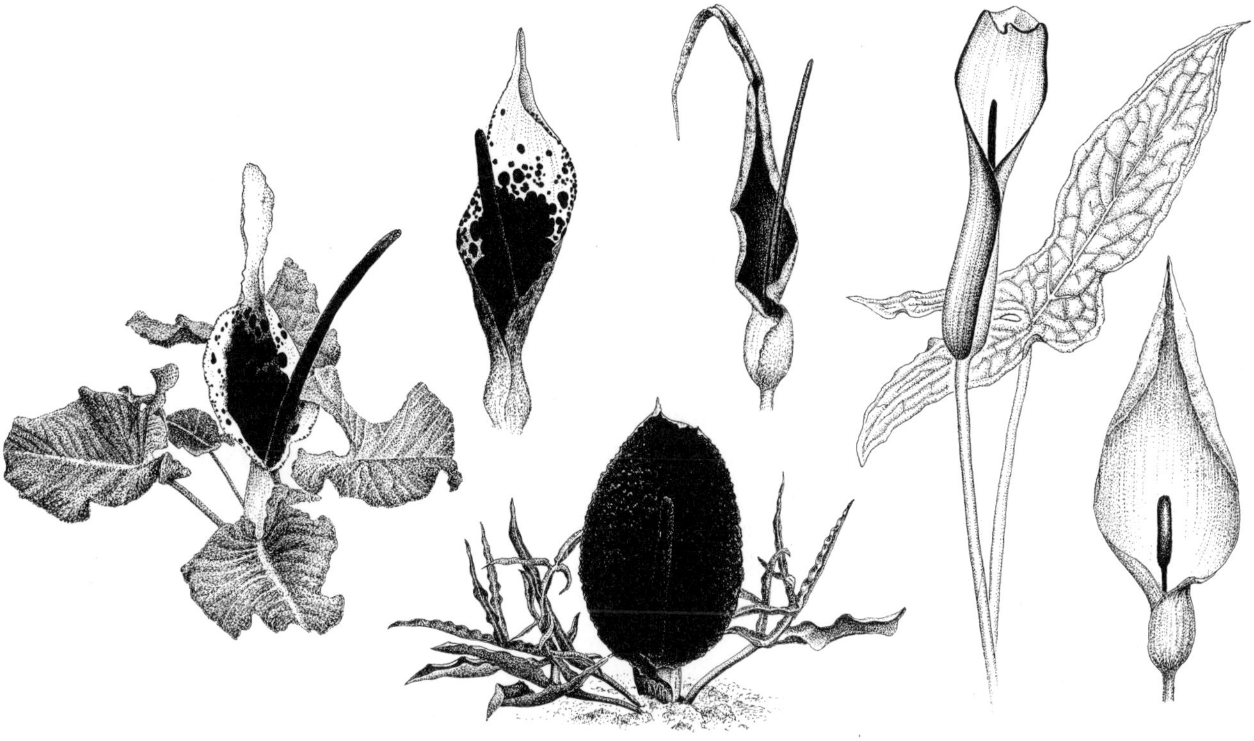

Abb. 56: Zunehmende Dunklung von Aronstabgewächsen beim Übergang in Trockengebiete. Links ganze Pflanze und einzelne Spatha von *Arum dioscorides,* einem Bewohner halbtrockener Standorte an Feldrainen, Gräben und Macchienrändern im ägäischen und vorderasiatischen Raum. In der Mitte die stark eingerollte, innen purpurschwarze «Tüte» von *Arum palaestinum,* einem Bewohner der trockenen Batha. *Eminium spiculatum* (unten) mit tiefschwarzer Spatha schließlich dringt bis in die Wüste vor. Rechts zum Vergleich zwei bleichgrüne Bewohner feuchter Auenwälder: das auf langem Stiel fast meterhohe *Arum hygrophilum* (Galiläa) und unser mitteleuropäisches *Arum maculatum.*

Arum palaestinum in der trockenen Batha-Felssteppe oder wie *Eminium* in der Halbwüste, sondern auf üppigen Wiesenhängen, Feldrainen, in Olivenhainen.
Augenscheinlich gibt es also nicht nur das West-Ost-Gefälle der Farben, das wir beim Vergleich der brennendroten Blüten Vorderasiens mit ihren weiß- und gelbblühenden Verwandten im Westen (genauer: Nordwesten) feststellten (vgl. S. 75), sondern auch innerhalb Palästinas etwas Ähnliches oder Übereinstimmendes im Gegensatz von Nord und Süd. So waren wir beispielsweise überrascht, um Jerusalem herum nur feuerrote Kronenanemonen anzutreffen, kannten wir doch die Variabilität dieser Pflanze aus Griechenland, wo rosa, blaulila und weiße Blüten vorkommen und sogar häufiger sind als die scharlachrote Form. Interessanterweise treten nun solche hellfarbenen oder bläulich getönten Kronenanemonen in Israel ebenfalls auf, sind aber auf die nördlichen Landesteile beschränkt und überdies vor allem unter den am frühesten blühenden Pflanzen vertreten – später im Jahr gibt es dann nur noch

scharlachrote Exemplare, dann, wenn die Sonne höher steht und stärkere Kraft entwickelt, wenn es also trockener und heißer wird.

Und das Gegenbild zu den schwarzen *Iris loessicola, atrofusca* und *atropurpurea* des Südens ist die Lichtgestalt von *Iris lortetii* mit ihrem nördlichen Verbreitungsgebiet. Auch *lortetii* besitzt als Grundfarbe Purpur, aber aufgehellt fast zum reinen Weiß. Und ihre Wuchsorte sind alles andere als wüstenhaft – es sind die Gebüschränder und Wiesen, die offenen Taboreichenhaine Galiläas.

Die schwarzen Schwertlilien und *Arum*- bzw. *Eminium*-Arten sind nicht die einzigen Wüstengewächse, deren Blüten so stark verdunkelt sind. Eine besonders charakteristische Pflanzengruppe der arabisch-afrikanischen Trockenlandschaften, die Aasblumen der Gattung *Caralluma*, zeigt ein ganz übereinstimmendes Bild. Das rötliche Braun ihrer Blüten, denen ein ähnlicher Verwesungsgeruch entströmt wie dem Aronstab *Dracunculus*, ist abgedunkelt wie die Spathen von *Eminium* und erscheint bei manchen Arten aus der Distanz tiefschwarz.

Wir haben es hier also nicht mit Zufälligkeiten zu tun, dagegen sprechen die Übereinstimmungen bei all den gar nicht näher miteinander verwandten Pflanzen. Was aber drückt sich darin aus?

Die Dunklung ist bildhafter Ausdruck verstärkter Abbauvorgänge, wie sie durch die Wärmewirkung vorangetrieben werden. Schwarze Iris und schwarzer Aronstab: ähnliches, ja gleiches mit umgekehrten Vorzeichen; beim europäischen *Arum maculatum* ist die Wärme ausschließliches Ergebnis von verstärkten und beschleunigten Abbauprozessen im Blüteninnern – wo die Temperaturen bis 17°C höher sein können als in der umgebenden Luft – und entsprechend ist auch nur die Bildung im Zentrum, ist der Kolben «verbrannt», die Spatha zart weißlichgrün, wie es dem schattig kühlen und feuchten Standort der Pflanze angemessen ist. Tritt dann, bei den Arten der südöstlichen und vorderorientalischen Trockenlandschaften, die äußere Wärme hinzu, dann breitet sich – bildhaft, aber auch riechbar – der Abbau immer mehr zur Peripherie hin aus. Bei den schwarzen Schwertlilien ist die Abbau- und Verbrennungsfarbe dagegen Ergebnis rein äußerer Wärmewirkungen, die sich dann im Innern konzentrieren und steigern: die schwarzen Blüten lassen zwar das Licht nicht eindringen, absorbieren jedoch die ganze Wärme.

Damit erweist sich zunächst, daß die Annahme, wir hätten es mit einem Nord-Süd-Gegensatz zu tun, offenbar nicht zu halten ist. So wächst die schwarze *Iris atrofusca* noch ziemlich weit im Norden, ein kleines Stück nördlicher sogar noch als die hell purpurweiße *Iris samaria* bei Shekhem/Nablus. Was beide unterscheidet, ist nicht die geographische Lage, sondern der jeweilige Standort: während *samaria* in relativ regenfeuchtem Gebiet mittelmeerischer Vegetation lebt, sind die Wuchsplätze von *atrofusca*, an den Hängen nahe des Jordangrabens, wüstenhaft trocken.

Die deutlichste Sprache sprechen doch wohl jene erwähnten frühblühenden Kronenanemonen, die im Unterschied zu ihren später erscheinenden scharlachroten Artgenossen weißlich aufgehellt oder ganz weiß blühen. Sie sind in gewissem Sinne Nachzügler jenes eigenartigen «Gegenfrühlings» von Spät- (oder Früh-)Blühern, der im Herbst noch vor dem Einsetzen der Regen beginnt und dann während der winterlichen Regenzeit kulminiert. Wenn auch die Zahl der dabei vertretenen Arten nur relativ klein ist im Vergleich mit dem Heer der Frühlings- und Frühsommerblüher, und auch nur die wenigsten davon flächendeckend auftreten, so gehören sie doch zum charakteristischen Erscheinungsbild des Landes und sind als Vorboten des Regens vertraute Erscheinungen. Gegen Ende des Sommers beginnen die ersten Blüten von Lilien-, Schwertlilien- und Amaryllisgewächsen aus dem knochenharten, staubtrockenen Boden zu brechen – in Wirklichkeit aus den Feuchtigkeitsreservoiren ihrer unterirdischen Zwiebeln und Knollen. Zahlreiche Arten von blaßrosa Herbstzeitlosen *Colchicum* und gelben Goldbechern *Sternbergia* sind hier zu nennen, und in den Küstendünen zeigen sich die großen weißen Trompeten der Trichternarzissen *Pancratium* sogar schon früher, ab September. Auf den Feldern tauchen im Oktober weiße Narzissen *Narcissus serotinus* und *tazetta* auf und so geht es dann durch die ganze Regenzeit des Winters hindurch: im Januar erscheint die kleine blaßgelbe Schwertlilie *Iris palaestina,* weiße Asphodelen und Milchsterne *Ornithogalum* treten hinzu. Krokusse der verschiedensten Arten, weiß oder zartlila, blühen den ganzen Herbst und Winter hindurch; was nicht weiß oder gelb blüht, sondern zum Rot oder Blaurot und Violett neigt, ist deutlich in der Minderzahl, vor allem aber so aufgehellt, daß es ganz durchlichtet erscheint, wie die etwa zartblaue *Iris vartani* oder die frühen Blüten der Kronenanemone, von denen wir ausgingen.

Natürlich sind weder die Blüten von *Caralluma,* der Aronstab-Arten, und schon gar nicht die dunklen Schwertlilien dabei, zu verwesen. Aber die Abbau- und Verbrennungsprozesse, die ohnehin in jeder Blüte (und beim Aronstab in erhöhtem Maße) stattfinden, erfahren hier, unter der Hitzewirkung, eine deutliche Steigerung. Bildhafter Ausdruck davon ist die Schwärzung, aber auch, daß gerade die dunkelsten der Schwertlilien oftmals bereits halb verblüht erscheinen, ohne es im mindesten zu sein: die Blütenblätter sind an den Rändern umgeschlagen und eingerollt, eine Tendenz, die sich ja beim Verblühen steigert. Und unsere blaue Gartenschwertlilie *Iris germanica* nähert sich gerade dann, wenn sie verblüht, farblich wie in der Form, den schwarzen *Iris*-Arten: die Blütenblätter rollen sich zu einem Gebilde zusammen, das einer geschlossenen Faust ähnelt und nehmen dabei eine schwärzlich dunkle Tönung an. Die abschließende, ja abwehrende Gebärde der schwarzen Schwertlilien wird besonders deutlich, vergleicht man sie mit den hellen Blüten von *Iris lortetii:* trotz aller grundsätzlicher Übereinstimmung im Bau zeigt sich *lortetii* viel umgebungsoffener, in den Umkreis verstrahlend – die nach oben geschlagenen Kronblätter sind zarter, breiter, sie verfließen geradezu nach außen und hellen sich an den Rändern zu reinem Weiß auf, als seien sie dabei, sich in Licht aufzulösen.

Somit ist die zunehmende Dunklung der Blüte – über Scharlachrot mit schwarzem Zentrum bis hin zur völligen Schwärzung – bildhafter Ausdruck der Feuerwirkung des Sonnenlichtes, unter der alles verbrennt, der sengenden Glut der Hitze und der Trockenheit. Was sich im vegetativen Bereich in der Zurückdrängung der Lebensprozesse äußert, zur Reduktion und zum Verlust der Blätter führt, sich im Verdorren der Sprosse und in der Bildung von Dornen und Stacheln ausspricht, sowie im weißfilzigen Wollkleid – allesamt Zeichen dafür, daß sich das Leben in sich selbst zurückzieht und nach außen abschirmt – führt im Blütenbereich zu feurigem Aufglühen und schließlich zur asche- und kohlenhaften Schwärzung.

Wüstentiere und ihre Trachten

Bewegt man sich in der Wüste, dann merkt man bald, daß die Erscheinung der Schwärzung und Abdunklung keineswegs auf die Pflanzenwelt beschränkt ist, sondern erstaunlicherweise unter den Tieren noch weit verbreiteter ist.

Da sind zunächst einmal die Ameisen und die Käfer. Erstere sind allgegenwärtig und fallen dem Beobachter in zwei bestimmten Form- und Verhaltenstypen auf – zum einen in den hastig herumrennenden Räubern und Wegelagerern, zum anderen in den fleißigen und emsigen Erntearbeitern. Beide sind schwarz. Die Räuber sind typische Wüstenrenner, die ihren Körper hoch über den Boden auf langen Spinnenbeinen tragen, in kühleren Luftschichten also, und damit vom glühend heißen Boden ein Stück weit entfernt sind. Die Ernteameisen der Gattung *Messor* sind leicht zu entdecken. Wo die Vegetation etwas dichter ist, da legen sie deutlich sichtbare, weithin führende Straßen an, von denen sie alle Vegetation und herumliegenden Hindernisse entfernen. Auf diesen Straßen tragen sie ihre Nahrung ein, Früchte und Sämereien, mit denen sie in ihren Erdlöchern verschwinden. Nach einiger Zeit tauchen sie (oder andere Individuen) mit den Spelzen und Samenhülsen wieder auf, die in einem konzentrisch regelmäßigen Ringwall von etwa dreißig Zentimeter Durchmesser rund um den Nesteingang abgelegt werden.

Man sieht in der Regel in solchem Ringwall nur gleichartige Spelzen einer einzigen Pflanzenart – die Ernteameisen haben einen sehr ökonomischen Arbeitsstil und sammeln gemeinhin nur an Pflanzen, die Samen in großer Zahl anbieten. Dagegen sind die blitzschnell da- und dorthin huschenden Räuber Opportunisten, die zu erhaschen versuchen, was gerade vorbeiläuft.

Ähnlich lang- und hochbeinig sind die großen, dicken schwarzen Aaskäfer *(Silphidae)*, die allenthalben geschäftig und unbeirrbar auch in der größten Mittagshitze herumstelzen, ein wenig groteske Gestalten mit ihren dicken, plumpen Leibern und den langen Beinen – gemächliche Parallelen zu den langbeinigen Wüstenameisen. Man muß sich nur irgendwo niederlassen, und nach kurzer Zeit kommen sie von allen Seiten angetrabt auf der Suche nach verwertbaren Abfällen.

Ihre schwarze Tracht ist wahrlich verblüffend. Niemand käme auf die Idee, sich in der größten Sonnenhitze schwarz zu kleiden! So denkt man, aber übersieht dabei, daß sich auch die Beduinen, genauer die Beduinenfrauen – denn die Männer kleiden sich hell, ja weiß – in Schwarz hüllen; schwarz sind ihre Zelte, aus den Haaren ihrer schwarzen, kleinen Ziegen gewoben. Schwarz ist der Wüstenrabe *Corvus ruficollis*, von dem alle paar Kilometer wieder einer die Straße patrouilliert, die durch die

Abb. 57: Schwarze und schwarzweiße Wüstenbewohner des Negev und der Wüste Juda. Oben: Sahara- und (rechts) Schwarzrücken-Steinschmätzer, *Oenanthe leucopyga* und *lugens;* darunter ein Skorpion *(Buthacus)* und drei Käferarten: die schwarzweißen Laufkäfer *Antia sexmaculata* (Mitte links) und *Graphopterus sp.* (unten rechts), dazu ein Paar langbeiniger schwarzer Aaskäfer *(Adesmia)*.

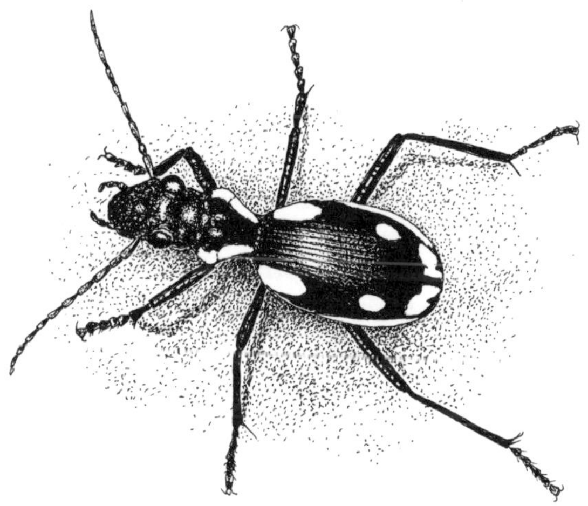

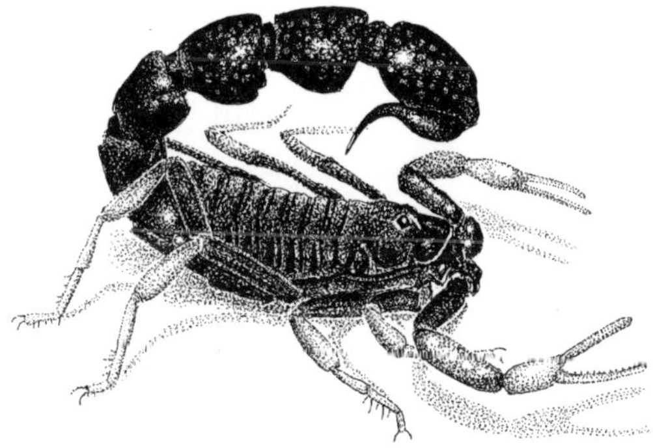

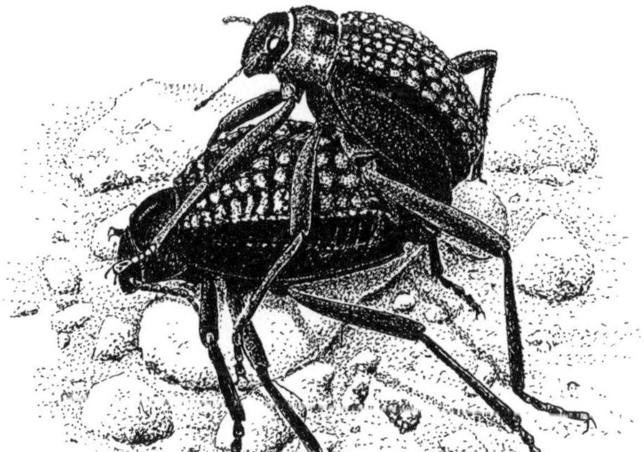

Wüste führt; schwarz sind die Kurzschwanzraben *Corvus riphidurus* und die Tristramstare *Onychognathus tristrami* (Abb. 97 und 107), die in der infernalischen Hitzehölle um das Tote Meer leben und von hier aus weit über die Sahara hinweg verbreitet sind, wie die beiden Raben, oder, wie der Tristramstar tief ins südliche Arabien reichen. Die Raben sieht man während der heißen Tageszeit mit geöffnetem Schnabel herumfliegen, sie hecheln und kühlen sich dadurch ab. Außerdem ist ihr Federkleid ein ideales Isoliermaterial. Temperaturmessungen ergaben, daß sich bei einer Außentemperatur von 38° Celsius die äußere Gefiederschicht des Wüstenrabens auf 90° Celsius erhitzt, während sich die Haut nur auf knapp 49° Celsius erwärmt – ein Unterschied von über 40°!

Auch die schwarzen Wüstenkäfer wissen sich vor Überhitzung zu schützen. *Adesmia cancellata* (Abb. 57), der in den heißesten Gebieten der Arava vom Toten Meer an südwärts vorkommt, bietet einen grotesken Anblick, wenn er mit seinem hoch über den Boden erhobenen, schweren Leib gemächlich (und, wenn es nötig ist, auch sehr behende) auf scheinbar viel zu dünnen und viel zu langen Beinen herumstelzt. Genau wie die Wüstenrenner-Ameisen vermeidet er also erfolgreich den Körperkontakt mit dem glühend heißen Boden. Außerdem wirkt er gar nicht einheitlich schwarz, vielmehr ist die Oberfläche des breiten Nackenschildes und der dicken und mächtigen Flügeldecken in einzelne Felder gegliedert, die, gleich Spiegeln, das Licht reflektieren. Höchstwahrscheinlich markieren die hellen Felder darunterliegende, isolierende Luftkammern. Vor allem aber besitzt er einen Luftsack unter seinen harten Flügeldecken; dort liegen normalerweise bei den Käfern die zarten, häutigen Hinterflügel, die alleine zum Fliegen benutzt werden. Sie sind bei *Adesmia* verkümmert, die deshalb nicht mehr fliegen kann, und an ihrer Stelle befindet sich das isolierende Luftkissen. Ein weiterer Hitzeschutz ist die kahnförmige Körperform; die Tiere sind sehr hoch, und die breiten Flanken fallen schräg nach innen ab, so daß sie stets im Schatten liegen!

Dennoch bleibt die schwarze Färbung, die so viele Wüstentiere zeigen, eine höchst erstaunliche Tatsache, deren Deutung sich nicht so ohne weiteres erschließt. Was man erwartet, was man aus allen Naturkundebüchern kennt, ist doch, daß Wüstentiere wüstenfarbig und damit hervorragend getarnt sind und sich solcherart vor ihren Feinden verstecken.

Ob sich die Natur mit derlei Begriffen, die militärischem Denken entlehnt sind, verstehen läßt, muß ernsthaft bezweifelt werden. Nicht, daß es die Wüstenfarbigkeit

Abb. 58: Umgebungsfarbene Wüstentiere des Negev. Die Sandlerche *Ammomanes deserti* ist nur an ihrem dunklen Auge zu erkennen. Darunter ein fahlgelber, großer, sehr giftiger Skorpion, *Orthochirus scrobilosus*, der wie sein schwarzer Verwandter der vorhergehenden Abbildung tagsüber unter Steinen verborgen ist. Die graue Tönung der großen Feldheuschrecke harmonierte vollendet mit dem Kolorit des Wadibettes, in dem wir sie fanden. Und das unregelmäßige Muster der kleinen Wüstenagame *Agama pallida* löst die Gestalt des Tieres in die Umgebung hinein auf, wenn es nach blitzschnellem Dahinhuschen unvermittelt reglos verharrt.

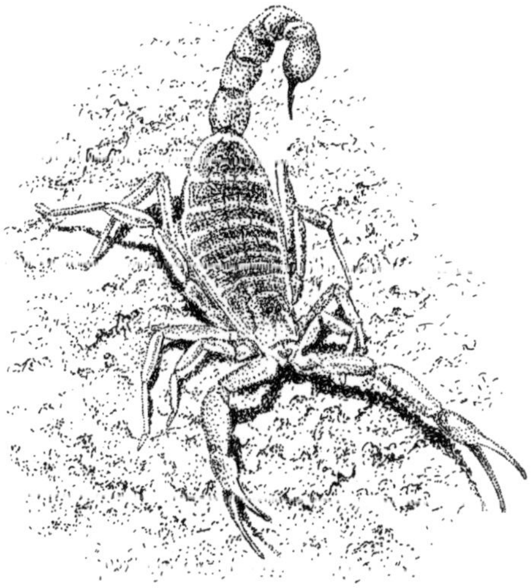

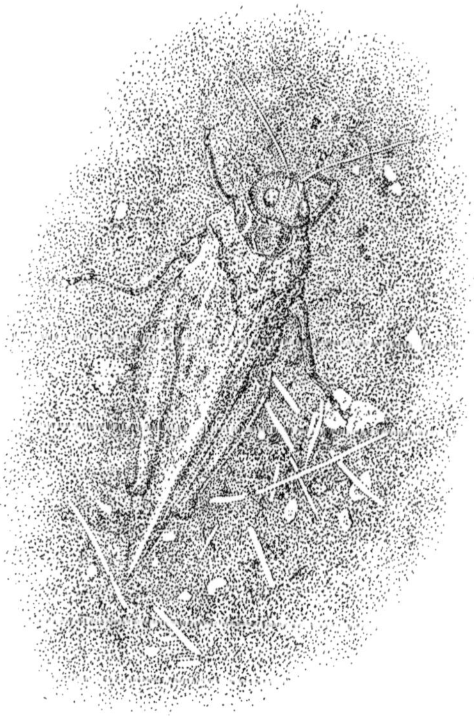

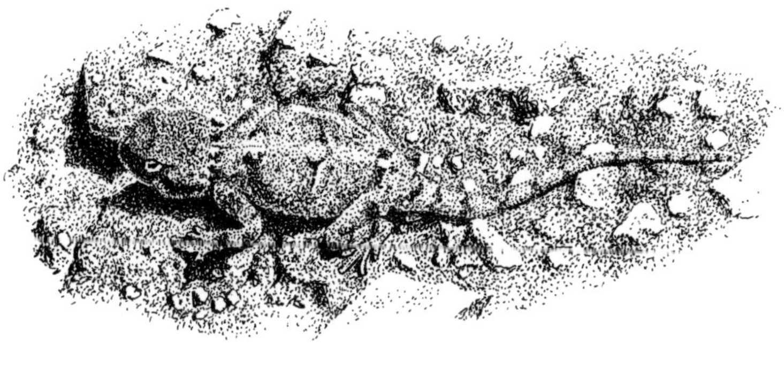

nicht gäbe – nicht nur die Heuschrecken sind so umgebungsfarbig, daß sie je nach Tönung des Untergrundes grau-, gelb- oder rötlichbraun aussehen –, auch die wüstenbewohnenden Steinlerchen *Ammomanes deserti* (Abb. 58) zeigen je nach Kolorit ihres Lebensraumes eine exakt entsprechende Tönung; es ist dies eine Vogelart, die über weite Gebiete der nordafrikanischen und arabischen Wüsten verbreitet ist und in unzähligen Farbabweichungen auftritt, die immer haargenau der Bodenfärbung der jeweiligen Region entsprechen, in welcher die betreffende Variante vorkommt. Diese Homochromie beruht keineswegs darauf, daß sich die Vögel mit Wüstenstaub einfärben, es ist eine eigene Farbkomponente des Gefieders. Perfekteste Anpassung: ja! Aber auch Tarnung und Schutz? Wir werden gleich darauf zurückkommen. Zuvor noch einige weitere Beispiele.

Unter Eidechsen und Schlangen gibt es die Sandfarbigen in Hülle und Fülle (Abb. 59) – auch der große und gefährlich giftige Skorpion *Orthochirus scrobilosus* ist sandfarben. Im Deltafächer des Wadi Taba an der Küste des nördlichen Sinai, nur wenig südlich von Elat, fanden wir eine bodenbewohnende, spinnenartig schnell dahinhuschende Gottesanbeterin *(Eremiaphila)*, die in ihrer Färbung so exakt die hellere und dunklere Rotkörnung des Sinaigranit-Gerölls zeigte, auf dem sie lebte, daß wir das Insekt bestimmt nicht entdeckt hätten, wäre es uns nicht durch seine Bewegung aufgefallen (Tafel 11).

Die Schutzwirkung, die Tarnung ist in all diesen Fällen von unglaublicher Perfektion – solange das Tier sich nicht bewegt! Im Augenblick der Bedrohung pflegen sich die Tiere aber im allgemeinen erregt zu bewegen, und die ganze schöne Schutztracht ist nutzlos. Die so wunderbare «Tarnung» der Steinlerchen wird durch das viele Hin- und Herfliegen und die Stimmfreudigkeit dieser Vögel völlig zunichte gemacht, außerdem wirft der stehende und laufende Vogel einen dunklen Schatten neben oder unter sich – ein dunkler Fleck, der sich bewegt, ist eine auffällige Erscheinung. Wahrscheinlich bietet das wüstenfarbene Kleid nur während des Brütens echten Schutz, die Eier werden ja einfach in eine Erdmulde gelegt, und der brütende Vogel sitzt dann reglos hingekauert darauf.

Wenn in der Wüste ein so starker Züchtungsdruck durch die natürliche Auslese, durch den «Kampf ums Dasein», herrschte, dann ist nicht einsichtig, warum nicht alle Wüstentiere wüstenfarbig sind, sondern mit auffallender Schwarztracht zu überleben vermögen; aber auch, warum rein nächtlich lebende, also in der Dunkelheit aktive Wüstensäuger und -vögel sandfarbene Kleider tragen, von denen sie keinerlei Nutzen haben, denn in der Nacht sind bekanntlich alle Katzen grau! Einer der besten Kenner der Wüstentierwelt, der englische Zoologe Meinertzhagen, bestätigt unsere eigenen Beobachtungen denn auch vollauf und ergänzt sie: «Wohl das beste Beispiel perfekter Tarnung ist die Lerche *Ammomanes deserti.* Diese Art gliedert sich in zahlreiche Rassen, die allesamt steinigen Untergrund bevorzugen, und in allen bekannten Rassen gleicht die Farbe des Gefieders genau derjenigen des Gesteins, auf dem sie leben. Die dunkelste Rasse *(Ammomanes deserti annae)*, die in schwarzer Lavawüste lebt, grenzt in ihrer Verbreitung direkt an eine der hellsten *(Ammomanes deserti coxi)*, die hellgelben Wüstenboden bewohnt. Kein Individuum dieser beiden Rassen kann dazu gebracht werden, seinen farblich entsprechenden

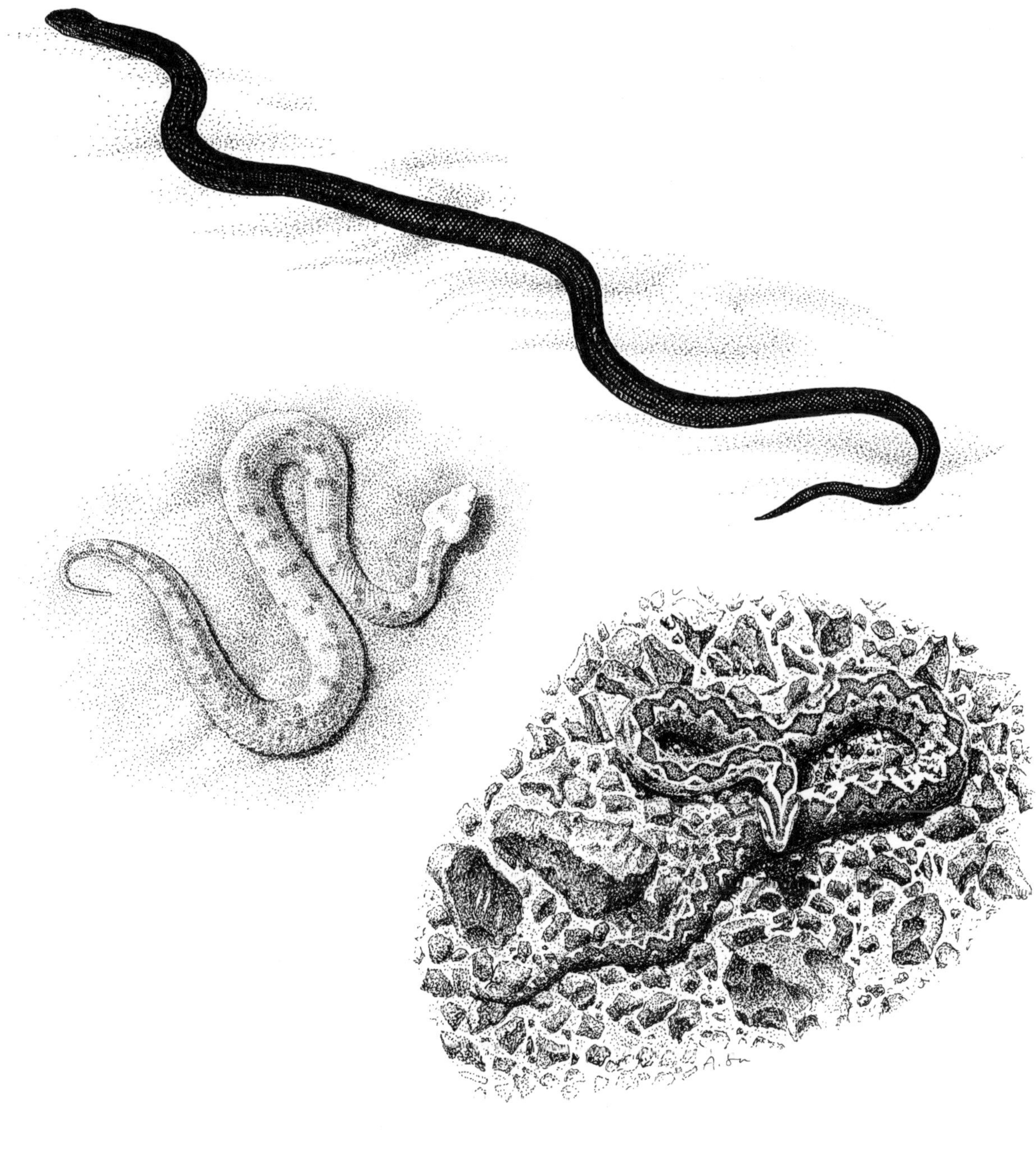

Abb. 59: Die schwarze Wüstenkobra *Walterinnesia aegyptiaca* und zwei umgebungsfarbene Vipern: in der Mitte die gefährliche, sehr giftige «Efa» *Echis colorata,* rechts die Palästinaviper *Vipera palaestina.*

Untergrund zu verlassen. Dennoch macht diese Lerche keinen Gebrauch von ihrer verbergenden Färbung, sie drückt sich niemals an den Boden, sondern steht aufrecht, ist in ständiger Bewegung und zieht die Aufmerksamkeit auf sich ... Wenn man sich Trupps von Flughühnern in der Wüste nähert, wo sie unsichtbar wären, verhielten sie sich still, dann watscheln sie statt dessen herum und heben damit ihre Tarnung auf. Meine Erfahrung mit Wüstenvögeln ist, daß sie sich nur sehr selten an den Boden drücken und von ihrer Verbergetracht vollen Gebrauch machen; sie sind ständig in Bewegung, ruhelos und neigen stärker zu aufrechter Haltung und dazu, herumzurennen oder auf einen Stein zu hüpfen, als sich hinzukauern oder zu drücken. In dieser Beziehung benehmen sie sich ganz anders als Vögel des Gras- oder Buschlandes, die sich stets drücken oder Zuflucht im Gebüsch suchen, wenn ein Raubvogel in Sicht kommt ...

Es gibt viele Beispiele von Vögeln und Säugetieren, deren Wüstenfärbung keinen Überlebenswert erkennen läßt. Der Wüstenuhu *Bubo desertorum* ist hell isabellfarben; er jagt bei Nacht, was seine Verbergetracht bedeutungslos macht ... Da gibt es Segler (*Apus melba marjoriae*, eine Rasse unseres Alpenseglers) und Schwalben *(Ptyonoprogne obsoleta)*, die mit der Farbe der Wüste übereinstimmen, was aber, da sie ständig in der Luft sind, schlecht als Schutzfärbung erklärt werden kann ... Wüstenfärbung findet sich auch bei Fledermäusen, bei Nagetieren, die tagsüber unter dem Boden leben, und bei der Blindmaus *Spalax* und dem Mull-Lemming *Ellobius talpinus*, die beide niemals ans Tageslicht kommen.

Weiter gibt es unter den Vögeln Beispiele, von auffällig gemusterten Männchen und umgebungsfarbigen Weibchen, dies besonders häufig unter den Steinschmätzern *(Oenanthe)*. Das wäre verständlich, wenn die Weibchen im offenen Gelände brüten würden; aber das Nest ist stets verborgen unter Steinen oder in einem Nagetierbau» (Meinertzhagen).

Um die «Umgebungstracht» zu verstehen, muß man sie wohl mit ihrem Gegenstück zusammen sehen, mit der schwarzen Färbung, die ihre Träger so überaus auffällig macht. Es ist, als bestünde da ein Spannungsverhältnis zwischen zwei Extremen – zwischen dem Verschmelzen mit der Umgebung und, im Gegenzug, der optisch-visuellen Hervorhebung und Sonderung – beide Trachtmotive können im gleichen Biotop vorkommen und sind auch annähernd gleich häufig.

Daß es sich dabei wirklich um Gegensätze handelt, von denen der eine in dem Maße zur visuellen Auflösung der Gestalt in die Umgebung hineinführt, wie der andere zu ihrer Betonung strebt, zeigt sich in der Tendenz der Schwärzung, durch Ausbildung plakathaft greller Kontraste, die visuelle Auffälligkeit noch zu steigern: zum Schwarz gesellt sich leuchtendes Weiß, und beide Elemente grenzen großflächig und unvermittelt aneinander. Besonders charakteristische, häufige und jedermann auffallende Vertreter dieses Trachttypes sind die Steinschmätzer *(Oenanthe)*, die allenthalben in steinigen und felsigen Gebieten der Wüste vorkommen. Vor allem der Schwarzrücken-Steinschmätzer *Oenanthe lugens halophila* zeigt sich in jedem Wadi, in jeder Felslandschaft, immer ist es ein Pärchen, das irgendwo in der Nähe sein Nest hat, versteckt in einer Erdhöhle unter großen Steinblöcken. Schon von weitem bemerkt man die quirligen Vögel, die durch lautes Rufen, nervöses Verhalten, auffälliges Herumfliegen und weithin sicht- und hörbare Balzflüge, die von einem hektischen, hastig und abrupt vorgetragenen Gesang begleitet werden, auf sich aufmerksam machen. Ganz besonders apart ist der Sahara-Steinschmätzer *Oenanthe leucopyga,* der in den Klippen ums Tote Meer, im zentralen und südlichen Negev, in der Arava und im Sinai vorkommt und gerne menschliche Siedlungen aufsucht. Der Vogel ist glänzend tiefschwarz, nur der Scheitel, der Bürzel und die Außenseiten des Schwanzes sind leuchtend weiß. Schon bald hat man diese hübschen Vögelchen ins Herz geschlossen, und jedes Mal freut man sich aufs neue über die Art, wie sie die trostlose Öde und schweigende Härte der Felswüste beleben, jede Begegnung ist ein freudig begrüßtes Ereignis, da die schwarz-weißen Kobolde in allem, nicht nur in ihrer Färbung, das Gegenteil ihrer Umwelt darstellen; sie bringen Leben, tänzerische Bewegung und klingende, tönende Fröhlichkeit in die Todesstille.

Die Steinschmätzer sind nicht die einzigen, die ein schwarz-weißes Kleid tragen. In der Sandwüste südlich bei Be'er Sheva Halutza, wo die blaue Marien-Iris und *Ixolirion* blühen, laufen im Sand – zwischen lauter umgebungsfarbenen, wunderbar «getarnten» (und in Momenten der Gefahr besonders bewegungsaktiven) Heuschrecken und Wüstenrenner-Eidechsen – räuberische Laufkäfer herum, flinke Renner, die ähnlich kontrastierend schwarz-weiß gemustert sind. Zwei Arten sind es, beide zur Familie der Laufkäfer *Carabidae* gehörend, deren Angehörige bei uns dunkelbraun, schwarz, violett, grün oder rötlich schillernd sind und überwiegend im Verborgenen leben. Hier zeigen sie sich offen, rennen über die unbewachsenen Sandflächen und flüchten nur in die dichtere Vegetation, als ich beginne, mit dem Fotoapparat Jagd auf sie zu machen (Abb. 57).

Gar nicht wenige Tiere zeigen beide Musterungselemente nebeneinander, auf verschiedene Körperpartien verteilt. Da ist einmal der Rennvogel *Cursorius cursor,* den wir ebenfalls in den Sanddünen von Halutza beobachteten; er ist mit seiner schlanken Gestalt und in seinem samtbraunen Kolorit nicht zu bemerken, wenn er reglos verharrt oder sich an den Boden drückt. Sowie er sich aber in die Luft erhebt – er zieht es allerdings vor, blitzschnell davonzurennen, wie ein Geschoß, das niedrig über den Boden fliegt, und zwischendurch abrupt anzuhalten, um gleich darauf wieder weiterzuflitzen – ist er ein sehr auffälliges Wesen, jetzt sind die dunklen, fast schwärzlichen Unterseiten seiner Flügel zu sehen, die auffällig mit dem sandhellen Körper kontrastieren. Sowie er sich niederläßt, ist er buchstäblich verschwunden – solange wenigstens, wie er sich reglos verhält.

Noch stärker berührte uns die Begegnung mit der Wüstenläuferlerche *Alaemon alaudipes,* einem Vogel, von dem ein eigenartiger Zauber ausgeht. Davon ist nichts zu merken, wenn sich der Vogel am Boden aufhält, wo er nur durch Zufall zu bemerken ist, so stark gleicht sein sandgraues Kleid der Umgebung. Seine Gestalt erscheint eigentümlich hochbeinig und langschnäblig, so daß man zunächst gar nicht an eine Lerche, sondern eher an einen Verwandten des Rennvogels denkt. Auf ähnliche Weise schießt der Vogel mit unglaublich schnellen Bewegungen über den Boden dahin, wie eine rollende Kugel, hält inne, beobachtet, trippelt dann ein Stück in eine andere Richtung, pickt zwischendurch Futter auf, schießt wieder ein Stück

weiter, und so fort. Es ist gar nicht leicht, ihn im Fernglas zu behalten, und hat man ihn einmal aus den Augen verloren, ist es schwierig, ihn wiederzufinden.
Von Zeit zu Zeit verwandelt sich der Vogel jedoch in ein vollständig anderes Wesen: er schwingt sich empor in die Luft, wenige Meter nur, und läßt sich mit ausgebreiteten Schwingen schräg nach unten gleiten. Sieht man die Oberseite, so zeigt sich ein kontrastierendes Muster von schwarzen und weißen Flügelbinden, erblickt man die Unterseite, so meint man, einen weißen Schmetterling vor sich zu haben, der sich sanft zu Boden senkt; dabei ertönen unglaublich reine, wundervoll melodische Flötenrufe, langgezogen und weithin über die Wüste hallend. Auf den Boden zurückgekehrt, wird der Vogel wieder vollkommen unsichtbar und stumm (Abb. 60).
Das Nebeneinander höchstgegensätzlicher, unscheinbarer wie auffälliger Trachtelemente, von denen je nach Situation Mal das eine, dann wieder das andere in den Vordergrund tritt, ist eine häufige und weitverbreitete Erscheinung, wobei jede der beiden polaren Komponenten mit ebenso gegensätzlichen Verhaltensweisen korreliert ist. Besonders häufig tritt dies bei den Insekten auf, bei denen es sich das eine Mal als Ruhe-, das andere Mal als Bewegungstracht äußert: sitzt ein Pfauenauge, ein Aurorafalter oder eine Schnarrheuschrecke irgendwo reglos in der Vegetation, am Boden oder an der Rinde eines Baumstammes, dann gleichen sie in allem ihrer reglosen Umgebung. Bewegen sie sich jedoch, äußern damit also ihre Eigenständigkeit, ihre Sinneswachheit und ihr nervöses Reaktionsvermögen gegenüber der Umwelt, dann sondern sie sich auch optisch und oft genug auch akustisch aus ihrer Umgebung heraus: jetzt gleicht das Pfauenauge nicht mehr einem Rindenstück, sondern entfaltet seine Augenflecken und die schillernde Farbenpracht der Flügel unter hörbarem Rascheln, jetzt macht das Blattmuster auf der Flügelunterseite des Aurorafalters der leuchtend weißen, von orangenen Flügelspitzen gezierten Oberseite Platz, und jetzt fächert die Heuschrecke ihre vorher unsichtbaren blauen oder roten Hinterflügel und stiebt laut schnarrend durch die Luft.
Es sind beides Äußerungen des Seelischen dieser Tiere – dessen, was sich im Bereich der Nahrungssuche, der Fortpflanzung, der Abwehr und nicht selten auch als Ausdruck reiner Lebensfreude auslebt. Über die subjektive Seite – was die Tiere in den jeweiligen Situationen empfinden – können wir nichts aussagen, aber es gibt ja auch die objektive Seite: Seelisches wird stets kundgegeben und mitgeteilt, sei es durch spezielle Ausdrucksorgane (der Schwanz des Hundes!), durch Gestaltveränderungen im Bereich der Körperformen (z. B. Aufplustern, Schlankwerden, das Bukkelmachen der Katze), durch Farben (die erwähnten Beispiele, aber auch Farbveränderungen bei Reptilien, Fischen, Tintenfischen) und Töne. Allen seelischen Äußerungen in diesen verschiedenen Bereichen ist eines gemeinsam: sie sind mit Bewegungen verbunden, mit Bewegungen, die stets auch innere, gemüthaft-emotionale Bewegungen sind (Wut, Angst, Freude usw.). Alle äußerlich wahrnehmbaren Körperbewegungen eines Tieres, so kann man wohl mit Recht sagen, sind stets Ausdruck einer inneren (seelischen) Bewegung; bewegt sich im seelischen Bereich nichts, dann ist das Tier auch in seiner Leiblichkeit bewegungslos, inaktiv – dann schläft es, döst oder ruht.

Abb. 60: Die Wüstenläuferlerche *Alaemon alaudipes* ist am Boden kaum zu entdecken, entfaltet dagegen im Flug ein weithin sichtbares Schwarzweißmuster auf ihren Schwingen. Läßt sie sich im Balz- und Reviermarkierungsflug mit ausgebreiteten Fittichen zu Boden gleiten, dann leuchten besonders die Unterseiten, da auch ihre dunklen Partien seidig glänzen und das Licht reflektieren.

Seelisches, das zeigt eine einfache Beobachtung beim Menschen und bei höheren Tieren, neigt dann, wenn es sich unreflektiert und unkontrolliert äußert (was beim Tier immer und beim Menschen oft genug der Fall ist), zum Schwingen zwischen Gegensätzen, zum Pendeln zwischen Extremen, so daß sich geradezu von «Gefühls-Paaren» sprechen läßt, deren antagonistische Glieder einander wechselseitig bedingen und voraussetzen. Eines davon ist stets «negativ», das andere «positiv» getönt: zur Liebe gehört Haß, zum Mut die Angst, zum Vertrauen das Mißtrauen usw. Bei Tieren können wir deutlich, z. B. bei den Partnern eines Paares, das Wechselspiel von aggressiver und submissiver Stimmung erleben, sei es im Wechsel, sei es, daß der eine Partner das emotionale Gegenstück zu dem äußert, was der andere gerade ausdrückt.

Statt von den beiden polaren Kategorien negativ und positiv, können wir bei der Skala der Emotionen auch, hierin der Psychologie Rudolf Steiners (1919) folgend, von «antipathisch» und «sympathisch» sprechen. Damit sind nicht bewußte Empfindungen der Sympathie und der Antipathie charakterisiert, sondern es soll gewissermaßen die innere wie äußere Bewegungsrichtung ausgedrückt werden: «sympathisch» heißt soviel wie Hinwendung mit der Tendenz zur Hingabe, zur Verbindung mit dem betreffenden Objekt; die letzte Konsequenz wäre die Aufgabe des Eigenseins, das Aufgehen im anderen, oder das andere in sich aufzunehmen. Da sich Seelisches immer (wie wir schon sagten) in körperlichen Bewegungen und leiblicher Aktivität ausdrückt, so können wir hier genau das gleiche auf der leiblichen Ebene verfolgen: die Vereinigung mit dem Partner in der Paarung, die Einverleibung der Nahrung als stärkste Gebärden der «Sympathie».

Auch die «Umgebungstracht», die Übernahme von Färbungs- und Musterungselementen dürfen wir wohl als Ausdruck einer «sympathischen» Einbindung des Tieres in seine Umgebung verstehen. Sie ist ja bezeichnenderweise häufig mit Ruhe und Bewegungslosigkeit verbunden bzw. erreicht ihre Vollendung dann, wenn sich das Tier reglos verhält, sich also nicht als eigenes beseeltes Wesen aus seiner unbeseelten Umgebung heraussondert: sympathisches Einssein mit der Umgebung äußert sich darin, daß in der Tracht nicht eigene Elemente in die Umgebung kundgegeben werden, sondern umgekehrt Umgebungselemente optisch auf die Eigengestalt übergreifen und sie damit in die Umgebung hinein auflösen.

Wenn sich das Tier bewegt, sein Eigenwesen zur Geltung bringt, dann sondert es sich ganz natürlich optisch, stimmlich und gestaltlich aus der Umgebung heraus, dann wird das Eigensein «antipathisch» betont. Antipathische Einstimmung bedeutet Individuation, Betonung des Eigen- und des Andersseins, bedeutet Emanzipation. Auffallende Färbung und Zeichnung, «Warn»- statt «Tarn»-Färbung lenken von weitem den Blick auf ihren Träger, der sich meistens auch noch durch auffallende Bewegungen bemerkbar macht. So sympathisch uns die Wüstensteinschmätzer sind, so «antipathisch» ist diese Gebärde gegenüber ihrer Umwelt.

Daß antipathische Trachtelemente in der Wüste besonders häufig sind, braucht im Grund nicht zu erstaunen: in der Wüste zu leben, heißt doch eigentlich nicht durch, sondern gegen die Wüste, trotz der Wüste zu überleben, gegen sie anzuleben und sich in ihr zu behaupten, trotz ihrer Lebensfeindlichkeit und mit Hilfe besonderer Überlebensstrategien.

Tafel 15

Oben: Das nördlichste Vorkommen der tropisch-afrikanischen Dum-Palme *Hyphaene thebaica* bei Elat im Wadi Arava. Im Hintergrund die Granitfelsen der östlichen (jordanischen) Grabenwand.

Unten: Wüstenvegetation in der südlichen Arava bei Timna: eine Mischung aus zentralasiatischen und saharischen Elementen. Zu den ersteren gehören die großen, dunkleren Büsche des Saksaul *Haloxylon persicum*. Letztere sind vertreten durch die rundlichen, dichtverfilzten Büsche von *Zilla spinosa*, durch das harte, stachelige Gras *Stipagrostis sp.* und die am Boden herumliegenden hartschaligen kleinen Kürbisse der Koloquinte *Citrullus colocynthis*.

Aufnahmen A. Suchantke.

So läßt sich die schwarze Färbung wohl als Ausdruck eines starken Selbstbehauptungsstrebens und als Betonung der Eigenständigkeit des Lebens in der Wüste verstehen, also als etwas, das in der Tierwelt natürlich allenthalben da ist, aber hier eine besondere Steigerung erfährt. Daß dem so ist, zeigt ein Blick auf die Verwandten der schwarzen oder schwarzweißen Wüstentiere, denen wir bisher begegneten. Die gedeckten, gedämpften Farben der Laufkäfer, die nicht die Wüste bewohnen, erwähnten wir bereits. Noch aufschlußreicher sind jedoch die Steinschmätzer. Unsere europäische Art *Oenanthe oenanthe,* bezeichnenderweise Grauer Steinschmätzer genannt, zieht im Frühjahr allenthalben durch Palästina, schien uns aber die Vollwüste zu meiden und sich gerne in der Nähe von Bäumen und Gebüsch aufzuhalten. Er ist am Boden wegen seiner gedeckten Färbung kaum zu entdecken, besonders die Weibchen entziehen sich völlig dem Blick, sie sind unscheinbar hellbraun. Im Flug jedoch verwandeln sie sich in höchst auffällige Wesen. Wenn sie ihre schwarzweißen Schwanzfächer öffnen, dann ist es oftmals das einzige, was man von ihnen von weitem zu sehen bekommt, so daß man meint, Schmetterlinge eilig dahinfliegen zu sehen. Beim Übergang zur Wüste greift also bei den Steinschmätzern das «antipathische», das Tier aus seiner Umgebung sondernde Trachtelement auf den gesamten Körper über und bringt die «sympathische» Trachtkomponente zum Verschwinden.*

Auch noch ganz andere Wüstenbewohner neigen zur Schwarzweiß-Tracht und beweisen damit, daß es sich hier um ein übergeordnetes Trachtmotiv handelt. Die Wüstenform der Oryx-Antilope *Oryx leucoryx* ist im Unterschied zu den norma-

* Warum nicht umgekehrt? Ist die «sympathische» Färbung wirklich die ursprüngliche, die totale Schwarzweiß-Tracht der Wüstenarten, die spätere, die abgeleitete Form? Wahrscheinlich ist es so, da nicht nur die Weibchen des Grauen Steinschmätzers, sondern auch die Jungvögel zu ganz schlichter Umgebungstracht neigen. Letzteres gilt auch für die schwarzen Wüstenformen, die bräunlich-sandfarbene Jugendkleider besitzen. Manche, wie der Nonnensteinschmätzer *Oenanthe pleschanka* oder die nordafrikanischen Rassen des Schwarzrückensteinschmätzers, *Oenanthe lugens lugens,* besitzen sand- bzw. jugendfarbene Weibchen, andere, wie etwa der Saharasteinschmätzer, sind in beiden Geschlechtern schwarzweiß, sicherlich der fortgeschrittenere Zustand.

Tafel 16
Oben: Einer der freundlichen Beduinen, die uns in der Nacht des Sandsturmes im Sinai aufnahmen.
Darunter ein Wadi im südlichen Sinai, in dem kurze, ergiebige Regenfälle einen ephemeren Pflanzenteppich hervorgezaubert haben, der fast ausschließlich von dem Korbblütler *Pulicaria desertorum* gebildet wird. In Kürze schon werden die Samen reif, die Pflanzen vertrocknet, vom Sand zerrieben und vom Wind fortgeblasen sein – die nackte Wüste wird dann niemand auf den Gedanken bringen, daß hier pflanzliches Leben jemals möglich sei. Die Samen allerdings warten im Boden auf den nächsten Regen, der vielleicht erst nach Jahren fällt. Aufnahmen A. Suchantke.

Abb. 61: Weiße Oryx.

len Rassen der gleichen Art rein weiß – bis auf die markante schwarzweiße Gesichtsmaske, die durch lange, schwarze Hornspieße noch akzentuiert wird, die schwarze Schwanzquaste und die schwarzen Läufe. Es ist höchst bemerkenswert, daß sich auch der Nubische Steinbock, dem wir in den Felsen um die Quellen von En Avdat und bei En Gedi noch begegnen werden, vom Alpensteinbock (beide sind lediglich geographische Rassen ein und derselben Art) nicht nur durch seine hellere sandbraune Fellfärbung, sondern auch durch auffällige schwarzweiße «Strümpfe» unterscheidet (Tafel 25): das dunkle Pigment, das in einheitlicher Verteilung, sozusagen «verdünnt» die braune oder graue Färbung bewirkt, konzentriert und verdichtet sich an bestimmten Stellen zu schwarz, andere Partien farbfrei und damit weiß lassend – die Trennung in polare Komponenten, gleichsam in «Sympathie» und «Antipathie».

Und das Schwarz der Beduinen? Führen nicht gerade sie in besonders extremer Weise ein Leben, in dem sie sich in ständigem Kampf gegen die Todeskräfte ihrer Umgebung behaupten müssen, ihre Existenz der Wüste abtrotzend? Ist nicht in ihrem kämpferischen, aggressiven Lebensstil das antipathische Element maßgebend

Abb. 62: Beduinentracht: Weiß gekleidete Männer, schwarz verhüllte Frauen.

– bis hinein in die Auswirkungen, die ihre Weidewirtschaft auf die umgebende Natur ausübt. Schließlich gab es in Palästina ständig die Gegensätze zwischen den Zeiten des Friedens, der Ordnung, in denen sich eine reiche Landwirtschaft entfalten und die Bauern den Boden bebauen konnten, und den Zeiten der Unruhe, der Verelendung und des Chaos, die es den Beduinen ermöglichten, weit in das Kulturland einzudringen und es in Steppe und Wüste zu verwandeln. Allerdings muß man mit solchen Schematisierungen im Bereich menschlicher Kulturen doch vorsichtig sein, wo die Dinge meistens nicht so einfach zu sein pflegen. Aber ist es nicht doch auffallend, daß die Zelte der Beduinen, in denen sie sich von der Umgebung abschirmen, schwarz sind? Und daß die Frauen, die abgeschieden leben und die der Gast niemals zu sehen bekommt, die den Blick abwenden und beim Vorübergehen vor dem Fremden noch zusätzlich das schwarz verschleierte Gesicht verhüllen, schwarz gekleidet sind, während die Männer, die frei in der Wüste schweifen, die einladend, gesprächig und von kultiviertester Gastlichkeit sind, in weißen Turbanen und Burnussen auf weißen Reitkamelen daherkommen? Das Tier der Frau ist die schwarze Ziege!

Wir gehen von den Sanddünen wieder zurück zur Hauptstraße, die von Be'er Sheva nach Sede Boqer führt und in den Kibbuz Mashabe Sade. Es ist nach Feierabend, Familien gehen spazieren, junge Ehepaare sind mit Kindern unterwegs. Auf unsere Frage, ob wir hier irgendwo zelten dürfen, erhalten wir recht unfreundliche Absagen. Dann nicht – dann sehen wir uns mal das breite Bett des nahegelegenen Wadi an, das von Dünen und Wiesen eingerahmt wird. Auf einer von ihnen, überragt von hohen Tamariskenbäumen, finden wir ein ideales Plätzchen. Beim abendlichen Rundgang um die Tamarisken, die ausgedehnte Obstkulturen schützend umrahmen, scheuchen wir Störche und Nachtreiher hoch, die sich die dichten Bäume als Schlafplätze ausgesucht haben. Am nächsten Morgen gibt es viel zu entdecken. Auf den Wiesen blüht ein winziger Asphodelus *(Asphodelus viscidulus)*, knapp fünfzehn Zentimeter hoch, mit winzigen zartviolett überhauchten weißen Blütenglöckchen, deren Schönheit man mit der Lupe bewundern muß. Ebenso zwergenhaft ist ein kleiner Mohn, dessen Blüten zu bläulichem Lila verdunkelt sind *(Roemeria hybrida)*, wieder einer aus der Reihe der Dunkelblütigen!

Als wir in das breite Wadibett hinuntersteigen, läuft uns, es ist noch sehr früh am Morgen, eine Streifenhyäne über den Weg. Gemächlich trollt das sandbraune, dunkel getigerte Raubtier mit hohen Schultern und hängendem Kopf vorbei und verschwindet in einer dichten Gebüschgruppe aus Tamarisken, die über und über weiß und dunkelrosa blüht. Alle Nachsuche bleibt vergebens, wir finden das Versteck nicht, die Höhle, in der das nächtliche Tier den Tag verbringt.

Wir hatten großes Glück, denn normalerweise bekommt man diese scheuen, nächtlichen Tiere kaum zu sehen – es sei denn an bestimmten Plätzen, an denen sie angefüttert werden, bei Sede Boqer etwa oder bei En Gedi, wohin Besucher und Touristen nachts geführt werden, um im Licht von Scheinwerfern Hyänen, Schakale, Sandfüchse und Wölfe beobachten zu können. Die normalerweise und andernorts so scheuen Tiere haben sich an diese nächtlichen Inszenierungen längst gewöhnt und lassen sich von den Bussen und den Hundertschaften von Touristen nicht im mindesten stören.

An unserem nächsten Zeltplatz, im Nahal Zin, hatten wir dann schon wieder ein Abenteuer mit einer Hyäne – vielleicht war es auch bloß ein Schakal, möglicherweise auch ein Wolf: wir erwachten, weil vor unserem Zelt herumgezerrt wurde, scharrende und knurrende Laute zu hören waren. Lauter Protest von unserer Seite hatte die sofortige und erschreckte Flucht des Störenfriedes zur Folge, der sich dann der anschließenden Nachsuche mit der Taschenlampe leider entzog.

Keines der großen Raubtiere, die in Israel vorkommen, wird dem Menschen gefährlich. Wir zelteten in allen Landesteilen in der Wildnis, immer weitab von Siedlungen, und uns passierte nie etwas, auch wenn es sich manchmal recht dramatisch anhörte, wie in der Nacht am Karmelberg, als wir von Schakalen nur so umheult wurden. Es ist auch kein Fall von Angriffen auf Menschen bekannt geworden, weder von Hyänen oder Wölfen noch von Leoparden. Bei letzteren ist eine gewisse

Abb. 63: Streifenhyäne.

Vorsicht allerdings wohl doch am Platze, vor allem, wenn Junge in der Nähe sind – wovon man natürlich, wenn man arglos ein Wüstenwadi durchwandert, nichts ahnt. Am Eingang zum Felsental des Nahal Arugot bei En Gedi, dem Zentrum des Leopardengebietes, steht ein Schild, wie man sich bei Begegnungen mit Leoparden verhalten soll: Keep cool!

Die Streifenhyäne, um noch ein wenig bei ihr zu verweilen, hat völlig andere Gewohnheiten als ihre kräftigere und aggressivere Verwandte im tropischen Afrika, die Tüpfelhyäne. Streifenhyänen sind Einzelgänger, die nur während der Jungenaufzucht paarweise leben, während die Tüpfelhyäne sich nächtlich zu Jagdgemeinschaften zusammenrottet, Gnus und Zebras reißt und sogar Löwen vom Riß vertreibt, in Einzelfällen sogar tötet (Kruuk).

Es ist erstaunlich, wie wenig über diese großen und weit verbreiteten Raubtiere bekannt ist – die Streifenhyäne kommt von der Türkei bis nach Indien und in ganz Afrika vor, der Leopard ist ebenfalls noch in der Türkei zu finden und reicht nach Osten bis zur Mandschurei, nach Süden bis Ceylon und bewohnt gleichfalls ganz Afrika. Den Zoologen der israelischen Naturschutzorganisation ist es zu danken, wenn jetzt zum erstenmal die Lebensgewohnheiten dieser Tiere erforscht werden – unabdingbare Voraussetzung zu ihrem Schutz.

Giora Ilani, dem viele Einzelbeobachtungen an Hyänen gelangen, beschreibt, was er in einer Hyänenhöhle erlebte: «Der Eingang zum Bau war auf einer Felsklippe etwa vier Meter über einem trockenen Wadibett und über ein schmales Felsband erreichbar. Die Öffnung hatte einen Durchmesser von etwa vierzig Zentimeter, und wir mußten ungefähr vier Meter auf dem Bauch kriechen, bevor sich der Gang weitete und wir uns in einer geräumigen Kammer von 1,40 m Höhe befanden. Von der Höhlenwand aus führten fünf Öffnungen zu kleineren Nebenräumen. In der Mitte des großen Raumes befand sich ein Haufen zerbrochener Knochen und Tierschädel. Wir untersuchten einiges davon mit der Taschenlampe und fanden unter anderem Hunderte von Hundeschädeln, Hunderte von Schädeln und Skelettfragmenten von Haustieren, von Eseln, Kamelen, Ziegen und Schafen, ebenso wie zwei menschliche Schädel, die offensichtlich auf einem Beduinenfriedhof in der Nähe ausgegraben worden waren. Dazu kamen mehrere Gazellen- und etwa zehn Steinbockschädel, Knochen von Füchsen und Dachsen, Igelhäute und Stacheln von Stachelschweinen... Unter großen Schwierigkeiten gelang es uns, in einige der angrenzenden kleinen Kammern zu kriechen, wo wir, zu unserer Überraschung, zusätzliche kleinere Knochenanhäufungen fanden. Wir wunderten uns über die Sitte, Futter in abgelegene Ecken des Baues zu schleppen, und erst zwei Jahre später, als ich die Freßgewohnheiten etwas älterer Hyänenjungtiere beobachten konnte, gelang mir eine vernünftige Erklärung: Von den älteren Tieren herangeschlepptes Futter wird nicht gemeinsam gefressen, sondern jedes Jungtier ergreift ein Stück Fleisch und versucht nun, es so entfernt wie möglich von seinen übrigen Geschwistern zu vertilgen. Dadurch entstehen gesonderte Knochenhaufen an den verschiedensten Stellen. Andere Höhlen, die ich untersuchte, waren im großen und ganzen ähnlich in den Maßen, in ihrer Anlage und im Inhalt.» Die wenigsten der vorgefundenen Beutestücke dürften von den Hyänen im lebendigen Zustand erjagt worden sein: «Sie greifen keine größeren Tiere in gesundem Zustande an, aber sind sehr geschickt, wenn es darum geht, sich bei schwachen, kranken, verwundeten Tieren ihren Vorteil zu verschaffen, oder bei Jungen, die von ihren Müttern ungenügend beschützt werden.» Im übrigen «schätzen Hyänen alle Arten von Früchten, Datteln, Trauben, Pflaumen, Pfirsiche und besonders Melonen und Wassermelonen» (Ilani 1975).

Nachdem wir noch das morgendliche Schauspiel des Storchenaufbruches beobachtet haben – eine Wolke durcheinander kreisender Vögel taucht über den Tamarisken auf, steigt höher, ordnet sich zum Zylinder, der in spiraliger Drehung nach oben schwebt und dabei über uns hinweg nach Norden treibt, fahren wir weiter auf der Straße nach Sede Boqer. Es geht über weite Kreidekalkplateaus, links und rechts dehnt sich die Wüste aus, von Vegetation ist nichts mehr zu erkennen. Sie ist aber doch noch da, wenn auch nicht als geschlossene Decke oder in Form von Horsten oder Gruppen, sondern als Einzelpflanzen, niedrig, wenig über dem Boden erhoben, graugrün, von weitem nicht sichtbar. An einer Stelle steigt die Straße steil zu einer Hochfläche empor, sie ist zwischen die Hänge eingeschnitten und durchquert ein enges, sanft geschwungenes Wadi, dessen Bett von weiß überschneitem Retamginster gesäumt wird. Kalkschichten der Talhänge liegen ungestört von jeglicher Faltung in vollkommener Ebenheit übereinander, und auf dem Weg hinab kommen wir an ein paar zerschossenen Panzern vorbei, die von einem Pärchen Schwarzrücken-

Abb. 64: Eine winzige, weißblühende Wüstenskabiose mit übergroßen pergamentenen Fruchtschusseln: *Scabiosa porphyroneura.*

steinschmätzer *Oenanthe lugens* als Singwarte und Ausguck benutzt werden (das war 1981; inzwischen sind die Kriegstrümmer weggeschafft worden). Im krüppeligen Gebüsch einer Senke zetert eine Wüstenprinie *Scotocerca inquieta,* eine winzige fahlgraue Grasmücke, die nach Zaunkönigmanier durchs Dickicht schlüpft, einer huschenden Maus nicht unähnlich, und ganz nach Zaunkönigsart den Schwanz nach oben stelzt, einen langen, deutlich gestuften Schwanz allerdings.
Entlang des Wadis, das noch Wasser führt, haben sich saftig-grüne kleine Wieseninseln gebildet, aus denen die übermannshohen Dolden des Riesenfenchels *Ferula sp.* herausleuchten, eingebettet in einen weißen Teppich von *Anthemis*-Kamillen, mit hell-lila Einsprengseln, die von unserer heimischen wilden Malve *Malva silvestris* stammen.
Wenige Meter darüber herrscht trockener, sonnendurchglühter Fels, und die Pflanzen finden nur noch in Ritzen und Spalten kärglichen Lebensraum. Ganz andere Pflanzen sind es jetzt – z. B. eine reizende, winzige gelblichweiß blühende Skabiose, deren Fruchtstände zu überdimensional großen Köpfen anwachsen, aus lauter gläsernen Schüsselchen bestehend, die von feinen purpurfarbenen Streben durchzogen

werden: *Scabiosa porphyroneura.* Die Schüsseln sind die nach dem Verblühen und während der Fruchtreife vergrößerten Kelche der Einzelblüten, als Fallschirme und Windsegel für die darunterhängenden Samen dienend, ähnlich wie bei unserem Löwenzahn, bei dem die Streben allerdings unverwachsen als kleine Sternchen nach allen Seiten ausstrahlen.

Daneben stehen fleischige Sprosse, die auf den ersten Blick wie stachellose Kakteen aussehen, vierkantige, dick aufgetriebene Sprosse ohne Blätter. Es ist auch wirklich eine Parallelentwicklung zu den Kakteen, die hier von *Caralluma negevensis* vorgeführt wird, einer echten afrikanischen Wüstenpflanze. Da sie nicht blüht, ist ein Unterschied zu den Kakteen überhaupt nicht auszumachen. Die Blüten sind sonst, wie wir schon an früherer Stelle erwähnten, höchst befremdliche, schmutzig-bräunliche Bildungen, die wie verwesendes Fleisch aussehen (und auch so riechen) und folgerichtig von Aasfliegen bestäubt werden (Tafel 11).

Auf der Höhe angekommen, wird das Wüstenplateau immer eintöniger und einschläfernder. Nichts unterbricht die Monotonie, und das Auge klammert sich an die niedrigen Höhenzüge in der Ferne als einzigen Punkt, der etwas Abwechslung verspricht. Es geht vorbei am Kibbuz und an einer Ansammlung niedriger Bauten der Wüstenuniversität von Sede Boqer, angeregt von Ben Gurion, der hier seinen Lebensabend verbrachte und der in der landwirtschaftlichen Urbarmachung der Negevwüste die Zukunft Israels sah.

Wir ahnen nicht, daß ganz in der Nähe und fast schon in Griffweite eines der grandiosesten Landschaftserlebnisse der ganzen Reise auf uns wartet. Wir können es nicht ahnen, denn nichts deutet darauf hin: das öde Plateau erstreckt sich scheinbar endlos bis zu den Hügelketten des Horizontes, die auch alles andere als aufregend wirken. Wir können es aus dem einfachen Grunde nicht bemerken, weil es keine Landschaftsform der Ebene und erst recht nicht der Höhe ist, sondern eine der Tiefe – ein negatives Gebirge sozusagen.

Ein paar Meter noch und wir stehen staunend vor einer unglaublichen Szenerie. Ein unendlich weites Tal, das Nahal Zin, bettet sich zwischen eine abwechslungsreiche Kulisse von Felsabstürzen, Mauern und Erkern, von denen breite Schuttkegel aus Mergeln und Sanden zum Talboden herabfächern. Es ist morgens, wir blicken nach Südosten und Süden, gegen die Sonne also, und im Gegenlicht erscheinen die Felsen, die ganze Landschaft, in bläulicher Transparenz und werden in der Entfernung immer zarter und unwirklicher. Keine harten Schatten und Konturen, wie sie die Spätnachmittagssonne werfen wird, alles ist weich, durchscheinend, wie in Aquarell gemalt. Die Weite der Landschaft überträgt sich auf die Seele, man möchte die Arme ausbreiten und sich der sonnenbestrahlten Luft anvertrauen, sich hinübertragen lassen zu den blauen Klippen am jenseitigen «Ufer», so wie es die großen Gänsegeier

Abb. 65: Im Wadibett des Nahal Zin, dessen von der Avdatquelle gespeister Wasserlauf von blühenden Tamarisken gesäumt wird. Vorne brechen die fast halbmeterhohen gelben Blütenkerzen der blattlosen Schmarotzerpflanze *Cistanche tubulosa* aus dem Boden. Daneben sonnt sich ein Hardun *Agama stellio.*

vorführen, die majestätisch und ohne Flügelschlag wie Segelflugzeuge über und unter uns hingleiten.

Dann beginnt sich das Auge mit den Einzelheiten zu beschäftigen. Wiederum stören keine Faltungen oder Verwerfungen die ebenmäßig waagerechte Lage der Gesteinsschichten, die sich ohne Unterbrechungen über viele Kilometer verfolgen lassen, von einem Vorsprung zum anderen, tief ins nächste Tal hinein und auf den jenseitigen Hang wieder zurück. Das bringt durchgehende Beständigkeit in das bewegte Landschaftsbild, in dem sich nicht Dramatik, sondern eine unendliche Ruhe und Harmonie ausprägen. Junges Gestein ist es, obere Kreide und frühes Tertiär, hellsandgelb, von grünlichen tonigen Schichten durchzogen und schneeweißen Bänken aus Schreibkreide. Unten schlängelt sich das Wadibett, von Galeriewäldchen aus dunklem Tamariskengebüsch eingerahmt; ein Wadi zweiter Ordnung zieht steil hinab und mündet in das Hauptbett, es ist dicht und lückenlos von bambusartigem Riesenschilf *Arundo donax* zugewachsen.

Um uns herum ziehen hellsandgraue Wüstenschwalben *Ptyonoprogne obsoleta* ihre Schleifen, und ihre schnurrenden Rufe, ihr ganzes Benehmen, die hellen Partien in ihren Schwanzfedern erinnern ungemein an die Felsenschwalben der Alpen *(Ptyonoprogne rupestris)*, beide bauen die gleichen Nester, waghalsig unter Felsvorsprünge geklebt.

Als wir die steilen Kurven der Piste hinunterfahren, purren aufgeregt keckernde Chukarhühner *Alectoris chukar*, neben uns los, nahe Verwandte der Steinhühner *Alectoris graeca* der Alpen, allerdings längst nicht so versteckt und scheu, sondern allenthalben anzutreffen, immer aufgeregt und mit Riesenspektakel die Aufmerksamkeit auf sich lenkend, wenn sie lärmend abfliegen, mit lautem Flügelgeschwirr, gradlinig wie Geschosse unter heftigem Flügelschwirren, unterbrochen von Phasen des Gleitens auf starr ausgebreiteten Fittichen. Hübsch sind sie, mit der Schwarzweißmusterung des Gesichts, dem roten Schnabel, dem schiefergrauen, leicht mit Weinrot überhauchten Rücken und der sehr aparten Hell-Dunkel-Wellenstreifung des Bauches und der Flanken (Tafel 10).

Unten angelangt, begegnen wir dann im Blockgewirr am Wadiufer einer verkleinerten Wüstenausgabe des Chukarhuhnes, dem Wüstenhuhn *Ammoperdix heyi* – der Rücken ist nicht schiefergrau, sondern sandbraun mit leicht rötlicher Tingierung, das Schwarzweiß des Kopfes ist gemildert zu Graubraun, das von einem auffallenden weißen Fleck zwischen Auge und Schnabel geschmückt wird. Die Flankenbänderung ist aufgehellt und reicht von Dunkelbraun bis zu zartem, dezentem Weinrot. Im Blockgewirr der gleichfarbigen, von Rissen, Bändern und Schattenlinien durchzogenen Steine wären diese hübschen Vögel überhaupt nicht zu entdecken, benähmen sie sich nicht ebenso aufgeregt wie die Chukarhühner. Es ist immer das gleiche: Irgendwo kugeln zwei braune Steine hastig bergab oder, höchst merkwürdig, bergauf, und verschwinden unter heftigem Gackern in einer Senke, hinter einem Felsblock. Wenige Sekunden später taucht dann mit Sicherheit einer der beiden – stets der Hahn – vorsichtig und lautlos auf einem Felsvorsprung oder einem großen Stein auf und rekognosziert die Lage.

Der dichte Buschwald am Rande des Wadis besteht nicht nur aus Tamarisken

Abb. 66: Das Arabische Wüstenhuhn *Ammoperdix heyi* ist trotz seiner Umgebungstracht leicht zu entdecken – man muß nur auf Steine achten, die überraschenderweise bergauf rollen.

verschiedener Arten mit weißen, zart- und dunkelrosa Blüten, sondern auch aus weiß beschneitem Retamginster und aus Blasensträuchern *Colutea istria*, deren dick aufgeblasene Schoten rot aufleuchten, wenn die Sonne hindurchfällt. Bülbüls kommentieren unsere Anwesenheit, und ein großer Trupp Beutelmeisen *Remiz pendulinus*, vierzig bis fünfzig Vögel mögen es sein, rasten in den Tamarisken auf dem Durchzug. Diese Vögel, Auen- und Sumpfwaldbewohner, finden hier mitten in der Wüste ein Biotop, das auf sie zugeschnitten, aber wohl allzu klein und eng begrenzt zum Brüten ist.

Goldgelbe, halbmeterhohe Blütenkerzen von zepterartigem Aussehen brechen aus dem Sandboden hervor, ohne Blätter, ohne jedes Grün. Die ganze Pflanze ist nur Blüte, strahlende, weithin leuchtende goldene Fülle – auf alles andere verzichtet sie, sie braucht es nicht, da sie auf den unterirdischen Organen anderer Gewächse schmarotzt *(Cistanche tubulosa)*.
Über uns gleiten die gewaltigen Silhouetten der Gänsegeier dahin, Schmutzgeier gesellen sich dazu, sie sehen alles andere als schmutzig aus im strahlenden Weiß ihres Gefieders, zu dem die schwarzen Schwungfedern auffällig kontrastieren. Sieht man nicht genau hin, könnte man sie für Störche halten. Ihren Namen haben sie von ihren Ernährungsgewohnheiten – am Aas sind diese kleinsten Geier mit den schwachen hühnerartigen Schnäbeln stets die letzten, die mit dem vorlieb nehmen müssen, was übrigbleibt – dem Darminhalt, den Exkrementen.
Die Sonne beginnt sich zu senken, das Licht wird wärmer und beginnt, die Felshänge zu vergolden. Die Schatten treten hervor, die vorher flächigen und so zarten, scheinbar transparenten Konturen bekommen harte räumliche Strukturen.
Jetzt zeigen sich Burgen und Schlösser, der Kopf einer riesenhaften Sphinx blickt auf uns herunter, bizarre Gestalten modellieren sich aus Licht und Schatten. Die Landschaft scheint lebendig zu werden und sich in vielfältige Einzelformen aufzulösen. Das nimmt immer mehr zu, je tiefer die Sonne steht, in der sich das Licht abdämpft

Abb. 67: Die heimliche Wasserralle im Binsendickicht an der Avdat-Quelle.

Abb. 68: Nubische Steingeiß mit Kitz.

und dabei die Farben vertieft, die über Orange ins Rotviolett und schließlich in kaltes Blau hinübergleiten. Ein leuchtender Himmel wölbt sich über dem schwarzblauen Land, immer noch durchstrahlt von der Sonne, die für uns längst untergegangen ist, zartgoldenes Purpurlicht erglüht, das allmählich verblaßt und den ersten Sternen Platz macht. Kalte Fallwinde wehen von den Klippen herunter und treiben uns in die Zelte.

Am anderen Morgen wandern wir das Wadi talaufwärts, dorthin, wo die Felswände immer enger zusammentreten und der Bach schließlich eine enge und hohe Klamm durchbricht (Tafel 9); die Vegetation wird üppiger, grüner, wir kommen an saftig strotzenden Euphratpappeln *Populus euphratica* vorbei, an Weidengebüsch. Im obersten Teil ist ein weites, flaches Becken aus dem Stein gehauen und faßt das Quellwasser von En Avdat in einem künstlichen Teich. Unterhalb hat sich ein kleiner Sumpf gebildet mit Binsen und Weiden, und da stelzt doch wahrhaftig eine Wasserralle *Rallus aquaticus* herum, auf roten Beinen mit langen Zehen, hochgestelltem, nervös zuckendem Schwanz – ein echter Sumpfvogel, bei uns in Riedwiesen und Schilfdickichten heimisch und so versteckt, daß man ihn nur durch Zufall einmal zu sehen bekommt – ein Bewohner wahrlich der «Gegenlandschaft» zur Wüste, ebenso wie die Beutelmeise des Vortages oder wie die beiden scheuen Waldwasserläufer *Tringa ochropus,* die wir hier aufjagen, mit hellem Rumpf und dunklem, im Flug fast schwarz wirkenden Flügeln – sie stehen dann etwas bachab im Geröll und wippen mit den Schwänzen: Bewohner versteckter Waldsümpfe und Brüche der russischen und der sibirischen Taiga.

Höchst überraschende Begegnungen sind das, so mitten in der Wüste, in einer Enklave ihres eigenen Lebensraumes, kaum größer als ein Tischtuch, verborgen und versteckt zwischen Felswänden. Wie mögen die Vögel diese Plätze gefunden haben? Jedenfalls sind es deutliche Hinweise auf den Breitfrontzug dieser Vögel: sie ziehen, ihrer angeborenen Richtung folgend, über das Land hinweg, völlig ungeachtet seiner ökologischen Gegebenheiten; lediglich zur Rast, die ja stets mit Nahrungsaufnahme verbunden ist, müssen sie dann Landschaften finden, die ihrer Lebensweise entsprechen – die Fähigkeiten, die sie dabei entwickeln, sind, wie unser Beispiel zeigt, erstaunlich.

Hoch in den Felsen, auf schmalen Simsen und Bändern, zieht eine Herde Steinböcke hinüber zur Quelle. Böcke sind allerdings keine dabei, es sind Geißen mit ganz jungen Kitzen, vor kurzem geboren, die noch ungeschickt und ängstlich sind. Setzt die alte mit leichtem Schwung über eine Unterbrechung des Felsbandes hinweg, so zögert das Kleine ängstlich und traut sich nicht hinüber. Die Mutter macht kehrt und wartet auf das Kind, das mutlos vor der Spalte steht. Mit einem Satz ist die Mutter bei ihm, wendet, springt wieder voraus, und abermals zögert das Kitz voller Angst vor dem Wagnis. Erst als die Geiß ein zweites Mal zurückkehrt und wiederum vorausspringt, wagt es auch das Kitz, aber erst nachdem es ein paar Schritte im Rückwärtsgang Abstand und darauf tüchtig Anlauf genommen hat. Schwanzwedelnd springt es zur Mutter und trinkt: Beruhigungstrinken – wie ein kleines Kind, das sich nach überstandener Gefahr auf den Arm der Mutter flüchtet!

An einer anderen Stelle, weit oben in den Felsen, befindet sich eine Wochenstube auf einem sanft abfallenden Plateau, nach allen Seiten umrahmt von senkrechten Felsabstürzen. Hier halten sich zwei Steingeißen mit vier Kitzen auf, beide haben also Zwillinge. Die Kleinen tollen herum, machen ihre Bocksprünge gegeneinander, Stirn gegen Stirn, überkugeln sich dabei und rennen gleich wieder hintereinander her, geduldig von ihren Müttern beaufsichtigt. Ausbrechen oder sich im Gefels versteigen können die Kleinen, die erst wenige Tage alt zu sein scheinen und noch höchst tolpatschig in ihren Bewegungen sind, nicht: sie trauen sich noch gar nicht bis an den Rand ihrer kleinen Welt.

Leider müssen wir auch dieses Paradies wieder verlassen, und wie so oft nimmt man sich die Rückkehr fest vor – die dann tatsächlich noch dreimal möglich wird.

Die Hügel, die sich über das Plateau erheben und von weitem so sanft aussahen, geben sich beim Näherkommen als ziemlich steile Abbruch- und Abwitterungskanten zu erkennen, von Wadis zerklüftet und mit vorgelagerten Zeugenbergen. Auf einem von ihnen liegt, weit in die Ebene das Hügelland überblickend, die nabatäische Ruinenstadt Avdat. Von der Höhe ihrer weitläufigen Anlage aus hat man einen freien Blick auf die unendlich gleichförmige Landschaft der Geröllwüste. Um so

Abb. 69: Sturzbachverbauung durch Terrassierung in einem Wadi des Negev.

mehr wird das Auge angezogen von einem kleinen Hügel in der Nachbarschaft, auf dem sich Gebäude unter Bäumen verstecken und Felder den Hang herunterziehen, von Obstbäumen in Reih und Glied bestanden. Grüne Bäume, Obstpflanzungen mitten in der Wüste? Soweit das Auge schweift, zeigt sich sonst kein einziger Baum, nicht das kleinste Gebüsch ist zu sehen – ist das denn eine Fata Morgana dort drüben?

Es ist die Farm von Michael Evenari, Botaniker und emeritierter Professor der Universität von Jerusalem, der es sich zur Aufgabe gemacht hat, die uralten und bis ins Mittelalter hinein gebräuchlichen Bewässerungssysteme, die erst mit dem Eindringen des Islam verfielen, wieder zum Leben zu erwecken. Mit diesen Bewässerungsanlagen hatten sich die Wüstenbauern seit uralten Zeiten die gewaltigen Wassermassen zunutze gemacht, die bei den sintflutartigen Regengüssen, wie sie vor allem während der kühlen Jahreszeit niedergehen, die Geröllhänge herunterrauschen und die vordem trockenen Wadis mit wilden Malströmen ausfüllen.

Daß man in der Wüste des Negev leichter ertrinken als verdursten kann, könnte als schlechter Witz verstanden werden, entspricht aber der Wahrheit. Plötzlich und unvermutet können sich Gewitterwolken zusammenziehen und kurz darauf schüttet es wie aus Kübeln. Da keine Pflanzendecke das Wasser zurückhält, fließt es die

Hänge herunter und füllt im Nu die Wadis, in denen das Wasser mit verheerender Gewalt zu Tale schießt: wo eben noch alles trocken war, kommt urplötzlich ein tosender Strom dahergebraust, und wer sich im Wadibett aufhält, ist verloren.
Fährt man bei glühender Sonnenhitze durch die Wüste und hat dabei die Erinnerung daran, daß es so etwas Köstliches wie Wasser gibt, längst vergessen, dann erscheint dies völlig undenkbar; die Besucher haben «ja keinen der wenigen Regentage in der Wüste erlebt. Wenn eine Sturzflut mit unbändiger Wucht die Wadis heruntertobt, die Straße überschwemmt und zerstört, und Fahrzeuge und Menschen, die ihr in den Weg kommen, unaufhaltsam mit sich fortreißt. Das muß man erlebt haben, um es zu glauben.» Man wird dann sehr vorsichtig «gegenüber solchen Wolkenbrüchen, die schon manchen Beduinen und Wüstenforscher ertrinken ließen» (Evenari 1982).
Statt nun das Wasser nutzlos (und zerstörend) einfach abfließen zu lassen, haben es die frühen Wüstenbauern – und in ihrer Nachfolge Michael Evenari – mit großem technischen Geschick in ummauerte Kanäle geleitet und auf Feldflächen geführt, die ebenfalls von (niedrigen) Mauern umfriedet und mit ausreichenden Schleusenöffnungen versehen waren; andere Systeme bestanden darin, breitere Wadibetten in Abständen durch niedrige Quermauern – ebenfalls mit Schleusen versehen – zu unterteilen; hinter den Mäuerchen staute sich das Wasser, und es lagerte sich fruchtbarer, von den Fluten mitgebrachter Lößlehm ab.
Das Beispiel von Evenari hat offenbar noch wenig Schule gemacht, die Wüste ist weithin immer noch – Wüste. Sie dient mehr und mehr anderen Interessen, wie wir mit Verdruß feststellten. Das israelische Militär scheint sie als ein natürliches Eigentum zu betrachten, immer wieder stehen große Tafeln mit furchteinflößenden Totenköpfen am Straßenrand, die verkünden, daß die nächsten zwanzig, dreißig, vierzig Kilometer militärisches Übungsgelände seien und deshalb jegliches Betreten verboten sei. Irgendwo donnert es immer, halb eingegrabene Panzer liegen herum, als hielten sie Sommerschlaf, und häßliche Haufen verbeulter und verrosteter Benzintonnen dienen offensichtlich als Artillerieziele. Das ließe sich ja noch ertragen – weit übler sind die Panzerspuren, die kreuz und quer verlaufen und eine schlimme

Tafel 17
Oben: Dschezirat fira'un, die «Pharaoneninsel», das «Coral Island» der Israelis, das allerdings nicht aus Korallenkalk, sondern aus verwittertem Sinai-Granit besteht. Die Festungsruinen stammen aus der Zeit Saladins des Großen. Die Vermutung, Kreuzritter seien auf dieser Insel im Golf von Elat gewesen, ist nicht belegt.
Mitte: Die nördlichste Mangrove der Welt bei Shora el-Manqata an der Küste des südlichen Sinai. Im Vordergrund die seichte Lagune, und in der Lücke zwischen den Büschen die weiße Brandungslinie am Korallenriff, hinter der die offene See beginnt.
Unten: Nur noch eine Mangrovenart, *Avicennia marina*, kommt an diesem nördlichsten Grenzposten vor. Typisch für diese Art sind die stöckchenförmigen Atemsprosse, die von den Wurzeln nach oben an die Luft geschickt werden. Der feuchte Schlickboden ist das Wohngebiet unzähliger Winkerkrabben (siehe S. 205 f.). Im Hintergrund ein im Riff festgeschrammtes Wrack, idealer Brutplatz eines Fischadlerpaares. Aufnahmen A. Suchantke.

Form der Landschaftszerstörung darstellen. Würde eine Wiese so zugerichtet, so sähe das auf den ersten Blick vielleicht weit schlimmer aus, aber die Pflanzendecke hätte die Wunden über kurz oder lang wieder verheilen lassen; in der Wüste, jedenfalls auf den weiten, ebenen Flächen, wo kein Wasserabfluß die Bodenfläche verändert, bleiben die Spuren Jahrzehnte, vielleicht Jahrhunderte erhalten.
Kurz vor Mizpe Ramon bemerken wir, daß die Wüste links und rechts der Straße rot gesprenkelt ist, es sind Tulpen, zu Hunderten, zu Tausenden. Ihre feuerroten Blütenschalen sind weit geöffnet, auf kurzen Stielen recken sie sich der Sonne entgegen. Beim Näherkommen zeigt sich, daß es keineswegs die Tulpen alleine sind, die hier blühen – es leuchtet in allen Schattierungen von rot und gelb.* Asiatische Hahnenfüße zeigen sich im gleichen Feuerrot wie die Tulpen, dazwischen stehen rosa und gelbe Sonnenröschen *(Helianthemum vesicarium* und *ventosum),* ein hübscher Reiherschnabel *Erodium hirtum* mit karminrosa Blütentrichtern, die wie bei Tulpe und Hahnenfuß von einem dunklen Zentrum markiert werden (Tafel 11). Überall, wo kleinere Felsbänke anstehen, wachsen aus den Ritzen die niedrigen, knapp fünfzig Zentimeter hohen, aber dickstämmigen und am Grunde derb verholzten Büsche des Jochblattes, *Zygophyllum dumosum.* Seine kleinen Blättchen sind etwas fleischig, und die hinfälligen weißen Blüten besitzen eine stielartig verschmälerte Basis. Es ist eine Charakterpflanze des Negev und Sinai, ähnlich wie ihre Verwandte *Fagonia mollis,* die etwas feuchtere Standorte schätzt und rosaviolette Blüten besitzt. Beide Pflanzen gehören zu einer Familie, die in Europa nur mit einem unscheinbaren Acker- und Feldbewohner, dem Bürzeldorn *Tribulus terrestris,* vertreten ist. In den Wüsten- und Steppengebieten Palästinas spielen die Zygophyllaceen, die Jochblattgewächse, trotz ihrer wenigen Arten eine recht bestimmende Rolle; es ist eine Pflanzenfamilie der nordafrikanischen und asiatischen Wüsten. Leitpflanze des Gebietes jedoch und Hinweis darauf, daß wir es hier mit starkem zentralasiatischen Einflüssen zu tun haben, ist ein unscheinbarer Zwergbusch mit stark verholzter, hin- und hergekrümmter Basis, der seine unscheinbaren Blüten

* Das war Ende März 1983. 1981, wie auch 1984 und 1987 war an der gleichen Stelle keine einzige Blüte zu sehen!

Tafel 18
Oben: Die Wüstenlandschaft an der Steilkante des Grabens und die Nordwestküste des Toten Meeres – nicht ganz so tot und öde, wie der Blick aus der Ferne vermuten läßt.
Unten links: Wellensäumen gleich begleitet eine kurzlebige, nur nach regenreichen Wintern anzutreffende Vegetation das Ufer des Toten Meeres. Sie findet sich dort, wo das Sickerwasser aus den Hängen der nahen Grabenwand unmittelbar vor seiner Einmündung ins Tote Meer ganz nah an die Oberfläche kommt.
Unten rechts: Das violett oder gelb blühende Löwenmäulchen *Linaria huelava* und die Totmeer-Kamille *Anthemis maris-mortui* als Vertreter der Ufersaum-Flora.
Aufnahmen A. Suchantke.

erst zu Beginn der nächsten Regenzeit entwickeln wird: der Wermut *Artemisia herba-alba,* eine echte irano-turanische Art, die sich aber auch über die Sahara weiter nach Westen ausgebreitet hat. Im Augenblick trägt sie nur das niedrige graugrüne Winterlaub, das bald abfallen wird, beginnt aber schon mit dem Austreiben der Blütenschosse, an denen sich die kleineren, weißfilzigen Sommerblättchen entwickeln werden (Abb. 12).

Der Gesteinsschutt, zwischen dem die Pflanzen wachsen, besteht aus Kalktrümmern und dunklen Feuersteinscherben, die an Ort und Stelle herausgewittert sind. Überraschend ist, wie stark die Steine mit Blatt- und Krustenflechten der verschiedensten Arten bedeckt sind, Flechten, die vom Nachttau leben, der hier, im zentralen Negev, eine recht häufige Erscheinung ist. Sie saugen sich während der Nacht voll und können dann nach Sonnenaufgang noch zwei bis drei Stunden assimilieren, bevor sie wieder austrocknen und alle Lebensprozesse ruhen. Im völlig ausgetrockneten Zustand macht ihnen auch die größte Hitze nichts aus, sie vertragen Erwärmungen bis auf 85° Celsius – und sie wachsen auch nur auf hellem Kalkstein, niemals auf den dunklen Flintstücken. Diese werden hingegen von Algen besiedelt, allerdings nur auf der Unterseite, und auch nur die relativ dünnen, also lichtdurchlässigen Scherben. Hier assimilieren die Algen zur gleichen Zeit, in der auch die Flechten aktiv sind, nützen aber den Umstand, daß unter den Steinen, durch die Tätigkeit der Bodenorganismen, eine um vieles höhere CO_2-Konzentration als darüber, auf der Oberseite der Steine, besteht. Evenari, der diese Erscheinung entdeckte, spricht vom «Algenmeer der Wüste», das dem Auge normalerweise verborgen als «hypolithisches (d. i. unter den Steinen befindliches) Ökosystem», und das nur in seltenen Fällen einmal zutage tritt: «Wenige Tage nach der ersten Sturzflut, die wir in Avdat erlebten, sah ich den Lößboden auf weiten Strecken der Flutebene wie mit einem zarten grünen Schleier bedeckt, der einige Tage später nicht mehr sichtbar war. Der ‹grüne Schleier› bestand aus Grünalgen, Blaualgen, untermischt mit Pilzen und Bakterien» (Evenari 1982).

Mizpe Ramon, junge Gründung in der Wüste, kommt uns wie der letzte verlorene Außenposten in der Wüste vor, aus dem Boden gestampfte Siedlungen, rührende kleine Parkanlagen, die verzweifelt und augenscheinlich hoffnungslos gegen die Dürre ankämpfen. Ein Supermarkt, an dem wir in waschechtem Berlinerisch bedient werden. Wir begegnen einer yemenitischen Kindergruppe, lauter kleine dunkle Zwergengesichter unter dicken Pudelmützen, betreut von einer bezaubernden orientalischen Märchenprinzessin.

Kommt man vom Norden, dann ist Mizpe Ramon zum Fluchtergreifen. Aber man muß nur ein Stückchen weiterfahren auf der Straße nach Süden, ein paar hundert Meter über die Kreuzung hinaus, die ins Zentrum des Städtchens führt, um abermals vor einer der grandiosesten Szenerien zu stehen, hoch über einer weiten, unendlich vielfältigen Wüstenlandschaft; wiederum ein «Erosionskrater» wie der Nahal Zin, also im gewissen Sinne ein gigantisches Riesenwadi, aber völlig anders diesmal: viel höher ist der Steilabsturz, an dem wir stehen, viel weiter schweift der Blick, hinüber zur jenseitigen Talseite, deren Hänge niedriger sind als unser Standort und die deshalb noch eine viel weitere Sicht bis in fernste Fernen erlaubt. Die

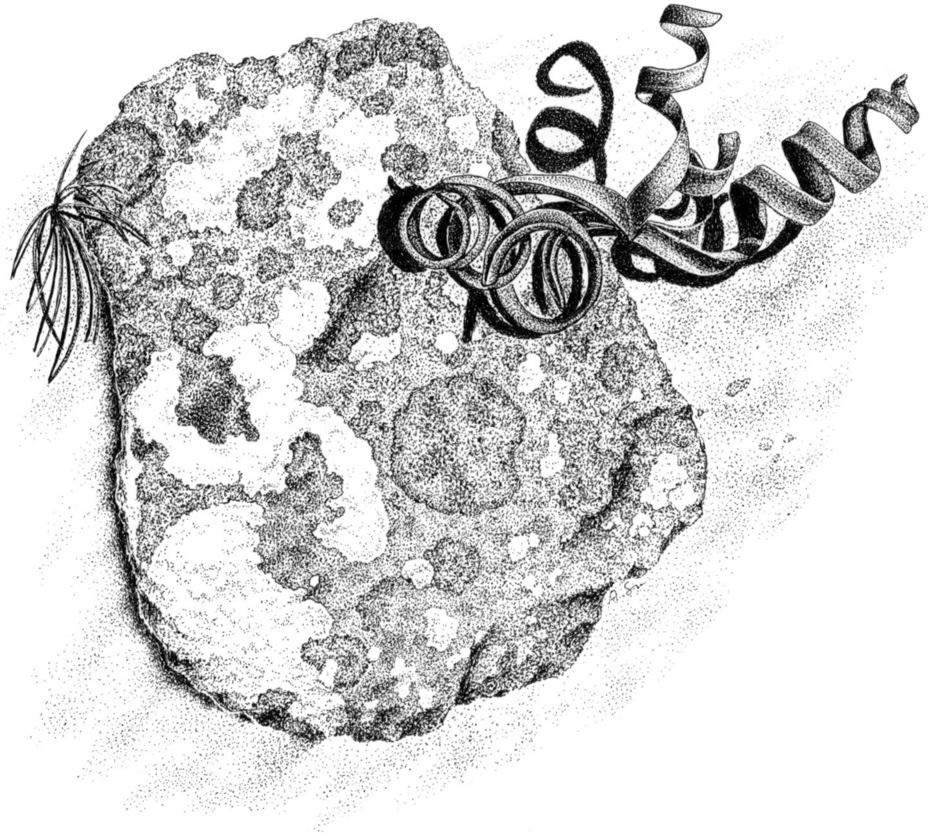

Abb. 70: Weiße, orangegelbe und rostfarbene Krustenflechten auf einem Kalkstein. Die spiralig gerollten Blätter gehören einem kleinen Liliengewächs, dem Milchstern *Ornithogalum neurostegium*. Negev bei Mizpe Ramon, Anfang April 1981.

Bergzüge sind auf dem jenseitigen «Ufer» bewegt, gefaltet, verworfen, rötlichbraun, schwärzlich, dazwischen liegen helle Kreidekalke. Unerhört aber ist das Panorama, das sich unter uns ausbreitet und das wir fast in Vogelschau überblicken. Sandbraune flache und abgerundete Terrassen schieben sich halb über-, halb hintereinander, durchfurcht und zerklüftet von Wadis zweiter und dritter Ordnung. Tiefschwarze Hügel, fast eingeebnet und Vulkanen ähnelnd, unheimlich in ihrer Dunkelheit, als stünden sie mit dem Erdinnern in Verbindung, von denen langsame Flüsse ins umliegende helle Land herunter zu strömen scheinen, wohl erstarrte magmatische Massen, die sich, als wir sie aufsuchten, als grobkörniges, manganreiches Material erwiesen, in eigentümliche Formen erstarrt, wie Riesenblätter oder -federn. Rötlicher Nubischer Sandstein tritt dazwischen zutage, bloßgelegt aus tieferen Schichten – offen anstehend werden wir ihn erst in der südlichsten Arava, bei Timna und auf der jenseitigen, der jordanischen Seite des Grabenbruches wiederfinden. Bizarre Verwitterungsgebilde, ausgehöhlte Brocken, deren Wände aus einem groben Gitterwerk unregelmäßiger Streben bestehen, zeigt das weiche, leicht lösliche Kalkgestein; es führt Gestalt- und Formenspielereien vor, die der Phantasie jedes modernen Plastikers spotten.

Wie schön die Erde ist, wie unendlich abwechslungsreich in Formen und Farben, das kann man nur dort erleben, wo sie von keinem Pflanzenkleid verhüllt wird: in der Wüste.

Daß die Erde so überaus farbig sein kann, ist uns normalerweise wenig geläufig. In den gemäßigten Breiten und überall dort, wo ein feuchteres Klima herrscht, dringt das Licht, das die Farben hervorruft, nicht in die Erde ein, es wird von der Pflanzenwelt abgefangen, im Grün verschluckt und von den vielerlei Blütenfarben zurückgespiegelt. Darunter liegt dunkler Humus und verhüllt das Gestein. Aber schon in Südeuropa beginnt sich der Boden mit lichter Färbung zu durchdringen, in der Terra rossa, die sich dort bildet, wo der Pflanzenbewuchs seit langem zerstört ist und wo Luft und Licht ungehindert Zutritt haben: das farbarme zweiwertige Eisen des Bodens verwandelt sich in die rötliche dreiwertige Form.

In der Wüste ist das alles noch weiter gesteigert. Wer jemals über das Atlasgebirge geflogen ist, wird das Farbenspiel nie mehr vergessen, das einsetzt, wenn die wüstenhaften Südhänge und der Antiatlas auftauchen – nach dem dunklen Grün der Nordhänge und den weißen Firnfeldern der Gipfelregion beginnen die orangeroten, bläulich und rotvioletten, sandgelben und meergrünen Schichten der Südhänge, der Wüstenseite, hervorzutreten.

Hier im Negev läßt sich erleben, wie die Farben des Gesteins ganz anders mit dem Sonnenlicht zusammenspielen, als es bei den Pflanzen, besonders den Blüten, der Fall ist. Das strahlende Gelb der Blütenkerzen von *Cistanche*, die immer wieder unvermittelt aus dem Boden brechen, leuchtet auch bei bedecktem Himmel, das Korallenrot der Pfingstrose im galiläischen Bergland lenkt auch unter düsteren Regenwolken schon von weitem den Blick auf sich. Anders die Farben der Wüstengesteine, die bei bedecktem Himmel fast ganz verlöschen und je nach Sonnenstand eine andere Tönung annehmen, die im Mittagsglast fahl verdämmern, am Nachmittag und Abend mehr und mehr zu glühen beginnen, zuerst golden, dann rötlich, um schließlich über Violett ins Blau hinüber zu erkalten.

Im Unterschied zu den Farben der Blüten oder Schmetterlinge besitzt das Wüstenkolorit vor allem Fernwirkung und ist über große Flächen ausgebreitet; von nahem enttäuscht es oft, geht man darauf zu, verflüchtigt und verdünnt es sich so sehr, daß nichts mehr übrig bleibt. Nimmt man einen Stein in die Hand, ist alles stumpf geworden. Sogar die vielfarbig bunten Mergelbänder, die häufig die Hänge durchziehen und in denen rote, violette, weißliche, gelbe und grünliche Bänder miteinander abwechseln, enttäuschen aus der Nähe – als habe sich die Farbe und das Sonnenlicht noch nicht wirklich mit der Erde verbunden, als schwebe es darüber – noch nicht

Abb. 71: Verwitterungsformen im Wüstengestein. Oben: Nubischer Sandstein von Timna, unten Kreidekalk aus dem Maktesh Ramon.

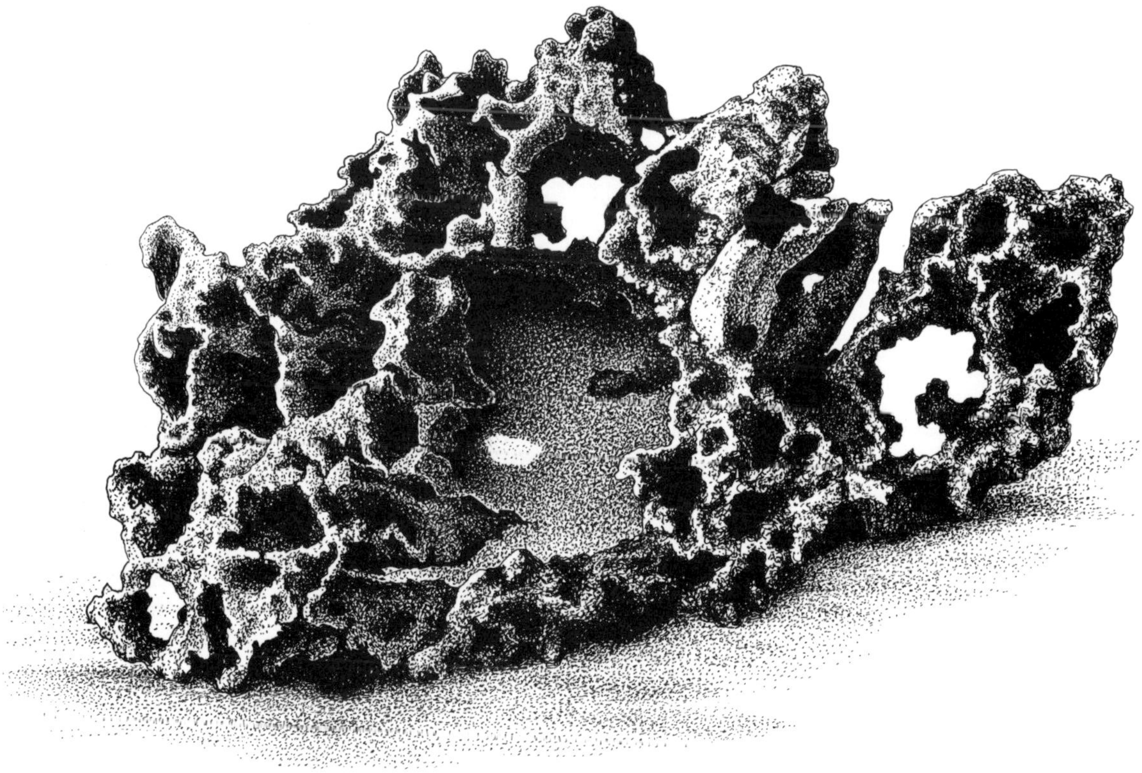

gefaßt und gleichsam «festgemacht» und aufs kräftigste gesteigert wie in einer Blüte.

Daß es immer wieder und vor allem Rottöne sind, ist bemerkenswert. Noch auffallender ist das viele Schwarz, sei es in den Feuersteinfeldern der Regs, sei es in den Ergußkratern des Maktesh Ramon oder in den mangangesättigten Sandsteindecken, die dort, wo das Metall in verdünnter Form eingedrungen ist, gedämpftes Violett zeigen, an Stellen höherer Konzentration jedoch tiefschwarz gefärbt sind: die gleiche Erscheinung wie bei der schwarzen Wüsteniris.

Viermal in vier Jahren standen wir fast auf den Tag genau an derselben Stelle, und jedes Jahr schien es das erste Mal zu sein, so sehr war der Eindruck immer wieder ein anderer, neuer, hatten sich die Farben, das Licht gewandelt. 1983, im Blütenfrühling nach dem regenreichen Winter, sahen wir das «Algenmeer» mit eigenen Augen. Der ganze Boden, der sich unter uns ausbreitete, war von einem zartgrünen Schimmer überhaucht, die schwarzen manganhaltigen Kraterkuppen und -hänge umhüllten diaphane Smaragdschleier (Tafel 12).

Und wieder dasselbe Erlebnis wie schon vor Jahren beim Flug über die Sahara: diese Wüstenlandschaft ist nicht tot, erstarrt und gehärtet, sondern scheint in lebendigem Fluß zu sein; alles ist bewegte Form, und alle Formen sind in Bewegung. Das ist kein bloßes Spiel der Phantasie, sondern Wirklichkeit. Beim Anschauen der Landschaft gleitet der Blick an den Berghängen entlang, das Tal hinauf und hinunter, folgt den Linien der Terrassen und dem gewundenem Lauf der Wadis. Der Betrachter vollführt die Bewegungen also selber und schafft die Formen damit gleichsam nach. Obwohl das nur innerhalb des eigenen Bewußtseins geschieht, ist es mehr als bloße subjektive Spielerei. Im Sehen vollzieht der Betrachter, geleitet und geführt von den zurückgebliebenen Spuren, alle Bewegungen nach, die das Wasser, das diese Formen schuf, einst selber vollführte. So ergänzt der Betrachter zum Gewordenen hinzu das Werdende, zur Gestalt das Gestaltende. Alles ist vom Wasser geformt, gewaltige Wassermassen müssen das gewesen sein, die jene mächtigen Auswaschungen und gewaltigen Schuttfächer schufen, das ist durch die heutigen Wüstengewitter, so dramatisch sie sich auch gebärden mögen, alleine nicht möglich. Mit Sicherheit gab es regenreichere Zeiten (das läßt sich auch mit pollenanalytischen Methoden nachweisen), in denen andere Vegetationsverhältnisse herrschten. So scheint es feuchtere Perioden um 60000 v. Chr. und dann wieder um 35000–30000 v. Chr. gegeben zu haben, in etwas geringerem Maße nochmals um 10000 v. Chr., während in den dazwischenliegenden Epochen Wüstenklima herrschte wie heute. In den regenreichen Zeiten hatte das Florenbild mittelmeerischen Charakter.

Letzte Überbleibsel davon finden sich noch heute als isolierte Reste einer ehemals üppigen Vegetation, wenn man den Rand des großen Erosionskraters Maktesh Ramon nach Südwesten bis fast zu seinem Ende nahe der ägyptischen Grenze verfolgt. Dort stehen auf den Hochplateaus, entlang flacher Wadis, uralte Atlantische Pistazienbäume, methusalemische Giganten in erstaunlicher Anzahl (Abb. 13). Der Baum hat seinen heutigen Verbreitungsschwerpunkt im Norden und Nordosten Palästinas, in wesentlich regenreicheren Gebieten also. Das Vorkommen im zentralen Negev hat eindeutig Reliktcharakter. Und an den Felsen, die in den oberen

Abb. 72: Das wilde Mandelbäumchen des Maktesh Ramon, das sich in der Isolation zur eigenen Art differenzierte: *Amygdalus ramonensis,* ein niedriger, sparriger Rutenstrauch. Die Blätter sind eben in Entfaltung begriffen, werden aber trotzdem nicht viel größer. Nahal Elot, 5. März 1987.

Maktesh Ramon abfallen, wachsen wilde Mandelbäumchen einer eigenen, nur von diesem Standort bekannten Art *(Amygdalus ramonensis):* Relikte, die sich wohl in der Isolation und unter den allmählich veränderten klimatischen Bedingungen zu einer eigenen Art differenzierten.

Der Steilabsturz bei Mizpe Ramon markiert einen Wechsel: jetzt kommen wir auf der Weiterfahrt nicht nur durch Landschaften bizarrster, dramatischer Gebirgsbildungen mit wilden Faltungen und Verwerfungen, ein wahres Geologenparadies,

Abb. 73: Schirmakazie im Nahal Paran, Negev.

sondern wir treten auch in die Vollwüste ein. Immer wieder erstrecken sich endlose Flächen reiner Steinwüste, der Reg, in der sich nicht der geringste Pflanzenwuchs ausmachen läßt. Tödliche Öde, finstere, bei der Verwitterung des Kalkuntergrundes übriggeliebene, lückenlose Lager tiefschwarzer Feuersteine, in der Hitze in scharfkantige Trümmer und Splitter zerborsten, und das, soweit das Auge blickt: gegen die Sonne eine gleißende Fläche aus Milliarden Spiegelscherben, mit der Sonne im Rücken eine schwarze Höllenlandschaft.
Die ersten Schirmakazien tauchen in den Wadis auf, bescheidene Bäume sind es, aber von spitzen, weißen Dornen starrend und mit winzigen Fiederblättchen, die keinerlei Schatten spenden: trostlos abweisende Bäumchen, feindselig wie die ganze Landschaft. Sie gehören zu einer dem Negev angehörenden Art: *Acacia gerardii subsp. negevensis.* Typische Saharapflanzen gesellen sich dazu, spärlich, da und dort nur: *Aristida pungens,* ein Wüstengras mit stechenden Blattspitzen, *Zilla spinosa,* ein Kreuzblütler, der nur am Anfang, als Jungpflanze, einige derbe, saftige Kohlblätter ausbildet und dann schnell zu einem mitunter mannshohen Verhau emporwächst, ein lebender Stacheldraht, wenn auch anfangs noch hübsch anzusehen mit seinen zartvioletten Rettichblüten und den violett überhauchten Stengeln, die alsbald strohgelb absterben und in Stachelspitzen enden (Abb. 27).

Wüstenraben fliegen die Wüstenstraße entlang, auf Abfall hoffend. Sie sind so regelmäßig wie die Kilometersteine, wenn auch etwas seltener. Tafel- und Plateauberge aus gelblichweißer Kreide, die von dunklen Feuersteinbändern unterbrochen werden, staffeln sich tief in den Raum; von der hellen Kreide blitzt indes nur da und dort etwas hervor, da die Hänge wie das Vorland von tiefbraunem Feuersteinschutt lückenlos bedeckt sind.

Noch einmal durchqueren wir ein breites, flaches Wadi, hinter dem sich malerische dunkelbraune Gebirgskulissen emporschieben. Das Landschaftsbild wird endgültig afrikanisch, als seien wir irgendwo in der südlichen Sahara. Es gruppieren sich dekorative Schirmakazien mit ihren ebenen Wipfeltischen auf den breiten Schuttfächern des Wadi. Hier ist also Grundwasser nahe der Oberfläche – die Schirmakazien sind ein untrüglicher Hinweis darauf. Es ist ein Bild vollkommener Harmonie und Schönheit, die kahle Welt der Felsen und der Geröllströme, und die malerisch verteilten bewegten Gestalten der Bäume als einzige Zeichen des Lebens. Keine Menschen – seit nahezu hundert Kilometern sind wir niemand mehr begegnet.

Dann abermals unvermutet plötzlich ein Absturz, zum dritten- und zum letztenmal im Negev und gleichzeitig seine Grenze bildend: der Grabenrand. Wir blicken im letzten Abendlicht hinunter auf ein anscheinend völlig menschenleeres Tal, von keinem Fluß durchzogen, ein Tal, das sich nicht nach Süden hin, zum Meer und seinem Einfluß hinneigt und öffnet, sondern zum Landesinnern hinabsenkt, zum tiefsten Punkt der Erde am Toten Meer, und das nichts als Wüste zu sein scheint, eintönige Sandwüste. Nur dort, wo die tief eingeschnittenen Felstäler der Grabenwand ausmünden, säumen Reihen dunkler Punkte, wiederum Schirmakazien, die Ränder der Wadis. Die jenseitigen Wände drüben in Jordanien glühen in tiefem Violett, eine wilde, zerfurchte und zerrissene Gebirgswelt aus rotem Sandstein, die Täler versinken in den Tiefen blauer Schatten (Tafel 29). Mit dem letzten Licht fahren wir hinab in die Arava; ein Hain aus Schirmakazien, den wir in der Dunkelheit eben noch ausmachen können, lädt uns ein, wir finden eine kleine Piste, holpern über Geröll und schlagen im Schutz einer dichten Baumgruppe unsere Zelte auf.

Unter afrikanischer Sonne

Wadi Arava: Akaziensavanne, Wüstenantilopen, Vogelzug

Wir erwachen in einer Landschaft, die jedem, der das tropische Afrika kennt, vertraut und heimatlich vorkommt – in der Schirmakaziensavanne. Vor den rötlich gelben Kalksteinmauern des Grabenrandes verteilen sich weitläufig die Baumgruppen mit ihren verbogenen und gekrümmten Stämmen und den dichten, mal gewölbten, mal tischartig flachen Schirmen. Unwillkürlich späht man nach Giraffen, sie gehören zu diesen Bäumen, irgendwo müssen sie doch zwischen den Stämmen und Kronen stehen, mit der morgendlichen Äsung beschäftigt. Aber dann bemerkt man schnell, daß es sich um ein Trugbild handelt, wir sind nicht in der Savanne, sondern immer noch in der Wüste. Der Boden ist steiniges Geröll, der breite Fächer einer Wadimündung, die Grasdecke fehlt, das für die Savanne bezeichnende Miteinander von Gras und lockerem Baumbestand. Und doch ist es noch nicht lange her, daß hier Großtiere lebten und herumwanderten, nicht der Savanne, wohl aber der Wüste: weiße Oryx-Antilopen, Wildesel, Strauße, Geparden und sogar Löwen. Vielleicht dauert es nicht mehr allzu lange, bis einige von ihnen wieder anzutreffen sein werden – mit der Hilfe des Menschen allerdings.

Es ist eine «Pseudosavanne», und die Akazien gedeihen so gut, weil zum einen unter dem Wadischotter das Grundwasser nahe ansteht, das Sickerwasser aus dem nahen Steilabsturz der Grabenwand; zum zweiten, weil es hier Gazellen gibt! Diese blieben glücklicherweise erhalten, und da sie geschützt werden, auch in einiger Anzahl. Sie fressen die reifen abfallenden Schoten der Akazien, die steinharten Samen passieren unbeschadet den Darm. Dadurch bleiben diese vom Schicksal fast aller übrigen Akaziensamen verschont, nämlich von Käfern, die eng an die Akazie gebunden sind, angebohrt zu werden. Was an Samen nicht durch Gazellenmägen hindurchgegangen ist, hat so gut wie keine Chance, zu keimen. Man braucht nur einmal die Massen der korkenzieherartig gedrehten, braun vertrockneten Schoten zu untersuchen, die unter jedem Baum einen dichten Teppich bilden, und man wird unter Hunderten nur ganz wenige finden, die einen oder mehrere unbeschädigte Samen enthalten. Umgekehrt braucht die Gazelle die Akazien, um während der heißen Sommermonate mittäglichen Schatten zu finden, und sie ernährt sich, wenn alle übrigen Pflanzen längst verdorrt sind, von den nahrhaften Schoten.

Während wir die Haine durchwandern, entdecken wir die Gazellen. Wir selber sind von ihnen längst bemerkt worden, und die Distanz zwischen ihnen und uns bleibt – wir können es anstellen, wie wir wollen – überaus groß: die scharfäugigen Tiere

Abb. 74: Dorkasgazellen. Oben Porträts zweier Böcke, unten Geiß mit eben geborenem Kitz.

verfolgen jede unserer Bewegungen und reagieren sofort mit eiliger Flucht, sowie wir uns in ihre Richtung in Bewegung setzen. Es sind nicht die kraftvoll und deutlich robuster wirkenden Gestalten, die wir aus dem Norden kennen, aber auch nicht die schlankeren, zierlicheren Dorkasgazellen, welche die Echtgazellen in den Wüstengebieten des Südens vertreten. Diese Tiere hier sind noch graziler, erscheinen geradezu zerbrechlich – es ist eine kleine, isolierte Population, erstaunlicherweise der Echtgazelle, eine gestaltlich allerdings recht abweichende Form, wohl eine eigene Unterart (vgl. S. 42).
Einmal gelang es uns, besonders nah an sie heranzukommen – bezeichnenderweise im Auto, als wir gerade im Begriff waren, das Gelände wieder zu verlassen (vor Autos haben ja die meisten Tiere viel weniger Scheu als vor Fußgängern, vielleicht, weil das Tier kein Verhältnis zur Maschine hat; sie kommt in seiner natürlichen Umwelt nicht vor, und keiner seiner angeborenen Instinkte bietet die Möglichkeit, darauf zu reagieren – jeder, der einmal einer Kuhherde auf der Landstraße begegnet ist, wird das bestätigen).

Die Tiere – es waren Geißen – standen hoch aufgerichtet, ihre Läufe schienen überlang und überaus dünn, als richteten sie sich auf Zehenspitzen auf (Tafel 13). Auf hocherhobenem Hals blickte uns eine dekorative Maske an, aus schwarzen und weißen Linien bestehend: die dunklen Gesichtsstreifen auf hellem Grund, die sich von der Nase bis zu den Hornansätzen emporziehen, in denen sie ihre leicht geschwungene Fortsetzung und Steigerung finden; im stumpfen Winkel zu den Hörnern die großen, aber schön geformten und «langgestielten» Ohren, ihrerseits mit auffälligem Hell-Dunkel-Muster. Gebannt, wie festgefroren standen die schlanken Tiere, äugten, lauschten und witterten zu uns herüber, ganz an ihre Sinnesfunktionen hingegeben, deren extreme Hochentwicklung in der entsprechenden optischen Hervorhebung des Kopfes seinen sprechenden Ausdruck findet. Dann, auf der schnellen Flucht, die alsbald erfolgte, bot sich von hinten ein ganz ähnliches Bild. Inmitten des weißen, dunkeleingefaßten «Spiegels» wirkte das dunkle Schwänzchen wie ein Ausrufezeichen, je nach Situation und Stimmung in anderer Stellung und Bewegung: das «Analgesicht» oder, im Gegensatz zum «Eindruckspol» des Kopfes, der «Ausdruckspol», entsprechend seiner Funktion einer reicheren Mimik fähig als das – richtige – Gesicht; eine nützliche Einrichtung, da sich die Tiere, in lockerer Verteilung äsend oder im Rudel dahinziehend, überwiegend von hinten wahrnehmen und solcherart am «Gesichtsausdruck» des Vordermannes stets erkennen können, ob sich dieser in ruhiger Stimmung befindet oder durch irgendeine Gefahr alarmiert ist.

Wir kehrten natürlich jedes Jahr an dieses einzigartige Plätzchen zurück. Beim dritten Mal wurden wir sehr höflich von einem Mitarbeiter der Naturschutzbehörde aus dem Gelände gewiesen; es war inzwischen zum Schutzgebiet erklärt worden, um diese überaus kostbare kleine Restpopulation weniger Tiere streng abzuschirmen und hegerisch zu betreuen. Und da gerade Satzzeit war, also mit neugeborenen Kitzen gerechnet werden mußte, hatten natürlich alle Störungen strikt zu unterbleiben. Es fiel uns nicht schwer, der Aufforderung zu folgen, konnten wir doch auch dieses Mal wieder, wie in den vergangenen Jahren, überaus reiche Erlebnisse mitnehmen.

Da war zum einen die Vielzahl der Vögel. Besonders die Zuggäste fielen ins Auge – sie sammeln sich hier Ende März und Anfang April in Scharen und in großer Artenfülle. Besonders spannend war es morgens, nach Sonnenaufgang. Da saßen die großen Raubvögel noch aufgeplustert und träge in den Kronen der Schirmakazien, dunkle Schreiadler *Aquila pomarina* aus Osteuropa, mitunter ein fahlbrauner Steppenadler *Aquila rapax orientalis* aus Innerasien und in besonders großer Zahl die nördlichen Vertreter unseres Mäusebussards, die Falkenbussarde *Buteo buteo vulpinus.* Wenn dann die Sonne höher stieg und warme Aufwinde entstanden, begannen sie allmählich ihren Heimzug, zuerst in schwerfälligem Ruderflug niedrig über dem Boden, alsbald in Segelflug übergehend, sie schraubten sich vor der Steilwand der Felsen langsam in die Höhe und glitten davon. Immer mehr wurden es, die allenthalben «aufstanden» und niedrig über uns kreisten, andere gesellten sich dazu, und schließlich tauchten Flüge von dreißig, fünfzig, siebzig Bussarden hoch über den Klippen auf, gemächlich durcheinandertreibend, jeder auf seiner eigenen Bahn und

Abb. 75: Maskengrasmücke *Sylvia rueppelli.*

doch im gemeinsamen Verband. Schwarze Milane *Milvus migrans* waren regelmäßig dabei, mitunter Schreiadler *Aquila pomarina* und vereinzelte Schlangenadler *Circaetus gallicus.*

Viel größer war die Fülle der versteckten, kleinen Singvögel, die geduldig angepirscht sein wollten, die sich zum Teil aber auch, weil augenscheinlich in fremdem Gelände, auffällig und ungeschickt benahmen oder sich durch ihre erregten Warnrufe verrieten. Zu letzteren gehörten vor allem die vielen Mönchsgrasmücken *Sylvia atricapilla* mit ihrem auffälligen, heimatlich vertrauten Warnen, das tönt, als schlage man kleine Kieselsteinchen aneinander; das tiefe «tack tack» der Nachtigallen *Luscinia megarhynchos,* die sich, huschenden Fluges unterwegs von einer Deckung in die andere, durch ihre rostbraunen Schwänze verrieten. Winzige Fitislaubsänger *Phylloscopus trochilus,* zum Teil so zutraulich, daß sie sich fast mit der Hand berühren ließen, pickten im Flatterflug Insekten von den Akazienzweigen. Ihre Zutraulichkeit war entweder ein Zeichen von Erschöpfung – all diese kleinen Vögel ziehen nachts, waren also vor kurzem erst angekommen und verbrachten nun den Tag mit dringend nötiger Nahrungssuche – oder ein Hinweis, daß sie aus einsamen Gegenden fern aller Siedlungen kamen und deshalb den Menschen nicht kennen und nicht fürchten. Zu dieser Kategorie gehörte zweifellos das hübsche Rotsternige Blaukehlchen *Luscinia svecica,* das keine zwei Meter vor meinen Füßen im Wüstengeröll saß und seinen Schwanz stelzte. Es ist in den Birken- und Weidendickichten an Fluß- und Bachufern zu Hause, in dichtester Vegetation feuchter Auenlandschaften, immer in der Nähe von Wasser. Wo es wohl wenige Wochen später brüten mochte – im Ural, in der Taiga Sibiriens? Die kleine Maskengrasmücke *Sylvia rueppelli,* die da aufgeplustert

Abb. 76: Obwohl nur Durchzügler, verteidigt das Männchen des Grauen Steinschmätzers doch während seiner kurzen Rast ein Revier und steht an weithin sichtbaren Stellen hoch aufgerichtet in Imponierhaltung. Unten sein ständig attackiertes und herumgescheuchtes Opfer, ein Gartenrotschwanz der kleinasiatischen Rasse *Phoenicurus phoenicurus samamisicus*. Yotvata, Mitte April 1983.

direkt vor meinen Füßen auf dem Boden herumhüpfte, dürfte ihre Heimat dagegen kaum noch erreicht haben, obwohl sie es gar nicht mehr weit gehabt hätte – in die Türkei oder nach Südgriechenland; aber eine Grasmücke, die sich bei menschlicher Annäherung nicht scheu im Gebüsch versteckt und sich wie ein Spatz auf dem Boden bewegt, ist entweder zu Tode erschöpft oder krank.

Eine eigenartige Konfliktbeziehung bemerkten wir bei zwei Durchzüglern, beim Grauen Steinschmätzer *Oenanthe oenanthe* und beim Gartenrotschwänzchen *Phoenicurus phoenicurus*. Die Steinschmätzer-Männchen benahmen sich so, als wären sie schon zu Hause in ihren Brutgebieten. Sie besetzten, allerdings nur bis zur nächsten Nacht, in der es weiterging, kleine Reviere, in denen sie dann stets auf

Abb. 77: Das zutrauliche Schwarzschwänzchen *Cercomela melanura.*

bestimmten Steinen anzutreffen waren, hoch aufgerichtet und in Imponierpositur. Und an drei verschiedenen Stellen, an drei weit voneinander entfernten Orten wiederholte sich das gleiche Spiel: sobald ein männlicher Gartenrotschwanz auftauchte, wurde er vom anwesenden Steinschmätzer wütend angegriffen. Die Rotschwänzchen schienen ebenfalls ortstreu zu sein, sie kehrten immer wieder zurück und lösten damit aufs neue Zorn und Angriffswut beim Steinschmätzer aus. Im Garten der Field School von Elat ging das den ganzen Nachmittag hindurch: ein völlig verängstigtes Rotschwänzchen wurde unentwegt durch die Bäume und Büsche gehetzt und kam nicht zur Ruhe. Ein absonderliches Verhalten, das schwer zu verstehen ist, da sich die beiden Arten in ihren Brutbiotopen überhaupt nicht begegnen und keinerlei Konkurrenz zwischen ihnen besteht. Der Rotschwanz ist ein Baum- und Parklandbewohner, während der Steinschmätzer baumloses, steiniges Gelände bevorzugt. Aber möglicherweise liegt es gerade daran, erzeugt gewissermaßen ein Mißverständnis aus Unkenntnis: vielleicht reagierten die revierbesitzenden und gegenüber Artgenossen stets intoleranten Steinschmätzer auf ein bestimmtes Signal, das beim Rotschwänzchen ebenfalls, wenn auch an anderen Körperstellen auftaucht: nämlich auf die Kombination von Schwarz und Weiß, die beim Steinschmätzer markant in Erscheinung tritt, wenn der Schwanz gefächert wird. Der Rotschwanz hingegen besitzt eine weiße Stirn, die sich auffällig vom schwarzen Kopf abhebt, überdies zeigen die hiesigen Durchzügler – als Angehörige der kleinasiatischen Rasse *Phoenicurus phoenicurus samamisicus* – ein auffallendes weißes Feld im schwarzen Flügel. Daran könnte es liegen. Man entwickelt sich geradezu zum ornithologischen Detektiv ...

Taubengegurre erfüllt die Luft, Türkentauben *Streptopelia decaocto* sind überaus häufig und fügen sich wunderbar in die Landschaft ein in ihrer sandbraunen Tönung. Hier sind sie vor allem Vögel der Wildnis und wie überall in ganz Palästina überhaupt nicht in den Siedlungen zu finden. Dort werden sie von den gleichgroßen, weinrötlichen Palmtauben *Streptopelia senegalensis* vertreten, die sich in den Städten so vertraut benehmen wie bei uns die Türkentauben, ja fast noch zutraulicher: sie laufen einem direkt vor den Füßen herum.

Ein Schwarzschwänzchen *Cercomela melanura* kommt zutraulich heran, läßt sich auf einem nahen Stein nieder, flappt mit den Flügeln und fächert seinen dunklen Schwanz ein paarmal hintereinander. Welch ein reizendes, zutrauliches Vögelchen ist dieser typische Bewohner der heißen Wüste der Arava und des Sinai! Es ist ein Männchen, wahrscheinlich ist es sein Revier, in dem wir uns aufhalten, sein Weibchen brütet irgendwo in der Nähe hinter Steinen, in einer Erdhöhle; durch sein Benehmen weist er darauf hin, daß er uns als Störenfriede empfindet. Aber er tut dies auf eine so graziöse Weise, daß er damit unseren Aufenthalt eher verlängert – wir können uns vom Anblick dieses anmutigen Vogels nicht trennen. Nach einiger Zeit fliegt er auf einen Akazienzweig direkt über uns und erfreut uns auch noch mit seinem plaudernden, leisen Gesang.

Und dann sind da natürlich die Nektarvögel *Necarinia osea* – hier sind sie in ihrem Element, in den unförmigen Massen der *Loranthus*-Büsche, die in den Akazien schmarotzen und voller roter Blüten sind. Hier ist ihr ursprüngliches Verbreitungsgebiet, im heißen Grabenbruch, wo zusammen mit den afrikanischen Akazien der tropische Mistelverwandte vorkommt. Reiseberichte aus dem vorigen Jahrhundert berichten über den Jericho-Nektarvogel ausschließlich aus der Arava und aus dem Norden, gerade noch ein Stück weit über das Tote Meer hinaus. Inzwischen hat sich der temperamentvolle Vogel ganz Israel erobert und findet sich im Sommer sogar im

Tafel 19

Oben: Blick von der «Quelle des Böckchens» (d. h. der Tränke der Steinböcke), wie die Übersetzung von En Gedi lautet, und einer alten Mühle aus der Kreuzfahrerzeit über das heutige En Gedi entlang des Ufers des Toten Meeres nach Süden. Auf dem hohen Schwemmlandplateau in der Bildmitte der moderne Kibbuz, davor, im Mündungsfächer des Arugot-Baches, die landwirtschaftlichen Kulturen. In der linken Bildmitte, vor den Dattelpalmen, der Hügel des Tel Goren mit teilweise ausgegrabenen Siedlungen aus persischer Zeit (5.–4. Jahrhundert v. Chr.) – heute brütet dort der Braunliest. Nicht sichtbar sind, zu Füßen des Betrachters, die steil abfallenden terrassierten Hänge, die im Altertum die berühmten Balsamkulturen trugen, ebenso wie das wesentlich ältere chalkolithische Heiligtum im Rücken des Betrachters, gegen die Felswände hin, die zum Hochplateau der Wüste Juda hinaufführen.

Unten: Drei Tropenvögel, in En Gedi wie überall im ganzen Land häufige und zutrauliche Kulturfolger in den Gärten und Kulturen. Von links: Baunliest, Bülbül und Palmtäubchen. Aufnahmen A. Suchantke.

Küstengebiet des Libanon. Die bronzeblauen Vögelchen schießen im pfeilschnellen Flug von Baum zu Baum, oft zwei, ja drei hintereinander. Dann ergibt sich das merkwürdige Bild, daß einer von ihnen heftig zu singen beginnt, in schönen, wohltönenden und reichen, wenn auch etwas hastig heraussprudelnden Strophen, und die beiden anderen aufmerksam und reglos zuhören. Kurze Zeit später geht dann die wilde Jagd weiter, und das Spiel beginnt von neuem.

In ihrem blauschwarzen Habit, ihrem funkelnden Temperament und ihrer Kleinheit passen sie zu den grellroten *Loranthus*-Blüten aufs beste, Blüten, die einen nicht minder temperamentvollen, ja aggressiven Eindruck machen (Tafel 21). Aber die Nektarvögel sind nicht die einzigen Bestäuber: immer wieder sind Bülbüls, diese scheinbar so schwerfälligen, etwas plumpen und behäbigen Vögel mit großer Geschicklichkeit an den Blüten zu Gange.

Diese *Loranthus*-Büsche sind ungeheuerliche Gebilde. Bei kleineren Akazien können sie den ganzen Wipfel ausfüllen, Büsche von mehr als drei Meter Durchmesser sind keine Seltenheit. An unsere Mistel, mit der diese Pflanzen doch verwandt sind, erinnert scheinbar nichts – bei genauerem Hinsehen zeigen die ovalen, etwas fleischigen Blätter aber doch große Ähnlichkeit. Die harmonische Kugelgestalt, die das europäische *Viscum* als erwachsene Pflanze aufweist, ist jedoch bei *Loranthus acaciae* nicht andeutungsweise da; es sind lange, biegsame Zweigruten, die nach allen Seiten in die Luft ragen und die, je länger sie werden, immer weiter nach unten hängen. Es ist ein formloses Wuchern, die Pflanze hat als Ganzes keine Eigengestalt, eine Erscheinung, die ja für Parasiten typisch ist – man denke an die Kleeseide *Cuscuta*, an den goldgelb und feurig orange blühenden Zistrosenwürger *Cytinus* des Mittelmeergebietes. Parasitismus ist stets mit mehr oder weniger starker Rückbildung und zunehmendem Verlust der Eigengestalt erkauft, wobei jedoch, wie die erwähnten Beispiele zeigen, stets die Blüte ausgenommen wird. (Extremes Beispiel ist die gigantische *Rafflesia*, die größte Blüte der Welt, ein Gebilde von einem Meter Durchmesser, deren übrige Organe nur aus unterirdisch kriechenden, an anderen Pflanzen saugenden, pilzartigen Fäden bestehen. Dieses groteske Gewächs gehört zur gleichen Familie *Rafflesiaceae* wie der mediterrane Zistrosenwürger.)

Wie brennende kleine Kerzen schmücken die schmalen Röhrenblüten die Büsche. Neben vollerblühten sieht man grüne Knospen und reife Früchte im gleichen leuchtenden Rot wie die Blüten. Die Büsche blühen und fruchten das ganze Jahr über – Tropengewächse, die immer Sommer haben. Höchst eigenartig wirken die Saugorgane dieser Pflanze, sie verlaufen nicht, wie bei unserer Mistel, als Senker im Innern

Tafel 20

Im Nahal Arugot bei En Gedi. Der Bach, der das ganze Jahr über Wasser führt, ermöglicht eine reiche Ufervegetation aus Tamarisken, Weiden, Euphratpappeln und Christusdorn, sogar sumpfbewohnende Orchideen kommen hier vor (siehe S. 233). Im Bach leben Wasserfrösche und Süßwasserkrabben, und den Steinböcken und dem Leopard dient er als Tränke. In den Felsen hausen Klippschlieferkolonien, brüten Felsentauben, Tristramstare, Wüstenfalken und Habichtsadler. Zuoberst, auf den Hochplateaus, begegnet man den Rudeln der Dorkasgazelle. Aufnahmen A. Suchantke.

des Holzes, sondern kriechen, wie lange, gewundene braune Würmer, außen an den Zweigen des Wirtsbaumes entlang, in Abständen stempelartige Füßchen bildend, die sich der Rinde anheften und von denen aus Saugstränge ins Innere des Wirtsholzes vorstoßen.

Stehen andere Pflanzen in der Nähe befallener Akazien, dann können auch sie parasitiert werden, wie z. B. das sparrige, verholzende Gebüsch des Resedengewächses *Ochradenus baccatus* oder die Büsche des Jochblattgewächses *Nitraria retusa.* Auf diesen vertrocknet wirkenden, kleinblättrigen, grauen Wüstengewächsen erscheint das saftige Grün und die leuchtenden Blüten des Schmarotzers befremdlich und in seiner Üppigkeit geradezu bösartig: ein Lebewesen, das seine Überfülle, ohne sich selber anstrengen zu müssen, anderen verdankt, die auf mühsame Weise kärglich ihr Dasein fristen, wie die Akazien. Natürlich kann man hier nicht mit moralischen Begriffen kommen, aber das Bild stellt sich doch ein: üppiges Luxusleben auf Kosten anderer, die darben! Die Überfülle der Parasiten, ihre wahrhaft gigantischen Ausmaße, auf den relativ wenigen Akazien läßt an Krankheitsprozesse denken, an Geschwülste, die sich metastatisch weiterfressen und auch andere Organe dieses Landschaftssystems, andere Pflanzen, infizieren.

Was am Boden wächst, sind keine Savannen-, sondern echte Wüstenpflanzen. Vor allem die Jochblattgewächse *Zygophyllaceae* sind reichlich vertreten, zu unseren Bekannten aus dem Negev, dem weißblütigen, verholzten *Zygophyllum dumosum* und der hübschen, mit karminrosa Blüten geschmückten *Fagonia mollis,* kommt ein mannshoher, verholzter Busch mit graugrünem spatelförmigem Laub hinzu, das eine gewisse Ähnlichkeit mit der Strandmelde *Atriplex halimus* von der Mittelmeerküste und dem Toten Meer besitzt: *Nitraria retusa.* Dazu gesellt sich ein flach auf dem Boden ausgebreitetes, hinfälliges kleines Kraut, das durch sein saftiges Gelbgrün, seine goldgelben Blütchen und durch das regelmäßige Gitterwerk seiner Verzweigung den Blick auf sich lenkt: *Zygophyllum simplex,* das sicher schon nach wenigen Wochen, wenn es gefruchtet hat, verschwunden sein wird.

Am meisten fällt jedoch ein sparriges, rutenartiges Gewächs ins Auge, dessen junge, steil emporwachsenden Triebe orangegelb leuchten und mit vielen kleinen Blütchen besetzt sind, an deren Stelle später kleine weiße Beeren stehen, die man essen kann. Es ist ein Resedengewächs, *Ochradenus baccatus,* das den gleichen Wuchstyp harter, blattloser, verholzender und strohgelb ausbleichender Ruten zeigt, der hier so häufig ist und der auch von dem Gras *Aristida pungens* vorgeführt wird, oder das verfilzt und eckig gekrümmt bei *Zilla spinosa* auftritt, überhängend beim Retanginster und kriechend-klimmend beim Meerträubchen *Ephedra,* sparrig ausgebreitet bei *Caligonum,* einem Ampfergewächs *(Polygonaceae).* Bei diesen oft so ähnlich aussehenden, blattlosen oder früh blattabwerfenden Gewächsen hat man oft die größte Mühe, herauszufinden, mit wem man es zu tun hat, vor allem wenn keine Blüten vorhanden sind.

Manchen dieser Gewächse sind auch noch andere Eigenarten gemeinsam. So klettern sowohl einige *Ephedra-* (Meerträubchen-)Arten wie auch die Wüstenreseda *Ochradenus* dort, wo sich ihnen die Gelegenheit bietet, z. B. wenn sie unter Bäumen wurzeln, an diesen mit der Methode des Spreizklimmens empor. Sie winden nicht

Abb. 78: Schirmakaziensavanne in der Arava bei Yotvata, Lebensraum der Arava- und der Dorkasgazelle, von der zwei Böcke links im Bild zu sehen sind. An den Bäumen hängen die unförmigen Klumpen der Akazienmistel *Loranthus acaciae*, ein weiterer, jüngerer Busch wächst aus der niedrigen Akazie im Vordergrund heraus. Diese wird nach oben durchwachsen von den Blütentrieben der Wüstenresede *Ochradenus baccatus*.

und heften sich nicht fest an, sondern legen sich mit ihren Verzweigungen in die Astgabeln, krümmen sich, finden da und dort Halt und wachsen schließlich über den Wipfel hinaus, wo sie dann, wie im Falle von *Ochradenus*, ein dicht verfilztes, durch seine helle Farbe vom Dunkelgrün der Akazien abgehobenes Gebüsch bilden können.

Es sind Wüstenpflanzen ganz eigener Prägung, diese Rutensträucher. Die meisten sind völlig blattlos oder werfen ihre kleinen Schuppenblättchen frühzeitig im Jahr ab, wie der Retamginster, der, wenn es sehr trocken wird, auch einen Teil seiner jüngeren Triebe abstößt. An die Stelle der Blätter als Assimilationsorgane treten die Stengel, die Sprosse und ihre Verzweigungen – eine Erscheinung, die ja auch die Stammsukkulenten zeigen, die Kakteen der Neuen und die fleischigen Wolfsmilcharten *(Euphorbia)* der Alten Welt oder die Aasblumen *(Stapelia, Caralluma)*, von denen uns eine Art bereits im Negev begegnete (siehe S. 152). Den Rutensträuchern fehlt jedoch die Fähigkeit der Sukkulenten, Wasser zu speichern, sie müssen mit ihren teilweise sehr langen und weitreichenden Wurzeln ständig mit dem Grundwasser in Verbindung bleiben.

Verdorrt wirken sie, greisenhaft, wie Grenzformen des Lebens, die bei lebendigem Leibe vertrocknen. Am stärksten wird dieser Eindruck in den weiten Sandwüstenflächen der Arava, die in lockerem Abstand von einer zentralasiatischen Pflanze bestanden werden, von Saksaulbüschen *Haloxylon persicum* aus der Familie der Meldengewächse: blattlose Büsche von mehr als Mannshöhe, stark verholzt, grauweiß gebleichte Stämmchen und Zweige von weidenartig zartem Wuchs, im Winde bewegte Gestalten. An diesen Büschen war überhaupt nichts Grünes zu entdecken, und doch lebten sie, blühten, trugen Früchte. Der Eindruck des Absterbens wird noch erhöht durch die großen, harten Gitterpolster des Wüstenkreuzblütlers *Zilla spinosa*, dessen untere Teile längst sandgelb abgestorben sind, wenn die spitzen Sprosse noch zartgrün und hellila überhaucht sind und eifrig blühen. Wenig später ist davon nur noch ein sparriger und stacheliger, gelber Haufen toten Strohes übriggeblieben (Tafel 15).

So reduziert die vegetativen Organe erscheinen, so auffallend ist die Tendenz zur Verholzung bei vielen dieser Gewächse. Da gibt es sogar – höchst ungewöhnlich – ein einjähriges, sehr kurzlebiges Gewächs, das verholzt, ehe es abstirbt – ein in jeder Hinsicht bemerkenswertes und auch, zumindest dem Namen nach, berühmtes Gewächs: *Anastatica hierochuntica*, die Rose von Jericho. Wir fanden diesen Kreuzblütler im steinhart ausgetrockneten Schlick eines kleinen Wadis, wo er im Winter, als der Boden vorübergehend vom Wasser durchtränkt war, keimte, Blätter bildete, blühte und fruchtete.* Davon war nichts mehr zu sehen, die Blätter waren längst

* Was bei uns in den Blumenläden als Rose von Jericho angeboten wird, ist in Wirklichkeit etwas ganz anderes, nämlich ein Moosfarn *Selaginella* aus Süd- und Mittelamerika, dessen Rosettenpolster sich, wie bei der echten Rose von Jericho, in der Trockenheit nach innen zusammenrollen und bei der Aufnahme von Feuchtigkeit wieder flach ausbreiten.

Abb. 79: Rutensträucher der Negev-Wüste und des Sinai, blattlos oder frühzeitig blattabwerfend:

A – das Resedagewächs *Ochradenus baccatus*, links beblätterter Blütentrieb, danben fruchtend und blattlos.

B – *Pithuranthos triradiatus*, ein Doldenblütler, der sparrige, binsenartige Büsche bildet; der abgebildete Jungtrieb beginnt bereits an der Spitze die (kleinen) Blätter abzuwerfen.

C – Meerträubchen *Ephedra sp.* – ein Nacktsamer aus der entfernten Verwandtschaft der Nadelhölzer.

D – Das Knöterichgewächs *Calligonum ramosum*, fruchtend.

E – Zweig der Blattlosen Tamariske *Tamarix aphylla*.

F – Stärker verkleinert und auf größere Entfernung: Ast mit blattlosen jungen Trieben und Blütenknospen des Moringa-Baumes *Moringa peregrina*.

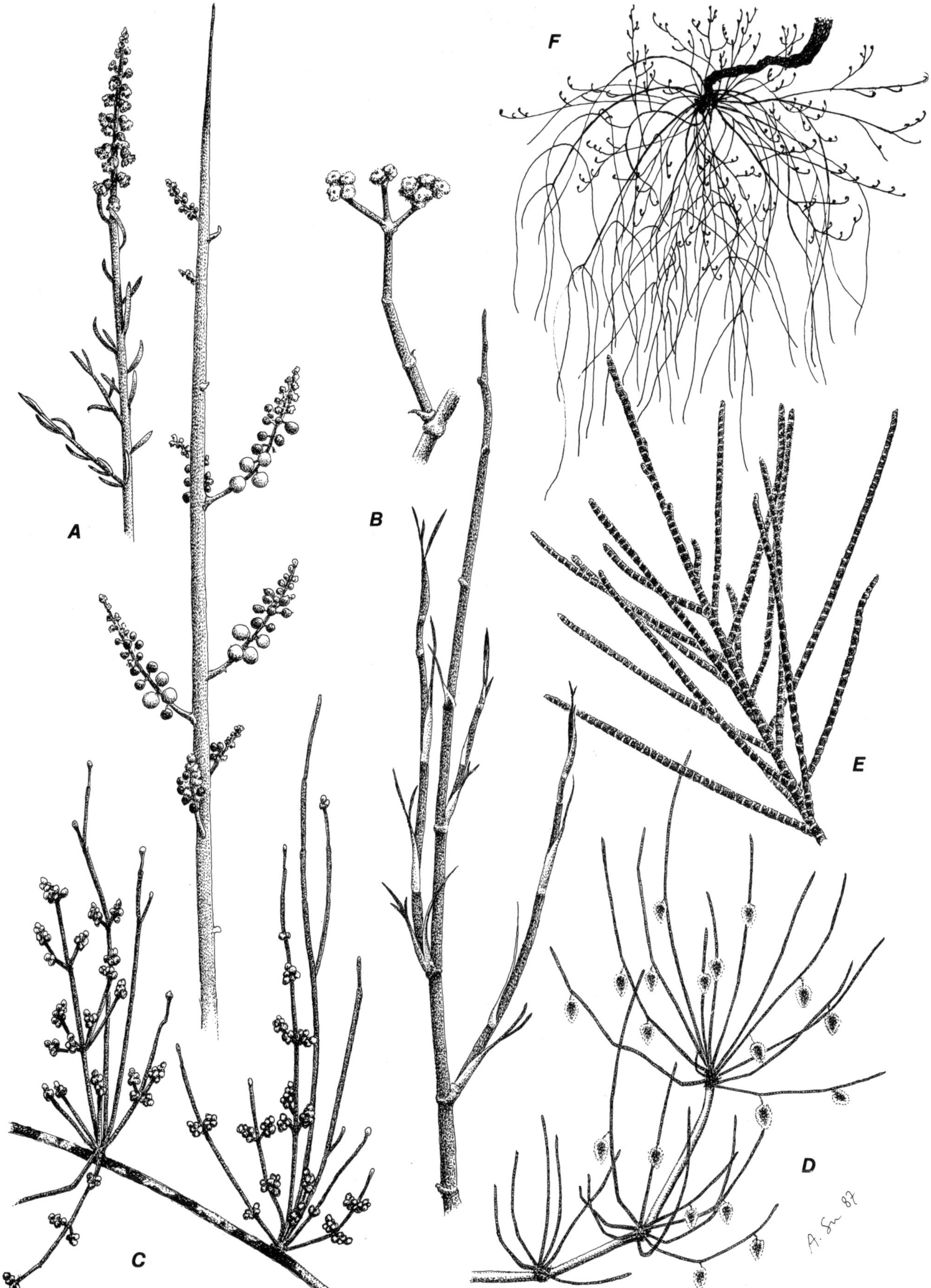
A
B
C
D
E
F

vertrocknet abgefallen, und das auf kurzem, dickem Stamm reich verzweigte Pflänzchen hatte alle seine derbholzigen Äste nach der Mitte, wie zu einer geballten Faust, zusammengezogen, ähnlich einer Möhrendolde nach dem Verblühen. Die Samen waren alle noch vorhanden und fest vom sparrigen Astwerk umschlossen. Wenn dann im nächsten Winter – oder vielleicht erst Jahre später – Regenwasser mit dem toten Skelett in Berührung kommt, saugt sich dieses voll, breitet sich dabei aus und gibt die Samen frei. In der Rose von Jericho drücken sich die Todeskräfte, die in diesen saharo-arabischen Wüsten herrschen, in besonders eindringlicher Weise aus: Leben ist nur in Ausnahmesituationen, als Grenzfall möglich, die lebensfeindlichen Tendenzen sind überaus stark, und die von der Pflanze gebildeten organischen Stoffe fallen schnell aus dem lebendigen Bereich wieder heraus, verwesen aber nicht, sondern verhärten, sklerotisieren in der Holzbildung. Die abschirmende Gebärde, die so vielen Wüstenpflanzen eigen ist und die sich darin ausdrückt, daß sich die Lebensprozesse von der Peripherie, von den Blättern, ins Innere, ins Zentrum des Sprosses zurückziehen, führt *Anastatica* im Tode, während des Absterbens durch, wenn sich die ganze Pflanze zusammenzieht, gleich einer Hand, die sich abwehrend schließt (Tafel 11).

Zwischen den Saksaulbüschen liegen immer wieder Massen scheinbar achtlos hingeworfener Früchte, so, als hätte jemand einen Korb grüner und gelber Äpfel ausgeleert. Beim Näherkommen zeigt sich, daß sie untereinander mit strohtrockenen Schnüren verbunden sind, die allesamt in einem Zentrum zusammenlaufen. Dieses kann mitunter voll dunkelgrünen Laubes sein, aus dem kleine gelbe Blütenkrönchengewächse herausschauen. Es ist die Coloquinte *Citrullus colocynthis*, ein Kürbisgewächs und naher Verwandter der Wassermelone, aber leider von gallebitterem Geschmack. Die reifen, sandgelben Früchte, zunächst noch weiß, bekommen, wie könnte es auch anders sein, eine hart verholzte Schale, die man mit einem Stein aufschlagen muß, und in der die Samen lustig klappern, wenn man die Frucht schüttelt.

Abb. 80: Kräuselblättrigkeit bei Wüstengewächsen:
A – Die Collequinte *Citrullus colocynthis*, ein (gallebitteres) Kürbisgewächs.
B – Blätter der Königskerze *Verbascum fruticulosum*.
C – Drei Wildtulpen: C_1, C_2 *Tulipa agenensis* aus lichten Macchienwäldern des Meronberglandes, Obergaliläa; Standort von C_1 in tiefem Schatten, C_2 unweit davon an trockener, sonnenexponierter Stelle; C_3 *Tulipa systola (= amblyophylla)*, Blockschutt der *Artemisia-herba-alba*-Halbwüste des zentralen Negev bei Mizpe Ramon.
D – Auch Blütenkronen können gekräuselt sein, wie bei der rosafarbenen, im Blütenzentrum weißen Levkoje *Matthiola longipetala* aus dem zentralen Negev.
Eine verwandte Erscheinung ist die spiralige Drehung der Blätter, wie sie in Abb. 70 zu sehen ist.

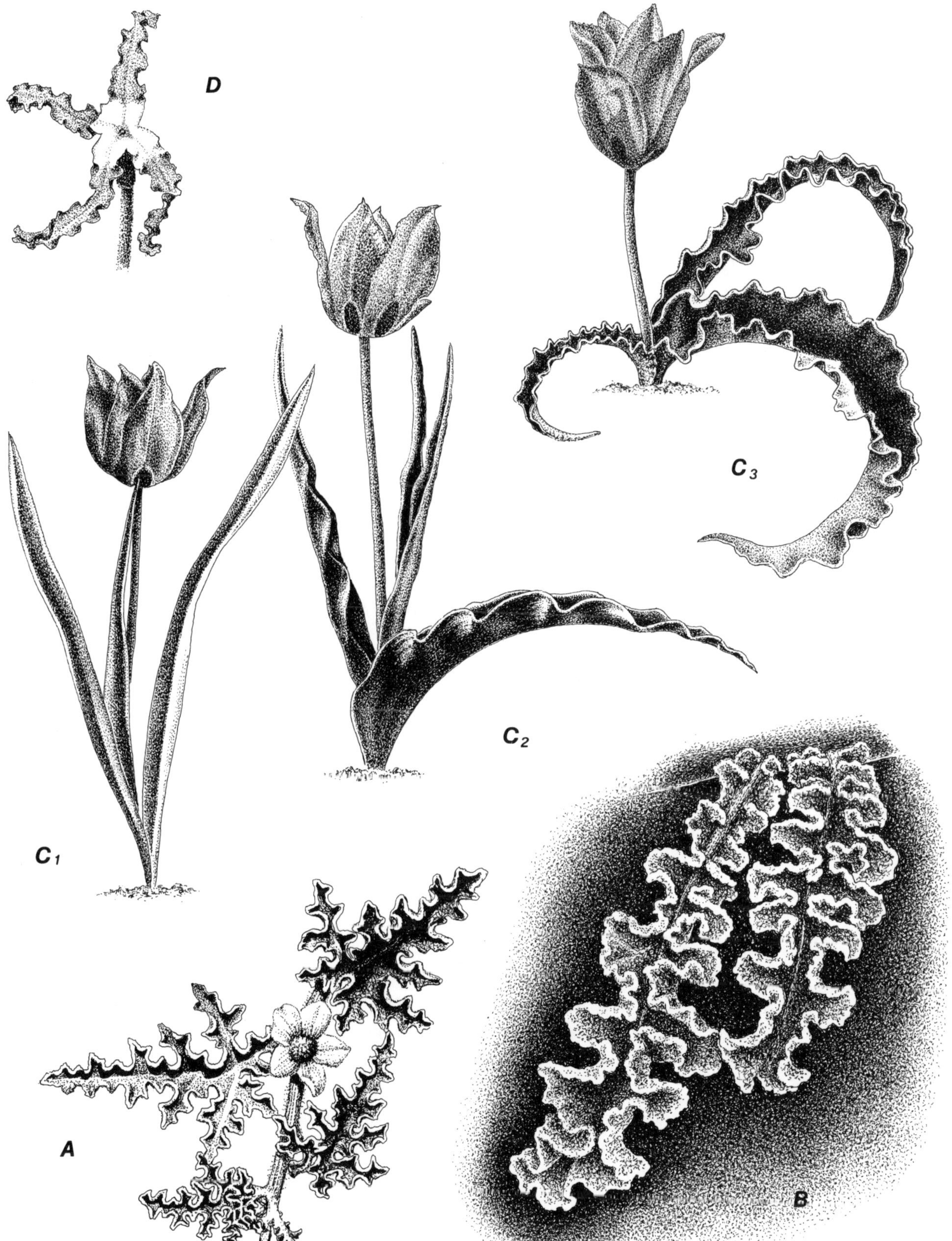
D
C3
C1
C2
A
B

Die Blätter der Coloquinte sind nicht nur für ein Kürbisgewächs sehr klein, sondern auch an ihren Rändern auf charakteristische Weise gewellt und gekräuselt. Damit haben wir eine weitere Erscheinung vor uns, die einem bei vielen Pflanzen der Wüste und Halbwüste, soweit sie Blätter haben, ins Auge springt. Da sind die roten Tulpen, deren in der Mitte zusammengefaltete Blätter apart undulierte Ränder besitzen, die gefiederten Blätter des Wolligen Salbei *Salvia lanigera* sind ebenso gekräuselt wie das Laub der Ägyptischen Flockenblume *Centaurea aegyptiaca;* einer der bezeichnendsten Korbblütler der Wüste, der ganze Wadibetten goldgelb zu färben vermag, *Pulicaria desertorum,* hat ebenso wellige Blätter wie ein kleiner Doldenblütler, *Zosima absinthiifolia* – um nur einige wenige zu nennen. Die Zahl der Arten ließe sich beliebig vermehren. Bei einer Levkojen-Art sind sogar die großen, hinfällig zarten rosa Kronblätter gekräuselt: *Matthiola longipetala.* Der Effekt ist deutlich zu erkennen, durch die Wellung liegen immer beträchtliche Teile des Blattes im Schatten, und es sind nie große Flächen, die der austrocknenden Wirkung direkter Besonnung ausgesetzt sind. Eine ähnliche Wirkung hat die starke Zerteilung der Blätter in feine Fiedern, wie es die Wermutarten zeigen, der Wollige Salbei, die vielen Kamillen-*(Anthemis-)*Arten, die feinen Fiederblättchen der Akazien oder der Lattich *Lactuca laciniata,* den wir in den Sanddünen des nördlichen Negev fanden.

Die großen Wüstenantilopen und die Strauße, die noch bis ins letzte, vielleicht sogar noch bis in den Anfang dieses Jahrhunderts in den weiten Sanddünengebieten der Arava zwischen dem Toten und dem Roten Meer vorkamen, kann man auch heute noch, und das ist keine Fata Morgana, gar nicht weit entfernt von dem Akazienhain beobachten, in dem wir uns aufgehalten hatten. Draußen in der offenen Ebene der breiten Talsohle ist ein großer Wüstenstreifen, von Salzpflanzen und Tamarisken locker bestanden, zum Zentrum der Wiedereinbürgerung der ausgerotteten großen Pflanzenfresser geworden: das Schutzgebiet von Hai Bar. Löwen und Geparden wird man nicht mehr zurückbringen können – die Bewohner der umliegenden Kibbuzim wären wohl nicht sehr erbaut – aber die Antilopen, Wildesel und Strauße finden hier freien Lebensraum. Das Unternehmen kann gar nicht hoch genug eingeschätzt werden, gelingt es doch auf diese Weise, Tierarten, die in der Wildnis bereits ausgerottet sind oder kurz vor dem Aussterben stehen, buchstäblich in letzter Minute zu retten. Daß so etwas möglich ist, beweisen frühere ähnliche Aktionen mit dem europäischen Wisent, dem amerikanischen Bison und dem Alpensteinbock.

Die kostbarste Tierart, die hier in einer großen Herde lebt, ist die weiße Oryx *Oryx leucoryx,* einst weit über die Wüstengebiete Arabiens, Palästinas und Syriens verbreitet. Kurz vor ihrer Ausrottung wurden die letzten Überlebenden in Saudi-Arabien eingefangen, und es wurde der Versuch unternommen, in großen Freigehegen – z. B. im Zoo von San Diego in Kalifornien – Zuchtgruppen aufzubauen. Sieht man die erstaunlich große Herde von Hai Bar und die vielen trächtigen Tiere darin, werden wieder Hoffnungen auf ein Überleben geweckt.

Neben der weißen Oryx werden noch zwei weitere nahe Verwandte, im Aussehen und, wie uns schien, auch im Verhalten außerordentlich voneinander abweichende Großantilopen gehalten, deren Schicksal in der Natur ebenfalls in Kürze besiegelt sein

wird: die Säbel- und die Addax-Antilope *(Oryx dammah* und *Addax nasomaculatus*, Tafel 14). Dazu gesellen sich die fahlbraunen, etwas dickköpfigen Halbesel oder Kulane *Equus hemionus* und die hinreißend schönen Somali-Wildesel *Equus asinus somalicus*, aufs äußerste bedroht auch sie, als Ersatz gewissermaßen dienend für den Nubischen Wildesel *Equus asinus africanus*, der hier einstmals lebte und wohl inzwischen vollständig ausgerottet ist. Daß Esel anmutige, ja elegante Geschöpfe sein können, deren Proportionen harmonischer erscheinen als die der gestauter, gedrungener, dickköpfiger wirkenden Wildpferde und Pferdeesel, mag erstaunen; es ist gewiß ein subjektiver Standpunkt, aber im Umgang mit höheren Tieren, mit Säugetieren, hat schon immer, neben den eher «objektiven» Gesichtspunkten von Nutzen und Schaden oder den Anforderungen an ihre Leistungen, das Subjektive, das Schönheitsempfinden, Sympathie und Zuneigung eine entscheidende Rolle gespielt.
Schlanker und hochbeiniger wirken die Wildesel, auch die Köpfe sind weniger klobig und nicht so ramsnäsig wie beim Wildpferd. Besonders apart ist die blaugraue Fellfärbung mit leicht rötlich-violettem Schimmer, in markantem Kontrast zum weißen Bauch und den auffällig schwarzweiß getigerten Läufen. Wieder begegnet uns das Wüstenkolorit Schwarzweiß, angedeutet nur und, wie beim Nubischen Steinbock deutlich erkennbar als Konzentrierung des dunklen Pigmentes auf Randgebiete des Körpers, im Gegensatz zu seiner diffusen Verteilung und damit Aufhellung in den übrigen Körperbereichen. Außerdem ist die Nähe zum Zebra deutlich, die auch eine geographische ist: das Verbreitungsgebiet dieser südlichsten Wildeselrasse überlappt sich im Horn von Afrika mit dem Vorkommen des Grevy-Zebras *Equus grevyi*.
Von den drei Wüstenantilopen machte uns die Addax-Antilope den rinderartigsten Eindruck – behäbige, gemächliche Tiere, Phlegmatiker. In der spiraligen Windung ihres Gehörnes drückt sich eine gewisse Stauchung aus, anders als bei den antennenartigen, unverhältnismäßig langen, leicht nach hinten und außen gekrümmten Spießen der Säbelantilope, die den Eindruck größerer Umkreisoffenheit vermitteln. Tatsächlich erscheinen diese Tiere nicht nur graziler, sondern auch nervöser, sinnesbetonter. Die Weiße Oryx dagegen sahen wir nur in abgeschirmten Gehegen, zu denen es keinen Zutritt gab. Sie machten einen scheuen, noch wacheren, ja aggressiven Eindruck – wozu die starke Kopfbetontheit mit der markanten schwarzweißen Gesichtsmaske, den schwarzweißen Ohren, den schwarzen Füßen und den mächtigen Speerhörnern gut zu passen schien – bei ihr tritt in verstärkter und akzentuierter, ja auf die Spitze getriebener Weise in der optischen Kopf- und Gesichtsbetonung auf, was wir beim Augentier Gazelle an früherer Stelle beobachteten. Merkwürdig wirkt die weiße Tracht mit den schwarzen Musterelementen an den peripheren Zonen des Körpers – an der Schwanzquaste, den Läufen, am Kopf, den Ohren, den Hörnern (vgl. Abb. 61). Es ist eine Wüstenfärbung, kein Zweifel, denn die südlich an die Wüste anschließenden, durch die Savannengebiete Afrikas bis in die Kapregion verbreiteten Verwandten der Oryx-Antilope sind nicht weiß, sondern grau – bis auf die genannten Randbereiche oder «Außenposten» des Leibes, die ebenfalls eine auffallend schwarz-weiße Musterung tragen. Und dennoch ist es bei der Weißen Oryx nicht die «sympathische» Wüstenfärbung, wie sie die Addax- und besonders die Säbel-Antilopen in ihrer hell sandbraunen Tracht vorführen, die auf

den Schultern dunkler abgeschattet und auf der Kruppe besonders aufgehellt ist, so daß sich die Tiere, wenn sie gemessenen Ganges dahinschreiten und dem Beobachter ihre schmalen Hinterfronten zukehren, vom hellen Wüstenboden in nichts unterscheiden. Füße, Gesicht und Schwanz erscheinen nicht dunkler als der übrige Körper, und die Hörner, deutlich heller als bei der Weißen Oryx, sind infolge ihrer Bogenkrümmung von hinten kaum zu sehen.

Das Weiß des Leibes und das nach außen, in den Umkreis gerichtete Schwarz der Oryx dürfte hingegen in den Bereich der «antipathischen» Trachten gehören, derjenigen also, durch die sich das Tier aus der Umgebung heraussondert und sein Eigensein betont (vgl. S. 142ff.). Dazu paßt, daß die langen und sehr massiven schwarzen Speere wie bei keiner anderen Antilope gefährliche Waffen sind, die nicht nur im ritualisierten Rivalenturnier, sondern auch bei der Abwehr angreifender Raubtiere erfolgreich eingesetzt werden, gegen Hyänenhunde und sogar Löwen.

Längst ist nicht mehr alles Wildnis in der Arava, wie uns der abendliche Blick vom Grabenrand hinab glauben ließ – immer wieder stoßen wir auf ausgedehnte Kibbuzim, deren Wohnsiedlungen nahe dem Grabenrand liegen – als ob sie dort Schutz suchten (was auch der Fall sein dürfte), während die Felder unten in der Ebene gegen die jordanische Grenze hin gelegen sind. Es sind Bewässerungsoasen, Dattelpalmenhaine und Getreidefelder, die letzteren wirken in ihrem saftigen Grün so grell, so fremd in der sandgebleichten Umgebung, daß es dem Auge fast weh tut. Die jordanische Grenze ist nahe, sie verläuft keineswegs in der Mitte der Talsohle, sondern größtenteils so, daß der israelische Teil der schmalere ist. Drüben auf der anderen Seite ist nichts, keine Siedlung, kein Acker, keine Oase. Nur Wüste.

Die Arava ist auf merkwürdige Weise ein «Anti-Tal», in allem entgegengesetzt dem, was üblicherweise ein Tal kennzeichnet, Antipode besonders der beiden klassischen, kulturgeschichtlich so hochbedeutsamen Tallandschaften, die zu Zentren von Weltkulturen wurden, die es weitläufig einrahmen und die von ihm so unerbittlich getrennt und gesondert werden, daß beide in früheren Zeiten nur auf großen Umwegen miteinander in Verbindung treten konnten: das Niltal auf der einen, die Tiefländer von Euphrat und Tigris auf der anderen Seite. Und die Arava ist es auch, die mitsamt den flankierenden Wüstengürteln von Süden her einen tödlichen Keil zwischen die beiden Hörner des «Fruchtbaren Halbmondes» treibt.

Ob es den heutigen Bewohnern der Arava gelingen wird, das «Anti-Tal» in ein echtes Tal und in einen blühenden Garten zu verwandeln? Die Anfänge sind ja gemacht, aber noch sind es einzelne Oasen, die Wüste überwiegt bei weitem. Und es wäre auf jeden Fall zu hoffen, daß genügend große und weitläufige Gebiete übrigbleiben, in denen sich die einzigartige Tier- und Pflanzenwelt dieser Region frei entfalten kann, eine durch die großen Wüstenantilopen, durch Wildesel und Strauße ergänzte und regenerierte Natur; es könnte zu einem einzigartigen Nebeneinander von unberührter Natur- und intensiv bewirtschafteter, dicht besiedelter Kulturlandschaft kommen und damit den Beweis erbringen, daß beides mit- und nebeneinander zu existieren vermag.

Saharische Landschaften an der Sinai-Küste

Neue Elemente treten im Landschaftsbild auf, je weiter wir die Arava nach Süden in Richtung auf das Rote Meer – ja, tatsächlich: hinauffahren. Der Rand des Grabenbruches verändert seinen Charakter, die geschlossene Mauer, die uns südlich der Oase von Yotvata lange Zeit begleitete, löst sich auf und führt in weite Tallandschaften hinein, deren Hänge nicht mehr aus hellen Kalkschichten bestehen, sondern aus älterem Nubischem Sandstein, der in warmen bräunlich-purpurnen Tönen herüberleuchtet. Dort drüben liegt Timna mit seiner dramatischen Felswüstenlandschaft, mit Gesteinsbastionen, die an verfallene Kreuzritterburgen erinnern, malerisch zwischen Schirmakazien gelagert, gigantische Türme und Burgen, Mauern, durch deren Fenster der Himmel hindurchblickt, Wandelgänge und schwindelerregende Balkone und Simse, alles aus orangefarbenem violettem, rotbraunem oder zartrosafarbenem Sandstein; der feine Sand am Fuß der Wände ist lila und blauviolett. An manchen Stellen hat sich durch die Tätigkeit des Wassers der Kalk, der die Körner des Sandsteins verkittet, herausgelöst, ist mit dem Wasser die Wände herabgeflossen und hat sich dabei wieder verfestigt, die eigenartigsten Reliefs erzeugend, herabhängende Tropfenformen zwischen den einzelnen horizontalen Simsen, die wie figürliche Darstellungen aussehen und an überladene Hindutempel erinnern. Da und dort liegen leuchtend grüne Malachitbrocken herum. Hier steht Kupfer an, das seit altägyptischen Zeiten abgebaut wird, Ritzzeichnungen von Gottheiten in den rötlichen Wänden künden davon.

Nirgendwo zeigte sich der Storchenzug so eindrucksvoll wie in Timna. Wir standen erhöht auf einer Felsbastion, es war später Morgen, die Störche tauchten von Süden her auf, anfangs noch weit entfernt, und mit bloßem Auge hielten wir das lange Band, das nicht abreißen wollte, zunächst für eine Rauchwolke. Es waren Tausende. Als sie sich näherten, löste sich der einheitliche, langgestreckte Riesenschwarm in einzelne Gruppen von jeweils mehreren hundert Vögeln auf, welche nun in engeren und weiteren Spiralen umeinander zu kreisen begannen, immer höher steigend und schließlich über unsere Köpfe hinwegdriftend in nordnordwestlicher Richtung, hinauf zu den Plateaus der Negevwüste. Gleichzeitig war der Himmel erfüllt von Hunderten kreisender und langsam in die gleiche Richtung abschwimmender rötlichbrauner Falkenbussarde und Schwarzer Milane.

Wer nach Elat will, dem sei empfohlen, nach dem Durchfahren von Yotvata südlich des Hai Bar-Geheges auf die alte Straße auszuweichen und zwischendurch ein bißchen kreuz und quer den Pisten zu folgen. Die jordanische Grenze bemerkt man an einem einfachen Stacheldrahtzaun. Eine abwechslungsreiche, von Salzbüschen bewachsene Sandwüstenlandschaft erstreckt sich in einer weiten Ebene, Gazellen stehen neben der Piste oder flüchten in weiten Sprüngen, Raubadler sitzen in den Kronen einzelner Schirmakazien. Mit einem Mal, afrikanischer kann es kaum noch werden, steht man vor einer hohen, ganz frei stehenden Gruppe schlanker, bogenstämmiger, gabelig verzweigter Dum-Palmen *Hyphaene thebaica* und hat damit den nördlichsten Standort dieser für die Sahelzone des Sudans, für Oberägypten und von dort aus bis ins tropische Ostafrika so überaus bezeichnenden Baumgestalt erreicht. Verzweigte Palmen sind Ausnahmen, aber sie sind typisch für die Gattung *Hyphaene*, die Stämme biegen sich anmutig im Wind, und die harten Wedel der Wipfelschöpfe rascheln trocken. Jungwuchs gibt es in der Umgebung, die Blattschöpfe sind schon so groß wie bei den Alten, nur der Stamm fehlt noch, die mächtige Blätterkugel sitzt auf dem Boden auf (Tafel 15).

Wenig später erreichen wir den Rand von Elat, weite landwirtschaftliche Kulturen breiten sich aus, und ein Dattelpalmenwald nimmt uns auf, wie das Innere einer maurischen Moschee, mit seiner Vielzahl von feingegliederten Säulen und den leicht gerundeten Spitzbögen, die von den herabhängenden Wedeln gebildet werden. Von den «Kapitellen» der Säulen leuchten die goldgelben Blütenstände wie Garben von Sonnenlicht. Gefiltertes, meergrünes Licht dringt hinab zum Boden, eine eigenartig unwirkliche Stimmung erzeugend, weder Licht noch Schatten, sondern beides in inniger Durchmischung, als sei man hinabgetaucht ins Wasser, unterhalb der sonnenbeschienenen Oberfläche.

Trotz ihrer starren Stämme wirken diese fiederblättrigen Palmen weicher als die doch viel schlankere Dum-Palme mit den Fächerblättern. Fächerpalmen wirken «gefrorener», verhärteter – man denke an die Zwergpalme des Mittelmeergebietes oder an die japanische Zwergpalme, die man mitunter bei uns in Kalthäusern hält und die schon an den oberitalienischen Seen im Freien gezogen wird. Und den Inbegriff der biegsamen, überschlanken, weichen, ganz dem Wind und seinen Bewegungen hingegebenen Palme stellt bezeichnenderweise eine fiederblättrige Art, die Kokospalme dar. Diese Bewohnerin heißer äquatorialer Küsten dürfen wir hier natürlich nicht erwarten. Und doch finden wir sie, so unglaublich es klingt, in einem einzigen Exemplar, inmitten wuchernder Wildnis, in En Gedi am Toten Meer, allerdings nicht in den üppigen tropischen Gärten des neuen Kibbuz, sondern im verwahrlosten, halb aufgegebenen Gelände der alten Anlagen.

Elat? Laßt uns ein Loblied singen auf seine wunderbare Lage! Man klettere hinauf auf die kahlen Felsen über der Stadt und schaue über die tropische Meeresbucht in ihrer unbeschreiblichen Farbenfülle, dem tiefen Ultramarin, Azur und Meergrün ihres Wassers, den Pastelltönen der roten und gelben Gebirge drüben am jordanischen und anschließenden saudi-arabischen Ufer. Gegenüber die Stadt Akaba, wie eine Handvoll heller Salzkristalle am Ufer und ein Stück weit die Hänge hinauf hingeworfen. Mächtige weiße Schiffe liegen draußen vor Anker. Ein Weißbauchtölpel *Sula leucogaster* (welch dummer, unpassender Name!), der wohl bei Tiran, wenn nicht noch weiter südlich auf einer Koralleninsel brüten mag, zieht im schwerelosen Flug hoch über das Wasser dahin, kippt ab, legt die Flügel an und saust wie ein Geschoß in das hoch aufspritzende Wasser. Hat er den Fisch gekriegt? Ja, er hat ihn!

So breit der Platz ist, den Akaba zur Verfügung hat, so eng muß sich Elat in einen kleinen Winkel drängen. Was muß da alles Platz haben: eine Landepiste, die Flugzeuge kommen unmittelbar vor der Hauptstraße mitten in der Stadt zum Stehen; die üblichen Badehotels von gewohnter architektonischer Phantasielosigkeit und Gigantomanie für die ausländischen Touristen (optische Umweltverschmutzung in großem Stil), ein Ölhafen mit Pipeline (Fotografieren strengstens verboten), ein

Abb. 81: Bizarre Burgen, Zinnen und Türme, Verwitterungsformen des Nubischen Sandsteins in der Felswüste von Timna.

Abb. 82: Überraschende Begegnung in der Oase von Elat: seit einer Reihe von Jahren hat das zierliche Kaptäubchen *Oena capensis* – kleiner noch als Amsel und Star, aber mit überlangem Schwanz – ein im ganzen tropischen Afrika häufiger Vogel, von der saudiarabischen Küstenregion her die südliche Arava besiedelt; die nordwärts gerichtete Wanderung tropischer Elemente innerhalb des Grabenbruches hält also noch immer an. Vorne das unscheinbare Weibchen, hinten das auffällig schwarzmaskierte Männchen. Elat, 7. März 1987.

Container-, ein Fischereihafen. All das bildet ein gesichtsloses Durcheinander von Beton, offensichtlich aus dem Boden gestampft ohne jegliches Empfinden dafür, daß architektonische Schönheit kein Luxus ist, sondern Voraussetzung dafür, daß man sich wohl fühlt. Aber wo weiß man das heute schon?

Und doch ist Elat eines der sympathischsten Städtchen, das es gibt – wegen seiner Bewohner. Da gibt es keine protzigen Villen auf der einen (oberen), und elende Hafenquartiere auf der anderen (unteren) Seite, hier herrscht weder großer Wohlstand noch Elend und Armut – die Menschen leben, wie fast überall in diesem Land, einfach und bescheiden. Für einen beliebten Badeort fehlt wohltuend die Schicht der dandyhaften Schickeria, die portiermäßige Arroganz der Kellner, das Begaffen und sich zur Schau stellen, die institutionalisierte Langeweile der flanierenden Nichtstuer. Nein, die Menschen, die hier leben, arbeiten, und die Erholungsuchenden sind junge Leute, die über das Wochenende nach Elat trampen, Studenten, Kibbuzmitglieder, Soldaten auf Urlaub, Familien mit Kindern, Menschen also, denen man anmerkt, daß sie in der Woche hart arbeiten und die nüchtern, sachlich, einfach sind. Um indes nicht der Schönfärberei verdächtigt zu werden, sei gesagt, daß wir auch unsympathischen Leuten begegneten, den beiden Polizeibeamten etwa, die augenscheinlich zu faul und zu gleichgültig waren, unsere Frage zu beantworten, wo die Field-School von Elat zu finden sei. Wir entdeckten sie dann von selber auf Anhieb am südlichen Ortsausgang, wo sie nicht zu übersehen war. Und wo wir dann wieder, wie so oft, mit der gewohnten selbstverständlichen Hilfsbereitschaft aufgenommen wurden. Das Schönste aber war, daß sich gerade gegenüber der Strand befand, wenn auch eingezäunt und mit einem flachen laubenartigen Gebäude verunziert, das wir zuerst für ein Strandbad hielten, bis wir merkten, daß wir es mit einem Naturschutzgebiet zu tun hatten. Einem ganz einzigartigen, einem, das – mag man Elat nun schön finden oder nicht – den Ort zu einem Juwel macht, zu einer Attraktion erster Ordnung. Am Schalter des «Strandbades» kann man sich nämlich Schnorchel und Taucherbrille leihen, und wenn man dann ins Wasser steigt, befindet man sich sofort und übergangslos in einer traumhaften Märchenlandschaft, in Korallengärten von solch reicher Pracht, daß sie denjenigen des Indischen Ozeans in nichts nachstehen, gehören sie doch bereits dazu – das Rote Meer ist schließlich nichts weiter als ein Arm, eine Bucht des Indik.

Korallen in allen Farben und Formen und die grellbunte Fülle der Papageien-, Schmetterlings- und Picassofische, der Zackenbarsche und Rotfeuerfische, deren Farbenpracht und Trachtenvielfalt auf dem Festland nur von den buntesten der Tropenschmetterlinge erreicht werden. Eine Traumwelt, die sich da auftut, eine Welt überquellenden Reichtums – welch unglaublicher Gegensatz zur tödlichen Öde der steinigen Felswüste auf dem umgebenden Festland! Der Spiegel des Meeres, seine Oberfläche ist eine unübersteigbare Grenze, zwei Reiche voneinander trennend, die nichts miteinander gemein haben, die unterschiedlicher sind als die gegensätzlichsten Weltgegenden. Das stimmt – und stimmt auch nicht. Richtig ist es vor

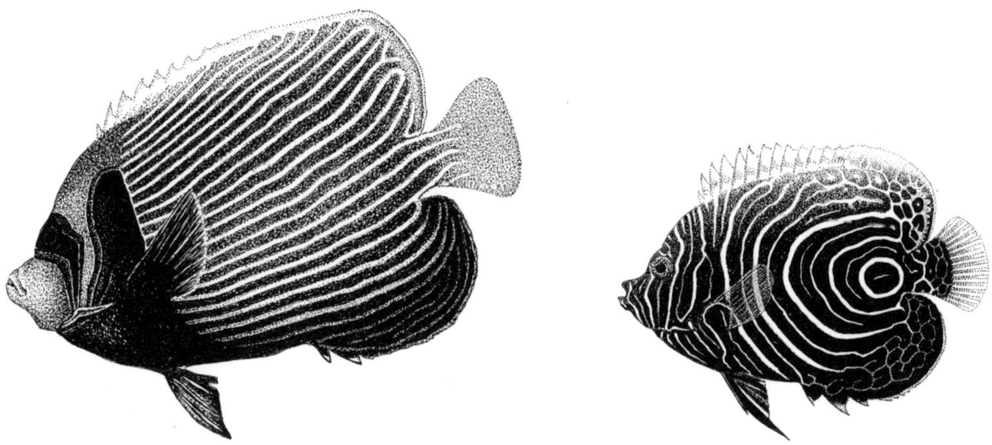

Abb. 83: Linien und Bänder des Sonnenlichts als Zeichnungselemente der Korallenfische. Alttier (links) und Jugendform des Kaiserfisches *Pomacanthus imperator*.

allem in einer Beziehung – in der zeitlichen; man taucht im Meer in eine Welt ein, in der uralte Lebensformen vorherrschen, aus jenen urfernen Epochen, in denen sich das Leben ausschließlich im Wasser, im Meer abspielte und das feste Land noch nicht erobert und wohl von ähnlich wüstenhaftem Aussehen war wie die heutige Fels- und Sandwüste um das Rote Meer. Auch wenn die grellbunten Korallenfische junge, «moderne» Entwicklungsstufen der Wasserlebewesen darstellen, so haben sie doch immer noch die alte Lebensweise beibehalten, sie lassen sich von ihrer Umgebung tragen, schmiegen sich ihr in jeder Bewegung an, sind ganz und gar von ihr geformt; bis in ihre leuchtenden Farben und die oftmals so «abstrakt» wirkenden Muster, die nicht nur die Fische, sondern auch viele Schneckengehäuse zeigen: es ist das Spiel des Lichtes in der warmen, durchsonnten Oberflächenzone, wo die Licht- und Schattenlinien als bewegte Bänder, als hin- und herhuschende Wellenlinien und Girlanden über die Zacken, Vorsprünge und Mäander der Korallen huschen. Diese Welt kennt noch nicht die Auseinandersetzung mit der Schwere, die zum zentralen Evolutionsmotiv auf dem Festland wird, wo, bedingt durch den Wegfall der tragenden Wirkung des umgebenden Mediums, das eigene Gewicht den Körper nach unten zieht. Die Aufrichtung als eigene Leistung, als Widerstand gegen die herunterziehende Schwere, wird zum Leitmotiv bei Landpflanze und -tier. Der Drang, in den Luft- und Lichtraum hinauf zu gelangen – er führt zur Sonderung von den Kräften der Umgebung, zur Ausgestaltung einer eigenen Sphäre, zur Emanzipation und Autonomie – zuerst des Wasser-, dann auch des Wärmehaushaltes – und zur Ausbildung eines immer differenzierteren seelischen Innenlebens, das dann nicht mehr, wie noch bei den wechselwarmen Tieren, der wärmenden Anregung von außen bedarf. Zunehmend werden damit Bereiche entwickelt, die sich, losgelöst von der Stimulierung durch die Umwelt, im Zusammenspiel zwischen den Individuen auftun, in den Sozialbeziehungen innerhalb der Tiergemeinschaften.

So muß man denn auch als Mensch, will man in diese uralte Welt eintauchen, erst einmal seine Errungenschaften als Landwesen aufgeben: im Wasser kann man nicht aufrecht stehen! Man muß sich ihm hingeben, sich in seinen Bewegungen den Eigenbewegungen des Wassers anschmiegen und sich in sie einstimmen. Sinne, deren Tätigkeit wir auf dem Lande kaum beachten, weil sie so dumpf sind – die

Tafel 21
Unten: Jericho-Nektarvogel an seinem Beutelnest, die Jungen gieren nach Futter. Aufnahme Y. Eshbol. Darüber ein anderes Exemplar, das sich im Garten der Field School von En Gedi als Nektardieb betätigt: da die Röhrenblüten wegen ihrer Länge für den Vogel nicht zugänglich sind, sticht er sie unten an der Basis an; zur Bestäubung kommt es dadurch allerdings nicht. Daneben die viel kleineren scharlachroten Blüten von *Loranthus acaciae* aus der Familie der Mistelgewächse, die auf den Nektarvogel als Bestäuber angewiesen sind. Staubblätter und Narbe ragen so weit aus der Blüte heraus, daß sie die Stirn des Vogels berühren, wenn dieser den Schnabel in die enge Blütenröhre streckt. Für Insekten bietet sich kein Sitzplatz auf der Blüte, da die Kronblätter eingeschlagen und umgerollt sind; damit stellen sie umgekehrt für den Vogel keine Behinderung dar. Aufnahmen A. Suchantke.

«niederen» Sinne, wie etwa der Tastsinn – werden plötzlich beherrschend: das Spiel des Wassers in unendlichen Nuancen am ganzen Körper; und es läßt sich nicht unterscheiden, was man denn nun erlebt – den eigenen Körper oder die Bewegungen des Wassers – beides ist ein und dasselbe, ist wie ein Nachklang uralten Einsseins mit der Umgebung – die es noch gar nicht gibt, weil Ich und Umwelt eins, ein und dasselbe sind: Ungeborenheit. Daß sich dabei auch das eigene Bewußtsein verändert, merkt man freilich erst, wenn man das Wasser wieder verlassen hat. Man gerät in Stimmungen, die dem Träumen verwandt sind, und verschmilzt empfindend und erlebend in sinnlicher Intensität viel stärker mit dem Wahrgenommenen als auf dem festen Land, wo doch immer die Situation des distanzierten Gegenüberstehens erhalten bleibt. Taucht man tiefer hinab und beachtet dabei nicht bestimmte Verhaltensregeln, dann kann es passieren, daß die Traumwelt die Oberhand gewinnt und man in wirre Wahnwelten völliger Selbstaufgabe hineingezogen wird: der Tiefenrausch stellt sich ein.

Und sie stimmt auch wieder nicht – die Behauptung nämlich, wir hätten es mit getrennten Welten ohne jede Brücke zu tun. Das zeigen schon die Farben. Beide Welten sind voller Farbe, es sind ein und dieselben Farben, wenn auch von gänzlich verschiedener Qualität.

Auf dem Land, im Wüstengestein sind es zarte, unwirkliche Farben, die wie darübergehaucht scheinen. Wir wurden ja an früherer Stelle schon mit dieser Erscheinung konfrontiert – Farbenschleier in wechselndem Licht, immer wieder andere, hinter denen die festen Konturen unwirklich werden und sich entmaterialisieren; kommt man in die Nähe, greift man sozusagen danach, dann sind sie verschwunden. In den Fischen des besonnten Riffs, in den bunten Schnecken und Korallengärten hingegen sind diese Farben körperlich geworden, verdinglicht geradezu, und damit in gewissem Sinne auch starr. Auf dem Lande hätten wir dasselbe vor uns, träte dort das Wasser hinzu. Dann könnten sich die Farbenschleier, die über dem toten Gestein und Felsen schweben, in einer zwischen beiden vermittelnden Schicht, in der Schicht des Lebens, des Pflanzenwuchses miteinander verbinden – in der Schicht des Lebens, in der die mineralische Sphäre ebenso integriert ist wie die Welt des Lichtes: eine vielfarbige Welt bunter Blüten und der farbigsten Schmetterlinge und Vögel würde entstehen.

All das wird einem auf eindrücklichste Weise vorgeführt, dringt man von Elat aus in das steil zum Meer abfallende, wild bewegte Bergland ein, folgt man etwa dem zerklüfteten Wadi Taba, das südlich von Elat in den Golf von Akaba mündet und das jetzt, Anfang April, in hochsommerlichem Hitzeglast völlig ausgedörrt daliegt. Eine Welt erstarrter, toter Wildheit und härtester Formen nimmt uns auf, aber auch hier entstehen, wo das Sonnenlicht hingelangt, verwirrende Mosaike zartesten Farbenspieles, die sofort erlöschen, wenn die Felsbastionen ihre Schatten darauf werfen.

Tafel 22
Smaragdspint vor seiner Nisthöhle auf einem fruchtenden Zweig von *Nitraria retusa*, im Schnabel eine Hornisse *Vespa orientalis*. Aufnahme Y. Eshbol.

Schweigen ist über alles gebreitet, und die Sonne sengt mit saharischer Glut auf die Felsen. Große Steine liegen herum, die wie Brotlaibe in Scheiben zerschnitten sind, gespalten von der Sonnenglut. Hier ist alles durcheinander- und übereinandergetürmt, helle Kreideschichten wechseln mit bizarr ausgewachsenen und verwitterten Türmen und Tischen Nubischen Sandsteines, gelbe und rosa Mergelschichten flankieren die Wände einer trockenen Klamm; Massive von rötlichem Sinaigranit sind dazwischengeschoben, das Gestein ist bröckelig und zerkrümelt in den Händen. Die Silhouette eines Steinbockes hebt sich für einen kurzen Augenblick gegen den Himmel ab, mächtige Bogenhörner und ein langer Bocksbart zeichnen sich ab, und dann ist der Faun schon wieder verschwunden. Wovon er und seinesgleichen wohl leben mögen? Wir entdecken in dieser leblosen Mondlandschaft keine Pflanze, – doch, da unten, im knochentrockenen Wadibett steht eine einsame, kleine Dornakazie, die einzige weit und breit, und wir entdecken sie auch nur durch Zufall, denn ihr schütteres graugrünes Laub wird vom Geflirr der weißen Dornen optisch aufgelöst und verwischt; es sondert sich aus dem Grau des umgebenden Gesteines nicht heraus. Kleine Jerichorosen stehen daneben, längst abgestorben und zur abwehrenden Faust geballt, ein großer, gelb vertrockneter Busch des Wüstenkreuzblütlers *Zilla spinosa*, die sparrigen Ruten von *Ochradenus* in ein oder zwei Exemplaren, das ist alles. Aber es gibt andere Wadis und Felspartien außerhalb unseres Blickfeldes, wo sich spärliche Vegetation halten kann. Sonst könnten auch die Steinböcke hier nicht leben.

Freudig werden die Begegnungen mit Tieren begrüßt, die etwas von den zarten Farben ihrer Umgebung aufgreifen, festhalten und verstärken: die flinke, koboldhafte Sinai-Agame *Agama sinaitica* mit ihrem eckigen, großen Kopf, auf den dürren und erstaunlich langen Vorderbeinen halbaufgerichtet und uns eifrig zunickend: das ganze Tier ist glänzend blau. Oder die beiden Einödgimpel *Carpodacus synoicus*, die vor uns auffliegen; seltene, schwer zu findende Vögel, zu deren Beobachtung immer eine gehörige Portion Glück gehört: wie davonfliegende Blüten blitzen sie karminrot in der Sonne auf.

Ein durchziehender Schwarzer Milan gleitet wie ein Schatten über einen Felsengrat, schwenkt gaukelnden Fluges niedrig über den Boden dahin, steigt vor dem nächsten Grat mit ein paar Flügelschlägen wieder empor und ist verschwunden. In Abständen folgen einzelne Falkenbussarde, schwerfälligeren Fluges, aber ebenso niedrig: Heimzug und Beutesuche in einem. Die wache und flinke Sinai-Agame erwischen sie sicher nicht, eher schon ein unaufmerksames Wüstenhuhn. Den König dieser Region, schon beinahe sagenumwoben, bekommen wir nicht zu Gesicht, dazu hätte wochenlange Geduld, oder unverschämtes Glück gehört. Yossi Leshem hatte es, und es gelang ihm sogar, seine Majestät zu fotografieren, wenn auch nicht eben glänzend: den schwarzen, an der Schwanzwurzel und auf dem Rücken weiß gezeichneten Kaffernadler *Aquila verreauxi*, so groß wie der Steinadler und ebenso kühn, ein Bewohner der afrikanischen Felsklippen südlich der Sahara. Er wird hier immer wieder mal gesichtet – mal sind es Alt-, mal hellbräunliche Jungvögel – und es ist so gut wie sicher, daß sein Horst irgendwo in einer Felsklippe der menschenleeren Wildnis des Sinai-Berglandes steht; gefunden hat ihn jedoch noch niemand.

Abb. 84: Die Märchenwelt der Korallenriffe im Golf von Elat. Die bizarr gemusterten und grell gefärbten Fischarten sind nur in der Umgebung der Korallenstöcke zu finden. Die Schwarmfische des freien Wassers sind dagegen von einförmig silberblauer Tracht. Unterwasser-Observatorium Elat, 7. März 1987.

Abb. 85: Der mächtige Kaffernadler *Aquila verreauxi* aus dem tropischen Afrika als heimlicher und versteckter Brutvogel der Felseinöden des Sinai.

Wadi Taba, Mündungsfächer an der Küste, Geröll aus rotem Sinai-Granit, aus abgeschliffenen, dunkler und heller braunen oder violettrötlichen Nubischen Sandsteinen, vor der Silhouette heller Kreidekalke thront majestätisch eine Dumpalmengruppe, ein ganzer Wald verzweigter Stämme, die aus dem dichten Buschwerk neuen Jungwuchses in den Himmel ragen. Ein Kamel weidet unter einer Schirmakazie, es herrscht Einsamkeit und Stille. Das Meer ist von tiefdunklem Azurblau, schwer, verdichtet, wie eine metallene Fläche liegt es da. Und die jenseitigen Küstengebirge am saudi-arabischen Ufer erscheinen in ihren zarten rötlich gelben Pastelltönen von transparenter Unwirklichkeit.
Das war 1981. Zwei Jahre später verläuft hier die ägyptische Grenze, dahinter und davor Betriebsamkeit, alles ist überflutet von Menschen – jenseits Militär und viele Baracken, davor die Menge der badelustigen Israeli, die sich früher die Küste entlang nach Süden verteilen konnten und die sich nun an dieser Stelle wie hinter einem Staudamm sammeln.

Einsamkeit und Verlassenheit nehmen zu, je weiter wir uns nach Süden bewegen. Die Straße windet sich durch wildes Bergland, umrundet felsige Buchten, kleine Inseln liegen davor, von einem hellblauen Saum flachen Wassers umgürtet. Auf einer Insel befinden sich die malerischen Ruinen einer arabischen Burgfeste aus der Kreuzfahrerzeit. Eine schneeweiße Segeljacht umrundet das Wüsteneiland (Tafel 17).

Dann geht es wieder hinunter über weite Stein- und Schotterflächen, weitläufig verteilt wachsen einzelne Schirmakazien, eine kleine Dumpalme. Auf verfallenem Gemäuer sitzt ein weißbemützter Saharasteinschmätzer und beobachtet uns neugierig.

Danach tauchen wir in die Granitwelt des Gebirges ein, eine Landschaft wilder Grate und Zacken und tief eingeschnittener Wadis, die in schwarzem Schatten liegen. Die Wildheit und Dramatik dieser Felslandschaft ist nicht etwa ein Ausdruck ihrer Jugendlichkeit, sondern, im Gegenteil, ihres hohen Alters und der Intensität der Verwitterung unter dem Wechsel von Nachtkühle und Gluthitze des Tages. Bröckelig ist alles, und klettert man irgendwo hinauf und hält sich an den Felsen fest, dann hat man die Brocken plötzlich in der Hand, oder besser: den Grus, zu dem sie sofort zerfallen. Rötliche Granithänge wechseln mit grauen und braunen; immer wieder wird der Fels durchzogen von senkrechten schwarzen Gängen, die wie Fremdkörper im Gestein sitzen, Durchbrüche, Intrusionen, die empordrangen und das Gestein kaminartig vor sich her aufschmolzen.

Eine Fahrt in immer fernere Vergangenheit ist das – zu Beginn, im Negev, waren es tertiäre und jungkreidezeitliche Ablagerungen, dann folgte der Nubische Sandstein aus dem frühen Erdmittelalter, und nun sind wir bei den Graniten des Sinai im Präkambrium angekommen, in den allerältesten Zeiten der Erdgeschichte. Nicht nur das – wir sind jetzt auch in Regionen, die zum afrikanischen Schild gehören und damit zur Landmasse des einstigen großen Südkontinentes Gondwana.

Schwarz gekleidete Beduinenfrauen folgen einer Herde schwarzer Ziegen, die temperamentvoll über das Geröll springen. Sie verschwinden allesamt hinter einer Felsbiegung, sowie wir uns nähern. Dahinter ist ein großes Lager, schwarze Zelte stehen verstreut, und bei unserem Auftauchen stürmt ein Schwarm Kinder mit Hallo und fröhlichem Jagdgeschrei auf uns los, im Nu sind wir umringt, tausend Hände und Händchen greifen nach uns, fassen alles an und greifen in alles hinein, wir kommen uns vor wie Bäume, die von Wanderheuschrecken überfallen werden; zum Glück gelingt uns etwas, was Bäume nicht können, nämlich zu fliehen.

Wovon, in Gottes Namen, leben die Ziegen nur: jede Pflanze ist eine freudig begrüßte Ausnahmeerscheinung! Am meisten berührte uns ein Bäumchen der großen Lederblättrigen Kaper *Capparis cartilaginea,* die an völlig wasserloser Stelle aus einer granitenen Felswand in saftigstem Grün herauswuchs – die aber sicherlich mit tiefen Wurzeln durch die Spalträume des durchgewitterten Gesteins zu Wasseradern vordrang.

Da und dort krümmt sich in einem schmalen Wadibett eine kleine Dornakazie. Auf einer großen hergewehten Sanddüne steht ein einsames Retamginsterbäumchen. Immer wieder heller Sand, Felsritzen weiß markierend, Senken ausfüllend und die

Abb. 86: Dattelpalmengruppe beim Beduinenlager Nabq an der südlichen Sinai-Küste. Im Hintergrund die Insel von Tiran.

ansteigenden Hänge hinauffließend: angeweht aus entfernteren Gebieten des sandigen Westens und Nordens der Halbinsel. Weiter im Süden werden dann die Gebirgskämme niedriger, aber keineswegs weniger wild und scharfkantig gezackt. Die Wadis weiten sich zu flachen, ausgedehnten Sand- und Schotterebenen. Der rosafarbene Boden ist mit goldenen Teppichen ausgelegt, ein Blütenmeer von Millionen goldgelber Köpfchen auf kugelrunden Büschen, jeder für sich und durch einen kleinen Abstand vom Nachbarn getrennt: *Pulicaria desertorum,* ein Wüstengewächs, das sofort überall auftaucht, wenn irgendwo reichlich Regen während eines Gewitters niedergegangen ist. Die gleichen Stellen können jahrelang völlig tot und ohne jeden Pflanzenwuchs sein, wenn sie von den lokalen Regenfällen, die zeitlich und örtlich wechseln und daher völlig unvorhersagbar sind, ausgespart bleiben. Die Samen ruhen so lange, bis sie irgendwann einmal zum Leben erweckt werden.

Niemand käme während der Trockenheit beim Überschreiten dieser völlig toten Wüstenböden darauf, daß ein einziger starker Regenguß genügen würde, um üppiges Grün und einen überwältigenden Blütenteppich hervorzuzaubern (Tafel 16)!

Mangrove und Korallenriffe am Roten Meer

In Sand- und Schotterflächen verebbt das Bergland gegen das Meer, auf weiten Flächen locker und spärlich von niedrigem Federgras bewachsen, dessen lange Samenhaare wie Wimpel oder Bänder im Winde wehen und in der Sonne glitzern – von weitem sieht es aus, als würden silberne Schleier in sanften Wellenbewegungen über den Sand wogen.

Wir sind jetzt nahe der Südspitze des Sinai, nur wenig nördlich von Sharm el-Sheik, und wenden uns entlang der Küste auf schmaler Piste nordwärts durch die Sanddünen, immer in Sorge, steckenzubleiben. Die Sonne senkt sich bereits, die Abenddämmerung kommt schnell und mit tropischer Farbenglut. Die Bergkämme im Inneren staffeln sich violettblau hintereinander, und auf den im Bergschatten dunkelnden Sandflächen glitzern die Elfenschleier des Federgrases. Zartblau liegt das Meer vor uns, übergossen vom rötlichen Schimmer der arabischen Berge am nahen jenseitigen Ufer, man meint, hinüberspringen und dabei die Inseln von Tiran, vor denen ein großes Schiff vor Anker liegt, als Zwischenstation benutzen zu können.

Ein Fischadler fliegt in niedrigem Suchflug vorbei, ein zweiter kommt, die beiden schwarzweißen Vögel mit den langen Flügeln rufen sich klangvoll zu. Sie brüten drüben auf Tiran.

Malerische Gruppen von Dattelpalmen kommen in Sicht, nahe dem flachen Ufer; sie wachsen aus Sanddünen heraus, umgeben von dichtem Gebüsch des Jungwuchses. Es ist gerade noch Zeit, die Zelte aufzuschlagen und im letzten Licht einen Gang den Strand entlang zu machen. Die See läuft ganz flach hinaus über abgeschliffene Riffkalke. Große Schwimmkrabben, flach wie Scheiben, flüchten blitzschnell vor uns, ein kleiner Octopus verkriecht sich in seiner Höhle.

Am Strande huschen bleiche Nachtgespenster umher, ein dicker Kopf auf hohen Spinnenbeinen, Rennkrabben *Ocypode saratan* sind es, sie flüchten vor uns, mal in diese, mal in jene Richtung, sie können vorwärts, rückwärts, nach der Seite gleich behende und mit blitzartigem Hakenschlagen ausweichen. Erst der Lichtstrahl der Taschenlampe nagelt sie fest, reglos bleiben sie stehen, die langen Stielaugen sind senkrecht nach oben gerichtet, die beiden Scheren, eine davon deutlich kleiner als die andere, sind wie zum Schutz gegen die Brust gepreßt. Trotzdem: man sollte sie nicht anfassen, die Scheren kneifen erbarmungslos bis aufs Blut. Kommt ihnen die Taschenlampe gar zu nahe, dann knicken die Beine ein, die Stielaugen klappen seitlich herunter in eine bergende Rinne, und mit ein paar raschen Grabbewegungen ist der Kobold nach unten im Sand verschwunden.

Gute alte Bekannte von der ostafrikanischen Küste sind das. Dort sind sie, in Riesenschwärmen, auch tagsüber unterwegs. Ließ ich abends in der Hütte, die ich in

der Nähe des Strandes bewohnte, die Türe offen, dann kam bald der eine oder andere dieser Wichte, vom Licht angelockt, in vorsichtigem Seitwärtsgang hereinspaziert, wo er dann bei der kleinsten Bewegung blitzschnell unter dem Bett verschwand.
Als nächstes begegnete uns – wer hätte das in der menschenleeren Einöde erwartet – ein echter Wüstenwitz in Gestalt eines «Coffeeshop»: ein paar Schilfmatten, hinter denen zwei Beduinen am Boden Kaffee kochten, schwarz wie die Hölle und süß wie das Paradies. Wer kommt hier vorbei? Beduinen natürlich, Fischer zum Beispiel, die mit ihren Netzen herumziehen und uns ihren silbern glänzenden Fang verkaufen wollen, ab und an Militärpatrouillen, ein Zoologieprofessor aus Jerusalem mit seinen amerikanischen Gästen und Leute wie wir; ein- oder zweimal in der Woche mag jemand auftauchen, und das lohnt sich schon. Wir lachten zuerst ungläubig über diese reale Fata Morgana, aber in der folgenden Nacht verging uns das Lachen, und wir segneten das Wüstencafé: ein Sandsturm zerriß in tiefschwarzer Nacht unser Zelt, und die Piste drohte zu verwehen. Im Nu wurde alles ins Auto geworfen und der Coffeeshop zum Glück und Gott sei Dank wiedergefunden. Ein schwacher rötlicher Schein glomm uns entgegen: auf schwacher Glut kochte ein großer Teekessel, eingerahmt von Sandhaufen – schlafenden, von ihren eingesandeten Burnussen vollständig verhüllten Beduinen. Wir durften unter dem Schilfbaldachin Schutz suchen, während sich unsere freundlichen Retter wieder zu den übrigen Schläfern um das Feuer gesellten, im Windschatten eines Kamels, das auch zum Inventar des Kaffeesalons gehörte.
Die Piste, kaum sichtbar, läuft noch ein Stück weiter nach Norden und trifft sich mit einer anderen, die von Westen her aus den Gebirgen herunterkommt, an der «Palm Tree Junction»: eine einsame Dattelpalme markiert die Kreuzung. Eigenartige Bukkeldünen tauchen auf, von Norden her sanft ansteigend, nach Süden steil abfallend: Büsche der afrikanischen *Salvadora persica*, von der einen Seite her vollkommen eingesandet und abgestorben, auf der anderen Seite, im Windschatten, lebend und weiterwachsend; ein merkwürdiges Gewächs mit dickem, hin- und hergewundenem Stamm, der am Boden kriecht. Am Toten Meer, das die nördliche Verbreitungsgrenze dieses Tropengewächses bildet, kann Salvadora auch kleine Bäumchen bilden, aber meistens wächst es doch flach am Boden und bildet dann übermannshohe, regellos wuchernde und undurchdringliche Büsche, deren Aufbau keinem System zu folgen scheint – lebende Zweighaufen. Dieser «Tooth brush-bush», der Zahnbürstenbaum, ist übrigens ein Grund dafür, weshalb die Afrikaner so gute Zähne besitzen: sie haben ständig einen dieser weichen, faserigen Zweige im Mund und kauen darauf herum.
Lagunen werden sichtbar, vor denen sich draußen, gegen das offene Meer zu, dichtes Buschwerk ausbreitet. Scheinbar mitten im Gebüsch sitzt ein riesiges, häßliches schwarzes Schiff, der ganze Aufbau ist in tadellosem Zustand, aber durch die Spanten blitzt der Himmel; «Maria Schröder» heißt das Ungetüm und stammt aus Hamburg, wo die alte Dame wohl bessere Tage gesehen hat. Jetzt sitzt sie auf dem Riff, und wer sich da einmal hineingeschrammt hat, der hat seine letzte Reise getan.
Wir sind am Ziel angelangt, allerdings ist es nicht das Wrack, das uns interessiert wir nehmen es als Dreingabe, freilich als höchst erfreuliche, denn hoch droben in

Abb. 87: Lebende Dünen am Strand des südlichen Sinai: die vielgestaltige *Salvadora persica* (rechts ein Zweig), die als Baum, Busch oder formlos über den Boden kriechende Masse auftreten kann, wächst ständig nach links weiter und wird von rechts eingesandet. Lebende Sprosse, Blätter und Blüten finden sich nur noch im Wind- (und Sand-)Schatten an der linken Steilfront.

luftiger Warte mit herrlichem Rundblick hat... ein Fischadlerpaar seinen Horst errichtet, es herrscht ein eifriges Kommen und Abfliegen, die Alten füttern ihre Jungen, die schon recht groß sind und wohl bald ausfliegen werden.

Ultramarinblaue Buchten verlanden an flachen Sandstränden, Wellenbänder laufen heran und ziehen sich wieder zurück, und helle Lichtgirlanden huschen als Spiegelungen der Wellenkämme über den Boden. Zartviolett gesäumte Scheibenquallen werden angeschwemmt und ein kleiner, im Tode weißverfärbter Tintenfisch. Auf den Sandflächen laufen Kaspische und Wüstenregenpfeifer *(Charadrius asiaticus* und *leschenaulti)*, Durchzügler auf der Reise nach Innerasien, wie runde Federkuppeln, die vom Wind dahingetrieben werden, ruckartig anhalten, weiterschießen.

Einige Lagunen sind zentimeterflach, andere tiefer, über einen Meter, das Wasser ist dann trübe, sie sind von dichten Mauern dunkelgrüner Büsche oder kleiner Bäumchen umrahmt, die meerwärts einen anscheinend undurchdringlichen Wald bilden. Dort drüben stehen diese Büsche direkt im Wasser, das die unteren Bereiche der Äste umspült. Vereinzelte Büsche stehen freier auf dem flachen, feuchten Sandschlick und sind umgeben von Unmengen senkrechter Stöckchen, die zehn oder zwanzig Zentimeter aus dem Schlick ragen, dicht gedrängt um die Büsche, in weiterer Entfernung hingegen in langen Linien aneinandergereiht, zentrifugal von den Bäumchen wegführend: nach oben gerichtete Auswüchse der im Schlick verlaufenden Wurzeln, die als Atemorgane dienen. Die ledrig derben Blätter dieser Mangrove *(Avicennia marina)*

Abb. 88: Der Fischadlerhorst auf dem Mastbaum der «Maria Schröder», Anfang April 1981.

sind mit kleinen weißen Salzkristallen besetzt, die von der Pflanze ausgeschwitzt werden. Schneeweiße Riffreiher *Egretta gularis* sitzen wie große Blüten in den Büschen oder fischen in den flachen Lagunen. Von zierlicher, zerbrechlicher Eleganz sind diese Vögel, deren schwarze Schnäbel und schwarze Beine – mit den gelben Zehen – so auffällig mit dem reinweißen Kleid kontrastieren. Lange, dünne Schmuckfedern am Hinterkopf sind ein ständiges Spiel des Windes, und die unendlich fein zerschlissenen Zierfedern des Prachtkleides, das die Vögel jetzt zur Brutzeit tragen, umhüllt den Rücken wie ein weißer Schleier. Die Vögel gleichen unseren südeuropäischen Seidenreihern *Egretta garzetta* zum Verwechseln, sind aber durch das gleichzeitige Auftreten zweier Farbkleider, die von Alter und Geschlecht völlig unabhängig sind, leicht zu diagnostizieren: ein Teil der Vögel ist schiefergrau – und dadurch in den Mangrovebüschen gar nicht leicht zu entdecken.

Abb. 89: Riffreiher *Egretta gularis* der weißen und der schiefergrauen Form; die weißen Vögel tragen oft einzelne dunkle Federn. Rechts der kleine Mangrovereiher *Butorides striatus.* Mangrove von Shora el-Manqata, südliche Sinaiküste, Anfang April 1981.

Jetzt, beim Näherkommen, zeigt sich auch, daß die Mangrove keineswegs bis ans Korallenriff heranreicht (das Wrack also auch nicht, wie die perspektivische Verkürzung aus der Entfernung glauben ließ, direkt in der Mangrove sitzt). Zart blaugraues Flachwasser erstreckt sich noch ein Stück weiter hinaus, abrupt begrenzt von einer Linie weißen Gischtes, die das Riff markiert und hinter der sich die tintenblaue, weiter draußen fast schwarzblaue Hochsee erstreckt, von Wellen bewegt und von weißen Schaumkronen belebt.

Das Flachwasser bis hin zum Riff ist Korallensee, bei Ebbe leicht begehbar auf den zerriebenen Korallenblöcken, zwischen denen größere und kleinere Fluttümpel zurückgeblieben sind, erfüllt von Leben, von kleinen Schwärmen junger Fische, die tieferen besiedelt von lebenden Korallen, in kugelrunden Kopfformen oder in Gestalt kleiner Büsche mit dicken Zweigen. Zwischen Algenrasen zeigen sich dicke gelbe Lippen in geschwungener Wellenform – die Schalenränder kleiner Verwandter der Riesenmuschel *Tridacna,* die Schalen selber sind völlig im Grund eingewachsen, die gelben Linien markieren den Mantelsaum. Unter kleinen Felsvorsprüngen sitzen schwarze Seeigel mit unzähligen überlangen, nadeldünnen Stacheln. Schlangensterne liegen verkehrt herum in flachen Becken und kehren mit der Unterseite ihrer Arme die Wasseroberfläche ab. Eine schwarzweiße Zebramuräne schießt vor uns aus

einem Loch, schlängelt sich blitzschnell über die trockengefallenen Korallenfelsen und verschwindet in einem anderen Wasserloch. Allenthalben liegen die hübschen, mit dreieckigen Hell-Dunkelmustern verzierten Gehäuse giftiger Conus-Schnecken. Ein häßlicher, mit Warzen besetzter, braunfleckiger Fleischklumpen, der träge dahinkriecht, entpuppt sich als große Tiger-Kaurischnecke *Cypraea tigris* – das Tier hatte die Ränder seines breiten Fußes, seiner Sohle seitlich wie zwei Mantelhälften über die Schale gelegt, die dadurch völlig verborgen wird. Durch uns gestört, zieht sich das Tier in sein Gehäuse zurück und gibt nun die porzellan schimmernde, dunkelgesprenkelte Schale frei. Die schimmernde Glätte der Kauri-Gehäuse, ganz anders als die rauhe Oberfläche anderer Schneckenschalen, rührt eben daher, daß die Schale normalerweise vom Körper des Tieres, von dessen weicher, glatter Haut umschlossen ist und dadurch auch außen den seidigen Glanz besitzt, den die übrigen Schnecken – und die Muscheln – nur auf der Innenseite des Gehäuses besitzen.
Die Mangrove beginnt erst dort, wo sich der Lagunenboden landwärts durch zerriebenen Korallenkalk und angespülte Sedimente verrotteter Pflanzenteile etwas hebt. Diese Büsche brauchen den Schutz des Korallenriffes, das ihnen ruhiges Wasser beschert, bleiben aber dem Wechsel von Ebbe und Flut ausgesetzt. Das macht der Mangrove, die sich periodisch bis in den Wipfelbereich überfluten läßt und dann wieder völlig trocken fällt, nichts aus.
Die Atmosphäre der Mangrovenlandschaft fesselt und verzaubert den Besucher jedesmal aufs neue, selbst wenn es sich um einen bereits so «ausgedünnten» Vorposten handelt wie hier am Golf von Akaba. Sie stellt im gewissen Sinn den Inbegriff der Tropen dar, handelt es sich doch um die vielleicht einzigste der Tropenlandschaften, zu der es in den gemäßigten Breiten auch nichts annähernd Vergleichbares gibt.*
Wir sind im nördlichsten Mangrovewald der Welt, geographisch bedingt durch die Wärme des Roten Meeres, stärkster und markantester Ausdruck des mächtigen Vorstoßes der Tropen, die hier weiter nach Norden vordringen als an irgendeinem anderen Ort der Erde. Sogar Seekühe wurden hier schon gefangen (ein afrikanischer Dugong *Dugong dugong*), die doch sonst erst weiter südlich im Roten Meer und der ostafrikanischen Küste in den Seegraswiesen weiden. Dennoch ist es natürlich eine hochgradig verarmte und ausgedünnte Mangrove hier an der Nordgrenze ihres Gebietes, und von den verschiedenen Arten, wie sie etwa bei Lamu oder Mombasa an der Kenianischen Küste auftreten und undurchdringliche Dickichte aus Stelz-, Knie- und Stöckchenwurzeln bilden, ist nur eine einzige Art *Avicennia marina*, so weit nach Norden vorgedrungen.

* Die Tropen bringen gegenüber den gemäßigten Breiten nichts grundsätzlich anderes, neues, sondern steigern lediglich die Erscheinungen und Lebensformen, die in den temperierten Gebieten auftreten. So kann (oder konnte) man in manchen Auenwaldlandschaften Europas an Rhein und Donau durchaus Anklänge, ja physiognomische Übereinstimmungen mit den Regenwäldern finden, was die Dichte des Bewuchses, was stammkletternde Pflanzen, Lianen und Epiphyten angeht; letztere sind natürlich keine Orchideen, sondern Moose, Flechten und das Engelsüßfarn *Polypodium vulgare*.

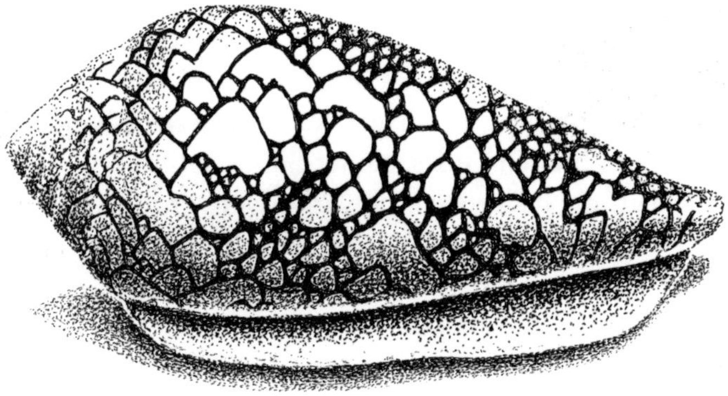

Abb. 90: Apart gemustertes Gehäuse einer *Conus*-Schnecke aus dem Riff bei Shora el-Manqata.

Einige Tiere sind mitgekommen. Die unscheinbaren, kleinen, kurzhalsigen Mangrovereiher *Butorides striatus*, die diese Vegetation in den Tropen der ganzen Welt bewohnen, gehören dazu. In ihrem unscheinbaren bräunlich grünen Kleid wären sie nicht zu entdecken, wagten sie sich nicht gelegentlich bei Ebbe weit hinaus bis zum Riff, direkt vor die «Maria Schröder», um in den vom abfließenden Wasser zurückgelassenen Fluttümpeln zu fischen.

Viel spannender aber ist die Begegnung mit anderen Bewohnern des flachen, feuchten Sandes rund um die Mangrove. Von ihnen bekommt man allerdings nichts zu sehen, wenn man schwergewichtig durch den Schlick stapft; man wundert sich höchstens über die vielen Löcher im Sand, die alle von herumgestreuten Sandkügelchen umgeben sind.

Was es damit auf sich hat, bemerkt man erst, wenn man sich eine Zeitlang reglos still in eine Mangrove kauert (und sich dabei von der Sonne bei lebendigem Leibe rösten läßt). Zuerst zeigt sich gar nichts. Dann tauchen in einem, in zwei und bald in vielen Löchern jeweils zwei dünne, an der Spitze leicht verdickte Stäbchen auf: Stielaugen, periskopartig nach außen vorgeschoben und die Lage prüfend, während der Besitzer der Augen noch verborgen im sicheren Schutz seiner Röhre sitzt. Dabei bleibt es eine Zeitlang. Wehe, wenn man sich jetzt bewegt: die Stielaugen sind sofort wieder verschwunden, und das Warten beginnt von vorne. Beherrscht man sich (wenn auch in Schweiß gebadet, was immerhin angenehm kühlt), dann taucht sachte, sachte eine riesige Krebsschere auf, die sich langsam aus dem Loch herausarbeitet. Es ist ein groteskes Bild, das sich jetzt dem Beobachter bietet: eine mächtige Schere, orangerot mit weißen Zangenspitzen, darüber die beiden Stielaugen und darunter ein paar dünne Beinspitzen. Eine Winkerkrabbe, allerdings so gut wie völlig verborgen hinter ihrem Schutzschild, das gleichzeitig eine erschreckende Waffe darstellt. Nach einiger

Abb. 91: Winkerkrabbe *Uca tetragonon.* Oben ein Männchen beim vorsichtigen Verlassen seiner Fluchtröhre, unten in Verteidigungsstellung. Hinter der überdimensionierten, weiß und rosa gefärbten Winkschere ist die viel kleinere Freßschere fast nicht zu erkennen. Mangrovenschlick von Shora el-Manqata, südliche Sinaiküste, Anfang April 1981.

Zeit wird dann noch mehr sichtbar – die zweite Zange, von so winzigen Ausmaßen, daß man sie gar nicht bemerkte, wäre sie nicht in rastloser Tätigkeit damit beschäftigt, blitzschnell kleine Portionen von Sand vom Boden aufzunehmen, zum Mund hinaufzuführen, wo sie ebenso schnell abgeleckt oder ausgelutscht und danach weggeschleudert werden – daher rühren die Sandkügelchen um die Löcher, es sind die Reste der Mahlzeit.

Gelegentlich kommt es zu kleinen Vorstößen in die Umgebung, wobei die Scheren stoßweise auf und ab bewegt werden – Signale, die anderen Kumpanen als Warnung gelten, sofern diese männlichen Geschlechtes sind, während sie den Weibchen verkünden, daß hier ein Junggeselle mit Haus auf eine Frau wartet; die Weibchen, deren Scheren klein und durchaus normal proportioniert sind, laufen überall geschäftig herum wie Hausfrauen beim Einkaufen.

Zwei Arten kommen hier neben- und durcheinander vor, sich gegenseitig ignorierend – eine große, mit blauem Panzer und orangefarbenen Scheren *(Uca tetragonon)*, und eine kleinere, die wie Pfeffer und Salz gemustert ist, und die eine an der Basis weinrötliche, spitzenwärts weiße Winkschere besitzt *(Uca inversa)*.

Eine kleine Bewegung, und weg ist der ganze Spuk. Will man einen der Wichte fangen, muß man sich schon etwas einfallen lassen; am besten stellt man sich neben das Loch und setzt einen Stock mit der Spitze schräg neben der Öffnung an. Kommt die Krabbe schließlich heraus, stößt man mit dem Stock das Loch schnell zu; jetzt läßt sich das Tierchen, das nicht mehr nach Hause kann und ziellos herumrennt, leicht fangen.

Man wird nicht müde, den winkenden Kobolden zuzusehen. Gar zu grotesk sehen sie aus und vermitteln den Eindruck, daß sich die Natur, die doch sonst ernst ist, bei ihrer Erschaffung eine Anwandlung von Humor geleistet hat. Aber die winkenden Krabben sind auch noch aus einem anderen Grunde interessant. Sie treiben nur auf die Spitze, was für viele höheren Krebse bezeichnend ist: die Asymmetrie der Scheren. Sie besitzen eine kleinere Greif- und eine größere und derbere Knackschere, wobei die letztere bei unseren Rittern des Schlickes zu der überdimensionierten Turnierwaffe vergrößert ist – ein mehr durch seine optische Wirkung als durch seine tatsächliche Gefährlichkeit beeindruckendes Instrument.

Asymmetrie der beiden Körperseiten gibt es da und dort im Tierreich, und stets wird dabei die primäre Gleichheit von links und rechts sekundär zugunsten einer Seite verändert: die überwiegend rechtswindenden Schneckenhäuser sind dafür ebenso Beispiele wie die Linkstorsion vieler Einzeller (Flagellaten, Ciliaten), der in der Fortbewegung eine Linksrotation um die eigene Körperachse entspricht. Die funktionelle Verschiedenheit linker und rechter Gliedmaßen dagegen ist etwas ganz anderes – sie bedeutet ja nicht die Bevorzugung einer Körperseite auf Kosten der anderen, sondern äußert sich in unterschiedlichen Tätigkeiten der linken und der rechten Gliedmaßen, wie im Falle von Greif- und Knackschere, Wink- und Greifschere bei den höheren Krebsen.

Und gerade dadurch bekommen unsere Krabben etwas so rührend «Menschliches»: sie sind nicht «einseitig» wie die erwähnten Einzeller und Schnecken, sondern «verschiedenseitig». Auch beim Menschen bedeutet die Rechts- oder Linkshändigkeit nicht, wie ein oberflächlicher Eindruck vielleicht nahelegen könnte, Bevorzugung der einen und Vernachlässigung der anderen Körperseite, sondern funktionelle Andersartigkeit der beiden «Partner». Dem Verfasser ist kein weiteres Beispiel aus dem Tierreich bekannt: ein rechtsfüßiges Pferd ist ebenso unvorstellbar wie ein linksflügeliger Spatz – genauer: ein Spatz, der seinen linken Flügel zu anderen Bewegungen benutzt als den rechten.

Die funktionelle Verschiedenseitigkeit ist beim Menschen allerdings nicht auf die Gliedmaßen und deren Aktivitäten beschränkt, sondern, wie alle seine (erlernten) körperlichen Fähigkeiten, Ausdruck seines geistig-seelischen Wesens. Das wird besonders deutlich, bezieht man das Gehirn (Großhirn) mit ein. Trotz seines symmetrischen Baues sind beide Seiten in bezug auf die höheren Bewußtseinsleistungen anders «gestimmt». Da ist die linke Hemisphäre für rationales, analytisches, kausales Denken zuständig, für das Konkrete und Dingliche, das auf die Außenwelt gerichtet ist; die rechte Gehirnhälfte steht hingegen mit ganzheitlichem und bildhaftem Denken in Zusammenhang, mit allem Künstlerischen, mit Stimmungs- und Empfindungsmäßigem, sie neigt mehr zur Innerlichkeit. Das ist natürlich die sehr vereinfachte Schilderung eines in Wirklichkeit viel komplexeren Sachverhaltes, der aber an dieser Stelle, ohne den Rahmen zu sprengen, nicht weiterverfolgt werden kann.* Erwähnt sei lediglich noch, daß sich die Asymmetrie des Großhirnes zu derjenigen des Körpers spiegelbildlich verhält; alles, was im Körper, in den Gliedmaßen, Sinnesorganen usw. geschieht, ist – wiederum sehr vereinfacht ausgedrückt – im Gehirn noch einmal, aber seitenverkehrt vorhanden; die rechte Körperseite, die rechte Hand, die rechten Hälften beider Augen sind mit der linken Hemisphäre korreliert usw.

Das Wenige und Allgemeine, das von alldem hier dargestellt werden kann, genügt aber, um die Fragen verständlich zu machen, die gegenüber der «Seitigkeit» der Winkerkrabben (und anderer Arten) auftauchen: sind sie links-, sind sie rechtsdominant – oder gibt es da keine Regeln? Und, falls es tatsächlich bestimmte Dominanzen geben sollte, wie stehen Lebensweise und Verhalten damit in Einklang? Diese Fragen ließen einer Studentin des Verfassers, Wendula Kuhle, keine Ruhe. Sie suchte eine Stelle in der ostafrikanischen Mangrove auf, die ebenfalls zwei Arten von Winkerkrabben beherbergte – eine davon unsere *Uca tetragonon* und eine zweite, kleinere Art, die *Uca inversa* von der Sinai-Küste nahezustehen scheint. Dazu kamen Rennkrabben am nahegelegenen Sandstrand *(Ocypode ceratophthalma* und *Ocypode ryderi)* und verschiedene Einsiedlerkrebse unterschiedlicher Größe im benachbarten

* Zu diesem Thema gibt es inzwischen eine umfangreiche Literatur, genannt seien nur: A. E. Adams: Bilaterale und asymmetrische Hirnfunktionen, Naturw. Rundschau 1974, Heft 6. – D. Kimura: The asymmetry of the human brain, Scientific American 1973, Heft 3. – R. E. Ornstein: Die Psychologie des Bewußtseins, Köln 1974.

Tafel 23
Drei Schmetterlingsarten der Tropen und ein Abkömmling der gemäßigten Breiten in der Oase von En Gedi. Oben links der durch die altweltlichen Tropen weitverbreitete kleine Augenfalter *Yphtima asterope* auf einer Blüte von *Pulicaria desertorum.* Rechts daneben der winzige Bläuling *Azanus jesous* an *Moringa peregrina* – Falter wie Futterpflanze sind Afrikaner, ebenso wie der zart rosa getönte Weißling *Colotis phisadia* (rechts unten). Der rötlichbraune, schwarz gemusterte Flockenblumen-Scheckenfalter *Melitaea phoebe* ist dagegen ein auch in Mitteleuropa vorkommender Vertreter einer vor allem in der kühlgemäßigten Region Eurasiens verbreiteten Gruppe. Aufnahmen A. Suchantke.

Riff. Die großen Individuenzahlen, in denen die verschiedenen Arten auftraten, ermöglichten zuverlässige Erhebungen.

Die Ergebnisse waren hochinteressant, sie lauten, kurz zusammengefaßt: Neben Arten, bei denen die großen Scheren mit gleichmäßiger Häufigkeit mal auf dieser, mal auf jener Seite saßen, gibt es andere, die streng seitenkonstant sind, und unter diesen gibt es eine klare Trennung in links- und rechtsbetonte Formen.

Im einzelnen: bei den Winkerkrabben erwies sich die kleine *Uca annalipes* (die mit ihrem schwarzweiß gemusterten Panzer unserer *Uca inversa* ähnelt) als «unbestimmt»: von 200 Individuen trugen 101 ihre große Winkschere rechts, 99 links. Anders die große *Uca tetragonon,* bei der die Verhältnisse streng festgelegt sind: unter 200 waren alle rechtsdominant!

Auf die rechte Seite fixiert zeigten sich auch die Rennkrabben der Gattung *Ocypode.* Bei *Ocypode ryderi* waren von 200 Tieren 182 rechts- und 18 linksbetont, bei *Ocypode ceratophthalma* 181 rechts-, 19 linksdominant. Die wenigen «Abweichler» können echte Ausnahmen sein oder aber – Unfallopfer, denn bei diesen aggressiven Tieren ist der Verlust von Beinen und Scheren keine Seltenheit, etwa dann, wenn sich mehrere um einen Nahrungsbrocken streiten – Beine und Scheren sind dabei schnell einmal abgezwickt. Das ist weiter kein Unglück, die abhanden gekommenen Gliedmaßen wachsen wieder nach. Ist jedoch die große Schere verloren worden, dann vergrößert sich die kleinere Greifschere und wird zur großen Knackschere – die Verhältnisse haben sich umgekehrt!

Unter den Einsiedlern traten neben einer kleinen Form mit gleichgroßen Scheren, zwei größere Arten *(Calcinus gaimardi* und *Calcinus herbstii)* mit ungleichen Scheren auf, und beide Arten erwiesen sich ausnahmslos als linksbetont.

Vergleicht man nun die einzelnen Gruppen der rechtsbetonten großen Winker *(Uca tetragonon)* und Rennkrabben einerseits, mit den linksdominanten Einsiedlern auf der anderen Seite, in bezug auf Lebensweise und Verhalten, dann zeigen sich auch hier die denkbar größten Gegensätze. Verhalten sich die Einsiedler bewegungsträge und zurückgezogen im Schutz ihrer geborgten Gehäuse, «introvertiert», so sind zumindest die Strandrenner ausgesprochen «extrovertiert», aggressiv, sinneswach und bewegungsfreudig. Im Unterschied auch zu den beiden *Calcinus*-Einsiedlern, die nicht nur stets im Wasser bleiben, sondern sich auch noch zusätzlich unter schützende Korallenstöcke zurückziehen, haben besonders die Rennkrabben das Land erobert, auf dem sie sich mit der größten Behendigkeit bewegen, während sie im Wasser vollkommen hilflos sind – sie sind Nichtschwimmer!

Tafel 24

Leopard in der Umgebung von En Gedi. Aufnahme Y. Eshbol.

Darunter links das Revier des Leoparden im Oberlauf des Nahal Arugot, mit blühendem Moringa-Bäumchen, Tamarisken und Riesenschilf.

Rechts ein Klippschliefer aus dem Nahal Arugot, neben dem Steinbock das wichtigste Beutetier des Leoparden. Gut zu erkennen sind die verlängerten Schneidezähne, eine Parallelbildung zu den Nagetieren (mit denen die Schliefer aber nicht verwandt sind), und die hufartig abgeplatteten Zehennägel. Aufnahme A. Suchantke.

Die Winker stehen eher auf der Seite der strandbewohnenden Rennkrabben, aber sie gehen den Weg aufs Land nicht so weit mit: sie weichen nicht vor dem ansteigenden Wasser zurück, das die Rennkrabben zwingt, ihre Schutz- und Wohnhöhlen bei Flut höher hinauf in die Stranddünen zu verlegen. Sie lassen sich statt dessen überfluten und bleiben bei hohem Wasserstand in ihren Höhlen verborgen – sie werden sozusagen vorübergehend zu Einsiedlern. Sie bleiben auch stets standortstreu in Reichweite ihrer unterirdischen Verstecke, während man die Rennkrabben Hunderte von Metern vor sich her am Strand entlang jagen kann. Die Winker vermitteln also zwischen den Extremen von Einsiedler- und Rennkrabbe, allerdings doch mit stärkerer Annäherung an letztere: entsprechend ihrer (verglichen mit den Einsiedlern) starken Umgebungsorientiertheit und wachen Aktivität, ist die kleinere Art ebenso häufig links- wie rechtsdominant, die große streng auf die rechte Seite festgelegt.
Somit finden wir, auf ganz anderer Ebene natürlich, durchaus Entsprechungen zu dem, was sich beim Menschen als qualitative Unterschiede und Gegensätze von links und rechts darstellt. Die zur «Verinnerlichung» neigende linke und die nach außen, der Umwelt zugewandte rechte Seite begegnen uns wieder – allerdings nicht in ein und demselben Individuum wie beim Menschen, sondern auseinandergelegt auf verschiedene Arten und unterschiedliche Lebensräume, vom Boden des Meeres bis hinauf an die Außen- und Obergrenze des Strandes. Und was beim Menschen Ausdruck unterschiedlicher seelischer Fähigkeiten ist – etwa gemüt- und stimmungshafte Verinnerlichung gegenüber einer nach außen gerichteten Rationalität – ist bei den Krebsen doch wohl ausschließlich auf der leiblichen Ebene der Organausformung und -betätigung zu suchen: der Einsiedler dürfte schwerlich ein reicheres seelisches Innenleben haben als die Rennkrabbe. Die leibliche Ausgestaltung ist es ja auch, die bei unseren Krabben so stark von der links-rechts-Asymmetrie überformt ist; im Unterschied zum Menschen, bei dem diese Asymmetrie in der äußeren Körperform nicht oder kaum sichtbar wird, sondern ihren Schwerpunkt, ihren Schauplatz im seelischen Bereich hat.

In der Mangrove ist der Übergangsbereich zwischen Meer und Festland, der ja üblicherweise nur schmal und in der landschaftlichen Gestaltung dürftig ist – man denke an Sandstrände, an die Klippen der Felsküste – auf die Stufe einer eigenen, reich differenzierten Landschaftsform emporgehoben. Im Verein damit hat sich auch eine ungewöhnlich reiche und für die Mangrove kennzeichnende Tierwelt entwikkelt, die in noch gesteigertem Maße Übergangscharakter besitzt und Zwischenformen auf allen Stufen zwischen Land- und Wasserleben zeigt.
Mit einbezogen muß dabei der Sand- und Schlickstrand und vor allem das vorgelagerte Korallenriff werden, das den Schutzraum der Lagune schafft und die Wogen der offenen See abhält. Unter heranbrandenden Brechern könnte die Mangrove nicht gedeihen. Wo sie entlang tropischer Küsten ohne Riff auskommt, sind es schlickreiche Buchten und Flußmündungen, deren flacher Boden weit genug ins Meer hinausläuft, um hohen Seegang abzuhalten.
Der Übergangscharakter der Mangrove zwischen Festland und Meer ist kein statischer, sondern ein dynamischer. Er äußert sich im täglichen Wechsel von Überflu-

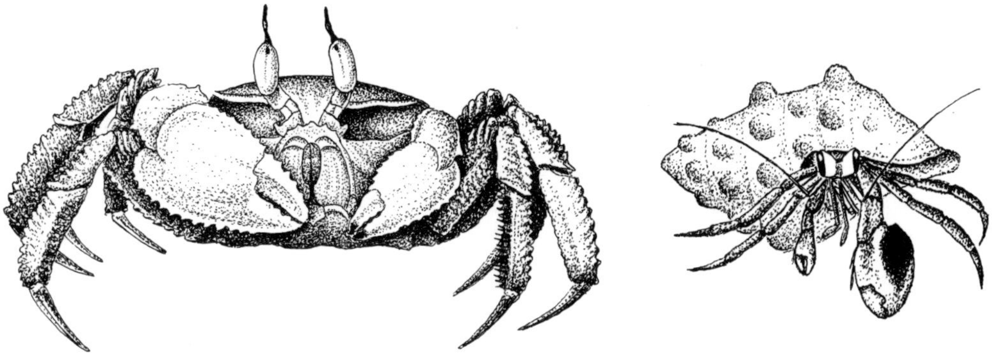

Abb. 92: Die rechtsdominante Gespenster- oder Rennkrabbe *Ocypode saratan* (links) am Strand bei Nabq, südliche Sinaiküste, und der kleine linksdominante Landeinsiedler *Coenobita sp.* von der ostafrikanischen Küste bei Mombasa. Die mächtige Knackschere des Einsiedlers dient vor allem als Türverschluß, wenn sich das Tier in sein Schneckenhaus zurückzieht.

tung bis in den Kronenbereich und Ebbe, während derer man frei durch das Luftwurzelwerk hindurchklettern kann. Er zeigt sich aber auch darin, daß hier der Weg vom Meer aufs Festland noch immer beschritten wird, daß dies nicht ein einmaliges Ereignis in der Evolution der Lebewesen war, sondern auch heute noch von vielerlei «Nachzüglern» ausgeführt wird. Aber es stellt sich doch auch die Frage, ob die Mangrove nicht eher eine Sackgasse darstellt, von der es keine Brücken auf das Festland hinüber gibt. Etwa für die Winkerkrabben, die niemals in die offene See gehen, durch ihre Löcher im Schlickboden aber «unterirdisch» mit dem Meer immer noch in Verbindung stehen. Oder die grotesken Schlammspringer, in der Sinai-Mangrove schon nicht mehr vorkommende Fische, die über dem Wasserspiegel auf den Stelzwurzeln der Mangroven herumklettern und einen aus ihren großen, hervorquellenden Glotzaugen anstarren, wenn man sich ihnen nähert, die dann aber beileibe nicht ins Wasser flüchten, sondern mit schwänzelnden Bewegungen über die Wasserfläche dahinschießen – tatsächlich über das Wasser laufen, um in sicherer Entfernung erneut auf einen niedrigen Mangrovenzweig zu springen und dann, wie ein Kanarienvogel auf seiner Stange, den Störenfried zu fixieren. Ein wenig weiter haben es schon die Land-Einsiedlerkrebse gebracht, die man ein Stück weit hinter Strand und Mangrove im Trockenen herumwandern sieht, umständlich ihr schwergewichtiges Gehäuse hinter sich herschleppend. Aber auch der umgekehrte Weg wird beschritten – vom Festland ins Meerwasser – durch die Gehölze der Mangrove selber, durch die überhaupt erst diese Landschaftsform geschaffen und alle ihre Lebensformen möglich werden. Es sind Gewächse aus ganz verschiedenen Pflanzenfamilien (unsere *Avicennia* ist eine Verbenacee), die allesamt die gleiche Lebensweise angenommen und dabei ganz übereinstimmende Erscheinungen ausgebildet haben, wie z. B. die Atemwurzeln, die trotz ihres verschiedenartigen Aussehens – als

Stelzwurzeln, bogenförmige Knie oder senkrechte Stöckchen – dieselbe Funktion haben; gemeinsam ist allen Arten auch die Fähigkeit, das aufgenommene Wasser zu entsalzen und das Salz mit Hilfe von Blattdrüsen auszuscheiden.

In Afrika und Südamerika gesellt sich, an die Mangrove landwärts anschließend, oftmals ein mächtiger Farn mit großen, aufrecht stehenden, harten Wedeln hinzu und bildet dichte Bestände: *Acrostichum aureum*, der einzige Farn, der sich ins Salzwasser vorgewagt hat.

Nicht selten schiebt sich dort, wo an die Mangrove küstennaher Wald anschließt – auch er fehlt natürlich an der Sinai-Küste völlig – zwischen beide eine eigenartige Zone gehölzfreien und nur spärlich bewachsenen «Niemandslandes» als schmaler Streifen. Hier ist der Boden immer noch gelegentlichen Überflutungen ausgesetzt und zu salzhaltig für echte Landpflanzen, aber bereits zu trocken für die eigentliche Mangrove. Dieses Niemandsland ist gleichzeitig aber auch beredter Ausdruck dafür, daß die Mangrove, bei allem Übergangscharakter, eine in sich abgeschlossene Welt ganz eigenen Zuschnittes bildet, von der es kaum Brücken landeinwärts, aber auch nicht hinaus ins offene Meer gibt. Sie stellt eine schmale Region zwischen beiden Lebensräumen dar, in der sich, bedingt durch den Wechsel von Ebbe und Flut, durch die hohe Luftfeuchtigkeit der sonnenerwärmten Luft und durch die Wärme des durchsonnten Wassers, die Gegensätze von Land und Meer in wechselseitiger Durchdringung verwischen und angleichen.

Oasen der Lebensfülle im Totmeer- und Jordangraben

Fahren wir noch einmal die Straße von Jerusalem hinunter in Richtung Jericho, nehmen wir noch einmal den Weg aus den blühenden und fruchtenden Gärten hinab in die Wüste, in dieses Land, das zuerst noch so voller Leben und pflanzlicher Fülle ist, daß wir uns weigern, es als Wüste anzuerkennen – solange, bis wir in die öden, versalzenen Terrassen und Schluchten der Grabensohle hinuntergelangen, auf den trocken gefallenen Boden des alten Lissanmeeres, das nach seiner Verdunstung nichts als Unfruchtbarkeit zurückließ.

Wenig später kommt der bleierne Spiegel des Toten Meeres in Sicht, von keinem Windhauch gekräuselt, von keiner Welle bewegt. Toter, bewuchsloser Schlickstrand am nördlichen Ende, wo das Gewässer in den unfruchtbaren Salzlehmen der angrenzenden Ebene verebbt, und von grobem Schotter umgeben, wo die Felsmauern nahe ans Ufer herantreten. Aber das ist nicht überall so. Vielerorts ist nichts von Todesatmosphäre zu verspüren – der Ufersaum ist viel zu lebendig, um diesen Eindruck aufkommen zu lassen. Mal lockere, mal dichtere, in kleinen, geradezu urwaldhaft wirkende Wäldchen aus Tamarisken, die im rötlichen Schmuck ihrer Blüten stehen, durchsetzt von dicht gedrängten Beständen gewaltigen Riesenschilfes, die ideale, nahrungsreiche Tagesverstecke für alle durchziehenden Kleinvögel bilden, von denen es in den Büschen und Bäumchen nur so huscht und flüchtet. Und unter den steilen Felsbastionen senken sich sanfte Hänge zum Ufer herab, die jetzt im Frühling von einem zartgrünen Schleier überzogen sind.

Den Quellen ist das lebendige Grün zu verdanken, den Wassern, die am Fuß des Grabenbruches hervortreten oder ganz dicht unter der Oberfläche des Schuttes ins Tote Meer strömen und die unmittelbar vor ihrem Aufgehen in dem lebensfeindlichen und lebensleeren großen Gewässer wie in einem letzten Aufbäumen ihre Lebenskräfte verströmen.

Manche von ihnen vermögen sogar im Toten Meer selber noch kleine Enklaven des Lebens zu schaffen, unmittelbar ihrer Mündung vorgelagert, wo sie die hohe Salzkonzentration immerhin so stark verdünnen, daß auf einem Raum von wenigen Kubikmetern noch Fische zu leben vermögen. Es gibt also tatsächlich Lebewesen im Toten Meer – allerdings nur in seinem äußersten Randbereich. Kleine, höchstens 7 cm lange Zahnkarpfen der Art *Aphanius dispar* sind es, weit verbreitet in den küstennahen Bereichen des östlichen Mittelmeeres und des westlichen Indik, aber auch in zahlreichen Binnengewässern dieses Raumes, die, wie das Tote Meer, keinerlei Verbindung zu den Ozeanen besitzen. Möglicherweise wurden sie hier «gefangen», als sich durch den Zusammenschluß von Laurasia mit dem afrikanisch-arabischen Block die vorderasiatische Landbrücke bildete und das Tethysmeer verdrängt wurde – was dann wohl hier und da zu Abschnürungen und Einschließungen von Meeresbuchten geführt haben mochte. Die Zahnkarpfen konnten sich in ihren winzigen Refugien der Quellmündungen entlang des Toten Meeres halten, weil sie die Fähigkeit besitzen, in erstaunlich hoher Salinität zu existieren: das Oberflächenwasser ihres Lebensraumes besitzt eine Salzkonzentration von 6,7% und erreicht in etwas tieferen Bereichen sogar 14,5% (gegenüber 26,6% weiter draußen im freien Wasser – und 3,8% im Mittelmeer. Nach Lotan 1982).

Nackte, *scheinbar* nackte und öde Schotterflächen am Saum des Wassers sind von zartvioletten Bändern durchzogen, unterbrochen und eingerahmt von rotbraunen, goldgelben, weißen und feuerroten Flecken und Tupfen – eine unglaublich farbenprächtige Flora hat sich für kurze Zeit entfaltet; die häufigste Pflanze ist ein reizendes, mal tief- mal hellviolettblühendes Löwenmäulchen *Linaria haelava,* dessen Blüten so dicht gedrängt stehen, daß alles Grün der Stengel und Blätter in den Hintergrund gedrängt wird. Goldgelb leuchten die Köpfchen des Wüstenkorbblütlers *Pulicaria desertorum,* dem wir schon im südlichen Sinai begegnet sind; feuerrot funkeln Mohnblüten dazwischen, weiß strahlt eine großblütige Kamillenart, die auf das Gebiet des Toten Meeres beschränkt ist *(Anthemis maris-mortui).* Dazwischen stehen kleine Büschel typischer Salzpflanzen, die Strandmelde *Atriplex halimus* oder die unscheinbaren schlanken Kerzen von *Cleome trinerva,* eines tropischen Kaperngewächses mit zierlichen goldbraunen Blüten, dessen vier Kronblätter wie Schmetterlingsflügel angeordnet sind (Tafel 18).

Besonders hübsch aber sind die niedrigen, büscheligen, zartrosa bis fuchsroten Blütentrauben, die sich bei näherem Hinsehen allerdings als Fruchtstände herausstellen, eines kleinen Ampfers *(Rumex cyprius):* seine Früchte sind, genau wie bei unserem europäischen Sauerampfer von zarthäutigen Flügeln umrahmt, aber diese Flügelbildungen sind bei *cyprius* sehr breit, viel größer als die Samen selber, auffällig und weithin sichtbar durch ihre aparte Musterung – ein Netz roter Linien auf hellem Grund. Es sind übrigens keine Bildungen der Früchte (wie bei den geflügelten Früchten von Birke und Ulme), sondern Teile der Blüte – es sind die Kelchblätter. Überaus reizvoll sieht das aus und ist doch eine höchst merkwürdige Erscheinung, die in so manches Theorienkonzept nicht passen will – etwa in jenes, demzufolge die auffallende Färbung von Blüten und Früchten den «Zweck» haben soll, bestäubende oder früchtefressende (und damit die Samen verbreitende) Tiere auf sich aufmerksam zu machen. Diese Theorie, die so gut zum bürgerlichen Nützlichkeitsdenken des letzten Jahrhunderts paßt (das nur einen Maßstab für alle Beurteilungen kennt, nämlich denjenigen nach Profit und Nutzen), kommt schon bei unseren Nadelhölzern in Schwierigkeiten, deren Blüten – bei der Fichte z. B. oder der Lärche – leuchtend rotgefärbt sind, obwohl sie, da Windblüher, von keinen Insekten besucht werden. Hier ist es ähnlich, die Samen des Ampfers werden, das zeigen die zarten Flügel, vom Wind und nicht von Tieren verbreitet. Was nützt also die rote, weithin sichtbare Farbe?

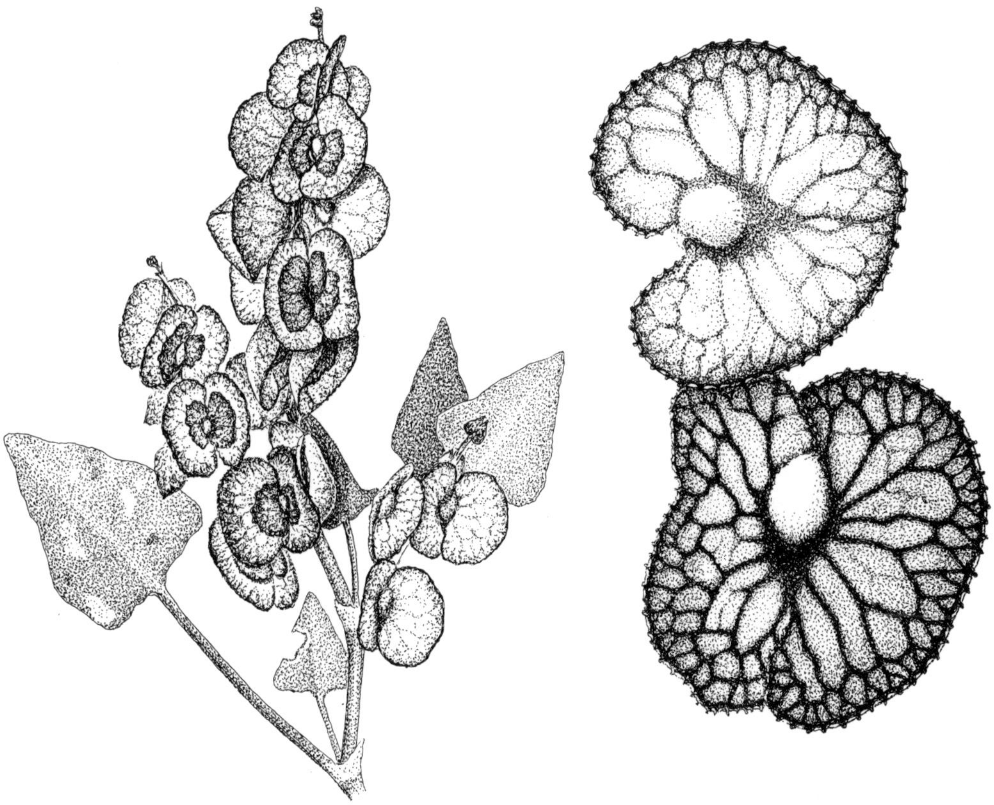

Abb. 93: Die leuchtend rot geaderten und netzstreifigen Früchte des Rosenampfers *Rumex cyprius (= roseus)* wirken wie Blüten. Diese selber sind unscheinbar klein und grünlich.

Fragen wir besser: Was drückt sie aus? Es braucht ein geduldiges Beobachten und Bearbeiten der Erscheinung, aber es läßt sich doch immerhin die Richtung angeben, in der die Antwort zu suchen ist. Ähnlich wie bei der Schwarzfärbung und Verdunkelung so vieler Wüstentiere handelte es sich bei den optisch so auffälligen, so «blütenhaften» Früchten des Ampfers keineswegs um eine Einzelerscheinung, sondern um ein verbreitetes Phänomen, das interessanterweise gerade bei jenen Gewächsen auftritt, die zur Gruppe der «Apetalen» gehören, oder deren Blüten so unauffällig sind, weil sie nur sehr kleine Kronblätter besitzen. Neben unserem Ampfer, bei dem die Erscheinung am auffälligsten ist, tritt sie bei zahlreichen salzliebenden Meldengewächsen auf *(Chenopodiaceae)*, die zu fleischiger Sukkulenz, in jedem Fall aber zu starker Blattreduktion neigen (vgl. Abb. 23). Es scheint, als verlege diese Pflanzengruppe in die Fruchtbildungsphase, was normalerweise im Kreis der Kronblätter stattfindet – die Ausbreitung und Entfaltung, das farbige Aufglühen im Licht. In den Frucht- und Samenbereich gehört ja das Durchwärmen, das strohige Verdorren und papierene Austrocknen, das für die zarten Kronblätter tödlich wäre. Das Emporsteigen blütenhafter Bildungen vom Kron- in den Fruchtblattbereich in der «übermineralisierten» (versalzenen) Trockenlandschaft findet sein Gegenbild in der Gegenlandschaft – in den (extrem mineralarmen) regenfeuchten Tropengegenden, in denen die Blüte so häufig in die Sphäre der oberen Laubblätter hinabsteigt: viele Gewächse des lichtarmen Regenwaldes besitzen kronblattartig auffällig gefärbte Hoch- und Tragblätter, die Bromelien und *Heliconius*-Arten, der Weihnachtsstern *Poinsettia*, die Bougainvilleas, *Costus*-Arten usw., während die eigentlichen Blüten höchst unscheinbar sind.*

Immer wieder treten die Mauern des Grabenbruches, die allmählich immer steiler zum Toten Meer abstürzen, so daß für die Straße kaum Platz bleibt, weiter zurück und lassen im Vorland Raum für die sandigen, von Wadis bizarr zerschnittenen «badlands» der Lissanmergel, aber auch für breite Schwemmfächer ausmündender Trockentäler. Das ist besonders dort der Fall, wo sich der mächtige Tafelberg von Massada vor das judäische Hochplateau lagert, steil in den Graben hinab abfallend. Die scharf in die weichen, hellen Mergel eingegrabenen Wadis sind voll von Schotter und grobem Geröll und werden von malerischen Gruppen von Schirmakazien bestanden, die in den weit ausfächernden Mündungstrichtern bis nahe ans Ufer des Toten Meeres heranreichen und mitunter, wie in der südlichen Arava, lichte Haine bilden, wodurch sie savannenartigen Charakter vermitteln. Und genau wie in der Arava begegnen wir auch hier Dorkasgazellen, die uns scharfäugig auf große Distanz zu halten wissen. Ein kleiner Familientrupp – ein Bock, eine Geiß und zwei halbwüchsige Kitze – zieht über eine nackte, baumlose Schotterfläche nahe dem Ufer dahin. Als uns die scheuen Tiere eräugen, verfallen die Kitze in eigenartiges, exaltiert wirkendes «Erregungsspringen»: Mit gestreckten Läufen schnellen sie sich mehrmals hintereinander stocksteif in die Luft, als hätten sie keine Gelenke.

Je weiter es nach Süden geht, desto härter und erbarmungsloser zeigt sich der Wüstencharakter, desto seltener werden die kleinen Oasen, die sich zwischen Grabenwand und Totes Meer drängen. Große graue Hotelklötze stehen unvermittelt in der Öde, bedauernswerte Leute sind hier einquartiert, man sieht die Armen in umfriedeten Uferbuchten bis zum Halse eingetaucht, die sengende Sonne brennt ihnen auf die Köpfe; mitleidlose Ärzte haben sie hierher verbannt in diese Vorhölle – Baden im Toten Meer ist offenbar das einzige Mittel, um die Schuppenflechte zu heilen. Welch eine Krankheit, die solche Behandlungsmethode nötig macht! Miasmen schwelen einem entgegen, Dünste ekelerregenden Schwefelwasserstoffes, der aus den Tiefen dieses «Anti-Gewässers» emporsteigt.

Die Oberfläche scheint aus Blei zu sein, so schwer und reglos liegt sie da. Streichen Winde – kühle Fallwinde von den umliegenden Höhen – über das Wasser, so ergeben sich, blickt man von einer Anhöhe auf das Tote Meer herab, eigenartige Bilder: weiße Bänder und Linien laufen in Ost-West-Richtung über die grauen Flächen und gemahnen an Schneefahnen, die über eine vereiste Seefläche wehen.

Aber es gibt auch andere Eindrücke – wenn die Seefläche, glatt wie ein polierter

* Vgl. die entsprechenden Darstellungen des Verfassers in: Der Kontinent der Kolibris. Stuttgart 1982.

Abb. 94: Von Sturzwassern früherer, regenreicherer Zeiten modellierte Erker, Zinnen und Mauern in den sterilen, lebensfeindlichen Lissanmergeln zwischen Totem Meer und westlicher Grabenwand bei Massada: Ablagerungen des einstmals viel größeren Vorläufers des Toten Meeres.

Metallspiegel, Farben und Licht ihrer Umgebung reflektiert, in morgendlicher tiefer Bläue daliegt oder sich mit dem intensiven Rostrot überzieht, in dem die jordanischen Berge am jenseitigen Ufer in der Abendsonne aufglühen.
Der Todescharakter wird immer stärker und beklemmender, je mehr es dem Südende des Toten Meeres entgegengeht, wo große Teile zur Salzgewinnung eingedeicht sind und die steil aufragenden Felsen aus Schichten von Salz bestehen, die mit Lagen von Sand wechseln. Hier ist die Salzkonzentration des Wassers so hoch, daß sich am Ufer weiße Massen, die wie Eis und dicker Rauhreif aussehen, abscheiden, und absonderliche, flache Pilze und runde Tische auf dünnen Sockeln aus blendend weißem Salz aus dem Wasser ragen. Kleine Büsche und Grashalme, die irgendwann, weiß Gott wie, an einer Uferstelle zu keimen und auch eine Zeitlang zu wachsen vermochten, sind längst abgestorben, in gläsernen Futteralen aus Salz eingeschlossen. Ein unerträglicher Fäulnisgeruch erfüllt die Gluthitze der Luft, die von keinem Lufthauch gemildert wird.

Hier ist Sodom, wahr und wahrhaftig, und Gomorrha ist, bildlich gesprochen, auch nicht weit; man erreicht es, an verfallenen Gebäuden vorbei, die aussehen, als seien sie zerschossen worden: ein Riesenwirrwarr aus Gestängen, Röhren, Schloten, Fabrikhallen, Salzlachen und Salzbergen taucht auf: die «Dead Sea Works«, chemische Fabriken, die alle Salze, die hier vorkommen, verarbeiten. Kein Haus, keine Wohnung, kein Garten in der Umgebung. Wer in «Gormorrha» arbeitet, flieht sofort nach Arbeitsschluß in andere Gegenden. – Gomorrha ist übrigens keineswegs auf diesen tiefsten Ort der Erde beschränkt: gar nicht weit weg, ein Stück in den Negev hinein, liegt eine weit modernere Ausgabe – die Atomindustrie von Dimona.

So bedeutet die Fahrt am Toten Meer entlang einen langsamen, zunächst kaum spürbaren Wechsel, dessen man sich erst dann voll bewußt wird, wenn man im Süden, in Sodom angelangt ist; am Gegenpol zum Nordufer, dort, wo jener Fluß einmündet, an dem die Jordantaufe stattfand, nur wenige Kilometer oberhalb der Mündung. Die Grundgegensätzlichkeit, die sich in der geistesgeschichtlichen Bedeutung dieser beiden Orte ausdrückt, zwischen denen Welten liegen, spricht sich, wiewohl verhaltener und stiller, nicht minder deutlich auch in der Natur aus: der Jordan in seinem bewegten, mäandrierenden Lauf wie eine lebensspendende Arterie, umsäumt von quellendem Wachstum, vom üppigen Grün seiner Auen aus Weiden und Euphratpappeln. Aber er ist es nicht allein, er ist nur die mächtigste der Lebensadern – neben ihm kommen all die vielen Grundwasser, die von den regenreichen Höhen des judäischen Berglandes oberhalb des Wüstengürtels, von Jerusalem über Bethlehem bis Hebron durch das Gestein herabsickern und an den Ufern des Toten Meeres Oasen hervorzaubern: hier, so spürt man, überwindet das Leben den Tod, hier auch hat das Wasser infolge der vielen Zuflüsse noch nicht den hohen Salzgehalt wie im Süden, wo der Tod alleine herrscht, wo das Wasser durch die hohe Salzkonzentration jene eigenartige Konsistenz bekommt, die es dem Badenden erlaubt, reglos auf der Oberfläche zu liegen, ohne unterzusinken: ein sprechendes Bild dafür, daß hier der Hauptwesenszug des Wassers in sein Gegenteil verkehrt ist – statt Grundlage und Träger des Lebens zu sein, läßt es Lebendes nicht in sich hinein, verweigert seine Aufnahme und weist es ab.

In kaum zu überbietender Wucht prallen die Lebenskräfte des Nordens auf die Todeswirkungen der Wüste, mehr noch, auf eine letztmögliche Steigerung alles dessen, was in der «normalen» Wüste noch gemäßigt ist, Andeutung bleibt, und weiter im Süden, wo die Grabensohle langsam wieder ansteigt, durch die Oasen und Akazienhaine gemildert wird. Totes Meer und Rotes Meer, beide von Wüsten umschlossen und doch von höchster Gegensätzlichkeit: das eine bar jeglichen Lebens, auch der niedersten, anspruchslosesten Formen, das andere sowohl in seinen Riffen wie in der offenen See von denkbar größter Lebensfülle. Und, als dritter im Bunde, der See Genezareth, in gewissem Sinn das «vollkommene» Gewässer: lebenerfüllt und umgeben von lebendiger, paradiesischer Gartenlandschaft, aus ihr seinen Reichtum beziehend und diesen wieder an sie zurückgebend.

Höchste Landschaftsdramatik, die sich in unverhülltem Neben- und Gegeneinander polarer Naturkräfte ausdrückt. Zusammengefaßt wie in einer Quintessenz findet

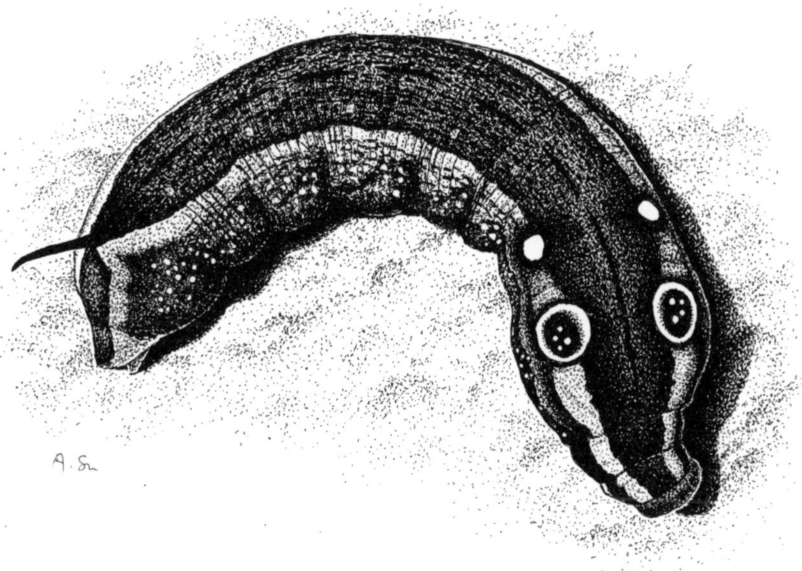

Abb. 95: Auf unerfahrene Menschen – und Tiere – wirkt die unverhoffte Begegnung mit diesem unheimlichen Wesen furchteinflößend; es erscheint wie eine Kombination aus Schlange und Skorpion, wenn es mit seinem Stachel am Hinterende hin- und herzuckt und den Vorderleib so aufbläht, daß die Augenflecken grell hervortreten (die echten Augen am – wirklichen – Kopf, der klein und unauffällig am Vorderende sitzt, sind gar nicht sichtbar). In Wirklichkeit ist die Raupe des Großen Weinschwärmers *Hippotion celerio*, der als Wanderfalter mitunter auch in Mitteleuropa einfliegt, völlig harmlos. Qumran, 7. April 1983.

sich dies alles an einem Ort am Ufer des Toten Meeres, mit dessen Besuch wir die letzte Etappe unserer Wanderung durch Palästina beginnen wollen: in der Oase von En Gedi.

Das Paradies von En Gedi

Die Fahrt dorthin geht noch einmal vom Nordende des Toten Meeres nach Süden, mal nahe dem Ufer, wenn die Straße kaum Platz findet zwischen dem Wasserspiegel und den steil abfallenden Felswänden, mal hoch über Schuttkegel und Schotterterrassen, an deren Fuß sich kleine Tamariskenwäldchen zusammendrängen. Die Silhouette eines Steinbockes mit mächtigem Bogengehörn zeichnet sich schwarz gegen den Himmel ab.

Als erstes wird das Wadi Qumran gequert, das breit zwischen hohen Schotterterrassen mündet und landeinwärts jäh in die Felsen hochsteigt, zwischen verwitterte, wilde Zacken und Grate voller Klüfte und Höhlen – unter ihnen befindet sich auch diejenige, in der die Schriftrollen in den Tonkrügen gefunden wurden. Es lohnt sich, hier auf steilen, felsigen Pfaden emporzusteigen – je höher man kommt, desto mehr nimmt die Blütenfülle zu. Waren es zuerst nur Trockenfarne *(Cheilanthes fragrans* und *catanensis),* so tauchen bald stachelige Kugeldisteln *Echinops sphaerocephalus* auf, von deren runden blauen Blütenständen lange strohgelbe Lanzen ausstrahlen. In Felsritzen blüht die zierliche violette Jerusalemer Glockenblume *Campanula hierosolymitana.* Kleine, runde Kügelchen, zwischen Steinen direkt am Boden, sind die verblühten, längst fruchtenden Köpfchen eines Korbblütlers, *Asteriscus pygmaeus,* die ihre spitzen Hüllblätter schützend nach innen geschlagen haben in einer Gebärde, die der der Rose von Jericho ähnelt. Früh im Jahr, wenn es noch nicht so trocken ist, brechen die kleinen goldenen Sonnen der Blüten unmittelbar aus dem Boden hervor. Kakteenartige fleischige Stämmchen an den heißen Felsen gehören der tropisch-afrikanischen Aasblume *Caralluma sinaica.*

Weit ist die Sicht von hier oben, über das Nordende des Toten Meeres und die umrahmenden Tamariskenhaine, über die blendend helle, unfruchtbare Mergelwüste, die sich nach Norden zieht. Der Blick schweift bis Jericho und gleitet die wilde Mauer des jordanischen Berglandes entlang.

Zwei Kurzschwanzraben *Corvus riphidurus,* Meister des Segelfluges, kommen neugierig herbei und blocken in den Felsen über uns auf. Diese Vögel der Sahara und des tropischen Ostafrika haben hier ihre Nordgrenze. Im Sitzen sehen sie mit ihren zu kurz geratenen Schwänzen immer etwas unproportioniert und gerupft aus, aber das Flugbild mit den langen und breiten Fittichen und dem weitgefächerten Schwanz, der die Hinterkante der Flügel über eine leichte Rundung nahtlos verbindet, ist formvollendet und elegant.

Beim Abstieg begegnen wir einem Pärchen Saharasteinschmätzer, das im Blockgewirr der Schutthalde brütet, in einer versteckten Erdhöhle unter einem großen Stein. Das Männchen ist mit einer weißen Kapuze geschmückt, die dem Weibchen fehlt. Beide benehmen sich höchst exaltiert, fliegen hierhin und dorthin, knicksen mit flappenden Flügeln und nervös zuckendem Schwanz, und das Männchen singt vor Aufregung, obwohl es eine dicke Raupe im Schnabel hat. Es klingt etwas gequetscht, verständlich, wenn man mit vollem Mund singt.

Einmal, wir hatten das Wadi Qumran besucht und befanden uns in der Abenddämmerung auf der Fahrt nach Süden, En Gedi entgegen, kam uns ein großer Storchenflug niedrig entgegen. Die Felslandschaft zur Rechten lag bereits in nachtschwarzer Dunkelheit, und der Spiegel des Toten Meeres glänzte wie kaltes Metall. Die Störche versanken neben uns ins Dunkel, das sie sofort verschluckte. Mühsam fanden wir ihre Schemen mit dem Fernglas wieder, auf Felsbrocken in einer steilen Schutthalde verteilt. Plötzlich begann einer, dann fielen immer mehr ein, und schließlich ertönte aus der Finsternis höchst merkwürdig das Schnabelgeklapper Hunderter Störche: die Spannung löste sich, Erleichterung machte sich Luft, endlich doch noch ein Nachtquartier gefunden zu haben, ähnlich wie bei Reisenden, die ein gefährliches Aben-

Abb. 96: Die Blütensterne des kleinen Korbblütlers *Asteriscus pygmaeus* sitzen fast stengellos dem Boden auf, und die Fruchtstände sehen wie Pilze aus.

teuer glücklich überstanden haben und deren Anspannung sich nun in aufgeregtem Mitteilungsbedürfnis Luft macht.

Jedes der Felsentäler hat seinen einmaligen und unverwechselbaren Charakter. Hat man einige von ihnen durchquert, so glaubt man bald, man habe alle gesehen – aber jedes neue Wadi ist wie eine nie zuvor gesehene Welt. Nach dem fast lieblichen, in seinem Verlauf so abwechslungsreichen Tälchen von Qumran wirkt die gewaltige Felsenschlucht des Nahal Darga oberhalb Mizpe Schalom, wenn man den Talboden entlangwandert, erdrückend in der Mächtigkeit ihrer lotrechten Wände, und schwindelerregend, wenn man von oben, vom Hochplateau aus in seine abgründigen Tiefen hinabblickt. Gigantische Felsbastionen türmen sich auf, hellgraue Felsentauben durchqueren reißenden Fluges die Klamm, in der ein Steinadlerpaar brütet. Da und dort eine steile Schutthalde, die von schmalen Steinbockwechseln überquert wird. Oben ein sanftes, welliges Hochplateau, die Judäische Wüste, Gazellenland. Verkehrte Welt: die Steinböcke leben in den Tiefen, die Gazellen auf den Höhen. Die Ebenen befinden sich nicht am Fuß, sondern oben in Gipfelhöhe und werden durchquert von umgekehrten, von negativen Gebirgen, die sich nicht in die Höhe empor-, sondern in die Tiefe hinabtürmen.

Endlich erreichen wir En Gedi. Die Felsabstürze, die eben noch fast senkrecht ins Tote Meer herabstürzten, treten zurück und bilden weitausladend den Rahmen eines reichgegliederten Amphitheaters – von dem man zuerst allerdings nichts bemerkt, solange wenigstens, wie der Blick noch von einem Säulendom mächtiger Dattelpalmen gefesselt wird –, ein Empfang, den man nach der Öde und Wildnis, die hinter einem liegt, zuallerletzt erwartet hätte. Allmählich befreit sich der Blick von der Nähe und beginnt die Anhöhe emporzuwandern, die niedrigen Vorhügel, die von blühenden Gärten in tropischer Üppigkeit und Blütenpracht gekrönt werden. Ein Tälchen, weit zunächst, dann immer enger und schließlich klammartig schmal werdend, voll dichten Bewuchses großer Christusdornbäume und Weiden, Urwälder von Riesenschilf, das die Felshänge emporklettert: der Nahal David, aus dem ein Quellwasser sprudelt und dessen Steilhänge von höher gelegenen Quellen überrieselt werden; sonst könnten die Schilfmassen nicht bis nach oben emporklettern und zusammen mit Bäumen und Gebüsch ein dichtes Wäldchen bilden auf einem sanft geneigten, breiten Plateau, das sich auf halber Höhe zwischen Talboden und Felsgipfeln an den Absturz der Grabenwand schmiegt.

Tatsächlich tritt hier eine Quelle aus, und ihr verdankt der hoch gelegene Wald sein Dasein. Eine unvergleichliche, einmalige Lage, gesichert wie eine Festung, von der die Mauern allseits steil herabfallen. Weithin schweift der Blick, wie von den Zinnen einer Burg, und umspannt die ganze Welt der Oase von En Gedi, kein Winkel, der verborgen bliebe; die spiegelnde Fläche des Wassers dehnt sich weit nach Süden, und am jenseitigen Ufer zieht sich die wilde jordanische Felsenmauer in ihrer ganzen Ausdehnung dahin. Kein Wunder, daß hier oben in solch unvergleichlicher Lage ältester Siedlungsgrund liegt, hier befand sich der befestigte Ort En Gedi durch lange Zeiträume hindurch, von prähistorischen Epochen bis zur Zeit der römischen Besetzung und bis zum Aufstand Bar Kochbas, von dem ermahnende Briefe an die Bewohner En Gedis überliefert sind, die sich anscheinend mehr für ihren Wohlstand und Luxus interessierten als für die Unterstützung des nationalen Widerstandes. Die Quelle diente der Bewässerung der steil abfallenden Hänge, die kunstvoll terrassiert waren und dem Anbau von Balsam dienten – hochgeschätztem und hochbezahltem Gut des Altertums, bei allen Einbalsamierungen und Totenkulten gebraucht; En Gedi war berühmt für diese Spezerei, aber von den Pflanzen, die sie lieferte, ist heute keine Spur mehr zu finden. Es sind auch, und das wirft ein Licht auf die tropische Natur dieser Oase, Gewächse des äußersten Südens Arabiens, des Jemen – des Reiches der Königin von Saba. Sie müssen hier, weitab ihrer ursprünglichen Heimat, zusagende Bedingungen gefunden haben, die ihren Anbau ermöglichten.

Heute ist das Gelände verlassen, die Terrassen sind verfallen, ein paar Ruinen hat man ausgegraben, Klippschliefer huschen durchs Gebüsch. Ein Teil des Wassers wird zu Tale geleitet und bewässert das moderne En Gedi, einen ausgedehnten Kibbuz, dessen subtropische Kulturen als vielfältig gemusterter Teppich die breite Fläche bedecken, zu der sich die Mündungen zweier Wadis – des Nahal David und des Nahal Arugot – vereinigen. Dunkel meergrün liegen die Dattelpalmhaine da, unterbrochen vom lichten Smaragd der Zitruskulturen. Die moderne Siedlung von En Gedi, eingebettet in paradiesische Gärten voller Tropengewächse, liegt auf einer

Abb. 97: Das charakteristische Flugbild des Kurzschwanzraben *Corvus riphidurus*, eines meisterhaften Flugkünstlers.

jenseitigen Anhöhe, längst nicht so hoch wie das historisch-prähistorische En Gedi, aber doch gut geschützt durch einen unersteigbaren Steilhang auf der einen Seite und hohe Felsmauern auf der anderen. Die sanft geneigten Hänge, die zum Toten Meer hinableiten, sind weithin überblickbar. Eine strategisch ideale Lage (Tafel 19). Das wäre in groben Zügen ein erstes Gesamtbild, ein Panorama, wie es sich einer flüchtigen Überschau bietet. Es verrät noch nicht, daß der Blick dabei über eine ganze Welt streift, die so überreich, so unausschöpflich in ihren Einzelheiten ist, in den vielerlei Kleinlandschaften, in der unerhörten Fülle ihrer Gewächse, wilder wie kultivierter, im Reichtum ihrer Umwelt, daß man bei der Beschreibung nicht weiß, wo man beginnen soll.

Springen wir deshalb einfach mitten hinein und beginnen unsere Wanderung im Zentrum des Amphitheaters, dort, wo sich alles zum Chore vereint. Wir durchwandern das Gelände entlang der Grenze, an der die Intensivkulturen der Dattelpalmen und Orangenhaine enden und die aufgelassenen, verwahrlosten Flächen früherer Anlagen beginnen, und wo die Natur dabei ist, sich alles wieder zurückzuholen. Eine lockere Allee von Dattelpalmen begleitet uns, und drüben, am Fuße des Berghanges,

steht doch wahrhaftig, inmitten wild wuchernden Gestrüppes, eine hohe, schlanke Kokospalme, die sich hier augenscheinlich ganz wohl zu fühlen scheint, auch wenn keine Fruchtansätze sichtbar sind; offenbar hat man hier so allerlei kühne Versuche angestellt und ausprobiert, was sich alles kultivieren läßt. Ein Riesenbusch von *Salvadora persica* liegt wie ein wirrer Haufen hingeworfener Zweige über einem Wall aufgetürmter Felsbrocken. Eine große Klippschlieferkolonie ist darin zu Hause, die murmeltiergroßen und murmeltierähnlichen Bewohner sind wenig scheu, sie sind anscheinend die Anwesenheit von Menschen, die ja nebenan in der Landwirtschaft arbeiten, gewöhnt. Wir werden von ihnen aus der Nähe beobachtet, sie sitzen genau entlang der Grenzlinie, wo die Steinbrocken zwischen den saftiggrünen Salvadorzweigen verschwinden, jederzeit zur Flucht bereit, aber doch mit der Kühnheit der Angsthasen bis zum Schluß ausharrend. Aus der Nähe betrachtet verliert sich der Murmeltiercharakter, die Kopfform ist anders, gemahnt von ferne an Huftiere, die Jungtiere dagegen sehen wie kleine Plüschbärchen aus, dem kompakten, gestauchten Leib fehlt die fließende Weichheit und schmiegsame Elastizität der Nagetiere, der Hörnchen (zu denen das Murmeltier, trotz seiner Erdgebundenheit, nun einmal gehört). Der Schliefer verkörpert eher den Typ des primitiven, ziemlich urtümlichen Säugetieres, und die vielerlei Anklänge in diese und in jene Richtung bedeuten einfach, daß da noch viel unausgeschöpft drinsteckt – aus dem Klippschliefer könnte die Natur gewissermaßen noch mancherlei herausplastizieren, da ist noch nichts festgelegt (Tafel 24).
Der Salvadorabusch beherbergt noch andere Bewohner, deren Heimat ebenfalls das tropische Afrika ist. Gegenseitige Störungen gibt es nicht, da die anderen Untermieter grundverschiedene Ansprüche stellen. Es sind Schmetterlinge aus einer über ganz Afrika verbreiteten, sehr farbenfrohen Weißlings-Sippe. Bei unserer Art, *Colotis phisadia,* sind die Flügel trübrosa überhaucht und schwarz eingefaßt (Tafel 23). Die kleinen Falter entfernen sich niemals weit von der Futterpflanze ihrer Raupen – die vom gleichen Grün wie die Blätter der Salvadora und darum nur schwer zu entdecken sind – huschen im Gezweig umher, verschwinden im Innern des Dickichts, tauchen wieder auf, rasten für einen kurzen Moment mit halb geöffneten Schwingen am Boden, wirbeln hoch und umtanzen einander zu zweit oder zu dritt, besuchen kurz eine Blüte in der Nachbarschaft und verstecken sich wieder im Gebüsch. Sie zu beobachten ist einfach – überall, wo sich ein Salvadorabusch breitmacht, kann man auch die rosa Falterchen finden, die ihn umspielen – sie zu fangen ist noch leichter, aber das wollen wir nicht, wir versuchen sie zu fotografieren, und das ist bei dem irrlichternden Wesen dieser Geschöpfe eine mühevolle,

Tafel 25
Nubische Steinböcke bei En Gedi. Unten sehr alte Böcke, richtige Patriarchen mit prächtigen Bärten, im Hintergrund das Tote Meer. Oben halbwüchsiger Bock und Gruppe verschiedenalter Böcke im Gefels. Körperfarbe und Hell-Dunkel der Beine lösen die Tiere vollständig in das Gelbbraun und in die Licht- und Schattenkontraste ihrer Umgebung hinein auf. Aufnahmen A. Suchantke.

Abb. 98: Klippschliefer-Großfamilie, hierarchisch geordnet. Nach einer Beobachtungsskizze von Giora Ilani.

zeitraubende und schweißtreibende Angelegenheit. Während ich den Faltern folge, vor und wieder zurück, und hoffe, daß sie sich auch einmal für etwas längere Zeit setzen, muß ich mich ständig beschimpfen lassen – nicht von meinen Freunden, denen die Geduld ausgeht –, sondern von den Schliefern, die unsichtbar im Gebüsch sitzen, knapp einen Meter von mir entfernt, gut versteckt, so daß sie alle meine Bewegungen verfolgen können, aber selber völlig unsichtbar bleiben. Sie wollen offenbar heraus, auf die Weide, und ich hindere sie daran. Plötzlich merke ich, was los ist: hinter mir ertönt ein leises Greinen und ungeduldiges Husten – ich habe einigen Schlieferkindern den Rückweg abgeschnitten, jetzt sitzen sie halbversteckt

Tafel 26
Oben: Blick von den Golanhöhen auf den See Genezareth in der Nachmittagssonne.
Unten: Nahal Gamla im Golan, Zentrum der Dolmen und einer Gänsegeierkolonie. In der Ferne der See Genezareth. Aufnahmen A. Suchantke.

Abb. 99: Ein Trupp Arabischer «Babblers» *Turdoides squamiceps*, der irgend etwas Aufregendes entdeckt hat, das nun mit exaltierten Hopsern, die sich zu wahren Clownstänzen steigern können, umkreist wird. Das eigenartige, zum Lachen reizende Benehmen dieser äußerlich ganz unscheinbaren, staubig-braunen Vögel ist mit nichts aus unserer heimischen Vogelwelt zu vergleichen – tatsächlich gehören diese «Drosslinge», wie ihr unschöner deutscher (Kunst-)Name heißt, zu einer in den Tropen Afrikas und vor allem Asiens weitverbreiteten Familie, den Timalien, deren Vertreter gerne in gemischten, laut lärmenden Trupps herumziehen. Unsere Art ist typisch für die Dornakazien-Landschaft der heißesten Teile des Landes und in seiner Verbreitung auf die Arava und das Totmeer-Gebiet beschränkt.

hinter Steinen und quengeln ängstlich und ungeduldig. Ich entferne mich ein paar Schritte, die Kleinen hasten nach Hause und weiteres Geschimpfe unterbleibt.
Im Weitergehen schreiten wir unter einer flachgipfligen, niedrigen Dornakazie durch. Direkt über uns sitzt doch wahrhaftig ein dicker, alter Schliefer im Gezweig und schaut verdutzt und ängstlich auf uns herunter. Als wir stehenbleiben, turnt er vorsichtig, die Dornen vermeidend, über die Äste und wieselt den Stamm hinunter. Wüstenhühner poltern los, ein fahler Sandfuchs *(Vulpes rueppelli)* schreckt aus

Büscheln vertrockneten Grases hoch – wäre er verharrt, wir hätten ihn schwerlich entdeckt, sein Fell trägt dieselbe gelbbraune Farbe wie die Umgebung. Eilig flüchtet das Raubtier, das durch den fast körperlangen, buschigen Schwanz mit der weißen Spitze unglaublich gestreckt wirkt, die kurzen Läufe sind im Gras nicht zu sehen, wohl aber der spitzschnäuzige Kopf und die großen, zugespitzten Ohren. Eine Gestalt, die auf halbem Wege zwischen unserem Rotfuchs und dem Fennek *Fennecus zerda*, dem zierlichen, kleinen Wüstenfuchs mit den Riesenohren, haltgemacht hat. Gebüsch und allerlei Kräuter wuchern unbehelligt und erfreuen durch ihre schönen Blüten das Auge. Eine fast mannshohe Verwandte der Zimmerlinde mit großen goldgelben Malvenblüten, *Abutilon pannosum*, besitzt weiche, samten behaarte Blätter und wird überrankt von einem zierlichen Schlinggewächs mit vielen kleinen weißen Trompetenblüten: *Commicarpus africanus*, ein Verwandter der prächtigen *Bougainvillea* aus der Familie der Nyctaginaceen; beide, Schlinger wie Umschlungener, sind Tropengewächse, desgleichen die dichten Büsche des Graufilzigen Nachtschattens, *Solanum incanum*, mit großen violetten Kartoffelblüten und weithin leuchtenden goldgelben Tomatenfrüchten. Tropisch afrikanisch ist auch der berühmte Sodomsapfel *Calotropis procera*, ein kurzstämmiges, wenig- und dickästiges Bäumchen mit großen ovalen, regelmäßig angeordneten Blättern, Garben unscheinbarer violetter Blüten und mächtigen Früchten, aus denen bei der Öffnung Berge weißer Watte herausquellen – zarte Samenhaare, wie sie für die (allesamt hochgiftigen Milchsaft führenden) Seidenpflanzen-Gewächse *(Asclepiadaceae)* typisch sind, so auch für unsere heimische Schwalbwurz, *Vincetoxicum officinale*. Winzige braune Falter huschen hüpfenden Fluges nahe dem Boden hin, setzen sich auf einen Stein, eilen zur nächsten Blüte. Während sie so flügelflappend hin- und herspringen, wechselt ihr Aussehen fortwährend zwischen Silbergrau und Dunkelbraun – je nachdem, ob sie die Flügel entfalten und die dunkle Oberseite zeigen oder zusammenschlagen und dabei die hellere Unterseite aufblitzt. Sitzen sie, dann bemerkt man auf den Vorderflügeln große schwarze, hellumrahmte Augenflecken mit weißem Kern. Das kleine Falterchen trägt den hübschen Namen *Yphtima asterope* und ist, wie der rosafarbene Weißling, ein Tropenfalter, allerdings von sehr viel weiterer Verbreitung, von Afrika über Indien bis Australien (Tafel 23).

An einem hohen, von gedämpftem Licht erfüllten Dattelpalmenhain geht es vorbei, aus dessen Kronen Falkenbussarde abstreichen. Ein Wiedehopf fliegt vor uns auf, und am Boden sucht ein Wendehals *Iynx torquilla* nach Ameisen; der Vogel, der wie ein Stückchen Rinde aussieht, verrät sich nur durch seine grabenden Bewegungen. Verfallene Gebäude tauchen auf, umstanden von mächtigen, schattenspendenden Bäumen – es ist das frühere Zentrum des Kibbuz, hier sprudelt eine Quelle, saftig grüne Wieseninseln verstecken sich hinter hohen Hecken aus Granatäpfelbüschen, feuerrot leuchten die großen Blüten, die funkelnde Nektarvögelchen anlocken. Bülbüls gibt es zuhauf, überall sieht man sie, wie stets, zu zweit, oder sie kommen angeflogen, setzen sich in unsere Nähe und kommentieren unsere Gegenwart. Wunderschöne, schwarze und weiße, auf der hellen Unterseite rötlich überhauchte Maskenwürger *Lanius nubicus* sitzen in den Zweigen; sie sind überaus scheu und flüchten bei jeder Annäherung: das typische unsichere Verhalten von Durchzüglern

Abb. 100: Der hell sandfarbene kleine Wüstenfuchs *Vulpes rueppelli.*

in fremder Umgebung. Sie sind unterwegs in den Norden der Levante, nach Kleinasien, zum südlichen Balkan.

Hinter dem kleinen Park beginnt wieder die Dornenwildnis, Christusdornbäumchen bilden wirre Gestrüppe, eine kleine Gedenkstätte taucht auf, geschmackvoll und dezent in die Landschaft eingefügt. Eingravierte Namen erinnern an die Opfer eines Überfalles, wohl der Grund für die Verlegung des Wohnzentrums der Siedlung auf die etwas entferntere, aber gut gesicherte Anhöhe im Süden.

Ausgegrabenes Gemäuer zieht sich daneben den Hang hinauf, lotrechte Erdhänge sind da und dort angebohrt, dunkle Löcher ziehen in die Tiefe – hier brütet der große Eisvogel, der dann auch als blauer Blitz aus einem der Löcher herausschießt. Johannes, der allein hier war, hatte das Glück, aus einem Versteck hinter dem Gebüsch einen zweiten Bewohner der Erdhöhlen zu beobachten, den kleinen grünen Bienenfresser oder Smaragdspint *Merops orientalis,* der im Sonnenlicht funkelt wie ein Edelstein, in schwebendem Gleitflug auf seinen langen und schlanken, unterseits rotbraunen Schwingen, der Schwanz durch zwei dünne Spieße weit nach hinten verlängert. Er ist ein Vertreter der südasiatischen Tropenwelt, dieser «Little Green Bee-eater», der in den heißen, trockenen Landschaften des Grabenbruches nicht selten ist, vor allem in sandigen Gebieten, in denen er seine Bruthöhlen graben kann (Tafel 22).

Ein staubiger Parkplatz kommt in Sicht, das Ende einer kleinen Straße anzeigend, die sich von unten, von der Küstenstraße, heraufwindet – Ende der Autofahrt, Beginn des Weges, der zu einer der allerschönsten Wanderungen einlädt, die dieses Land, das an Naturschönheiten wahrlich nicht arm ist, zu bieten hat. Eine berühmte Wanderung ist es, und eine der allerbeliebtesten – man hüte sich also etwa während der Pessachwoche herzukommen, wenn sich hier alle Schulklassen, Jugendgruppen und Wandervereine Israels treffen. Es sei ihnen gegönnt, natürlich, um so mehr, als nichts von Zerstörung zu bemerken ist, von Verschmutzung und Abfällen, wie das bei uns sofort der Fall wäre. Die Natur wirkt ursprünglich und auf eine erstaunliche Weise unberührt – es ist immer wieder dasselbe, überall auf der Welt: Die Natur reagiert in sensibler Weise auf die Art, mit welcher Gesinnung ihr der Mensch begegnet, sie gleicht einem Spiegel, der als äußeres Bild zurückwirft, was ihr der Mensch innerlich, in seinem Bewußtsein, entgegenbringt – und was dann natürlich auch sein Handeln, sein Verhalten gegenüber der Natur bestimmt.

Aber zunächst einmal fällt es uns gar nicht leicht, von dem häßlichen Parkplatz Abschied zu nehmen, der von anderen Lebewesen augenscheinlich sehr geschätzt wird: von den vielen Vögeln, die vom Abfall der Touristen leben und die fast handzahm geworden sind: rötlich graue Palmtauben laufen uns gurrend vor den Füßen herum, ein Schwarzschwänzchen fächert, kaum einen Meter von uns entfernt, seinen dunklen Schwanz, hübsche Weidensperlinge mit schwarzgefleckter Brust balgen sich um Brotkrümel, und ein Trupp Kurzschwanzraben vollführt am Steilhang jenseits des Baches temperamentvolle Flugspiele. Das Lachen des «Smyrna Kingfisher» ertönt, und tatsächlich hat ein weiteres Paar an der steilen Erdwand über dem Bach seine Nisthöhle. Wüstenhühner würden auch gerne etwas aufpicken, aber sie trauen sich nicht herbei, solange wir da sind, und bleiben lieber oben zwischen den Steinen in sicherem Abstand.

Dann nimmt uns das enge, von hohen Felsmauern umschlossene Tal auf und zieht uns sofort in seinen Bann. Hin- und hergewunden bewegt es sich immer tiefer in eine immer wildere Gebirgslandschaft hinein, und glaubt man an seinem Ende zu stehn, dann war es nur eine Biegung, hinter deren Mauern es weitergeht. Worin liegt der besondere Zauber? Nicht allein in der Vielfalt übereinandergestufter Felsbastionen, einer unerschöpflichen Welt reiner Naturarchitektur, im warmen Gelbbraun, das morgens von der Sonne vergoldet und abends rötlich getönt wird. Wenn es überhaupt so etwas geben kann wie einen harmonischen Zusammenklang von Gegensätzen, dann hat dieser hier Gestalt angenommen: wo oben die reine Felswüste in erhabener Ruhe und majestätischer Größe herrscht, ist unten, im schmalen Talgrund, überquellendes Leben und frisches helleuchtendes Grün; üppige, dichte Auenwäldchen drängen sich da zusammen, aus hohen Weidenbüschen, zwischen denen die Schöpfe des Riesenschilfes herausragen, unterbrochen vom Dunkelgrün der Tamarisken, die von weißen Blüten überschneit sind. Ausladende und runde, fast zum Boden herabreichende Kronen von Euphratpappeln ragen da und dort heraus (Tafel 20).

Eine lang erhoffte und freudig begrüßte Begegnung! Welch erstaunlicher Baum, diese Euphratpappel – alles an ihr ist bewegt, wäßrig und in fließender Bewegung: die saftig grünen, breiten (und beim Anfassen dann doch recht ledrig derben) Blätter, langgestielt, bewegen sich im Spiel des Windes, der leiseste Lufthauch läßt sie tanzen und vibrieren. Aber mit der Zitterpappel hat der Baum doch wenig gemein, ihm fehlt der schlank aufschießende Wuchs und die Durchlichtung der Espe; statt dessen ist die Krone breit gerundet, fast formlos nach allen Seiten auseinanderquellend und auf kurzem Stamme bis zum Boden herabreichend. Sie birgt einen Innenraum grün gedämpften Lichtes, als halte sie ihre eigene Sphäre feuchtigkeitsgesättigter Luft, ihren eigenen Lebensraum schützend umspannt. Aber ihr fehlt doch gänzlich das

abwehrende Dunkel dichtbelaubter Zweigvorhänge, wie es der benachbart auf viel trockenerem Boden wachsende Christusdorn vorführt – es bleibt ein fließendes Ineinanderspiel von innen und außen, von Umkreis und Eigenraum.
Gegensätze zu vereinen, scheint das Motiv der Euphratpappel zu sein: sie dringt in die trockensten und unwirtlichsten, heißesten und winterkältesten Gebiete vor, in die Wüsten Zentralasiens bis in die Mongolei, nach Tibet und auf die kahlen Hochplateaus im Himalaya von Ladakh ebenso wie in die Sahara; stets muß sie aber von unten genügend Wasser erhalten, fließendes Wasser ganzjährig durchströmter Wüstenwadis.
Sie ist, mitten in der tödlichen Trockenlandschaft, selber bildhafter Ausdruck des Wassers bis in ihre Blattspitzen hinein. Gleich diesem, das in fortwährender Bewegung, in strömendem Fluß und in stetiger Verwandlung lebt, zeigt auch die Blattgestaltung der Euphratpappel fließende Formübergänge, wie sie für Bäume höchst ungewöhnlich sind. So tragen die an der Stammbasis ausschlagenden Triebe weidenartig schmales Laub, den übrigen Blättern so unähnlich, daß wir zunächst an eine

Abb. 101 u. 102: Blattsilhouetten der Euphratpappel.

Täuschung glaubten – wir vermuteten eine Weide, die sich epiphytisch auf der Pappel angesiedelt hatte. Aber die Schosse kamen nachweislich aus dem Stamm selber hervor. Und diese schlanken Blätter gingen auch nach oben, im höher ansetzenden Geäst, fließend in typische Pappelblätter über, zunächst mit ovalen, spitz ausgezogenen Spreiten vor allem an den Langtrieben und schließlich bis hin zu den Altersblättern an Kurztrieben, die kreisförmig oder sogar breitoval gestutzt erschienen, in ihrer Fläche nicht selten breiter als lang. Ein Baum mithin, der im Einzelexemplar die ganze Formenvielfalt seiner Familie, der Salicaceen, umspannt: Weide und Pappel in einem.

Als wir auf die großen Steine am Bachufer sprangen, die unter der Pappel lagerten, glitten wir höchst unsanft aus. Sie waren spiegelglatt lackiert mit – Zuckerguß, an dem sich Ameisen, Wespen und Hornissen labten: Unmassen von Blattläusen auf den Blättern der Pappeln hatten ihre süßen Ausscheidungen herabtropfen lassen!

Mitunter verengt sich das Tal zur engen Klamm, so sehr, daß sein Bett auf schmalsten Raum zwischen lotrecht glatt geschliffenen Felsen eingesperrt ist und das Grün, tief unten, nur sichtbar wird, wenn man hart an den Rand der Klippen tritt; an anderer Stelle weitet es sich sanft, der silbern glitzernde Bach wird sichtbar, der von einer Felsterrasse zur anderen springt und allenthalben an den Seiten Tümpel und kleine Teiche bildet. Froschgequake tönt herauf. Wahrhaftig, Frösche in der Wüste! Aber es ist nicht das Wasser des Bächleins allein, das hier Leben spendet; immer wieder treten kleine Quellen unten an den Wänden aus, Grundwasser sickert dort, wo Schutthänge zu Tale treten, nahe der Oberfläche dahin. Sie ermöglichen an Stellen, wo sich das Tälchen weitet, auf Terrassen und Hängen, nicht minder üppiges, aber anders geartetes Wachstum als im Bachbett selber.

Verblüfft halten wir inne, als uns auf einer kleinen versinterten Terrasse neben dem Weg, inmitten von Binsen und zarten Schleiern des Venushaarfarnes, große Moor-Orchideen entgegenblühen. Es ist, da gibt es keinen Zweifel, die Gattung *Epipactis.* Typisch sind die breiten, den Stengel hinaufkletternden Blätter, erst recht die Blüten, die bei dieser Art kontrastreich hell und dunkel gezeichnet sind und deren Lippe von einer auffallenden weißen Spitze geziert wird. Größer und großblütiger sind diese Pflanzen als unsere heimischen *Epipactis*-Arten, fast meterhoch: *Epipactis veratriifolia,* ein überaus seltenes Gewächs. Feuchtigkeitsliebende Orchideen in der Wüste: wir hätten nicht geglaubt, daß es so etwas gibt, stünden wir nicht direkt davor.

Ein kleines Wäldchen nimmt uns auf. Es besteht, ufernah, aus lockeren Tamarisken, den Hang hinauf aus uralten Christusdorn-Bäumen, die sich mit verbogenen und verknoteten, hin- und hergewundenen Riesenwurzeln an die Felsen klammern. Die langen, rutenförmigen Enden der Zweige biegen sich fast zum Boden herab, zwischen den dunkelgrün glänzenden, ovalen Blättchen hängen Garben winziger grüner und gelbroter Äpfelchen – die auch wirklich apfelartig und angenehm säuerlich schmecken und nur dadurch enttäuschen, daß die harten Kerne sehr groß sind.

Umhüllende Dunkelheit ist die Gestik dieser Bäume, eine Gebärde, die besonders dort erlebbar wird, wo sie frei in der sonnenbeschienenen, hellen Landschaft stehen; das dunkle Grün der dichten Belaubung reicht bis zum Boden und umhüllt einen freien Innenraum, in dem angenehme, dämmrige Kühle herrscht.

Eine ganz andere Baumgestalt ist *Moringa peregrina,* ebenfalls tropisch-afrikanischen Ursprungs und einer eigenen Familie angehörend *(Moringaceae),* obwohl sie in allem den Eindruck eines Schmetterlingsblütlers macht. Sie ist das vollendete Gegenbild zum Christusdorn und erscheint eingehüllt in Licht und zarte Farben. Auf silbergrauem Stamm erhebt sich eine mächtige Krone, deren Zweige, ähnlich wie beim Christusdorn, in sanftem Schwung herabgebogen sind, wenn auch niemals bis zum Boden. Die Blätter sind klein und werden rasch abgeworfen, so daß die dünnen Rutenzweige etwas an Retamginster erinnern, um so mehr, als sie nahezu unsichtbar sind unter der weiß leuchtenden, zartrosa überhauchten Blütenfülle, die sie umgibt: feenhafte Schönheit. Welche Kraft und Zähigkeit indes hinter der so unwirklich erscheinenden Zartheit verborgen ist, zeigt sich, wenn diese Bäume, was häufig vorkommt, alleine und wie verloren hoch oben im nackten Fels auf einer schmalen Terrasse wachsen.

Und sie sind augenscheinlich die Lieblinge der ganzen Natur: von zartem Duft

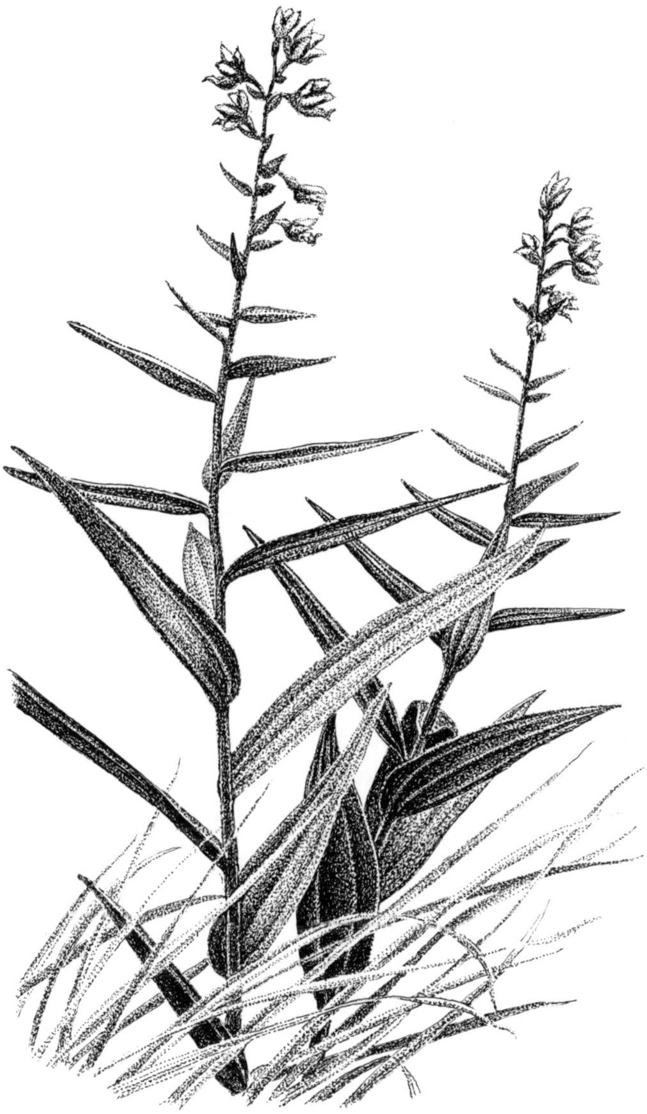

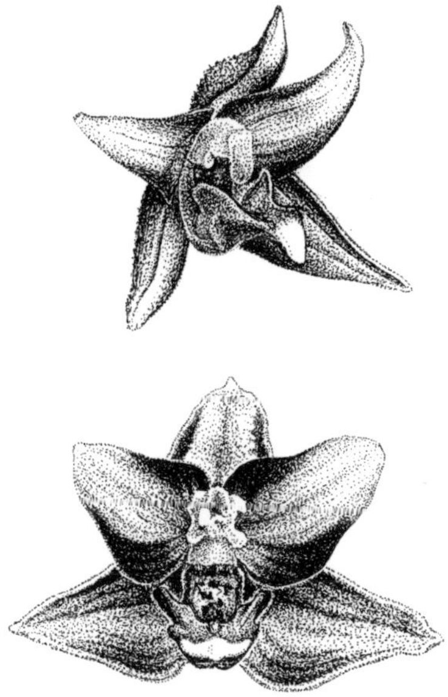

Abb. 103: Die fast meterhohe Orchidee *Epipactis veratrifolia.* Höchst eigenartig sind die Bestäubungsverhältnisse dieser Pflanze, die von den israelischen Botanikern Ivri und Dafni erforscht wurden. Neben nektarsuchenden Männchen besuchen vor allem Weibchen von Schwebfliegen die Blüten. Diese legen einzelne Eier ins Innere der Blüte, obwohl die Pflanze kaum jemals von Blattläusen, der Nahrung der Larven, befallen ist (und Schwebfliegen ihre Eier normalerweise nur an solche Stellen ablegen), und bestäuben bei dieser Gelegenheit «aus Versehen» die Blüte. Was die Schwebfliegen zu diesem Verhalten veranlaßt, ist unbekannt. In ähnlichen Fällen bei anderen Orchideen sind es Berührungsreize, dunkle Flecken in der Blüte, die Blattläusen ähneln, oder ein bestimmter Duft.

umhüllt, locken sie Heerscharen von Bienen, großen schwarzblauen Holzbienen, Schwebfliegen und riesigen Hornissen in grellgelber und rotbrauner Kriegsbemalung an. Die Kronen summen wie ein Bienenstock, und es hallt und schallt von Vogelstimmen. Durchziehende Mönchsgrasmücken klettern zwischen den Blüten in den Zweigen herum, heimische Brillengrasmücken turnen an den äußersten Zweigspitzen, und der metallische Triller und das bronzene Funkeln der Nektarvögel fehlt natürlich ebensowenig.

Blütenfülle auch am Boden, vor allem aus den vielen Kaperbüschen *(Capparis spinosa)* leuchtet es weiß heraus – die großen und überaus zarten Blüten mit den Büscheln langer Staubblätter werden schon bald, wenn die Hitze des Tages zunimmt, verwelkt sein. Andere Blüten sind bescheidener: eine kleine hellblaßblaue Ausgabe der Wegwarte *Cichorium pumilum*, die mit zartrosa Blütchen überzogenen Kissen von *Fagonia mollis*, dieses uns längst bekannte Jochblattgewächs; neu sind dagegen die weißen Sterne eines Gewächses, das entfernt an eine Glockenblume erinnert, wären die Blüten nicht nach oben gerichtet und bis zum Grunde geschlitzt; es ist wiederum ein Jochblattgewächs (Zygophyllazee): *Peganum harmala*.

Die grünen Massen eines *Salvadora*-Busches fließen buchstäblich den steilen Hang hinab und werden umflattert, wie zu erwarten, von den hübschen rosa Weißlingen, denen wir schon begegnet sind. Aufregender schon ist der hellorangebräunliche Falter, der in hektischem Gaukelflug vorbeigesaust kommt und sich damit ebenfalls als Weißling zu erkennen gibt. Auch er ist ein Afrikaner, ein naher Verwandter des weißrosafarbenen: *Colotis fausta*. Seine Raupen leben an den Kaperbüschen. Dieselbe Farbe, aber verdunkelt zu tiefem Rostorange, von schwarzen Flecken bespritzt, begegnet uns bei einem anderen Falter, der zwischen den Felsblöcken des Bachbettes hin- und herfliegt, auf einer Flockenblumenblüte kurze Nektarrast einlegt und dann schwimmenden Fluges fortgleitet, um sich kurz darauf, die Schwingen flach ausgebreitet, auf einem Stein mit Sonnenwärme vollzusaugen: unser heimischer Flockenblumen-Scheckenfalter *Melitaea phoebe* (Tafel 23). Wieder ist das eines der überraschenden Zusammentreffen von Nord und Süd, der gemäßigten Breiten mit dem äquatorialen Bereich. Die Melitaeen gehören zu den typischsten, charakteristischsten Faltern unserer Wiesen, in Waldlichtungen, an Trockenhängen, auf Riedwiesen und Gebirgsmatten: überall trifft man Scheckenfalter. Und in den Savannengebieten des tropischen Afrikas gehören wiederum die *Colotis*-Arten zu den häufigsten Schmetterlingen.

Der Weg entfernt sich da, wo es steiler und enger wird, vom Bachbett, klettert die Hänge hinauf und führt an steilen Mauern entlang. Manchmal muß man sich zwischen der Felswand und dichtem Christusdorn buchstäblich hindurchwinden. Dabei kann es dann passieren, daß man unverhofft in ein bocksbärtiges, von zwei knotigen Hörnern gekröntes Faunsgesicht blickt: ein junger Steinbock, mehr neugierig als ängstlich, mustert den Eindringling in sein Reich. Oder man schaut absichtslos und zufällig nach oben in die Felsen und bemerkt überrascht, daß man selber scharf beobachtet wird, von einem jungen Böckchen oder einer alten Geiß, deren Kitz irgendwo im Geröll herumturnt.

Das ist nicht immer so. In den Frühjahren 1981 und 1983 sahen wir Steinböcke nur,

Abb. 104: Die großen zarten weißen Blüten des Kapernstrauches *Capparis spinosa* öffnen sich schon in der Morgendämmerung und verwelken schnell in der Hitze des Vormittages.

wenn wir ganz hoch emporstiegen. 1984, nach dem trockenen, regenarmen Winter und Frühling waren sämtliche Steinböcke der Gegend in und um En Gedi konzentriert, bevölkerten das Talbett und die niedrigen Hänge des Nahal Arugot und waren dabei so wenig scheu, daß man sich ihnen auf zwei, drei Meter nähern konnte. Die ganz alten, schon etwas phlegmatischen Böcke mit imponierenden Riesengehörnen und lang herabhängenden schwarzen, an der Spitze weißen Bärten, die in eigenen Altherrenklubs umherzogen, das ungestüme Jungvolk meidend, wagten sich am weitesten vor; sie spazierten zwischen den Bussen und buntgekleideten Touristen auf dem großen Parkplatz unweit der Hauptstraße herum, weideten in den Gärten der Field School und kletterten sogar auf deren Flachdach, wo sie zwischen den Fernsehantennen vergeblich nach Grünzeug suchten.
Bei aller Vertrautheit halten aber auch diese alten, schweren Böcke immer eine

gewisse Sicherheitsdistanz. Kommt man näher als zwei oder anderthalb Meter heran, dann werden die vorher so trägen Geschöpfe plötzlich hellwach und bringen sich mit überraschender Behendigkeit außer Reichweite.

Neugier – also äußerste Sinneswachheit – und blitzschnelles Reaktionsvermögen sind natürlich in ihrer felsigen Heimat der allerbeste Schutz gegen den Leopard. «Sie wurden dabei beobachtet, wie sie sich von allen Seiten einem Leopard näherten und ihn auf eine Weise anstarrten, die an Vögel erinnerte, die auf einen Greifvogel oder eine Eule hassen. Ich erlebte das eines Tages selber, wobei mein Hund der Gegenstand ihrer Neugier war. Die Steinböcke kamen heran und näherten sich dem Hund bis auf zwei Meter. Als gut erzogenes Tier ließ sie dieser näher und näher heran, aber schließlich fuhr er dann doch auf sie los. Im Bruchteil einer Sekunde hatten die Steinböcke die Klippen erreicht und waren außer Reichweite des angreifenden Hundes», berichtet Len Aronsohn vom En Gedi Field Study Center. «Einer Gruppe von Steinböcken zuzuschauen, die von einem winzigen Vorsprung zum anderen springen, der gar keiner zu sein scheint, ist ein unvergeßliches Erlebnis. Ihre schwammähnlichen Hufe sind in der Lage, an Felsen zu haften, auf denen ein einziger Ausrutscher sofortigen Tod oder zumindest schwere Verletzungen bedeutete. Diese Fähigkeit ist die Verteidigung der Steinböcke, die nicht in der Lage sind, gegen ihre Feinde zu kämpfen, trotz ihrer großen Hörner, die bei alten Böcken mehr als meterlang werden können.» Am zurückhaltensten sind die Geißen, die jetzt, um Ostern, ganz junge Zicklein zu behüten haben, deren ungeschickte Bocksprünge beaufsichtigt werden müssen, da die Kleinen nicht selten ausrutschen, sich überkugeln oder beim Böckchenstoßen untereinander nicht genügend achtgeben, wohin sie der eigene Schwung katapultiert.

Am neugierigsten und unternehmungslustigsten sind, wen würde das erstaunen, die jungen Böcke, die in Halbwüchsigentrupps herumziehen und von den Geißen ebenso wie von den alten Böcken Abstand halten. Da sieht man alle Altersgruppen, richtige Kinder und Kindsköpfe sind darunter mit kleinen, noch kaum gebogenen Hornspießchen und rundlich vorgewölbter Babystirn. Das reicht bis zu drei- oder vierjährigen Böcken mit schon recht respektablen, aber noch keineswegs kapitalen Trophäen.

Unübertroffen ist die farbliche Einbindung dieser Tiere in ihre felsige Umgebung. Sie tragen das gleiche gelbliche Sandbraun wie die Kalkfelsen, in denen sie leben, und auch die dunklen Hörner mit den Querwülsten passen dazu, denn der Fels ist allenthalben, wo Spalten oder Vorsprünge sind, von unregelmäßigem dunklen Schattenlinien durchzogen (Tafel 25).

So kann man an ihnen vorübergehen, ohne sie zu bemerken, während sie vier, fünf Meter neben einem im Felsschutt und Geröll lagern und den Wanderer, so scheint es wenigstens, amüsiert betrachten. Einzig die schwarzweiß gemusterten Läufe sind ein auffälliger Widerspruch zu ihrer «sympathischen» Umgebungstracht. Langbeiniger und zierlicher, weniger schwer und massig wirken sie gegenüber unseren Alpensteinböcken, selbst die alten Böcke erscheinen graziler – ganz abgesehen von den Gehörnen, die beim Nubier (mit dem wir es hier zu tun haben) schlanker, länger und stärker gebogen sind, der Kreisform stärker genähert als der sanfte und stark nach außen gerichtete Bogenschwung bei den Alpentieren.

Abb. 105: Nubische Steinböcke bei En Gedi. Gelegentlich sieht man die Böcke hoch auf einem Felsgrat als malerische Silhouette gegen den Himmel. Daneben Porträt eines sehr alten Bockes mit besonders mächtigem Gehörn.

Trotz ihrer Wachheit und Gewandtheit werden sie die Beute des Leoparden, dieses Meisters des Auflauerns und des Versteckspiels – er beherrscht es so perfekt, daß man ihn, trotz seiner Größe, kaum jemals zu Gesicht bekommt, und die weitaus meisten Beobachtungen durch bloßen Zufall zustande kommen. Dabei berühren sich in En Gedi offenbar die Territorien mehrerer Leoparden. Ihre charakteristischen Scharrspuren in Sand und Geröll sind jedenfalls häufig, und an den Stämmen der Euphratpappeln, die in der Mitte des Nahal Arugot am Rande des Bachbettes stehen, finden sich die typischen Beweise dafür, daß auch der Leopard der Lieblingsbeschäftigung aller Katzen frönt: sich die Krallen zu schärfen.
Leichtere Beute als die Steinböcke sind die Klippschliefer, die in den Felsschluchten in größeren und kleineren Kolonien leben. Auf der Jagd nach ihnen kann der Leopard ganz unterschiedlich vorgehen, etwa indem er sich dort, wo ein vielbegange-

ner Klippschlieferpfad um einen Felsen biegt, «versteckt und geduldig wartet: gelegentlich läuft dann ein Schliefer dem Leoparden buchstäblich ins Maul», wie Giora Ilani (1981) beobachtet hat. «Eine andere Methode des Leoparden ist die Jagd auf grasende Klippschliefer, die in der Regel von einem aufmerksamen und mißtrauischen Wächter beschützt werden. Ein Leopardenweibchen, das ich bei En Gedi beobachtete, näherte sich einem großen, herausragenden Felsblock an der Steilkante über dem ‹Verborgenen Wasserfall›. Sie kletterte vorsichtig die Südseite des Blockes hinauf und sprang, ohne die Nordseite vorher in Augenschein zu nehmen, auf gut Glück hinab, auf die Chance hin, daß sich dort Klippschliefer aufhielten. Aber da waren keine, worauf die Leopardin einen anderen Felsen erklommen und den Vorgang wiederholte – gleichfalls ohne Erfolg. Erst nach vier solcher ‹blinder› Sprünge landete sie inmitten einer Gruppe von Schliefern und fing ohne große Mühe ein junges Männchen.»

Die Schliefer sind wundervoll getarnt, und der Wanderer bekommt sie meistens erst zu sehen, wenn sich einer der kleinen braunen Steine im Gewirr der Blöcke in Bewegung setzt, zwischen andere Steine herabkugelt und plötzlich verschwunden ist. Es war dann, leicht zu erraten, kein Stein, sondern ein «Rock Dassie», wie ihn die Afrikaner nennen. Manchmal lugen sie auch aus Felsspalten heraus, und da sie furchtbar neugierige Tiere sind, so sitzen sie dann mitunter zu dritt, zu viert übereinander wie die Bremer Stadtmusikanten. 1984 hatten sie arg unter der Dürre

Abb. 106: Leopardenfalle der Beduinen im Negev – längst nicht mehr in Betrieb, aber jederzeit zu reaktivieren! Sie müßte lediglich an einer bestimmten Stelle mit einem Köder bestückt werden, dessen Hervorzerren dann die kunstvoll ausbalancierte Konstruktion zu jähem Einsturz brächte.

Abb. 107: Die auffliegenden Tristramstare *Onychognathus tristrami* gleichen mit ihren orangefarbenen Flügeln Schwärmen aufwirbelnder Schmetterlinge.

zu leiden, die bis zur Talsohle vorgedrungen war und alle Kräuter und Gräser am Austreiben hinderte. So sah man sie dann allenthalben vorsichtig, aber durchaus nicht ungeschickt in den Christusdorn-Bäumen herumklettern, die sie bis auf wenige weit überhängende, dünne Zweige vollständig entlaubt hatten. *Baum*schliefer sind eine eigene, aufs tropische Afrika beschränkte Sippe aus der nahen Verwandtschaft – aber wenn es Not tut, können es ihnen auch ihre Vettern von den Felsen gleichtun. Schrille Felsvogelrufe gellen zwischen den Wänden, zwei schwarze Vögel von amselähnlichem Aussehen, aber erheblich größer, sausen wie Geschosse aus einem Fels-

loch und gleiten pfeilschnell das Tal hinab; wenn sie die Flügel ausbreiten, leuchtet auf ihnen ein breites orangefarbenes Feld und gibt den Vögeln ein schmetterlingsartiges Aussehen. Tristram-Stare *Onychognathus tristrami* sind es, benannt nach einem der bedeutendsten Erforscher der Tierwelt Palästinas, der das Gebiet in der Mitte des vorigen Jahrhunderts bereiste. Auch sie gehören, mit Smaragdspint und «Smyrna Kingfisher», Kurzschwanzrabe, Nektarvogel und Bülbül in einem tropischen Verwandtschaftskreis – zu den Glanzstaren, die besonders in Ostafrika farbenprächtige Vertreter haben.
Diese schönen Stare – Schmetterlingsstare wäre ein passender Name – sind echte Geschöpfe der Felsklippen, in denen sie an unzugänglichen Stellen brüten, zusammen mit Wüstenschwalben und Felsentauben, deren Gurren überall zu hören ist. Morgens sieht man sie jedoch, zuerst paarweise und dann in größeren Flügen, hinunter ins Kulturland fliegen zum Kibbuz und in das Gelände der Field School, wo sie sich alsbald als echte Stare zu erkennen geben: neugierig, vorwitzig, ohne Scheu vor den Menschen hocken sie in den Bäumen, spazieren über die gepflegten Rasenflächen und zeigen eine besondere Vorliebe für die Sprinkler, an die sie sich geschickt dranhängen, um Wasser zu trinken – als gäbe es im Nahal Arugot nicht genug davon.
Und dann sind da die Gäste, die Wanderer auf dem weiten Zug nach Norden, die das Tal überqueren oder in ihm nächtigen. Scharen von Falkenbussarden kreisen überhin, mitunter sind Schlangenadler dabei, Schreiadler, Steppenadler, oft Schwarze Milane. Storchenflüge überqueren das Tal in großer Höhe – oder fallen zum Nächtigen in die Klippen ein. Frühmorgens kann man sie dann gelegentlich auf dem höchsten Grat, aufgereiht wie auf einer Stange, als Silhouetten gegen den Himmel stehen sehen und dabei überrascht feststellen, daß eine ganze Anzahl Schwarzstörche dabei sind. Die beiden Arten, die in ihren Lebensgewohnheiten so verschieden sind – der Weißstorch bewohnt die offene Landschaft und schätzt die Nähe des Menschen, während der schwarze Verwandte in stillen, ungestörten Waldgebieten nistet und als ausgesprochener Kulturflüchter gilt – gesellen sich also auf dem Zug mitunter zueinander. Die Regel ist aber doch wohl das getrennte Wandern; ein unvergeßliches Erlebnis waren eines Morgens dreiunddreißig Schwarzstörche auf

Tafel 27
Oben: Papyrus im Huleh-See.
Unten: Wiederum zwei Tropenvögel, die von den landwirtschaftlichen Kulturen profitieren. Links der im ganzen tropischen Afrika häufige und entlang des Nils und der östlichen Mittelmeerküste bis Kleinasien und Nordgriechenland vorgedrungene Spornkiebitz *Hoplopterus spinosus;* er ist durch die Ausdehnung der Bewässerungskulturen überall in Israel häufig geworden. Der Kuhreiher *Bubulcus ibis,* in den nördlichen Landesteilen und im Küstenbereich eine gewöhnliche Erscheinung, brütet erst seit den fünfziger Jahren auf israelischem Boden. Truppweise folgt er den Bauern auf den Feldern, während der Zugzeit oft mit Störchen vergesellschaftet (siehe S. 254 ff.), oder findet sich bei weidendem Vieh ein.
Aufnahmen A. Suchantke.

Kuhreiher

Spornkiebitz

einem Schutthang hoch oben in den Felsen, von der Morgensonne angestrahlt: das schwarze Gefieder glänzte bronzefarben, die roten Beine und Schnäbel leuchteten weithin, und als sich die Vögel bei unserem Auftauchen in die Lüfte schwangen, vergaßen wir vor lauter Staunen sogar das Fotografieren.

Immer enger wird das Tal, je höher wir steigen, das Auenwäldchen der Weidenbüsche drängt sich zusammen zwischen den engen Felswänden. Kleinere und größere Wasserfälle müssen umgangen werden, und schließlich wölben sich die Felsvorsprünge sogar wie vorspringende Dächer über das Bächlein. Ein kleiner Teich, in den das Wasser steil herabstürzt, lädt zum Baden ein. Darüber ist nur noch Felswüste. Ein Moringabaum im helleuchtenden Kleid seiner Blüten steht hoch über uns in einer Wand. Ein Flug roter Wüstengimpel fliegt aus dem Geröll auf und verliert sich in der Einöde.

Hat man den Nahal Arugot durchwandert und dringt in das andere Tälchen, in den Nahal David ein, so ist man aufs höchste verblüfft über den Gegensatz, der zwischen zwei so nah benachbarten Wadis besteht. Hier ist alles viel enger, die Wände treten näher aneinander heran, und das Wachstum der Bäume und Büsche, des Riesenschilfes, das in gewaltigen, undurchdringlichen Massen den Hang zur alten, prähistorischen Siedlung auf dem Hochplateau emporklettert, ist von dschungelhafter Üppigkeit. Und bald schon ist es zu Ende, man steht in engem Felsenrund vor einer überaus hohen Wand. Sie ist behangen von leuchtend grünen Teppichen aus Moosen und bestickt mit den Filigranen des Venushaarfarnes, der da und dort wallende Schleier bildet und zarte Vorhänge vor dunkle Grotten legt. Alles ist überrieselt von Wasser, das in der Mitte mit starkem Strahl herabschießt und nach den Seiten vertropft versprüht, und zerstiebt in zarten Nebeln, und das sich unten, umstanden von schattenspendenden Christusdorn-Bäumen, in einem klaren Seebecken sammelt.

Hinauf kann man da nicht. Um an den oberen Rand des Wasserfalles zu gelangen, muß man das Tälchen weitläufig über die angrenzenden Höhen umgehen. Steht man endlich oben, dann ist die Überraschung groß, findet man sich doch vor einem tief in die Felsen hineingeschnittenen Wadi, einem richtigen Kanalbett, schmal, mit senkrechter Felsumrahmung – und es ist knochentrocken, kein Tropfen Wasser fließt, keine Pflanze, kein Busch wächst – es herrscht die tote Wildnis der Felswüste. Hier fließt Wasser nur bei plötzlichen Gewittergüssen, dann allerdings mit vernichtender Wucht. Was den Wasserfall und die Farn- und Moosteppiche speist, ist im Gestein versickert und zieht wohl tief unter dem Wadibett dahin.

Tafel 28

Oben: Taboreichen-Savanne im Golan, zwischen Qazrin und See Genezareth. Frühsommerlicher Aspekt Anfang April.

Unten: Wildgerstenflur (*Hordeum spontaneum*), die Wildform der Kulturgerste, links wie bei uns mit Klatschmohn und Ackersenf (Berg Tabor), rechts in der Felstrift des Givat Hamore, Galiläa. Aufnahme A. Suchantke.

Immer wieder ist es der gleiche Gegensatz, jedesmal in einem anderen Kleide: das jähe Nebeneinander von leblosem, totem Gestein, in dem der Zerfall das einzige Geschehen darstellt, und überreicher Lebensfülle. Diese Gegensätzlichkeit erreicht ihre größte Steigerung dort, wo die pflegende Hand des Menschen Gärten von tropischer Üppigkeit geschaffen hat, auf einem Boden, der vorher reine Steinwüste war: im Gelände des heutigen Kibbuz, dessen kleine Familienhäuschen in einem wahren Paradiesgarten verteilt sind – so jedenfalls muß er dem erscheinen, der aus der trockenen Wüste und von der steinigen Küste des Toten Meeres emporsteigt. Große Dattelpalmen werden umrankt von riesigen Philodendren mit mehr als meterhohen geschlitzten und gefensterten Blättern – ein Bild, vertraut aus dem amazonischen Regenwald. Ein mächtiger Affenbrotbaum, ein Baobab mit Tonnenstamm, steht weithin sichtbar da und trägt sogar Früchte. Erinnerungen an Ostafrika werden wach, an die Landschaften des dortigen Grabenbruches beim Manyarasee am Rande der Massaisteppe. Die Tatsache, daß der Baobab fruchtet, beweist, daß hier Flughunde vorkommen – sie sind seine Bestäuber, der Baobab ist fledermausblütig, chiropterophil. Seine Besucher sind die kleinen Ägyptischen Flughunde *Rousettus aegyptiacus*, die sich nach Einbruch der Dunkelheit an den Früchten der Pflanzungen gütlich tun und die fahlweißen Ampelblüten des exotischen Gastes des Nektars wegen zu schätzen wissen.

Große Papaya-Bäume (wer hätte die hier erwartet!) stehen in den Gärten und tragen grüne und orangefarbene Früchte – arg ausgefressen von den Vögeln, wohl auch von den Flughunden. Dazu eine Blütenpracht ohnegleichen; große breitkronige *Bauhinia*-Bäume mit ihren charakteristischen zweilappigen «Ziegenfuß-Blättern» sind von Kaskaden großer weißer Schmetterlingsblüten überschüttet. Daneben Rosenrabatte in einer Farben- und Blütenfülle, wie sie bei uns zu Hause selten ist. Bougainvillea-Spaliere überziehen hier eine Hauswand mit brennendem Scharlachrot, dort eine andere mit tiefem Violett. Nektarvögel schwirren herum, und direkt vor uns sitzt der große blaue Eisvogel mit dem roten Riesenschnabel und läßt sein Gelächter durch den Garten hallen (Tafel 19).

Was macht En Gedi so liebenswert und gibt dem Besucher sofort das Gefühl, ein Stück Heimat wiedergefunden zu haben, das ihm vertraut ist, in dem er sich niederlassen möchte und nach dem er sich, ist ihm das verwehrt, immer wieder zurücksehnt? Merkwürdig, wie man im Laufe seines Lebens immer wieder einmal – allzuoft ist es nicht, es sind immer einzigartige Höhepunkte – an Orte geführt wird, die vom ersten Augenblick an das starke Gefühl vermitteln, daß sie zu einem gehören, Teil der eigenen Existenz sind – endlich, so empfindet man, ist man zu Hause angekommen. Das kann Delphi sein, aber auch das kleine, tief in die Bergwälder eingebettete Tierparadies des Ngurdoto-Kraters am Fuße des Kilimandscharo. Vor allem aber En Gedi! Ist es die Heiterkeit, die von der lebenerfüllten Natur ausgeht, die Fülle des Lichtes und der Farben? Vielleicht ist es die lange gemeinsame Geschichte von Mensch und Natur, die wechselseitige Prägung, die sich in dem Erlebnis der Harmonie, in der Natur und Menschenwerk zu stehen scheinen, ausdrückt.

Es ist sicherlich nicht zuletzt auch der Kontrast, der zwischen der Fülle des Grün, der

Abb. 108: Der sandfarbene Fahlkauz *Strix butleri* von En Gedi, Ziel ornithologischer Pilgerreisen aus aller Welt.

Üppigkeit der Gärten, dem überquellenden Leben in den engen Talbetten auf der einen Seite und der Wüstenwildnis andererseits besteht, in die alles eingebettet ist. Vor dem Hintergrund der Wildheit, der Öde und angesichts des Todesaspekts der nackten Gesteinswelt empfindet man die Fülle des Lebens als etwas besonders Kostbares, Heiteres und überaus Erfrischendes. Leben, das über den Tod siegt – das ist das Motiv von En Gedi, dieser kleinen Insel, eingebettet zwischen der toten Felswüste und dem Toten Meer.

Zum Abschied kam dann, wie könnte es anders sein, derselbe Wüstengeistervogel, der auch am Anfang der ganzen Unternehmungen stand und, wenn man es genau nimmt, den Anstoß zu diesem Buch gab: der Fahlkauz. Diesmal war er allerdings nicht tot, sondern höchst lebendig. Man hatte ihn schon seit langem um En Gedi festgestellt, und sein Lieblingsplatz schien ein kleines Amphitheater hoch über dem Gelände der Field School zu sein. Ein schwedisches Team hatte irgendwo die Stimme des Weibchens aufgenommen und spielte sie nun spät abends, es war längst stockdunkel, vom Band ab: hu – HUU – hu (kurz – LANG – kurz)... Es dauerte nicht lange, und aus der Dunkelheit antwortete es: HUU – huhu – huHUU (LANG – kurzkurz – kurzLANG) – ein Männchen also. Die Stimme kam näher, und als wir mit einem starken Scheinwerfer in die Richtung leuchteten, saß eine große, sandgelbe Eule auf einem Felsklotz und starrte aus bernsteingoldenen Augen zu uns herüber. Der dicke Kopf verlieh ihr das Aussehen eines großen, sehr hellen Waldkauzes. Als sie nach einer Weile die Schwingen lüftete und lautlos wie ein Schatten davonflog, wirkte sie – durch die helle Unterseite des Körpers und der Fittiche – fast weiß. Die Rufe verhallten in der Ferne. Uns war eine Beobachtung geglückt, die nur ganz wenigen bis heute zuteil geworden ist – so versteckt und heimlich ist dieser in unzugänglichen Felswüsten lebende Nachtkauz, daß man fast nichts über ihn weiß – bis vor kurzem so wenig, daß er sogar noch in Pareys Vogelbuch, das sonst ausgezeichnet und verläßlich ist, falsch abgebildet wurde: mit schwarzen Augen, als sei er ein Waldkauz, und nicht mit bernsteingelben; er ist eben nicht, wie manche Forscher annahmen, einfach bloß die Wüstenrasse unseres Waldkauzes; auch sein Flügelschnitt ist anders, länger, zugespitzter. Der Fahlkauz galt lange als einer der seltensten Vögel der Welt – in den letzten Jahren stellte man fest, daß er wohl überall in Felsbastionen und Wadis des Grabenbruches vorkommt. Wie in der Akaziensavanne, der Arava, wo wir seine Mumie vor dem Zelt fanden.

Der Jordan und die Lichtlandschaft des See Genezareth

Blickt man von den Höhen um En Gedi auf das Tote Meer in seiner metallenen Härte und Lebensfeindlichkeit herab, dann erfährt man seine Wesenlosigkeit fast schmerzlich. Wasser ist Leben und Lebensgrundlage – das hier jedoch hat nichts davon, ist ohne Eigenwesen, ist nur Spiegel der Bläue des Himmels, der Abend- und Morgenröte. Man entwickelt eine immer stärkere Sehnsucht nach lebendig bewegtem Wasser voller Fische und Vögel und mit grünen Gestaden entlang der Ufer. Und

Abb. 109: Man sieht sie nur selten, hört sie aber um so öfter, die schmucken, schwarz und golden gemusterten Hähne des Halsbandfrankolins *Francolinus francolinus*. Sie sind in ihrem Vorkommen auf das nördliche Jordantal und die Umgebung des Sees Genezareth beschränkt.

man wird immer begieriger, den nördlichen Antipoden, das liebliche Gegenbild kennenzulernen, den See Genezareth und den Jordan mitsamt seinen dichten Uferwäldern.

Der Versuch, diesen Fluß zu erreichen, entwickelt sich zu einem schwierigen Unternehmen. Natürlich wollen wir, allem Pilgerrummel zum Trotz, den Ort der Jordantaufe aufsuchen. Aber wir kommen gar nicht bis dorthin – militärisches Sperrgebiet, der Jordan ist Staatsgrenze. Wir versuchen es dann nochmals weiter im Norden, wo sich der Karte zufolge Sträßchen unmittelbar am Fluß entlangziehen. Avi Shmida hatte uns die Stelle empfohlen, hier seien ausgedehnte Euphratpappel-Auen; und er meinte auf die Frage, ob uns das Militär passieren ließe: «Don't ask – go!» So gingen wir denn einfach, besser, wir fuhren und freuten uns über die Clownerien der temperamentvollen afrikanischen Spornkiebitze, die im intensiv bewirtschafteten Kulturland Israels nirgends fehlen, soweit es unbebaut brachliegt oder frisch gepflügt ist. Schwarze Halsbandfrankoline *Francolinus francolinus*, rebhuhngroße, aber hochbeinigere Hühner, ließen ihre unverkennbaren rhythmischen Rufe überall aus der dichten Vegetation erschallen, versteckte Vögel, die nur selten zu sehen sind – etwa, wenn ein Hahn plötzlich hochfliegt und auf der Straße landet, wo er verdutzt und verwirrt stehenbleibt, ehe er ins schützende Dickicht zurückhastet. Wir blickten hinüber ins nahe Jordanien, dessen flußnahe Ebenen, vor der Mauer der Grabenwand, ebenso intensiv kultiviert werden wie die diesseitigen Flächen: leuchtend grüne Orangenhaine und Gemüsefelder, von schwarzen Zypressenwänden umschlossen. Nur den Fluß selber, der sich doch noch vor den jordanischen Feldern dahinziehen mußte, konnten wir nicht entdecken. Natürlich – er hat sich noch eine Etage tiefer in das breite Schwemmbecken hineingesägt und war mitsamt seinem Uferwald hinter hoher Böschung verborgen. Als wir hinunterfuhren, war die Enttäuschung groß – kaum ein Blick auf den Fluß wurde uns vergönnt, so hoch und dicht waren die Stacheldrahtverhaue der Grenzsicherung, nur da und dort gab es einen flüchtigen Eindruck grünen Laubes und dichten Kronenschlusses, ein kurzes Aufblitzen silbern glitzernden Jordanwassers. Schon waren wir zwischen zwei Schützenpanzern eingekeilt, deren Maschinengewehre drohend auf uns gerichtet waren. Die Gesichter dahinter sahen allerdings nicht sehr martialisch aus, und so wurde denn auch sofort der Umgangston freundlich und locker, als wir unseren Schutzbrief (mit dem Briefkopf der Naturschutzorganisation) – «to whom it may concern» – zückten, den uns Yossi Leshem mitgegeben hatte. Er verhalf uns allerdings nicht zu freier Bewegung im Gebiet, wir wurden umgehend herauseskortiert, freundlich, aber unerbittlich. Wir konnten uns nicht einmal mit dem hübschen Moabsperling *Passer moabiticus* beschäftigen, der uns von seinem Kugelnest, das im Stacheldraht am Wegrand saß, anzeterte und laut beschimpfte.

Wir gelangten dann doch noch an den Jordan – dort, wo er nicht mehr Grenze ist, südlich des Sees Genezareth, nur wenig oberhalb der Einmündung des Yarmuk. In lieblicher, von Blütenteppichen überzogener Hügellandschaft zieht der Fluß in hin- und herschwingenden Mäandern mal durch ebenes Land, dann wieder zwischen steilen Abhängen dahin, eingerahmt von dichtem Auenwald aus Tamarisken und Euphratpappeln, hinter denen sich Wiesen und Kornfelder erstrecken. Gemächlich zieht der Jordan in breitem Bette dahin, um hinter der nächsten Biegung an Felsen zu prallen, sich aufzuteilen und im Dickicht der Büsche und Uferbäume, deren Zweige weit über das Wasser ragen, fast zu verschwinden. Weiße Seidenreiher verharren unter Tamarisken in regloser Lauer, ein schwarzweißer Graufischer steht reglos in der Luft, als hinge er an einem unsichtbaren Faden – die Flügel schwirren so schnell, daß sie zu einem grauen Schatten verwischen – und stürzt sich jäh kopfüber ins aufspritzende Wasser. Ein Bild von Monet scheint zum Leben erwacht: Kinder spielen am Ufer, Familien lagern im Gras, zwei Fischer werfen ihre Netze im seichten Wasser aus – eine Stimmung ungetrübter Ruhe geht von dieser Landschaft aus, die in stiller Zufriedenheit daliegt und dazu einlädt, sich ins Gras zu legen und in den Himmel zu träumen. Nichts Erregendes, keinerlei dramatische Höhepunkte der Szenerie, keine Felsbastionen, die zur Besteigung verlocken: bukolischer Friede, sanfte Geborgenheit. Das Tote Meer, En Gedi? Eine andere Welt!

Abb. 110: An vielen Stellen hat sich der Jordan so tief in die Lissanmergel der Graben-Tiefebene eingeschnitten, daß er von deren Boden aus gar nicht zu sehen ist, es sei denn, man steht direkt an den flußwärtigen Abhängen. Die im Bild sichtbaren Stufen sind also nicht etwa die Felswände des Jordangrabenrandes, sondern Lehmhänge und -auswaschungen des Grabenbettes.

Und dann der See Genezareth, schimmernd in durchsonnter Atmosphäre, transparent und unwirklich – so jedenfalls bietet er sich dem Beschauer, der ihn von den umgebenden Höhen aus – nicht von Süden oder auf der Straße, die von Nazareth heranführt – als Ganzes überblickt. Man käme dann nämlich auf zu niedriger Ebene an ihn heran und müßte zuerst besiedeltes Land durchstoßen, ehe man ihn, ausschnitthaft, vor sich hätte.

Ein weit stärkerer Eindruck bietet sich, sucht man ihn auf Umwegen auf, über die Golan-Höhen, die man von Süden oder von Norden her erklimmt, um dann vom Hochplateau aus den Spiegel des Sees tief unter sich zu entdecken. Dort oben sollte man einen ganzen Tag verbringen, um die Wandlungen des Lichtes und der Farben mitzuerleben. Morgens, wenn die Sonne im Rücken steht, liegt das Gewässer, umgeben von leichten Dunstschleiern, in klarem Blau in die breite Mulde eingebettet, umringt von hellen und dunkleren Hängen, die sanft und ohne Schroffen zu den

Ufern abfallen. Aber auch die Dramatik fehlt nicht, sie liegt ganz nah zu unseren Füßen, in den steilen Abstürzen und hellen Kalkschroffen, die immer wieder die Plateaus und Steppenhalden unterbrechen und sich um enge, seewärts geweitete Täler und Tälchen scharen. Gegenüber dieser scharf konturierten und wechselvollen Nähe wirkt die tiefe Ferne des Sees und seiner jenseitigen Landschaftsumgebung unwirklich und schwerelos, wie ein zartes Aquarell. Das steigert sich, je weiter die Sonne nach Süden wandert und uns schließlich gegenübersteht: der See liegt als gleißender Goldspiegel in der Tiefe und scheint jetzt selber zur Quelle allen Lichtes geworden zu sein, das überallhin ausstrahlt, die Hügelhänge und übereinandergestaffelte Bergketten durchdringt und in transparente Schleier verwandelt. Als hätte sich alles Licht des Himmels an einem Punkt der Erde vereinigt und strahle von dort in den Kosmos hinaus!

Es ist ein kaum faßbarer und durch nichts zu überbietender Gegensatz zum Toten Meer, dessen völlige Abgestorbenheit einem erst jetzt bewußt wird. Dort die abweisenden Bastionen der Felswüste um den eisenhart wirkenden Spiegel mineralisierten, lebensfeindlichen Wassers, hier, obwohl ebenfalls noch unter dem Meeresspiegel (–200 m), eine liebliche, von Blütenteppichen bedeckte Landschaft sanft gerundeter Hügel, die einen von Leben erfüllten See umschließen.

«Kinneret», so wird er bereits im Alten Testament bezeichnet, und so heißt er heute wieder, «Genezareth» ist die neutestamentliche Abwandlung. Bei den Ausgrabungen der kanaanitischen Stadt Ugarit an der syrischen Mittelmeerküste wurden Tontafeln gefunden mit Hinweisen auf die Götter, die von der Bevölkerung Kanaans verehrt wurden. Einer trug den Namen Kinnar; «die Sitte in diesen Zeiten war, daß sich ein Gott mit einer Stadt verband, wenn man ihm einen Tempel in ihr baute; die Stadt wurde dann als seine heilige Gemahlin betrachtet und entsprechend der weiblichen Form des Götternamens benannt: Kinnar – Kinnaret. Später fand man, daß der Kult des Gottes Kinnar musikalische Darbietungen umfaßte. So scheint es, daß unser See seinen Namen von einem musikalischen kanaanitischen Gott erhielt, der vor etwa 4000 Jahren verehrt wurde» (Serruya). In den 50er Jahren wurden dann die Ruinen der Stadt Kinnaret am Nordwestufer des Sees entdeckt und ausgegraben.

Merkwürdig, daß ein Zusammenhang mit der Musik noch an anderer Stelle auftaucht. So deuteten die frühen Talmud-Gelehrten auf die Übereinstimmung mit dem hebräischen Namen «Kinar» für die (süße) Frucht des Lotosbusches *Ziziphus lotus* (der in der Umgebung des Sees häufig ist) hin, aber auch mit «Kinor», der hebräischen Bezeichnung für die Violine, und kamen zu der phantasievollen Interpretation: «Die Frucht der Stadt Kinnaret war so süß wie der Klang der Violine.»

Merkwürdig? Keineswegs! Man wünscht sich, steht man hoch oben auf den Höhen und blickt in die vielgestaltige, durchlichtete Landschaft und auf den See hinab, einen wortmächtigen Dichter herbei, der die Klänge dieser Licht- und Landschaftskomposition in Worte fassen könnte; Sphärenharmonien, Weltenharmonien scheinen zu ertönen, für die Ohren nicht wahrnehmbar, aber die Seele hört es und schwingt mit, wenn das Sonnenlicht die Konturen der Erde, der Berge und den Spiegel des Sees erregt: tönend wird der Tag geboren!

Daß der See überaus fischreich ist, wem wäre es nicht bekannt! Bevor Petrus zum

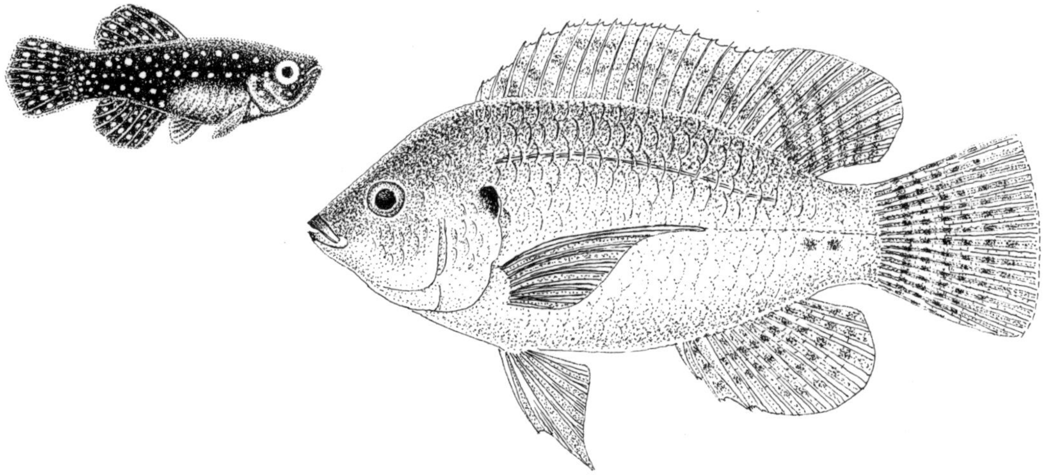

Abb. 111: Zwei Vertreter der Fischfauna des Sees Genezareth: der winzige Zahnkarpfen *Aphanius mento,* Abkömmling von meeresbewohnenden Vorfahren, seit der Abschnürung des Tethysmeeres im See gefangen. Daneben, als Vertreter der tropisch-afrikanischen Buntbarsche dieses Gewässers, der seit altersher als Nutzfisch wichtige, bis 30 cm lange *Sarotherodon aureus,* der auch in den Seen Zentralafrikas vorkommt.

Menschenfischer wurde, warf er hier seine Netze aus. Seine Beute war, vom tiergeographischen Standpunkt aus betrachtet, höchst bemerkenswert (was er noch nicht wissen konnte, da die benachbarten Kontinente damals noch nicht erforscht waren). Zu den häufigsten Arten gehören tropisch-afrikanische Buntbarsche (Familie *Cichlidae*), Charakterformen des Tanganjika- und Nyassasees und bekannte Lieblinge der Aquarianer wegen ihrer Farbenpracht und der Sitte, ihre Eier im Maul auszubrüten. Ein weiterer Afrikaner ist ein abenteuerlicher, bis meterlanger großer Wels, mit dickem, massiv gepanzertem Kopf und Nacken: *Clarias lazera.*
Aber die Fischwelt ist gemischt in ihrer Zusammensetzung und wahrhaft interkontinental, nur die Hälfte der Arten gehört zu tropisch-afrikanischen Verwandtschaftskreisen. Neben den Buntbarschen sind vor allem Barben aus der Karpfenfamilie fischereiwirtschaftlich wichtig, Fische paläarktischer Herkunft, also aus dem gemäßigten Eurasien stammend. Somit spiegelt sich in den Fischen des Sees Genezareth exakt die Doppelnatur Palästinas an der Nahtstelle zwischen dem arabisch afrikanischen Teil des alten Gondwanablockes und dem laurasischen Nordkontinent.
Und sogar vom alten Tethysmeer, das als langgestreckte Bucht des weltumspannen-

den Ozeans von Osten her zwischen die beiden Landmassen hineinreichte (vgl. die Abb. 15, S. 296, im Beitrag von Schmutz), glaubt man Vertreter im Kinnaret-See zu finden, eingefangene und in die Isolation geratene Relikte sozusagen: die kleinen schwärzlichen Zahnkarpfen *Aphanius mento* (einem Verwandten, auf noch engerem Raum gefangen, begegneten wir bereits am Toten Meer, S. 213).
Ähnlich gemischt ist das Wasser des Sees – an einigen Stellen fast süß, an anderen stark salzig. Süßwasser bringen die Flüsse, der Jordan vor allem, das Salzwasser kommt aus warmen Quellen, die zum Teil unterhalb des Wasserspiegels austreten, und die, so die allgemein akzeptierte Hypothese, «gefangenes» Meereswasser enthalten – übrig geblieben aus einer Zeit, als das Mittelmeer bis in den Graben hinübergriff (die Landschwellen, die heute den Graben vom Meer trennen, hoben sich erst später). Damals scheint Meerwasser tief in die Gesteinsspalten hereingepreßt worden zu sein, plausibel bei dem enormen hydrostatischen Druck, der hier, stimmen die Voraussetzungen, 200 m unter dem Meeresspiegel geherrscht hat. Da dieser Druck nun wegfällt, wird das Meerwasser wieder emporgedrückt.

Nördlichste Tropenbastion: die Papyrussümpfe am Huleh-See

Verwirrend ist die Fülle der Eindrücke im Norden des Jordangrabens. Kleinräumig schieben sich die einzelnen Landschaftselemente ineinander, Tropisches wechselt jäh mit Gemäßigtem, ganz anders als im Süden mit seinen im großen Maßstab einheitlichen Landschaftsbildern.
Die Mündung des Jordan in den See Genezareth: Tamarisken und Weiden durchdringen ein kleines Delta, temperamentvolle Graufischer stehen wie angenagelt in der Luft und stürzen urplötzlich wie Geschosse ins Wasser hinab. Wo der feste Boden beginnt, scharen sich Bananenstauden zu dichten Wäldern. Das rhythmische Krähen der schwarzen Frankoline dringt aus dem Dschungel. Das schnurrende «prüprüprü» durchziehender Bienenfresser *Merops apiaster* erfüllt die Luft, ein großer Schwarm, heimwärts von Südafrika in ihre balkanischen oder südrussischen Brutgebiete ziehend, macht Jagd auf Libellen, in schwerelosem Gleitflug schießen die edelsteinbunten Vögel mit den spitzen Schwingen und verlängerten Schwanzspießen um uns herum, pfeilen herab und in elegantem Bogenflug wieder hoch empor.
Ganz und gar unwirklich wird die Szenerie dann 20 km nördlich des Sees. Hier durchfließt der Jordan ein flaches Talbecken, das an beiden Seiten von trockenen Hängen mit lockerem Eichenwald und mittelmeerischer Vegetation flankiert wird, überragt vom Gipfelschnee des Hermon, und bildet ein großes, einstmals noch weit umfangreicheres Feuchtgebiet: die Huleh-Sümpfe. In ihnen haben wir die letzten Ausläufer tropischer Landschaften vor uns, eine letzte, weit nordwärts vorgeschobene Bastion, in der sie sich noch einmal zu einem besonderen Höhepunkt steigern: ein undurchdringliches Dickicht, ein gewaltiger schwimmender Papyrusdschungel, den wir vor uns haben und heute ohne Schwierigkeiten auf Holzstegen durchqueren können. Allerdings ist es nur noch der letzte, gefährdete Rest eines früher viel

Abb. 112: Der temperamentvolle Graufischer *Ceryle rudis.*

umfangreicheren Tropen-Sumpflandes, wie man es in dieser Ausformung erst wieder im südlichsten Sudan, in den Nilsümpfen des Sudd, antrifft. Ineinander verfilzte, sich immer wieder losreißende Inseln doppelt mannshohen Riesengrases, trotz seiner Größe von anmutiger, graziöser Gestalt: Papyrus ist die Palme unter den Gräsern! Teppiche von Seerosen breiteten sich dazwischen aus, in den Blütenfarben mischte sich das Karminrosa der afrikanischen *Nymphaea caerula* mit dem Gelb unserer europäischen Teichrose *Nuphar luteum*. Im Papyrus brüteten die riesenhaften afrikanischen Goliathreiher *Ardea goliath*, Heilige Ibisse, mit schneeweißem Gefieder und schwarzen Bogenschnäbeln, waren entweder regelmäßige Gäste oder Brutvögel, Schlangenhalsvögel *Anhinga rufa* kamen vor, auch Nilkrokodile.

Das ist Vergangenheit, zum größten Teil jedenfalls. Man kann verstehen, daß die Siedler, die am Anfang des Jahrhunderts hierher kamen (und von denen nicht wenige Opfer der Malaria wurden), das Gebiet trocken zu legen, in fruchtbares Ackerland zu verwandeln trachteten. Glücklicherweise wurde aber doch noch ein Rest – ein erfreulich großer Rest – durch das energische Eingreifen entschlossener Menschen gerettet. Der Kampf um die Erhaltung des Huleh-Gebietes war die

Geburtsstunde der israelischen Naturschutzorganisation. Es ist ein gut bewachtes Schutzgebiet, das auf ganz bestimmten Stegen, die kreuz und quer durch die Wildnis führen, begangen werden kann. Auf andere Weise wäre ein Zugang gar nicht möglich – es sei denn im Boot auf den vielfach verschlungenen Wasserarmen.
Schwimmende Wälder sind es, die sich rechts und links unübersehbar dahinziehen. Wildes Gewucher alter, brauner Stengel, durchschossen von den smaragdgrünen Schöpfen der jungen Sprosse. Man wäre verloren, begäbe man sich dort hinein, denn was so massiv aussieht, ist schwimmende Vegetation. Versuchte man, an «Land» zu gehen, so würde man sofort durchbrechen und in der Tiefe versinken. Ich legte einmal mit einem Ruderboot am Rande einer solchen Papyrusinsel von gewaltiger Ausdehnung an, viel weiter im Süden im selben Graben, auf dem Naivashasee im ostafrikanischen Rift-Valley: sowie ich einen der Papyrusstengel ergriff und zu mir herüberzuziehen versuchte, begann die ganze Insel heftig zu schwanken, hin und her zu wogen und gefährliche Wellen zu werfen; sie lag wie ein federleichtes Floß auf dem Wasser.
Große, unscheinbar braune Stentor-Rohrsänger *Acrocephalus stentoreus* in der Farbe alter, vorjähriger Papyrusstauden klettern geschickt die Halme empor, die sie nach Insekten absuchen, während sie gleichzeitig laut und gellend singen – nein, schreien: der metronomartig abgehackte, wetzende Gesang ist aus der Nähe wahrhaft ohrenbetäubend. Azurblaue Königsfischer *Halcyon smyrnensis* schießen vorüber, und auf einem alten Tamariskenstumpf sonnen sich die Wasserschildkröten *Clemmys caspia*, sie haben kaum Platz, so viele sind es, und sie schieben sich in dichtem Gedränge übereinander. In einem trüben Wasserarm tauchen die breiten, dicken Köpfe der afrikanischen Raubwelse *Clarias lazera* auf, die langen Barteln ringeln sich wie dünne Würmer um das breite Maul.
Der Steg bringt uns hinaus bis zur offenen Fläche eines großen, allseitig von Papyruswald umschlossenen Sees. Er ist hier durch eine Bretterwand verschalt, die durch einen langen Fensterschlitz offene Sicht auf das Wasser erlaubt, ohne daß man selber gesehen wird. Am jenseitigen Ufer fliegen Seidenreiher *Egretta garzetta* hin und her, Nachtreiher *Nycticorax nycticorax* kommen, Sichler *Plegadis falcinellus* fallen ein: eine große Brutkolonie. Auf einem Pflock, der mitten aus der Wasserfläche ragt, sitz ein Fischadler *Pandion haliaetus* auf seiner Beute, einem großen, schon zur Hälfte aufgefressenen Fisch, von dem er Stück für Stück abreißt.
Eine schneeweiße Flottille von Pelikanen *Pelecanus onocrotalus* zieht gemächlich über das Wasser. Etwa dreißig der mächtigen Vögel sind es, die Kehlsäcke unter den gewaltigen Schnäbeln leuchten gelb in der Morgensonne. Die ungeschlacht erscheinenden, in Wirklichkeit federleichten Vögel liegen wie Schaumberge auf dem Wasser und tauchen mit dem Körper fast nicht ein, ganz anders als Schwäne oder Gänse. Gelegentlich richtet sich einer kurz auf, spreizt die Flügel und zeigt dabei die tiefschwarzen Schwungfedern.
Wenig später hebt ein großer Flug Pelikane vom Wasser ab. Über hundert Vögel sind es, sie lagen außer Sichtweite in einer anderen Lagune; nun steigen sie langsam höher und reißen den kleinen Trupp mit, der vor uns auf dem Wasser liegt: mit wuchtigen Flügelschlägen erheben sich die Riesenvögel, aber sind sie erst einmal in

Abb. 113: Schelladler *Aquila clanga* im gefleckten Jugendkleid als Wintergast aus Rußland in den Hulehsümpfen, Januar 1986.

der Luft, dann zeigen sie sich von schwereloser Anmut; sie fliegen mit kraftvollen und erstaunlich schnellen, fördernden Flügelschlägen, ganz anders als der schwerfällige, mühsam erscheinende Flug etwa der Reiher. Sie formieren sich zu einer langgezogenen Kette, die sich im rechten Winkel zu ihrer Längsrichtung fortbewegt. Wir blicken der weißen, auf und ab wogenden Girlande nach, die sich allmählich in das Blau des Himmels hinein auflöst, nach Norden, heimwärts zu den Brutgebieten im Donaudelta. Die gefährlichste Etappe ihrer Reise, den Libanon, haben die Vögel in Sichtweite vor sich. Dort wird auf alles und jedes geschossen, schon die Kinder ziehen mit Flinten durch die Gegend. Brutvögel gibt es so gut wie keine mehr. Aber vielleicht haben die Vögel jetzt Schonzeit, die Menschen haben andere Ziele, auf die sie schießen . . .

Auf dem Weg in das Schutzgebiet kommen wir an einem kleinen Fischteich vorbei, den wir hinter einer Eukalyptus-Pflanzung nur durch Zufall entdecken. Wir schleichen uns an und überraschen zwei Schwarzstörche *Ciconia nigra,* die im Wasser herumwaten, mitunter bis zum Bauch eintauchend; mit schnellen Schnabelbewegungen sind sie auf Fischfang. Ein Silberreiher *Egretta alba,* durch seinen überlangen Schlangenhals geradezu riesenhaft und viel größer als die dunklen Störche

Abb. 114: Rosapelikane beim morgendlichen Abflug in ihre nördlichen Brutgebiete. Hulehsee 9. April 1984.

wirkend, schreitet gemessen am Ufersaum herum und stößt gelegentlich blitzschnell nach einem Fisch. Vier Löffler *Platalea leucorodia* durchpflügen das Wasser mit hastig schnappenden Schnäbeln. Seidenreiher *Egretta garzetta* hocken mit eingezogenen Köpfen stumpf am Ufer, und ein grauer Fischreiher *Ardea cinerea* bewegt sich im Zeitlupentempo durch das Wasser, ständig aufmerksam in die Ferne äugend, als ob von dort irgendeine Gefahr zu erwarten wäre. Schwarzweiße Spornkiebitze *Hoplopterus spinosus* stehen reglos herum, rennen blitzartig ein Stück und halten ebenso unvermittelt wieder an.

Als wir weiterfahren, werden wir kurz vor Erreichen der Hauptstraße zu jähem Anhalten genötigt: jemand versperrt uns die Straße. Eine große Süßwasserkrabbe *Potamobius fluviatilis* ist es, die da, fernab jeden Wassers, mit ausladend weit gespreizten Scheren angriffslustig mitten auf dem Asphalt hockt. Geh doch auf die Seite, du dummes Ding, sonst wirst du noch überfahren! Wir machen ihr Beine, acht auf einmal, und blitzschnell ist sie verschwunden.

Auf einer großen Wiese wendet ein Bauer Heu. Während er mit dem Traktor hin und her fährt, laufen lauter kleine weiße Kuhreiher *Bubulcus ibis* hinter ihm her auf der Suche nach Heuschrecken. Haben sie eine Beute entdeckt, dann gefrieren sie mitten in der Bewegung, Kopf und Hals pendeln in erregten Seitwärtsbewegungen hin und her, das starre Auge bleibt gebannt auf die Beute gerichtet, und es sieht aus, als verwandle sich der Vogel vorne in eine angriffslustige Schlange: die zunächst weit nach rechts und links ausladenden Bewegungen werden zusehends enger und immer schneller, bis sie in einen blitzartigen Stoß übergehen. Diese Zielbewegungen sehen ungemein grotesk aus durch den Kontrast des bewegten Halses zum reglosen, nach vorne geneigten Körper, und der plötzliche Stoß erfolgt so unerwartet, daß man vor Überraschung lachen muß. Wir verkneifen es uns, um die Vögel, die uns mühelos von Bauern unterscheiden und mit entsprechendem Mißtrauen im Auge behalten, nicht zu verscheuchen. Schwarzweiße Störche stolzieren gemessen und würdevoll zwischen dem Gewimmel der kleinen Kuhreiher herum.

Abb. 115: Silberreiher, Löffler und Schwarzstörche als Gäste auf dem Frühjahrsdurchzug in einem Fischteich im Jordantal. 8. April 1985.

Abb. 116: Weißstörche und Kuhreiher folgen dem mähenden Traktor auf einer Wiese am See Genezareth. 6. April 1985.

Eichen-Savannen und wilde Getreidefluren im Golan

Nirgendwo in Palästina prallen wohl extremere Gegensätze aufeinander als hier, im Gebiet des Huleh-Papyrussumpfes. Landwirtschaftliche Intensivkulturen modernsten Zuschnittes schließen übergangslos nach Norden an, und von Westen und Osten drängen die trockenen Buschwald- und Steppengebiete gemäßigt mittelmeerischen Charakters hart heran. Im Osten allerdings steigt das Gelände allmählicher an, hinauf zu sanft geneigten Plateaus, und der Blick schweift in weite Fernen bis auf die Anhöhen bei Kuneitra hinauf, von wo aus wiederum die Sicht an klaren Tagen bis nach Damaskus reichen dürfte.

Wir wenden uns diesen großflächigen und großzügigen Plateaus zu, deren geneigte Hänge langsam in den Jordangraben und zum See Genezareth herabzufließen scheinen, mitunter, vor allem am Fuß, jähe Wellen werfend, wenn sich Kalkklippen und Abbrüche in den Weg stellen. Der Eindruck des Fließens ist richtig, auch dann, wenn sich heutzutage nichts mehr bewegt: gewaltige Lavamassen ergossen sich im späten Tertiär und in der Eiszeit von den Höhen herab, und die wellig lang gestreckten Fließstrukturen der trägen Ströme prägen noch heute das Landschaftsbild. Unvermittelt ragen größere und kleinere Vulkankegel daraus empor und verleihen, weithin sichtbar, der gleichförmigen Landschaft auffällige Akzente. Gewaltige Eruptionen müssen sich da abgespielt haben, bis in biblische Zeiten waren einige dieser Krater aktiv – feuerspeiende Berge werden im 2. Buch Mose erwähnt – und die Basalte des Dschebel Hauran weiter nördlich in Syrien sind nur 4000 Jahre alt; an vielen Stellen ist der Boden übersät mit ausgeschleuderten Bomben und Lapilli, die mühsam zu durchquerende Blockwirrnisse bilden.

Einsame, menschenleere Gegenden sind das, die auf das Golan-Plateau hinüberführen. Tief eingeschnittene Tälchen unterbrechen die gleichförmige Landschaft, sie liegen jetzt trocken, während der winterlichen Regenfälle mögen die Wasser hier durchtosen. Ein Klippschliefer-Kindergarten tummelt sich auf einem vorspringenden Felsband in der Abendsonne, die Kleinen spielen miteinander, purzeln übereinander und werden von einer ruhigen, trägen Alten bewacht. Der Fels, an den Hängen anstehend, die in die Schlucht abfallen, besteht aus Kalk. Nur zuoberst, mächtig, liegt basaltisches Gestein darüber.

Was den meisten Gebieten der Golan-Hochfläche, aber auch den Abhängen hinunter zum See Genezareth längst fehlt, hier ist es noch erhalten: reicher Baumbewuchs. Nicht als geschlossener Wald, auch nicht in Gruppen, es sind einzelne Bäume, locker verteilt, mal weiter voneinander entfernt, mal enger zusammenrückend. Bis zum Horizont erstreckt sich diese Parklandschaft, zwischen dem See Genezareth und dem Nahal Yehudiya bis hinüber nach Qazrin. Die Bäume sind ausnahmslos Taboreichen *Quercus ithaburensis*, nur gelegentlich sind Atlantische Pistazien *Pistacia atlantica* darunter, dazu treten die sparrigen, dürftigen Büsche von *Ziziphus lotus*, die mitunter ganz fehlen, um an anderen Stellen um so mehr zu dominieren.

Die Taboreiche ist eine laubabwerfende, großblättrige Art mit tief dunkelgrüner, gleichmäßig gerundeter Krone, nicht sehr hoch und mit niedrigem Stamm – die

Bäume sind wie große, dunkle Kugeln im lichtgrünen Gras verteilt, die Krone reicht bis zum Boden herab.

Man fühlt sich wohl in dieser Landschaft, die einen behaglichen Eindruck macht, der keine Dramatik eignet, aber auch keine Monotonie. Obwohl sich das Landschaftsbild auf lange Strecken nicht wandelt, ist es doch auf intime Weise höchst abwechslungsreich: jeder Baum sieht anders aus als seine Nachbarn, und immer ist die Verteilung und Gruppierung der Bäume neu und einmalig. In jähen Fluchten prescht ein Sprung Gazellen davon und verschwindet zwischen den Bäumen.

Große und kleine Basaltblöcke liegen einzeln oder in wirren Massen dazwischen. Gewaltige Brocken sind zu einem unförmigen Haufen aufgetürmt und von einer tonnenschweren Platte so überdeckt, daß eine Höhlung entsteht, mit breiter Öffnung und einem kleinen Lichtspalt am anderen Ende. Daneben stoßen wir auf kleinere Steinsetzungen, ein ovaler Block ruht auf zwei massiven Füßen, anderthalb Meter hoch ist das Ganze: Menhire, überall auf dem Golan in großer Zahl und deutlicher Häufung an bestimmten Plätzen. Seit Urzeiten also haben hier Menschen gelebt.

Aber kein Zeichen von Ackerbau, keine syrischen Dörfer, keine Kibbuzim. Das Land wird offensichtlich nur zu extensiver Weidewirtschaft genutzt,* und auch das ist heute weitgehend eingeschränkt, da die gesamten Parkwälder zum Naturschutzgebiet erklärt wurden.

Warum hier keine Menschen siedeln, wird uns beim ersten Gang durch diese Landschaft klar. Wir wandern durch hohes Gras, durch Wiesen – und kommen doch kaum voran. Überaus vorsichtig müssen wir jeden Schritt setzen, denn unter dem Gras liegt ein wirres Blockgeschiebe aus schwarzen Basaltbrocken, und bei unbedachtem Vorwärtsschreiten hätte man sich schnell beide Füße verstaucht. Wir staunen über die Behendigkeit und Sicherheit der Gazellen. Im Sommer und Herbst, wenn die Kraut- und Grasschicht verdorrt und fortgeweht ist und das schwarze Geröll offen zutage tritt, muß der Anblick dieser Landschaft niederdrückend sein.

Auf einem kleinen Feldweg, auf den wir zufällig stoßen, sind die Steine weggeräumt, schwärzlich braunvioletter Lehm bedeckt den Boden. Gäbe es die Basaltbrocken nicht, wäre das sicher ein sehr fruchtbares Land. Als wir die gleiche Stelle nach einem heftigen Gewitterguß wieder passieren, kommen wir fast nicht voran, der Lehm saugt sich unter den Schuhen zu dicken Stollen fest, die sich kaum entfernen lassen.

Wir tasten uns durch das hohe Gras, durch eine lockere Wiese. Sie ist von leuchtenden Farben durchsetzt, aber die Blüten sind fast allesamt niedriger als das schüttere Gras. Ein ganz anderer Eindruck bietet sich als auf unseren mitteleuropäischen Frühlings- und Sommerwiesen. Nur wenige Arten, wie die hochstengelige, fahlweißliche Palästinensische Skabiose *Scabiosa palaestina* oder die großen blauen Köpfe einer Kugeldistel *Echinops gaillardotii* ragen so hoch empor wie die hüft- und

* Das war offenbar nicht immer so. Ältere Karten zeigen das Vorhandensein von Siedlungen (vgl. den Beitrag von W. Fackler in diesem Buch).

Abb. 117: Wildes Getreidefeld – Reinbestand der Gerste *Hordeum bulbosum* auf der Hochfläche des Golan bei Gamla.

brusthohen Grashalme. Die rosa Fleckenteppiche eines überall häufigen großblütigen Leines, *Linum pubescens*, die grellroten Adonisröschen *Adonis sp.*, der blaue Ackergauchheil *Anagallis arvensis*, die blaßgelbe Ästige Skabiose *Scabiosa prolifera* oder die blauen Kerzen des Judäischen Natterkopfes *Echium judaeum*, sie alle bleiben in Bodennähe und nutzen die Stellen, an denen die Gräser spärlich und locker stehen.

Eigenartige Wiesen sind das. Vor allem an den Stellen, an denen die Gräser dicht zusammenschließen, hat man weniger den Eindruck, durch Wiesen, als durch – Getreidefelder zu gehen. Nicht durch die modernen, künstlichen, aus denen jedes «Unkraut» verbannt ist und deren monotone Bestände eher Schöpfungen der Technik als Naturprodukte zu sein scheinen. Nein, viel eher ähneln sie den etwas unordentlichen, dafür aber an Leben so viel reicheren Äckern der arabischen Bauern, auf denen sich Kultur und Natur friedlich durchdringen.

Der Eindruck ist durchaus richtig, es handelt sich tatsächlich um natürliche Getreidefelder. Und was wir vor uns haben, ist Getreide im Urzustand. Vor allem eine Gerstenart ist es, die immer wieder den Blick auf sich lenkt: auf hohem Stengel eine nur leicht geneigte, bei der Reifung goldbraune Ähre; *Hordeum bulbosum*, wie die Art heißt, neigt am ehesten dazu, geschlossene Reinbestände, natürliche Getreidefluren zu bilden. Eine andere Gerstenart, *Hordeum spontaneum*, steht lockerer, ist niedriger und neigt ihre lang begrannten Ähren weit nach der Seite. Dazwischen stehen allenthalben, vor allem an besonders trockenen und öden Stellen, die aufrechten Gestalten des Wilden Hafers, *Avena sterilis*, der Stammform des Saathafers, deren große, dekorative Ährchen wie Triangeln an einem Schellenbaum hängen. In

seiner Wuchshöhe zwischen den beiden Gerstenarten vermittelt schließlich der wilde Emmer, *Triticum dicoccoides,* die Wildform des Weizens* (Tafel 28).
Wir sind tatsächlich im Ursprungsgebiet unseres Getreides, und wenn uns das Landschaftsbild vertraut vorkommt und an heimische Getreidefelder erinnert, so müssen wir auch die Umkehrung gelten lassen: unsere Getreidefelder – da wenigstens, wo sie noch durchsetzt sind von allem möglichen bunten Naturwuchs, umstanden von Bäumen und Hecken – sind unverfälschte palästinensische Landschaften, nach Europa überführt! Das gilt bis hin zur Begleitflora der Ackerunkräuter, von denen einige, wie Klatschmohn *Papaver rhoeas* und Adonisröschen *Adonis aestivalis* und *flammea,* ihre Herkunft bereits durch das brennende Rot ihrer Blüten signalisieren.
Im Jordangraben und in den Landschaften, die ihn umgeben, fanden auch die ersten Schritte zur Kultivierung des Weizens statt, der Übergang vom wilden zum Kultur-Emmer vollzog sich im frühen Neolithikum, ab etwa 9000 v. Chr. ist in Jericho die Kulturform nachweisbar (Harlan 1977). In den Zeiten davor waren es die «wilden Getreidefelder», die ausgiebig geerntet wurden. «Die erste ausgedehnte Kultur ..., in der planmäßig wilde Getreide geerntet worden zu sein scheinen, dürfte die Natuf-Kultur gewesen sein, überwiegend im 11. Jahrtausend v. Chr. Einige Dutzend Stätten sind bisher bekannt. Die Werkzeuglager sind recht aussagekräftig und enthalten Mahlsteine, Steinmörser (sowohl bewegliche wie in den Fels gehauene) und vollständige Sicheln mit geriffeltem Griff.» (Harlan)
Der Übergang vom wilden zum kultivierten Emmer bedeutet nicht einfach nur, daß von nun an gesät wird, was vorher bloß geerntet wurde. Es handelt sich um eine

* Genauer: eine der Wildformen, jedenfalls die erste, älteste und am frühesten kultivierte. Am Kulturweizen (Brotweizen) unserer Felder ist, wie man heute annimmt, noch eine andere Wildform beteiligt: «der südwestliche Teil des Fruchtbaren Halbmondes (der Nordwesten Israels, der Südwesten Syriens und der Südosten des Libanon) ist die Heimat der tetraploiden Wildform *Triticum turgidum diccocoides,* auch Wildemmer genannt, und gleichzeitig der Ursprungsort der davon abgeleiteten primitiven Kulturform *Triticum turgidum dicoccum,* die unter dem Namen Emmer bekant ist. Als der Emmer in das Verbreitungsgebiet der [diploiden] Wildform *Triticum tauschii* vorgedrungen war, kreuzte er sich mit ihr – dies geschah vor etwa 8000 Jahren, wahrscheinlich auf dem Feld eines Bauern irgendwo im Westen des Iran. Das Produkt dieser Kreuzung ist der hexaploide Saatweizen.» (M. Feldmann u. E. R. Sears)
(Die von unserem Text und von den Standardfloren abweichende Namengebung, die zu Verwirrung Anlaß gebe kann, rührt daher, daß die hier zitierten Autoren Wild- und Kulturemmer lediglich als Rasse einer einzigen Art – *Triticum turgidum* – ansehen: *Triticum turgidum dicoccoides* ist die Wildart, *Triticum turgidum dicoccum* die Kulturform [Rassen oder Unterarten werden durch Anfügung eines dritten Namens gekennzeichnet]. Durch die Kreuzung mit einer zweiten Art, *Triticum tauschii,* entstand der Brotweizen als neue, «zusammengesetzte» Art. Im Unterschied dazu werden vielfach wilder und Kulturemmer als gesonderte Arten betrachtet: *Triticum dicoccoides* und *Triticum dicoccum* – Auffassungssache!)

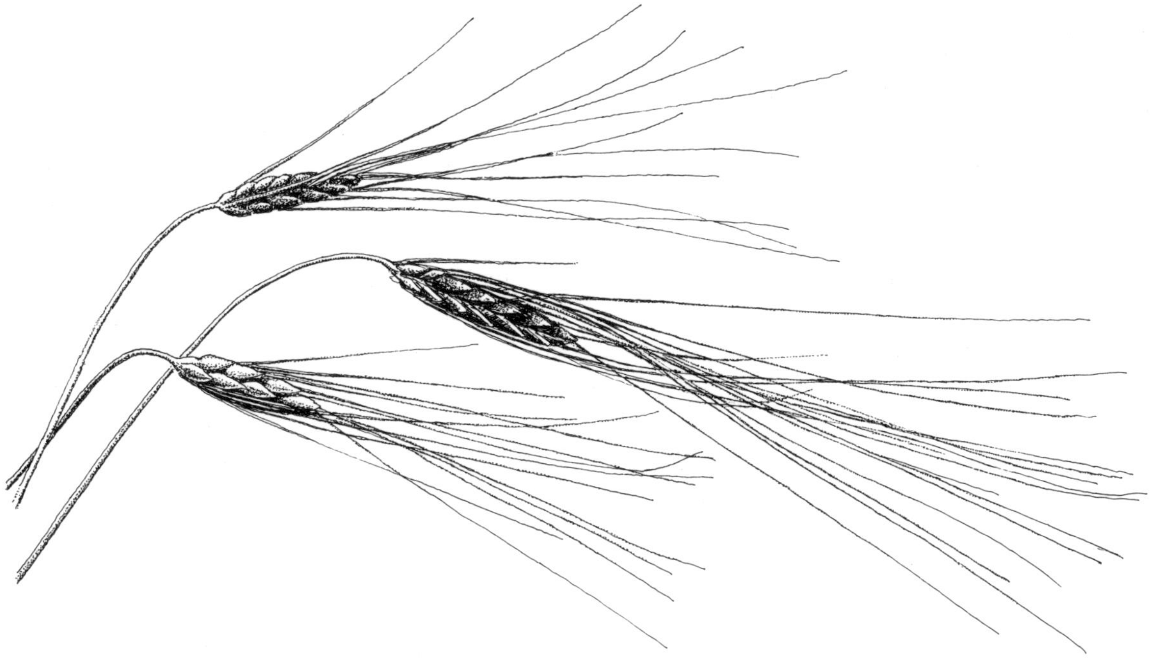

Abb. 118: Wildweizen *Triticum dicoccoides.*

echte Kulturform, ausgezeichnet vor allem durch eine wichtige Neuerung, die der Wildform fehlt: die Ähren bleiben bei der Reife als Ganzes an der Pflanze stehen und zerfallen nicht, wie beim wilden Emmer, in ihre Teilelemente.

Die Züchtung des Kulturemmers, des ersten Weizens also (und gleichzeitig auch der Gerste), war kein isoliertes Ereignis. Es scheint, als habe sich in dieser Zeit die Beziehung des Menschen zur Natur grundsätzlich gewandelt: aus dem Sammler und Jäger, der von dem lebt, was die Natur ihm bietet, wird der Bauer. Damit entsteht eine ganz neue Kulturstufe – der Mensch beginnt, verändernd und umgestaltend in die Natur einzugreifen, er tritt aus dem kindhaften Zustand des Eingebettetseins, ja, der Unterordnung unter die Naturkräfte heraus und erreicht die Stufe der Partnerschaft, der Zusammenarbeit mit der Natur (wenn auch lange noch nicht die – kritische und gefährliche – Ebene der Überlegenheit und partiellen Unabhängigkeit). In Jericho zeigt sich dieser Wandel sehr deutlich daran, daß nicht nur Kulturpflanzen an die Stelle von Wildpflanzen treten, sondern gleichzeitig (oder etwas später) Haustiere gehalten werden, Ziegen und Schafe lösen Gazellen als wichtigste Fleischlieferanten ab (Clutton-Brook 1978).

Aber kehren wir noch einmal zu unserem eigenartigen Eichen-Park zurück, zum «Steppenwald» (steppe forest), wie ihn die Botaniker nennen. Vor allem dort, wo man ihn von einer Anhöhe aus weithin überblicken kann, erinnert er uns verblüffend an die afrikanische Savanne. Hier wie dort kann sich jeder Baum in seiner individuellen Gestalt frei entfalten, jeder steht weithin sichtbar für sich, und dazwi-

schen dehnt sich die Grassteppe aus. Sind es dort Schirmakazien, so sind es hier laubabwerfende Eichen: Eichen-Savanne.
Es bleibt die Frage, ob es sich dabei um eine ursprüngliche Landschaftsform handelt. Michael Zohary ist der Überzeugung, daß es sich «ohne Zweifel um eine anthropogene (= auf menschliche Einwirkung zurückgehende) Pflanzengesellschaft handelt, die eine sehr lange Geschichte hat» (M. Zohary 1973). Aber Steppenwälder größeren und kleineren Umfanges finden sich immer wieder an den verschiedensten Stellen, wir trafen sie inselartig und in kleinerem Umfange auf der westlichen Seite des Grabens, in Obergaliläa, und südlich des Yarmuk, auf jordanischer Seite, werden die trockenen, steinigen Berghänge weithin von Steppenwäldern überzogen – von weitem konnten wir allerdings nicht erkennen, ob es sich auch um Taboreichen handelte oder ob es Atlantische Pistazien waren; aber das Bild war dasselbe: große, runde Kugelbäume auf niedrigen Stämmen, jeder Baum von einem weiten Freiraum umgeben, so daß sich das merkwürdige Bild einer mit gleichmäßigen, dunklen Tupfen gesprenkelten Landschaft ergab. Zohary führt weitere Gebiete in Vorderasien an, von Anatolien über Syrien bis zum Iran, in denen Waldsteppe oder Steppenwald auftritt. Damit ist aber erwiesen, daß es sich um eine typisch vorderasiatische Landschaftsform von weiter Verbreitung handelt. Daß der Mensch auf sie Einfluß hatte, ist in diesen uralten Siedlungs- und Kulturräumen natürlich zu erwarten; andererseits müssen aber auch ganz bestimmte natürliche Bedingungen vorhanden sein als Voraussetzung dafür, daß die Vegetation in dieser Weise reagiert.
Schaut man sich diese an, so erweitert sich der Eindruck einer Übereinstimmung mit der tropischen-afrikanischen Savanne. Bisher war es ja lediglich die physiognomische Ähnlichkeit, die uns auffiel. Aber beide Vegetationsformen stimmen darin überein, daß sie eine geographische und ökologische Mittellage einnehmen zwischen Feuchtwäldern auf der einen, Halbwüste und Wüste auf der anderen Seite.* In einem Punkt haben wir allerdings einen wesentlichen Unterschied zwischen der tropischen und der Eichensavanne: in der letzteren sind die Bäume gerade während der sommerlichen Trockenheit auf der Höhe ihrer vegetativen Aktivität, sie sind belaubt, ein Zeichen dafür, daß auch im Sommer genügend Bodenfeuchtigkeit vorhanden ist und auch in dieser Jahreszeit die Niederschläge nicht ganz fehlen. Damit erhält diese Landschaft deutlich Züge der gemäßigten Breiten, solcher Bereiche, die sogar noch nördlich der Mittelmeerregion liegen.
Entsprechungen zwischen den beiden, soweit voneinander entfernten Savannenlandschaften sind bedeutsam. Beide, die tropisch-afrikanische wie die vorderasiatische, *sind Brennpunkte der Menschheitsentwicklung*. In den ostafrikanischen Savannengebieten findet sich die Wiege der Menschheit. Hier, zwischen Äthiopien und Tansania, trat bereits vor der Eiszeit der erste Frühmensch *Homo habilis* neben dem tierhafteren *Australopithecus* auf. Und für Palästina muß schon damals «so etwas wie eine offene, savannenartige Landschaft angenommen werden» (Haas), wie die

* In unserem Falle liegen die regenfeuchten Wälder im Norden, in der pontischen (schwarzmeernahen) Region.

reiche Tierwelt nahelegt, die Nashörner, Elefanten, Giraffen und Antilopen enthielt, Wildschweine und Flußpferde und drei bis vier Pferdearten. Der Zusammenhang mit der tropisch afrikanischen Savanne war aber offenbar noch enger: Zohary (1973, S. 609) zitiert eine mündliche Mitteilung von Louis B. Leakey, dem berühmten Entdecker des *Homo habilis* in der ostafrikanischen Olduvai-Schlucht, nach dessen Auffassung es «heute ziemlich sicher scheint, daß die (palästinensische) Ubeidiya-Kultur der (ostafrikanischen) Olduvai-Kultur sehr nahestand, und daß der frühe Mensch seinen Weg von Ostafrika nach Südwestasien nahm».

Palästina ist die Bühne gleich dreier Schlüsselereignisse: in Galiläa finden sich neben Schädeln von Neandertalern solche mit eindeutigen *sapiens*-Merkmalen – der heutige Mensch betritt die Bühne, und dies wesentlich früher als bisher angenommen (vgl. den Beitrag von W. Schad) – der Karmel ist gar nicht weit entfernt vom See Genezareth und dessen Umgebung. Der Beginn des Ackerbaues, der Züchtung der Getreide und der ersten Haustiere innerhalb des abendländischen Kulturkreises ist das zweite Ereignis von zentraler Bedeutung: der Mensch ist nicht mehr ein umherschweifendes, auf der Erde kaum beheimatetes Wesen, sondern beginnt, mit der Natur zu arbeiten, sie umzuformen und ihr seinen Stempel aufzudrücken.

Das dritte Geschehen ist wiederum für die ganze Menschheit von Bedeutung – die Anwesenheit Christi im Herzen dieses Landes, das von ihm zwischen den beiden Polen des Toten Meeres und des Sees Genezareth durchwandert wurde, zwischen dem Todes- und dem Lebenspol dieses wahrhaftigen Brennpunktes des Welt- und Menschheitsgeschehens; sein Kreuzestod und seine Grablegung an einem Ort, an dem der Legende nach auch Adam begraben ist: Beginn und Höhepunkt der Menschheitsentwicklung berühren sich. Tiefer könnte sich das, was uns immer wieder begegnete und sich nun am Beispiel der eigenartigen Eichensavanne aufs neue zeigt, nicht ausdrücken.

Bei dieser Landschaft müssen wir noch ein wenig verweilen – bei der Savanne, dieser «Landschaft des Menschen»: ganz einfach, weil sie für uns auch heute noch von zentraler Bedeutung ist. Dazu müssen wir ein wenig weiter ausholen.

Auch bei der afrikanischen Savanne wurde immer wieder die Auffassung vertreten, sie verdanke ihren lichten, offenen Charakter dem Menschen. Besonders die von den Hirtenstämmen gelegten Buschfeuer, so charakteristisch für die Savanne während der Trockenzeiten, seien für die Offenhaltung verantwortlich. Das stimmt – Gebiete, aus denen man die Feuer fernhielt, verbuschten im Laufe der Zeit zu undurchdringlichen Dornendickichten. Nur stellte es sich heraus, daß Feuer auch in Gebieten auftraten, die von Menschen gar nicht betreten wurden. Diese Feuer wurden durch Blitzschläge gezündet, und man weiß heute, daß in vielen Savannengegenden der Erde, von Australien bis Südamerika, eine Vegetation lebt, die das Feuer nicht nur erträgt, sondern geradezu darauf angewiesen ist. Dazu kommen, in Afrika jedenfalls, die großen Weidetiere, die wesentlich zur Offenheit der Landschaft beitragen und die diese in gewisser Weise mitgestalten und pflegen.

Vergleicht man die Savanne, wie der Verfasser es an anderer Stelle getan hat (1978), mit den übrigen tropischen Großlandschaften, mit dem Regenwald und mit der Wüste, dann zeigt sich, daß einzig die Savanne die Voraussetzung dafür bietet, daß sich menschliche Kultur entfalten kann – durch den Freiraum, den die Vegetation bietet, so daß sich höheres, seelisch differenziertes Leben entfalten kann. Die vegetative Fülle des Waldes läßt höheres Tierleben nur in eingeschränktem Umfang zu und behindert, wie hinlänglich bekannt, menschliche Kulturentfaltung in extremer Weise. Die Savanne bietet neben Bäumen vor allem Gras, das einerseits, wie wir sahen, Getreide im Wildzustand darstellt, andererseits die Lebensgrundlage für die wilden Tierherden bildet, die sich der Mensch gleichfalls zunutze macht.

Nun ist der Mensch natürlich längst nicht mehr nur ein Bewohner der ursprünglichen Savanne. In gewissem Sinne ist er jedoch seiner Geburts-, seiner «Heimatlandschaft» treu geblieben – die bäuerliche Kulturlandschaft, die er geschaffen hat, ist eine künstliche Savanne! Nicht die heutige, flurbereinigte Agraröde, in der kein Baum, kein Vogel lebt, aber sehr wohl die europäische (oder asiatische, afrikanische, mittel- und südamerikanische) Bauernlandschaft traditionellen Zuschnittes. Ursprünglich war ja Mitteleuropa zum größten Teil von Laubwald bedeckt, und die frühen Siedlungen fanden sich an den wenigen offenen Stellen, die es gab, an den stets durch das Wasser gefährdeten Uferpartien der Seen und Flüsse. Erst durch die Rodungen des Mittelalters entstand dann die reich gegliederte Kulturlandschaft mit ihrem Mosaik aus Waldparzellen, Wiesen, Feldern und Obstgärten. Die physiognomische Ähnlichkeit mit der «ursprünglichen» Savanne wurde mitunter so groß, daß die ersten Botaniker, die Ostafrika durchforschten, einem bestimmten Savannentyp die Bezeichnung «Obstgartensteppe» gaben (Engler).

Die Besonderheit der Savanne ist die Gemeinsamkeit von Baumwuchs und Grasflur. Zusammenhängende Grasflächen können sich nur entwickeln, wenn die Sonne zum Boden herabdringt, also dichter Baumwuchs fehlt. Wo aber genügend Niederschläge fallen, breiten sich sofort die Bäume aus, werden waldbildend – und verdrängen das Gras. Die Savanne mit einzelnen, isoliert stehenden Bäumen, ist (in den Tropen, in Palästina werden wohl andere Bedingungen ursächlich sein) nur da möglich, wo über die langen Trockenzeiten hinweg gerade soviel Feuchtigkeit in den tieferen, von den Graswurzeln nicht erreichbaren Bodenschichten erhalten bleibt, daß einzelne, isoliert stehende Bäume mit weithin ausstrahlenden Wurzeln damit die Trockenzeit zu überstehen vermögen.

Bei der europäischen «Kultursavanne» sind die bedingenden Faktoren völlig anderer Art – es sind die pflegenden Hände des Menschen. Offene Wiesenlandschaften gäbe es bei uns nicht, hielte sie der Mensch nicht absichtlich offen. Würden alle Menschen aus ihr fortwandern, so wäre in wenigen Jahrhunderten alles wieder vom Wald zurückerobert.

Durch diese Tätigkeit ermöglichte der Mensch etwas, das es in unserer Landschaft ursprünglich so gut wie gar nicht gab: den freistehenden Baum. Gerade darin zeigt sich der Einfluß des Menschen, daß er den Baum gewissermaßen aus dem Wald herausholt und ihm zu selbständiger, individueller Erscheinung verhilft. In jedem Wald und in jeder größeren Baumgruppe wird die Wuchsform des einzelnen Baumes von seiner Umgebung bestimmt, Äste und Zweige entfalten sich stets so, wie es die Nachbarschaft erlaubt, jeder Baum wächst auf «Lücke». Eine in sich geschlossene, gerundete Krone ist nicht möglich, vielmehr ist es die Gesamtheit der Bäume, der

Abb. 119: Der Wald als Baum – der Baum als Wald: schematische Darstellung, wie die Gestalt des Waldes als Ganzes, also die Gesamtheit aller Bäume, nach innen den Schutzraum und nach außen die Hülle bildet, die vom freistehenden Einzelbaum alleine ausgebildet wird.

ganze Wald, der eine geschlossene Krone ausbildet. Werden dann einzelne Bäume herausgeschlagen oder gibt es Windbruch, dann zeigen die stehengebliebenen, nun isolierten Baumgestalten höchst unharmonische und fragmentarische Wuchsformen, die verraten, daß sie nur Teile eines höheren Ganzen sind.

In der Kulturlandschaft wird der geschlossene Wald zurückgedrängt. In ihm kann der Mensch nicht leben, weder Ackerbau treiben noch Tiere züchten – nur Menschengruppen, die auf einer älteren, früheren Kulturstufe stehen, nicht in ihre Umgebung eingreifen und nur von dem leben, was ihnen die Natur anbietet, vermögen im Wald zu existieren.

Die Vernichtung des Waldes ist aber nur die eine Seite; auf der anderen Seite holt sich der Mensch den einzelnen Baum in seine Kulturlandschaft hinüber, oder er lockert den Wald so auf, daß sich die einzelnen Bäume frei entfalten und als Einzelgestalten so ausprägen können, wie es ehedem dem gesamten Wald vorbehalten war: als in sich abgeschlossene Einheit. Jetzt tritt zudem etwas hervor, was vorher nicht möglich war und auch dem Gesamtbestand versagt blieb: im Laufe des Heranwachsens und Älterwerdens bildet jeder Baum mehr und mehr eine unverwechselbare Eigengestalt aus und wird zu einer charaktervollen «Baumpersönlichkeit» – eine Erscheinung, die sonst im Pflanzenreich nicht üblich ist, wo das allgemeine, überindividuelle Artbild vorherrscht. Wir erkennen eine Tulpe, ein Gras, eine bestimmte Orchidee an ihrer Artgestalt, die wir, wenn sie uns einmal vertraut ist, überall wiederfinden; das individuell Abweichende, das Einzelexemplar Kennzeichnende tritt demgegenüber zurück; wäre es anders, könnten wir keine Pflanze in ihrer Artzugehörigkeit bestimmen. Diese Artgestalt wird nun zwar bei alten, charaktervollen Baumgestalten nicht überwunden – Eiche, Zeder, Weide bleiben stets in ihrer Artzugehörigkeit erkennbar – aber dazu gesellt sich etwas, das

Artbild überformend, was jedem einzelnen Individuum unverwechselbare Züge verleiht. Auf solche Bäume hat der Mensch immer sein Auge gerichtet, und es ist kein Zufall, daß sie in der vom Menschen geformten Landschaft wachsen – *die Individualisierung, die Einzelpersönlichkeit ist ein dem Menschen gemäßes Prinzip,* und das drückt sich dann auch darin aus, daß solche Bäume nicht selten, als wären es menschliche Wesen, ihren individuellen, ihren Eigennamen erhalten. Sie stehen an Wegkreuzungen, auf einer Hügelkuppe, in der Mitte des Dorfes – in Palästina oft an den Grabstätten berühmter Männer und an heiligen Orten. Jeder kennt sie, und sie haben ihre Biographie, die mit der Geschichte der Menschen in dieser Gegend eng verwoben ist. Im Baum, im einzelnen, sich frei entfaltenden Baum, wächst die Pflanzenwelt gewissermaßen über sich hinaus und stößt in den Bereich des Individuellen, Einmaligen vor; daß sich diese Erscheinung in der Umgebung des Menschen noch weiter steigert, zeigt, wie sehr der Mensch seine eigenen Merkmale der Natur mitteilt: die vom Menschen geformte Natur als Spiegel seines eigenen Wesens.

Man mag hier einwenden, daß die Natur auch alleine dazu imstande sei, und daß die herrlichen alten Zedern in den dichten Wäldern des Libanon, die unverwechselbaren, weithin sichtbaren Giganten der Baobabs in der afrikanischen Savanne auch ohne menschliches Zutun zu markanten Individualisten werden. Gewiß – wir sagten es schon, die Tendenz dazu ist vorhanden, in der Natur kommt es jedoch nur in seltenen Fällen dazu. Mit der entscheidenden, bezeichnenden Ausnahme allerdings der Savanne des tropischen Afrika!

Im mittleren und nördlichen Europa sind es vor allem die wildwachsenden Baumarten, unter denen sich, wenn man sie einzeln zur Entfaltung kommen läßt, die eindrucksvollsten und unverwechselbarsten Gestalten finden: Eichen und Linden vor allem, während die Kultivare Äpfel, Birnen und Kirschen weit dahinter zurückstehen. Im Mittelmeergebiet ist es bereits anders, die wilden Arten heben sich weniger hervor, vielleicht weil ihnen der Mensch kaum Aufmerksamkeit entgegenbringt (die schlanke Säulenzypresse ist eine reine Kulturform, und die Pinie entfaltet nur da ihre prächtige Schirmgestalt, wo sie vom Menschen als Einzelgestalt herausgestellt wird). Hier sind es die vom Menschen gepflegten und gepflanzten Baumarten, unter denen sich Formen finden, die an Originalität alles andere in den Schatten stellen. Allen voran der Ölbaum, ja, er so gut wie ausschließlich. Seine Wildform – wir lernten sie am Karmel kennen (S. 116) – ist ein sparriger, niedriger Strauch, der nur unter besonders günstigen Bedingungen gelegentlich auch einmal niedrige Baumform annimmt. Und diese ist himmelweit entfernt von den uralten Patriarchen aus den Hainen Griechenlands oder Palästinas. In Galiläa finden sich etwa am Fuß des Meron-Berglandes Olivenkulturen, die mit Sicherheit mehr als tausend Jahre alt sind. Die Bäume treiben allenthalben junge Schößlinge von strotzender Vitalität – wirklich alt ist nur die Basis, der Stamm oder das, was im Laufe der Zeit davon übrig geblieben ist. Man kann stundenlang in diesen Hainen herumwandern und wird doch stets neue und unerwartete Formen der Stammbildung finden. Da gibt es dickköpfige, von Runzeln und Falten überzogene Riesen, aus denen dünne und junge Äste fast ohne Überhang heraustreiben. Andere gleichen Tonnen, sie sind hohl bis auf eine dünne Außenwand, und durch den schmalen, torartigen Aufbruch hindurch

Abb. 120: Einsam stehende uralte Atlantische Pistazie auf der baumlosen Hochfläche des östlichen Golan; dieser letzte Zeuge einstigen Waldes verdankt sein Überleben den Gräbern zu seinen Füßen und ist wohl einem bedeutenden Verstorbenen geweiht.

könnte sich eine ganze Familie im Innern verstecken. Wieder andere gemahnen an mächtige Klumpen erstarrter Lava, die Rinde scheint aus ineinander verwirbelten Strömungen und Fließbewegungen heraus erstarrt zu sein. Nicht selten sind die uralten Strünke auch auseinandergebrochen in mehrere Einzelstämme, die an der Spitze noch verbunden sein können oder nur noch durch nahes Beieinanderstehen verraten, daß sie aus einem einzigen Baum hervorgegangen sind. Es ist etwas vom Anregendsten, sich in diese Baumgestalten anschauend zu vertiefen und ihre Formen mit den Augen nachzubilden. Es ist, als sei hier ein Künstler, ein Plastiker mit unerschöpflicher Phantasie am Werk gewesen; aber auch ein bißchen so, als begegne man lauter ausgeprägten Charakteren, und jeder von ihnen erzähle eine andere Geschichte.

Von einer bestimmten Warte aus wird die Frage, ob der Mensch die Savanne – die tropische wie die vorderorientalische – geschaffen habe oder nicht, gegenstandslos. Die Frage kann nur dann Bedeutung haben, wenn die gesamte Evolution der Natur wie des Menschen ein blindes Geschehen, ein durch äußere Kausalzusammenhänge zustande gekommener Filz von Zufälligkeiten ist. Dann würde sich die Frage nach äußerlichen Eingriffen als Ursache stellen.

Abb. 121: Ölbaumpatriarch am Fuß des Merongebirges in Galiläa.

Die Ursachen können aber auch auf einer ganz anderen, viel umfassenderen Ebene gesucht werden. Sie sehen dann allerdings etwas anders aus: beides, die Entstehung der Savanne wie das Auftreten des Menschen, gehen auf eine gemeinsame Ursache zurück, die Verbindung zwischen beiden – Mensch und Savanne – wäre damit eine ganz andere: keine kausale, sondern eine verwandtschaftlich-korrelative – in beiden wirkt ein Gleiches.

Sind nicht Mensch und Natur, Mensch und Erde zwei Seiten ein und desselben, ohne einander gar nicht zu denken? Wäre es nicht möglich, daß sich die Entwicklung, die zum Menschen hinführt, gleichzeitig auch in der ganzen Natur abspielt und von ihr mitbegleitet wird, so daß Landschaften, Lebensräume entstehen, in denen sich höheres seelisches Leben entfalten kann (was im Wald, in der Wüste nicht möglich

ist)? Wir hätten es dann gleichsam mit den Schattenwürfen der Menschwerdung zu tun, mit etwas, das den Wellenkreisen um einen ins Wasser geworfenen Stein gleicht, die sich bis in andere, scheinbar gar nicht betroffene Bereiche hinein ausdehnen, in Zonen, die dennoch, wie die Wellen zeigen, in engem Zusammenhang mit dem Zentrum des Geschehens stehen und dadurch erregt und beeinflußt werden. So ähnlich ist es wohl zu verstehen, wenn sich in beiden Sphären – auf der Ebene der menschlichen Entwicklung wie derjenigen der Evolution der Naturräume, ein Gleiches auf freilich unterschiedliche, dem jeweiligen Bereich gemäße Weise ausprägt: die Entwicklung hin zur Autonomie des Einzelwesens – der Weg des Menschen, in die Pflanzenwelt hinübergreifend und dort zur Individualisierung der Baumgestalt führend.
Auf solche Gedanken kann man gerade an diesem Zentralort der Erde gewiesen werden, der einen in immer größeres Erstaunen versetzt, je mehr man sich mit ihm beschäftigt. Je tiefer man eindringt, desto deutlicher wird, wie hier nichts Zufall ist, wie sehr allen Geschehnissen und Abläufen in der Natur, im belebten wie im unbelebten Bereich, eine sinngebende Ordnung innewohnt, die von den Ereignissen der menschlichen Kulturentwicklung nicht zu trennen ist.

HANS-ULRICH SCHMUTZ

Zur Geologie Palästinas

Einleitung

Der vorliegende Beitrag möchte in dreifacher Weise geologische Aspekte Palästinas darstellen. Einmal sollen ausgewählte Landschaften im Zusammenhang mit geologischen Prozessen geschildert werden. Dann werden Hinweise zur erdgeschichtlichen Entwicklung des palästinensischen Raumes gegeben, wobei auf die Entstehungsbedingungen des Jordan-Arava-Grabens besonderer Wert gelegt wird. Zuletzt soll der Versuch gewagt werden, die besondere raumgeometrische Stellung Palästinas im Verlaufe der Erdgeschichte aufzuzeigen. Die Arbeiten der anderen Autoren dieses Buches weisen ja mit Deutlichkeit auf die Mittelpunktstellung Palästinas hin. So taucht die Frage auf, ob nicht die geologische Entwicklung dieser besonderen Weltgegend Vorbereitendes strukturiert habe, worauf sich anschließend die Lebens- und Kulturströme begegnen und befruchten konnten.

Ausgewählte geologische Landschaften

Kalkformationen im Negev

Be'ér Sheva' wird als das Tor zur Wüste bezeichnet. Und wirklich, fährt man von dieser Stadt südwärts, so beherrschen bald flach gewellte, fast vegetationslose, meist schuttbedeckte Hügel die Landschaft. Wo durch den Straßenbau ein Einschnitt in die Hügel entstand, werden eozäne, verfestigte Schotterlagen, wechsellagernd mit gelblichen Kalkschichten, sichtbar. Beachtet man die Raumlage dieser Schichten, so wird klar, daß die Hügelbildungen vorwiegend den Abdruck der Wellenform dieser Sedimentschichten darstellen. Die Kämme dieser Hügel und Mulden erstrecken sich generell von Südwest nach Nordost. Mit zunehmender Entfernung von der Stadt wird an Höhe gewonnen; Kalke und Dolomite der Kreidezeit prägen das Gesteinsbild. Nach der Durchfahrt von Yeroham werden die Schichten etwas steiler, sie fallen nach Nordwest. Nach einigen weiteren Kilometern wechselt die Landschaft auf imponierende Weise: man steht unvermittelt an der Kante eines 300 m mächtigen, sehr steilen Felsabsturzes (Tafel 29 oben). In der Tiefe liegt eine Wüstenlandschaft, aus grobklotzigem Schutt und aus anstehendem Fels gebildet. Diese rund fünf mal fünfzehn Kilometer messende Tiefebene ist umgeben von einem Kranz von bis zu 300 m hohen Felswänden; man hat den Krater des Makhtésh Hagadol vor sich.

Durch eine Wanderung im Kraterinnern wird der Eindruck der hier herrschenden Lebensfeindlichkeit noch verstärkt. Abbau- und Mineralisierungsprozesse dominieren weitherum das Geschehen. Die umliegenden Kratersteilwände können jetzt von unten betrachtet werden. Sie sind stark der Erosion ausgesetzt. Die Sandstein- und Konglomerat-Lagen bilden steile Schuttbänder, die Kalkschichten formen fast senkrechte, mit rückschreitender Erosion sich abbauende Felswände. Der Kraterboden ist teilweise ein in momentaner Ruhe erstarrter Block – Schuttstrom, teilweise eine dunkel herauswitternde sanfte Hügellandschaft, aus Kalken der Jurazeit aufgebaut. Die herumliegenden Kalkbrocken sind mit fast schwarzem Wüstenlack überzogen, einer für Wüsten typischen Anwitterung, hervorgerufen durch die extremen Temperatureinflüsse und die Sandstürme. Einige der Brocken haben eine nierenförmige Oberflächenstruktur. Schlägt man diese mit dem Hammer entzwei, so entdeckt man die schönsten Quarzdrusen oder Chalzedon-Hohlraumausfüllungen. Dieses Erlebnis verborgener Kostbarkeiten wird sich für den aufmerksamen Beobachter immer wieder einstellen.

Der erste Eindruck des Abgestorbenen, Monotonen, weicht bei einer Hinwendung zu diesem Stück Erde einer Fülle von überraschenden Naturerscheinungen. Steigt man etwa auf einen der Jura-Kalkhügel, so ist man plötzlich gezwungen, den Schritt anzuhalten. Dies nicht nur wegen einer davoneilenden Wüsten-Viper, sondern weil

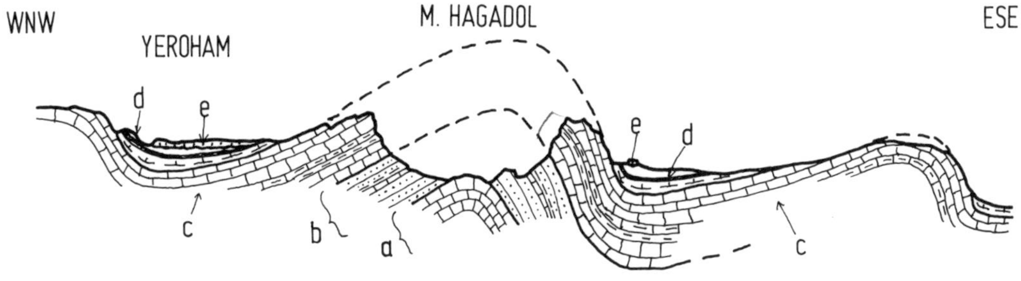

Abb. 1: Profil durch den M. Hagadol, stark überhöht gezeichnet (nach Garfunkel). Die Antiklinale hat seine steilere Flanke auf der Ostseite. a = Kalke, Jura; b = Sandsteine, Unterkreide; c = Kalke, Oberkreide; d = Mergel, Tonschiefer mit Flinthorizont, Oberkreide/ Untertertiär; e = unverfaltete Sandsteine des Miocäns.

man vor einer Kalkplatte steht, auf welcher durch die Verwitterung auf schönste Weise Korallenstöcke mit Muscheln, Schnecken und Seeigeln als Fossilformen herauspräpariert sind. Die Erinnerung steigt auf: all diese Kalkformationen von der Jura- bis in die Kreidezeit sind einmal durch die Lebensprozesse der Wassertierwelt durchgegangen! In einem seichten, warmen Meer, welches damals den Negev überflutete, herrschte eine Vitalität ohnegleichen. Korallen und Schalentiere bevölkerten die Riffe. Sie bildeten Kalk aus dem Meerwasser und übergaben ihn nach ihrem Absterben dem geologischen Geschehen. Das heute mineralisierte und sich weiter zersetzende Material entstammt ehemaligen Lebensprozessen; diese Erkenntnis schlägt in dieser Wüstengegend besonders stark ins Bewußtsein. Aber auch die heutige Landschaft beherbergt neu hervorgebrachte Lebensformen, seien es die lichtscheuen Skorpione oder die wunderbar ausgeformten Jochblattgewächse.

Kehren wir zurück zum Charakter dieser Kraterlandschaft. Versucht man sich ein Bild der Raumstruktur der Schichtenfolge zu machen, so bemerkt man, daß sich die Schichten an den Kraterwänden alle nach außen neigen (Abb. 1). Verfolgt man gedanklich diese Schichten durch die Luft, so bekommt der Krater eine gegenteilige Form, es entsteht ein Antiklinalgewölbe mit einer Längserstreckung von Südwest nach Nordost, wobei durch eine Asymmetrie die Südost-Flanken viel steiler sind als die Nordost-Flanken, auf welcher wir uns zuerst dem Krater genähert hatten. Ohne die Erosion wäre also an dieser Stelle nicht ein Krater, sondern ein Berg mit einer Gipfelhöhe von etwa 600 m oberhalb des Kraterbodens zu denken! Die Riesenmengen von Abraummaterial transportierte vorwiegend während der jungpleistozänen Regenzeit der Nahal Hatira in südöstlicher Richtung in die dem Totmeergraben benachbarte Tiefebene des Nahal Zin. Dieser ehemalige Berg mit seiner steilen Südost-Flanke bot demnach der Wassererosion günstige Angriffsflächen. Mit der fortschreitenden Erosion hob sich das Plateau des Negev, während die Zin-Ebene sich im Zusammenhang mit der Totmeer-Grabenbruch-Bildung senkte. Somit wird

dieser Krater nicht als Einschlagskrater, sondern richtigerweise als Erosionskrater gedeutet. Dieselbe Genese wird auch für den kleineren Makhtesh Haqatan und den großen Makhtesh Ramon angenommen (Mazor).
So hat uns die Natur mit ihren Zerstörungsprozessen die Möglichkeit geschaffen, Einblick zu bekommen in die Schichtenfolge der Kreidezeit und der darunterliegenden Juragesteine. Wir konnten uns Vorstellungen bilden über das ehemals reiche Jurameer, welches später überging in ein lebensärmeres Kreidemeer. Die obersten Kreideschichten zeugen von einem Rückgang des Wasserlebens; man findet Phosphoritlagen, Sandsteine und die Kieselkonkretionen der Flint-Schichten.

Salzformationen am Toten Meer

Folgt man dem Abfluß des Hagadol-Kraters, so erreicht man bei der Vereinigung mit dem Nahal Zin das Niveau des Meeresspiegels. Das Trockenfluß-Wadi senkt sich nun weitere 200 m, bis die von Erosionsrinnen durchfurchte «Badland»-Landschaft der Lisan-Mergel-Formation erreicht ist. Nach noch einmal 200 m Höhenunterschied erblickt man den Südrand des hier seichten Toten Meeres. Auf dieser riesigen Verdunstungsfläche entstehen rezente (jetztzeitliche) Salzsedimente, welche industriell genutzt werden. Die Erstarrungstendenz des Negev erfährt hier eine weitere Steigerung.
Wendet man sich dem Ufer des Toten Meeres zu, so kann man die rezente Salzbildung beobachten. Das schwere, sich sichtbar langsamer bewegende Wasser mit seiner unwirklichen Färbung bespritzt, infolge leichten Wellenschlages, den absolut vegetationslosen Kieselstrand. Die Kieselgerölle sind mit einem durchsichtigen, glänzenden Salzüberzug versehen. Man meint, an einem kalten Herbstmorgen am Strand eines vereisten Gebirgsseeufers zu stehen, dabei herrscht hier im Frühjahr am Toten Meer eine Tages-Temperatur von rund 40 °C! Einige Schritte weiter ist ein seichter Tümpel mit Sandboden von einer mehrere cm dicken Salzkruste bedeckt. Diese Kruste besteht bei genauem Hinsehen aus einem Mosaikgefüge von bis zu 5 mm großen Salzkristallen in vollendeter Würfelform. Die Erstarrung zur reinsten Kristallisation, der Idealgestalt des Würfels, direkt aus dem verdunstenden Wasser entstanden, kann zum Schlüsselerlebnis dieser Landschaft werden. Die Hitze, die unwirkliche Stille macht den Betrachter erstaunlicherweise nicht müde. Die Sinne nehmen angespannt die Vielheit der Erscheinungen auf, die Denkaktivität ist eine gesteigerte. Diese tiefste Stelle der Erde, welche trockenen Fußes betreten werden kann, wirkt erweckend auf das menschliche Denken.
In der menschlichen Organisation ist das Sinnes-Nerven-System geprägt von Abbauprozessen. Neuere Forschungen haben ja ergeben, daß im Zusammenhang mit der Denkaktivität in der Zirbeldrüse des Menschen Mineralsalzausscheidungen in kristallisierter Form entstehen (mündl. Mitt. G. Schmidt). Denken steht in direktem Zusammenhang mit der Entvitalisierung der menschlichen Organisation. Man darf aber nicht meinen, das Tote Meer sei unbelebt. An einigen Küstenstellen

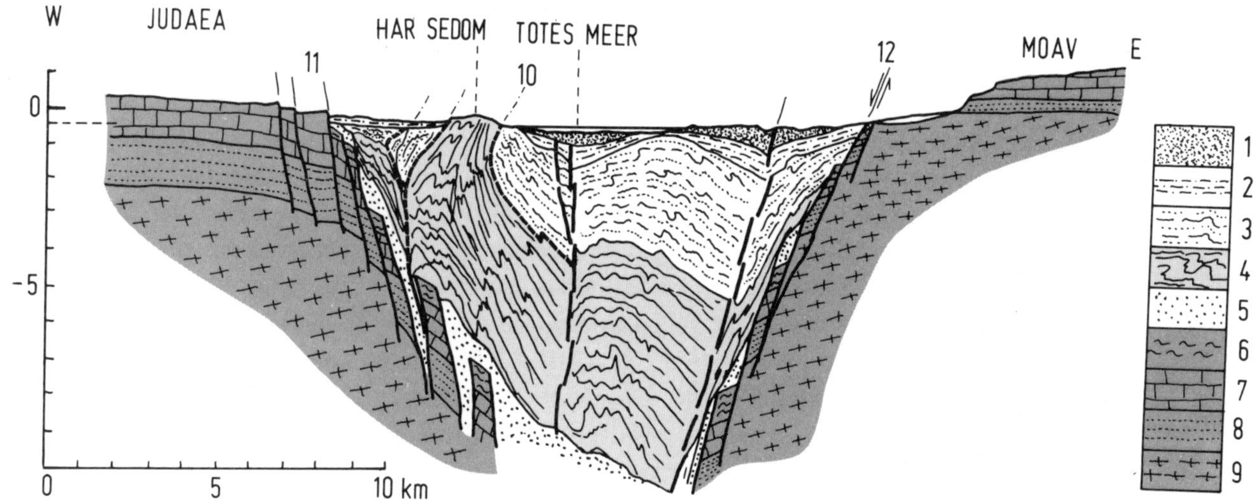

Abb. 2: Ostwest-Profil durch den Totmeer-Graben bei Sedom, nicht überhöht. (nach Schulman und Bartov).

1 = Totmeer-Ablagerungen
2 = Lisan-Mergel
3 = Amora-Formation, Karbonate, Tone, Sandsteine, Salz
4 = Sedom-Formation, u. a. Salz, Gips, Anhydrit
5 = Pliozäne Ablagerungen, u. a. Sandsteine
6 = Tertiär
7 = Mesozoikum
8 = Paläozoikum
9 = Präkambrium, u. a. Kristallingesteine
10 = Aufschiebungsfläche
11 = Horizontalverschiebung
12 = Staffelbrücke

kann man biogene Ausscheidungen beobachten, von Algen ausgeschiedene Aragonitgebilde, Stromatoliten genannt (Buchbinder). Diese Algen lebten im Pleistocän im großen Lisan-See und produzierten die Aragonit-Schichten. Es wurden auch in jüngeren, subrezenten Schichten die für Stromatolite typischen halbsphäroidalen bis 20 cm großen Gebilde gefunden, hier aber aus Aragonit und Mangan-Karbonat bestehend (Druckman).

Zurück zur Charakterisierung der Landschaft. Wendet man sich vom Ufer des Meeres ab, so steht man vor einer imposanten, mehr als 100 m mächtigen Felswand, welche vorwiegend aus Salz besteht (Abb. 3). Die gut sichtbaren Fließformen legen Zeugnis von der Entstehungsgeschichte der Sedom-Berge ab. Dieses Salz entstand im Plio-Pleistozän und würde heute in einer Tiefe von einigen Kilometern liegen, wäre es nicht im Zusammenhang mit der Grabenbruchbildung durch Wasseraufnahme mobil geworden. So quoll es entlang jüngerer Nord-Süd-Bruchlinien in die Höhe, und die Sedom-Berge bilden heute die an die Oberfläche gedrungene Kuppe dieses mächtigen Salzdomes (Abb. 2). Durch die selektive Erosion, bedingt durch den Wechsel von reinem Salz und Lagen, welche aus Salz, Tonschiefer und Dolomit bestehen, sind die Fließformen dieses Salzstockes besonders schön herausmodelliert. Bohrungen haben ergeben, daß diese Salzformation eine Mächtigkeit von bis zu 6 km besitzt. Dies ist ein Hinweis, daß bei der Einsenkung der Totmeer-Depression im Zeitraum der letzten 3 bis 5 Millionen Jahre laufend Salz in erstaunlichen Mengen produziert wurde.

Wandert man im westlichen Hinterland der Sedom-Berge über die öde Ebene der Lisan-Mergel, gelangt man unvermittelt zur kleinen Erosionsschlucht des Nahal Perazim. Hier kann man die Lisan-Mergel-Sedimentschichten des vor 50 000 Jahren weit ausgebreiteten, bis 200 m unter den Meeresspiegel reichenden Lisan-Sees studieren. Es handelt sich um eine 40 m mächtige Wechsellagerung von Aragonit und Kalkmergel, manchmal auch Gips enthaltend. In der Perazimschlucht wird man überrascht von wunderschönen Faltenstrukturen in den horizontal lagernden Sedimentlagen (Tafel 31). Klar gegen unten und oben abgegrenzte, bis 1,5 m mächtige Lagen sind vielfältigst in Falten gelegt, ein Abbild von äußerst starker Mobilität. Die Faltenachsen liegen subhorizontal, die Richtungen der Achsen aber variieren sehr stark. So kommt durch den Schnitteffekt an der Schluchtwand die Formenvielfalt zustande. Man fragt sich, warum nur vereinzelte Lagen diese Verfaltungen zeigen. Es ist anzunehmen, daß anhydritreiche Lagen sich durch Wasseraufnahme zu Gips umgewandelt haben. Die dabei entstandene Volumenzunahme hat zur Mobilität dieser Lagen geführt, während die kalkreichen Zwischenlagen ungestört geblieben sind. An diesen Aufschlüssen zeigt sich dasselbe im Kleinen wie am Sedomdiapir im Großen. Kristallin gewordene Sedimente des Sulfat-Salz-Zyklus können durch Wasseraufnahme eine außergewöhnliche Beweglichkeit erreichen. Durch Verdunstung von Wasser beginnt der Kristallisierungsprozeß, welcher zu Kalziumsulfat und Salz führt. Diese Gesteine können durch ausschließende Wasserzugabe das Volumen und damit den Druck im Berginnern erhöhen, was zur Mobilität der Gesteine führt. Kristallbildung und Mobilität liegen hier nahe beieinander, sind aber zwei gegensätzliche Prozesse. Der Wechsel vom einen zum anderen Extrem wird mittels des Wassers vollzogen. Durch das Wasser entstehen bewegte Strukturen, die an Formen des Lebendigen erinnern, an Organbildungen, an embryonale Fließbewegungen. Auch dort sind ja überall Salze beteiligt, aber eben in gelöstem, chemisch aktivem und in die Lebensprozesse integriertem Zustand. Aus dem gelösten Zustand heraus kann wiederum das Salz seine kristalline, mineralische Gestalt annehmen, wenn es aus der Lösung ausfällt. Das ist dann der Ausdruck dafür, daß die Bildeprozesse ihren Abschluß gefunden haben und in die Erstarrung der anorganischen Kristallisation oder, im Organischen, in die Skelettbildung übergehen. Diese Gegensätze von Fließen und Erstarren machen die hier beschriebene Landschaft so ereignisreich.

Bevor wir diesen Ort der Gegensätze verlassen, werfen wir einen Blick auf das gegenüberliegende Jordanische Ufer des Toten Meeres. Die mehr als 1500 m hohen Felswände lassen, dem Farbenspiel und der Lagerungsform nach, auf Gesteine schließen, welche auf unserer, der westlichen Seite des Arava-Grabens erst 120 km weiter südlich anstehen: auf die Kristallingesteine der Sinai-Halbinsel und auf deren Verwitterungsprodukte, den Nubischen Sandstein (vgl. Tafel 29 unten). Diese Vermutung deutet auf die gewaltige Horizontalverschiebung hin, welche entlang des Jordan-Arava-Grabens den Ostteil relativ zum Westteil in jüngster geologischer Zeit um mehr als 100 km nach Norden verschob. Am Horizont der jordanischen Berge erkennt man bei klarer Sicht die vulkanischen Basaltergüsse, welche diskordant die Sedimente überlagern. Dies ist ein weiterer Hinweis für das großräumige Aufreißen der Erdkruste als Folge der Bewegungen am Totmeer-Graben.

Abb. 3: Die steil nach Osten abfallende, ca. 50 m hohe Steilwand des H. Sedom zeigt schön die Faltenstrukturen des Salzgesteines, welches als Salzdom in die Höhe drang. Blick nach Nordwesten. Zeichnung A. Suchantke.

Völlig andere Gesteine beherrschen die Gegend von Elat. Die steilen, rundlich erodierten, bis 1000 m hohen Bergflanken zeigen ein warmes Farbenspiel, von Ockertönen über Braun nach Braunrot sich steigernd (Tafel 30 unten). Subhorizontale Schichten mit den typischen Härteunterschieden prägten den Negev und den Totmeer-Graben; sie fehlen hier weitgehend. Dafür weist der Farbwechsel der Gesteine auf eine kristalline Grundgebirgstektonik hin. Das Altkristallin ist durchzogen von vielfältigen diskordanten, steilen und flachen, dünnen und dicken Gängen von Porphyren, Pegmatiten, Lamprophyren und grünlichen Basalten (Tafel 30 oben). Hier steht der Betrachter auf uraltem Boden, auf dem Urgesteinssockel des afrikanisch-arabischen Schildes. Das Kristallingestein der ersten Generation ist vielfach umkristallisiert, verfaltet und zerbrochen. Entlang den Schwächezonen sind die obengenannten Gänge – Zeugen eines präkambrischen Urvulkanismus – von unten her eingedrungen. Spuren von ehemaligem Leben liegen nicht offensichtlich zutage, anders als im Negev.

Die Gesteinsserien der höheren Lagen bestehen aus dem kontinentalen Verwitterungsschutt des Kristallinsockels, dem Nubischen Sandstein. Im «Red Canyon», am obersten Einschnitt des Nahal Shani sind diese farbenprächtigen Sandsteine und Fanglomerate sehr schön aufgeschlossen. Über dem zerrütteten, fast zu Gesteinsgrus verwitterten Granit liegt horizontal eine Wechsellagerung von feinem und grobem Verwitterungsschutt. Die gut sichtbare Kreuzschichtung zeigt, daß diese Schuttmassen aus südwestlicher Richtung mittels Flüssen aus dem Sinai herangeschwemmt wurden.

Begibt man sich in eine der ausgeprägten Schluchten, welche von der Straße zwischen Elat und Taba nach Westen ins Sinaikristallin sich hineinfressen, so kann man die Erosion im Kristallingestein und den Gesteinsverband gut studieren (vgl. Tafel 30 unten). Die Erosionsformen sind verblüffend ähnlich denjenigen des alpinen Hochgebirges. Es scheint, daß die Wirkung des Oberflächenwassers im Granit dieselbe ist, nur ist der Zeitmaßstab hier im Wüstenklima ein viel ausgedehnterer. Die Granit- und Gabbro-Felskuppen werden rundlich ausgewaschen, das Kluftsystem prägt die Richtung des Bachlaufes. Ausgewaschene Mulden des Bachlaufes sind mit Sand und Gesteinsblöcken gefüllt. Hier, wo sich das Wasser der seltenen Regenfälle für eine Zeitlang sammeln kann, ist Lebensraum für eine vereinzelte Schirmakazie gegeben. Ein älteres Kluftsystem wird durchkreuzt von rezenten Nord-Süd-verlaufenden Rutschharnischen. Diese zeigen, daß die Einsenkung des Golfes von Elat noch im Gange ist.

Am unteren Ende der Schlucht wieder angelangt, kann man im wahrsten Sinne des Wortes in eine völlig andere Welt eintauchen. Die flachen Riffe der Küste des Roten Meeres beherbergen die vielfältigste Lebensfülle der Korallenriff-Lebensgemeinschaft. Die Korallenstöcke sind bevölkert von Korallenfischschwärmen, von Muscheln, Seesternen und Seeigeln; eine farbige, flutende Lebensfülle sorgt dafür, daß durch biogene Umsetzung Kalk gebildet wird: an den Korallenstöcken, in den

Schalen der Muscheln, in den Skeletten der Fische. Neben dem urältesten Granitgestein steht man dem Werdeprozeß einer zukünftigen Kalkgesteinsmasse gegenüber. Die Erinnerung steigt auf, daß vor Urzeiten das Thetysmeer den Negev überflutete, belebt mit einer ähnlichen Fauna. Vergangenheit und Gegenwart begegnen sich am Sinai. Im Kristallingebiet, wo eine früheste Mineralisierung stattgefunden hatte, ist der Zeitbegriff dehnbar geworden. Der Weg zur Küste und in den Bereich des lebendigen Kalkriffes ist ein Weg zurück in der Zeit. Wir können hier die Prozesse der Abscheidung, des Ausfällens anorganischer, «toter» Substanz aus dem Lebendigen heraus unmittelbar mitverfolgen, also Zeugen desjenigen sein, das uns in den Fossilien des Makhtésh Hagadol als Erinnerungen an Ereignisse begegnete, die Millionen von Jahren zurückliegen.

Vulkangesteine am Golan

Nur 400 km nördlich des Golfes von Elat betritt man eine vollständig veränderte Landschaft. Das vertraute Grün der Vegetationsdecke gibt den Farbton an. Die Lieblichkeit der Umgebung des Sees von Genezareth wird unterstützt von den fließend rundlichen Formen der Hänge, welche sich von Korazim oder vom Golan her zum See neigen. Diese Formen sind das Abbild der Fließbewegung der vulkanischen Basaltlaven, welche sich während der Einsenkung des Hula-Jordan-Grabens hangabwärts wälzten. Bei schräg einfallendem Abendlicht werden die Fließstrukturen an den Abhängen des Golan schön sichtbar. Das Hochplateau des Golan wird noch überragt von vereinzelten, pyramidenförmigen Härtlingen, Zeugen des spätpleistozänen basischen Basaltvulkanismus (Tafel 32 oben). Zwischen dem See von Genezareth und den Hula-Sümpfen wurden die Basaltergüsse so mächtig, daß der Jordan eine Zeitlang nordwärts gestaut wurde, bis sich der Fluß einen Durchgang einfressen konnte.

Ein Nebenfluß des Jordan, der Nahal Meshushim, hat Einblick in die Struktur der Basaltgesteine geschaffen. Entlang des Weges zum sogenannten Vulkansee sind die sphäroidalen Erstarrungsstrukturen der Lava schön zu sehen (Tafel 32 unten). Die Tendenz zur Kugelform ist makroskopisch an der Kugel-Kissenlava und mikroskopisch an der Vielzahl der kugeligen Gaseinschlüsse zu erkennen. Eine ganz andere Abkühlungsstruktur zeichnet die Umgebung des Vulkansees aus: die Lava ist hier zu schönen, majestätischen, hexagonalen Basalt-Säulen erstarrt. Das Nebeneinander von sphäroidalen und meist hexagonalen Formen ist also sowohl beim Wasser – Tropfenbildung steht neben dem hexagonal kristallisierten Schneekristall – wie auch bei der Vulkan-Lava ausgeprägt.

Die Golanhöhen nun mit den weitverstreuten prähistorischen Dolmen auf dem kugelig verwitterten Basaltfelsuntergrund erzeugen einen nachhaltigen Eindruck. Der fast humuslose, schlecht begehbare Boden zaubert eine Vielfalt von Blumen, Gräsern und Wildgetreide hervor. Ein Rundblick vom großen Steinkreis von Rujum Heiri, einem großartigen Zeugen frühester megalithischer Kultur, macht deutlich, wie ein solcher Kultort nicht zufällig in diese Gegend gebaut wurde. Der gestaltete Aufbau der Steinkreisanlage mit seinen Durchbrüchen und Radialmauern markiert Richtungen beispielsweise von Sonnenaufgang und -untergang zu bestimmten jahreszeitlichen Konstellationen (vgl. Schad in diesem Band, S. 392 f.). Visiert man vom Zentralpunkt dieser Anlage aus diese astronomisch bestimmten Richtungen, so gewahrt man im Landschaftshintergrund markante Formen, seien es Vulkanhärtlinge oder andere Erhebungen. Drei Beziehungsebenen fügen sich somit ineinander: erstens die kosmische Konstellation zwischen Sonne, Erde und Mond in der rhythmischen jahreszeitlichen Abfolge; zweitens die räumliche Strukturierung der Landschaft, erfaßt als Horizontdifferenzierung von einem Beobachtungsstandort aus gesehen; drittens die Kulturleistung des Menschen, in Form der geometrisch geordneten Steinkreisanlage. Allen drei Bereichen gemeinsam ist die geometrische Kongruenz der Linien oder Blickrichtungen, vom Zentralpunkt des Steinkreises aus betrachtet. Kosmisches, Geologisch-Morphologisches und Kulturelles konnten hier in Rujum Heiri zu einer Einheit zusammengefügt werden, aus dem damaligen Bewußtseinszustand der Menschen herausentwickelt. Die Einheit von Natur und Kultur, hier ablesbar, ist vielleicht der Grund, warum diese schon vom Menschen der Urzeit bevorzugte Gegend einen tiefen Eindruck hinterläßt. Es ist zu bemerken, daß der Vulkanismus, welcher diese Gegend gestaltete, etwa gleich alt ist wie die bei Ubeidiya gefundenen ältesten Steinwerkzeuge, welche der Urmensch vor mehr als 2 Millionen Jahren südlich des Sees Genezareth verfertigte. Hier im Norden von Palästina, am Nordende des Jordan-Arava-Grabens, begegnen sich gleichzeitig wichtige geologische Prozesse – wie Grabeneinsenkung und Basaltvulkanismus – mit Entwicklungsstufen des Urmenschen (vgl. Schad in diesem Band, S. 317).

Zur Erdgeschichte des palästinensischen Raumes

Gesteinsbildungen im Laufe der Erdgeschichte

Die herausragende geologische und morphologische Erscheinung Palästinas ist der nordöstlich verlaufende Grabenbruch, welcher die Fortsetzung des Golfes von Akaba bis zur Senke zwischen Libanon und Antilibanon (Bekaa-Ebene) anzeigt. Der erdgeschichtlich junge Graben verläuft fast prallel zur 50 bis 80 km entfernten Mittelmeerküste. Die Genese dieser großen Furche in der Erdkruste soll im nächsten Kapitel dargestellt werden. Zuvor soll aber ein Überblick über die Gesteinsformationen Palästinas und deren Entstehungsbedingungen gegeben werden. Eine ausgezeichnete Literaturzusammenstellung über die Geologie Israels findet man in den Exkursionsführern, welche für den 10. Sedimentologie-Kongreß in Jerusalem angefertigt wurden (International Association of Sedimentologists, Tenth International Congress on Sedimentology, Jerusalem, July 1978). Dabei sei vor allem auf die Beiträge von Z. Garfunkel (Negev), N. Schulman et al. (Jordan-Arava-Graben) und Freund (Golan) verwiesen. In der am Schluß des Beitrags, S. 312 abgedruckten Tabelle 1 sind die globalen erdgeschichtlichen Ereignisse, bezogen auf die geologischen Zeitabschnitte, dargestellt. Diese Tabelle mag für den geologischen Laien eine Lesehilfe für die folgenden Seiten sein.

Im Durchgang vom Süden nach Norden trifft man auf der Westseite des Jordan-Arava-Grabens auf die verschiedensten Gesteinseinheiten. Das Sinaigebiet wird beherrscht von Altkristallin-Gesteinen mitsamt ihren kontinentalen Zersetzungsprodukten, dem Nubischen Sandstein. Diese, in der Landschaftsbeschreibung der Elatgegend näher charakterisierten Gesteine gehören ganz dem arabisch-afrikanischen Urkontinent an. Im Verlaufe der erdgeschichtlichen Perioden vom Erdaltertum bis in die heutige Zeit hinein erfuhren diese mehr als 600 Millionen Jahre alten Gesteine außer der Oberflächenverwitterung fast keine Veränderungen. Fast immer ist der südliche Sinai Landgebiet gewesen, abgesehen von kürzeren Überflutungen im frühen Erdaltertum, welche dünnere Kalkhorizonte in den Nubischen Sandstein einfügen ließen.

Der sich nordwärts anschließende Negev enthält nun Gesteine, welche von einer wechselnden Meeresüberflutung (Transgression) seit dem Beginn des Erdmittelalters zeugen (Abb. 4). Das Randgebiet des afrikanischen Schildes wurde in mehrfacher Folge vom nördlich liegenden, hier noch seichten Thetysmeer unter Wasser gesetzt. Es entstanden der Flachwasser-Sediment-Zyklus der Kalke, Mergel, Tonschiefer, Dolomite und Salzgesteine. Dazwischen bildeten sich nach Trockenlegungen (Regressionen) Sandstein- und Geröll-Schuttmassen. Die Mächtigkeit der marinen Sedimente nimmt zu, sowohl in nördlicher wie auch in westlicher Richtung. Vom Zeitraum des unteren Jura an entstand ca. 40 km westlich des Jordan-Arava-

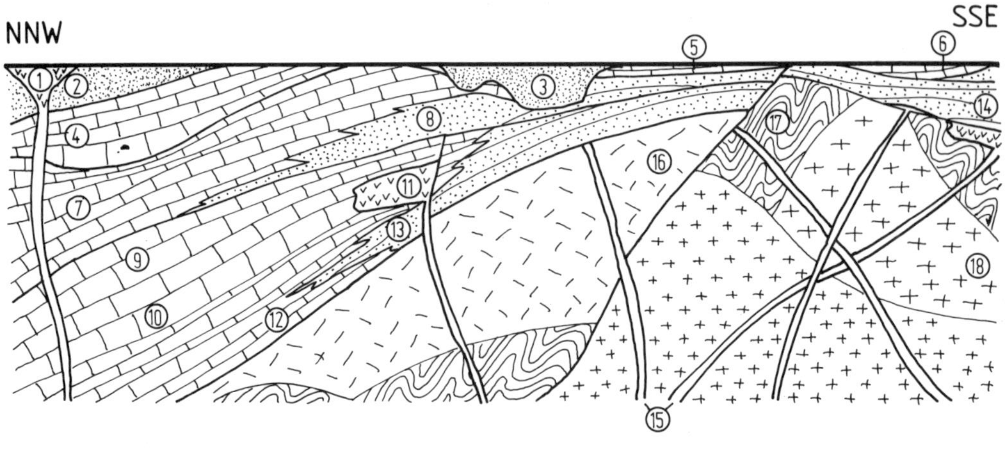

Abb. 4: Generalisiertes Nordnordwest-/Südsüdost-Profil durch Israel (nach Freund 1977). 1 = quartärer Basaltvulkanismus; 2 = quartärer bis rezenter Schutt; 3 = Schutt und Salz im Totmeer-Trog; 4 = marine Sedimente des Tertiär; 5 + 6 = marine Sedimente des Mittel-Eozän; 7 = Kreide, marin; 8 = Sandsteine der Unterkreide, kontinental; 9 = Jura, marin; 10 = Trias, im N marin, im S kontinental, 11 = Batholith, Jura; 12 = Perm, marin; 13 = Perm, kontinental; 14 = Sandstein, Kambrium bis Kreide; 15 = kambrischer Vulkanismus; 16 = präkambrische Arkose; 17 = präkambrische Metamorphite; 18 = Granit, Präkambrium.

Grabens ein mächtiger Sedimenttrog. Im Zusammenhang mit der frühmesozoischen Dehnungstektonik, welche die Öffnung des Mittelmeeres einleitete, drangen von unten magmatische Tiefengesteine, Ergußgesteine und Gänge in die Meeressedimente. Prächtige Aufschlüsse dieser Zerrungstektonik sind an der Basis des Erosionskraters des Makhtesh Ramon freigelegt.

Eine dritte Gesteinsgruppe entstand im Tertiär. Mit der Einengung des Tethysmeeres, verursacht durch die Kollision des Afrikanischen mit dem Eurasischen Kontinent, wurden größere Vertikal- und Horizontalbewegungen ausgelöst. Der Regression von weiten Teilen des zentralen Negev stand eine massive Einsenkung der Mittelmeer-Küstenregion gegenüber. So differenzierten sich die mitteltertiären Sedimente in kontinentale Schuttansammlungen und in marine Deltasedimente. Eine der Mittelmeerküste-Einsenkung ebenbürtige Depression entstand entlang der Jordan-Arava-Bruch-Zone. Dort entstanden die Binnenmeersedimente wie die Dolomite und Salzgesteine des Toten Meeres und der Lisan-Mergel des Lisan-Sees, welcher als Vorläufer des Toten Meeres von der nördlichen Arava bis zum See Genezareth reichte. Bohrungen in der Hula-Depression und am Toten Meer zeigen auf, daß die Schuttmassen, welche die Grabenbrucheinsenkungen laufend auffüllten, mehrere Kilometer mächtig sind!

Eine vierte Gesteinseinheit formt die Landschaft der Golanhöhen und die Umgebung des Sees Genezareth. Der schon im mittleren Tertiär einsetzende Vulkanismus als Ausläufer der Dehnungsprozesse am Roten Meer ist im frühen Quartär noch einmal in großem Ausmaß wirksam geworden. Es entstanden die alkalibasaltischen Lavaausflüsse, gespieen von Vulkanschloten auf dem Golanplateau.

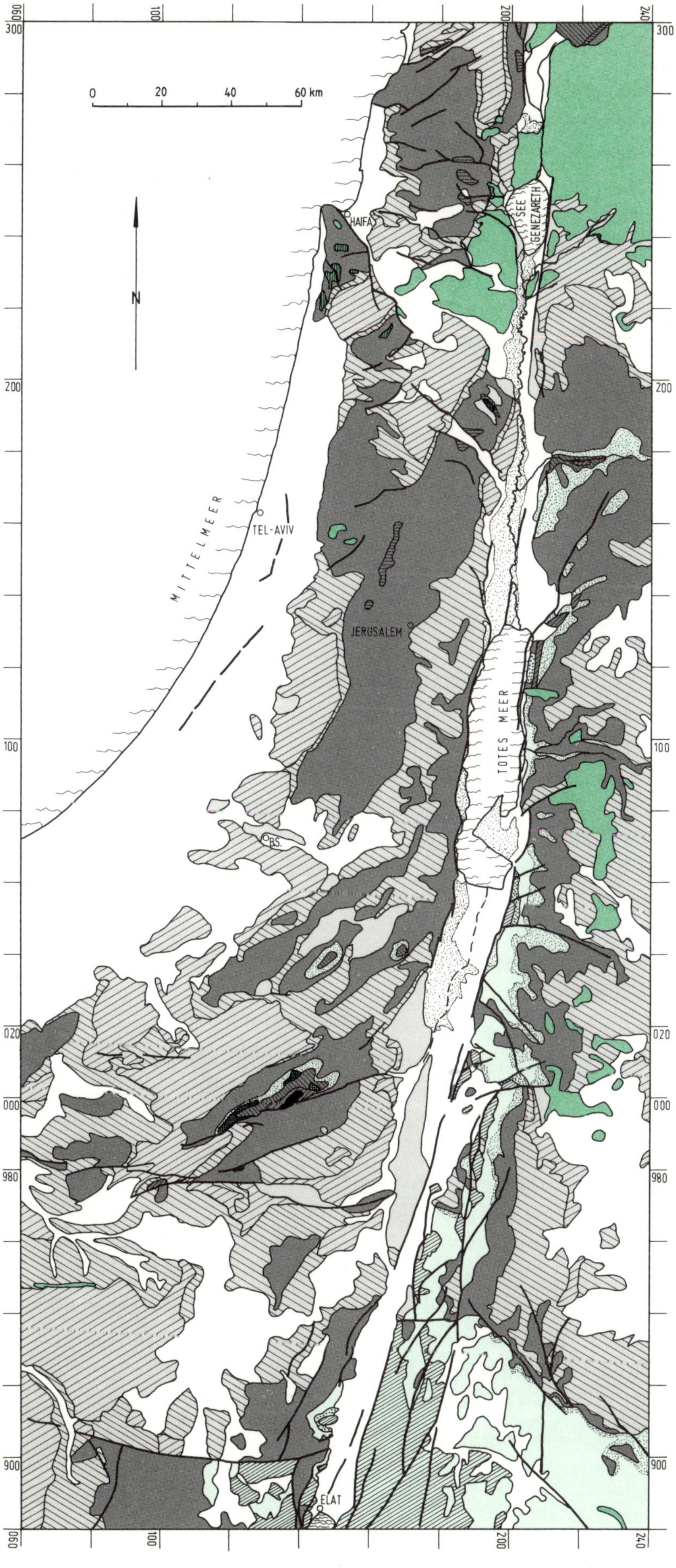

Abb. 5

GEOLOGISCHE KARTE VON PALÄSTINA

nach Y. BARTOV et Y. ARKIN (1980)
und "Atlas of Israel" (1970)

QUARTÄR
PLEISTOCÄN ___ Lisan – Mergel

TERTIÄR
OLIGOCÄN / MIOCÄN ___ Konglomerat, Sandst., Kalk, Ton
EOCÄN ___ Kalk, Mergel, Flint
PALÄOCÄN / SENON ___ Kalk, Tonschiefer, Flint

KREIDE
CENOMAN / TURON ___ Kalk, Dolomit, Mergel
UNTERKREIDE ___ Sandst., Kalk, Dolomit, Mergel
JURA ___ Kalk, Dolomit, Ton, Sandst.
TRIAS ___ Kalk, Dolomit, Gips, Ton

ARAB. SCHILD
UNTERKREIDE ___ Nubischer Sandstein
PALÄOZOIKUM-MESOZOIKUM ___ zt. mit Ton, Dolomit
UNTERES PALÄOZOIKUM ___ marine Sedimente
PRÄKAMBRIUM ___ metamorphe Kristallingesteine

VULKANITE
NEOGEN-QUARTÄR ___ Basalt, Tuff
OBERKREIDE ___ Basaltfluss, Tuff
UNTERKREIDE ___ Basaltfluss, Gänge
PRÄ-KREIDE ___ magmatische Intrusionen

Bruch, Störung

Abb. 6

GEOLOGIE DES MITTLEREN OSTENS

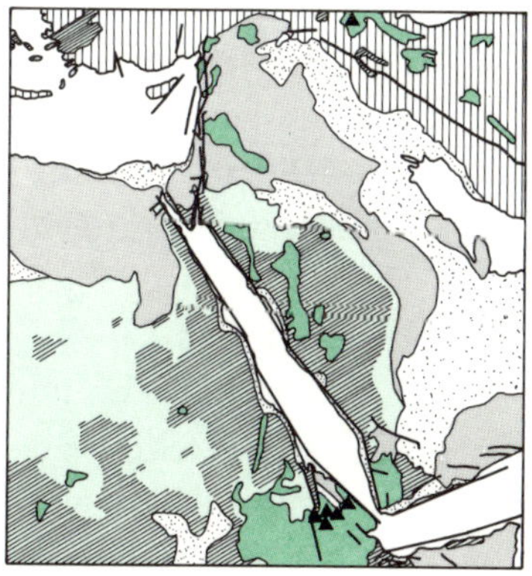

Alpines Faltengebirge

TERTIÄR-QUARTÄR ; kontinentale Ablagerungen
TRIAS-TERTIÄR , marine Sedimente

PALÄOZOIKUM-KREIDE ; kontinentale Sedimente
PRÄKAMBRIUM ; Kristallingesteine

TERTIÄR-QUARTÄR ; Basalte, Vulkanite

Bruch, Störung

Will man die Gesteinsbildungen im Durchgang durch die Erdgeschichte noch vervollständigen, so sei auf die gegenwärtige Kalk-Riffbildung im Roten Meer verwiesen. Es handelt sich dabei um die nördlichsten Riffe, welche auf der Welt zu finden sind.

So kann man in Palästina die Hauptformen der Gesteinsbildung der Erde auf engstem Raum nebeneinander vorfinden: die präkambrischen Gesteine des Altkristallins, die marinen und kontinentalen Sedimente des Erdaltertums, des Erdmittelalters und der Neuzeit sowie magmatische Gesteine als sehr alte präkambrische als auch sehr junge, fast jetztzeitliche Vulkanite (Abb. 5–8). Die tektonischen Ereignisse werden am Beispiel der Jordan-Grabenbruchbildung im folgenden Abschnitt beschrieben.

Die Bildung des Jordan-Arava-Grabens

Die Literatur, welche sich mit der Entstehung dieses in Nord-Süd-Richtung verlaufenden, bis 700 km langen Grabenbruchsystemes beschäftigt, ist sehr kontrovers. Während einige Autoren, wie Dubertret (1956) und Bender (1968), den Ursprung dieses Grabens in einer präkambrischen Bruchlinie erkennen, läßt Schulmann (1962) die Grabenbruchbewegungen erst im Quartär einsetzen. Eine Mittelposition nimmt Freund (1965) ein; er setzt den Beginn der linkssinnigen Horizontalverschiebung und damit den Ansatz zur Grabenbruchbildung in die Zeit der Oberkreide.

Unbestritten ist die Datierung der Einbruchsbewegung, sie begann im Miozän, vor 20 Millionen Jahren, im Zusammenhang mit der Hebung des Sinai-Negev-Gebietes. Die Umlenkung der Flußsysteme und die damit einsetzende Sedimentierung der Depressionströge erfolgte zur Hauptsache innerhalb der letzten 5 Millionen Jahre. Heute noch ist entlang den Grabenbruchrändern eine Vertikalbewegung entlang Nord-Süd-Brüchen mit Senkungsraten von ca. 3 cm/Jahr festzustellen. Aufgrund dieser Erkenntnisse darf mit Recht angenommen werden, daß der Jordan der jüngste größere Fluß der Erde ist.

Die prä-miozäne Geschichte des Jordan-Arava-Grabens erfuhr, wie gesagt, verschiedene Deutungen. Nach Analyse der Relativbewegungen der geotektonischen Platten (siehe S. 293ff.) kann die Genese des Grabenbruches wie folgt beschrieben werden. Wie aus Tabelle 2 (S. 313) ersichtlich ist, begannen sich im unteren Jura die Platten von Eurasien und Afrika-Arabien durch Rotationsbewegungen zusammenzufügen. Gleichzeitig öffnete sich infolge einer Nordbewegung Zentraleuropas das Mittelmeer gegen Norden. Der westpalästinensische Teil verschob sich durch diesen Vorgang – relativ gesehen zum jordanischen Teil – nach Norden. Diese Zerrungstektonik des Mittelmeerraumes orientierte sich wahrscheinlich an einer schwer zu rekonstruierenden Frühanlage des Jordan-Arava-Grabens. Die Krustendehnung führte zu einem Eindringen von Kristallingesteinen in die Trias- und Unterjura-Sedimentschichten (Bentor) (siehe Abb. 5). Die Südwest-Nordost-streichenden Kristallin-Körper sind demnach Abbild einer Zerrungstektonik, welche von hier bis in den

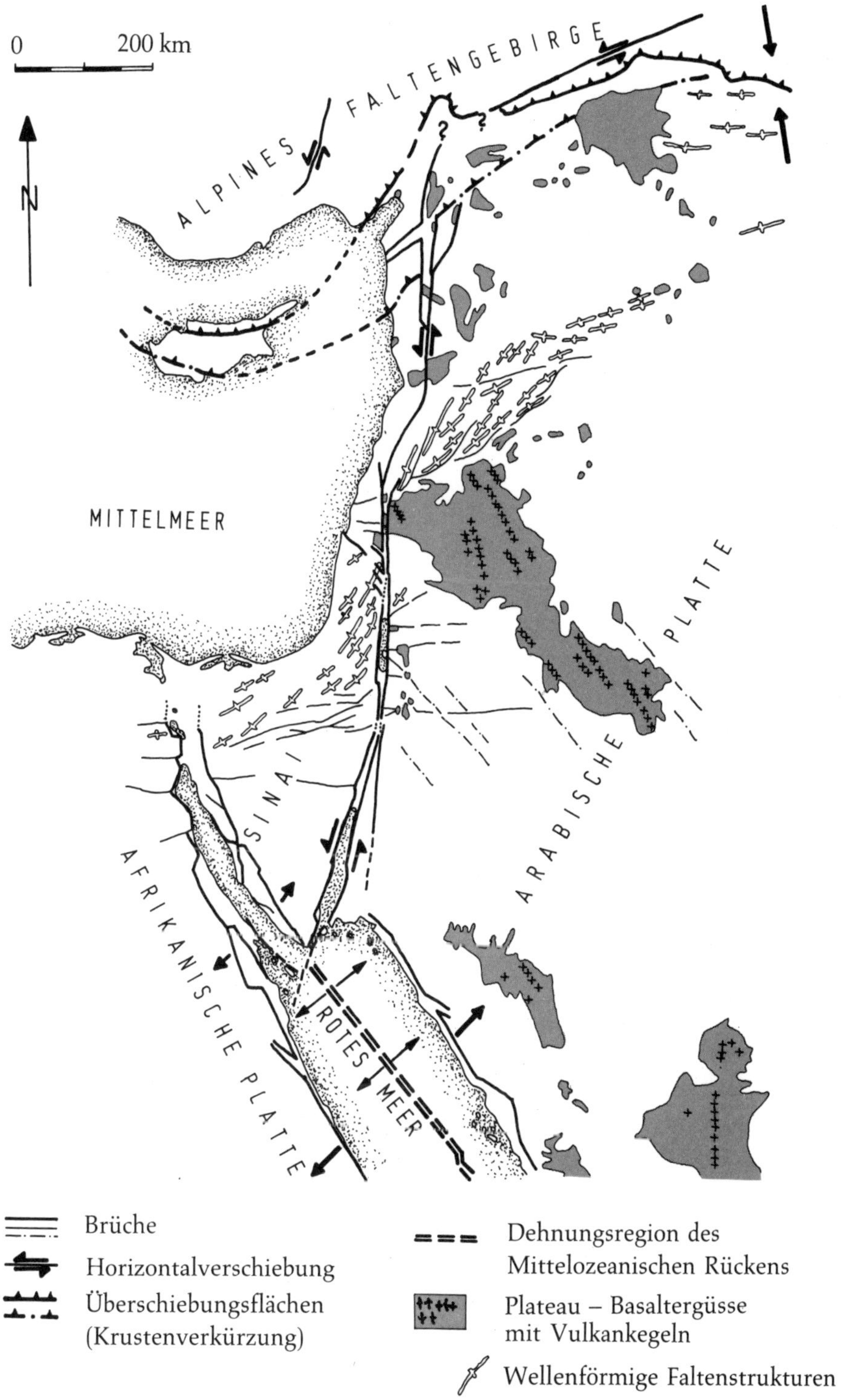

Abb. 7: Tektonik des Mittleren Ostens (nach Garfunkel). Das palastinensische Gebiet liegt in einer Zwischenzone zwischen der Dehnungsregion im Roten Meer und der Kompressionsregion des türkisch-iranischen Faltengebirges.

Zentralatlantik reichte (Trümpy). Aufgeschlossen sind diese Batholithe und Basaltgänge nur in den Einschnitten der Erosionskrater des Negev. Durch seismische Untersuchungen und Bohrungen konnten aber diese Batholithe weiträumiger erfaßt werden.

Die anschließende Kreidezeit ist gekennzeichnet durch eine relative tektonische Ruhe. Das zunehmend seichter werdende Tethysmeer bedeckte weite Teile Palästinas. Es entstanden die weiträumig gleich ausgebildeten Kreidesedimente.

Mit dem einsetzenden Tertiär dramatisierte sich das tektonische Geschehen im Mittelmeeraum und im südlichen Europa. Afrika näherte sich im Westen zuerst (Oberkreide), im Osten etwas später (Alttertiär) der Europäischen Krustenplatte. Die Tethys wurde zunehmend eingeengt und, als Folge des Untertauchens der Mittelmeer-Ozeankruste unter die europäische Kontinentalkruste, entstanden Kompressionsphänomene. Die starke Krustenverkürzung äußerte sich unter anderem in der Verfaltung der alpinen Gebiete, welche sich zur Deckenüberschiebung steigerte. Es entstanden die heutigen Alpen. Ausläufer dieses auch die Türkei und den Kaukasus erfassenden Geschehens griffen auf die Nordseite und Westseite des Arabischen

Tafel 29

Oben: Der Erosionskrater des Maktesh Hagadol im Negev, Blick nach Südosten. Aufnahme W. Schad.

Unten: Blick über die Arava-Ebene nach Osten zum jordanischen Granit-Gebirge; Aufnahme A. Suchantke; Aufnahmestandort Har Qetura. Vergleiche geologische Skizze hier unten: 1 = Präkambrischer Kristallin; 2 = Nubischer Sandstein mit Dolomit und Ton (Kambrium bis Trias); 3 = Nubischer Sandstein (Kreide); 4 = Karbonatgesteine (Oberkreide).

Schildes über. Eine Schar von schwach gewellten, leicht asymmetrisch nach Süden mit steileren Flanken versehenen Falten, überzog die Region von Suez über Nordsinai und den Negev zum See Genezareth und über das Hermongebirge nach Syrien ziehend. Die Faltungsphase setzte im Senon – der obersten Kreidezeit – langsam ein und kam erst im Oligozän zur Ruhe. Der Verlauf der Faltenzüge orientierte sich an Inhomogenitäten des Gesteinsuntergrundes. So entstanden die asymmetrischen Haupt-Faltenzüge entlang den vorgängig beschriebenen Batholithen der Jurazeit. Interessant ist die Anschmiegung der Negev-Falten an die Nord-Süd-Richtung des Totmeer-Grabens. Erst am Hermongebirge wechseln die Faltenzüge auf die Ostseite des Grabens. Dies ist ein deutliches Anzeichen, daß eine Horizontalbewegung im Gegenuhrzeigersinn am Jordan-Graben schon zur Zeit der Verfaltung der Jura-Kreide-Schichten vorhanden gewesen sein mußte.

Die Ursache für die heute noch andauernde Horizontalbewegung am Jordan-Arava-Graben ist bei der Öffnung des Roten Meeres zu suchen. Ein Nebenast des weltumspannenden Mittelozeanischen Rückens begann im Oligozän den Afrikanischen Schild vom Arabischen Schild abzutrennen. Die Dehnungszone erzeugte die Öffnung des Roten Meeres und ließ auf dem Boden des Meeresarmes eine alkalibasaltische Ozeankruste entstehen. Ein damit zusammenhängender Vulkanismus erzeugte auf dem Arabischen Schild die mitteltertiären und jüngeren basischen Basaltergüsse (Abb. 7). Die vom Indik hineinreichende Dehnungszone gelangte bis zur Südspitze von Sinai. Da der Golf von Suez die entstehende Ortsverschiebung nicht richtig aufnehmen konnte, blieb der Sinai dem Afrikanischen Schild zugehörig. Die Westgrenze des sich nach Nordnordost verschiebenden Arabischen Schildes bildet eine Quer-Störung (Transform-Fault), welche sich im Süden zum Golf von Elat entwikkelt. Im Mittelteil wurde die Anlage des Jordan-Arava-Bruchsystems stark reaktiviert, und im Norden blieb es bei der morphologisch unscheinbaren Horizontalverschiebungslinie. Entsprechend dem Ausmaß der sich in zwei Schüben öffnenden Zone des Roten Meeres, wurde der jordanische Teil entlang der mehrfach abgesetzen Horizontal-Störung relativ zum westpalästinensischen Teil insgesamt um 100 bis 120 km nach Norden verschoben.

Die treppenartig abgesetzte Bewegungslinie führte dazu, daß im Bereich des Überspringens der Bewegung von der einen Linie auf die andere, rhomboidförmige Aufreißbecken entstanden (Abb. 9, 10). Diese Aufreißbecken sind der Golf von Akaba, die Depression des Toten Meeres und die Eintiefung des Sees Genezareth mit dem Hula-Graben. Die geknickte Linienführung dieser Horizontalbewegungslinie

Tafel 30

Oben: Die Begegnung von Kristallin- und Kalkgestein in Timna. Blick nach Westsüdwest. Im dunklen Gesteinsverband erkennt man das Durchdringungsgefüge von Alt-Kristallin mit Ganggesteinen. Die hellen Lagen im Hintergrund zeigen die sedimentäre Abfolge von Kalk, Tonschiefer und Sandstein. Aufnahme H. U. Schmutz.

Unten: Blick über den Har Shelomo in die Tiefebene von Elat. Die Gesteine im Vordergrund zeigen deutlich Verwitterungsformen, wie sie für kristalline Gesteinskomplexe typisch sind. Aufnahme A. Suchantke.

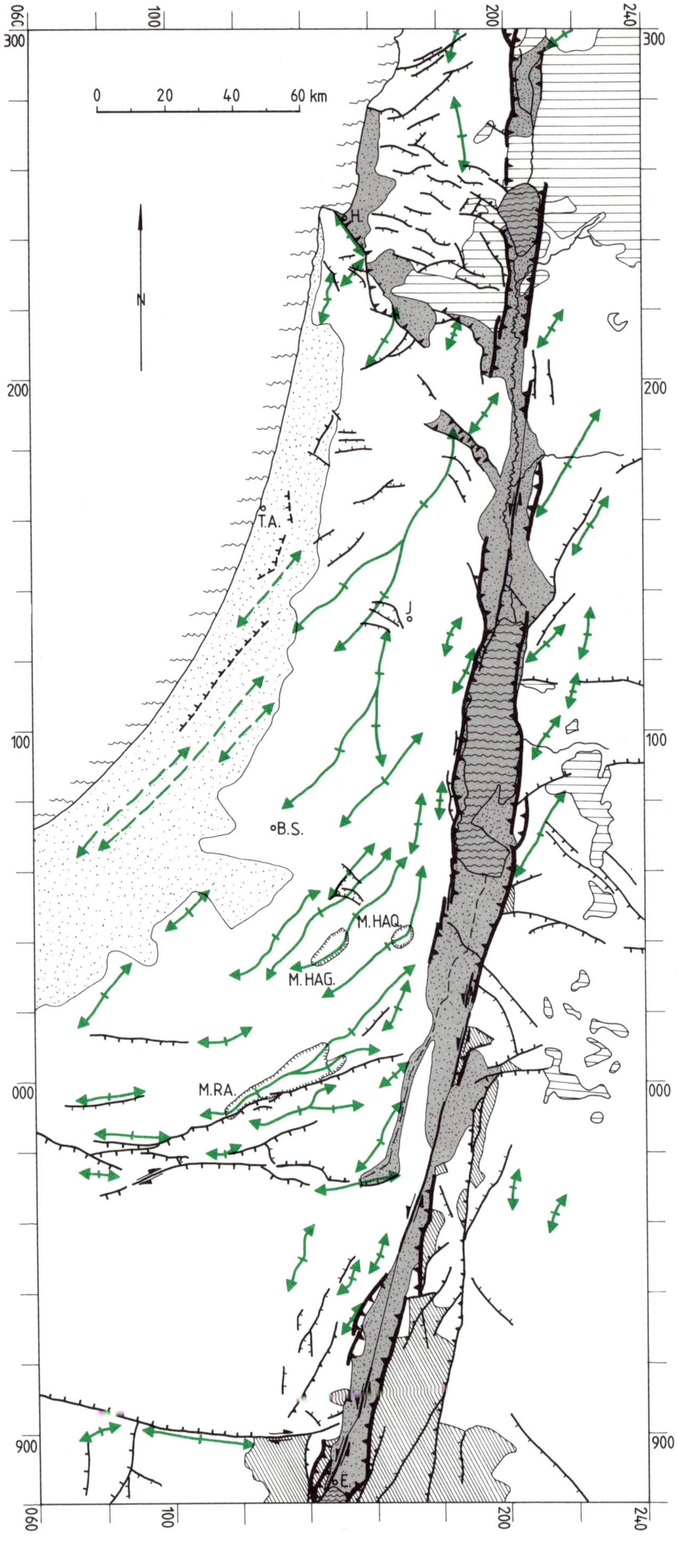

Abb. 8: Tektonische Karte von Palästina nach Z. Garfunkel und Y. Bartov (1977), Z. Garfunkel (1978) und «Atlas of Israel» (1970)

Im Miocàn gebildete Faltenachsen von Großantiklinal-Gewölben

Hauptgrabenbruchstörungen

Grabenbruch-Nebenstörungen

Horizontal-Verschiebungen

Im Mesozoikum angelegte und später reaktivierte Bruchsystemе

Jüngere Bruchsysteme

Quartäre Schuttauffüllungen

Neogen-Quartär-Basaltvulkanismus

Präkambrische Kristallingesteine

B. S. = Be'er Scheva'
E. = Elat
H. = Haifa
J. = Jerusalem
M. HAG. = M. Hagadol
M. HAQ. = M. Haqatan
M. RA = M. Ramon
T. A. = Tel Aviv

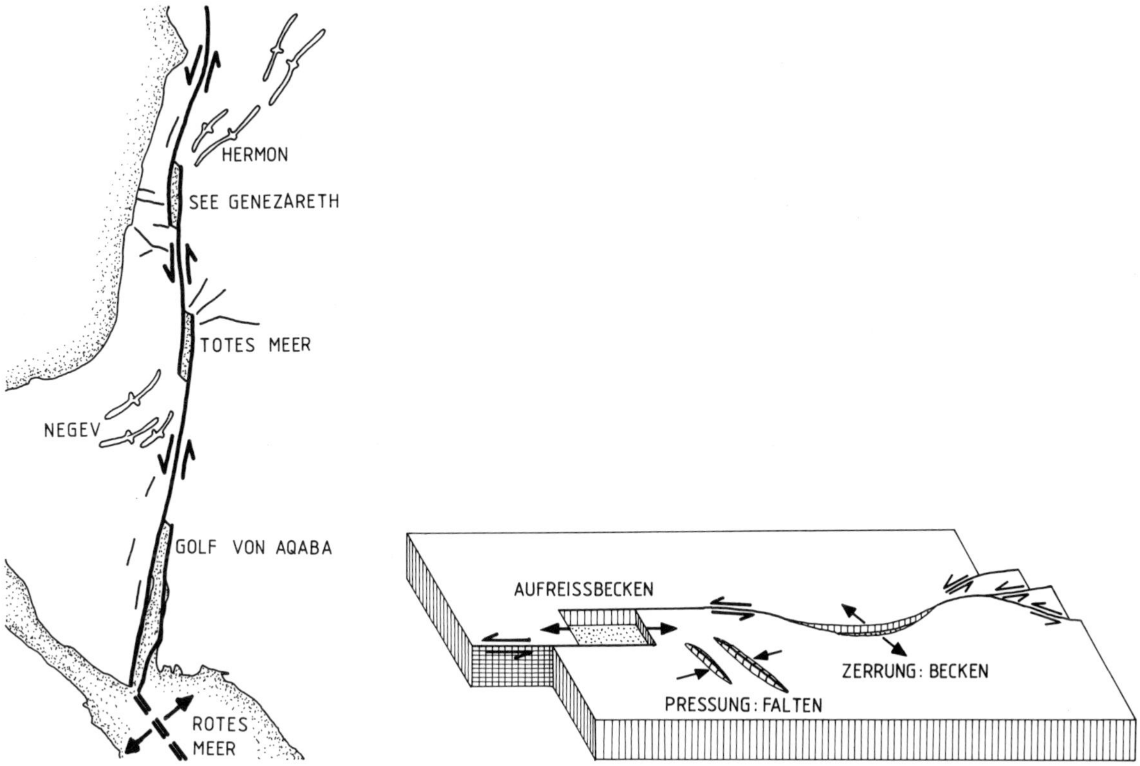

Abb. 9: Eine abgesetzte oder verbogene Horizontalverschiebungslinie (Transform-Störung) erzeugt rhomboidförmige Aufreißbecken und verbogene Abschiebungsbecken. Die Becken sind teilweise mit Sediment gefüllt. Neben diesen Zerrungserscheinungen treten Verfaltungen als Kompressionsbildungen auf (Negev, Hermon). Die Transformstörung beginnt an der Dehnungszone im Roten Meer: der Arabische Schild trennt sich vom Afrikanischen Schild und vom Sinai. (Links nach Burchfiel; rechts nach Reading).

führte also zu drei Aufreißgräben und im Gegenzug zu einer Kompressionszone am Hermon. Dies ist die Stelle, wo die Faltenzüge sich bündeln und die herausragende Auffaltung des Hermongebirges und des Antilibanon bewirkten.

Zusammenfassend kann die Entstehung der tiefstgelegenen Depression der Erde, des Toten Meeres, folgendermaßen dargestellt werden. Dort, wo ein Ausläufer des Mittelozeanischen Rückens im Mitteltertiär einen alten Urkontinent spaltet, am Nordende des Roten Meeres, entsteht in Gestalt einer Quer-Störung eine neue Platten-Grenze. Diese Plattengrenze orientiert sich an einer alten Schwächezone, welche im Zuammenhang mit der frühmesozoischen Öffnung und Eintiefung des Mittelmeeres sich ausformte. Die linkssinnige Horizontalbewegung an der mehrfach geknickten und abgesetzten Störung führte zur Bildung von Aufreißbecken. Das

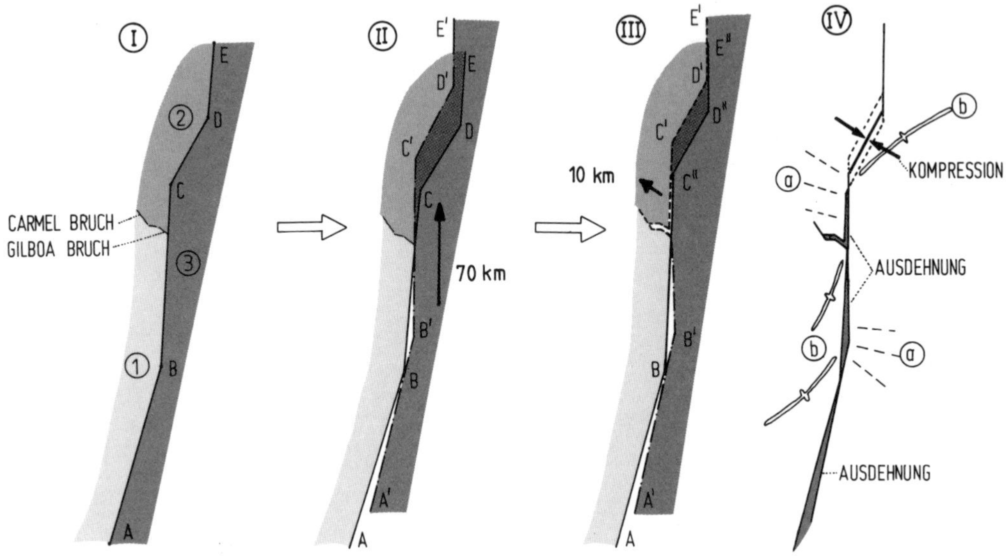

Abb. 10: Horizontalverschiebungen an einer mehrfach geknickten Störungslinie erzeugt den Arava-Totmeer-Jordan-Graben (nach Freund 1966). A-B: Golf von Akaba-Arava bis En Yahav. B-C: Totes Meer-Jordantal. C-D: Beka'a-Störung. D-E: Oroutes.

I-II: Das Ostsegment ③ verschiebt sich um 70 km nach Norden. Segmente ① und ② bleiben stehen.

II-III: Der nördliche Teil des Westsegmentes ② verschiebt sich um 10 km nach Nordwesten.

IV: Vereinfachte Tektonik mit Kompressionstektonik am Hermon-Libanon-Gebirge und Ausdehnungstektonik in den Gräben von Hula, Totes Meer und Akaba. ⓐ = jüngere Brüche, verknüpft mit quartärem Basaltvulkanismus. ⓑ = Verfaltungen in Sedimentgesteinen.

rein kontinentale Aufreißbecken des Toten Meeres wurde wegen der geringen Sedimentationsrate weniger schnell aufgefüllt als abgesenkt. Die Ursache der schwächeren Schuttsedimentation liegt in der geringen Wasserführung der umliegenden Flüsse. Die primären Sedimente sind die Salzgesteine, welche durch die Verdunstung des übersalzenen Toten Meeres entstanden.

Die besondere Stellung Palästinas in bezug auf die Dehnungs- und Kompressionszonen der Erdkruste

Die Relativbewegungen der Urkontinente

Wie schon das vorangegangene Kapitel aufzeigte, steht der palästinensische Raum in einer besonderen Beziehung zu plattentektonischen Prozessen. Dilatation und Kompression müssen differenziert ins Auge gefaßt werden, will man die geologische Entwicklung Palästinas verstehen. Es soll nun der Versuch unternommen werden, die relative Lage Palästinas in bezug auf andere Kontinente im Laufe der Erdgeschichte zu beschreiben.

Die vorliegende Darstellung orientiert sich an den paläokontinentalen Weltkarten von Smith et al. (1982). Die Karten sind zu verstehen als ein Abbild der ehemaligen relativen Kontinentlagen, wobei als Kontinentrand nicht die Küstenlinie, sondern der heutige Schelfmeer-Tiefsee-Übergang angegeben ist. Als Projektion ist die zylindrisch-äquidistante gewählt worden. Diese Kartendarstellung hat den Vorteil, daß die äquatorialen Gebiete nur wenig verzerrt dargestellt sind. Demgegenüber sind die Polarregionen in Ostwest-Richtung stark in die Breite verzerrt. Das quadratische Gradnetz zeigt eine Linie alle 30°. Die Arbeitsgrundlagen zur Herstellung der Karten sind die Fülle von paläomagnetischen Untersuchungen, mittels derer das Alter der Ozeanböden und damit die Richtung und das Ausmaß der Dehnungsbewegungen an den Mittelozeanischen Rücken zu verschiedenen Zeiten bestimmt werden konnte. Die Ermittlung des paläogeographischen Nordpoles (Mitte der Karte oben) und somit des Rotationspoles basiert auf paläomagnetischen Angaben und Faziesvergleichen von klimabedingten Sedimentformationen. Es wird also angenommen, daß der Erdmagnetismus sich im Laufe der Erdgeschichte in seiner Wirksamkeit nicht fundamental geändert hat. Die Genauigkeit der Karten zurück bis zur Trias kann als genügend für Interpretationen bezeichnet werden, denn eine Vielzahl von geologischen Beobachtungen im globalen Rahmen belegt dieses ehemalige Bild der Erde. Bei der Rekonstruktion der paläozoischen Karten kann man sich auf weniger Daten berufen, denn paläozoische Ozeanböden sind nur noch in umgewandelter Form, als paläozoische Grüngesteinskomplexe (Ophiolite) in Gebirgszügen auffindbar.

Studiert man die Geschichte und die Verbreitung des Nubischen Sandsteines, so wird klar, daß der Arabische Schild, Sinai und Afrika seit frühesten Zeiten (Oberes Präkambrium) eine Einheit waren. Ur-Palästina lag am Rand des Arabisch-Afrikanischen Schildes, und zwar vom Kambrium bis ins Tertiär hinein. Dieses Ur-Palästina soll nun im folgenden in Beziehung zu den Protokontinenten gesetzt werden.

Zu Beginn des Kambriums bilden vier annähernd dreieckige Kontinentalblöcke einen äquatorialen Gürtel rund um die Erde (Abb. 11). Die beiden Pole sind Ur-Ozeane. Der erste Block umfaßt das heutige Nordamerika und Grönland, der zweite besteht aus Europa bis zum Ural, ein dritter zeigt Asien mit der indonesischen Inselgruppe, und als vierter Block formen sich Australien, Indien, Südamerika, Afrika und die Antarktis zu einem dreiecksartigen Großkontinent, Gondwana genannt, zusammen. Palästina befindet sich am Rand dieses Großkontinentes, in Küstennähe eines Meeresstreifens, welcher eine Nord-Süd-Trennung zwischen dem dritten und vierten Block schafft. Die gegenüberliegende westlich gelegene Küste umfaßt das heutige Tibet.

Im Laufe des Erdaltertums erfahren nun diese vier Blöcke eine tiefgreifende Umgruppierung, so daß der Einheitskontinent Pangaea entsteht. Verfolgen wir nun die Bewegung in Schritten.

Zwischen Kambrium und Silur ergeben sich folgende Bewegungen (Abb. 12). Der nordamerikanische Block driftet mit einer leichten Drehung im Gegenuhrzeigersinn nach Osten. Der europäische Block macht dieselbe Bewegung, aber in abgeschwächtem Maß. Das führt dazu, daß die beiden Blöcke unter Bildung der kaledonischen Gebirgssysteme (Appalachen, Norwegisches Gebirge, Wales) sich zusammenfügen. In derselben Zeit hat sich der asiatische Block zuerst an Ort und Stelle im Gegenuhrzeigersinn gedreht und sich dann unter einer entgegengesetzten Drehung nach Nordwesten verschoben. Der vierte Block erfährt nach anfänglichem Stillstand eine Drehung im Uhrzeigersinn, so daß der Südamerikateil an den Südpol versetzt wird. Drei Großkontinente sind nun durch relativ schmale Meeresarme voneinander getrennt. Palästina hat seine südliche Randposition verlassen und ist gegen die Mitte gerückt, die gegenüberliegende Küste ist, nordwärts gerichtet, der Nordural.

Die sich fortsetzende Bewegung bis zum Perm führt zu der Verschmelzung von drei Blöcken, so daß nur noch zwei Kontinentalmassen sich bewegen (Abb. 13). Während Nordamerika, verbunden mit Europa, sich langsam nach Norden verschiebt, driftet Asien kontinuierlich nach Ostnordost. Das Resultat dieser Bewegung ist die Verschmelzung von Europa und Asien am Uralgebirge; Laurasia ist entstanden. Der vierte Block hat sich weiter im Uhrzeigersinn gedreht, und somit ist die Zentralamerikanische Flanke an Südeuropa angestoßen. Das Palästina vorgelagerte, von Osten nach Westen sich erstreckende Meer wird eingeengt; im Oberperm ist Sumatra die Gegenküste zu Palästina.

An der Wende vom Erdaltertum zum Erdmittelalter verschiebt sich nun Laurasia nach Westen, so daß Nord- und Südamerika aneinanderstoßen: der Einheitskontinent Pangaea ist geschaffen (Abb. 14, vgl. auch Abb. 21). Er hat als Umgrenzung eine Kreisform, wobei eine kleine Einbuchtung des Nordpolarmeeres und eine große Einkerbung des Tethysmeeres die Kreisform abändern. Die Spitze des Tethysmeeres reicht über den Kreismittelpunkt hinaus. Am Kreismittelpunkt ist nun die Tethysküste von Palästina angelangt! Die Gegenküste ist die Kaukasusregion geworden, eine von der heutigen Erdgestalt vertraute Konstellation.

Was Suchantke vermutet (siehe S. 32f.), kann also klar in der Beschreibung der Lageveränderung der Kontinentalplatten gefunden werden. Palästina ist im Verlaufe

Abb. 11: Unter-Kambrium (560 Mio. Jahre).

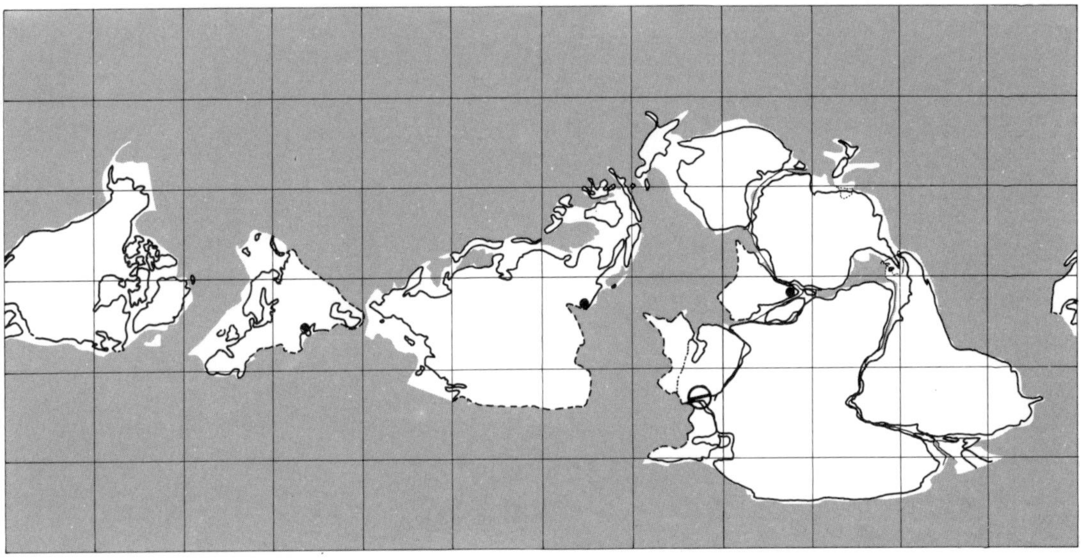

Abb. 12: Ober-Silur (400 Mio. Jahre).

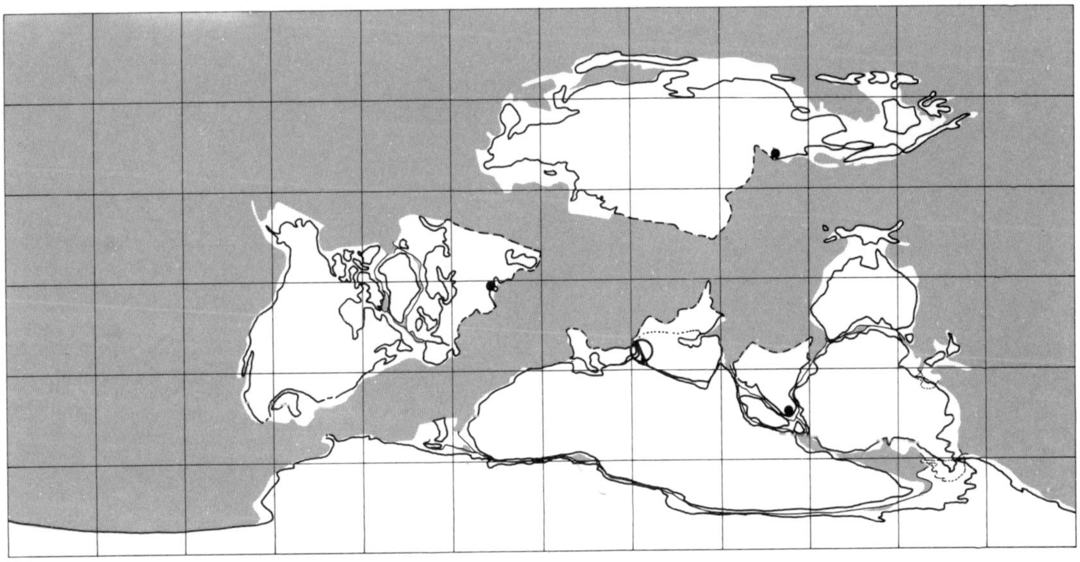

Abb. 13: Ober-Karbon (320 Mio. Jahre).

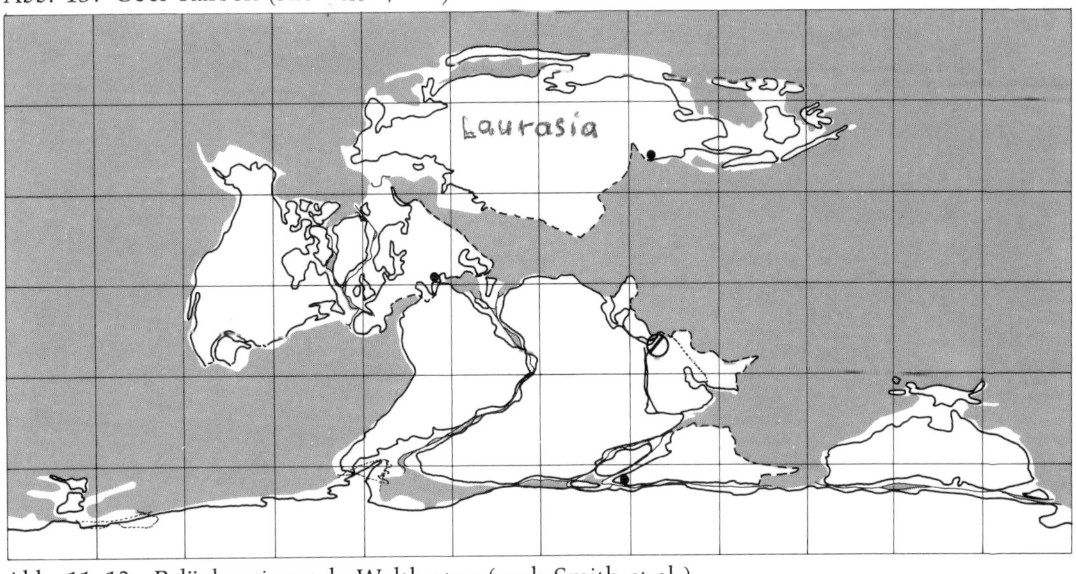

Abb. 11–13: Paläokontinentale Weltkarten (nach Smith et al.).

Abb. 14: Ober-Perm (240 Mio. Jahre).

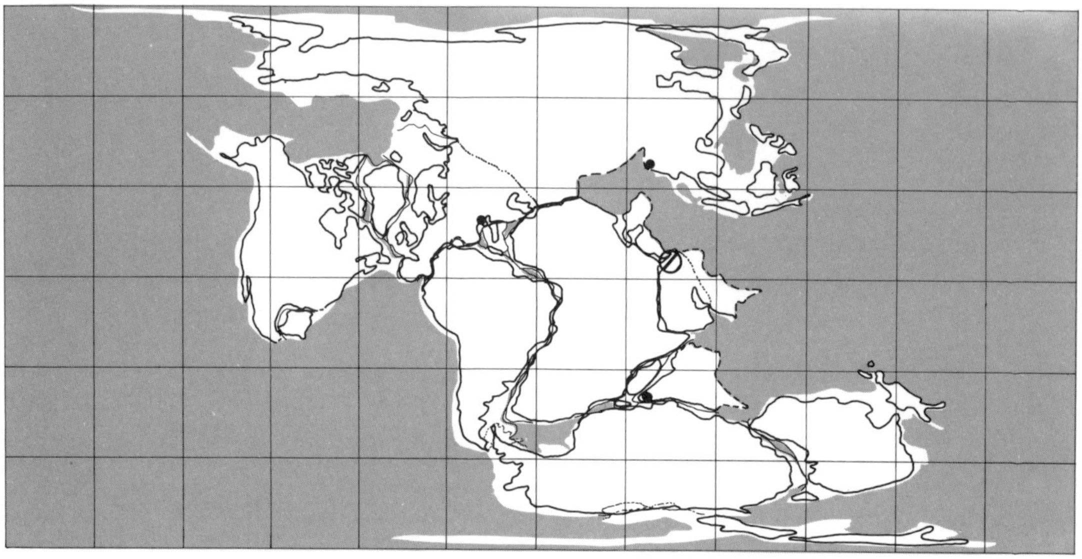

Abb. 15: Unter-Jura (180 Mio. Jahre).

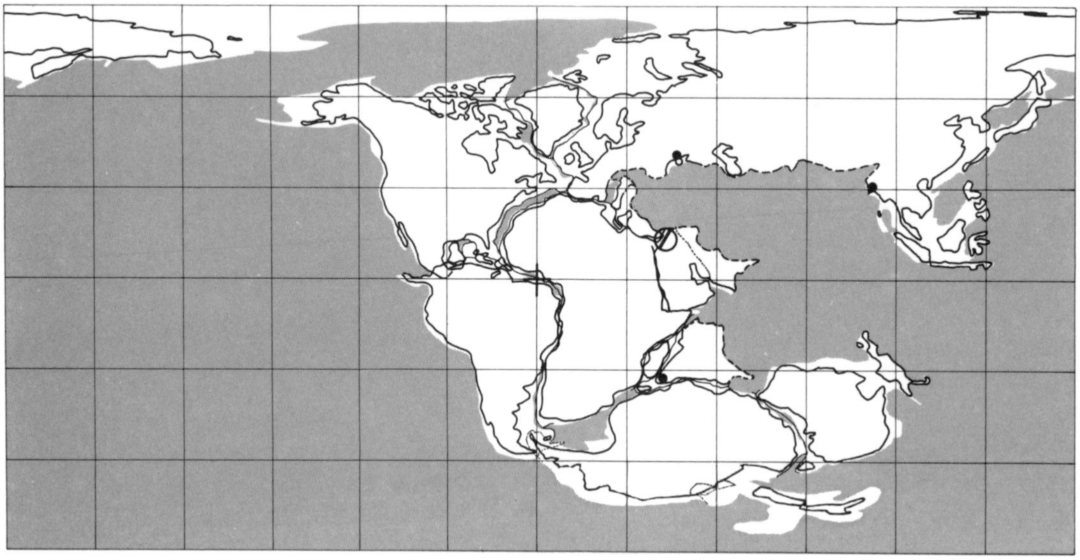

Abb. 16: Unter-Kreide (120 Mio. Jahre).

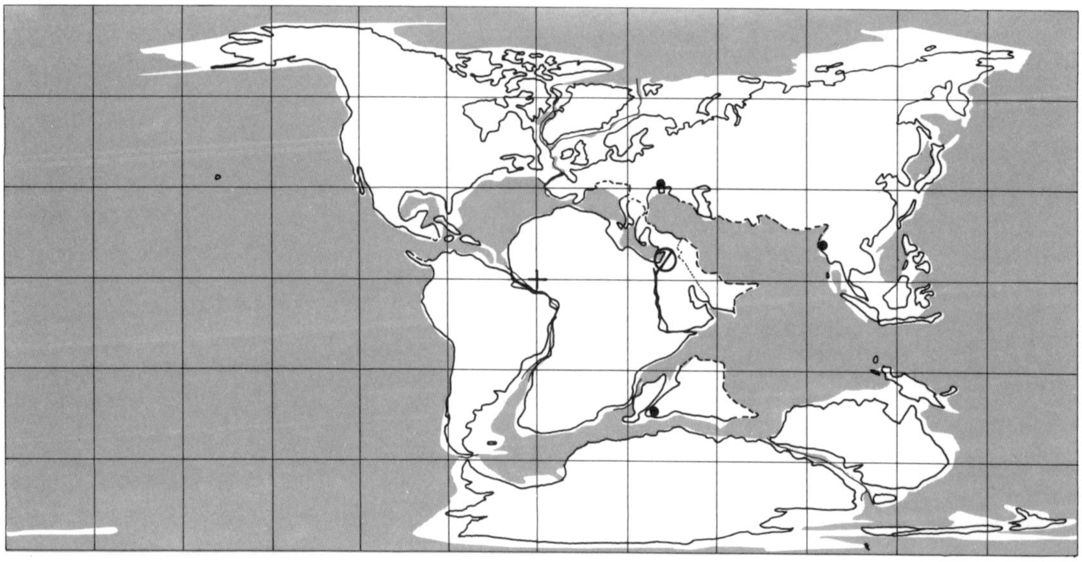

Abb. 17: Paläozän (60 Mio. Jahre).

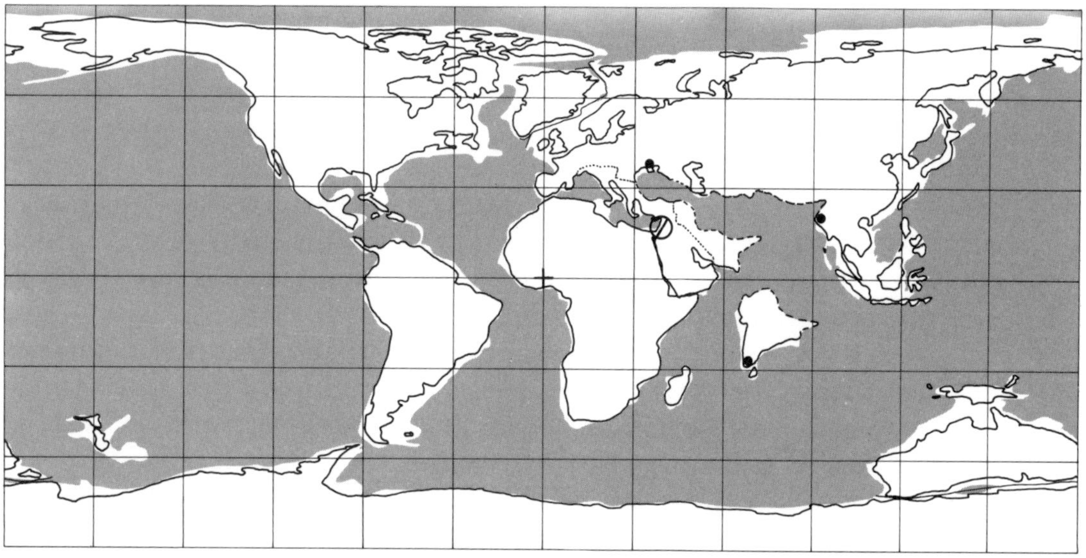

Abb. 18: Unter-Miozän (20 Mio. Jahre).

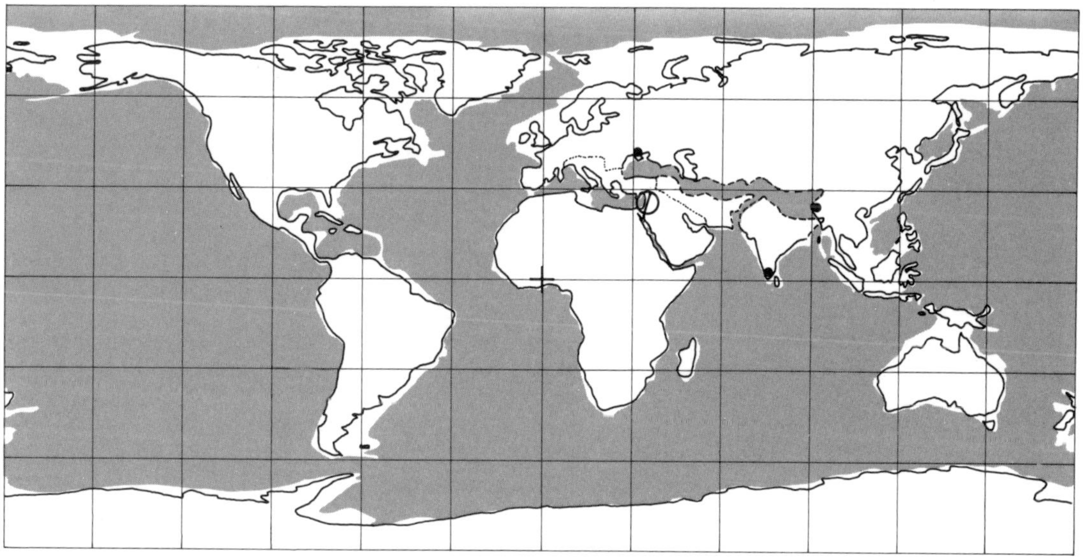

Abb. 19: Gegenwart, punktierte Fläche = alpinotype Faltengebirge.

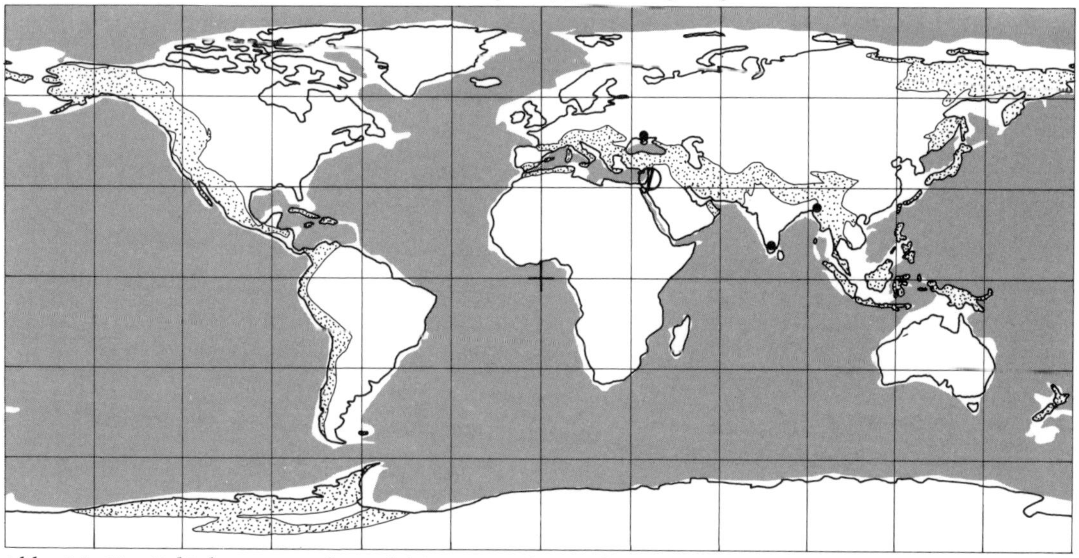

Abb. 14–19: Paläokontinentale Weltkarten (nach Smith et al.).

des Paläozoikums mit der Vereinigung der vier Urkontinente zur Einheit von Pangaea von einer Randposition in den Mittelpunkt gerückt – neuerlich werden wir an den Text aus der Schatzhöhle erinnert (siehe S. 7)! Aus einer Vierheit entsteht durch eine Kombination von Verschiebung und Rotation zunächst eine Dreiheit, welche sich mittels Horizontalverschiebungen zur Zweiheit von Laurasia und Gondwana umwandelt. Durch eine weitere Verschiebung wird Pangaea geschaffen. Arabien mit Palästina blieb kontinentale Küstenregion, hat aber seine Position relativ zu Laurasia stets gewechselt.

Im Zeitraum der Trias bis zum unteren Jura bleibt Pangaea erhalten. Arabien senkt sich und wird im Nordteil vom Tethysmeer überflutet. In Palästina werden die Tethys-Sedimente gebildet. Palästina verläßt die Aquatorialposition und wandert mit ganz Pangaea leicht gegen Norden (Abb. 15).

Die nachfolgende Zeit des Meso- und Känozoikums (Erdmittelalter und -neuzeit) ist gekennzeichnet vom Auseinanderbrechen von Pangaea. Die neuzeitlichen Mittelozeanischen Rücken werden als Dehnungszonen aktiv. Im mittleren Jura öffnet sich der Zentralatlantik und das Mittelmeer. Pangaea wird in eine Nordhälfte und eine Südhälfte aufgetrennt (Abb. 16). Eine Nordost-Südwest verlaufende Querstörung zieht entlang Palästinas, der Westteil Palästinas mit der Türkei verschiebt sich mit der Öffnung des Mittelmeeres nach Norden. Weit bedeutendere Querstörungen in der Mittelmeer- und Zentralatlantikregion ermöglichen eine Ost-West-Seitenverschiebung. So beginnt sich Laurasia nach Westen zu verschieben (Abb. 17).

In der Kreidezeit löst sich Gondwana auf; der Südatlantische und der Indische Rücken werden aktiv. Indien schiebt sich an Ostafrika vorbei nordwärts. Die Tethys beginnt sich einzuengen, weil der nun isoliert daliegende arabisch-afrikanische Kontinent sich im Gegenuhrzeigersinn an Eurasien herandreht. Der Atlas und die Alpen erfahren eine erste starke Verfaltung. Im Afrikanischen Schild entstehen Dehnungszonen.

Mit dem einsetzenden Känozoikum erreicht die alpinotype Kompressionsphase auch die Türkei und den Kaukasus (Abb. 17). Zu der Drehung Afrikas im Gegenuhrzeigersinn kommt die Drehung Europas im Uhrzeigersinn dazu: Arabien und Südosteuropa begegnen sich, so daß südliche Ausläufer der Kompressionstektonik Palästina erfassen. Zur selben Zeit nimmt die weltweite Dehnungsbewegung ihren Fortgang. Der Südpazifische Rücken trennt Australien von der Antarktis, und der Nordatlantische Rücken scheidet Grönland von Nordeuropa. Die Auftrennung von Pangaea ist fast vollendet. Die Dehnungszonen in Westafrika schaffen Sedimenttröge und Vulkanergüsse.

Im Oligozän schiebt sich ein Dehnungskeil vom Indik her in die Senke des Roten Meeres und trennt Arabien von Afrika. Die Folge davon ist die Aktivierung eines großen Nord-Süd-Querbruches, welcher durch seine Horizontalverschiebung das Grabenbruchsystem von Palästina zur Ausgestaltung bringt (Abb. 18). Die Dehnung hat erneut Palästina ergriffen. Dies zu einer Zeit, wo die Kompressionstektonik des alpinen Raumes den Himalaya und Indonesien mächtig ergriffen hat. Die Erde hat mit der nun einsetzenden Hebung der alpinotypen Faltengebirge ihre heutige Gestalt erreicht. Die Gegentendenz zur Hebung der Alpen ist die Entstehung der mächtigen

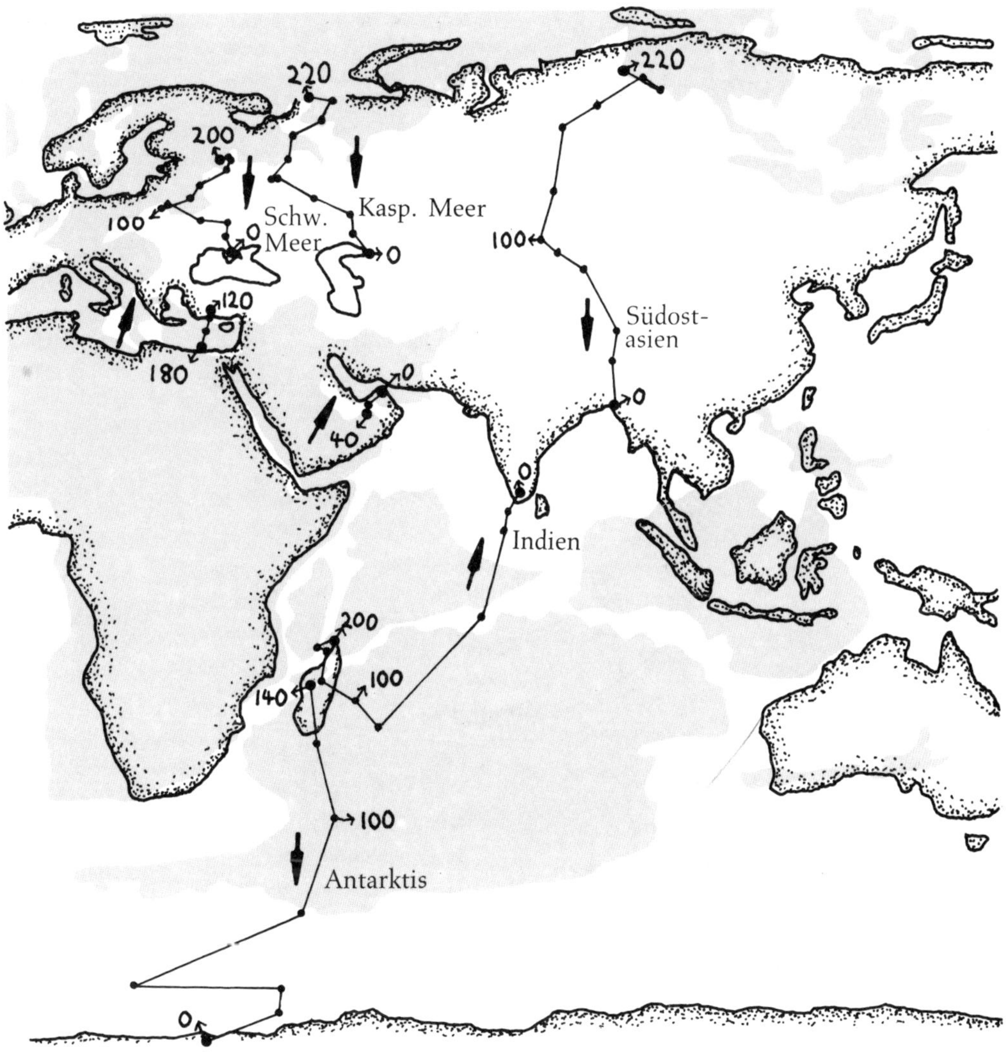

Abb. 20: Mesozoische und känozoische Plattenbewegung, bezogen auf einen als stationär angenommenen Afrikanischen Schild; nach den paläokontinentalen Weltkarten von Smith et al. (vergl. Tabelle 2 S. 313 und Abb. 15 – Abb. 19). Vergleicht man die drei Punkte «Schwarzes Meer», «Kaspisches Meer» und «Südostasien» miteinander, so zeigt sich die Rotation Eurasiens im Uhrzeigersinn. Während der Punkt «Antarktis» nach Süden wandert, bewegt sich «Indien» nach Nordosten. Im weiteren erkennt man die frühmesozoische Öffnung des Mittelmeeres und die jungkänozoische Abspaltung des Arabischen Schildes. Die Zahlen bedeuten Millionen Jahre. Grauraster = paläokontinentale Weltkarte zur Triaszeit.

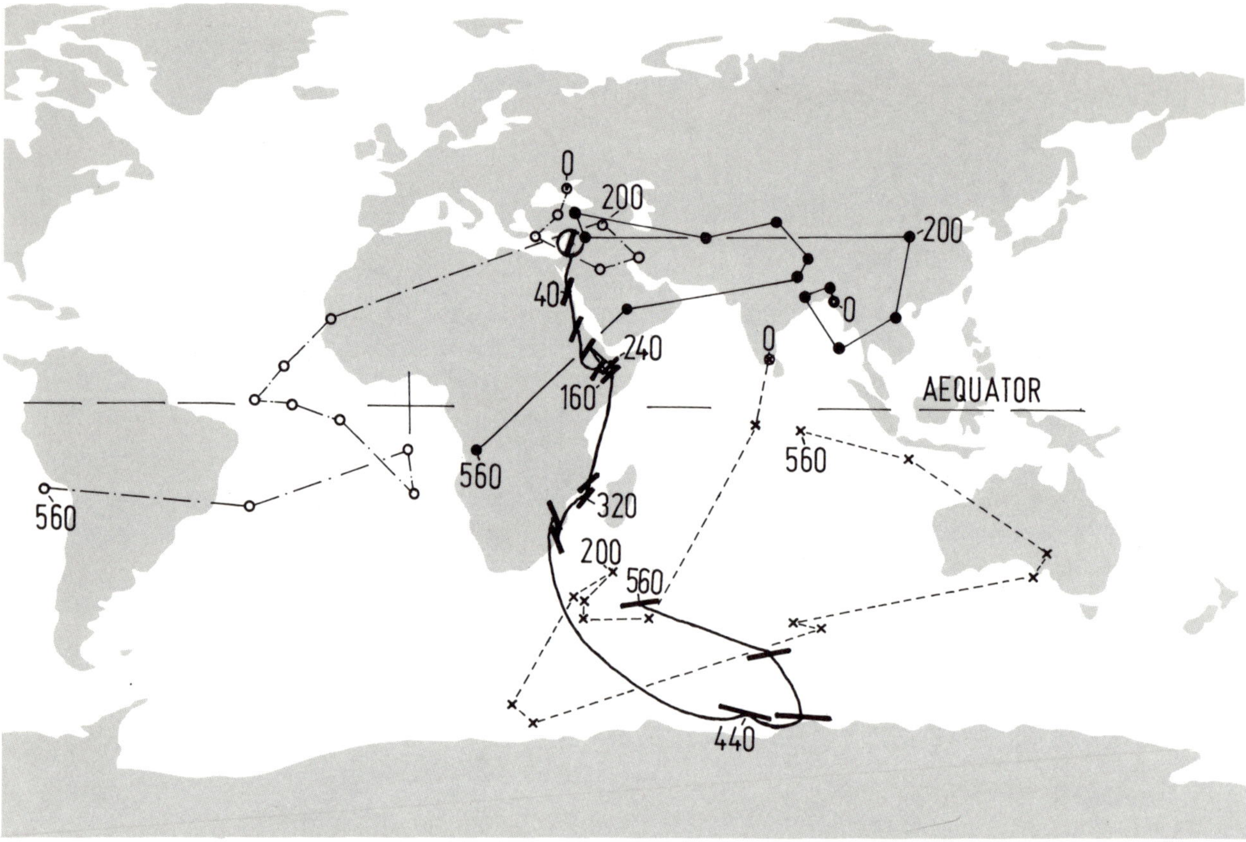

Abb. 21: Bewegung von Afrika, Europa, Asien und Indien im Verlaufe der Erdgeschichte, bezogen auf ein stationäres Paläomagnetisches Gradnetz. Die vier ausgewählten Stellen «Jordantal» (Balken), «Schwarzes Meer» (Ring), «Südostasien» (Kreis) und «Südindien» (Kreuz) wurden aus den paläokontinentalen Weltkarten (Smith et al.) herausgezeichnet, in einem Zeitintervall von 40 Millionen Jahren (vergl. Abb. 11–19 und Tab. 2 S. 313).

Aufreißbecken am Jordan-Arava-Graben und im Ostafrikanischen Grabenbruchsystem (Abb. 19).

Fassen wir noch einmal die Bewegungstendenzen, welche sich seit dem Perm ereignet haben, in bezug auf Palästina zusammen (Abb. 20, 21). Während die Ausdehnungsvorgänge an den neuentstandenen Mittelozeanischen Rücken zur Aufteilung von Pangaea zu den sieben heutigen Kontinenten führen, kommt Palästina zunehmend in den Einflußbereich der Kompressionstektonik, welche zu den modernen Faltengebirgssystemen geführt hat. In der Phase der stärksten Kompression im alpinen Mittelmeerraum ergreift vom Indik her eine Dehnungsbewegung in Form von einer Seitwärtsverschiebung Palästina. Die Folgen dieser Horizontalbewegung sind teilweise Dehnungsphänomene im Jordan-Arava-Graben.

Palästina im Rahmen der Tetraederstruktur und des Gebirgskreuzes der Erde

Dieses Kapitel bezieht sich auf Arbeitsergebnisse, welche in einer vorausgehenden Veröffentlichung des Autors, *Die Tetraederstruktur der Erde,* ausführlich dargestellt sind. Um dem Leser einen Zugang zur Idee der Tetraederstruktur der Erde zu verschaffen, seien die für dieses Kapitel wichtigen Inhalte der genannten Veröffentlichung kurz zusammengefaßt.

Die moderne Geologie beschreibt die Dynamik der Erdkruste als eine komplizierte Relativbewegung von 15 Erdkrustenplatten (Giese). Werden nun die Plattengrenzen differenziert in Linien des Zusammenschubs und Linien der Ausdehnung, so entsteht ein übersichtliches raumgeometrisches Gebilde.

Die Linien des Zusammenschubs sind gekennzeichnet durch drei Merkmale. Zum einen findet man dort die jungen, sich zumeist heute noch hebenden Faltengebirge (Abb. 22, links). Die Kollision zwischen zwei Platten an diesen Zonen führt zu tiefgreifenden Erdbeben, welche vorwiegend auf einer schräg vom Ozean her ins Erdinnere, unter die Kontinentalplatten führenden Fläche konzentriert sind (Subduktionszonen). Das dritte Merkmal ist ein Vulkanismus, welcher durch explosive Ausbrüche eine saure Lava von andesitischem Chemismus fördert.

Sucht man nun diese Trilogie von Erscheinungen auf der Erde auf, so findet man eine Linienkonfiguration, welche die Erde in vier Gebiete aufteilt (Abb. 22, links; Abb. 23). An vier Orten laufen je drei Linien zu einem Punkt zusammen. Diese vier Tripelpunkte liegen in Honduras, am Kaukasus, in Japan und, als einziger Punkt der Südhalbkugel, in der Antarktis nahe dem Südpol. Man erkennt das Raumgebilde des sphärischen Tetraeders mit Spitze am Südpol und den drei weiteren Ecken auf der Nordhalbkugel. Steiner wies in einer Ausführung über die Genese der Vulkane auf diese Tetraederstruktur, nach welcher die Erde ursprünglich sich geformt habe (Steiner 1924).

Wenn man den Vorgängen der Ausdehnung in der Erdkruste nachgeht, so wird man auf die Böden der Ozeane verwiesen. Eine weitere fundamentale Entdeckung der modernen Geologie der zweiten Hälfte dieses Jahrhunderts ist die bis 70 000 km lange Struktur des Mittelozeanischen Rückens (Heirtzler; Vine und Matthews). Dieser bis 2000 m hohe, untermeerische Rücken besteht aus basischen Tiefen- und Ergußgesteinen mit alkalibasaltischem Chemismus (Ophiolithkomplex). In der Firstregion des Rückens findet sich ein Scheitelgraben, unter welchem Erdbebenherde liegen. Am Graben selbst wird durch einen basischen Vulkanismus mit zumeist ruhigem Ausfluß Basalt-Lava gefördert. Diese Förderung hätte längst ein riesiges Gebirge aufgetürmt, wenn nicht beide Seiten dieses Förderspaltes sich ständig voneinander weg bewegen würden. Die Öffnungsrate des Spaltes ist etwa

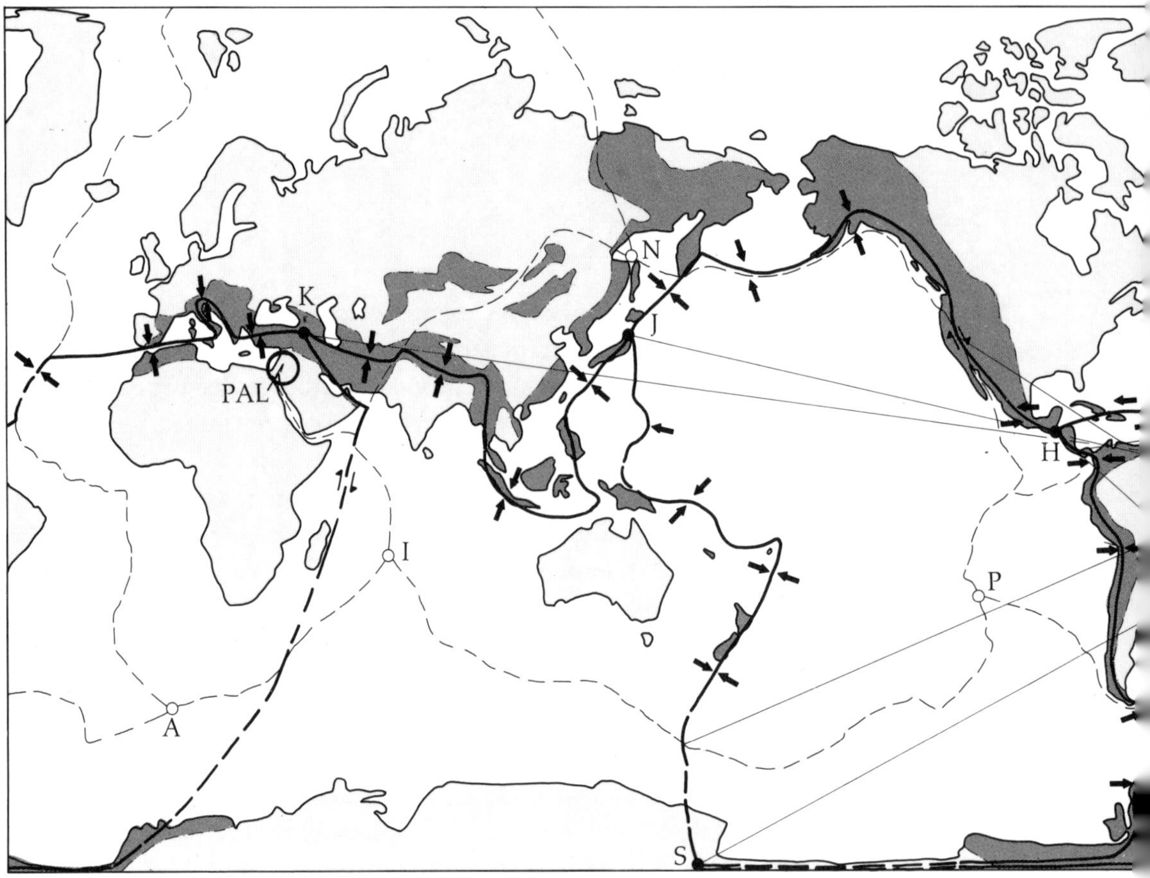

Abb. 22: Kompression und Dehnung auf der Erde. Auf der linken Kartenhälfte sind die Kompressionsgebiete eingezeichnet, rechts diejenigen der Ausdehnung. Die Pfeile geben die Relativbewegungen der Platten an den Plattengrenzen an (nach Smith et al.). K = Kaukasus, J = Japan, H = Honduras, S = Südpol, A = Südatlantik, Bouvet-Inseln, I = Indischer Ozean, südöstlich Mascareene-Plateau, P = Ostpazifik, Osterinseln, N = Nordostsibirien. Z = Symmetriezentrum der Punktspiegelung, bezogen auf die Mercatorprojektion der Erdkugel. Dunkelgrau links = junge alpine Faltengebirge; Dunkelgrün rechts = in den letzten 60 Mio. Jahren entstandener Ozeanboden.

gleich groß wie das Maß der Auffüllung durch den basischen Vulkanismus. Hat man die Bedeutung dieser Dehnungszone erkannt, kann man sie weltweit verfolgen (Abb. 22, rechts). Fast überall führt sie durch Ozeanböden. Dort, wo eine solche Linie aufs Festland übergeht, sind entweder Horizontalverschiebungsbrüche (San-Andreas-Graben in Kalifornien oder Störungsflächen im Pamir, Himalaya) oder kontinentale Grabenbrüche (Baikalgraben in Rußland) aktiv. Entlang dieser Brüche findet man Erdbebengebiete und teilweise einen Vulkanismus mit ähnlichem Chemismus, wie am Mittelozeanischen Rücken.

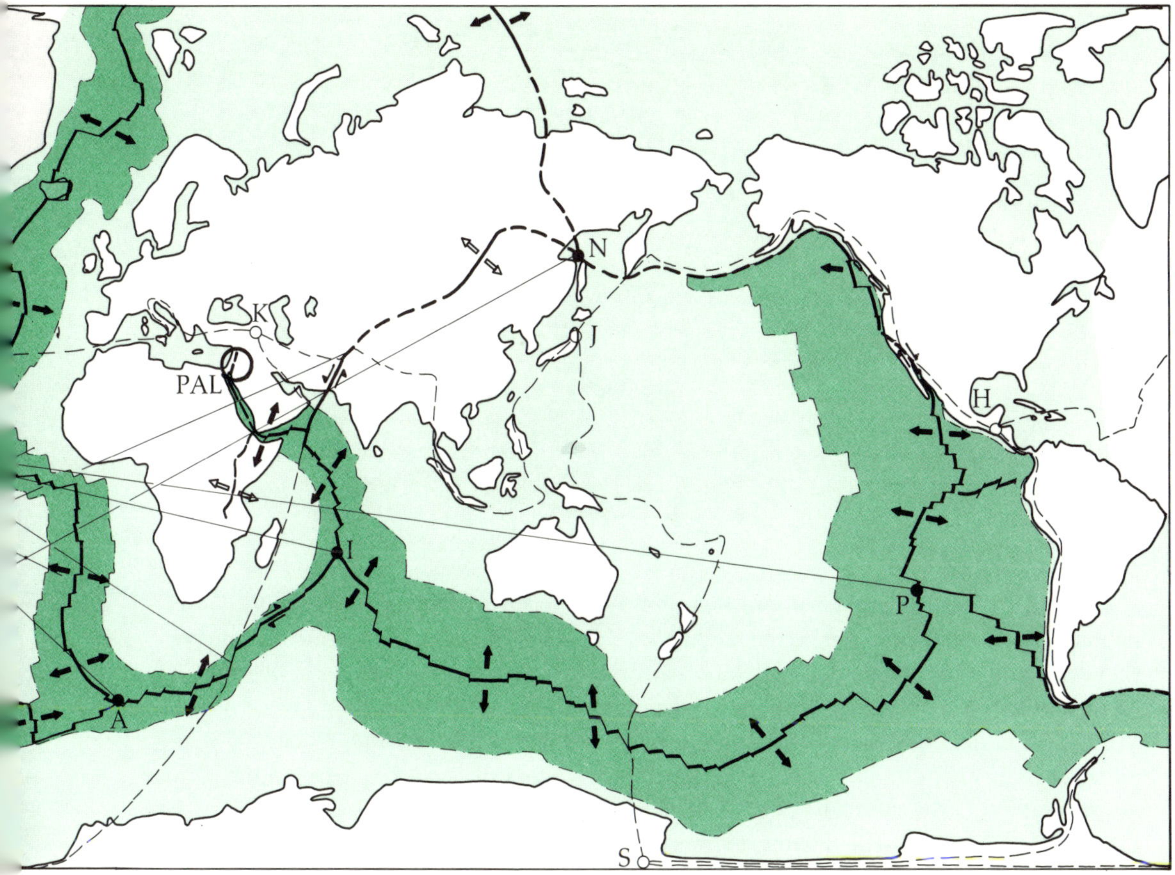

Diese Dehnungslinien teilen nun die Erdkruste ebenso in vier Regionen auf. An vier Stellen erkennt man Tripelpunkte, wo je drei Linien zusammentreffen: im Südpazifik (Osterinseln), im Zentralindik (östlich Mascareene-Plateau), im Südatlantik (Bouvet-Inseln) und in Nordostsibirien (Abb. 22, rechts; Abb. 23). Man sieht die zum erstgenannten Tetraeder punktgespiegelte Gegenform, das polarreziproke Tetraeder mit Spitze in Sibirien und drei weiteren Ecken auf der Südhalbkugel. Die geometrisch abstrakte Form der beiden ineinander verwobenen Tetraeder ist der Keplerstern (Abb. 24). Die beiden durch gegensätzliche Prozesse entstandenen Tetraeder sind je charakteristisch unregelmäßig. Während das Kompressionstetraeder im indonesischen Raum starke Verbuchtungen der Kanten aufweist (Wirbelform), hat das Dehnungstetraeder in Ostafrika eine sich aufspaltende, blind endende Abzweigung. Die eine Linie führt vom Südknick des Roten Meeres ins Ostafrikanische Grabenbruchsystem und die andere Linie setzt sich durchs Rote Meer fort und zieht in den Jordan-Arava-Graben.

Es stellt sich nun die Frage, wie Palästina sich in Beziehung zu dieser doppelten Tetraederstruktur stellt. Zunächst einmal muß festgestellt werden, daß unser Untersuchungsgebiet auf keiner eindeutigen Tetraeder-Kante liegt. Auffallend ist die Nähe des Kompressionstripelpunktes Kaukasus und, wie schon erwähnt, führt eine

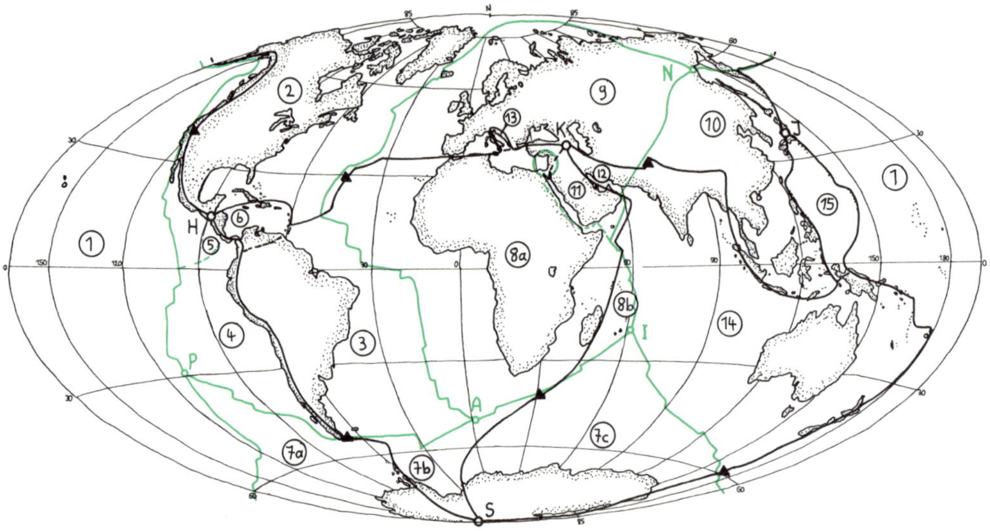

Abb. 23: Das Ineinandergreifen von Kompressions- und Ausdehnungstetraeder. Mit Ausnahmen der Unterteilung der Afrikanischen und der Antarktischen Platte sind die entsprechenden Kanten die Linien der geotektonischen Plattengrenzen. 1 = Pazifische Platte; 2 = Nordamerikanische Platte; 3 = Südamerikanische Platte; 4 = Nazca-Platte; 5 = Cocos-Platte; 6 = Karibische Platte; 7 = Antarktische Platte, unterteilt in die Südpazifische (7a), die Südatlantische (7b) und die Zentralantarktische (7c); 8 = Afrikanische Platte, unterteilt in die Westafrikanische (8a) und die Ostafrikanische (8b); 9 = Europäisch-Westasiatische Platte; 10 = Ostasiatische Platte; 11 = Arabische Platte; 12 = Iranische Platte; 13 = Adriatische Teilplatte; 14 = australische Platte; 15 = philippinische Platte.
H, K, J, S, P, A, I, N = Tetraederecken (vgl. Abb. 22). ▲ = Kreuzungspunkte von je einer Kompressions- und Ausdehnungskante der beiden Tetraeder.

blinde Abzweigung der Dehnungslinien direkt ins Jordantal. Palästina liegt also zwischen den Wirkungsgebieten der Kompression und Ausdehnung, genauer gesagt da, wo eine atypische Dehnungslinie auf einen Kompressionstripelpunkt zuführt. Eine ähnliche Situation ist nur noch im Zentralamerikanischen Bereich gegeben, wo die Nebenlinie des Cocos-Rückens (Dehnungszone) auf den Kompressionstripelpunkt Honduras hinzieht.

Im weiteren wird in der erwähnten Arbeit gezeigt, wie sich die zwei Tetraeder im Verlauf der Erdgeschichte verschieden verändert haben. Die Rekonstruktion der Tetraederkanten zur Zeit des Übergangs vom Erdaltertum ins Erdmittelalter zeigt, daß das Kompressionstetraeder weniger verbuchtete Kanten hat, also regelmäßiger

Tafel 31
Faltenstrukturen in den Sedimenten der Lisan-Mergel in der kleinen Erosionsschlucht des Nahal Perazim. Die Kalk-Lagen sind unverfaltet, die anhydritreichen Lagen zeigen das Abbild einer großen Mobilität. Aufnahmen H.-U. Schmutz.

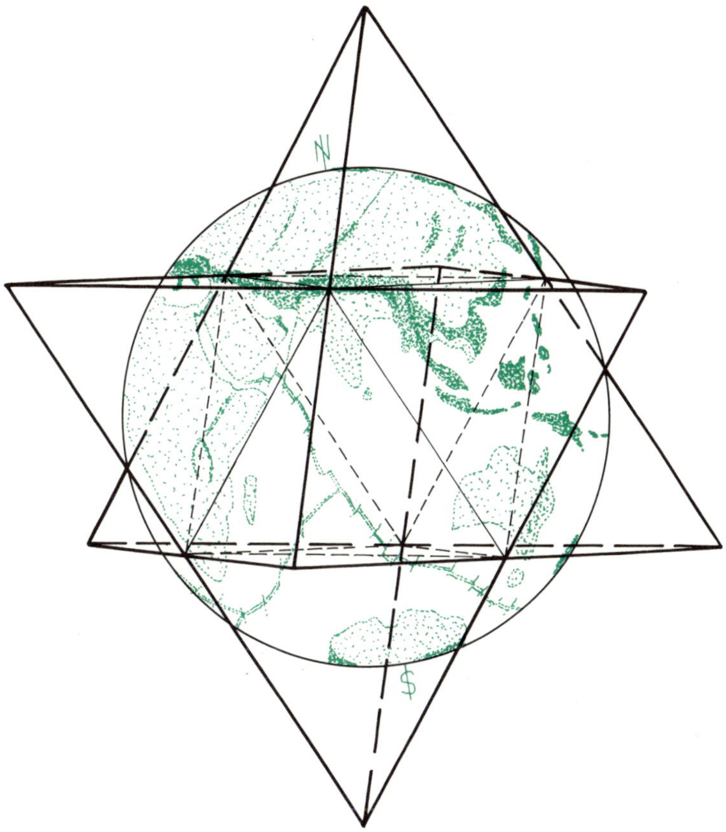

Abb. 24: Der Keplerstern als Raumgebilde von zwei polaren, sich durchdringenden Tetraedern. Das Ausdehnungstetraeder zeigt die Spitze nach oben, das Kompressionstetraeder hat die Spitze am Südpol. Farbig ist die dazugeordnete indische Seite der Erde eingezeichnet.

ist. Drei Dreiecksflächen sind etwa gleichförmig und annähernd gleich groß; die vierte Fläche, den Bereich des Pazifiks bedeckend, ist fast gleich groß wie die übrigen drei. Das Ausdehnungstetraeder ist zur Zeit des beginnenden Erdmittelalters erst keimhaft vorhanden, und sehr unregelmäßig und unförmig. Denn die Dehnungskanten – vorwiegend die Mittelozeanischen Rücken – sind erst teilweise aktiv. Der Atlantik und der Indik sind zu diesem Zeitpunkt noch nicht vorhanden. Diese

Tafel 32
Oben: Vulkankegel überragen das Basaltplateau der Golan-Höhen. Die teilweise schon wieder abgetragenen Kegel liegen in einer Südost-Nordwest streichenden Linie. Aufnahme W. Fackler.
Unten: Aufschluß an der Straße von Z. Bet Zayda nach Dūra. Die Verwitterung hat die sphäroidalen Erstarrungsstrukturen der Basaltlava – Kissenlava genannt – schön herausmodelliert. Aufnahme H.-U. Schmutz.

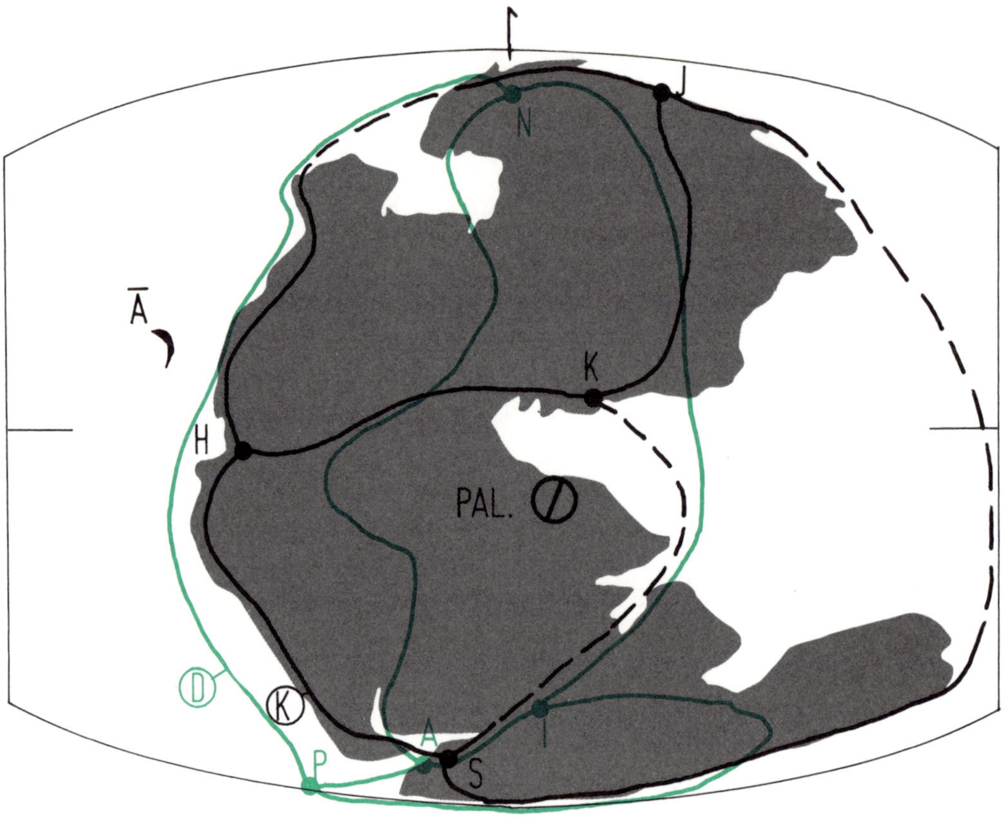

Abb. 25: Linienverlauf von Kompressionstetraeder Ⓚ und vermutetem Keim des Dilatationstetraeders Ⓓ am Übergang Erdaltertum-Erdmittelalter. Die Tripelpunkte: H = Honduras, K = Kaukasus, J = Japan, S = Südpol, I = Indik, A = Atlantik, P = Pazifik, N = Nordsibirien. Der Einheitskontinent Pangaea ist grau eingefärbt (nach Dietz und Holden). Ā = Lage der Antillen heute; PAL = Ur-Palästina.

entstehen erst nach der Aufsplitterung von Pangaea (Abb. 25). Vereinfacht kann gesagt werden, daß ein erst keimhaft vorhandenes Dehnungstetraeder sehr unregelmäßig ist, während das Kompressionstetraeder eine größere Regelmäßigkeit in bezug auf den Kantenverlauf hat, als dies heute der Fall ist.

Setzt man nun Ur-Palästina in diese Konfiguration des Perm (Abb. 25), so wird folgendes klar: die Distanz zum Tripelpunkt Kaukasus ist größer als heute, und Ur-Palästina liegt fast in der Mitte des länglichen Dehnungsdreieckes mit den Ecken in «Sibirien», «Atlantik» und «Indik». Im Verlaufe des Erdmittelalters nun rücken die Punkte «Kaukasus» und «Indik» näher zusammen, also noch näher an Palästina. Die Dehnungslinie des Roten Meeres wird erst im mittleren Tertiär aktiv (Tabelle 2, S. 313) und beeinflußt somit Palästina.

Das Besondere der Deformation des Kompressionstetraeders ist die Tatsache, daß die Winkelbeziehungen zwischen den Kanten an den Punkten Honduras, Kaukasus und

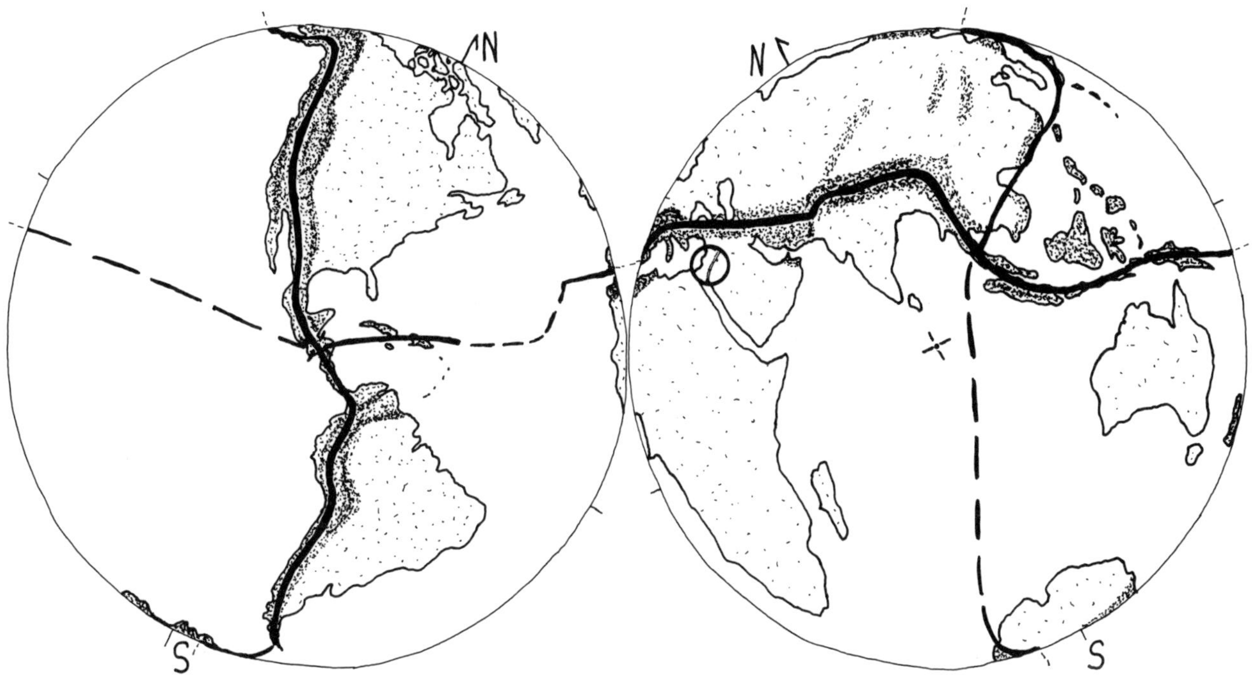

Abb. 26: Die das Gebirgskreuz bildenden zwei orthogonalen Ringstrukturen in der Ansicht auf dem Globus. Kreis = Palästina.

Japans sich so vom 120°-Winkel des regulären sphärischen Tetraeders verändern, daß ein 180°-Winkel mit zwei 90°-Winkeln sich zusammenfügen. Die Folge davon ist eine auffallende Rechtwinkelstruktur, welche nun – auf dem umgeformten Tetraeder sich aufbauend – die Erde umspannt. Steiner hat im Rahmen seiner Lehrplanangaben für die Waldorfschulen auf die zwei senkrecht aufeinanderstehende Ringe, welche das «Gebirgskreuz der Erde» formen, aufmerksam gemacht, dies aber ohne Bezug auf die Tetraederstruktur (Steiner 1920). Der eine Ring (Abb. 26), beginnend am Nordsporn der Antarktis, zieht sich entlang von zwei Kanten des Tetraeders nach Japan. Weiter zieht er – die Kante um wenig verlassend – geradlinig entlang des Riukiu-Grabens weiter zum Festland von Indochina und erreicht so den Indik am Westrand der Indonesischen Inselkette. Entlang eines Nord-Süd-Meeresrückens verläuft er durch den Indik, parallel dem Südabschnitt einer weiteren Tetraederkante, zur Südspitze von Feuerland. Der zweite Ring, in

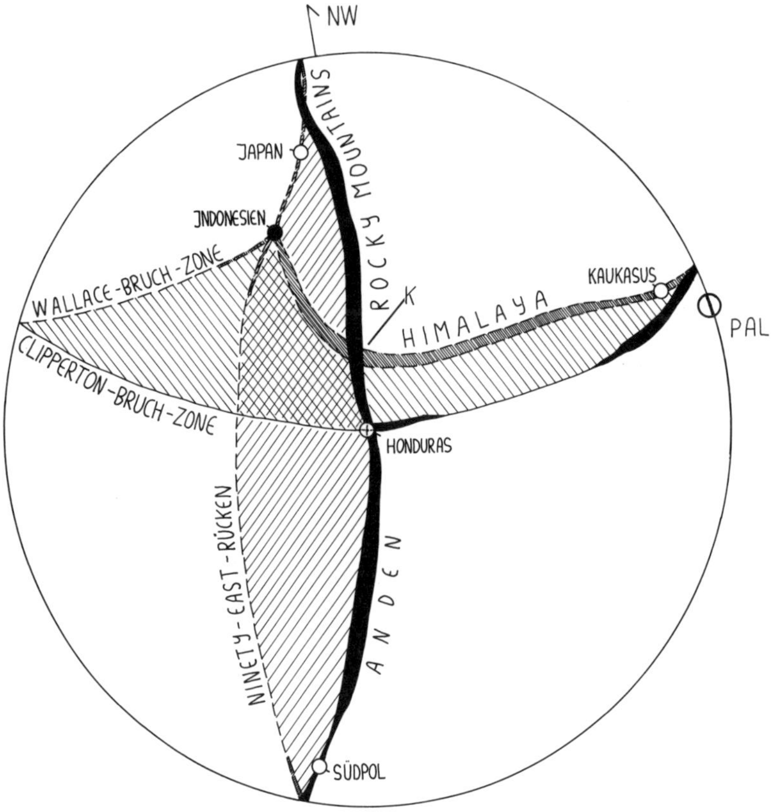

Abb. 27: Die zwei Ringstrukturen des Gebirgskreuzes in stereographischer Projektion auf dem flächentreuen Schmidtschen Netz. Als Projektionsnordpol der oberen Halbkugel wurde Honduras gewählt. Die obere und untere Halbkugel sind ineinandergezeichnet, so daß in der Durchsicht der Erde das asymmetrische Gebirgskreuz sichtbar wird. Die in der Projektion sichtbaren Kreuzungspunkte (K) liegen im Coloradobecken in Nordamerika und im südlichen Hochland von Tibet in Asien. PAL = Palästina.

Indochina beginnend, zieht entlang zweier weiterer Tetraederkanten über den Kaukasus nach Mittelamerika. Südlich einer markanten Ozeanboden-Störungszone überquert er den Pazifik und führt über die Neu-Hebriden und Neuguinea – hier wieder auf eine Kante des Tetraeders stoßend – weiter zum Ausgangspunkt in Indochina.

Zeichnet man diese Ringstruktur als Projektion einer durchsichtigen Erde auf, so erscheint bei geeigneter Wahl des Projektionsnordpoles das Bild des Gebirgskreuzes. Wählt man als Projektionsnordpol Honduras, schaut also gewissermaßen über Honduras im Weltall stehend, die durchsichtige Erde an, so erscheint das Gebirgskreuz in seiner klarsten Form (Abb. 27). Die Nordsüd verlaufenden Gebirgszüge der Neuen Welt auf der Globusvorderseite stehen senkrecht zu den in ostwestlicher Richtung angeordneten Gebirgen der Alten Welt auf der von Innen her betrachteten Globushinterseite. In dieser Ansicht liegt Palästina an der Ostseite des «Äquators».

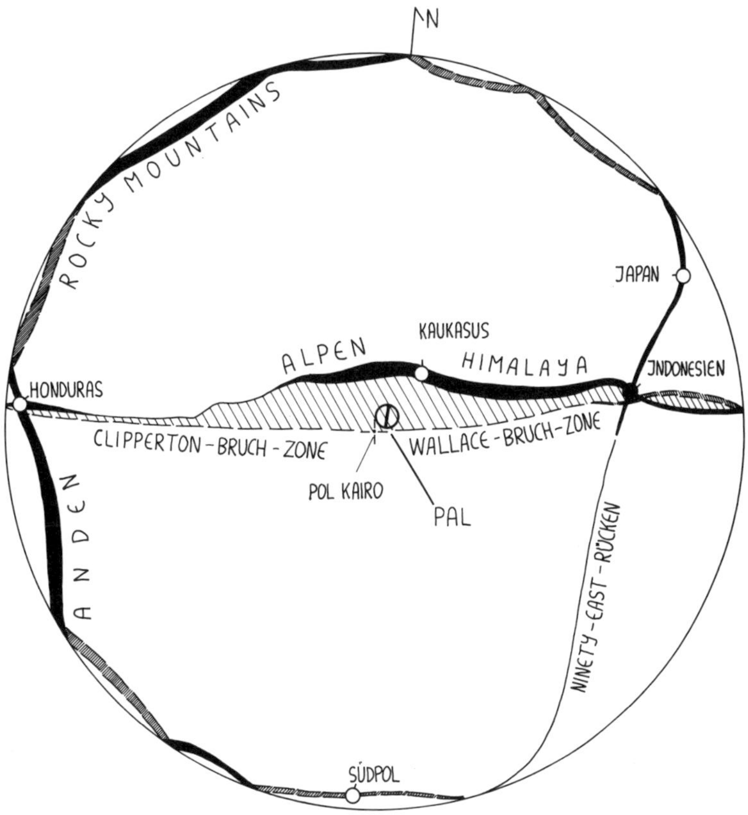

Abb. 28: Stereographische Projektion der zwei Ringstrukturen des Gebirgskreuzes mit Wahl des Projektionsnordpoles der oberen Halbkugel in Kairo, obere und untere Halbkugel ineinandergezeichnet. In der Durchsicht der Erde erscheint ein Kreisring mit horizontal liegendem Durchmesser. PAL = Palästina.

Eine ganz andere Ansicht bietet die Ringstruktur, wenn man als Projektionsnordpol den palästinensischen Raum annimmt, also von außen her oberhalb von Kairo die Erde betrachtet (Abb. 28). Der eine Ring, die Gebirge der Neuen Welt und Ostasiens enthaltend, erscheint als Reif, die Erdansicht außen als Äquator umspannend. Der zweite Ring der Alten Welt steht senkrecht zur Bildebene. Die Kreuzungsstellen der beiden Ringe liegen demnach auf der linken und rechten Außenseite.
Somit ist klar geworden, daß sich die Ringstrukturen in Palästina gerade nicht kreuzen. Das geologische, mineralogische Gebirgskreuz der Erde verhält sich also bemerkenswerterweise entgegengesetzt zu der von Suchantke herausgearbeiteten Kreuzstruktur der Lebensströmungen, und dies, obwohl doch die Ausbreitungs- und Wanderungsbewegungen der Lebewesen den Gebirgen folgen. Es muß hier genau differenziert werden: der Längsverlauf der Gebirgszüge, dem die Migrationen folgen, ist gerade nicht die Verlaufsrichtung der Gebirgs*bildung*. Der Bewegungsim-

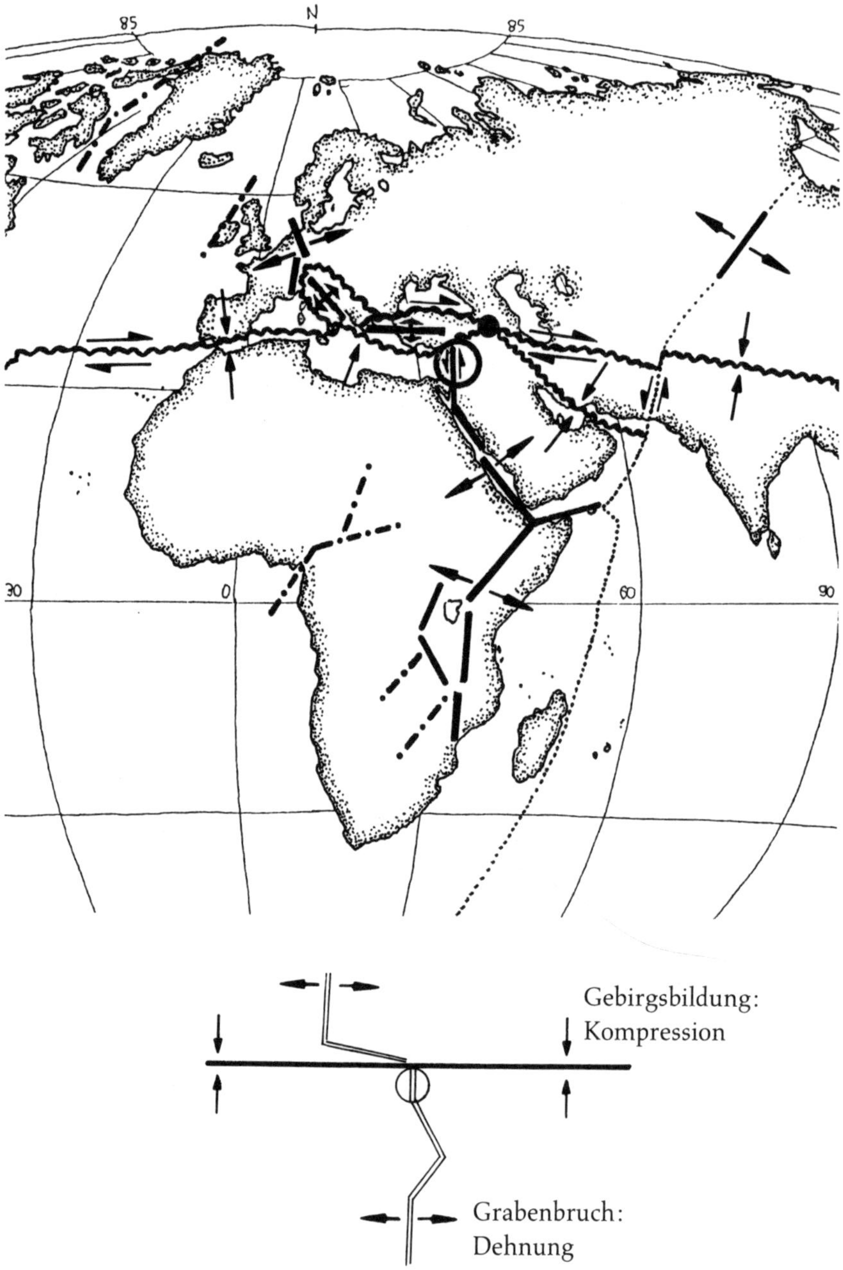

Abb. 29: Die palästinensische Kreuzstruktur, erzeugt durch das Aufeinandertreffen des Ostwest verlaufenden Alpidischen Gebirgssystems mit dem generell Nordsüd streichenden kontinentalen Grabenbruchsystem. Die Wellenlinien sind Plattengrenzen mit Kompressionsphänomenen, teilweise kombiniert mit einer Ostwest verlaufenden Horizontalverschiebung im Uhrzeigersinn. Die strichpunktierten Linien sind mesozoische kontinentale Dehnungsstrukturen, welche heute zur Ruhe gekommen sind. Die dicken Balken zeigen heute aktive Dehnungszonen, welche die kontinentalen Grabenbrüche erzeugen. In der Region von Palästina ist diese Struktur vorwiegend eine Nordsüd verlaufende Horizontalverschiebung im Gegenuhrzeigersinn. ● = Tripelpunkt Kaukasus des Kompressionstetraeders.

puls der Gebirgsentstehung, das Aufeinanderzustoßen der Erdkrustenplatten, verläuft senkrecht zu den Ausbreitungsrichtungen der Organismen. Demzufolge ist das mineralogische Gebirgskreuz gegenüber der Kreuzstruktur der Lebensströmungen um 90° in Ostwest-Richtung gedreht. Die Bewegungsrichtung der Gebirgsbildung entspricht den Trennschranken für die Lebensströmungen (vgl. Suchantke in diesem Band, S. 25ff). Die Längserstreckung der ausgeformten Gebirge in der physisch-mineralischen Erdgestaltung und die Verbreitung der Organismen über die Erde hinweg sind zwei zu unterscheidende Dimensionen der Erdenwirksamkeit, die sich in verblüffender Weise komplementär verhalten.

Setzt man die beiden polar sich verhaltenden Erdkrustenstrukturen, die kontinentalen Dehnungszonen und die am Rande der Kontinente liegenden Kompressionszonen, auf der afrikanisch-eurasischen Kontinentalmasse sich gegenüber, so entsteht eine *neue* Kreuzstruktur (Abb. 29). Die eine dominante Richtung der schon im Perm angelegten und heute noch aktiven Kompressionszone ist der Ostwest-Verlauf der Gebirge: die wellenförmige Struktur beginnt am Atlas, führt über die Alpen und die Türkei zum Knotenpunkt im Kaukasusgebirge, um von dort aus in den Persischen Golf und zum Himalaya-Gebirgssystem zu gelangen. Eine kontinentale Dehnungszone begann im frühen Mesozoikum den Westteil von Afrika zu spalten, stellte aber seine Aktivität schnell wieder ein (Grove). Später entwickelte sich das Ostafrikanische Grabenbruchsystem, zusammen mit der Ausbildung des Rotmeer-Grabens, welcher seit dem Miozän bewirkte, daß Arabien sich von Afrika zu trennen begann: die Nordsüd-Horizontalverschiebung am Arava-Jordantal-Graben setzte ein. Neuere Untersuchungen (Müller; Bischoff) weisen darauf hin, daß kontinentale Dehnungsstrukturen im Keimzustand oder im Zustand eines reaktivierten Grabenbruches vom Nordrand des Jordantal-Grabens wie folgt nach Norden weiterführen. Die Dehnungszone in der Mitte der Türkisch-Anatolischen Teilplatte setzt sich durch den Appenin hin fort und erreicht am Rhônedelta den Rhônetalgraben. Der Rhonetalgraben bildet zusammen mit dem Rheintalgraben und dem Leinegraben die nördliche Fortsetzung dieser durch Erdbebenmessungen belegten Dehnungszone. Mesozoische, kontinentale Grabenbrüche findet man ebenfalls westwärts in Irland-Schottland und am Westrand von Grönland. Interessant ist nun die Beobachtung, daß am Kreuzungspunkt dieser beiden kontinentübergreifenden Großstrukturen zwei orthogonal aufeinanderstehende Horizontalverschiebungslinien aufeinander zukommen, nämlich die Ostwest verlaufende Nordanatolische Verwerfungszone im alpinen Gebirgssystem und die Nordsüd streichende palästinensische Bewegungszone des erdgeschichtlich jungen Grabenbruchsystems.

Diese geologische rechtwinklige Großstruktur, zusammengesetzt aus je einer festländischen Dehnungs- und Kompressionslinie, entspricht nun geographisch der Kreuzstruktur der Lebensströme. Das auf der Erde im heutigen Zeitpunkt der Erdenentwicklung einmalige Zusammentreffen von Gebirgen und Grabenbrüchen im Vorderen Orient kann den Menschen darauf hinweisen, daß das Motiv des Kreuzes sowohl in der Ausgestaltung der Erdkruste, in den Wanderungsbewegungen von Pflanzen und Tieren, der Ausbreitungsrichtung des fossilen Ur-, Vor- und Altmenschen, wie auch in der Kulturentwicklung des Menschen, das gestaltbildende Stilprinzip geworden ist.

Tabelle 1: Zeittafel

Alter Mio. Jahre	Ära	Periode	Epoche	Bewegungsphasen Gebirgsbildungen		Geologische Ereignisse
0.01		QUARTAER	Holozän	Hebung der Alpinen Gebirge		heutiges Bild der Erde
2.5			Pleistozän			Eiszeiten
26		TERTIAER	Jung { Pliozän, Miozän	jung-alpidisch	alpidische Faltungsphase	starker Vulkanismus
64			Alt { Oligozän, Eozän, Paläozän	mittel-alpidisch		Hebung der alten Schilde
100 136		KREIDE	Obere Untere	alt-alpidisch		Gondwana ganz auseinandergefallen. Weltweite Überflutung.
190		JURA	Malm Dogger Lais			Plutonismus in Anden und Felsengebirge großräumige Überflutungen
225		TRIAS	Obere { Keuper, Muschelkalk Untere { Buntsandstein			Grüngesteinsvulkanismus Öffnung der Ozeane Festlandbildung
280		PERM	Oberes Mittleres Unteres	jungvariscisch appalachisch	variscische Faltungsphase (herzynische)	Wüstenklima, starke Salzbildung Pangaea als Einheit
345		KARBON	Oberes Unteres	bretonisch		weltweite Kohlebildung
395		DEVON	Oberes Unteres			weltweite Überflutung
430		SILUR		jung-kaledonisch takonisch	kaledonische Faltungsphase	Plutonismus
500		ORDOVIZIUM		alt-kaledonisch		
570		KAMBRIUM	Oberes Mittleres Unteres			Entstehung der Prä-Pangaea-Kontinente erste Salzbildung große Vereisung
3200		PROTEROZOIKUM		Mehrere Gebirgsbildungsphasen	Formung der alten Schilde	Bildung der Urgesteine mit metamorpher Umbildung
4000		ARCHAIKUM				älteste Gesteine

Tabelle 2: Bewegungstendenzen von Europa, Asien und Arabien; relativ zum als stationär angenommenen Afrikanischen Schild. Nach-Pangaea-Phase (vgl. Abb. 20, S. 299).

Mio. J.	Zeitabschnitt	Mittel- und Südeuropa	Asien und Nordeuropa	Arabien	Auswirkungen in Palästina	
230		– Pangaea hat sich zum Einheitskontinent verbunden –				
220	Mitteltrias TRIAS	Europa bewegt sich ganz schwach nach E	ganz schwache Drehung im Uhrzeigersinn		– Absenkung: flache Überflutung des Tethysmeeres	
180	Mitteljura JURA	★ 1) Öffnung des Mittelmeeres: Südeuropa geht nach N. 2) Europa bewegt sich nach SW	verstärkte Drehung; Drehpunkt ca. in Osteuropa	Afrikanisch-Arabischer Schild als Einheit	★ Westpalästina wandert nach N. Dehnungsplutonimus im Negev	170
120 80	Unterkreide KREIDE Oberkreide	Ab Mittelkreide: Europa bewegt sich nach ESE	Ruhe ★ Drehung verstärkt; Drehpunkt verschiebt sich nach S.		★ Einengung der Tethys: Kompressionstektonik erzeugt Falten	90
40 0	ALTTERTIAER Obereoozän JUNGTERTIAER QUARTAER Heute	Europa dreht sich zuerst langsam, dann schneller im Uhrzeigersinn nach S	Starke Drehung im Uhrzeigersinn; Drehpunkt wandert nach Skandinavien	★ Öffnung des Roten Meeres: Arabien wandert nach NNE	– Basischer Vulkanismus in Ostpal. ★ linkssinnige Horizontalverschiebung am Arava-Jordan-Graben – Hebung des Negev – Blocktektonik in Galiläa Dehnungsvulkanismus am Golan und in Jordanien Füllung der Aufreißbecken im Arava-Jordan-Graben	30

WOLFGANG SCHAD

Urgeschichtliches Israel – Schwelle und Durchgangsland der Menschheitsentwicklung

Zur Einführung

Das kleine Land Israel ist reich an urgeschichtlichen Überresten, ähnlich den benachbarten Ländern Vorderasiens und auch Nordafrikas. Doch nimmt es eine Knotenstellung ein, wenn man die ausgegrabenen Dokumente fossiler Menschenreste hinzunimmt. Die ältesten heute bekannten menschlichen Knochen- und Zahnfunde stammen aus der äquatornahen, ostafrikanischen Landschaft. Jüngere, und doch noch immer die ältesten Funde außerhalb Afrikas, sind in den sechziger Jahren in Israel gemacht worden. Aber schon seit den zwanziger Jahren kamen hier Skelettreste von Urmenschen aus dem Pleistozän (der Zeit der «Eiszeiten») zum Vorschein.
Im Pleistozän lassen sich in den mittleren Breiten, z.B. Europas, sechs Eiszeiten (Glaziale) mit fünf dazwischengelegenen Warmzeiten (Interglaziale) unterscheiden. Im saharisch-vorderasiatischen Bereich erschienen sie als Regenzeiten (Pluviale) und Trockenzeiten (Interpluviale). Die israelischen Funde deuten die Möglichkeit an, durch diese geologischen Zeiträume hindurch in ersten Umrissen zu verfolgen, wie sich die frühe Menschheit von Afrika auch in die eurasiatischen Lebensräume ausgebreitet hat. Zuerst sollen die kulturellen Überreste dieser Menschen in ihren vorgeschichtlichen Abwandlungen und Entwicklungen betrachtet werden, um zum Schluß die menschlichen Fossilien mit einzubeziehen.
Ein Land, heute von wenig Wald, geringer Humusdecke, ja im östlichen und südlichen Teil von nahezu vegetationsloser, nackter Wüstenoberfläche bedeckt, eignet sich besonders gut, um sich von der Existenz vorgeschichtlicher Menschen bald überzeugen zu können. Mit etwas Aufmerksamkeit für die bezeichnenden Merkmale menschlicher Steinbearbeitung kann man, trotz archäologischer Aufsammlungen seit hundert Jahren, auch heute noch überall im Lande Abschlaggeräte der späten Steinzeit finden. Die Geräteformen der frühen Altsteinzeit (Paläolithikum) sind allerdings nur selten anzutreffen. Die Werkzeuge des Mittel- und Jungpaläolithikums, der folgenden Mittelsteinzeit (Mesolithikum) und besonders der Jungsteinzeit (Neolithikum) finden sich zunehmend häufiger. Vorausgesetzt, alle Menschen der Steinzeit haben gleich häufig Steine zerschlagen, so ließe sich daran die stetige Zunahme der Urbevölkerung ablesen. Jedenfalls weisen die Überreste auf eine reiche Besiedelung des Nahen Ostens schon sehr lange vor den frühen Hochkulturen hin. Die häufige Vorstellung, daß erst in der neueren Geschichte die Menschheit zahlenmäßig zugenommen habe, schwindet, wenn man an manchen Stellen des Negev die Abschläge quadratkilometerweit verstreut liegen sieht. Schweinfurt sah schon im vorigen Jahrhundert in Ägypten zwischen dem Nil und Roten Meer so große Mengen, daß er an ihrer menschlichen Herkunft unsicher wurde. Fraas berichtete damals ähnliches von Arabien, Syrien, dem Libanon etc.

Israels Untergrund besteht zum größten Teil aus Sedimenten der Oberkreide und des unteren Tertiärs. Trotz des großen Faunenunterschiedes – zwischen Kreide und Tertiär fand einer der größten Faunenumbrüche statt (Aussterben der Ammoniten und Saurier, danach Massenauftreten von Nummuliten und Säugetieren) – bestehen beide Erdschichten nahezu gesteinsgleich aus Kreidekalk mit Einlagerungen aus Feuerstein («Flint»). Besonders das Senon und Campan der Oberkreide und das Eozän des Tertiärs enthalten reiche Feuersteinvorkommen, so daß die Geologie des Landes dem Steinzeitmenschen für seine Steinkultur bestes Rohmaterial bot. Der eozäne Feuerstein ist an reichen, gut sichtbaren Fossileinschlüssen erkennbar. Es sind flache Kalkgehäuse von makroskopisch sichtbaren, großen Einzellern, den Nummuliten aus der Gruppe der Foraminiferen. Ja, die Feuersteinmasse selber ist das verbackene Material der Kieselskelette von Myriaden anderer Einzeller des damaligen Mittelmeeres (der geologischen Tethys). Diese «Strahllinge» (Radiolarien) sind jedoch nur mikroskopisch festzustellen. Hinzu kommen die Skelette von Kieselschwämmen. So ist das Feuersteinmaterial der prähistorischen Werkzeuge organischen, biogenen Ursprungs. Gelegentlich finden sich auch einfach aus Kreidekalk geschlagene Geräte; sie verwittern jedoch viel leichter und sind damit viel schwerer als solche zu erkennen.

Die auffallend «weichen», schmiegsamen Schlagflächen des Flints kommen zustande, wenn er sich noch in einem frischen Zustand befindet. Er muß noch, leicht angequollen, mit einem erhöhten Wassergehalt versehen sein, wie er im Inneren des Berges vorliegt. So hat auch der Urmensch sich den Feuerstein «bergfeucht» aus den geologischen Schichten geholt (solche «Pingen» hat man verschiedenenorts noch gefunden). Die an der Oberfläche umherliegenden Stücke hingegen sind meist schon zu ausgetrocknet und zu spröde geworden, so daß sie beim Zuschlagen bröckelig zerspringen.

Im nördlichen Landesteil sind gebietsweise, so um den nördlichen Teil des Sees Genezareth und auf den Höhen des Golan, die Sedimente der Kreide- und Tertiärzeit von recht jungen, pleistozänen Basalten überdeckt worden. Auch dieses etwas gröbere, porösere Material hat der Urmensch benutzt und vielfach gerade seine frühen Geräte gekonnt daraus geschlagen.

Wenn das Auge im Umgang mit dem Formenspiel der Steingeräte deren eigentümliche archaische Schönheit entdeckt, so bleibt diese dem gewohnten Formgefühl doch merkwürdig unnahbar. Wie gerne würde man selbst noch daran herumschlagen und «verbessern»: diesen Absatz, jene Kante oder Unregelmäßigkeit wegnehmen. Und doch liefe es dabei rasch auf ein nur vorgestelltes, normenhaftes, «modernes» Ergebnis hinaus. Die spannungsgeladene Oberfläche zwischen natürlichem Zufall und menschlicher Formkraft wäre durch genormte Langeweile ersetzt. «Es fehlt jegliche Standardisierung der Gerätegruppen, ein allgemeiner Zug in der frühen Altsteinzeit» (Bar-Yosef 1984, S. 241).

Die visuelle Fremdheit der faszinierenden Ästhetik zugeschlagener Faustkeile verliert sich aber bald, nachdem man sie in die Hand genommen hat. Unerwartet gut schmiegen sie sich dem Zugriff an, liegen der umschließenden und wägenden Hand wie angegossen an. Rasch ist abzufühlen, ob das Gerät für die rechte oder linke Hand zugerichtet ist; meist paßt es in die rechte. Die Ästhetik dieser Kunstwerke, die weniger der optischen Betrachtung als der haptischen Berührung entgegenkommen und genügen, berührt den heutigen Menschen fremdartig; dumpfere, dafür willenshaftere Sinne sind an ihnen geübt und genährt worden.

In die Augen fallen auch die verschiedenartigen Patinierungen der Stücke. Solche der allerletzten Steinzeit (Jungsteinzeit) haben oft noch die gleiche Oberflächenfarbe wie frischer Bruch: als Flint blauschwarz oder grau. Ältere Stücke können blaß- oder schokoladenbraun aussehen. Stücke, die lange Zeit an der Bodenoberfläche gelegen haben, sind entweder gelblichweiß ausgebleicht oder stumpf braunschwarz gefärbt. Diese letztere Färbung rührt vom Eisen- und Manganoxidgehalt der Gesteine her, der durch die Tätigkeit von Mikro-Organismen (Cyanophyceen = Blaualgen) allmählich an die Gesteinsoberfläche diffundiert und dort zu einer dunklen Oberflächenkruste erstarrt, zum sogenannten «Wüstenlack».

Die Oberflächenpatina der Steingeräte wird also sowohl durch die Gesteinszusammensetzung als auch die jeweilige Exposition an die Klimaverhältnisse bestimmt. Sie besagt somit noch nichts Sicheres über das reale Alter eines Gerätes. Es kann zum Beispiel lange in den Bodenschichten eingelagert gewesen sein, ohne sich wesentlich zu patinieren. Dann kann es irgendwann von den Sandstürmen freigeblasen oder vom Sturzregen freigewaschen worden sein, von wo an die stärkere Patinierung begann. Es kann unter extremen Verhältnissen sogar recht rasch patiniert worden sein. Sicherheit über das Alter, zumindest über das relative Alter, geben deshalb nur sorgfältige Ausgrabungen aus ungestörten Lagerungen im Boden der Siedlungsplätze und Wohnhöhlen. Der so ermittelte Formenwandel macht dann möglich, in erster Annäherung auch die Oberflächenfunde nach ihrer jeweiligen Gestaltung altersmäßig einzuschätzen. An der Oberfläche liegen oft die Steingeräte verschiedener Zeiten zusammen durcheinander. – Gelegentlich ist ein altpatiniertes Stück dabei, dessen Arbeitskanten mit einer frischen, kaum patinierten Retusche (der feinen Nachbearbeitung der Kanten) versehen ist. Nach großen Zeiträumen hat ein späterer Steinzeitmensch das Gerät einer früheren Steinzeitkultur wieder in die Hand genommen und neu scharf geschlagen. Auch so können sich Jahrzehntausende und mehr in einem Stück begegnen.

Noch ein weiterer Punkt ist vorauszuschicken. Um einen Einblick in die Entwicklung und damit in den Wandel der werdenden Menschheit anhand der urgeschichtlichen Archäologie zu bekommen, sind die zeitlichen Datierungen von besonderem Interesse. Die Methoden anhand von Schotterterrassen der Eis- bzw. Regenzeiten sind durch die Radiokarbon- und Kalium/Argon-Methoden so verfeinert worden, daß manche Umdatierungen früherer Zeitangaben stattgefunden haben und dadurch das Bild der Wandlungen deutlicher geworden ist. Bei aller Weite der Fehlergrenzen schälte sich insgesamt eine Zeitstruktur heraus, die man wie folgt charakterisieren kann: Beachtet man das Einsetzen von Neuerungen und verfolgt ihr Auftreten zeitlich rückwärts, so werden die linearen Zeitlängen immer größer, je weiter man zurückgeht. So begann (für den Vorderen Orient):

die Eisenzeit	ab	1 200 v. Chr.
die Kupfer- und Bronzezeit	ab	4 000
das Neolithikum (geschliffene und gebohrte Werkzeuge)	ab	8 500
das Mesolithikum (mikrolithische Werkzeuge)	ab	17 000
das Jungpaläolithikum (schmale Klingenabschläge)	ab	42 000
das Mittelpaläolithikum (Fäustel und Abschläge)	ab	160 000
das späte Acheulian (spitze Faustkeile)	ab	400 000
das mittlere Acheulian (klassische Faustkeile)	ab	700 000
das frühe Acheulian (grobe Faustkeile)	ab	1 300 000
das Olduwan (Geröllgeräte und Protofaustkeile)	um	2 000 000

Uns kommt es nicht so sehr auf die Absolutzahlen an, sondern mehr auf das, was sich in ihren Relationen ausspricht: das Motiv der Zeitverkürzung zu uns hin; denn das ist nicht zu übersehen.

Das gleiche Phänomen der Zeitstruktur findet sich ebenso in der ganzen Erdgeschichte. Der Beginn

der Nacheiszeit (Holozän) war	vor	10 000 Jahren
der Eiszeiten (Pleistozän)	vor	2 000 000 Jahren
der Erdneuzeit (mit Tertiär)	vor	65 000 000 Jahren
des Mittelalters (Mesozoikum)	vor	250 000 000 Jahren
des Erdaltertums (Paläozoikum)	vor	550 Millionen Jahren
der ersten Mehrzeller	vor	1,0 Milliarden Jahren
der ersten Gesteine	vor	4,0 Milliarden Jahren

Zum Verständnis dieses offensichtlichen Zeitmusters der im Fortschreiten immer gerafften, immer «schnelleren» Evolution gibt es verschiedene Zugänge. Man kann zum Beispiel die aktualistische Voraussetzung, die von unveränderlichen Halbwertzeiten der radioaktiven Isotopen ausgeht, in Frage stellen. Dabei ist jedoch zu bedenken, daß sich durch parallele Eichmethoden die Ergebnisse gegenseitig gut stützen. Das kann heißen, daß sich die Halbwertzeiten unterschiedlicher Substanzen in geologischen Zeiten untereinander nicht verändert haben. Haben sie sich doch verändert, so müßten sie sich alle gleichmäßig im gleichen Zeitmaße verändert haben. Das aber ließe sich nie nachweisen, da der Vergleich mit etwas, das sich dabei nicht verändert hat, fehlt.

Ein anderes ist es, die merkwürdige prinzipielle Unbeeinflußbarkeit radioaktiver Zerfälle als ein Urphänomen zu akzeptieren. Dann aber gehörte ebenso urphänomenal zu den großen Evolutionsvorgängen die wachsende Zeitdehnung in die Vergangenheit, beziehungsweise die zunehmende Zeitverkürzung zur Gegenwart hin. Damit trifft man auf eine viel dynamischere Zeitmetrik, als sie die physikalische Taktzeit vorgibt. Nicht die arithmetische Zeitstruktur additiv gleicher Zeitlängen bestimmte dann alles Evolutionsgeschehen, sondern eine *logarithmische* Zeitmetrik. Gleichwertige Entwicklungsstufen erfolgen offenbar nicht in quantitativ identischer Wiederholung, sondern so, daß die bisher durchlaufene Zeit selbst einen Einfluß auf den Eintritt der weiteren qualitativen Zeitstufung hat. Die logarithmisierenden Zeitabläufe bestehen darin, daß die Größe der durchlaufenen Zeit selbst bewirkt, daß

weniger Zeit für den nächsten Qualitätssprung nötig wird. Es ist so, daß sich das Ausmaß durchlaufener Vergangenheit geradezu wie ein Lernprozeß darstellt, der die weitere Entwicklung eher, rascher, direkter an die nächste Stufe heranzuführen geeignet ist. Der Einbezug bereits vollendeter Zeit in die noch werdende Zeit ist das Wesensmerkmal und der Kern logarithmischer Zeitabläufe.
Wir stoßen hier vielleicht auf ein Gesetz kosmogonischen Ausmaßes. Die Mathematik hat seit Bernoulli und Euler beschrieben, wie die natürlichen Logarithmen auf der Wachstumszahl ungemindertes Wachstum in Lebensprozessen beschreiben. Alle Molluskenschalen zeigen solche logarithmischen Spiralen, Wachstumslinien und Kammerungen, wie sie an jedem Schneckenhaus oder Ammoniten zu sehen sind. Während zwar dabei eine räumliche Vermehrung, also volumenmäßige Ausdehnung zu beobachten ist, geschieht zeitlich eine Verkürzung, indem gleiche Mengen lebender Substanz in immer kürzeren Zeitspannen gebildet werden können. Jeder Zuwachs an lebender Substanz bewirkt ja, daß im nächsten Moment mehr als im vorhergegangenen gebildet werden kann, weil der gerade eben zuvor gebildete Anteil selbst wieder mithilft, neue Substanz zu bilden. Das ist ja der Vorgang allen exponentiellen, sprich: logarithmischen Wachstums. Davon ist offensichtlich sowohl der Ablauf der Erdgeschichte wie derjenige der menschlichen Urgeschichte durchdrungen: In gleichen Zeitabständen nimmt der Anteil der Innovationen, der Neueinschläge logarithmisierend zu. Evolution ist nicht bloßer einförmiger Zeittakt, auch nicht eine zufällige Verteilung beliebiger Geschehnisse, sondern ein zeitlicher Vorgang zunehmender Ereignishäufung. Im psychischen Bereich würden wir ihn als Lernen bezeichnen, im biologischen hat die Evolutionskunde schon des letzten Jahrhunderts von der sich verkürzenden Rekapitulation gesprochen (Biogenetische Regel von Haeckel). Im psycho-physiologischen Bereich ist die logarithmische Metrik als Fechnersches Gesetz bekannt: Alle Sinneswahrnehmungen werden nicht in gleich große seelische Empfindungen umgesetzt, sondern – innerhalb normaler Beanspruchung – in deren logarithmische Äquivalente. So hören wir zum Beispiel die Oktavstufen über einen Grundton in der seelischen Empfindung als gleichgroße Intervalle, obgleich die physikalischen Frequenzen der Töne exponential zunehmen: 1/2/4/8/16 etc. Gleiche Abstände halten dabei nur die Exponenten (Logarithmen): $2^0/2^1/2^2/2^3/2^4$ etc. Das gilt bei näherem Zusehen für den Zusammenhang der Reiz- und Empfindungsgrößen aller Sinneswahrnehmungen (siehe Bindel).
Hiermit aber entdecken wir am Phänomen der rückwärtsgerichteten Zeitdehnung auch in der urgeschichtlichen Entwicklung des Menschen und seines kulturellen Wandels, daß eine charakteristische Zeitgestalt wie bei jeder echten Entwicklung vorliegt. Wir akzeptieren durchaus die heutigen Datierungen durch physikalische Methoden, denn durch dieselben wird die Metrik lebendiger Entwicklung selbst anschaubar. Was sich auf der physikalischen Skala als quantitativ unterschiedliche Zeitlängen darstellt, sind im Bereich echter Entwicklung qualitativ gleichwertige Stufungen. Sie sind in qualitativer Hinsicht sozusagen «gleich lang», weil gleich bedeutsam. Damit verlieren die großen Zeiträume der menschlichen Urgeschichte ihren sonst unverständlichen Charakter und können angemessener eingeschätzt werden.

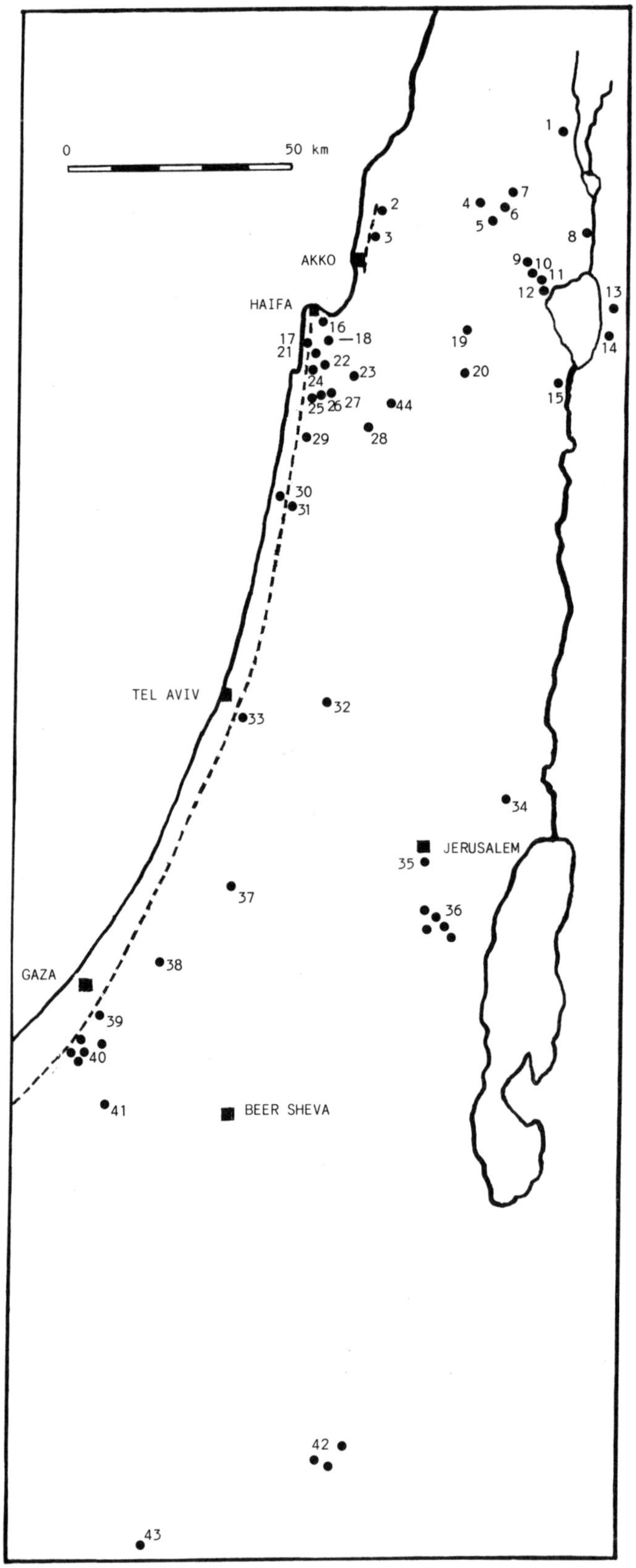

Abb. 1: Fundorte des Alt- und Mittel-Paläolithikums im Pleistozän Israels:
1 Ma'ayan Barukh;
2 Saar;
3 Evron;
4 Sasa;
5 Dalton;
6 Baram;
7 Yiron;
8 Gesher Benot Ya'acov;
9 Shovakh-Höhle;
10 Amud-Höhle;
11 Zuttiyeh-Höhle;
12 Emira-Höhle;
13 Nahal En Gev;
14 En Gev;
15 Ubeidiya;
16 Geula-Höhle;
17 Tirat-Carmel;
18 Sheich Suleiman-Höhle;
19 Hayonim-Höhle;
20 Qafzeh-Höhle;
21 Oren- u. Abu-Usba-Höhle;
22 Sefunim-Höhle;
23 Rakefet-Höhle;
24 Mislia-Höhle;
25 Tabun-Höhle;
26 El-Wad-Höhle;
27 Skuhul-Höhle;
28 En Tut;
29 Kebara-Höhle;
30 Hedera V;
31 Hefziba;
32 Shuqba-Höhle;
33 Holon;
34 Jericho;
35 Rephaim-Baqa'a;
36 Qumm-Qatafa und benachbarte Höhlen;
37 Kfar Menahem;
38 Tel Hesi;
39 Beeri;
40 Kissufim-Region;
41 En Sharuhen;
42 Avdat-Region;
43 Har Harif-Region;
44 Hazorea (nach Ronen).
- - - Westgrenze des Acheulian

Die frühe Altsteinzeit

Als erstes sei die Aufmerksamkeit auf die frühen Steinzeitkulturen gerichtet, auf das Alt-Paläolithikum, die frühe Altsteinzeit also. Die wichtigsten bekanntgewordenen Siedlungsplätze in Israel liegen entlang der Mittelmeerküste, im oberen Jordangraben und auf dem dazwischenliegenden Bergland: am Meron in Obergaliläa, auf dem judäischen Gebirge um Jerusalem, Bethlehem und Tequoa und, im Süden, im nördlichen Negevgebiet (siehe Karte). Es sind in jedem Falle Orte, die noch heute in Wassernähe liegen, auch im Negev.
Die bisher ältesten Funde wurden bei Ubeidiya gemacht, einer Feldflur südlich des Sees Genezareth. Drei Kilometer südlich des Ausflusses des Jordans wurden sie am Westhang des weiten Tales gegenüber dem Kibbutz Afiqim, nördlich von Menahemya 1959 gefunden. «Ubeidiya» heißt «Ort der Diener». Bulldozer, die für Erdarbeiten zur Anlage eines Weinberges eingesetzt worden waren, brachten Knochen zutage, die von längst ausgestorbenen Säugetieren stammen. Die anschließend durchgeführten archäologischen Ausgrabungen brachten auch einige menschliche Zahn- und Knochenreste und dazu eine Fülle von äußerst frühen, bisher so nur in Afrika gefundenen Steinartefakten zutage (Stekelis 1966a, Bar-Yosef 1978).
Vor Ort hat man einen weiten Blick über das hier etwa 10 km breite Jordantal, durch das der Fluß seine eingegrabenen Schlingen zieht. Doch muß die Landschaft zur Zeit des frühen Urmenschen völlig anders ausgesehen haben. Die ergrabenen Fundschichten liegen nicht wie bei ihrer Ablagerung horizontal, sondern stehen stark schräg verkippt! Sie wurden steilgestellt durch den erst später erfolgten Einbruch des Jordangrabens (Tafel 33). Das heißt aber, daß der Mensch hier schon vor der geologischen Grabenbildung und damit auch räumlich höher gelebt hat. Jetzt liegt das Gelände etwa 200 Meter unter dem Spiegel des Mittelmeers. Damals hat es über ihm gelegen, am Rande eines Süßwassersees, wie es die Ablagerungen von bezeichnenden Schnecken-, Fisch- und Schildkrötenresten im ehemaligen Uferschotter berichten.
Lange haben die Datierungen der Fundschichten geschwankt. Jetzt ist man sicher, daß sie älter als die Eiszeiten sind und aus dem letzten ausgehenden Tertiär stammen (Repenning u. Fejfar). Damit enthalten sie die bis heute frühesten Nachweise des Menschen außerhalb Afrikas! Die relative Knochendicke der wenigen dort gefundenen Schädelbruchstücke lassen auf das Vorkommen des frühen Homo erectus schließen, wie er geologisch ähnlich alt auch vom Turkana-See in Kenia und aus der Olduway-Schlucht in Tansania Ostafrikas überliefert ist. Der Jordangraben, die nördlichste Fortsetzung des ostafrikanischen Rift-Valleys, ist der zeitlich jüngste Teil dieses Grabenbruchsystems. Während das ostafrikanische Rift-Valley sich schon im frühen Tertiär gebildet hat, sind im Jungtertiär (Miozän) das Rote Meer

und die Anlage der Arava-Senke sowie des Jordan-Grabens entstanden, wobei eine starke Absenkung, welche heute noch im Gange ist, erst im letzten Tertiärabschnitt (Pliozän) einsetzte und besonders während der Eiszeiten (Pleistozän) sich vertiefte (siehe den Beitrag von Schmutz). Der Jordan ist, wie die Geographen zu sagen pflegen, «der jüngste Fluß der Erde».

Der Mensch lebte also schon in Ubeidiya, als das Jordantal noch ganz anders aussah. Er hat durch zahllose Generationen hindurch der Bildung dieser tiefsten Landrinne und seines Flusses zugesehen. Er hat später miterlebt, wie die Massen der Basaltlava auf dem Golan hochstiegen und in breiten Strömen nördlich des Sees Genezareth in das obere Jordantal herunterströmten und es zur Hulasee-Ebene aufstauten. Vom Beginn bis zur Mitte des Pleistozän erlebte der vorgeschichtliche Mensch dieses einschneidende Geschehen. Menschheitsgeschichte und Erdgeschichte haben sich hier verschlungen.

So war auch das Werkmaterial in Ubeidiya zuerst der Feuerstein und Kalkstein der Oberkreide und des Alttertiärs; später erst kam dann mehr und mehr der Basalt hinzu und zwar in dem Maße, wie die vulkanischen Deckenbasalte im Nordosten das Land überflossen. In dem kleinen archäologischen Museum von Qazrin am westlichen Golan kann man vom Menschen behauene Feuersteingeräte sehen, die von der noch glühenden Lava im Pleistozän vor etwa 230 000 Jahren nachträglich überdeckt und rotgebrannt worden sind.

Wie aber ist das erste Formenspektrum der Steingeräte beschaffen, das jene Frühmenschen schufen? Das Ausgangsmaterial waren rundliche Feuersteinknollen gewesen oder vom Wasser gerundete Kalkgerölle. Sie wurden zu einigermaßen regelmäßigen Kugeln zurechtgestoßen, den «Bolas» oder «Sphäroiden». Eine Abart waren allseitig zu angenäherter Kugelform zurechtgeschlagene Vielflächner, die «Polyeder». Von hier aus war es nicht weit zu Geröllen, an denen die Kuppe einseitig oder beiderseitig so weggeschlagen wurde, daß ein scharfer Grat entstand. Aus einem gestaltlich indifferenten Naturstein wurde so eine prononcierte, scharf gekantete Form erreicht (Geröllgeräte, Chopper). Sphärische Ausdehnung, erste Flächenerfahrungen und erstmalige Kantenformen stellten die Urentdeckungen der Raumelemente dar: Volumen, Fläche und Linie. Hier half die Hand dem Auge und das Auge der Hand wohl gleichermaßen.

Die meisten Steingeräte lassen sich gut auf zwei diametral verschiedene Arten der Herstellung verteilen. Entweder bleibt das Werkstück als Kern des Rohstückes übrig, von dem man die «Abschläge» rundherum weggeschlagen hat. Oder aber die Schläge werden so treffend gesetzt, daß die abgeschlagenen Stücke selbst das gewünschte Gerät sind; dann kann man von einem Kern viele Geräte gewinnen, der Kernrest selbst bleibt Abfall. Lange glaubte man, es hier mit zwei prinzipiell getrennten Steinwerkzeugkulturen zu tun zu haben. Aber es zeigte sich immer wieder, daß fast in jedem steinzeitlichen Kulturkreis beide Herstellungsweisen zu finden sind. Auffällig und typisch ist allerdings, daß im allgemeinen anfangs, in den älteren Zeiten, die Kerngeräte überwiegen; dann holen die Abschlaggeräte auf. Später nehmen die Kerngeräte deutlich ab, bis dann im Jungpaläolithikum, Mesolithikum und Neolithikum praktisch nur noch Abschlagkulturen da sind.

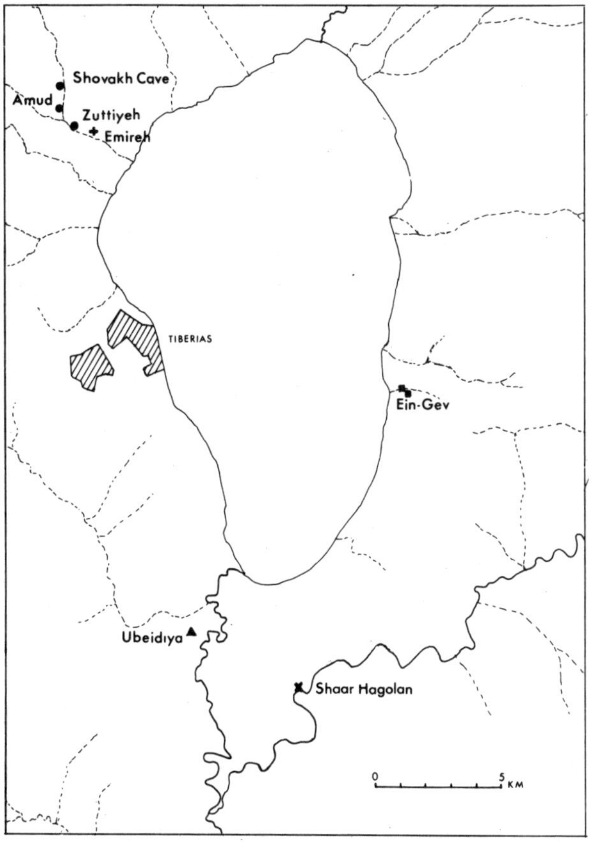

▲ Alt-Palaeolithikum
● Mittel-Palaeolithikum
+ Jung-Palaeolithikum
■ Epi-Palaeolithikum
× Neolithikum

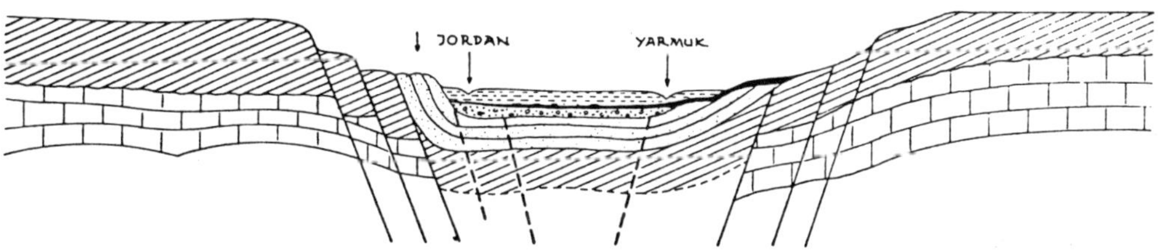

Lisan-Mergel des «Lisan-Sees» (Oberes Pleistozän)
Grobe Flußschotter (Mittleres Pleistozän)
Basalt- und Lava-Ausfluß vom Golan (Mittleres Pleistozän)
Süßwassersee- und Flußablagerungen mit Geröllgeräten (Frühstes Pleistozän)
Pliozäne Deckenbasalte auf Süß-, Brack- und (selten) Meerwasserablagerungen des Jungtertiärs
Kalkgesteine des Alttertiärs (Eozän) und der Oberen Kreide

Abb. 2: Die Fundstelle Ubeidiya, 3,5 km südlich des Sees Genezareth am westlichen Rande des Jordantales gelegen. *Oben* Lageskizze (nach Stekelis 1966a). *Unten* West-Ost-Querschnitt durch das Jordan-Yarmuk-Tal südlich des Sees Genezareth; Pfeil: Ubeidiya mit schräggestellten Süßwasser-Schichten des Melanopsis-Stadiums aus dem frühsten Pleistozän (siehe auch Tafel 33).

Abb. 3: Polyeder und Geröllgerät von Ubeidiya (Naturhistorisches Museum Basel, Aufnahme A. Schad).

Sieht man diese verschiedenartig zugerichteten Gesteine zum ersten Mal, so wirken viele auf den ersten Blick wie bloße Naturgebilde. Was hat daran die Natur, was der Mensch geformt? Erst die nähere Kenntnis von Abschlagmerkmalen wie Schlagbuckel, Schlagwellen sowie Schlagstrahlen und die Wiederholung des Formenkanons an vielen Exemplaren gibt über ihre menschliche Herkunft sichere Kunde. Und doch gehört berechtigterweise zu ihrem Charakter der Eindruck, daß sich die Kulturform noch nicht in betonter Weise von den natürlichen Gestaltungen der Steine absetzte, sondern sich an diese in allen Übergängen anschloß. Die passenden Geröllsteine sind oft schon dadurch ausgewählt worden, daß sie die Gestalt des daraus herzustellenden Gebildes vorgaben. Ja, es gehört immer eine Anzahl von Stücken dazu, an denen man nur schwer oder gar nicht entscheiden kann, ob sie Natur- oder Kulturprodukte sind.

Diese Sachlage macht darauf aufmerksam, daß wir beim Frühmenschen mit einem doch sehr andersartigen Bewußtsein zu tun haben, als es für den modernen Menschen bezeichnend ist. Menschliche Tätigkeit und Naturvorgänge gingen gleichsam ineinander über. Man kann geradezu von einem noch mit der Welt verwachsenen Bewußtsein sprechen. Man hat im Anblick der Stücke oft das Bedürfnis, sie rasch mit einigen zielstrebigen Schlägen noch eindeutiger zu Menschenwerk zu machen. Warum war das beim damaligen Menschen nicht so? Wie war sein Bewußtsein? Wie weit ist es dem Bewußtsein des Jetztmenschen, unserem Bewußtsein, überhaupt zugänglich?

Dem kritischen Wissenschaftsbewußtsein steht es gut an, daß es in seiner gewohnten Form sich seiner Begrenzung bewußt ist. Die Wahrnehmung dieser eigenen Bewußtseinsbegrenzung ist aber gerade dabei selbst zugleich immer schon der erste Schritt, sich aus der engen Perspektive gewohnter Denkformen herauszulösen, weil es in der Bemerkung dieser Grenze schon die erste Überschau über ein größeres Terrain erreicht. So steht es dem wissenschaftlichen Bewußtsein ebensogut an, in der Rechenschaft der Selbstreflexion seine Bewußtseinslage zu erweitern. Darauf beruhte ja immer die Möglichkeit zum methodischen Fortschritt.
Vor dem Hintergrund aller frühen, vorsapienten Menschen zeigt die Grenzbestimmung des heutigen wissenschaftlichen Gegenstandsbewußtseins, daß es in der prinzipiellen Unterscheidbarkeit des eigenen Bewußtseins von der Objektwelt besteht. Dieser Cartesianismus, nur die eigenen Bewußtseinsinhalte von der Welt in Form von Modellvorstellungen gelten zu lassen, nie aber die reale Welt selber, kennzeichnet sich selbst als Solipsismus: Man kenne nur allein (solus) sich selbst (ipse); alles andere sei naiv. Das heißt aber nichts anderes, als daß das Selbstverständnis des wissenschaftlichen Gegenstandsbewußtseins nicht in der Beschreibung der Objektwelt liegt, sondern in der Beschreibung unserer Auffassungen von der Objektwelt. Die Weltinhalte bleiben uns damit auf dieser Bewußtseinsebene durch ein solches Bewußtsein prinzipiell fremd. Sie stehen uns nur gegenüber, sind «Gegen-Stände» in der «Gegen-Wart». Greifen wir in sie ein, so verformen wir sie nach unseren Auffassungen und Vorstellungen. Und wir schaffen dadurch mit Hilfe planmäßig herbeigeführter Techniken eine zweite Welt, die vielfach gegen die ursprüngliche, vorgefundene Welt gerichtet ist. Unsere Zivilisation ist somit die Verwirklichung unseres solipsistischen Verhältnisses zur Welt.
Das Weltverhältnis des Frühmenschen war bewußtseinsmäßig offensichtlich ein anderes. Wir nannten es weltverwachsen. Ist es von der cartesianischen Bewußtseinslage her überhaupt zu erfassen? Das wohl nicht. Der Fortschritt der Forschung auf diesem Felde wäre erst dann gegeben, wenn sie auf die wissenschaftlich methodisierbaren Einstellungen abzielte, die auch im heutigen Bewußtsein Weltoffenheit vorfinden. Das ist in der Bewußtseinsanalyse nicht die Vorstellung, *sondern die Wahrnehmung*. Beide menschliche Fähigkeiten sind im heutigen Bewußtsein eng verknüpft und doch unterscheidbar. Was wäre, wenn wir unsere Vorstellungen für Wahrnehmungen hielten? Wir könnten Schein von Wirklichkeit nicht unterscheiden. Geht man hier in der Selbstbeobachtung vorsichtig vor, so entdeckt man, daß das meiste, was man für Wahrnehmungen hält, doch schon von begriffsbestimmter Vorstellung durchsetzt ist. Man versuche nur einen bloßen Stein zu betrachten, ohne den Begriff «Stein» einfließen zu lassen, oder die Wahrnehmung nicht nur zur simplen Bestätigung bisheriger Erinnerungsvorstellungen zu benutzen. Man versuche nur ein Steinwerkzeug als wortfreies und wertfreies Gebilde in die Hand zu nehmen und sich jeglicher Vorinterpretation wie z.B. «Werkzeug» zu enthalten. Damit kann man bei sich selbst die Bewußtseinsformen abbauen, die dem neuzeitlichen Menschen zum erheblichen Teil im Wege stehen und ihn veranlassen, das eigene Bewußtsein unreflektiert in die vorgeschichtlichen Menschen zu projizieren. Eine Hilfe vor dieser Gefahr sind die großartigen Entdeckungen der modernen

Künstler des 20. Jahrhunderts. Sie wollen gerade nicht in der naturalistischen Wiedergabe der Seh- (und das heißt meist Vorstellungs-) gewohnheiten bekannter Sujets verbleiben, sondern im Abbau einer der Vorstellung nur schmeichelnden gegenständlichen Kunst direkter und unmittelbarer an die Wahrnehmungswirklichkeit heranführen. Es ist ein lohnendes Kapitel, die enge Parallelität ungegenständlicher Kunst und paradigmenwechselnder Forschung in unserem Jahrhundert zu verfolgen. Malerei, Plastik und Musik sind dazu übergegangen, die Eigenwerte der sinnlichen Grundelemente selbst als reine Kunst anzunehmen und nicht mehr Zweck-transportierende Darstellungen. Besonders in den bildenden Künsten wurden die leibunmittelbaren Sinnesqualitäten in den Mittelpunkt gerückt: die Linie und die Fläche, die Farbe oder das Hell-Dunkel, die reine Form, ja die Materialqualität selber. Der echte Künstler zwingt nicht mehr das Material in die ausgedachte Form, sondern will dem stofflichen Medium durch seine Mitarbeit zu dessen eigenständigem Ausdruck verhelfen (Steiner 1888). Tastsinn, Materialsinn, Bewegungssinn, Gleichgewichtssinn (Symmetriesinn) stehen dabei im Vordergrund. Besonders diese «archaischeren», d.h. erfahrungsintensiveren, begriffs- und vorstellungsferneren Sinne erlauben uns mehr als Seh- und Hörsinn, zu reineren, vorstellungsgereinigteren Wahrnehmungen zu kommen und dadurch die Wirklichkeit direkter, schablonenfreier zu erfassen. Wirkt nicht dadurch moderne Kunst vielfach oft um vieles intensiver, unmittelbarer? Besteht nicht gerade heute aber auch eine viel unmittelbarere Beziehung zwischen der modernsten und der frühesten Kunst der Menschen als je in allen Epochen dazwischen?

Schon die Höhlenmalereien von Altamira hielt man zuerst für Fälschungen moderner Maler, weil sie nur mit dem damals neuesten Malstil, dem französischen Impressionismus, vergleichbar erschienen. Sind wir nicht heute gegen Ende dieses Jahrhunderts besser in der Lage, uns an die Bewußtseinskonstitution des Frühmenschen heranzutasten, als die ältere Archäologie? Wir entdecken mehr als die letzten Jahrhunderte die Wahrnehmungsfelder der leibvermittelnden Sinne. Wir nannten schon Tastsinn, Materialsinn, Bewegungssinn und Gleichgewichtssinn. Sie liefern bei näherer Bewußtmachung einen wesentlichen Anteil zur eigenen Leiberfahrung. Wir tasten, wenn wir tasten, nicht nur einen äußeren Gegenstand, sondern werden zugleich dabei dumpf der eigenen Haut- und Handverformung inne: Wir nehmen den eigenen Leib mit wahr. So messen wir dumpf-halbbewußt das Material des Gegenstandes an dem Unterschied zur eigenen physiologischen Substanz, Bewegungen an der eigenen Beweglichkeit, Symmetrien am eigenen Gleichgewicht. Auch Wärme und Kälte nehmen wir aus dem Vergleich mit der Eigenwärme wahr (siehe auch Steiner 1980). Die Wahrnehmung des eigenen Leibes suchen wir noch am ehesten, wenn wir uns gerade nicht mit ihm identisch fühlen, wenn er nicht selbstverständlicher Teil unseres Subjektes, sondern noch Objekt ist. Der starke Einsatz der leibwahrnehmenden Sinne an den frühen Steingeräten ist ein Fingerzeig darauf, daß der frühe Mensch ein anderes Verhältnis nicht nur zu seiner Umwelt, sondern auch zur eigenen Leiblichkeit hatte, die wohl noch nicht so sehr als die subjekthaft-eigene erlebt wurde. «Mein Leib» kann erst sagen, wer zum Ichbewußtsein voll erwacht ist. Noch heute klingt beim kleinen Kind seine oftmals noch befremdliche Distanz zum eigenen Körper an, der nur wie von außen, gleichsam nur sachlich gegeben angenommen wird. Die leibwahrnehmenden Sinne werden dafür um so stärker gesucht und benutzt.

So ist es auch nur wenig möglich, die Eigenwelt der frühen Steingeräte über das fotografische Bild oder auch nur über den Anblick in der Museumsvitrine zu erfahren. Das Auge ist zu wenig. Die visuelle Form reicht nicht. Sie liefert zu schnell nur Vorstellungsmuster. Man muß die Stücke in die Hand nehmen und fühlen, wie sie in der Hand liegen, man muß ihr Gewicht spüren und wahrnehmen, ob sie sich mehr der linken oder rechten Hand anschmiegen, ob die Form eine kräftigere oder jedenfalls anders gestaltete Hand fordert. Man lernt von den Steingebilden, «mehr mit den Händen sehen.» Es stellt sich dann durch Übung zunehmend das Urteil davon ein, was daran gerade nicht Naturbildung, sondern – trotz gleitender Übergänge – menschliche Qualität der Formgebung ist. Und mehr noch, es erscheint einem ebenso wichtig, sich nicht nur in das fertige Ergebnis, sondern auch in den Vorgang der Herstellung einzufühlen. Welche Erfahrung bedeutete für das frühe Bewußtsein schon allein das Material «Stein» gegenüber der Tastbegegnung mit Pflanzen und Tieren? Welche starke Anziehung haben die glatt- und rundgeriebenen Flußgerölle auf den Frühmenschen ausgeübt? Was wurde im Sozialverband von den Erfahrungen anderer nachahmend übernommen? Was bedeutete es, nicht nur kontemplativ die Freude am naturgeformten Kiesel zu erleben, sondern ihm selbst mit kräftigen Schlägen neue Oberflächen und Profile, Kanten und Spitzen zu geben?

Geht man das frühe Formenspektrum von Ubeidiya durch, so werden die genannten Erfahrungen geradezu herausgefordert. Die Stücke wurden tatsächlich stark nach dem Charakter des jeweiligen Materials so oder anders geformt. Die kantig zugeschlagenen Chopping-tools waren in der Mehrzahl aus dem scharf springenden Flint (Feuerstein) hergestellt worden, die rundlichen Kugelformen aus dem weichen Kalk. Die ersten zweiseitigen Faustkeile sind zumeist nur aus dem vulkanischen Basalt, die zugespitzten Stücke etwa gleich häufig aus Basalt wie aus Flint. Gilead (1970) schreibt: «Es herrscht eine deutliche Bevorzugung bestimmter Rohmaterialien für bestimmte Geräteklassen», und Bar-Yosef (1984) bestätigt: «Das Gesamtinventar zeigt eine hohe Korrelation zwischen Rohmaterial und Geräte-Typen.» Die Formen stimmen mit dem Charakter des Materials überein, sie wurden noch nicht dem Stoff «übergestülpt». Die Gestaltung selbst ist noch ganz materialgerecht.

Man fand vor Ort vier räumliche und damit auch zeitliche Schichten, die gewisse erste Andeutungen einer Formenentwicklung erkennen ließen. Die älteste Schicht bot mit ihren wenigen Geröllgeräten (Chopping-tools), Kern- und Abschlagstücken (insgesamt nur 23) noch wenig Vergleichsmöglichkeiten.

Die nächste Schicht (Phase II) brachte mit über 500 Stücken ein reiches Formenspektrum von Kugelformen (Sphäroide), Vielflächnern (Polyeder), Geröllwerkzeugen (Chopping-tools), zugespitzten Stücken (Picks), kubischen Gebilden (Cuboide) und zahlreichen Abschlägen mit übriggebliebenen Kernen.

In der nächst jüngeren Schicht (Phase III) bieten sich mit nur knapp 150 Stücken nur wenig mehr Vergleichsmöglichkeiten. Immerhin, die meisten Formen der vorherigen Schicht sind ebenfalls vorhanden, ohne neue Formtypen. – Diese drei Schichten

der Phasen I–III zeigen eine direkte Formenverwandschaft mit frühen ostafrikanischen Funden der Olduway-Schlucht Tansanias (Bed II). Deshalb wurden sie zusammen als «Israel-Variante des Olduwan, Bed II» (IVO II) bezeichnet; später, weil doch insgesamt schon fortgeschrittener, als «Entwickeltes Olduwan II».
In der folgenden letzten Schicht mit über 200 Stücken verschwinden auffälligerweise die Sphäroide völlig. Andererseits nehmen die zugespitzten Geräte stark zu und ganz neu treten die ersten echten, fast nur aus Basalt zugerichteten Faustkeile auf (handaxes, bifaces). Diese neue Form spielt nun in der weiteren Entwicklung eine solch zentrale und durchgängige Rolle, daß man von nun an eine neue Epoche der Altsteinzeit rechnet. Man nennt sie nach dem ersten Fundort in Nordfrankreich, dem Vorort St. Acheul von Amiens das «Acheulian» und die frühe Phase desselben nach einem nahe dabei gelegenen Fundort Abbeville auch das «Abbevillian». Die Ausgräber von Ubeidiya bezeichnen deshalb das vierte vorgefundene Inventar die «Israel-Variante des Abbevillian» (IVA).
Damit hat dieser älteste Erweis der Existenz des Menschen außerhalb von Afrika gerade den Übergang von den faustkeillosen zu den Faustkeil-Kulturen erbracht. Die ältesten Faustkeilfunde in Ostafrika werden auf die frühe Eiszeit mit 1,5 Millionen Jahren (Fundort Olduwayschlucht in Tansania) angesetzt. In Nordwestafrika setzt die Faustkeilkultur erst vor 700 000 Jahren ein, in Europa sogar erst vor 500 000 Jahren (Hahn). So ist die Datierung von Ubeidiya sehr unterschiedlich eingeschätzt worden. Sicher älter als 1 Million, reichen die Datierungsversuche der ältesten Schichten bis 2,5 Millionen Jahre zurück. Die untermischten Tierknochenreste erzählen von einer Säugetierwelt, wie sie im Übergang vom Tertiär zu den Eiszeiten um 2 Millionen v. Chr. gelebt hat (Repenning u. Fejfar). Die jüngste, faustkeilführende Schicht ist zwar schon jünger, aber immer noch älter als die starke Endphase des Einbruches des Jordantales, die etwas vor 700 000 Jahren stattgefunden hatte. Die Faustkeilhersteller in Ubeidiya hatten so von den vulkanischen Golanhängen noch nichts gesehen.
Was aber haben sie bei ihrer Steinbearbeitung zu sehen gelernt? Nehmen wir die heutigen Kenntnisse der frühesten afrikanischen Inventare hinzu, so sind es in erster Linie runde Gesteinsformen, wie sie schon die Erosion an Fluß- und Strandgeröllen herausgeschliffen hatte und wie sie vom Menschen durch Stoßen und Schlagen der Kugelform weiter angenähert wurden: die Sphäroide. Das Erlebnis der angenäherten Regelmäßigkeit und Einheitlichkeit der Formgebärde war der Beginn in der Auseinandersetzung mit der harten Materie des Steines. Im runden *Volumen* wurde die Urgestalt der Kugelsphäre leiblich und seelisch zugleich erstmals greifbar. Von Ostafrika (Olduway) kennen wir solche vom Menschen bearbeitete Bolas mit einem Alter von 1,8 bis 2 Millionen Jahren (Isaac u. Leakey).
Die nächst verwandten Formen stellen die Polyeder dar. Aus unregelmäßigeren Geröllen schlug der Urmensch in tangentialen Schlägen die natürlichen Unebenheiten und Rundungen weg, bis ein reich facettiertes und doch noch kugelnahes Gebilde entstanden war. Das Neue war die Facette, die Abschlag*fläche.* Das flächige Element der Ebene wurde im tastenden Vollzug am räumlichen Gebilde gefunden, bemerkt, entdeckt.

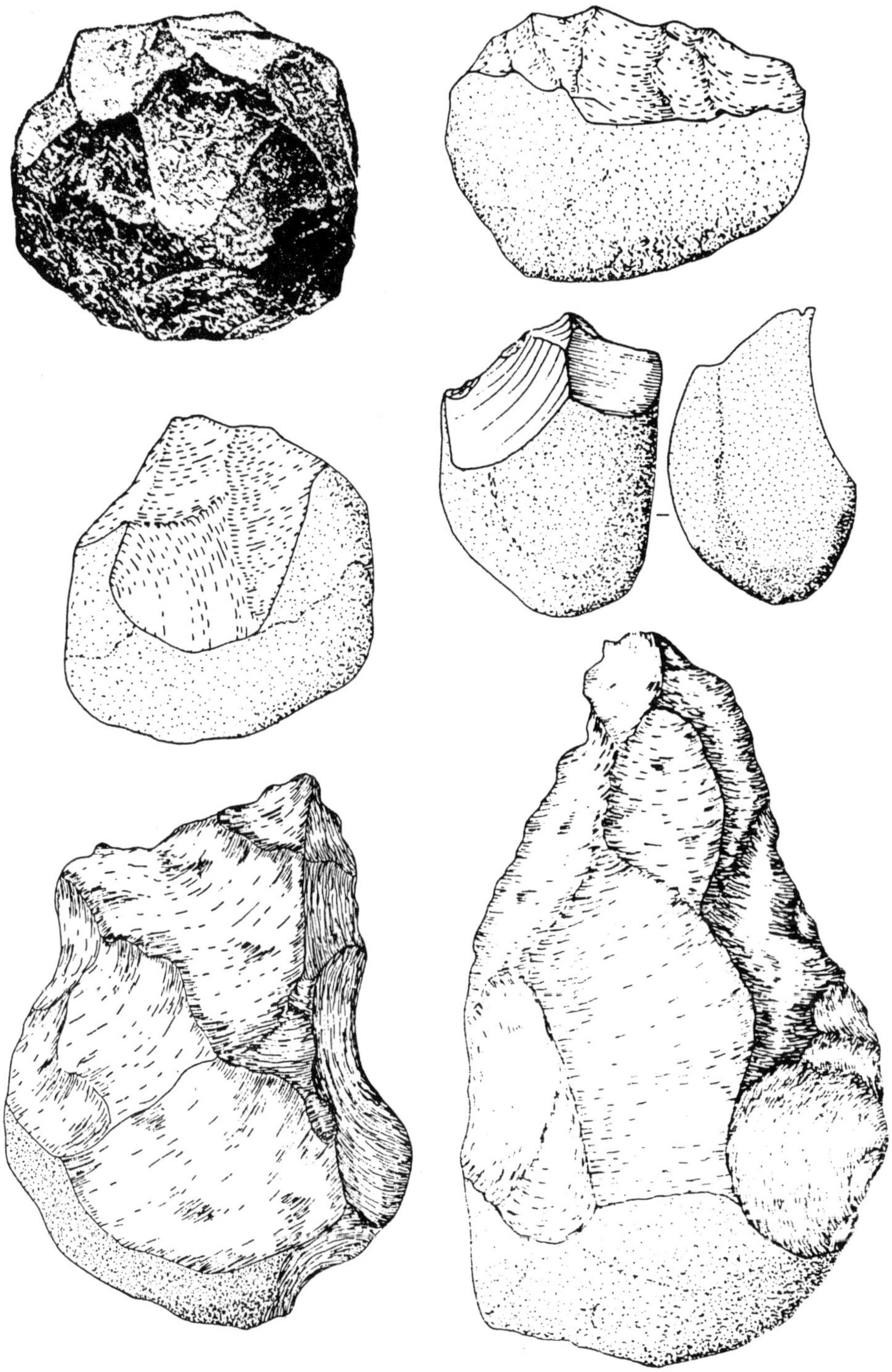

Abb. 4: Vom Menschen geschlagene Steine von Ubeidiya. *Oben links* Polyeder, *rechts und Mitte* Geröllgeräte (Chopping-tools), *unten* Protofaustkeile; 0,56x (aus Stekelis 1966a).

Der nächste Schritt war die Bearbeitung von Geröllsteinen durch wenige, gezielte Schläge von ein oder zwei Seiten her, so daß erste scharfe Kanten entstanden. Diese Geröllgeräte (Pebble-tools) oder Haugeräte (Chopper, Chopping-tools) bedeuten eine neue Entdeckung. Im suchenden Schlag und Gegenschlag wurde an der Kante die *Linie* als neue selbsterzeugte Raumerfahrung erobert und wohl auch vorstellungsmäßig erstmals erfaßt.
Wie wichtig allein diese drei genannten Primärerfahrungen von Volumen, Fläche und Linie an den Sphäroiden, Polyedern und Choppern war, spricht sich darin aus, daß sie über Zeiträume von wahrhaft geologischem Ausmaß geübt und beibehalten wurden. Was für eine Bewußtseinshaltung muß das gewesen sein, welche den Umgang mit diesen Urformen so lange für wertvoll genug hielt? Sie wurden durch praktisch alle Epochen der Steinzeit beibehalten.
Sehr langsam traten andere Formen hinzu. Dabei lassen sich zwei verschiedene Typenreihen verfolgen. Die eine besteht in der Fortsetzung der genannten ersten Entwicklung, den vorgegebenen Kernstein zu behandeln. Die andere besteht aus dem Formenspektrum der Abschlagstücke und ihrer Verarbeitung. Sehen wir uns zunächst noch weiter im ersten dieser beiden Formenkreise um.
Nachdem die Herstellung des Volumens, der Fläche und der Kante gefunden worden war, wird nun die Möglichkeit entdeckt, die Spitze herauszuarbeiten: Die ersten Picks und Faustkeilfrühformen stellen sich ein. Der Stein wird so zugeschlagen, daß seine Gestalt in einem herausragenden Punkt, in dem alle Konturen zusammenlaufen, gipfelt. Auf ihn zielt nun in vielen Fällen die Herstellung ab. Noch wirken auch diese Formen recht polyedrisch. Es sind meist drei- oder vierseitige Faustkeile mit noch kaum überarbeitetem Handgriff (Proto-Faustkeil). Im ganzen sind sie recht groß, oft noch mehr als handlang. Die grob zurechtgesplitterten Geräte wurden noch vielfach durch kraftvolles Aufschlagen auf eine harte Gesteinsunterlage hergestellt (Amboßtechnik).
Wir stehen vor einem erstaunlichen Vorgang der Formenabfolge. Von der Formung der Kugel als der fülligsten Gestalt des dreidimensionalen Volumens aus werden schrittweise alle Elemente des Raumes erfaßt: am Polyeder die vielfältige Zweidimensionalität seiner Flächen, am Chopper die eindimensionale, lineare Kante, am Pick (Bohrer) die Betonung der punkthaften Spitze, der nullten Dimension. Damit gelangen wir zu einem bedeutungsvollen Ergebnis: Die frühesten Kulturstufen stellen sich zugleich als Stufen einer echten Bewußtseinsentwicklung heraus. Von einem ganzheitlichen Erfassen des Raumes in seinem sphärischen Volumen werden stufenweise die einzelnen Elemente der Geometrie des Raumes «handgreiflich» herausgeschält. Von einem sphärisch eingebundenen Gesamtbewußtsein hin zur Analyse der einzelnen Raumaspekte verwandelte und differenzierte sich das erste Vorstellungsvermögen.

Die Faustkeilkultur

Nachdem diese Grunderfahrungen gewonnen waren, entwickelte sich die eigentliche Faustkeilkultur, das Acheulian. Der Faustkeil (Zweiseiter, biface, handaxe, coup de poing) ist wohl das beachtenswerteste Gebilde der Steinkulturen. Schon in seiner zumeist mandelförmigen Gestalt wird das zunehmende Streben nach Symmetrie deutlich. Leichte Asymmetrien machen rascher der Hand als dem Auge deutlich, ob er für die rechte oder linke Hand geschlagen worden ist. Von der Mitte des Acheulian an überwiegen die Rechtshänder-Faustkeile. Und doch geht die Symmetrie des Gebildes offensichtlich vor die technisch bessere Gebrauchstüchtigkeit eines asymmetrischen Gerätes.

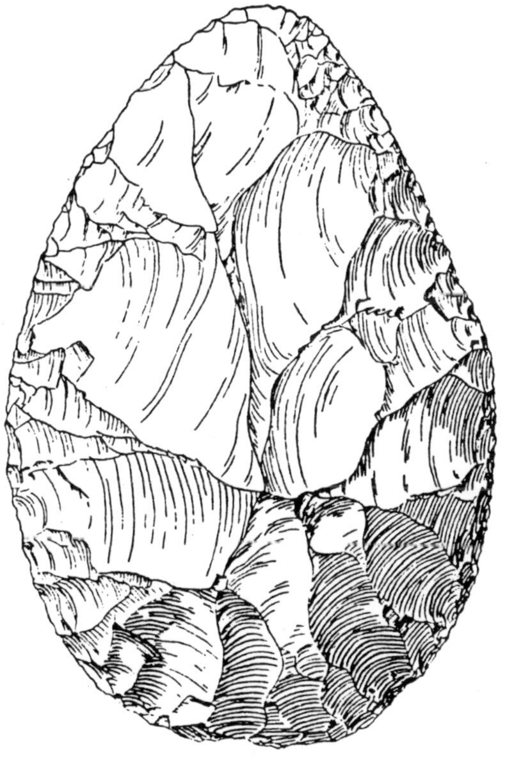

Abb. 5: Faustkeil aus der Tabunhöhle im Höhlental bei Atlit; Schicht F (siehe auch Abb. 70 u. Tafel 35), Oberes Acheulian; 0,66x (aus Garrod u. Bate).

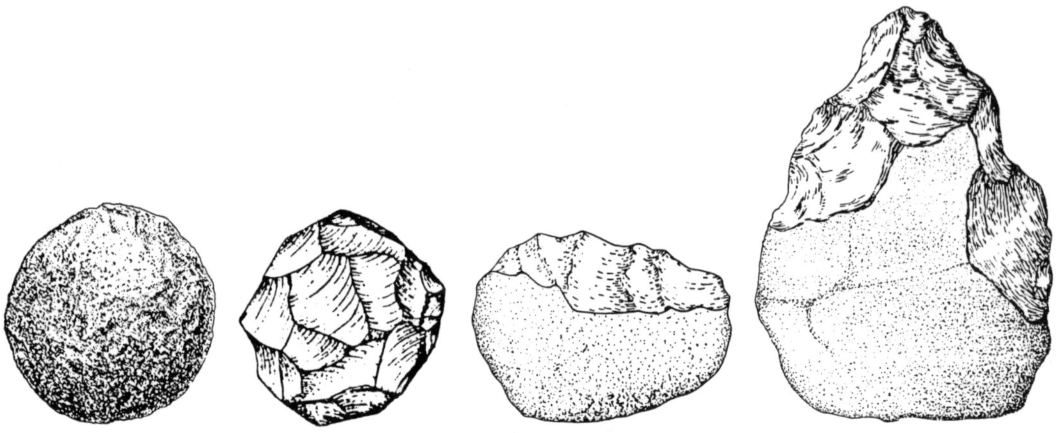

Abb. 6: Die Entwicklung der frühen Steinkern-Artefakte der Altsteinzeit. *Von links* Sphäroid, Polyeder, Geröllgerät und Proto-Faustkeil von Ubeidiya, geschränkter Faustkeil von Abbeville s. Somme/Nord-Frankreich, klassischer Faustkeil von Marchville s. Somme und Micoquian-Faustkeil von Rheindalen bei Mönchengladbach/W-Deutschland (aus Bordes, Bosinski und Stekelis).

In allen Schul- und Lehrbüchern wird immer nur von «Werkzeugen» gesprochen. Aber ist nicht daran wieder ein ziemliches Quentchen an Selbstprojektion unserer heutigen Lebenseinstellung beteiligt? Die großen, führenden Prähistoriker mit reicher Felderfahrung, wie etwa der bedeutende Henri Breuil (1877–1961), aber waren unbefangen genug: Ein guter Teil der Faustkeile war «so formvollendet und regelmäßig gestaltet, daß hierbei sicherlich ein ästhetisches Empfinden, ein ausgeprägter Sinn für gute und reine Form am Werke war, zumal diese Eigenschaften sich nicht als technische Verbesserungen erklären lassen». Es gibt flache, geradezu zerbrechliche Faustkeile oder aus glasig durchscheinendem Chalcedon geschlagene von unglaublichem ästhetischem Reiz (Hugot u. Bruggmann). Boule und Vallois nennen die Faustkeile «ein erstes Vorspiel der Kunst». G. Clark spricht von der Vollkommenheit und Ebenmäßigkeit der Form: sie bezeugen «ein ausgeprägtes Stilgefühl». G. Smolla hebt das «Streben nach Symmetrie, nach ästhetisch befriedigender Form» hervor. Die Faustkeile hätten «ohne Zweifel das Stadium erreicht, wo Zweck und Technik nicht mehr ausreichen, um die Form zu erklären». Mauser schreibt: «Ist der Faustkeil angesichts dieser Merkmale wirklich nur Werkzeug? Ist er nicht zugleich auch plastische Kunst? Man denke in diesem Zusammenhang beispielsweise an die in Afrika häufig vorkommenden übergroßen Faustkeile. Entweder wir konstruieren ein Geschlecht von Riesen, das derartige Werkzeuge benutzt hat, oder aber wir geben zu, daß solche Schöpfungen keine Werkzeuge mehr sind, sondern eben mehr als das – es sind gestaltgewordene Urbilder des urmenschlichen Formwillens und Formempfindens». Und Richard Leakey: «Bei der Herstellung von Steinwerkzeugen ging

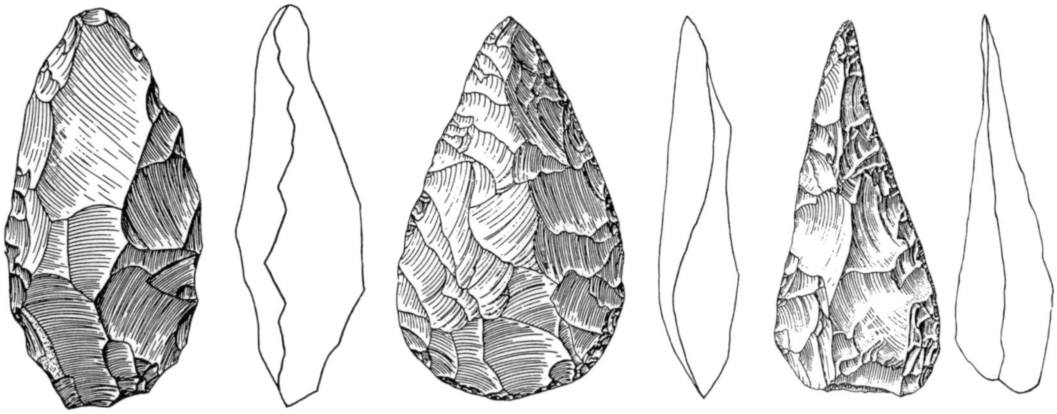

es immer darum, dem Ausgangsmaterial eine Form zu geben, die schon vorher entwickelt worden war, obwohl die hochdifferenzierten und typisierten Werkzeugformen technisch keine großen Vorzüge gegenüber den mehr aufs Geradewohl zurechtgehauenen, rohen Werkzeugen früherer Zeit besaßen. Die Standardform wurde im wesentlichen beibehalten, obwohl diese für die Brauchbarkeit des Werkzeuges nicht entscheidend war».

Die Form stand vor der technischen Verwendbarkeit. In zunehmender Symmetrie mit rundumlaufender Kante geschlagen, gelingt immer besser die «Ausmodellierung» der kleinmuschelig facettierten, leicht gewölbten Oberfläche mit anfänglich noch rhythmisch geschränkten, dann immer gerader verlaufenden Schneidekanten. Der Faustkeil wurde nicht geschäftet, sondern direkt in der Hand gehalten. Zum Klopfen, Schlagen, Schneiden, Sägen, Spalten, Stechen, Bohren usw. konnte man ihn verwenden. Er ist ein Universalgerät. Aber er war doch wohl viel mehr. Weshalb sonst die so unpraktisch auch um den Knauf umlaufende Schneidekante? Erst kürzlich ist wieder darauf aufmerksam gemacht worden, daß die bei der Herstellung der Faustkeile anfallenden Absplisse weit schärfere und bessere Werkzeuge, zum Beispiel für das Enthäuten und Ausweiden eines Tieres, abgaben als der Faustkeil selber (Toth).

Die Gestalt des Faustkeils hat offenbar ihren Eigenwert in sich. Er ist nicht nur ein Universalgerät, sondern geradezu eine Universalform: Im verdickten Griffbereich besitzt seine Gestalt noch am meisten Volumen und plastische Fülle: Dreidimensionalität. Zugleich durchzieht die gesamte Gestalt die typische beidseitige Abflachung: in das Raumesvolumen ist die Flächenerfahrung, die Zweidimensionalität integriert. So wird er von der heutigen Forschung, die in ihren Interpretationen immer vorsichtiger wird, zweckneutral als «Zweiseiter» (biface) bezeichnet. Die zusätzliche Rundum-Zuschärfung der Kanten (Retusche) macht auf die Suche und auf das tätige Finden der Linie, der Eindimensionalität aufmerksam; aus der im frühen Acheulian noch rhythmisch schwingenden Verschränkung wird im Hoch-Acheulian dann die gerade Kante erreicht. Das ganze Gebilde gipfelt jedoch in der Spitze, auf welche die Gesamtgestalt zuläuft, um in der Punktdimension ihr Ziel zu finden.

Was also finden wir in der besonderen Gesamtgestaltung des Faustkeils letztlich wieder vor? Alle vier Raumqualitäten – Volumen, Fläche, Linie und Punkt, lange nacheinander am Sphäroid, Polyeder, Chopper und Proto-Faustkeil geübt – sind im klassischen Faustkeil zu einer genialen Gestaltlösung integriert. Die Raumelemente durchdringen sich in ihrer Zusammengehörigkeit in unübertroffen einfachster Weise und gerade damit in künstlerischer Höhe. Der Faustkeil hat gleichsam den Entdeckungswert einer allgemeinen, umfassenden Formel, die aber hier gerade nicht als Reflexion, sondern als eine anfaßbare, von der tastenden Hand erfahrbare Lösung, ja als urbildliches Erfahrungsresultat des äußeren Raumes auftritt. An ihm übte und konturierte der frühe Mensch offensichtlich sein Wahrnehmungs- und Vorstellungsvermögen im dreidimensionalen Raum. Wir entdecken, daß der eigentliche Sinn dieses gestalterischen Umganges mit dem Stein in der Schulung desjenigen Bewußtseins lag, das die äußere irdische Raumeswelt erfaßte und annahm. Diese Gebilde waren Schulungsobjekte für die Hände und das Bewußtsein in gleicher Weise.

Die vollentwickelte Faustkeil-Kultur des Altpaläolithikums war die am weitesten jemals über die Erde verbreitete einheitliche Kultur der gesamten Menschheit. Wir finden sie in ganz Afrika ebenso wie im südlichen, westlichen und mittleren Europa, in Vorderasien und Indien, ja bis zur Mongolei und dem Amurgebiet (Okladnikow). Ob in England oder Indien, in Israel oder Südafrika gefunden, sind sich die Faustkeile in ihrer Urform gleich.

Sieht man sich nun die Siedlungsplätze des Hochacheulian-Menschen z. B. in Israel an, so fällt ein weiteres, bedeutsames Motiv ins Auge: Diese Menschen lebten noch keineswegs in Höhlen. Ihr Lebensraum war immer schon zugleich ihr Wohnraum: die offene Landschaft. Aus ihr grenzten sie sich noch nicht aus, sondern sie fanden in derselben umweltverwachsen ihr volles Genüge. – Zum anderen liegen die Siedlungsstellen noch heute vielfach in Wassernähe: So am oberen Jordan an der Schwester-Jakobs-Brücke (Gesher Benot Ya'aqov, siehe Tafel 33), am Karmel bei Hazorea, an den Quellen um Sede Boqer im Negev (En Avdat, En Aqev, En Ziq) und an der Meeresküste (Evron, Holon, Kissufim). Hier fanden sich überall klassische Faustkeile.

Nun ist die Gestalt des Faustkeils selbst kein festgelegtes Schema, sondern wiederum voller Abwechslungsreichtum. Damit wird für uns auch die Formenvielfalt, der Formenwandel gerade der Zweiseiter von besonderem Interesse. Die stark voluminösen Vertreter sind die frühen Exemplare: die noch drei- oder gar vierkantigen Proto-Faustkeile, die nur zur Spitze hin erst zweiseitig werden. Dann bildete sich immer mehr die klassische mandelförmige Gestalt im Früh- und Hoch-Acheulian

Abb. 7: Charakteristische Formen der Faustkeilkultur. *Von unten* 1 Faustkeil von Evron/ Mittelmeerküste, 2 Spalter aus den Schotterschichten des oberen Jordan bei der Schwester-Jakobs-Brücke (Gesher Benot Ya'akov), 3–6 Faustkeile der Qumm-Qatafa-Höhle im Nahal Teqoa/Wüste Juda südlich von Bethlehem, 1–3 Mittleres Acheulian des Alt-Paläolithikum, 4–6 Micoquian des Mittel-Paläolithikums; Fig. 1 u. 2: 0,4x, Fig. 3–6 0,5x (aus Gilead und Neuville).

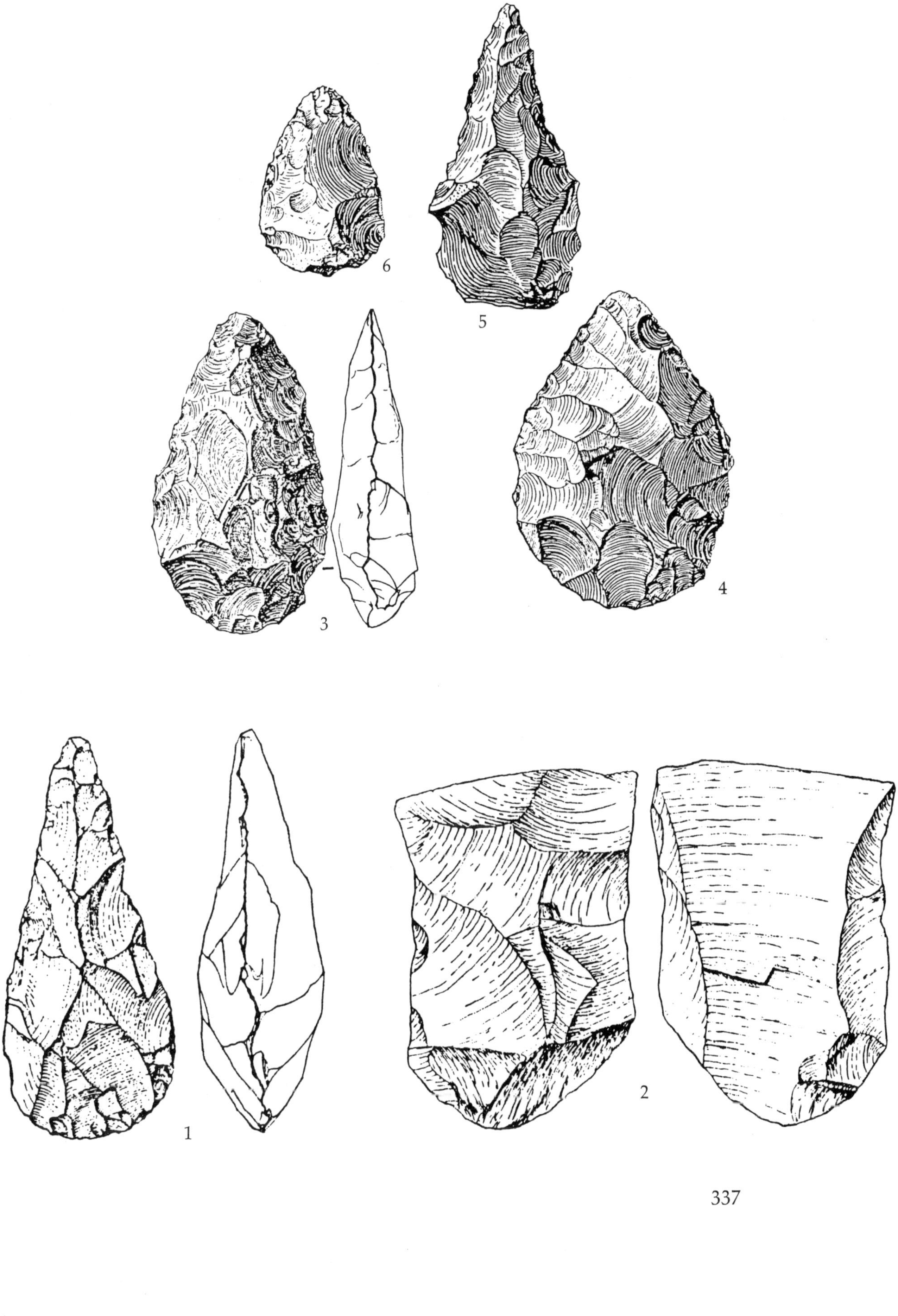
6
5
3
4
1
2

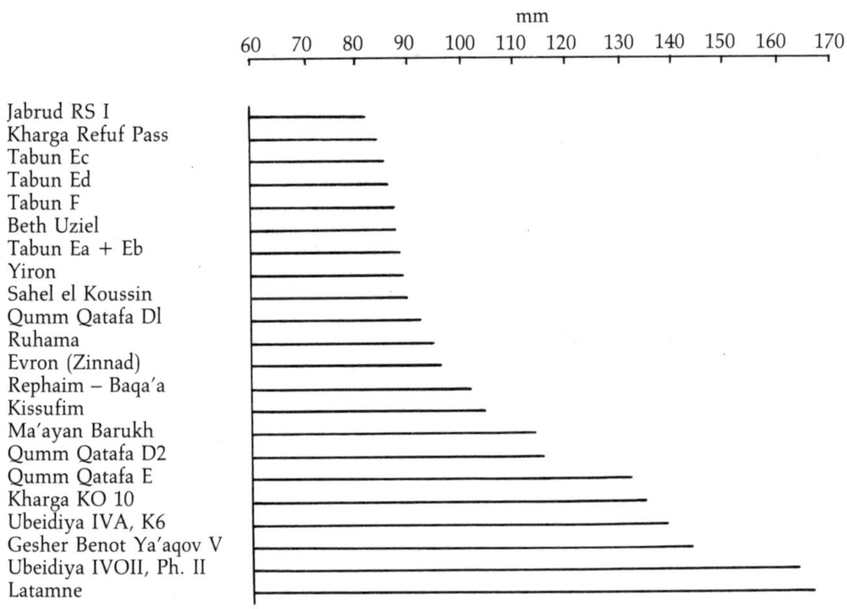

Abb. 8: Die durchschnittliche Größe der Faustkeile nimmt im Laufe der Altsteinzeit zugunsten kleinerer Formen immer mehr ab: mittlere Länge des jeweiligen Faustkeilinventars einer Reihe von levantinischen Siedlungsplätzen des Frühmenschen (aus Gilead 1970).

heraus. Schon gelegentlich begleitend, zunehmend aber im Spät-Acheulian gehören zur Variationsbreite scheibenartige (discoide) und schollenförmige Zweiseiter, sie verstärken den Flächencharakter des Gerätes. Dann gibt es faustkeilartige Gebilde, die statt einer Spitze eine gerade Schneide besitzen; die technische Interpretation nennt sie «Spalter» (cleaver, hacheur). Lanzenspitzen-artige (lanceolate) und besonders die dreieckigen (triangulären) Formen heben die Kunst, schnurgerade Kantenlinien schlagen zu können, ebenfalls hervor; doch ist die Orientierung zu den Zielpunkten ebenso stark. Für die späten Vertreter (Micoquian) sind die lang zugespitzten Faustkeile hoch charakteristisch! Sie werden danach immer kleiner zu «Fäusteln» und im Mousterian häufig zu Handspitzen. So ist die Gesamtgestalt erst zuletzt vorwiegend auf die punktuelle Spitze hin orientiert, auf die sich die Gesamtkraft der Hand konzentrieren kann.

Solche Formeninventare des Spät-Acheulian und Mousterian des letzten Interpluvials und frühen letzten Pluvials finden sich nun auch in den untersten Schichten der ersten bewohnten Höhlen. Mit dem immer stärker werdenden «punktuellen Bewußtsein» haben wir es ja psychisch mit dem innerseelischen Erlebnis des individuellen Iches, des Ichbewußtseins zu tun. Indem der Mensch allmählich zu seinem Individualbewußtsein erwacht, bemerkt er wohl, daß er etwas anderes geworden ist, als alles, was um ihn herum existiert. Das Eigenbewußtsein löst sich aus der Weltverwachsenheit heraus und beginnt, die Umwelt als sein Gegenüber zu empfin-

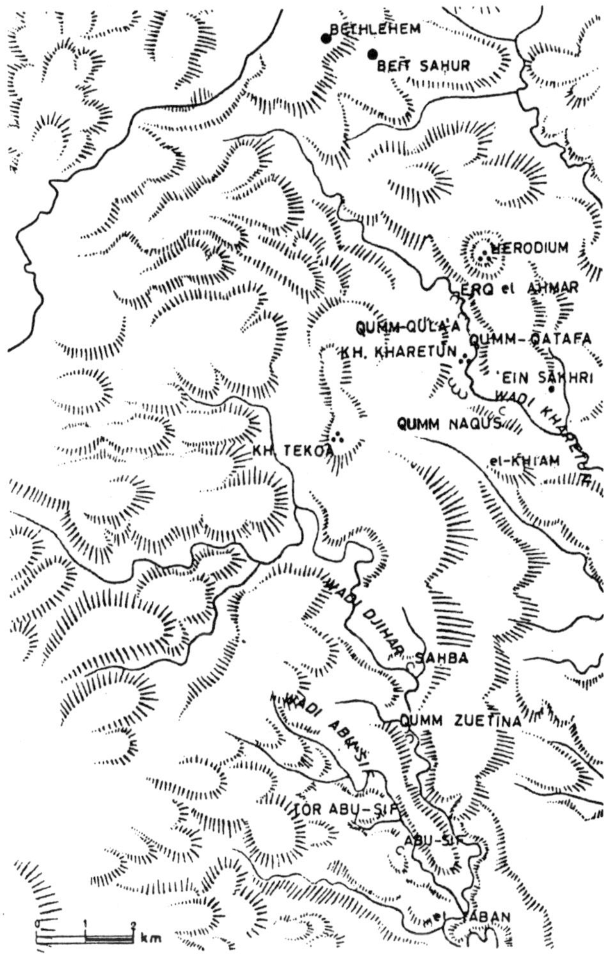

Abb. 9: Karte der urgeschichtlichen Siedlungsplätze und Höhlen in der Judäischen Wüste südlich von Bethlehem (aus Avi-Yonah).

den. Das sichtbare Zeichen dafür ist die Tatsache, daß nun nicht mehr nur die offene Landschaft als allgemeiner Wohnraum benutzt wurde, sondern der Mensch sich aus ihr heraus in Wohnhöhlen zurückzog, Ausdruck seiner eigenen, beginnenden seelischen Verinnerlichung. Er suchte von nun an Abschirmung und Schutz vor der elementarischen Gewalt der jetzt erst für ihn zur «Umgebung» gewordenen Natur.

So fanden sich Faustkeile des späten, «oberen» Acheulian in den tiefsten Schichten der Höhle Qumm Qatafa im Nahal Teqoa südlich von Bethlehem (Neuville) und in der Backofenhöhle (arab. Mugharet et-Tabun, hebr. Me'arat Tannur) bei Atlit am Westhang des Karmelgebirges (Garrod u. Bate). In dieser Epoche des letzten Interpluvials setzte zunehmend die Benutzung natürlicher Felsdächer und Höhlen ein. Dabei zeigt die mitgefundene fossile Tierwelt, daß weder die eigentliche Wüste, noch der dichte Wald der bevorzugte Lebensraum war, sondern das locker bestandene, savannenartige Buschland oder die parkartige Baumlandschaft. Es ist die vermittelnde Landschaft zwischen Wüste und dichtem Waldesinneren, selbst zwischen

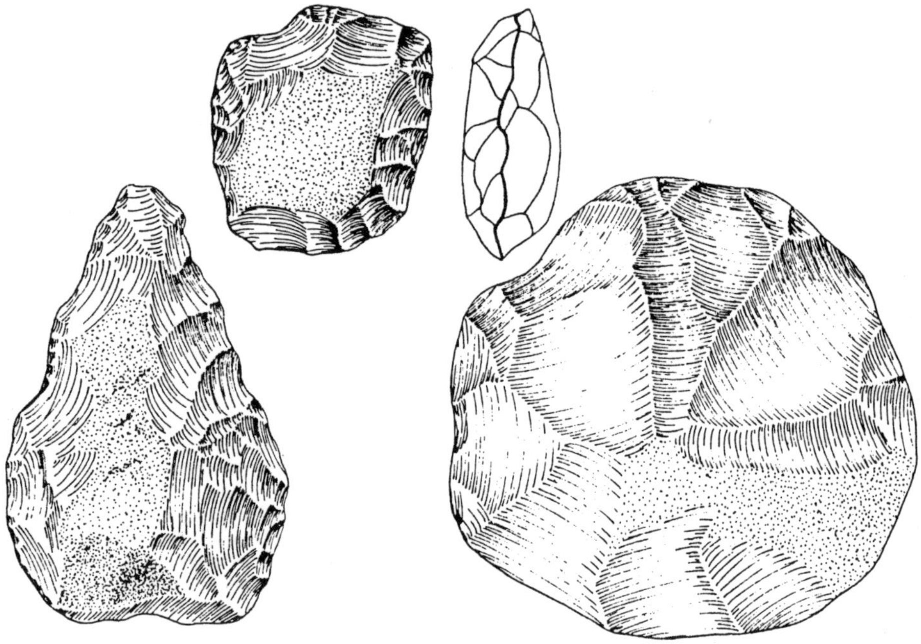

Abb. 10: Kerngeräte vom Rephaim-Tal (Baqa'a) in Jerusalem; 0,5x (aus Arensburg/Bar-Yosef).

Weite und Kleinräumigkeit vielfältig gegliedert, die die menschengemäßeste Umgebung darstellt. Auch der Lebensraum der frühesten Menschen in Ostafrika war die Savanne, sie ist die «Heimatlandschaft» des Menschen (zur Übereinstimmung von palästinensischer und ostafrikanischer Savanne vgl. den Beitrag von Suchantke). Gegenüber dem frühen und mittleren Acheulian sind in Israel die Fundstellen der späten Phase des Alt-Paläolithikums zwar schon sehr viel häufiger, aber ebenfalls zumeist an Wassernähe gebunden. So im obersten Jordantal bei Ma'ayan-Barukh, auf dem Meron, im Rephaim-Tal von Jerusalem (südlich des Bahnhofs), bei En Avdat und wiederum besonders in Meeresnähe (siehe Karte S. 322).

Die Abschlaggeräte

Beim Beschlagen eines Steines fallen, wie wir schon erwähnt haben, zumeist zwei prinzipiell verschiedene Stücke an: das größere Kernstück und der kleinere Abschlag. Früher dachte man einmal daran, davon zwei getrennte Linien der Steinzeitkultur verfolgen zu können: eine mit Kern- und eine andere mit Abschlaggeräten. Die Ansicht hat sich nicht bestätigt. In den allermeisten Steinzeitkulturen kommen beide Gerätesorten durchmischt vor. Schon in Ubeidiya trafen wir auch auf das Vorkommen von Abschlaggeräten. Und doch läßt sich, wie schon erwähnt, ein durchgängiger Trend verfolgen. In der frühen Steinzeit – und das bedeutet ja bei weitem den längeren Zeitraum – überwiegen weitgehend die Kerngeräte (core tools). Erst vom Hoch-Acheulian an nimmt die Häufigkeit und der Formenreigen der Abschlaggeräte entschieden zu. Zwei verschiedene Techniken laufen von nun an lange Zeit nebeneinander her. Entweder wird aus dem Kern des Steines das gewünschte Produkt, und die Abschläge bleiben der abgeschälte Abfall, oder es kommt auf die gezielt geschlagenen Abschläge an; dann lassen sich viele, wenn auch kleinere Formen aus dem Ausgangsstück gewinnen, und der restliche Kern wird verworfen.

Diese zwei Verfahren lassen sich nachträglich vielfach rekonstruieren, besonders wenn am Schlagplatz noch alle Anteile liegengeblieben sind. Doch auch hier braucht man nicht bei der Feststellung der Befunde stehenzubleiben, sondern kann ihnen wesentliche Aussagen über den Bewußtseinswandel des frühen vorgeschichtlichen Menschen entnehmen. Das gelingt allerdings wiederum nur dann, wenn wir unsere gewohnten Vorstellungen überspringen und am Stein und durch ihn selber erfahren, um was es geht. Was bedeutet denn die anfängliche Vorherrschaft der Kerngeräte? Im Handlungsvollzug ging der Gestaltungswille ganz auf das vorliegende Rohstück ein. Es war gleichsam schon als endgültiges Stück vorhanden, nur die störenden Teile mußten noch entfernt werden. Der Täter identifizierte sich in ursprünglicher Weise mit seinem Werkstück. Die Einheit des Bewußtseins blieb im Resultat erhalten.

Wie anders die gewollten Abschlaggeräte. Hier ist das Ziel, das Endprodukt, ein kleiner Teil des Steines, ja es sind viele Teile der ursprünglichen Einheit, die selber bis auf einen Rest abgebaut wurde. Das Bewußtsein begann nicht mehr nur ganzheitlich, sondern zerteilend, analytisch zu denken! Es identifizierte sich nicht mehr mit dem Gesamt der Sache, sondern mit ihren Fragmenten, war nicht mehr eins mit der Welt, sondern fühlte sich existentiell nur noch als abgelöster Teil von ihr, als Teil unter Teilen. So geht es auch in der Selbsterfahrung am Stein nicht mehr um die Erfahrung des Kernes, um den «Kern der Sache», sondern um die Vielfalt der

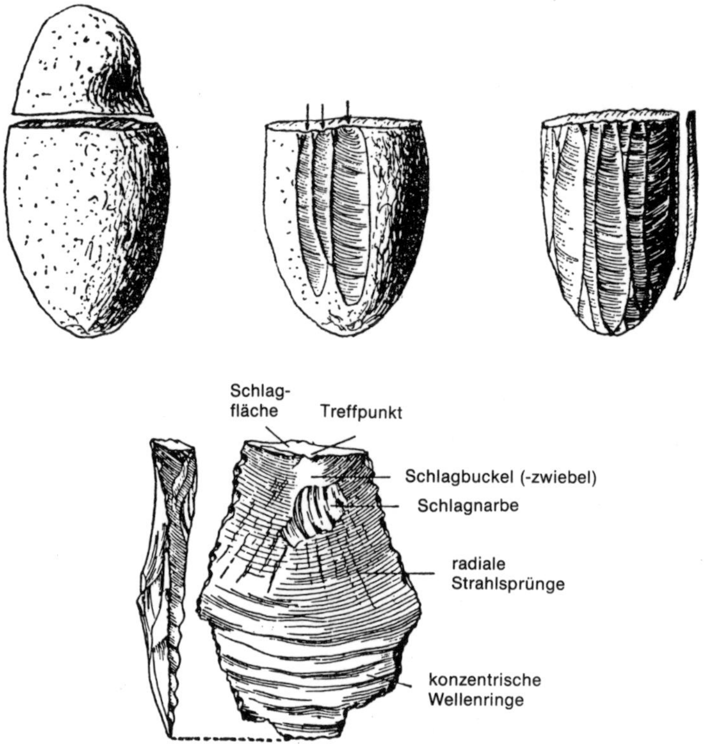

Abb. 11: Abschlagtechnik des Mittel- und Jung-Paläolithikums. *Von links* eine Flintknolle wird geköpft, die entstandene Fläche dient als «Schlagfläche», das Kernstück wird entrindet, die abgeschlagenen Spitzen, Klingen, Schaber etc. zeigen charakteristische Schlagmarken, an denen die menschliche Herstellung abgelesen werden kann (aus Müller-Beck).

peripheren Teile. Sich exzentrisch außerhalb eines Sachverhaltes zu stellen und mit den Teilaspekten zu begnügen – diese uns so vertraute Einstellung ist das Vermögen geworden, das sich in der Abschlagtechnik objektivierte. Der Keim der ökologischen Entfremdung durch das menschliche Zuschauerbewußtseins ist damit gelegt. So beginnt der Mensch auch geistig zum Höhlenraumbewohner mit eindimensionaler Blickrichtung zu werden: Im Laufe der Eiszeiten nehmen die Abschlagkulturen immer mehr zu.

Für die Abschlaggeräte eignet sich als Material, wie wir schon sahen, am besten bergfeuchter Feuerstein (Flint). Die charakteristische Herstellungweise war die folgende: Die Flintknolle wurde mit einem Schlage geköpft und anschließend das Kernstück senkrecht dazu durch viele randliche Schläge entrindet. Dann konnte mit einem einzigen Schlag das Werkzeug abgetrennt werden. Schlagfläche, Schlagbuckel, Schlagnarbe, die radialen Strahlsprünge und konzentrische Druckwellenringe kennzeichnen das Gerät als vom Menschen gemacht. Die Seitenkanten waren rasiermesserscharf, splitterten durch die Spröde des Materials jedoch leicht ab. Deshalb wurden sie durch Druck sorgfältig nachgearbeitet (retuschiert), so daß die

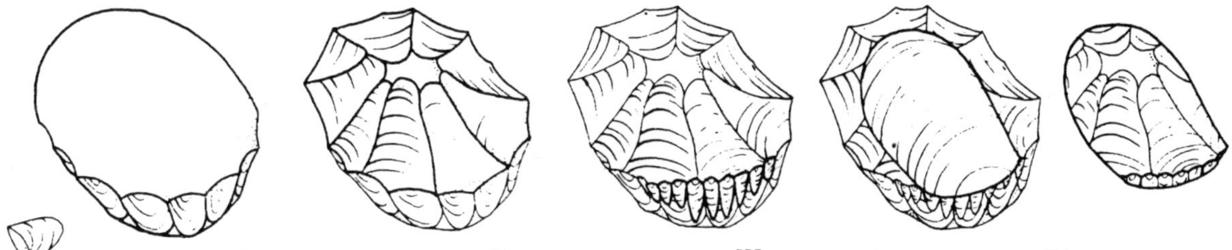

Abb. 12: Die Abschlagtechnik der Levallois-Kultur. Eine Flintknolle wird rundum zu einem flachbuckeligen Gebilde zugeschlagen (Schildkröten-Kern), dann die beabsichtigte Schlagfläche mit feineren Schlägen vorpräpariert; ein letzter gezielter Schlag trennt das fertige Gerät vom Kern. Typisch am Abschlag ist die fein-fazettierte Schlagfläche, am Kern die meist nur einmalige, große, konkave Negativfläche (aus Roe).

Arbeitskanten länger gebrauchsfähig blieben. An ihrem Abschliff kann man die jeweilige Benutzung ablesen. – Je nach der Kraft des entscheidenden Abschlags entstanden ein breiter «Schaber» oder bei sehr kräftigem Schlag eine schlanke «Klinge». Übrig blieb der oft konisch-pyramidal zugespitzte Restkern, der wohl meist keine praktische Verwendung mehr fand.
Indem wir hiermit die fundamentalen Unterschiede zwischen den Kern- und Abschlaggeräten um der Deutlichkeit willen scharf herausstellen, übersehen wir allerdings, daß es auch eine verbindende Steingerätekultur gab, die sich gleichsam in der Schwebe zwischen den Gegensätzen hielt: die »Levallois-Technik». Levallois-Perret ist ein kleiner Vorort im nordwestlichen Stadtgebiet von Paris. Dort fand man erstmals diese besondere Abschlagkultur des Hoch- und besonders Spät-Acheulian, die aber schon im Früh-Acheulian und noch im späteiszeitlichen Mousterian gelegentlich anzutreffen ist. Sie vermittelt somit auch schon zeitlich zwischen den vorwiegenden Kern- und den reinen Abschlagkulturen. Worin besteht nun ihre Eigentümlichkeit?
Das Levallois-Gerät ist kein Kernstück, sondern ein Abschlag. Aber der Abschlag wird so lange wie möglich am Kern belassen! Die Form des Abschlags wird am Kern so weit hochgradig vorgefertigt, daß das Stück zum Schluß mit einem Schlag fertig abgetrennt werden kann. Das abzutrennende Element wird früh ins Auge gefaßt, aber während des größten Teils der Herstellung in der Einheit mit dem Kernstück belassen. Ist dieser Prozeß etwa auch wieder objektiver Ausdruck eines bedeutsamen Entwicklungsschrittes der Menschheit selber? Wie können wir uns ihn anfänglich nahebringen?
Eine Besonderheit des Menschen ist, daß er eine längere Kindheit und Jugend als jedes Tier hat. Hilfloser als selbst die ihm nahe verwandten Affen kommt er zur Welt; doppelt, ja dreimal so lange wie alle Menschenaffen braucht er, um erwachsen

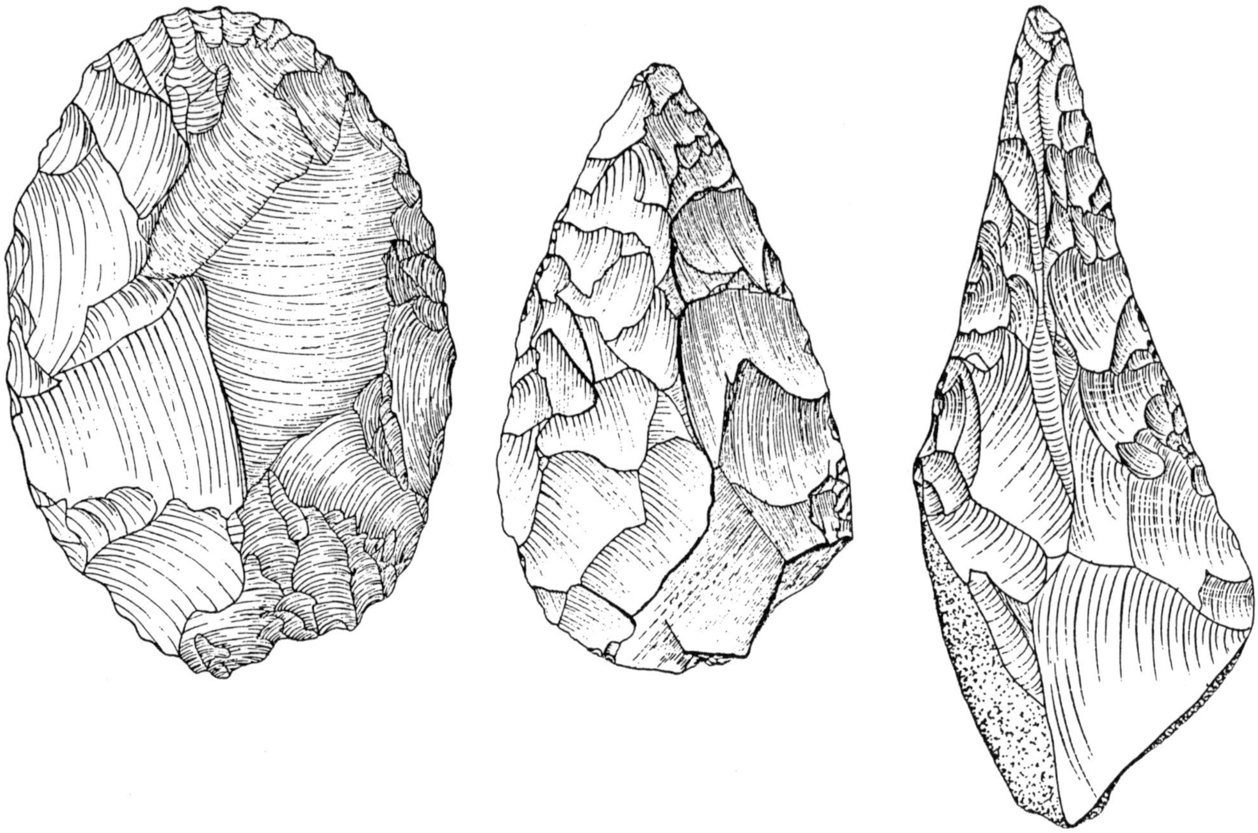

Abb. 13: Faustkeil-Formenspektrum vom offenen Siedlungsplatz bei Ma'ayan Barukh im obersten Jordantal: schollenförmiger, mandelförmiger und lanzeolater Zweiseiter; 0,66x (aus Stekelis u. Gilead).

zu werden (Kipp 1980), und «fertig» wird er sein Leben lang nie. Aber gerade durch diese besonders lange bindungsbedürftige Kindheit wird er anschließend selbständiger, freier und individueller als alle Tiere, weil er es auch geistig wird. Indem er lange den biologischen und kulturellen Freiraum für die eigene Entwicklung erhält, kann er die so gewonnene Freiheit von der Umwelt später schöpferisch eigenaktiv auf eben diese Umwelt ausrichten und wie kein anderes Wesen über sie verfügen. Freiheit von ihr gibt Freiheit für sie. Der Mensch kann offenbar deshalb später ein freies Wesen werden, weil er so lange ganzheitliche Bindung und Geborgenheit erfahren hat.

Eine solche Geborgenheit und Gebundenheit wird auch dem Werden der Menschheit als Ganzer zugekommen sein, sonst wäre der heutige Mensch nicht möglich geworden. Die frühen Mythen aller Völker sprechen davon als der Einbindung in den göttlich-geistigen Kosmos, aus dem sich der Mensch erst langsam als Einzelwesen immer mehr ablöste. An diesem Vorgang der zunehmenden Individuation des

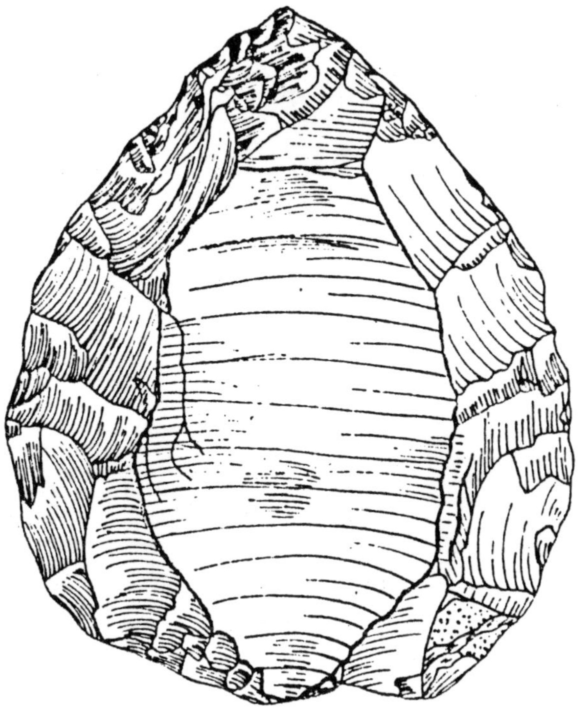

Abb. 14: Ein herzförmiger Faustkeil wurde als Levallois-Kern benutzt, Ma'ayan Barukh, 1:1 (aus Stekelis u. Gilead).

Menschen im Verlauf seiner Kulturgeschichte konnten wir bereits im Verfolg der Steinzeitkulturen Anteil nehmen. Und der sichtbarste Ausdruck dafür ist die Levallois-Kultur: Der Teil wird erst abgeschlagen, nachdem viele Vorgaben am Ursprung fertig vollzogen sind. Die Anbindung an den Kern bleibt so lange wie möglich bestehen.

Die sorgfältige Vorpräparation am Kern ist vom technischen Gesichtspunkt aus kaum nötig. Das zeigen die auf die Levallois-Technik verzichtenden späteiszeitlichen Klingenkulturen. Diese konnten aus einem einzigen Kern viele gute Klingen schlagen, während vom Levallois-Kern zumeist nur ein einziger Abschlag abgetrennt wurde. Und doch hielt sich dieses Verfahren über gewaltige geologische Zeiten seit dem mittleren Pleistozän. Es hatte menschheitliches Ausmaß.

Wie die Faustkeile, so finden sich die sie bald begleitenden Levallois-Schaber, -Klingen und -Spitzen in weitgehend gleichartigem Formenspektrum ebenso in Afrika, Europa und Asien wie auch im Verbindungsland Israel. Noch besteht die gemeinsame, einheitliche Menschheitskultur. Und in ihr leben auch die noch heute allen Menschen gemeinsamen Primärerfahrungen dieser unserer eigenen so rätselhaften Existenz.

Besonders aufschlußreich ist das Formenspektrum von Ma'ayan Barukh, einem

Abb. 15: Fünf sakral niedergelegte Klingenabschlag-Kerne des Mesolithikums (Natufian) von Rosh Zin (D 16) der Avdat-Region/Negev; 0,62x (aus Marks I).

Kibbuz im obersten Jordantal. Die hier von den Feldern abgelesenen Steingeräte sind vorwiegend Faustkeile aus dem späten Acheulian, in der Hauptsache aus Flint gefertigt. Darunter befinden sich Exemplare, die den unmittelbarsten Übergang zur Levallois-Kultur darstellen: vollendete Faustkeile, die selber als Kern für einen Levallois-Abschlag benutzt wurden! Der Kern war so wichtig wie der Abschlag (siehe Abb. 14). – Andererseits gibt es die typischen, mit «Schildkrötenbuckel» versehenen Levallois-Kerne, die sich selbst der Form klassischer discoider Zweiseiter nähern. Hinzu kommt, daß hier viele Faustkeile selbst aus großen Abschlagstücken hergestellt worden sind. Damit fällt der früher zu scharf gesehene Gegensatz von Kernkulturen und Abschlagkulturen hier in Ma'ayan Barukh weg.

Als die Levallois-Kulturen längst erloschen waren und die so viel stärker auf technische Ökonomie hin ausgerichteten mesolithischen Abschlagkulturen in der Endphase der letzten Eiszeit aufblühten, waren deren Abschlagkerne doch immer noch mehr als bloße Wegwerfreste. Im Negev auf dem Plateau bei En Avdat (Rosh Zin) fand sich bei Ausgrabungen ein auffälliges Arrangement: Um eine jetzt umge-

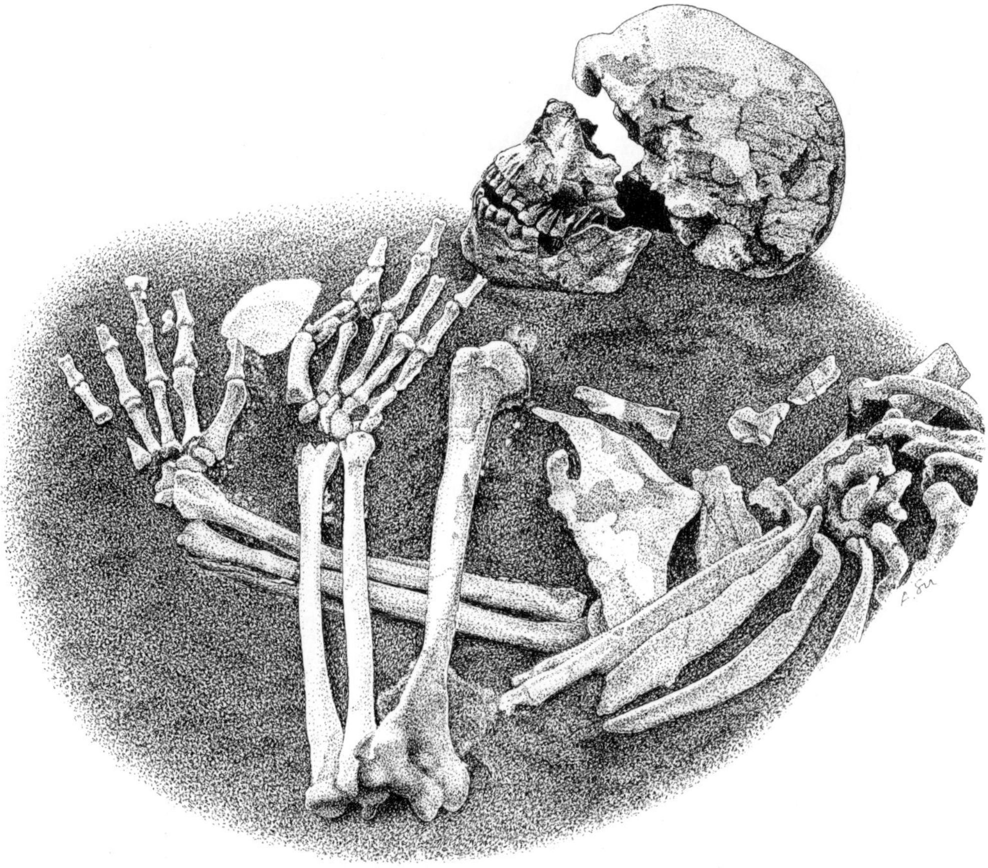

Abb. 16: 1931/1932 ausgegrabenes Skelett des frühen Homo sapiens mit beigegebenem Steinwerkzeug zwischen den Händen. Skuhul-Höhle im Höhlental bei Atlit/West-Karmel, jetzt Rockefeller-Museum, Jerusalem. Zeichnung A. Suchantke.

stürzte, zerbrochene Menhir-artige Steinsäule waren fünf pyramidenförmige Abschlagkerne geordnet niedergelegt worden, zusammen mit länglich-elliptischen, mit einer eingeschliffenen Längsfurche versehenen Steingeräten. Offensichtlich hat hier um 10 000 v. Chr. eine Art sakraler Niederlegung stattgefunden (Henry). Das dürfte kein Einzelfall sein, sondern für alle Herstellung von Steinwerkzeugen gelten. Die heutige dualistische Trennung: hier profaner – dort sakraler Bereich, hier Werktagsbeschäftigung – dort Feiertagshandlung können wir für die Urkulturen abschütteln. Bei einem der frühesten Funde eines Sapiensmenschen, 1931 in der Ziegenhöhle (Mugharet es-Skuhul) am Karmelgebirge ausgegraben, war zwischen beide nach oben geöffneten Hände ein gut geschlagenes Steinwerkzeug gelegt worden. In allen Frühkulturen war der Alltag in die religiöse Dimension einbezogen. Der vorgeschichtliche Mensch war immer Monist, nie Dualist.

Abb. 17: Die sakrale Heiligung der Ehe durch eine Priester- oder Göttergestalt mit einem geschäfteten Steinbeil. Felsritzung der Bronzezeit in Vytlike bei Tanumshede/SW-Schweden; 0,06x (um 1000 v. Chr.).

Selbst noch in den ersten nacheiszeitlichen Kulturen war die Arbeit für die materielle Existenzbewältigung gleicherweise ein kultischer Vorgang. Im Zend-Avesta der zarathustrischen Ackerbaukultur Persiens wird die Benutzung des Pflugs, der Anbau der ersten Kulturpflanzen, die Domestikation der Haustiere als sakraler Vollzug zur Ehrung Ahura Mazdaos, des Sonnengottes, besungen. Die Arbeit an der Erde, an einem Werkstück, die Jagd oder die Feuerherstellung wurden ebenso als kultischer Vorgang wie als ökonomische Notwendigkeit erlebt und ausgeführt. Aber auch dabei trügt wieder unsere moderne Sprache: Menschliche Tätigkeit war nicht sowohl sakral als auch profan, sondern beides in untrennbarer, ununterscheidbarer Einheit dasselbe. Ein solcher konsequenter Monismus, wie er auch heute noch in archaischen Kulturen existiert (Lévi-Strauss), wird erst recht für die urgeschichtlichen Kulturen der Steinzeit bestimmend gewesen sein.

Aber auch später noch, als die Metallzeit angebrochen war, blieben die Steingeräte als kultische Gegenstände in Gebrauch. Manches davon klingt noch in den biblischen Überlieferungen nach; so waren bei der Wanderung des israelitischen Volkes aus Ägypten in das Gelobte Land auch noch Steinwerkzeuge in Gebrauch. Damals, um 1250 vor Christus, war im Vorderen Orient die Eisenzeit schon angebrochen. Für kultische Vorgänge wurden jedoch immer noch Steinwerkzeuge hergestellt. Nach dem Tode des Moses führte Josua das Volk über den Jordan. Dann heißt es: «Und der Herr sprach zu Josua: Mache dir steinerne Messer und beschneide wieder die Kinder Israels» (Josua 4,5). Das fand in der Ebene vor Jericho, an der alten heiligen Stelle von Gilgal (= Rad, Kreis) statt, wo einst ein megalithischer Steinkreis gestanden haben soll (heute mit dem Tell Ghalghala oder Tell Jaljul, zwei Kilometer südöstlich von Jericho identifiziert). Die dazu verwendeten Steinmesser wurden dort sakral niedergelegt und nicht wieder benutzt. In den Zusätzen der Septuaginta wird erzählt, daß diese Messer von Gilgal später Josua mit ins Grab gelegt worden seien. Auch das Söhnlein von Moses wird von seiner Mutter Zippora mit einem Steinmesser beschnitten (2. Mos. 4,25). Und auch die rituelle Schächtung wurde noch lange mit Steinmessern vollzogen.

Als im letzten Jahrhundert ein Abbé Richard die ersten Steinwerkzeuge im Heiligen Land mit dem berühmten französischen Archäologen Lartet zusammen entdeckte, glaubte er, die stammten aus der Zeit von Moses und Josua (Albright). Davon kann zwar keine Rede mehr sein. Daß sie aber in einen sakralen Bereich gehörten, darin trog seine Ahnung nicht.

Hinweise auf die sakrale Natur der Steingeräte geben überdies ihre Verwendung im Kult der minoischen Doppelaxt, aber auch Thors Hammer, mit dem die Ehe eingesegnet wurde. Im römischen Latium trug man noch im 8. und 7. vorchristlichen Jahrhundert Steinwerkzeuge als Amulette (Ampolo).

Besonderheiten der levantinischen Vorgeschichte

Wir konnten bisher feststellen, daß während dem größten Teil der Altsteinzeit (Paläolithikum) die gesamte Menschheit, welche damals Afrika, Europa und Asien bewohnte, eine gemeinsame Kultur besaß. Mit dem zeitlich so viel kürzeren mittleren und jungen Paläolithikum zeichnen sich erste deutliche geographische Differenzierungen ab. Wie im biblischen Mythos vom Turmbau zu Babel, bei dem die gemeinsame Sprache verloren ging, so zweigen mit Beginn der Neandertalerkulturen verschiedene Traditionen in verschiedene Richtungen der einzelnen Erdgebiete auseinander. Dabei kann man nun im Raum der Levante zwischen einer traditionsverhafteten und einer vorauseilenden Richtung unterscheiden. Unter «Levante» faßt man den gesamten vorderasiatischen Bereich am östlichen Rand des Mittelmeeres zusammen, also Israel, Libanon, Syrien und Jordanien.

Im Falle der «traditionsverhafteten» Kultur handelt es sich um die auch in Israel immer wieder ergrabene Kultur des Mousterian (nach dem französischen Fundort Le Moustier in der Dordogne benannt). Charakteristisch ist das Vorherrschen von Abschlägen mit häufiger Retuschierung zu Seitenschabern und Handspitzen. Kleine Faustkeile, sogenannte Fäustel, oft aus Abschlägen hergestellt, treten nur noch verhältnismäßig selten auf. Insgesamt überwiegen asymmetrische Formen, die für den Gebrauch mit nur einer Hand praktischer sind. Der Mensch ist inzwischen weitgehend Höhlenbewohner geworden. In den Höhlen am Karmel bei Atlit (Tabunhöhle, Wadhöhle, Skuhulhöhle), im Säulental bei See Genezareth (Säulenhöhle, Zigeunerhöhle, Emirhöhle) sowie in denen der oberen judäischen Wüste (Höhlen vom Qumm Qatafa, Qumm Zueitina, Qumm Naqus, Abu Sif etc.) fand sich reichlich das Steingeräte-Spektrum des Mousterian, aber so, daß die Levallois-Technik in weitem Umfang beibehalten ist. Man spricht deshalb vom Levalloiso-Mousterian und kennzeichnet damit die häufigste Tradition des Mousterian im Nahen Osten. Sie findet sich durch einen großen Teil der letzten Pluvialzeit hindurch. Die Träger dieser in ihren Traditionen so gleichbleibenden Kultur waren, wie wir noch sehen werden, der Praesapiens-Mensch, der Neandertaler und, jedenfalls hier, auch noch der frühe Sapiens-Mensch.

Daneben existierte im gleichen Raum und gleichzeitig mit dem Levalloiso-Mousterian im frühen letzten Pluvial und Interpluvial eine voll ausgebildete, reiche Abschlagkultur. Alfred Rust hat sie unter Felsdächern bei Jabrud in Südsyrien zwischen einem älteren und einem jüngeren Faustkeilhorizont ausgegraben. Es war natürlich sehr überraschend, zu so früher Zeit schon klassische Klingengeräte und Kratzer zu finden, wie sie sonst erst gegen Ende der letzten Eiszeit den höhlenbewohnenden Menschen etwa in Westeuropa begleiten. Aber das Leben ist immer

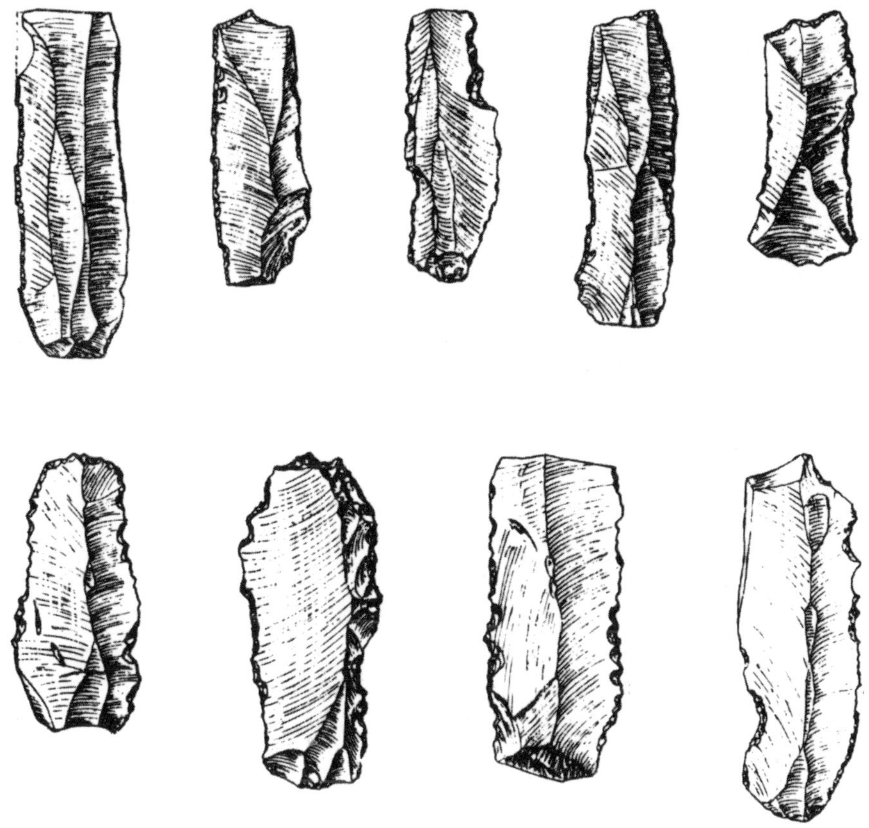

Abb. 18: Unerwartet frühe Klingenkultur des Prae-Aurignacién, um 90 000 Jahre alt. Entdeckt von A. Rust im südlichen Syrien bei Jabrud; Felsdach I, Schicht 9; 0,7x (aus Müller-Karpe).

reicher und vielfältiger als alle Schemata. Entwicklung geschieht im Wechselspiel von Unterbruch und Wiederaufnahme. Hier muß allem Anschein nach der Träger einer Kultur vorübergehend schon da gewesen sein, der sich fossil erst später nachweisen läßt: der erst später nachweisliche Homo sapiens. Kleine, reich retuschierte Geräte in großer Formenvielfalt sprechen vom Erwachen des differenzierenden, sondernden Verstandes.

Einen ähnlichen, noch früheren Einbruch einer reinen Abschlagkultur fand sich in der tiefsten Schicht der schon mehrfach genannten Backofenhöhle (Tabunhöhle) bei Atlit unter einer faustkeilführenden Schicht des späten Acheulian, also älter als diese! Die Geräte zeigen keine Levallois-Technik. Gleiches fand sich in Frankreich bei Tayac, weshalb man vom «Tayacian» spricht, ebenso in Spanien (El Sotillo bei Madrid). Eine noch ältere Abschlagkultur vor dem Hoch-Acheulian ist in Südostengland das Clactonian (nach der Küstenstadt Clacton-on-Sea) mit noch recht groben Abschlaggeräten, wobei gute Kernwerkzeuge fehlen. Es ist, als ob in der zeit-

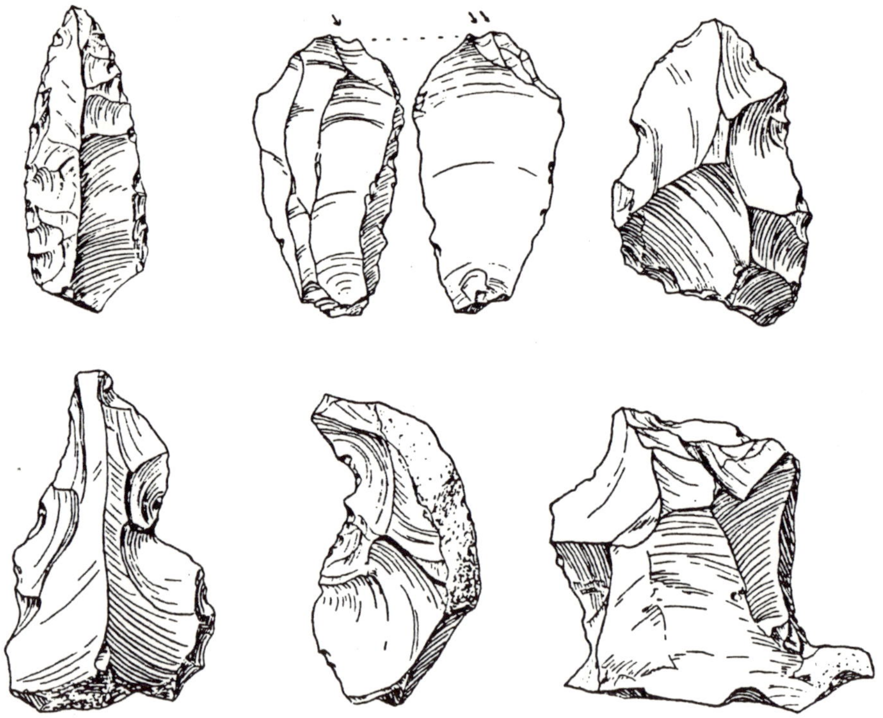

Abb. 19: Abschlaggeräte aus der untersten ergrabenen Schicht der Tabunhöhle (Schicht G, siehe auch Abb. 70 u. Tafel 35), Tayacian-Kultur, 0,33x (aus Garrod u. Bate).

lichen Reihenfolge des Clactonian (frühes Holstein-Interglazial), Tayacian (Eem-Interglazial) und Jabrudian (frühes Würmglazial) die Ausprägung der allgemeinen Abschlagkultur, wie sie am Ende der letzten Eiszeit auf allen Kontinenten mit der Ausbreitung des Sapiensmenschen da ist, vorwiegend vom Westrand Europas ausgegangen ist. Nicht von der afrikanischen oder asiatischen, sondern von der nordatlantischen Seite her hat sich wohl jener Kulturstrom ausgebreitet, der die deutlichste Individuation in seinen steinernen Produkten zeigt.

Tafel 33

Oben: Die inzwischen von Wildhafer überwachsene Grabungsstelle von Ubeidiya im Jordantal 3,5 km südlich des Sees Genezareth. Im Hintergrund die ansteigenden Golanhöhen, im Vordergrund die steilstehenden Schichten des Siedlungshorizontes, des frühesten für den Menschen bisher gefundenen Nachweises außerhalb Afrikas. Aufnahme W. Schad.

Unten links: Vom Urmenschen geschlagener und wieder verwitterter Polyeder aus Kalkstein von Ubeidiya; Naturhistorisches Museum Basel. Aufnahme W. Schad.

Unten rechts: Großer, aus Basalt geschlagener Faustkeil des Hochacheulian von der Schwester-Jakobs-Brücke am oberen Jordanlauf; Golan-Museum Qazrin. Aufnahme W. Schad.

Der Wandel in den späten Steinzeitkulturen

Mit dem Eintritt in die letzte Eiszeit, in das Würm-Glazial (bzw. -Pluvial), splittert die bisher weitgehend gemeinsame Faustkeilkultur endgültig in verschiedene Zweige auf. Die ehedem einheitliche Menschheit unterteilt und gliedert sich. Die Zeit des Präsapiens, Präneandertalers, Neandertalers und ähnlicher neandertaloider Menschen bringt recht unterschiedliche Steingerätetraditionen hervor. Einige davon haben wir schon genannt: Das Mousterian, das Levalloiso-Mousterian, das Jabrudian; auch ein Mousterian mit Acheultradition gibt es (Micoquian). In der Sahara finden sich die ersten gestielten Werkzeuge, wahrscheinlich wurden sie geschäftet (man spricht vom Aterian).

Allen einigermaßen gemeinsam ist das Auftreten pyramidal zugespitzter, allseitig abgebauter Abschlagkerne und eine deutliche Verkleinerung der Geräte: Sie werden jetzt eher finger- als handgroß. Die Asymmetrien werden stärker, Ausdruck für die Verwendung mit nur einer Hand. Die Formenpalette wird auch innerhalb des einzelnen Inventars vielfältiger. Viele Geräte sind deutlich auf praktische Anwendung hin geschlagen, was einen Verlust an Formgefühl und einen Gewinn an utilitaristischer Verwendbarkeit bedeutet: Der Werkzeugcharakter wird immer stärker betont. Schließlich werden auch die Wohnplätze und damit die Fundstellen häufiger. Wo es Höhlen gibt, werden sie bezogen. Und doch kommen auch jetzt noch, wenn auch selten, letzte kleine Faustkeile vor, zumeist aus Abschlagstücken grob hergerichtet.

Weitgehend haben wir es nun jedoch mit kleineren Abschlägen zu tun. Unter ihnen

Tafel 34

Oben links: Der Berg des Absturzes (Har Qedumin, Jebel Qafzeh) 3 km südlich von Nazareth. Von seinem Gipfel wollte die aufgebrachte Menschenmenge der Stadt einst Jesus Christus herabstürzen, «aber er ging mitten durch sie hinweg» (Lukas 4,30). – In der Qafzeh-Höhle am Berghang wurden wichtige Ausgrabungen von Menschenresten und Werkzeugen aus dem letzten Interpluvial und Pluvial gemacht. Aufnahme W. Schad.

Oben rechts: Die Säulenhöhle mit ihren beiden Höhlenlöchern neben einer rechts vom Bild zu denkenden, herausgewitterten großen Steinsäule (= Amud), nach der die Höhlen und das Tal benannt sind; heute ein reizvolles Naturschutzgebiet nordwestlich des Sees Genezareth zwischen Ginnosar und Tabgha. Aufnahme W. Schad.

Unten: Diebes-, Zigeuner- oder Schädel-Höhle (Mearat Ha-Gulgolet, Mugharet et-Zuttiyeh) im unteren Amudtal; im Hintergrund sind der See Genezareth und die jenseitigen Golanhöhen zu erkennen. In der untersten Schicht der Höhle fand sich 1925 der «Galiläa-Schädel» zwischen frühen Werkzeugen des Mousterian. Aufnahme R. Brinkmann.

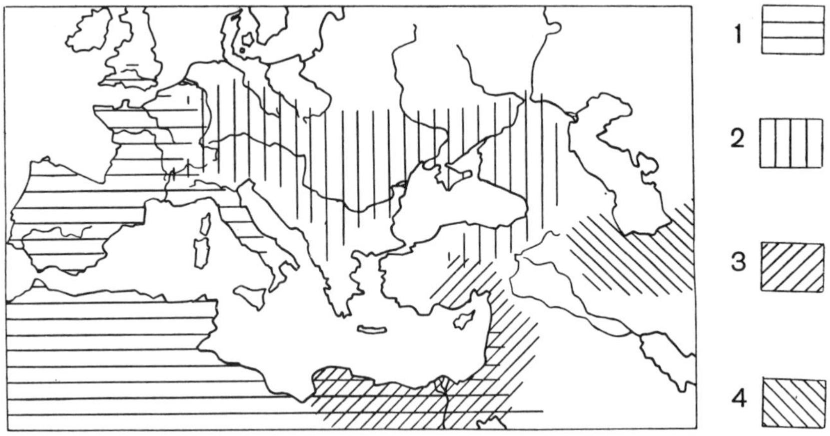

Abb. 20: Steingeräte-Komplexe des Mittelpaläolithikum in Europa, Nordafrika und Vorderasien. 1 West-Micoquian und Mousterian mit Acheul-Tradition, 2 Ost-Micoquian, Blattformen-Mousterian und Szeletian-Gruppen, 3 Levalloiso-Mousterian der Levante, 4 Bergland-Mousterian (aus Narr).

treten sorgfältig retuschierte Schaber, Handspitzen und Klingen hervor. Die Schaber sind breite Absplisse, die entweder rundum (Rundschaber) oder nur auf einer Seite (Seitenschaber) retuschiert sind. Die Klingen sind längliche Absplisse, deren Gestalt durch die dominanten Längskanten, die zumeist auch die retuschierten Arbeitskanten sind, bestimmt ist. Die Handspitze ist meist dreieckig und auf die Spitze hin ausgearbeitet.

Was liegt hier vor? Wir haben es, was die Formgebung betrifft, nun mehr mit der Auseinanderfaltung der einzelnen Elemente des Faustkeiles zu tun: Die Schaber betonen die Fläche, die Klingen zeigen das Streben nach der Herstellung möglichst linearer, paralleler Kanten; die Spitzen und Bohrer erreichen, besser noch als im allgemeinen die Faustkeile, den Punkt. Nicht die Zusammenfassung aller Raumqualitäten in einem Gebilde wie beim Faustkeil kennzeichnet die neue Entwicklung, sondern im Gegenteil deren Abtrennung voneinander. Nicht die Synthese, sondern die Analyse wird weiter verstärkt: Diese Werkzeuge sind zusammengenommen geradezu der auseinandergelegte Faustkeil!

Auch in Israel wird dieses allgemeine Bild von verschiedenartigen Versionen verwirklicht, als Ausdruck des immer rascher fortschreitenden Bewußtseinswandels. Wichtig sind hierfür die Höhlenfunde vom Nahal Me'arot (dem Höhlental) am Karmel bei Atlit und vom Berg Qafzeh bei Nazareth. Man fand dort die frühesten gesicherten Sapiensmenschen und mit ihnen zusammen die Steingerätekultur des Levalloiso-Mousterian in derselben Schicht (Vandermeersch). Auf diese Skelettfunde werden wir noch zu sprechen kommen; was uns aber an dieser Stelle in kultureller Hinsicht fesselt, sind die Nachweise ritueller Begräbnisse: In der Höhle bei Nazareth fand man in zwei Grabungen unter den Resten von 15 Menschen das

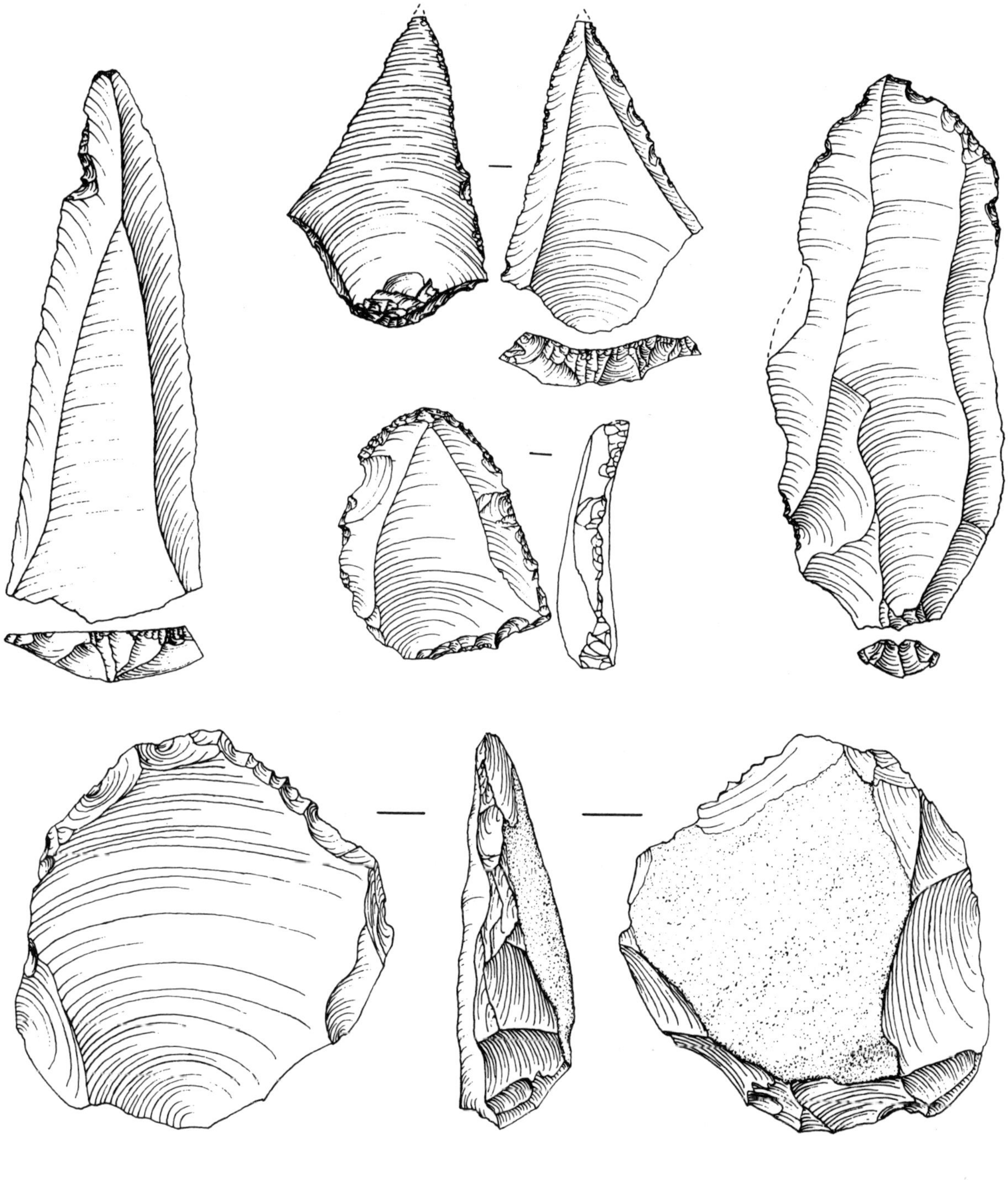

Abb. 21: Steingeräte des Mousterian in Levallois-Technik aus dem Mittelpaläolithikum von Rosh En Mor (D 15), Avdat-Region/Negev. *Oben links und Mitte* typische Handspitzen, *rechts* Klinge, *Mitte* Schaber mit guter Retusche, *unten* Levallois-Kern nach Entfernung des Abschlaggerätes; 0,8x (aus Marks I).

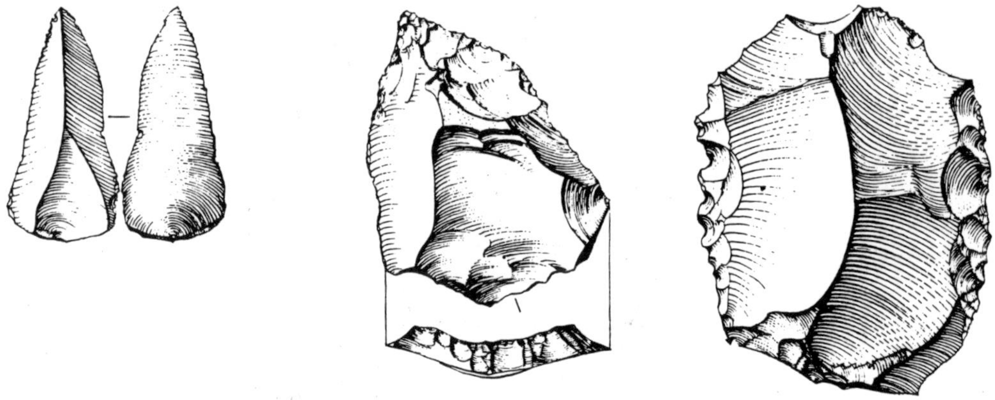

Abb. 22: Mittelpaläolithische Abschlaggeräte des Levalloiso-Mousterian aus der Qafzeh-Höhle bei Nazareth; 0,675x (aus Vandermeersch).

mit Kalksteinen ausgekleidete Grab eines Kindes mit über der Brust gefalteten Händen und dem darübergelegten Geweih eines Mesopotamischen Damhirsches, – ein Weihegeschenk für das etwa 10jährige Kind; Meeresmuscheln und Fragmente von Straußeneiern waren darum gestreut.
Was bedeutet es, daß der späte Eiszeitmensch ein solches Geweih dem Toten mit ins Grab gab? In der Skuhulhöhle im Höhlental gab man erwachsenen Toten einen Schweineunterkiefer mit oder auch einfach ein Steinwerkzeug zwischen die Hände. Wir treffen hier auf mit Bewußtsein vollzogene Begräbnisse. Es muß der Tod selbst zum Bewußtseinsinhalt geworden sein. Der seelische Blick ging nicht mehr nur im Erleben der tragenden Gegenwart auf, sondern wendete sich in die Zukunft. Möge diese so unbestimmt sein, wie sie immer ist, so ist doch eines sicher, daß der Tod einmal kommen wird. Das wurde nun wohl erst innerlich vorausschauend realisiert. Aus der etwas früheren Neandertalerzeit (frühes Würmglazial) fand sich im Nordiran bei Shanidar eine Bestattung sogar mit Blumenschmuck des Grabes (Pollennachweis). In Europa brachten fast alle Neandertalerskelettfunde Hinweise auf ihre einstige Bestattung.
Setzen wir zunächst die Betrachtung der Steinwerkzeugentwicklung in ihren späten Phasen fort. Etwa zeitgleich mit Europa gab es in den letzten 30 000 Jahren der letzten Eiszeit (40 000–10 000 v. Chr.) eine sprunghafte Steigerung in der Herstellung langer, schmaler Feuersteinklingen. Das Jungpaläolithikum war da. In Westeuropa ist der Umbruch resolut. Alle Kernwerkzeuge fehlen nun. Es treten unvermittelt viele aus Knochen hergestellte Geräte auf (Harpunen, Lochstäbe). Und es erwacht die Höhlenkunst: Kleinplastiken, Gravuren, Wandmalereien entstehen.
Diese Zeit des Aurignacien, Solutréen und Magdalénien Frankreichs wurde in Israel trotz gleich reicher Klingenkultur anders durchgemacht. Der Übergang vom Mousterian her war gleitender, allmählicher. Selbst die Levallois-Technik kommt als ein, wenn auch nur schmales Rinnsal mit in die neue Epoche herüber. Es fehlen jegliche

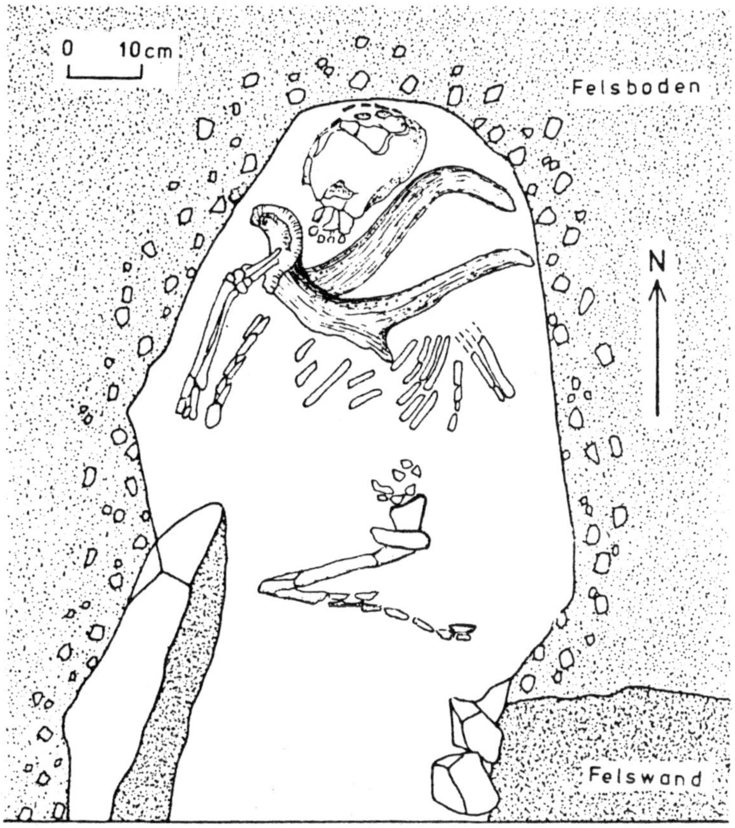

Abb. 23: Kindergrab mit über die Brust gelegtem schädelechtem Geweih des Mesopotamischen Damhirsches, Qafzeh-Höhle bei Nazareth (nach Bosinski 1985).

Knochengeräte; auch Kleinplastiken und Höhlenmalereien, typisch für diese Zeit, fand man in Israel nicht. Ein echtes Aurignacien, Solutréen und Magdalénien gibt es hier also nicht. Man spricht deshalb nach den landeseigenen Fundorten nacheinander von dem Emiran (Emirhöhle im untersten Amudtal beim See Genezareth), vom Ahmarian (Erq el-Ahmar in der Wüste Juda) und vom Atlitian (El-Wad-Höhle bei Atlit am Karmel). Spezifisch kennzeichnende Abschläge zeigen die Abbildungen 24–28. Die Klingen, Bohrer, Kratzer und Stichel sind klein geworden, oft nur fingergliedlang, und bezeugen die inzwischen erworbene Geschicklichkeit der Hände bei der Herstellung bis in die Fingerspitzen. Zum Gebrauch wurden die feineren Werkzeuge sicher geschäftet, und die Fülle an Werkzeugtypen spricht dafür, daß diese als Werkzeugköpfe hergerichteten Steinwerkzeuge in der Schäftung ausgewechselt werden konnten. Das bedeutet nichts anderes als der erste Erweis des kombinatorischen Denkens: Welch ein Schritt, die Werkzeugköpfe wie Gedanken willkürlich austauschen zu können! Insgesamt aber ist der Umbruch in das erwachende Bewußtsein des endgültigen Sapiensmenschen hier gemäßigter und traditionsstabil, weniger innovativ als etwa im westlichen Europa.

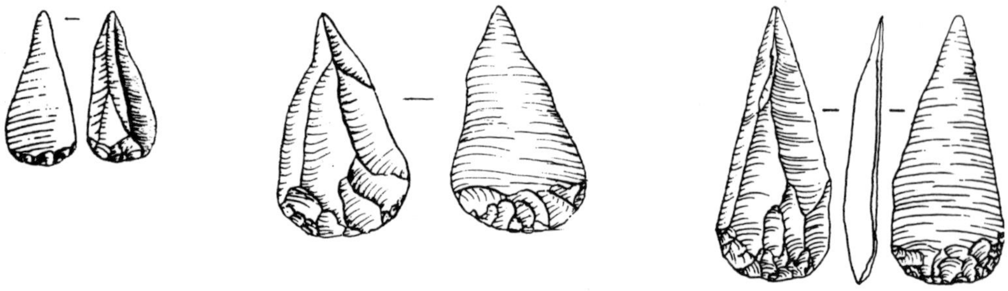

Abb. 24: Charakteristische Spitzen des Emiran aus der Emirhöhle, der Qafzehhöhle und von Boker-Tachtit/Region Avdat; 0,73x (aus Müller-Karpe, Neuville u. Marks III).

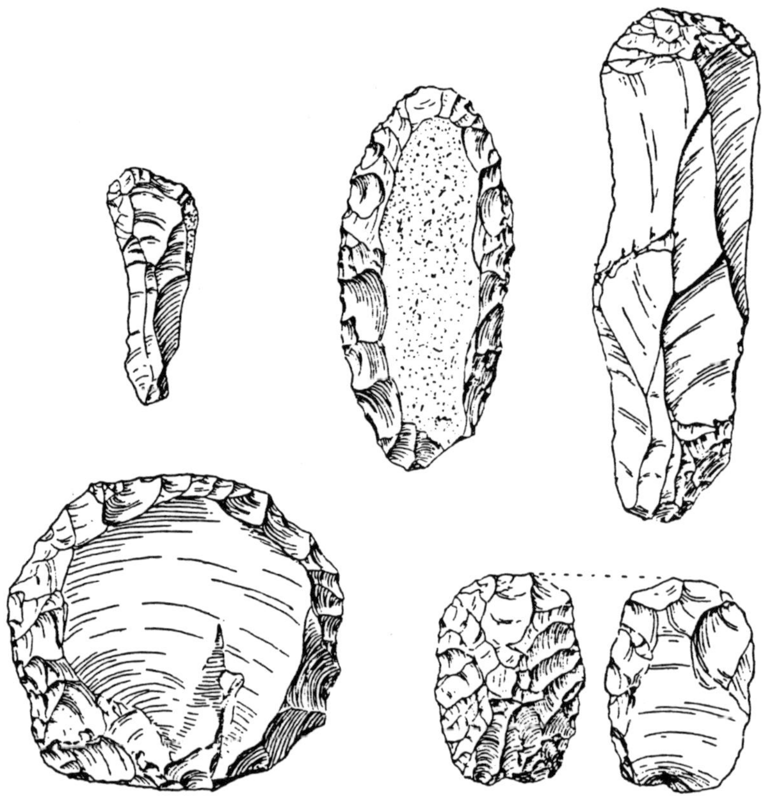

Abb. 25: Werkzeuge des frühen Ahmarian (mittleres Jung-Paläolithikum) aus der Wad-Höhle des Höhlentals bei Atlit am Karmel (Schicht E, um 35 000 Jahre); 0,66x (aus Garrod u. Bate).

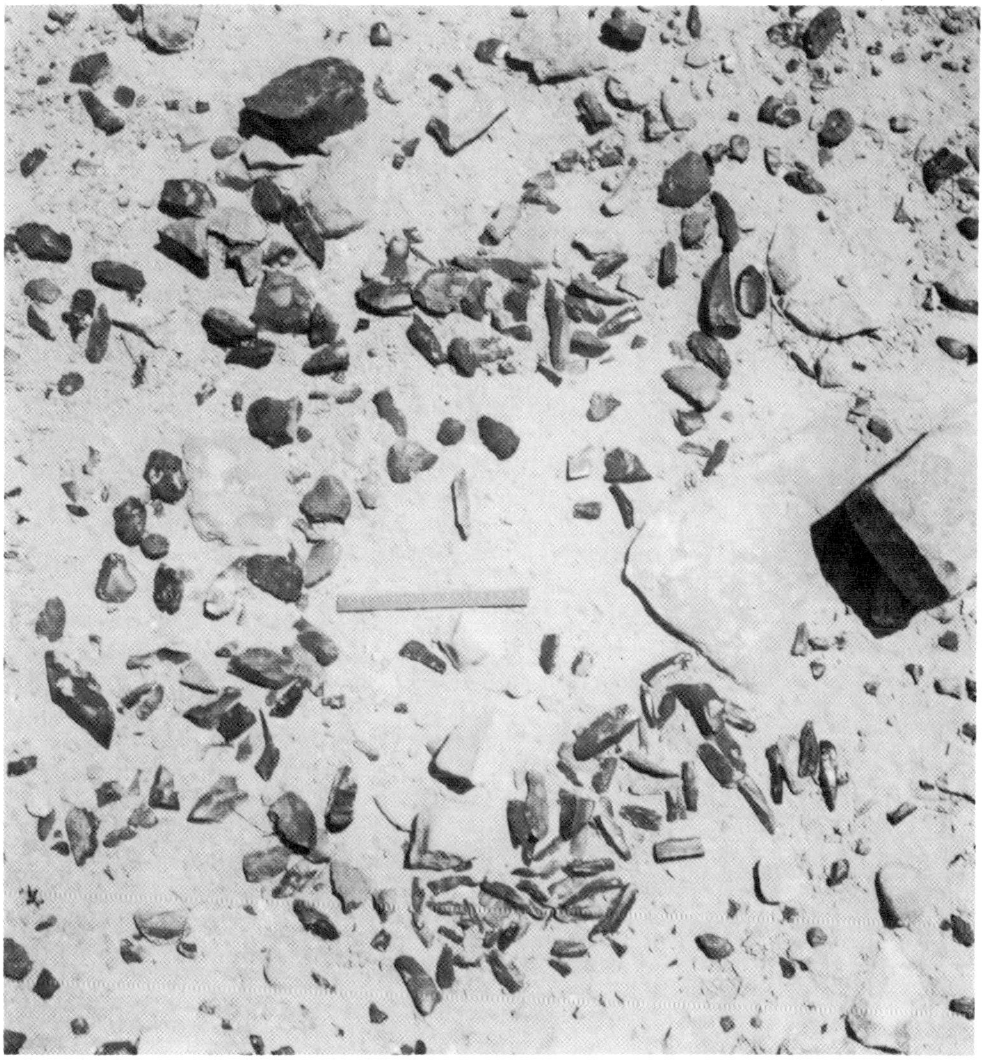

Abb. 26: Werkplatz in situ von Sede Divshon (D 27B) mit zahlreichen patinierten Abschlagwerkzeugen des Ahmarian; Meßskala 21 cm (Marks II).

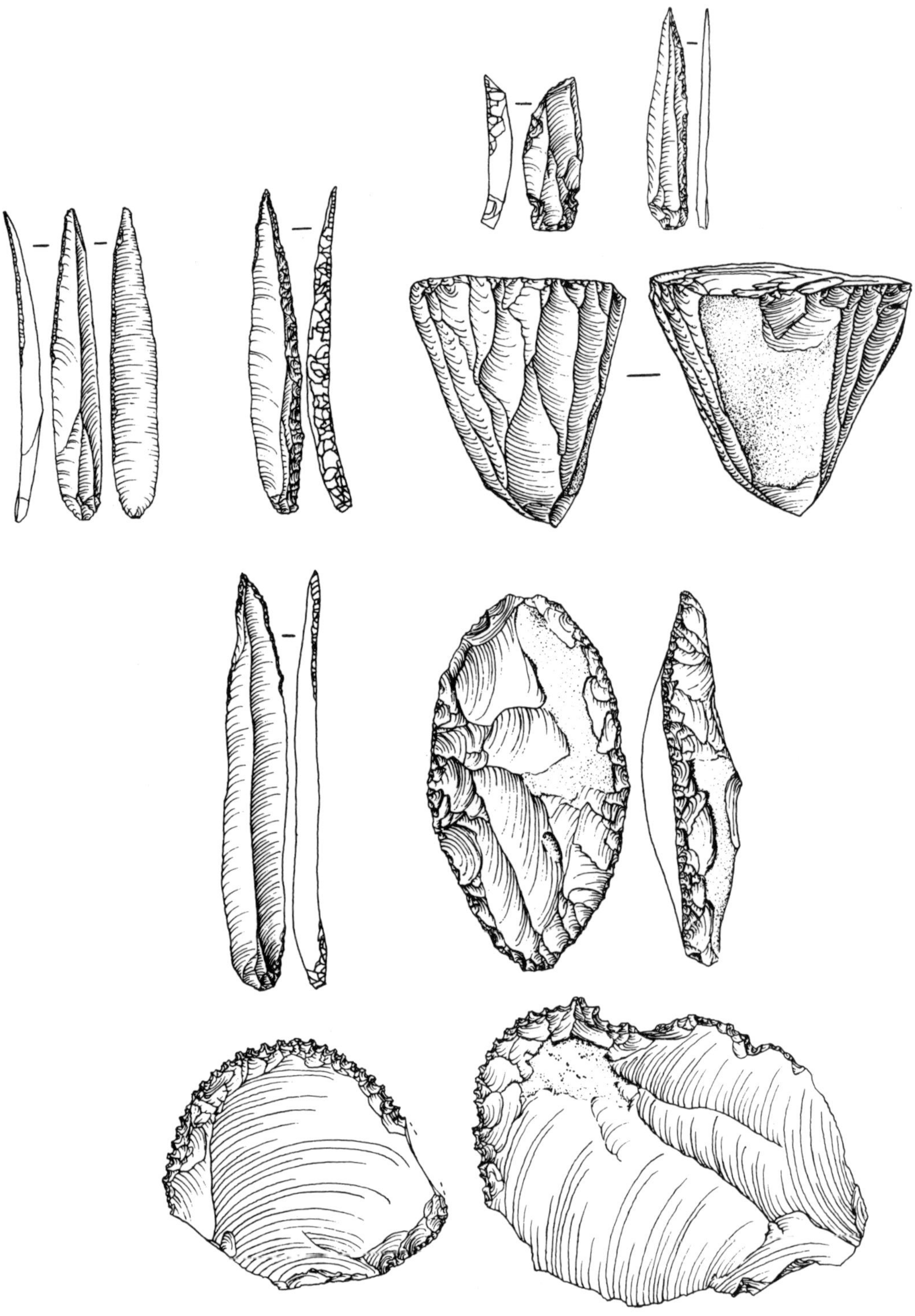

Abb. 27: Typische Stücke des späten Ahmarian: «El-Wad-Spitzen», Abschlagkerne und kunstvoll retuschierte Kratzer; 0,8x. *Oben und Mitte:* Sede Divshon (D 27B), *unten* Boquer (D 100); beides Avdat-Region/Negev, um 26 000 Jahre (aus Marks I u. III).

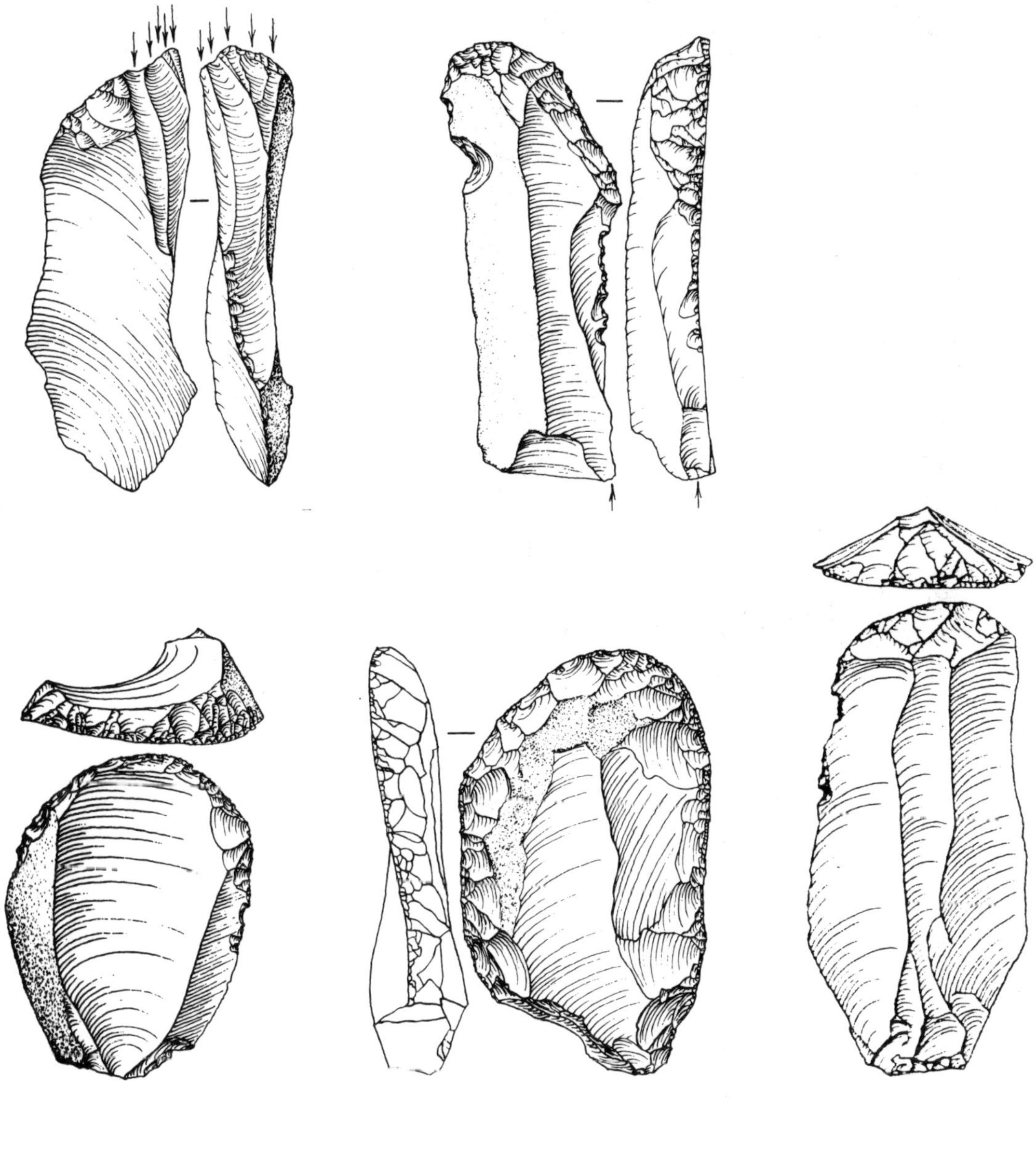

Abb. 28: Auswahl aus dem Formenspektrum des Atlitian (spätes Jungpaläolithikum) mit Sticheln und Endkratzern; 0,8x. *Oben* En Aqev-Ost (D 319), *unten* Plateau Divshon (D 27A), beides Avdat-Region/Negev (aus Marks I).

Abb. 29: Getreidemörser aus Basalt, 1965 in Hüttenresten gefunden bei En Gev östlich des Sees Genezareth, Höhe 29 cm; Kebaran um 13 000 v. Chr. (aus Avi-Yonah).

Nun verlassen wir die lange Periode der Altsteinzeit (des Paläolithikums) und treten in den Zeitraum der mittleren Steinzeit, des Mesolithikums, ein. Sie beginnt im Nahen Osten sehr viel eher als in Europa und bedeutet einen einschneidenden kulturellen Umbruch. War bisher der Mensch ursprünglich Sammler, der von der unveränderten Natur nahm, was sie bot, und wurde er dann im Jungpaläolithikum vermehrt Jäger, so beginnt er nun allmählich seßhaft zu werden. Noch treibt er nicht Ackerbau, sondern entwickelt zuerst eine «Erntekultur»: Im Vorderen Orient wachsen ja von Natur aus die Wildformen der Getreidearten. Die Körner von Wildgerste und Wildweizen werden eingesammelt. Erste Reibschalen und Mörser mit Stößel finden sich, die von der Mehlzubereitung erzählen. Bei En Gev am Ostufer des Sees Genezareth fanden sich große Mörser aus Basalt (jetzt im Israel-Museum in Jerusalem zu sehen). Nach Funden in der Kebara-Höhle am Karmel (13 km südlich der Fluß- und Backofenhöhle) nennt man diese erste Zeit des israelischen Mesolithikums das Kebaran.

Sehr bezeichnend werden nun wieder die Steinwerkzeuge. Sie sind ausgesprochen klein, manchmal nur fingernagelgroß. Minutiöse, feine Retuschen zeugen von großem Geschick und scharfen Augen. Im späten Kebaran werden die Formen dieser Kleinwerkzeuge (Mikrolithen) regelrecht geometrisch; typisch sind Kreissegmente, Trapeze und Rechtecke, besonders dreieckige Messerchen und Stichel, allesamt aus Feuerstein kunstvoll angefertigt. Die Genauigkeit und Exaktheit der Vorstellungs-

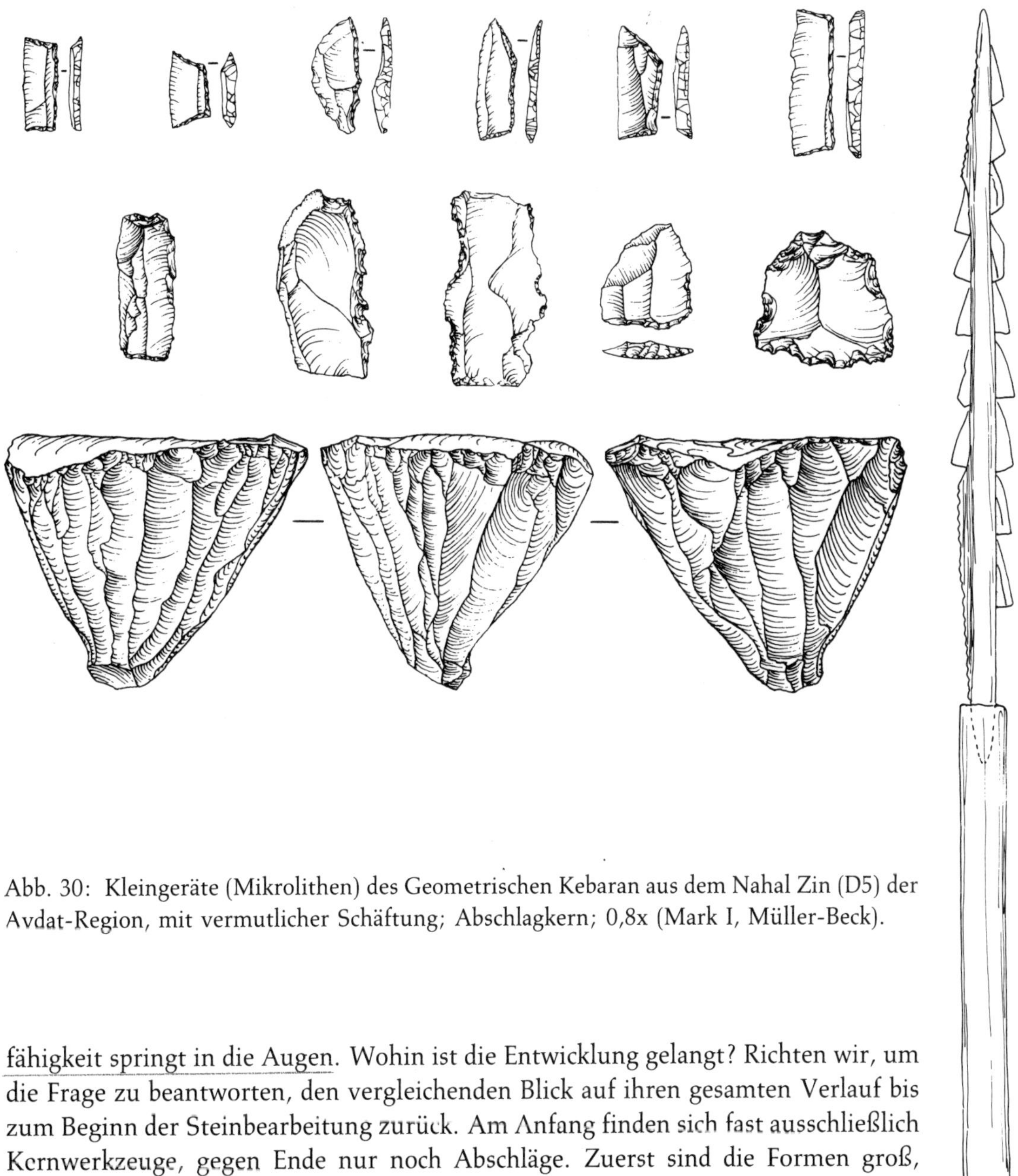

Abb. 30: Kleingeräte (Mikrolithen) des Geometrischen Kebaran aus dem Nahal Zin (D5) der Avdat-Region, mit vermutlicher Schäftung; Abschlagkern; 0,8x (Mark I, Müller-Beck).

fähigkeit springt in die Augen. Wohin ist die Entwicklung gelangt? Richten wir, um die Frage zu beantworten, den vergleichenden Blick auf ihren gesamten Verlauf bis zum Beginn der Steinbearbeitung zurück. Am Anfang finden sich fast ausschließlich Kernwerkzeuge, gegen Ende nur noch Abschläge. Zuerst sind die Formen groß, später werden sie immer kleiner. Anfangs wirkten die Geräte brachial; später werden sie handlich, danach zeugen sie von immer mehr Fingerfertigkeit und Fingerspitzengefühl. Anfangs wird mit dem zuzurichtenden Stein selbst zugeschlagen (Amboßtechnik), später werden besondere Schlagsteine verwendet (Hammertechnik), und schließlich ist die Technik so verfeinert, daß zusätzlich noch Stein-, Knochen- oder Holzmeißel benutzt werden. Anfangs wirken die Produkte fast noch wie Naturgebilde; zum Ende hin sieht man ihnen immer mehr die Absicht an, der technischen Nutzung zu dienen. Anfangs übte der Mensch dabei eine vorstellungsfreie Handintelligenz, die bewirkte, daß sich das Formenspektrum stark nach der Art des Materiales und seiner natürlichen Vorform richtete; zum Ende hin hatte sich das

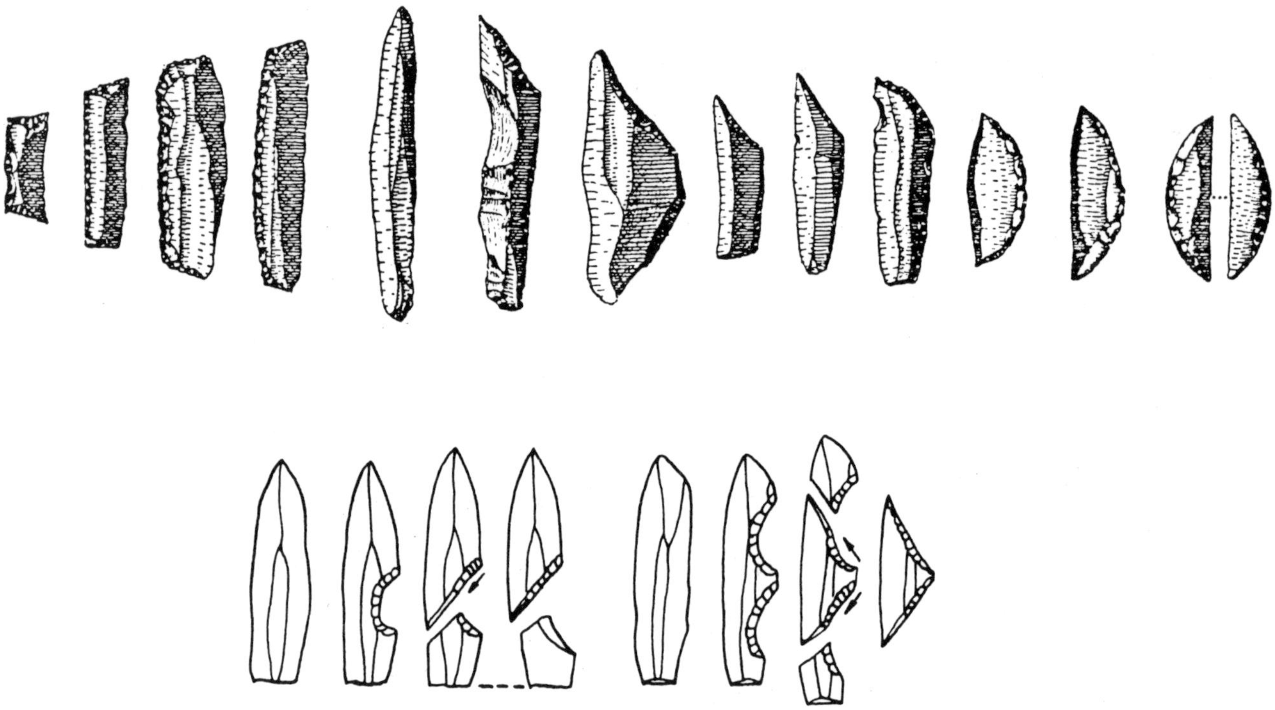

Abb. 31: Mikrolithen des vorkeramischen Natufian. *Oben* Grotte von Abu-Sif, Wüste Juda, 1:1; *darunter* Herstellungstechnik von geometrischen Mikrolithen (z. T. aus Neuville).

Material weitgehend der Vorstellung, wie das Gerät zu sein habe, zu unterwerfen. Am Anfang steht eine kraftvolle «Willenskunst», zum Schluß eine «Vorstellungskunst» mit Produkten von immer mehr Planung und Überlegung.

So kann es nicht ausbleiben, daß am Ende des Mesolithikums die Steinbearbeitung figürlich wird. Das Gegenstandsbewußtsein tritt in seine Rechte ein: Knochenschnitzereien kommen nun hinzu mit Tiermotiven, die die Handgriffe von mit eingelegten Flintklingen versehenen Sicheln verzieren (Abb. 33). Ziege, Steinbock, Hirschkalb und Antilope werden dargestellt. Und es kommt auch erstmals zu Darstellungen von Menschen: ein Köpfchen aus der Wadhöhle am Karmel und eine offensichtliche Kopulationsszene aus der Grotte von En Sakhri in der Wüste Juda. Verkürzte weibliche Rumpfdarstellungen und phallische Formen treten auf. In dieser allerletzten Zeit vor dem Ende der letzten Eis- bzw. Pluvialzeit wendet sich das Bewußtsein den Fragen nach dem Lebensbeginn zu. Derselbe muß erst jetzt zum Rätsel geworden sein.

Vorher, seit dem frühen Würmglazial hatte, wie wir sahen, schon der Brauch begonnen, den toten Menschen zu bestatten. Der Blick auf das Lebensende war eher da als der auf den Lebensanfang. Worin unterscheiden sie sich? Das Todesrätsel weckt immer die Frage nach dem künftigen Ziel und damit nach dem Sinn des Menschseins. Von der Antwort über die mögliche Zukunft hängt entscheidend ab,

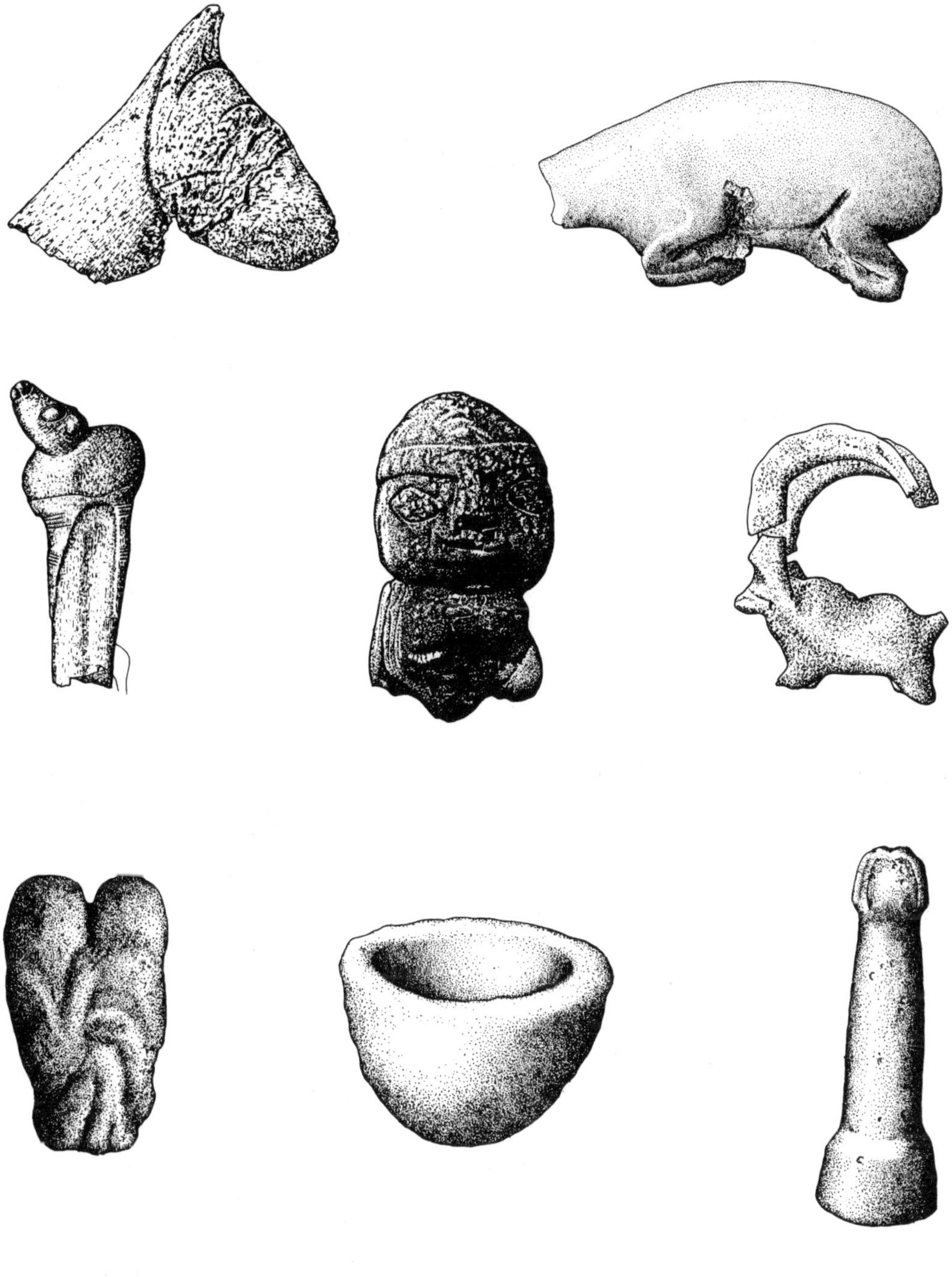

Abb. 32: Figürliche Kunst des Natufian. *Von links nach rechts, oben* Pferd (Nahal Oren), Antilope 0,36x (Zuetína-Höhle/Wüste Juda), *Mitte* Antilope 0,4x (Wadhöhle/Karmel), menschliches Köpfchen 0,8x (Wadhohle), Steinbock 0,66x (Beidha, S-Jordanien), *unten* Kopulation 0,36x (En Sakhri/Wüste Juda), Steinschale (El-Chiam), Phallus 0,36x (En Sakhri). (Aus Müller-Karpe.)

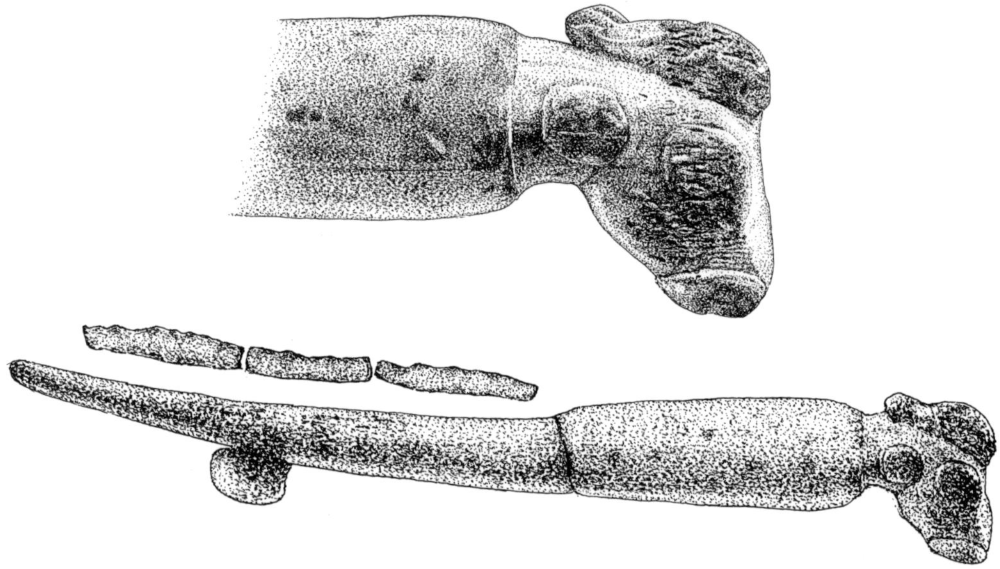

Abb. 33: Knöcherner Sichelgriff mit Antilopenköpfchen und mit einzulegenden mesolithischen Steinklingen (unten 0,65x), frühes Natufian, Kebarahöhle bei Zikhron Ya'akov; jetzt Rockefeller-Museum Jerusalem. Zeichnung A. Suchantke.

welcher Sinn auch in der Gegenwart gesehen werden kann. Gefundene Sinnhaftigkeit stärkt immer die Bereitschaft zu zukunftsoffener Tätigkeit, stärkt das Willensvermögen. – Anders der Blick auf Zeugung und Geburt. Das Rätsel des Lebensanfangs öffnet die Fragen nach dem Woher der eigenen Existenz, nach der Tiefe ihrer Vergangenheit. Dort wird die Ursache, der Grund für das Jetzt gesucht und gesehen. Das Bewußtsein beginnt, die Gegenwart aus ihrer Vergangenheit abzuleiten. Das ist der Nerv des kausalen Denkens.

Mit dem Blick auf die Zukunft, auf das Todesrätsel, begann zuerst das finale Denken in der Menschheit verstärkt um sich zu greifen. Mit dem Blick auf die Vergangenheit, auf das Rätsel der Geschlechtlichkeit als der Voraussetzung des Lebensbeginnes, beginnt nun das kausale Denken zu erwachen. Das Auftauchen der Figurinen von Muttergottheiten und sexueller Symbolik in der letzten Phase des Mesolithikums markiert den endgültigen Schritt auch dazu. Vorher ging der Mensch in der Erfüllung des lebendig ergriffenen Augenblicks auf. Nun konnte in den Vorstellungen von Vergangenheit, Gegenwart und Zukunft gedacht werden. Das Bewußtsein legte die Zeit nun erst in die lineare Abfolge des Gewesenen, Jetzigen und Künftigen auseinander (Schad 1986).

Ein wiederum ungeheuer einschneidender Schritt geschah damit. Der italienische Prähistoriker Emanuel Anati schreibt dazu (1963, S. 115): «Der Mensch des Oberen Paläolithikums schuf weibliche Figurinen, die offensichtlich eine Gottheit oder ein Wesen der Fruchtbarkeit darstellen und welche wahrscheinlich ein religiöses Konzept beinhalten, die der Homo sapiens immer seitdem beibehalten hat: eine schwangere Gottheit oder Menschheitsmutter (oder Gottesmutter), in welcher er das Mysterium seiner eigenen Erschaffung verehrte. Nachdem der Mensch das Rätsel

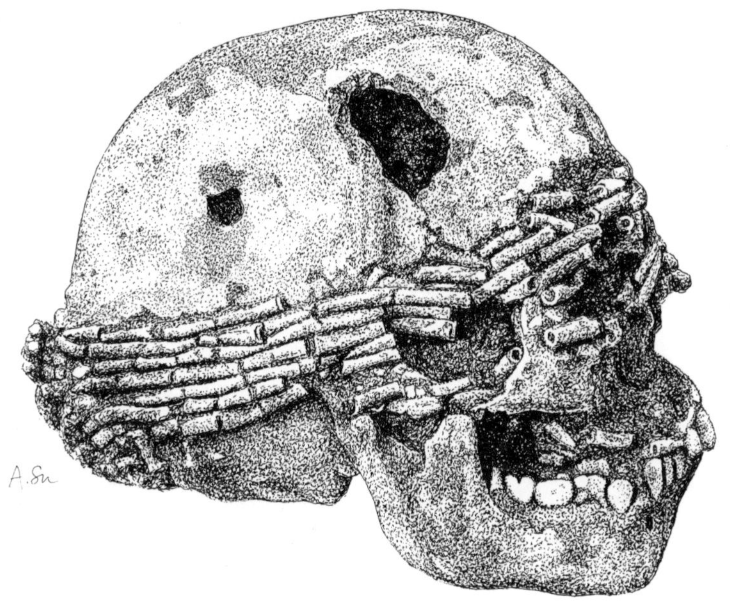

Abb. 34: Kopf eines weiblichen Skelettes, bestattet vor der Flußhöhle (Wadhöhle), geschmückt mit den kranzartig aufgereihten Schalen von Dentalium, Natufian; Rockefeller-Museum Jerusalem. Zeichnung A. Suchantke.

des Lebensendes an der Tatsache des Todes gewahr wurde, wurde sein Bewußtsein zum Rätsel des Lebensanfanges hingezogen. Das zeigt an, daß er die volle Dimension der Zeit ergriff und daß er in der Vergangenheit, dem abstraktesten Teil der Zeit, denken konnte. Er konnte nun erst in den Begriffen Gegenwart, Zukunft und Vergangenheit denken. Die psychologischen Implikationen der Mutter-Gottheit sind deshalb von außerordentlicher Bedeutung. Sie markieren einen neuen bemerkenswerten Schritt in der Entwicklung des menschlichen Bewußtseins.»

Diese Epoche, in Israel im späten Mesolithikum, wird nach den entsprechenden Funden im Nahal Natuf bei Shuqba (östlich von Lod/Tel Aviv) das Natufian genannt. Mit ihm verlassen wir die letzte Phase der letzten Eiszeit. Die Nacheiszeit beginnt. Der Mensch ist nun in der virtuosen Anfertigung seiner zierlichsten Steinwerkzeuge soweit emanzipiert, daß er beginnt, nicht mehr die Welt und nur die Welt um sich herum mitzuleben, sondern sich selbst bewußt in den Blick zu bekommen, sich selbst zu erfahren. Er beginnt, sich selbst zu betrachten. Er schmückt sich, hat Gefallen an seiner Erscheinung und möchte anderen gefallen. Halsschmuck aus durchbohrten Zähnen, Muscheln, Schnecken oder Plättchen aus Straußeneischalen finden sich in vielen Höhlen. In der Flußhöhle trug eine bestattete Frau einen fülligen Kranz von Dentalium*-Schalen um das Haupt. Das Ich erwacht dadurch zum Bewußtsein seiner selbst, daß es sich selbst spiegeln kann.

* Kahnfüsser, «Elefantenzähne» – Weichtiere aus der Schnecken- und Muschelverwandtschaft, deren langgestreckte Gehäuse wie kleine Elefantenstoßzähne aussehen.

Abb. 35: Geröllstein mit eingeritzter menschenähnlicher Figur oder Gesichtsform. Eynan/oberer Jordan (aus Avi-Yonah).

Tafel 35

Oben: Die Karmelhöhlen im Höhlental (Nahal Mearot, Wadi Mughara) bei Atlit in der Nähe der Meeresküste am Westabfall des Karmelgebirges. Links die beiden Öffnungen der Flußhöhle (Mearat Hanahal, Mugharet el-Wad), daneben die große runde Öffnung der Kamelhöhle (Mearat Hagamal, Mugharet ej-Jamal), oben rechts die steile Öffnung der Backofenhöhle (Mearat Tannur, Mugharet et-Tabun) mit dem überwachsenen Schuttkegel früherer Ausgrabungen. Aufnahme W. Schad.

Unten links: Die Ziegenböckchen-Höhle (Mearat Gedi, Mugharet es-Skuhul) liegt wenige Schritte weiter talaufwärts. Auf dem Vorplatz, eingesintert in pleistozäne Kalkschichten, wurden wichtige Menschenfunde der ausgehenden letzten Pluvialzeit gemacht. Aufnahme A. Schad.

Unten rechts: Die ergrabene Stratigraphie der Backofenhöhle (Mearat Tannur, Mugharet et-Tabun). Die Beschilderung von oben kennzeichnet die Schichten C, D, E_a, E_b, E_c, E_d; es folgen noch tiefere Schichten (Grabungen 1929–1934, 1967–1971) Aufnahme W. Schad.

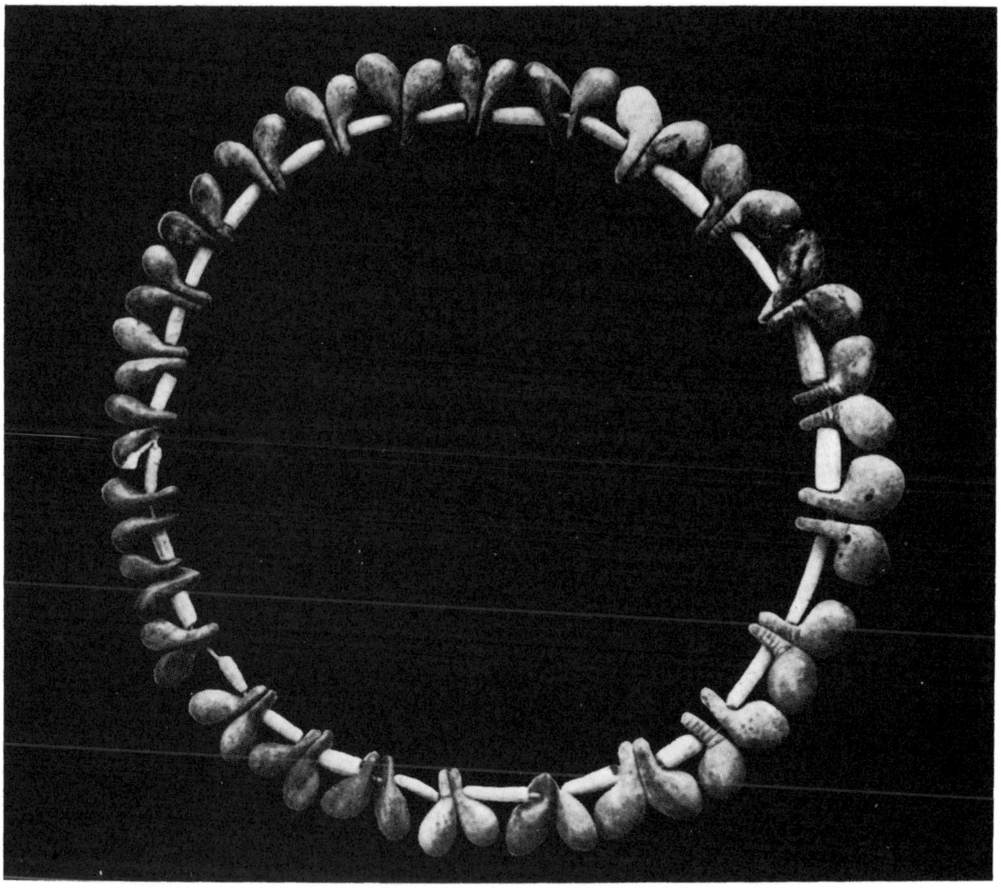

Abb. 36: Rekonstruierter Halsschmuck des unteren Natufian (Wadhöhle, Schicht B_2), 0,5x. (Aus Avi-Yonah).

Indem es sich selbst entdeckt, erfährt es seine jeweils individuelle Einzigartigkeit. Die Welt erscheint plötzlich als viel weniger bedeutungsgeladen, als man selbst ist. Das Ichbewußtsein wird offenbar selbstbezogener als ihm gut tut. Die Welt muß sich jetzt nach dem Menschen richten, er nicht mehr nur nach ihr. Das ist die bewußtseinsmäßige Voraussetzung für das Seßhaftwerden. Denn darin grenzt sich der mesolithische Mensch aus der nun außermenschlich erlebten Umwelt ab und betrachtet sein Wohngebiet als seinen Besitz: das persönliche Besitzgefühl erwacht. Was man selbst besitzt, gehört keinem anderen mehr. Es wird gegen den Nächsten

Tafel 36
Oben: Neolithisch-bronzezeitliches Großstein-Heiligtum Rujum Heiri auf der Hochebene des Golan von Südosten (Flugbild, Golan-Museum Qazrin).
Unten links: Dolmen bei Gamla auf dem Golan im Frühjahrsgrün. Aufnahme R. Brinkmann.
Unten rechts: Bronzezeitliche Felsritzungen aus der Wagenhöhle, Timnatal/Süd-Israel, um 1250 v. Chr.) Aufnahme H. Brettschneider.

Abb. 37: Felsmalereien der ersten Nacheiszeit in Ostspanien. *Oben* dahinstürmende Jäger mit Pfeil und Bogen, 9000 v. Chr. (Cueva des Agua Amarga), *Mitte* heftiger Kampf von Bogenschützen, *unten* Hinrichtungsszene, um 5000 v. Chr. (beides Cueva del Roure, Morella/Castellon) (aus Baumann und Müller-Karpe 1980).

Abb. 38: Virtuos geschlagene Pfeilspitzen des Natufian und Neolithikums, 10.–7. vorchr. Jahrtausend; Israel-Museum, Jerusalem (Katalogbild).

verteidigt. Wo ausführliche Felszeichnungen dieser Zeit erhalten sind, wie z. B. in Spanien, finden sich erstmals Darstellungen bewaffneter Auseinandersetzungen zwischen Menschen. Seit dem Mesolithikum gibt es unter Menschen nachweislich Krieg. Es findet eine tief einschneidende, die Menschheitsgeschichte verändernde Revolution statt. Von nun an gibt es erst einmal keine gemeinsame Menschheitskultur mehr, es beginnen die Zivilisationen.

Abb. 39a: Lebensgroß modellierte Portraits mit Muscheleinlagen als Augen. Jericho, um 7000 v. Chr.; jetzt Rockefeller-Museum Jerusalem (aus Müller-Karpe). Abb. 39b: Der ausgegrabene Turm der frühesten Stadtanlage von Jericho um 7000 v. Chr. (Foto Schad).

Zivilisation kommt von cives = der Bürger. «Bürger» erinnert an Burg. Der Bürger ist der in seinen Mauern beheimatete Mensch, der sich seinen eigenen Lebensraum geschaffen hat. Im ausgehenden Mesolithikum, im frühen Natufian, bauten sich die Menschen im Jordangebiet schon Häuser mit Steinunterbauten und Fußböden. So in Eynan beim Hula-See am oberen Jordan. Es waren Rundbauten mit meterbreiten Mauern. In der Mitte standen der Herd und ein Stein mit künstlicher Aushöhlung: der Mörser zum Mahlen des Mehles. Ähnlich ausgestattete Gebäudereste, nur wenig jünger, fanden sich im Nahal Oren am Karmel. Hier waren den Verstorbenen Getreidemörser in die Gräber mitgegeben worden. In und vor der Flußhöhle (Wad-Höhle) bei Atlit wurden dreißig Bestattungen aus der Natufzeit gefunden, von denen sieben um einen Steinmörser im Halbkreis gruppiert waren. In Eynan wurden Gruben, die vorher als Getreidesilos benutzt worden waren, für Bestattungen verwendet (Müller-Karpe 1976, S. 291). Es muß schon bei dieser ersten Verwendung der noch ungezüchteten Wildgetreide eine besondere Verbindung zu dem Rätsel des Sterbens gesehen worden sein. Das Sterben des Samens, um mehr Leben zu bringen, war das gemeinsam verehrte Geheimnis auch des menschlichen Todes. Der menschliche Leichnam wurde selbst gleichsam als Samenkorn betrachtet.
In Jericho steht heute nahe bei einer Quelle ein großer Ruinenhügel, der Tell es-Sultan, auf dem sich der Kulturschutt von 10 000 Jahren menschlicher Besiedlung angehäuft hat. Mit wenigen Unterbrechungen blieb Jericho seitdem bis heute bewohnt und dank des frischen Wassers der Elisaquelle eine blühende Oasenstadt voller Palmen und Orangenduft mit ganzjährigem Sommer. 1952–1957 wurden hier bedeutende Ausgrabungen gemacht und dabei als älteste Schicht rechteckige Häusergrundrisse aus Bruchsteinmauern im Alter von 8000 v. Chr freigelegt. Ab 7000 finden sich mächtige Verteidigungsanlagen mit einem 9 m hohen Rundturm. Damit ist Jericho nicht nur räumlich die tiefstgelegene Stadt der Welt (–260 m), sondern auch die älteste Stadt mit der größten Zeittiefe. Nicht einmal die urindische Kultur hatte begonnen, als hier der Mensch sich schon seßhaft machte und sich hinter seinen Mauern abschirmte. Das geschah hier schon im frühesten Neolithikum, zu Beginn der Jungsteinzeit. Jetzt wurden die Steinwerkzeuge nicht nur geschliffen, sondern auch durchbohrt. Der Totenkult führt sogar schon zu einer gegenständlichen «Portraitierung» des Verstorbenen. Man fand Totenschädel mit aus Gips aufmodellierten Gesichtern oder flache Antlitzskulpturen mit eingelegten Muscheln als Augen. Vorstellung und Wiedergabe der Vorstellung wenden sich absichtlich auf den Menschen selbst (siehe auch den Beitrag von Fackler S. 426ff.).
Ab 8000 v. Chr. finden sich die frühesten Getreidezüchtungen als Kulturgerste; so in der frühneolithischen Siedlung Netiv Hagdud, 10 km nördlich von Jericho (Meyers). Etwa gleichzeitig ist der Siedlungsplatz Abu Salem mitten in der heutigen Negevwüste zu datieren. Damals in der ausklingenden letzten Pluvialzeit herrschte hier noch reicher Pflanzenwuchs. Eine große Kalksteinplatte ist von reibschalenartigen Vertiefungen übersät; ein Reibstein fand sich anbei. So wurde von Hand das Mehl gemahlen.

Abb. 40: Der frühneolithische Siedlungsplatz Abu Salem, nordwestlich von Har Harif, der höchsten Erhebung des Negev, mit Mahlsteinplatte; Harifian um 8200 v. Chr. (Marks II).

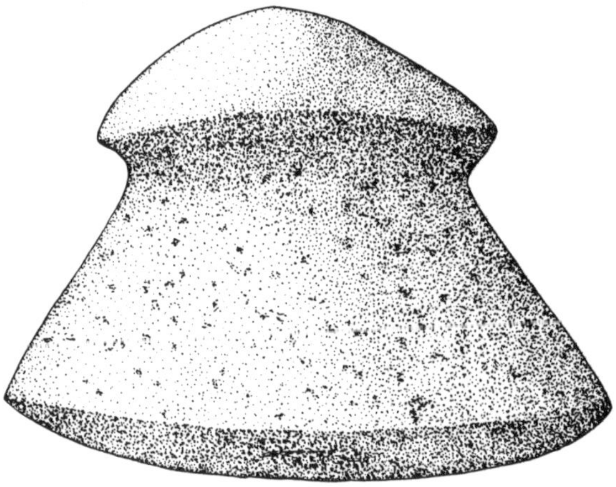

Abb. 41: Reibstein aus Basalt, Abu Salem; 0,7x (Marks II).

Abb. 42: Die Mahlplatte aus Kalkstein mit den Reiblöchern von Abu Salem (Maßstab im Hintergrund 0,5 m; Marks II).

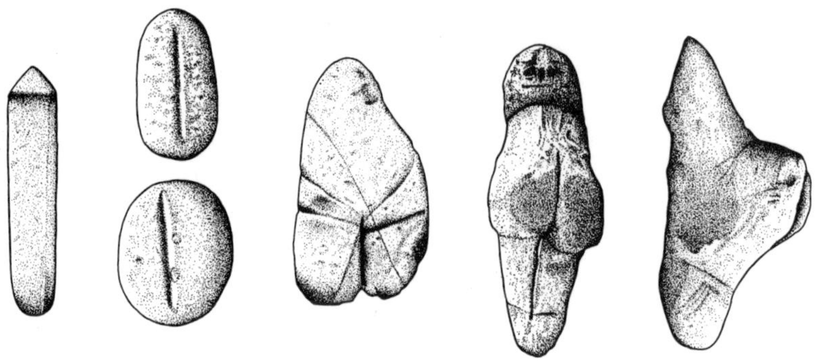

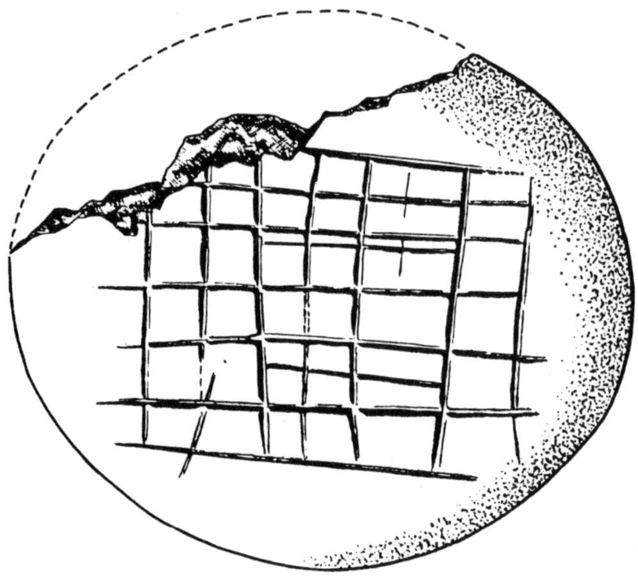

Abb. 43: Abstrahierende Darstellungen in Kleinplastiken und Gravuren, Yarmukian. Museum Sha'ar Hagolan. Maßstab: *oben von links* 0,43x, 0,39x, 0,58x, 0,58x; *Darunter* 0,61x (aus Müller-Karpe 1966 und Stekelis 1966b).

Eine wichtige Fundstätte des späten Neolithikums Israels liegt südöstlich des Sees Genezareth am Yarmukfluß beim Kibbuz Sha'ar Hagolan («Tor des Golan»). Hier fanden sich in den Flußschotterterrassen reiche Überreste an kultischen, künstlerischen und handwerklichen Steinbearbeitungen. Diese Kultur wird als Yarmukian bezeichnet und um 4500 v. Chr. datiert. Sie fällt somit in die Blütezeit der frühesten persischen Hochkultur, in der die Züchtung vieler Kulturpflanzen stattgefunden hatte. Die Steinwerkzeuge werden wieder größer. Von virtuos geschlagenen und gekerbten Spitzen und Klingen bis hin zu einigen fäustelartigen Kerngeräten reicht

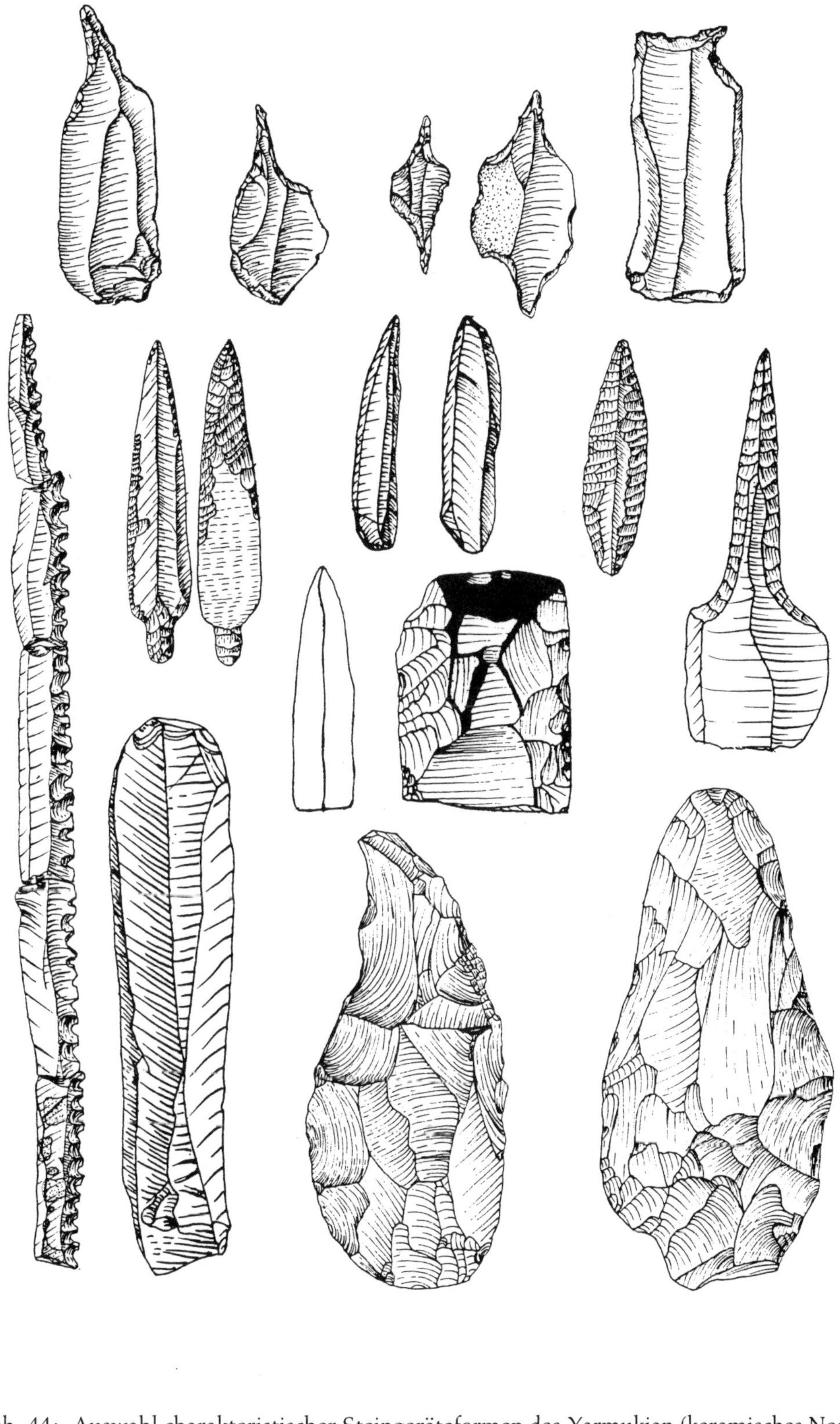

Abb. 44: Auswahl charakteristischer Steingeräteformen des Yarmukian (keramisches Neolithikum) von Sha'ar Hagolan, um 4500 v. Chr.; etwas verkleinert (aus Stekelis 1966b).

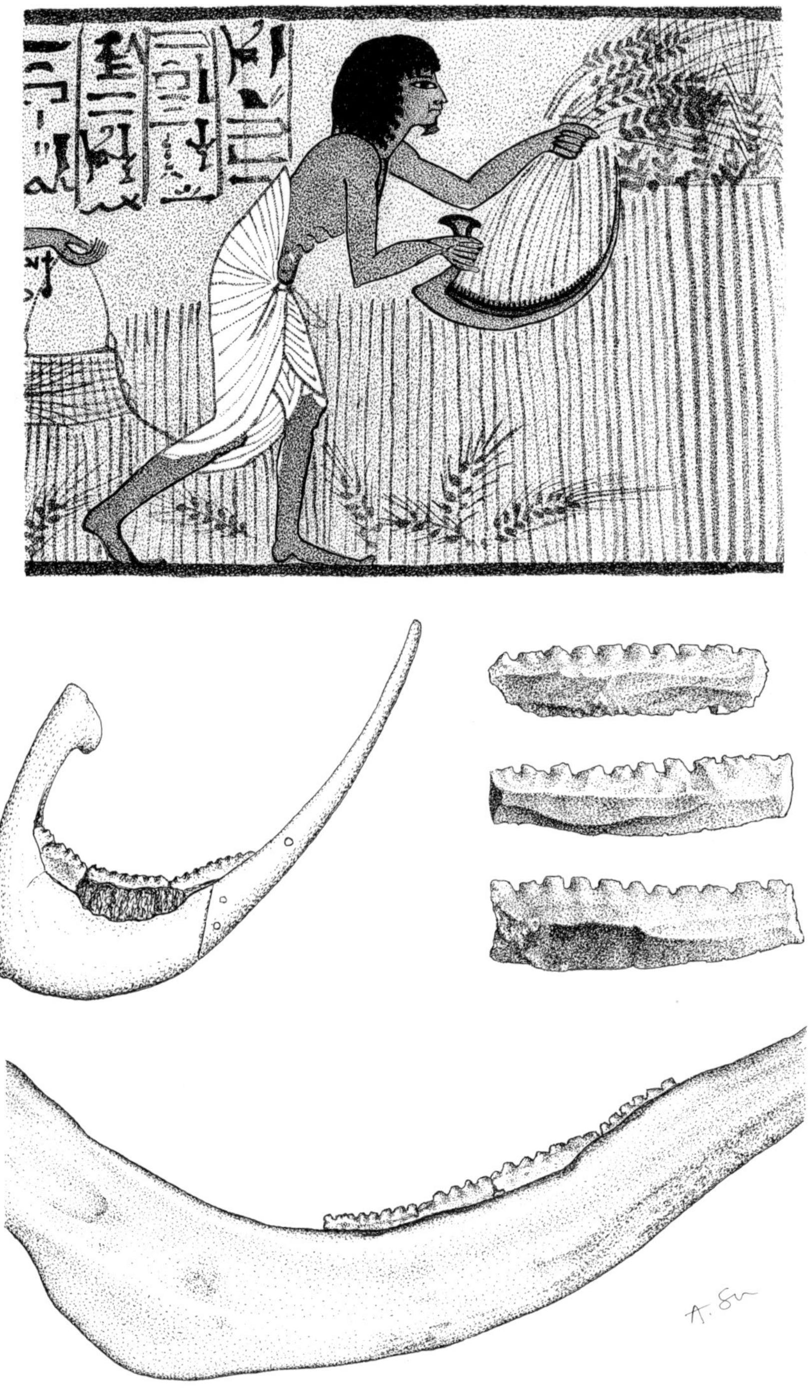

Abb. 45: Noch die Ägypter ernteten ihr Getreide mit aus gekerbten Flintsteinen eingelegten Sicheln; (*oben* Wandbild von Theben-West, 19. Dynastie, um 1250 v. Chr.), *Mitte links* Nachbildung nach Funden aus der 12. Dynastie. *Rechts und unten* eingefaßt in Huftierunterkiefer gab es solche Sicheln schon in der Yarmuk-Kultur von Sha'ar Hagolan (Zeichnung A. Suchantke nach Blanckenhorn und Aufnahmen von F. Teichmann und W. Schad).

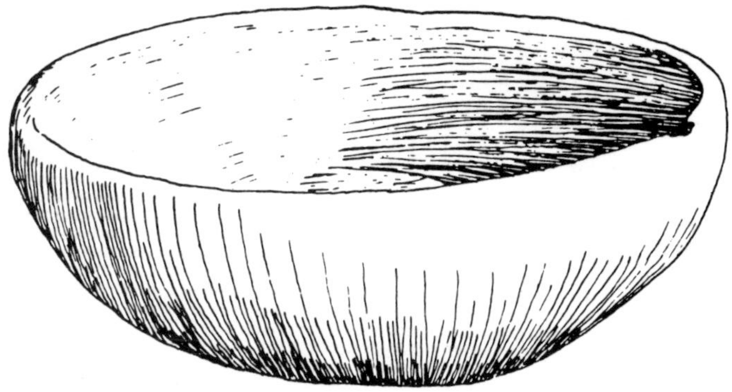

Abb. 46: Steinschale von Abu Gosh, Tahunian = vorkeramisches Neolithikum (aus Anati 1963).

das Formenspektrum. In Knochen gefaßte Flintklingen in Form schlanker Sicheln und Mörser deuten auf reiche Landwirtschaft. Erste Tongefäße, mit Stichverzierungen geschmückt, erzählen vom ersten Auftreten der Töpferei. Auf flachen Kieseln sind geometrische Muster oder Tiere eingeritzt. Die Ritzmuster wirken so abstrakt, als seien sie eine Hilfe für das erste Zählen gewesen.

Besonders fesselnd aber sind die über 150 Darstellungen der Menschengestalt, die aus der kleinflächigen Grabung zutage kamen. Es handelt sich um ausgewählte längliche Geröllsteine, die zumeist mit wenigen Andeutungen der Augenschlitze und Mundöffnung eben nur andeuten, daß der Stein selbst der Mensch sein soll. Hier rundet sich in gewisser Weise die gesamte Entwicklung der Steinzeit. Was an ihrem Anfang als selbstvergessene, totale Identifikation mit dem Geröllsphäroid stand, aus dem der frühe Mensch sein eigenes Selbst- und Welterleben in all den von uns betrachteten Verwandlungen herausschlug und damit sich selbst von der Welt in einem unglaublich langen Prozeß letztlich ablöste und befreite, das kommt nun am Ende des ganzen Geschehens in die unmißverständliche Bildaussage: Ein der Natur entnommener, ausgewählter Stein ist wie ein Mensch. In ihm begann er sich selbst zu finden. Ob wir den Hintergrund dieser Aussage als kultisch, künstlerisch oder philosophisch bezeichnen wollen, sagt weniger über den Sachverhalt aus als über unser jeweiliges heutiges fachgefächertes Bewußtsein. Die damalige Aussage aber war monistisch, also alles zugleich und in einem. Irgendeinen Nützlichkeitswert hatten diese anderthalbhundert Steine nicht, aber eine existentielle Bedeutung, um am Gegenüber zum «gegenständlichen» Bewußtsein des eigenen Selbst zu kommen.

Abb. 47: Geröllstein als Mensch, Yarmukian um 4500 v. Chr. von Sha'ar Hagolan; Israel-Museum Jerusalem; Höhe 23,5 cm (Katalogbild).

Abb. 48: Geröllstein des Flusses Yarmuk mit aufgeritzter weiblicher Gestalt; 1,05x. Museum Sha'ar Hagolan (aus Avi-Yonah).

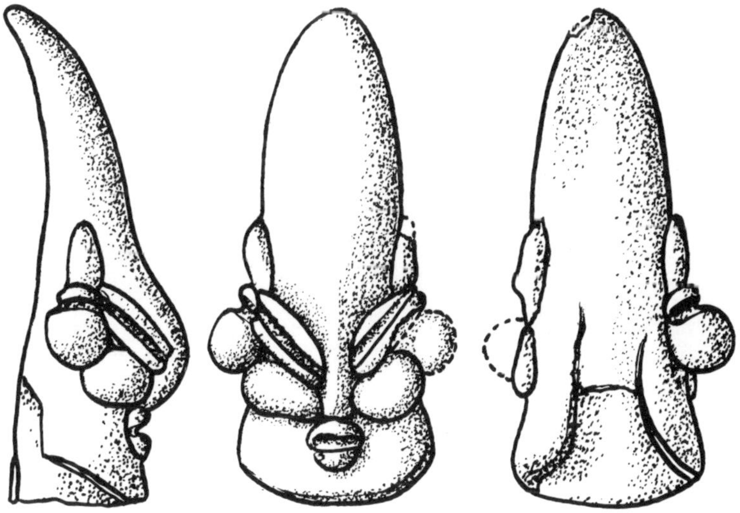

Abb. 49: In Ton plastizierter menschlicher Kopf in spitz zulaufender Gestaltung, 1:1. Sha'ar Hagolan (aus Stekelis 1966b).

Abb. 50: Weibliche Tonfigurine im Stil des Yarmukian von Minha Horvat; Höhe 11 cm; Israel-Museum Jerusalem (Katalogbild).

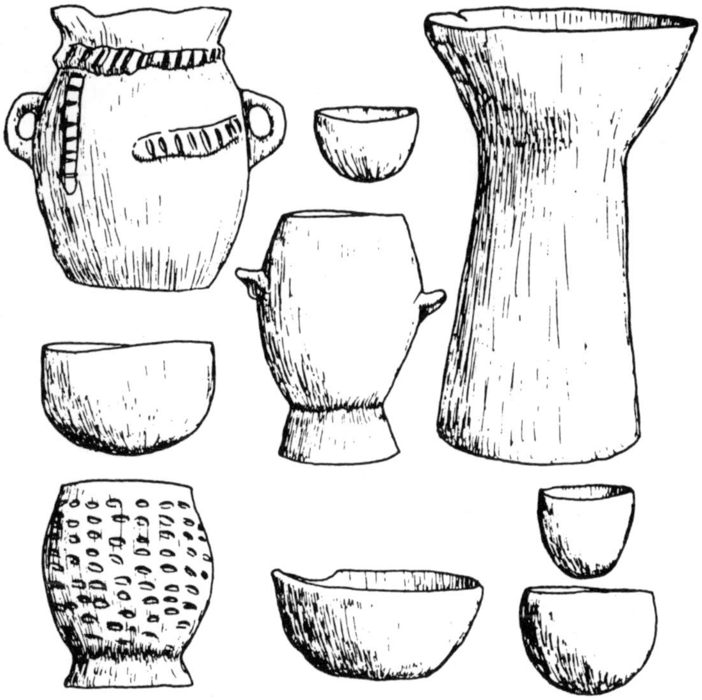

Abb. 51: Neolithische Keramik aus Kistengräbern von Adeime (aus Anati 1963 nach Stekelis).

Abb. 52: Auf einen Geröllstein geritztes Tier, Yarmukian. Museum Sha'ar Hagolan, Zeichnung A. Suchantke.

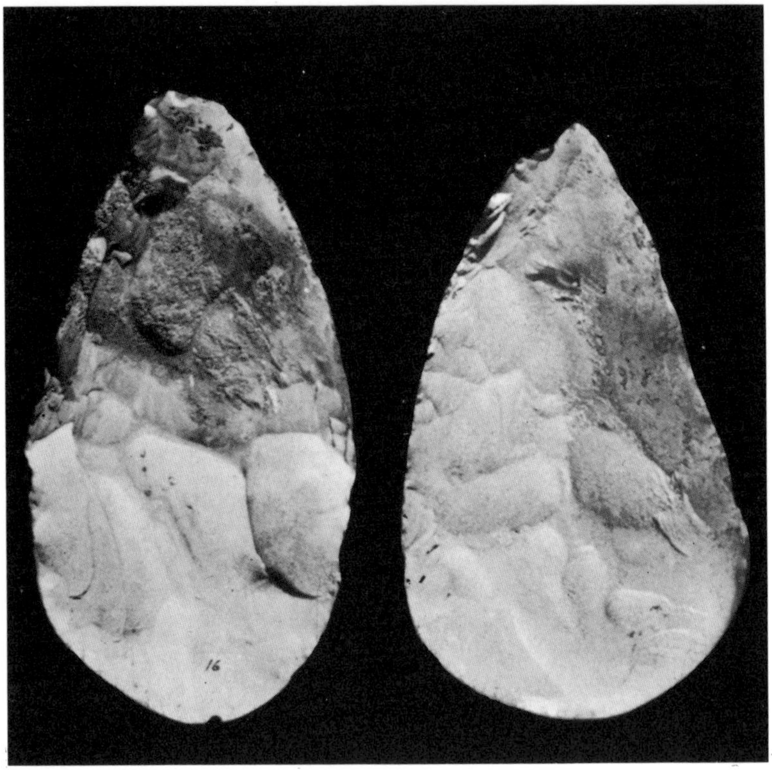

Abb. 53: Angeschliffene Faustkeile von Abu Gosh, Tahunian (aus Avi-Yonah).

Etwas früher als das Yarmukian, um 6500 v. Chr., liegt die neolithische Siedlung von Mesad Mazzal südlich des Toten Meeres. Nicht weit davon wurde aus den anstehenden Feuersteinbänken das Flintmaterial entnommen und vorgefertigt, um dann am Siedlungsplatz selber zu fingerlangen, gut rand- und flächenretuschierten Beilchen und Blättern zurechtgeschlagen zu werden. Hier fehlte noch jegliche Töpferware (vorkeramisches Neolithikum). Aber manche Steingeräte wurden auch schon geschliffen und poliert. So fanden sich bei Abu Gosh, westlich von Jerusalem, sogar anpolierte Faustkeile noch aus dem 7. Jahrtausend v. Chr.! – ein besonders sprechendes Beispiel für die so starke Verbindung von hoher Stabilität der Traditionen und doch zugleich fortschrittlichen Neuerungen im Gange der levantinischen Vorgeschichte. Uralte und neue Traditionen überlappten sich noch immer.

Der Übergang zu den Metallkulturen

Im jungen Neolithikum nimmt nun die Tonwaren-Herstellung einen immer breiteren Raum ein, womit sich das Ende der Steinzeit ankündigt. Danach tritt die Verwendung von Metallen auf und zwar zuerst von Kupfer. Es läßt sich in den einfachen Öfen leichter ausschmelzen als das Eisen. Die Kupferzeit (das Chalkolithikum) dauert von 4000 – 3150 v. Chr. in Israel. Im Tal von Timna am südlichsten Nahal Arava liegen die Kupferminen, die später auch von den Ägyptern und von Salomo ausgebeutet wurden. Herrliche Kupfergeräte fanden sich in Höhlen der Schluchten versteckt, die zum Toten Meer abfallen (die Funde aus der Schatzhöhle im Nahal Mishmar befinden sich heute im Israel-Museum von Jerusalem). Oberhalb von En Gedi, der blühenden Oase am Westufer des Toten Meeres, sind noch die Grundmauern eines alten chalkolithischen Tempelbezirkes zu sehen. Aber auch in der Endphase des Chalkolithikums sind die Kupfergeräte noch von Flintwerkzeugen begleitet, wie etwa bei Ghassul. Dann wird die Zinnverhüttung entdeckt, und Kupfer und Zinn werden zu Bronze legiert. Um 3150 bricht im Lande die Bronzezeit an. Sie wird bis 1200 v. Chr. dauern. Somit ist sie zeitgleich mit den erwachenden Hochkulturen im Zweistromland und am Nil, mit den Kulturen der Assyrer, Babylonier und Ägypter. Die Keil- und die Hieroglyphenschriften entwickeln sich. Mit der Erfindung der Schrift wird die unmittelbare Erfahrung der Welt durch Zeichen ersetzt und ein erheblicher Abstraktionsgrad erreicht. Chiffren und Symbole ersetzen die bisherige direkte Anbindung an die Gegenwart. Damit endet die Vorgeschichte, die geschriebene Geschichte beginnt.

Auch nach Israel branden die Folgen herein. Um 1800 v. Chr. wandert Abraham aus dem Zweistromland ein. Seine Nachkommen durchschweifen das Land bis ins Nildelta. Hier wurden sie von den Pharaonen über 400 Jahre lang unterjocht, bis Moses sie von Ramses II. (1301–1234) befreite. Die vierzigjährige Wüstenwanderung kann auf 1290 bis 1250 angesetzt werden. Doch immer wieder gehört das Land zeitweise den Assyrern, dann wieder den Ägyptern. Am Südrand des zentralen Berges im Timnatal liegen noch die Überreste eines ägyptischen Hathortempels. Wenige Schritte weiter ist Ramses III. mit Opfergaben vor der kuhgehörnten Hathorgöttin in die Felswand geritzt. Der königliche Diener Ramsespere, vermutlich der ägyptische Oberaufseher der dortigen Kupferminen, hat sich in Hieroglyphenschrift darunter verewigt. Ramses III. regierte von 1198 – 1166 vor Christus.

Und doch blieben weite Strecken des Landes in ihrer kulturellen Entwicklung davon unberührt. Es müssen nomadisierende Jäger gewesen sein, die sich schon im Neolithikum und Chalkolithikum, verstärkt aber in der Bronzezeit in Felszeichnungen dargestellt haben. Erst 1954 entdeckte man die ersten Ritzungen in der Negevwüste

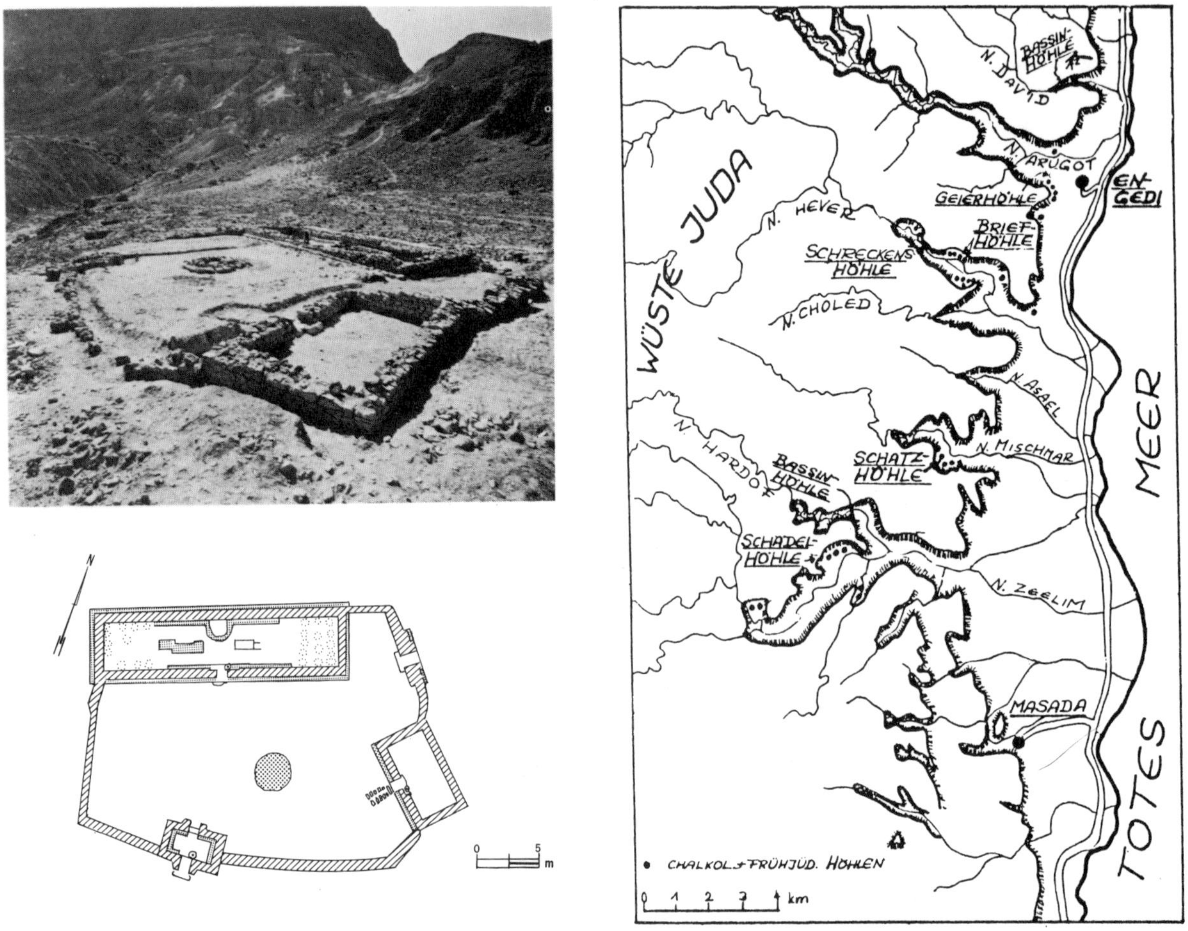

Abb. 54: *Rechts* Höhlen der chalkolithischen und frühjüdischen Besiedlung in den Seitenschluchten des Toten Meeres; *links oben* die erhaltenen Grundmauern des chalkolithischen Tempels von En Gedi; *darunter* Grundriß (aus Avi-Yonah).

und begann, sie systematisch zu erforschen (Anati 1981). Hunderte von Bildern sind inzwischen zum Vorschein gekommen. Im Vergleich mit ähnlichen Felsritzungen im Sinai, in Arabien und in der Sahara konnten 10 Stilperioden zwischen dem Jungpaläolithikum bis zur Neuzeit ermittelt werden. Noch in letzter Zeit haben die einheimischen Beduinen ihre Sippenzeichen in die Patina der Wüstenfelsen eingeklopft, um sich voneinander Kunde zu geben.

Wir bilden einen Ausschnitt der Stilentwicklung ab. Zuerst, im späten Jungpaläolithikum und Mesolithikum, finden sich auffallend natürliche, ja geradezu naturalistisch gezeichnete Tiergravuren. Es überwiegt, auch weiterhin, mit annähernd siebzig Prozent, das Steinbockmotiv. Die Übereinstimmung mit den altersgleichen

Abb. 55: Ramses III. vor der kuhgehörnten Göttin Hathor. Überlebensgroßes ägyptisches Felsenrelief bei den «Säulen Salomos», Timnatal (Foto W. Schad, nachgezeichnet).

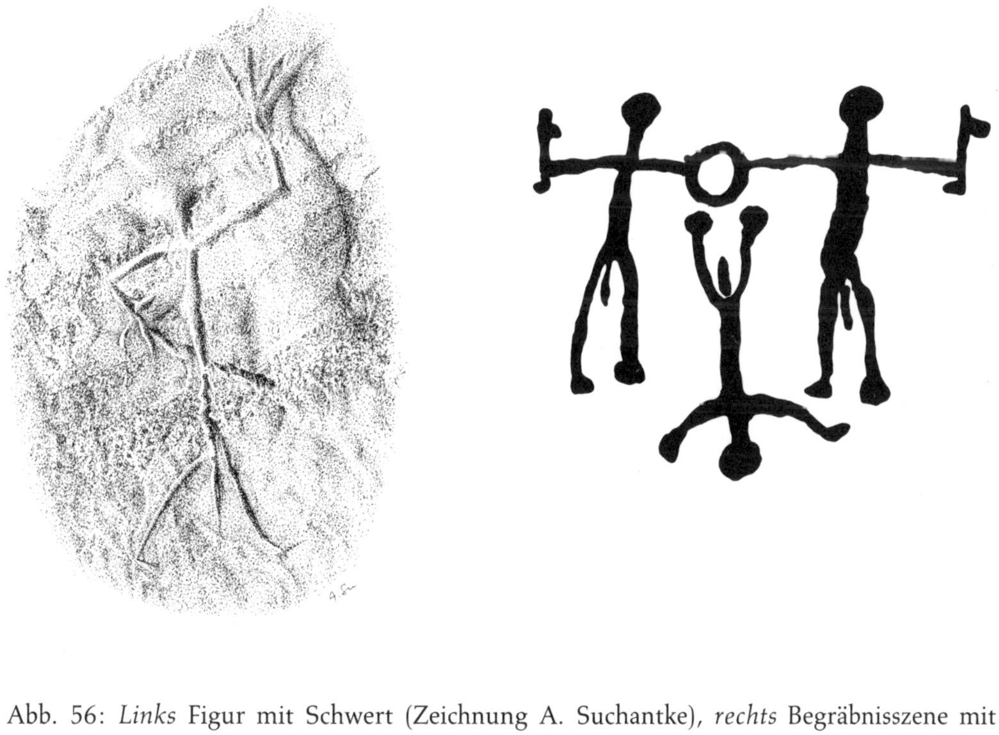

Abb. 56: *Links* Figur mit Schwert (Zeichnung A. Suchantke), *rechts* Begräbnisszene mit erhobenen Steinäxten über einem Toten. Wagenhöhle bei Timna (aus Anati 1981).

Abb. 57: Gesamtentwicklung der levantinischen Felsmalerei. *Von oben* Stil I, älter als 6. Jahrtausend v. Chr. (Kilwa/Süd-Jordanien); Übergang Stil I/II, Tahunian, 5. Jahrtausend (Alfonso-Höhle/Timna); Stil II, Chalkolithikum, 4. Jahrtausend (Nahal Avdat); Stil III, frühe Bronzezeit, 3. Jahrtausend (Nahal Ramlije/Avdat). (Aus Anati 1981).

Abb. 58: Gesamtentwicklung der levantinischen Felsmalerei, Fortsetzung. *Von oben* Stil IV A, 2. Hälfte des 2. Jahrtausends (Wagenhöhle/Timna); Stil IV B, 1. Hälfte des 1. Jahrtausends (Felswand/Timna); Stil IV C, 500–400 n. Chr. (Rujum Hani/Jordanien); Stil V, 70–700 n. Chr. (Nahal Odem, nördlich von Timna). (Aus Anati 1981).

Kleinplastiken ist nicht zu übersehen. Im Neolithikum werden die Linien dünn und zart und bleiben doch noch voll gespannter Ausdruckskraft. Im Chalkolithikum schließlich wird so vereinfacht, daß in expressiver Weise die Gebärde des Tieres wichtiger erscheint als dessen natürliche Form. Man kann daran bemerken, wie der Mensch seine Wahrnehmungen nun stärker verinnerlicht und sie von innen mit- und nachschafft. In der Bronzezeit beginnt die Reduktion auf die Erkennungsmerkmale: zuerst noch in lebendigem Schwung, dann aber nur noch in schematisierender, hochgradiger Abstraktion, als ob Tiere und Menschen zu Schriftzeichen würden.

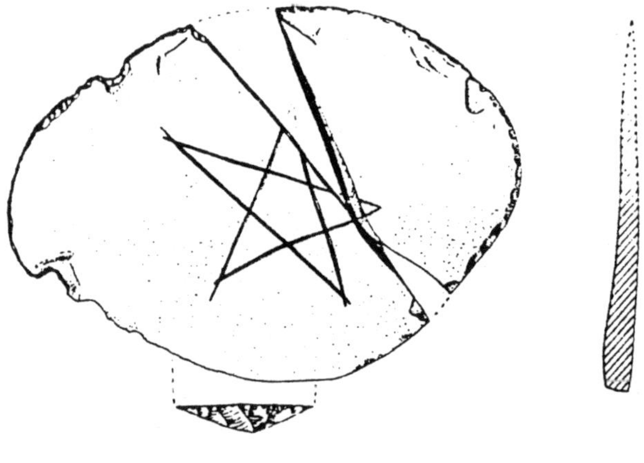

Abb. 60: Großer, zersprungener Breitschaber (∅ ca. 20 cm) mit eingeritztem Pentagramm. Frühe Bronzezeit II (um 2750); Tel Esdor/N-Negev, 1956 entdeckt, 1963/64 ausgegraben (aus Avi-Yonah).

Abb. 59: Großer Fries der Wagenhöhle bei Timna, 2. Hälfte des 2. Jahrtausends (aus Anati 1981).

Am Nordrand des Timnatales kann man schön den Übergang zu Gesicht bekommen. Die Felsbilder sind hier erst in den 60er Jahren entdeckt worden (Rothenberg). In der sogenannten «Wagenhöhle» sind an die eine Wand einer großen Felsspalte zahlreiche Krieger mit Pfeil und Bogen, Äxten und Streitwagen mit vorgespannten Tieren dargestellt, umgeben von Steinböcken, Oryxantilopen und Straußen. Alles vollzieht sich in dynamischer Bewegung. Wenige hundert Meter östlich davon ist draußen an einer hohen, sonnenbeschienenen Felswand ebenfalls eine Galerie zahlreicher Menschen, Wagen, Ochsen und Steinböcke eingraviert. Aber der Stil ist seriell, schematisch, eckig geworden. Jede Gestalt ist zum bloßen Strich ausgedünnt (siehe Abb. 58). Der Stil der Wagenhöhle wird auf die 2. Hälfte des 2. vorchristlichen Jahrtausends geschätzt, die Bilder der äußeren Felsenwand in die erste Hälfte des 1. Jahrtausends. – Danach erst lassen sich Pferd und Kamel nachweisen, die von Asien als Haustiere eingeführt wurden (Anati 1981). Vorher aber geht die Bronzezeit zu Ende und macht dem Siegeslauf des Eisens Platz.
Während der ganzen Bronze- und Kupferzeit lebt aber noch eine ganz andere Kultur in Israel, die sich rund um das Mittelmeer bis zu den westeuropäischen Küstenländern findet: die Großstein-Kultur, das Megalithikum. Es stellt geradezu kontrapunktisch den Gegenpol zu dem bisher geschilderten Verlauf der nacheiszeitlichen Kulturentwicklung dar. Nicht auf Abstraktion und Bewußtseinsdifferenzierung zielte sie hin. Sie lehnte jegliche Schrift ab, trotz vermutlicher Berührungspunkte gerade im Vorderen Orient. Und sie benutzte kaum Symbole oder irgendwelche

anderen informativen Bildgebungen. Ihr ging es darum, gewaltige Steinmassen zu bewegen. Tonnenschwere Blöcke wurden über Land gewuchtet und zu Steinhügeln, Steinkreisen, Steinkammern und aufrechten Steinsäulen zusammengetragen. Es ist die Welt der Cairns, Alignements, Dolmen und Menhire. Im westlichen Europa muß es ein seefahrendes Volk gewesen sein, denn nirgends ist es dort weit in das Landesinnere eingedrungen und wenn, so nur über Flußläufe. Ja, die ersten Steine für das größte megalithische Heiligtum Englands, Stonehenge, wurden mit Schiffen von Wales nach Südengland herangefahren (Atkinson). Von Arabien bis Südskandinavien finden sich die steinernen Zeugen, besonders reich in Irland, der Bretagne und noch häufiger in Spanien. Aber auch Korsika, Malta, Kreta und Israel sind voll davon.

Im palästinensischen Raum sowohl in Cis- wie in Transjordanien, um den See Genezareth und auf dem Golan häufen sie sich: z. B. oberhalb von Kapernaum bei Korazim, rund um die Gamlaschlucht und etwas östlicher, im Gebiet des größten megalithischen Heiligtums der Gegend, um Rujum Heiri (siehe Tafel 36). Hier, auf der Hochebene des Golan, vermeint man zuerst wie in Irland zu sein; besonders im Frühling, wenn noch alles grün ist. Nirgends ist Wald (er ist abgeholzt!), nur wenige Büsche und Bäume sind über die weite Ebene verstreut, Steppen und weites Grasland kennzeichnen die Landschaft. Auch wenn es sich beim genaueren Hinsehen um vorderasiatische Steppengräser, besonders um die Wildformen unserer Getreidearten handelt, so ist es nicht mehr das sanfte Hügelland Samariens, oder die Wüste von Juda und des Negev oder der Arava-Senke. Hier oben weht ein stürmischer Wind um die verwitterten Steinwälle zahlloser bronzezeitlicher Heiligtümer.

Rujum Heiri, der «Katzen-Hügel», besteht aus drei aus Basaltblöcken aufgetürmten, konzentrisch ineinander liegenden, kreisförmigen Steinwällen mit dem gewaltigen Außendurchmesser von 156 Metern. Im Zentrum liegt ein sieben Meter hoher Tumulus. Nach Nordosten und Südosten ist der äußerste Ring offen und mit je einem weiteren Tumulus versehen, die beide mit dem Zentrum einen Winkel von 82° bilden. Es sind die Ausrichtungen auf die Sonnenaufgänge am längsten und am kürzesten Tag des Jahres. Heute allerdings trifft das nicht mehr ganz genau zu, denn die Präzessionsbewegung, die Verschiebung des Sonnenstandes zur Frühlings-Tagundnachtgleiche im Fixsternhimmel, hat inzwischen die damalige Position hinter sich gelassen. Würde man genau zurückrechnen, so könnte man das Entstehungsdatum bestimmen. Die bisherigen Schätzungen schwanken zwischen 4000 und 2000 vor Christi Geburt.

Bei klarstem Wetter ragt im Südwesten, jenseits des Jordangrabens und des See Genezareths der Tabor über den Horizont. Nachts steht der funkelnde Sternhimmel mit so gut wie allseits ungestörter Horizontlinie über der Anlage – ein megalithisches Heiligtum, wie es in dieser Größe nur mit Stonehenge in England vergleichbar ist. Annähernd 12 500 Kubikmeter Basaltblöcke mit einem Gesamtgewicht von 37 500 Tonnen sind hier zusammengebracht worden. «Das Rad der Riesengeister» nennt sie auch der Volksmund. Die Kraftanstrengung wurde offensichtlich gesucht: die Steine konnten nicht groß genug sein, die Wälle nicht hoch und lang genug. Aberhunderte von Metern ziehen sie sich überall durch das Gelände.

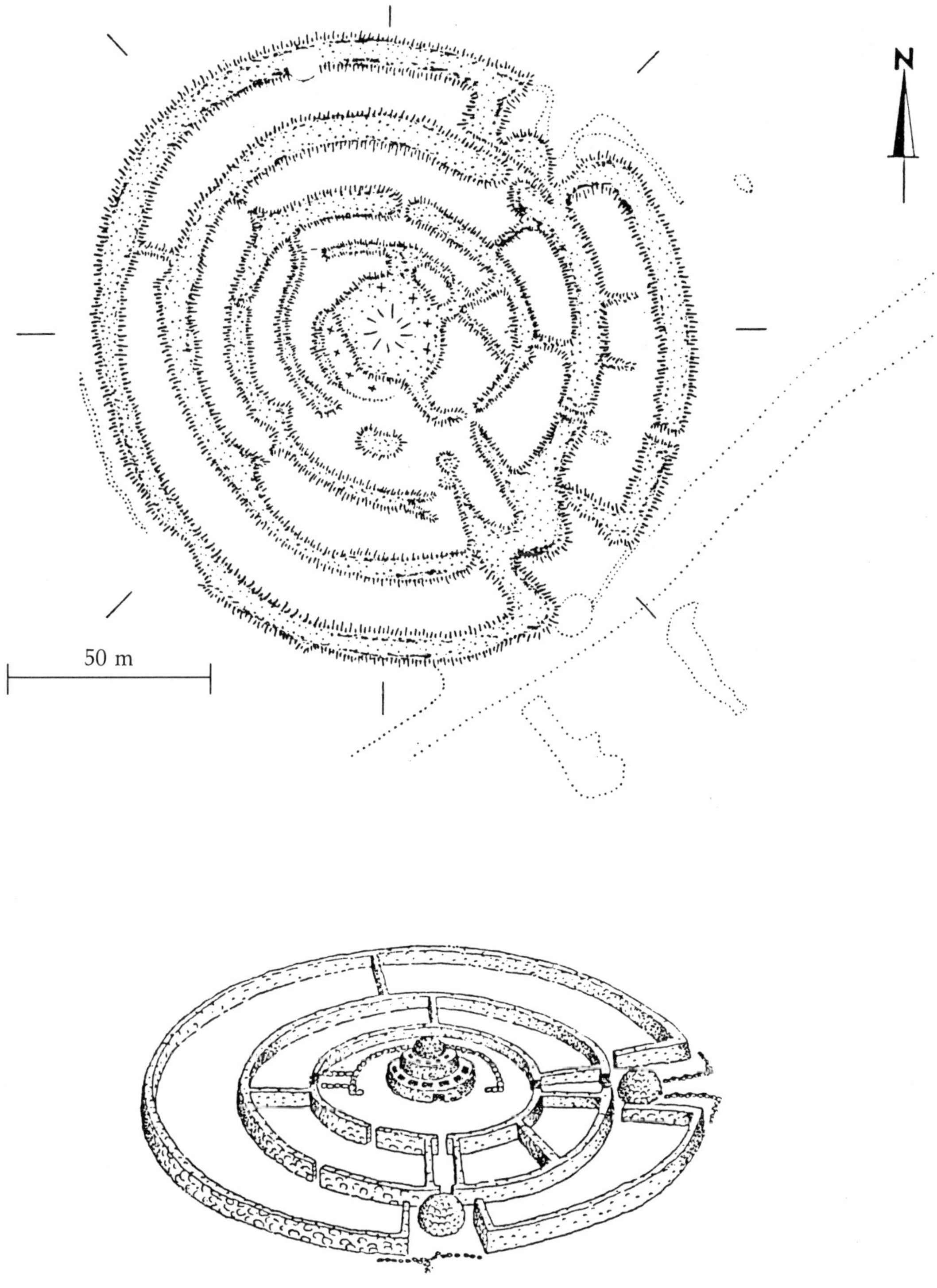

Abb. 61: Das gewaltige bronzezeitliche Heiligtum Rujum Heiri auf den Golanhöhen. *Oben* Grundriß, *unten* Rekonstruktion (aus Israel-Guide).

Frank Teichmann hat auf den polaren Gegensatz der megalithischen zur ägyptischen Kultur aufmerksam gemacht. Diese lebte von einer Begriffssymbolik, ausgegeben von einer strengen hierarchischen Priester- und Beamtenordnung. Nicht nur jede Hieroglyphe, auch jedes Kunstwerk hatte begriffliche Bedeutung – «bedeutete» etwas. Geometrie und Mathematik wurden bei ihnen wie bei den Assyrern gepflegt. – Anders die megalithische Kultur. Hier gibt es keine Denkmäler, wohl aber «Tatmäler». Hier werden keine zu bedenkenden Bedeutungen tradiert, sondern der eigene Kraftleib geschult. Wir haben es nicht mit einer Vorstellungskultur – das Ziel der Schriftkulturen –, sondern mit einer Willenskultur zu tun. Was durch die Entwicklung von der früh- und mitteleiszeitlichen bis zur spät- und nacheiszeitlichen Menschheit an Willensbetonung abgebaut worden ist, das tritt nun neuerlich in eigentümlicher Metamorphose gleichzeitig wieder neben die zunehmend abstrahierenden Kulturen. Die eine Strömung ist von Süden und Osten her genährt worden, die andere von Norden und Westen.

Beide Kulturströmungen haben sich im Heiligen Land getroffen, als die Geschichte des jüdischen Volkes begann. Um 1700 vor Christus lebte Abraham in Mesopotamien und wanderte in das Land zwischen Jordan und dem Mittelmeer ein. Rudolf Steiner (1910) kennzeichnete ihn unter Hinweis auf die alte Überlieferung, derzufolge durch Abraham die Fähigkeit zur Arithmetik in die Menschheitskultur eingebracht worden sei, die Fähigkeit also zur vollen Abstraktion und Formalisierung. Aber auch der andere Strom schlingt sich hinein. Die Megalithiker hatten ein intimes Verhältnis zu allem Elementarischen in der Natur. Bäume, Quellen und Felsen waren heilige Wesen. Auf dem Tempelberg in Jerusalem ist es der heilige Felsen Morija, der noch heute im Felsendom den Mittelpunkt bildet, auf dem Abraham seinen Sohn Isaak opfern wollte.

Rudolf Frieling (1983) hat in einer einfühlsamen Studie aufgezeigt, wie stark der Erzvater Abraham mit besonderen Bäumen biographisch verbunden geschildert wurde. Man denke nur an den Hain Mamre bei Be'er Sheva. Bei Isaak sind es die Brunnen: er läßt die sieben Brunnen graben, die Be'er Sheva den Namen gaben. Jakob wiederum hat eine besondere Beziehung zu heiligen Steinen. Wo im Alten Testament berichtet wird, daß ihm im Traum der Himmel offen stand, heißt es, daß am Morgen Jakob einen Stein an dieser Stätte aufrichtete und ihn mit Öl salbte; Bethel, Gottes Haus, wird die Stelle von ihm genannt. Hier fließt das megalithische Kulturverständnis ganz offensichtlich mit ein. Als ein Realsymbol begegnet uns in den drei Erzvätern die kultische Bedeutung, die der Wald, das Wasser und nicht zuletzt die Steine für die steinzeitliche Menschheit in ihrer Entwicklung gehabt haben. Und mit dem Engel wird nicht räsoniert oder begrifflich argumentiert, sondern Jakob ringt mit ihm mit aller seiner Willenskraft, bis dieser ihn segnet und ihn Streiter Gottes, «Isra-el» nennt.

In der Kraftgestalt Simsons klingt ebenfalls ein Ideal des megalithischen Selbstverständnisses auf. Er kann Löwen zerreißen und die Säulen des Stadttores von Gaza bis nach Hebron auf die Berge tragen. Motive der Sage von Herakles klingen an, der den nemeischen Löwen erwürgte und die beiden «Säulen des Herakles» bei Gibraltar aufstellte (Bock 1978). Auch der Zusammenhang der übermenschlichen Kraft Sim-

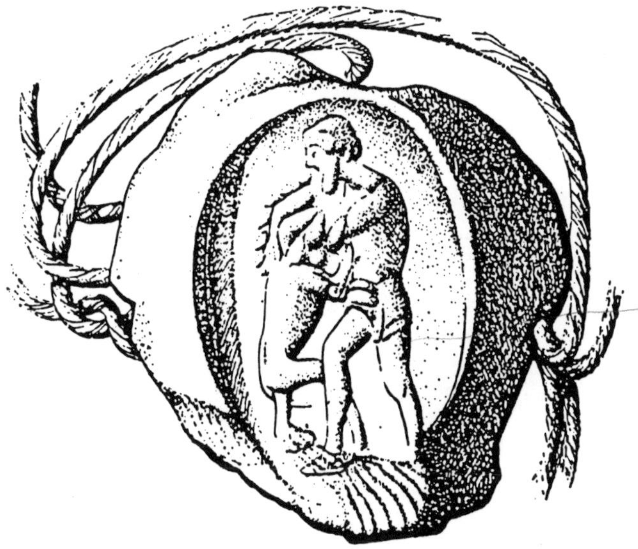

Abb. 62: Simson/Herkules kämpft mit dem Löwen. Tonbulle des Bar Kochba-Archivs (aus Keel/et al.).

sons mit seinem langen Haar gehören hierher. Die Kelten Europas, welche dort im Westen die besten Nachfolger der Megalithiker wurden, hatten einen ausgesprochenen Haarkult (Grosse).

Im Alten Testament gibt es manche Hinweise auf die alten Steinkulte. Samuel richtete einen Stein auf und taufte ihn «Stein der Hilfe» (1. Sam. 4,1). Moses errichtete im Sinai zwölf Gedenksteine als Zeugen des neuen Jahwe-Bundes (Ex. 24,4). Elias erstellte auf dem Karmel ebenfalls zwölf Steinblöcke (1. Kg. 18,31). Josua stellte vor seinem Tode einen Stein in Sichem unter einer heiligen Eiche auf (Jos. 24,26). Erst später galt diese Heiligung der Steine als anstößig (Jeremias 2,27; 3,9). In der Frühzeit aber war das selbstverständlicher religiöser Brauch. Und noch heute lebt in den Legenden der Beduinen das riesenhafte Urvolk der «Rephaim», der Riesengeister.

Zwischen 1955 und 1969 haben die Ausgrabungen auf dem Tell Hazor im oberen Jordantal eine Kultstätte der späten Bronzezeit freigelegt, die neun im Halbkreis aufgerichtete, halbmeterhohe Steinstelen besaß. In die in der Mitte aufgestellte Stele sind betend erhobene Hände eingraviert, über denen die Sonne in der Mondsichel schwebt. Ein Steinblock, aus dem ein fletschender Löwe herausgearbeitet ist, auf der einen Seite und eine auf einem Sitz thronende Menschengestalt auf der anderen Seite rahmen die Opferstätte ein. Es soll sich um ein kanaanitisches Heiligtum aus dem 14. Jahrhundert v. Chr. handeln. Im nahen Museum des Kibbuz Ayyelet HaShahar sind die reichen Funde ausdrucksvoll ausgestellt.

Abb. 63: Opferstätte der späten Bronzezeit (1800–1300 v. Chr.) von den Kanaanitern auf dem Tell Hazor/Nord-Galiläa; heute im Archäologischen Museum von Ayyelet Hashahar. Zeichnung A. Suchantke.

Der megalithische Anschluß wird auch nach dem Auszug aus Ägypten deutlich, als das abrahamitische Volk im 13. vorchristlichen Jahrhundert unter Moses zurückkehrt. Nach dem Übergang über den Jordan findet in Gilgal bei Jericho die erste kultische Beschneidung wieder statt. Wir erwähnten schon die Benutzung von «steinernen Messern» trotz der begonnenen Eisenzeit. Gilgal war ein Steinkreis aus zwölf Menhiren (Masseben), jeder für einen der zwölf Stämme Israels. Kosmos und Erdenauftrag verbanden sich hier. So verbanden sich hier die Erfahrungen sowohl mit der Megalithkultur wie mit der ägyptischen Spätkultur. Willensschulung und Denkschulung kamen zusammen. Das sich künftig auf sich selbst stellende Erkenntnisvermögen und die Fähigkeit, aus ihm heraus auch handeln zu können, waren hiermit veranlagt.
Damit sind wir endgültig in der geschichtlichen Zeit angekommen und schließen die Betrachungen zur Ur- und Vorgeschichte des Landes mit der zusammenfassenden Übersicht über alle besprochenen Kulturen und ihre Zeiten auf S. 398 ab.

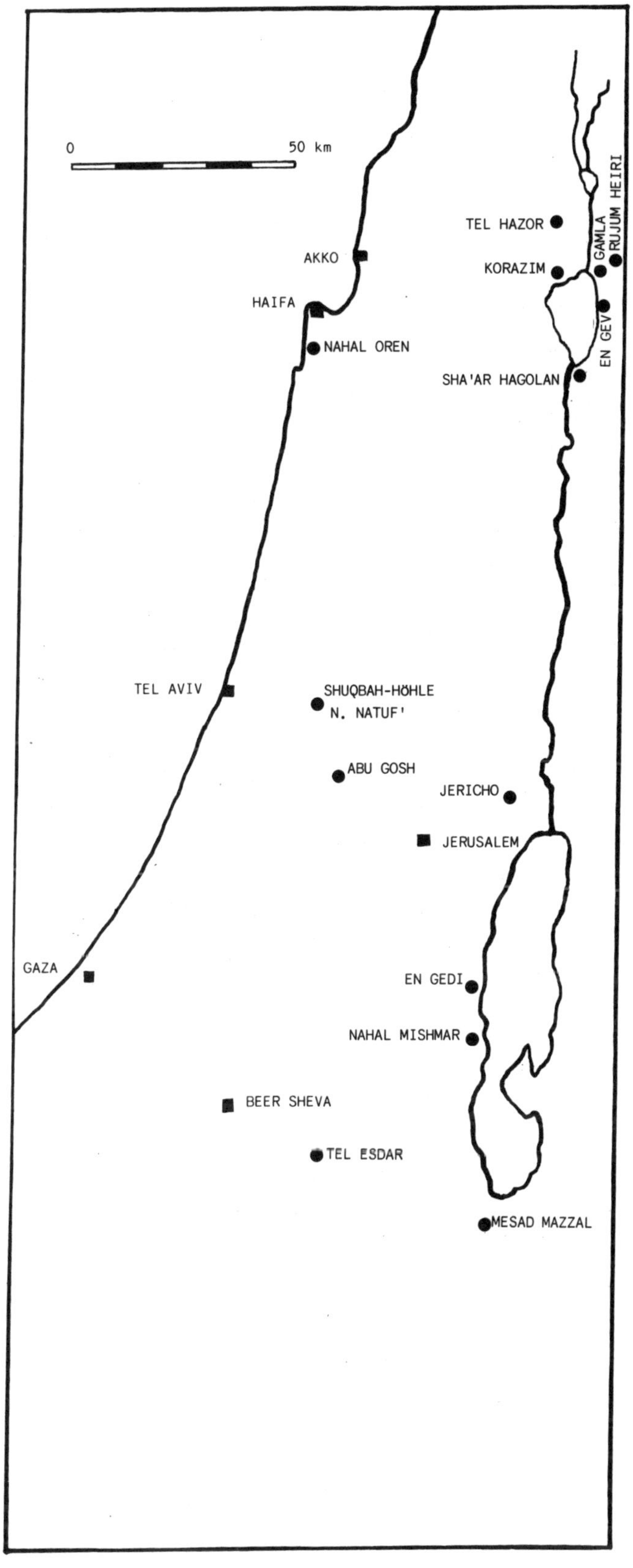

Abb. 64: Erwähnte Fundorte des Jungpaläolithikum und des Meso-, Neo-, Chalko- und Megalithikums Israels.

Epoche	Stufe		Jahre v. Chr.	Fundorte
Beginn der Eisenzeit:	Landnahme der Israeliten um 1 200 v. Chr.			(David 1011–972)
Bronzezeit	späte		1 200 – 1 550	1250 Auszug aus Ägypten
	mittlere		1 550 – 2 200	~ 1700 Abraham, Wagenhöhle
	frühe		2 200 – 3 150	Megalithikum
Chalkolithikum = Kupferzeit			3 150 – 4 000	En Gedi
Neolithikum	keramisches (Yarmukian)		4 000 – 5 500	Sha'ar Hagolan
	vorkeramisches (Tahunian)		5 000 – 7 500	Mesad Mazzal, Abu Gosh
	Harifian	Epi-Palaeolithikum	7 500 – 8 500	Jericho, Abu Salem
Mesolithikum	Natufian	(mikrolithisch)	8 500 – 10 000	Shuqba-Höhle, Eynan
	Geometrisches	Kebaran	10 000 – 12 500	
	Kebaran		12 500 – 17 000	Kebara-Höhle, En Gev
Jung-Palaeo-lithikum	Atlitian		17 000 – 20 000	Wadhöhle bei Atlit
	Ahmarian		20 000 – 38 000	
	Emiran		38 000 – 42 000	Emirhöhle, Skuhulhöhle
Mittel-Palaeo-lithikum	Levalloiso-Mousterian		40 000 – 110 000	Amudhöhle
	inkl. Amudian		80 000 – 105 000	Qafzehhöhle
	Prae-Aurignacien von Jabrud, Jabrudian, Acheulo-Jabrudian		90 000 – 125 000	Tabunhöhle bei Atlit
	Mousterian m. Acheultradition		100 000 – 160 000	Zuttiyeh-Höhle
Alt-Palaeo-lithikum	spätes	+ Tayacian	160 000 – 400 000	Ma'ayan Barukh
	mittleres	Acheulian	400 000 – 700 000	G. B. Ya'akov, Kissufim
	frühes	= Abbevillian	700 000 – 1 500 000	Evron, Holon
	Olduvan		ca. 2 000 000	Ubeidiya

Abb. 65: Tabelle I. Zeitliche Abfolge der ur- und vorgeschichtlichen Kulturen für den levantinischen Raum des Nahen Ostens

Die fossilen Menschenfunde

Aus den großen Zeiträumen der Steinkulturen sind uns vergleichsweise recht wenige leibliche Reste des urgeschichtlichen Menschen überkommen. Im Gegensatz zu den kieselsauren Gesteinen, aus denen meist die Steingeräte beschaffen sind, verwittern organische Reste, auch die Skelettsubstanzen Holz, Knochen, Zähne, ungleich rascher. Nur in bestimmten geologischen Einbettungen bleiben sie davon gelegentlich verschont. Hinzu kommt, daß die fündigen Schichten im Lande selbst schwer zugänglich sind. Im Jordangraben sind sie im allgemeinen durch dicke Schottermassen überdeckt, auf den Berghöhen dagegen meist längst weggewittert. In Höhlen fand sich noch am ehesten etwas. Sehen wir uns die verschiedenen fossilen Menschenformen und ihr zeitliches Vorkommen an, so haben wir in Israel nur wenige fragmentarische Funde davon. Und doch sind sie durchweg bedeutsam.

Die fossilen Menschenformen und ihr teilweises Vorkommen im Pleistozän Israels sind:

Homo sapiens	bis vor 90 000 Jahren	Qafzehhöhle; Tabun-, Skuhul-, Wadhöhle; Amudhöhle
Homo neanderthalensis	28 000 – 85 000	Kebara-, Tabunhöhle
Homo praeneanderthalensis	50 000 – 150 000	Zuttiyeh-Höhle
Homo praesapiens	90 000 – 400 000	Hazorea, Qafzehhöhle
Homo erectus	150 000 – 2 000 000	Ubeidiya, Hazorea
Homo habilis	1 500 000 – 2 500 000	rein afrikanisch
Australopithecus robustus	1 200 000 – 2 500 000	
Australopithecus africanus	2 000 000 – 3 000 000	
Australopithecus afarensis	3 000 000 – 4 000 000	

In Ubeidiya fanden sich an der Oberfläche (und damit nicht sicher datierbar) wenige kleine Bruchstücke zweier Scheitelbeine und eines Schuppenbeines der seitlichen Schädelwandung, sowie ein Zahn. Nur ein zweiter Zahn stammt aus einer der ergrabenen Schichten (Bar-Yosef 1984, S. 248). Nehmen wir an, alle Skelettreste gehören tatsächlich zu den am selben Ort gefundenen Steingeräten, so kommen, im Vergleich mit den afrikanischen Funden, zeitlich drei Menschenformen in Betracht: der grobe Australopithecus robustus, der zarte Homo habilis und der dazwischen stehende Homo erectus. Australopithecus scheidet aus, weil er nie Steine behauen hat. Für Homo habilis sind die Schädelwandstücke zu dick. So bleibt Homo erectus als vermutliche Menschenform. Sie ist heute gut bekannt. Ein kürzlich gemachter

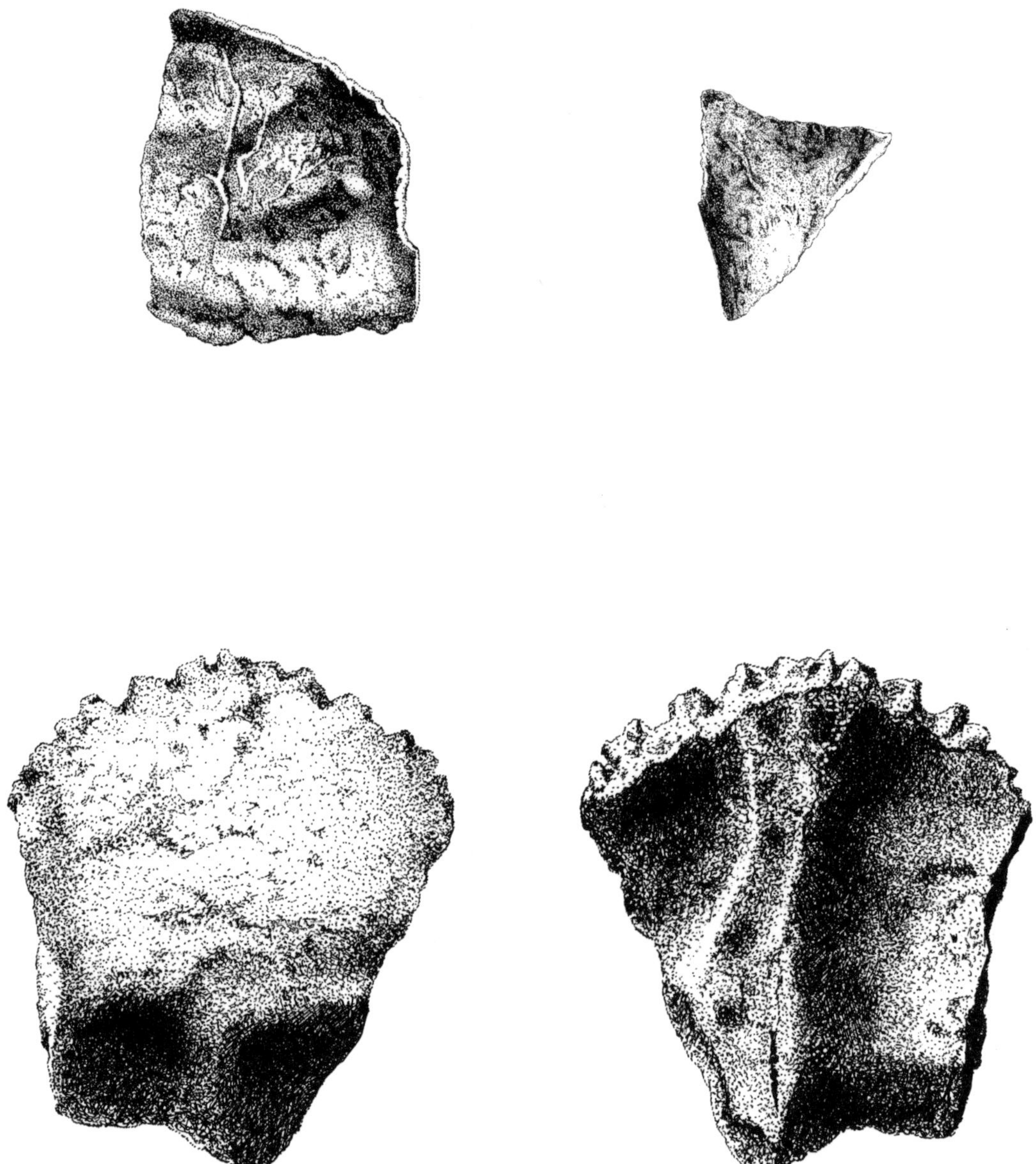

Abb. 66: Knochenbruchstücke vermutlich vom Homo erectus aus Hazorea/Ost-Karmel. *Oben links* kindliches Stirnbeinfragment von innen. *Rechts* adultes Unterkieferfragment. *Unten* Stück der Hinterhauptsschuppe von außen und innen; der kaum ausgebildete Nackenkamm deutet auf eine junge Frau. Alles 1:1 (Zeichnung W. Schad nach Anati et al.).

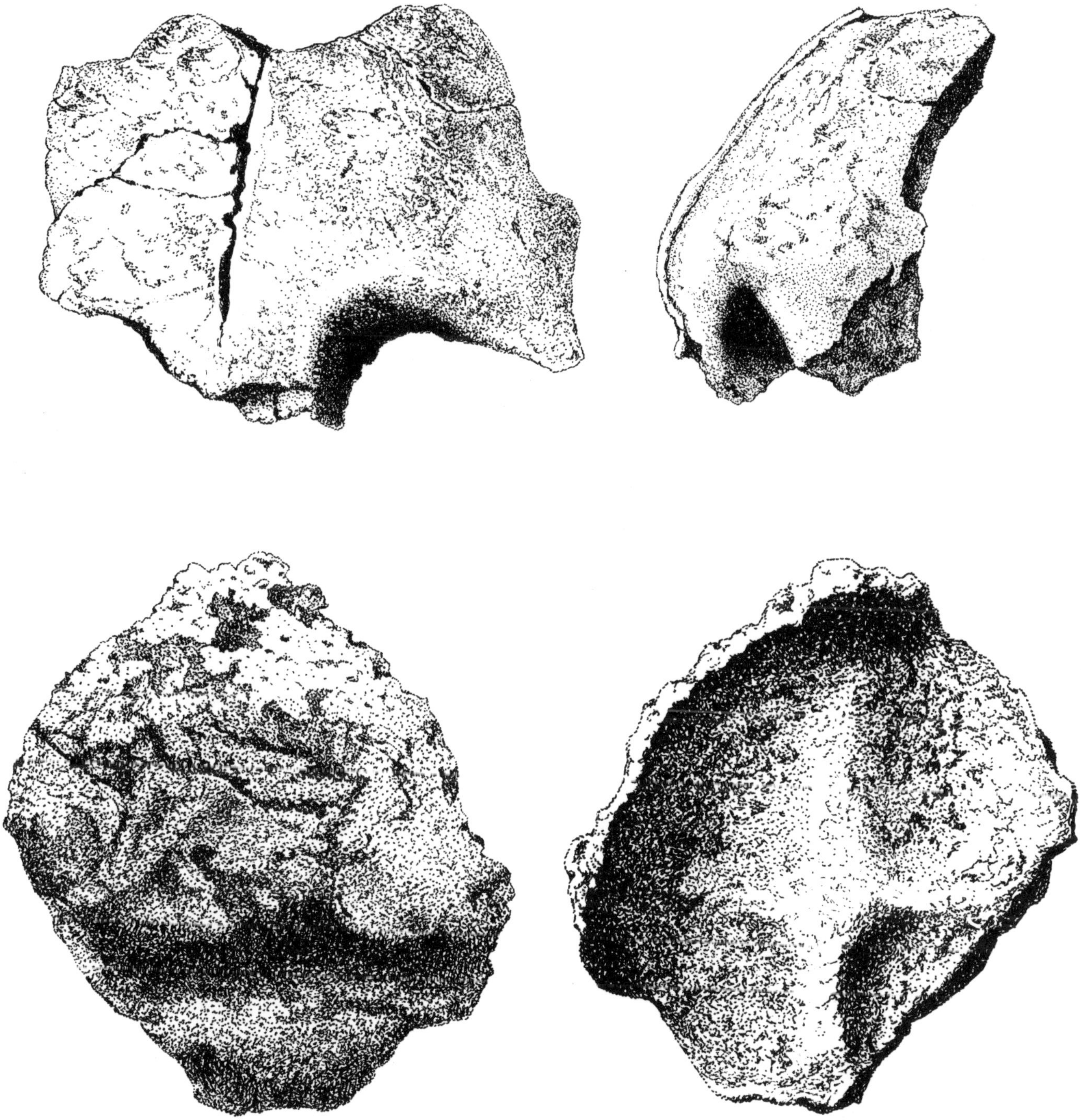

Abb. 67: Knochenbruchstücke vermutlich vom Homo praesapiens aus Hazorea/Ost-Karmel. *Oben* Stirnbeinstück von vorn und der Seite, weiblich. *Unten* Hinterhauptsteil von außen und innen, männlich. Alles 1:1 (Zeichnung W. Schad nach Anati et al.).

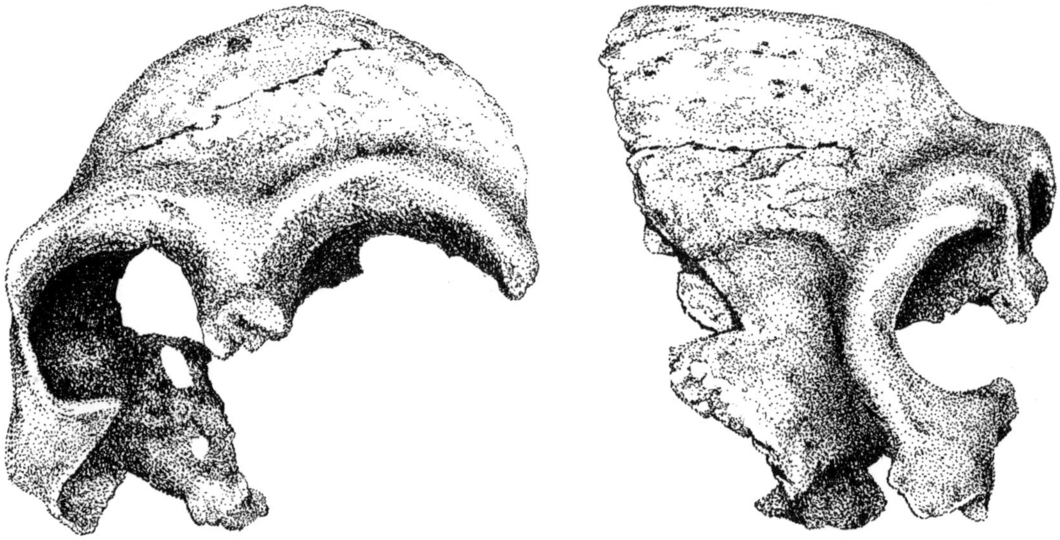

Abb. 68: Vorderschädelbruchstück vermutlich von Homo praeneanderthalensis aus der Zuttiyeh-Höhle im unteren Säulental, nordwestlich des Sees Genezareth; sogenannter «Galiläa-Mensch»; 0,56x. Heute im Rockefeller-Museum Jerusalem (Zeichnung W. Schad).

Fund in Ostafrika zeigt die volle Körpergröße und -form eines durchschnittlichen heutigen Jetztmenschen (Leakey u. Walker). Nur der Kopfbau war flachgestreckter, noch ohne Stirn und Kinn. Er ist auch der hauptsächliche Träger der Faustkeilkultur und entstand sicher in Afrika. Hier hatte er die frühen Faustkeile besonders häufig aus Basalt geschlagen. Auch die meisten Protofaustkeile von Ubeidiya und die klassischen Faustkeile von Gesher Benot Ya'aqov (Tafel 33) sind aus Basalt geschlagen und deuten so auf eine ausgesprochen afrikanische Tradition. Noch in vielen mittelpaläolithischen Siedlungen des Negev, z. B. Rosh Zin bei En Avdat, fanden sich mehr Muschelreste vom Roten Meer als vom Mittelmeer. Die Orientierung war in der Altsteinzeit lange nach Afrika ausgerichtet. Von dort stammt der Mensch. Und in dem Landstreifen des Jordangrabens, der jetzt unter dem Meeresspiegel liegt, bestimmen noch heute in der Pflanzen- und Tierwelt die afrikanischen Elemente das Bild (siehe den Beitrag Suchantkes in diesem Buch).

In den sechziger Jahren kamen beim Pflügen im Kibbuz Hazorea am Osthang des Karmel zwischen beschlagenen Steinen auch menschliche Kopfknochen zum Vorschein. Die Bruchstücke von Stirn-, Hinterhaupt- und Unterkieferknochen entpuppten sich zum einen ebenfalls zu Homo erectus gehörig. Ein anderer Teil sprach für Homo praesapiens, denn es fehlen der Nackenkamm am Hinterhaupt und jegliche Überaugenwülste an der Stirn (Anati u. Haas).

Schon 1925 hatte man in der Nähe des See Genezareths bei Tabgha, in der Zigeunerhöhle (Zuttiyeh-Höhle) im Nahal Amud einen fossilen Vorderschädel ausgegraben, den «Galiläa-Schädel», wie man ihn bald nannte. Er lag in der tiefsten Schicht, noch

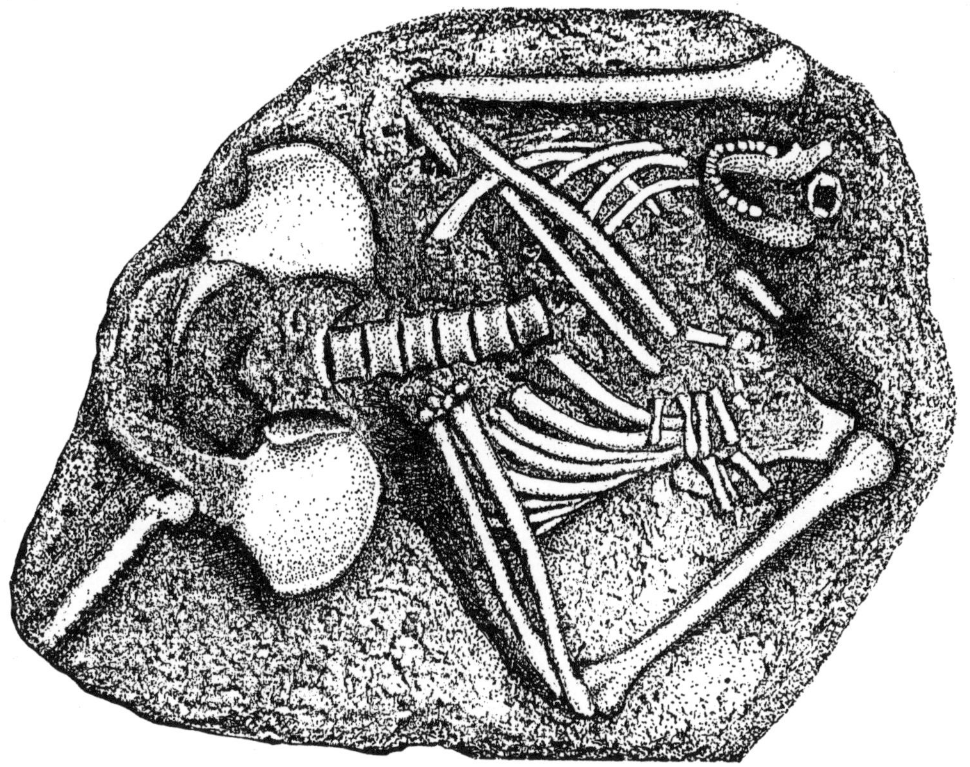

Abb. 69: Neandertalerskelett ohne Oberschädel aus der Kebara-Höhle (Zeichnung W. Schad).

unter Werkzeugen des Acheulo-Jabrudian und ließ sich zwischen 90 000 und 160 000 Jahre alt, also in die letzte Warmzeit datieren (Bar-Yosef 1984, S. 275). Kräftige Augendachwülste wirken neandertalerhaft. Aber hier wurde es schwierig mit der näheren Zuordnung: die Überaugenwülste bilden keine gemeinsame Kante (Torus frontalis), sondern sind in der Mitte unterbrochen. Die Stirn ist etwas angehoben, die Einschnürung des Nasengrundes zwischen den Augenhöhlen prägnant. Der Jochbeinwinkel ist deutlich ausgebildet. Der innere Stirnausguß zeigt kurze Riechlappen. So wertete man ihn bald als einen Homo praesapiens, den direkten Vorläufer des Jetztmenschen. Gegenwärtig (Bar-Yosef 1984) sieht man in ihm einen der jüngsten Vertreter des Homo erectus, denn ähnliche Homo-erectus-Formen gibt es in Afrika. Ich halte ihn für einen frühen Homo praeneanderthalensis, der einen ersten Übergang vom Homo praesapiens zum späteren Neandertaler darstellt. – Hier geht es praktisch nur noch um Feinunterschiede. Die Formenähnlichkeiten der verschiedenen Menschen, die auf Homo erectus folgen, sind so groß, daß man sie neuerdings alle als «Homo sapiens» zusammenfaßt und sie im einzelnen nur noch als Unterarten unterscheidet, was aber wohl doch eine zu große Vereinfachung ist (Stringer).

Ein voll ausgebildetes Neandertalerskelett wurde 1983 in der Kebarahöhle am südlichen Karmel gefunden. Auffälligerweise war der Schädel entfernt worden. Auch die

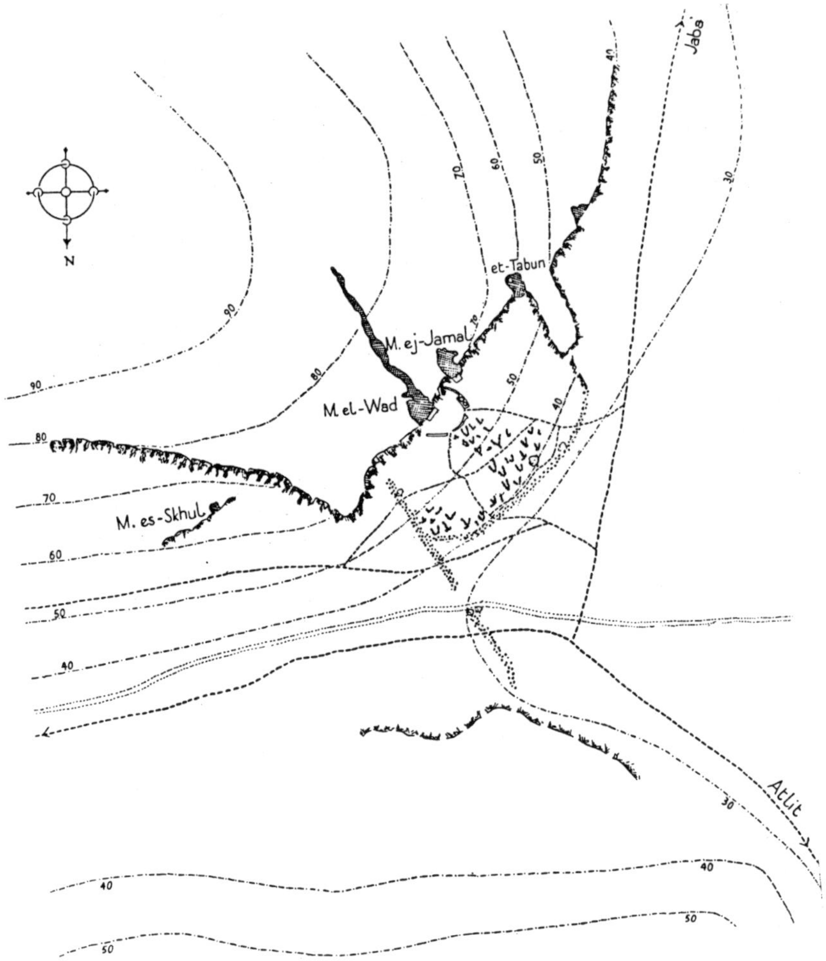

N
Jaba
et-Tabun
M. ej-Jamal
M. el-Wad
M. es-Skhul
Atlit
90
80
70
60
50
40
30

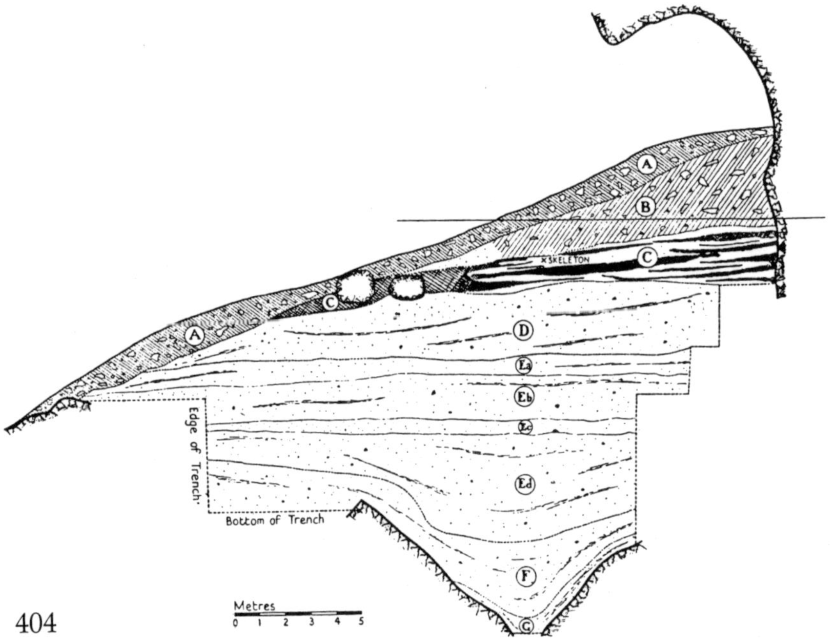

A
B
C
SKELETON
D
Ea
Eb
Ec
Ed
F
G
Edge of Trench
Bottom of Trench
Metres
0 1 2 3 4 5

Anfertigung der Bestattungsgrube und die Abdeckung mit Steinplatten deuten auf vollzogene Begräbnisriten. Das fliehende Kinn des erhaltenen Unterkiefers kennzeichnet diese Menschenform. Der Fund wird auf 60 000 Jahre notiert und gehört damit gerade noch in die klassische Neandertalerzeit (Vallades et al. 1987).
Der nächste wichtige Fundort ist die Backofenhöhle im Höhlental bei Atlit am westlichen Fuß des Karmelgebirges (siehe Tafel 35). Wir haben sie im Vorausgegangenen schon oft erwähnt. Hier fanden sich in einer Schicht aus der ersten Hälfte der letzten Pluvialzeit (neuerdings Schicht D, s. Bar-Yosef 1984, wohl um 60 000 Jahre) ein vollständiges weibliches Skelett und darüber (Schicht C) ein einzelner Unterkiefer. Die Frau (Tabun I) war mit fliehender Stirn und fliehendem Kinn deutlich eine Neandertalerin, auch wenn der Hinterkopf gut ausgerundet war (Abb. 74c). Der jüngere Unterkiefer (Tabun II, um 45 000) aber zeigt ein nach vorne vortretendes Kinn. Das aber kennzeichnet den voll erreichten Typus des Sapiensmenschen.
Es lohnt sich, auf das Besondere der menschlichen Kinnbildung zu schauen. Bei allen vorsapienten Menschen ist der Unterkiefer aus den zwei seitlichen Spangen der zahntragenden Dentalia gebildet. Nur beim Sapiensmenschen werden in die untere Lücke im vordersten Wachstumsspalt mehrere (4–6) zusätzliche Knochenkerne eingebaut, die Ossicula mentalia, und zwar im letzten Foetalmonat. Wenn nach der Geburt, in der zweiten Hälfte des ersten Lebensjahres, beide Unterkieferhälften zu einem unpaaren Knochen, dem Dentale, zusammenwachsen, so verknöchern diese Ossicula mit ein und bilden den vorragenden dreieckigen Kinnhöcker, das Trigonum mentale (Vlček).
Damit gewinnt das menschliche Antlitz seine endgültige Aufrichtung in die Vertikale, die der Rumpfbau schon immer bei allen bekannten fossilen Vorformen des Jetztmenschen zeigt (Schad 1985). Mit der vollen Ausbildung der senkrechten Antlitzfront stellte sich der menschliche Kopf physiognomisch-mimisch endgültig der Welt gegenüber. Sie wird ihm zum Gegen-Stand in der Gegen-Wart. Die Trennung von Subjekt und Objekt, von Ich und Welt ist nun auch im Kopfbau vollzogen. Der Mensch verläßt damit seine einstige Verwobenheit mit der Welt und wird der ausgestoßene Fremdling, von dem der Paradiesesmythos erzählt.

Abb. 70: *Oben* Lageskizze der Höhlen im Höhlental (hebr. Nahal Mearot, arab. Wadi Mughara) südöstlich von Atlit am Westausläufer des Karmel. Ziegenhöhle (Mearat Gedi, Mugharet es-Skuhul), Flußhöhle (Mearat Hanahal, Mugharet el-Wad) mit reichem Gräberfeld des Natufian, Kamelhöhle (Mearat Hagamal, Mugharet ej-Jamal) und Backofenhöhle (Mearat Tannur, Mugharet et-Tabun).
Unten Schnitt durch die ergrabenen Schichten der Tabun-Höhle (= Backofenhöhle) im Höhlental südöstlich von Atlit am Westrand des Karmelgebirges. Schichtenabfolge:
A Bronzezeit bis Jetztzeit
B Oberes Levalloiso-Mousterian
C und D Unteres Levalloiso-Mousterian
E a, b, c, d Oberes Acheulean (Micoquian)
F älteres Oberes Acheulean
G Tayacian (aus Garrod u. Bate).

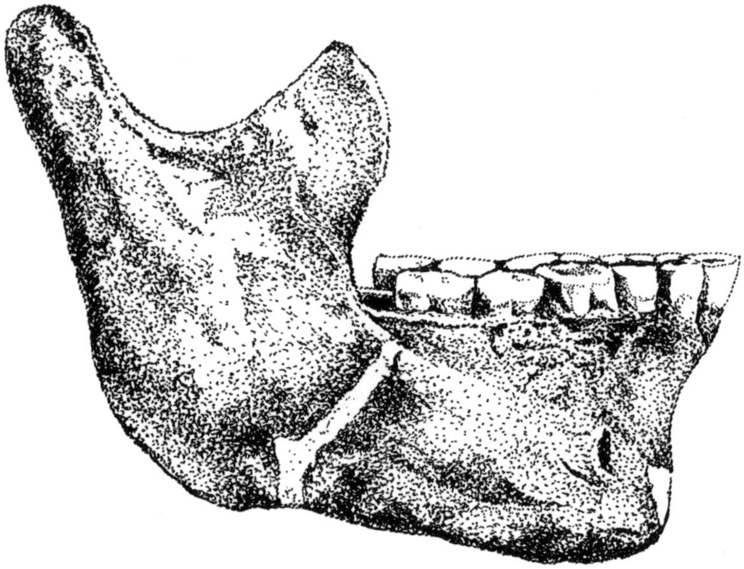

Abb. 71: Ein menschlicher Unterkiefer mit echtem Kinnvorsprung: das Kennzeichen aller heutigen Homo-sapiens-Menschen; Tabun-Höhle Schicht C; 0,86x (Zeichnung W. Schad).

Ein noch früherer sicherer Nachweis des menschlichen Kinnes ist ein Unterkiefer aus der Border-Höhle in Südafrika. Hier ließ sich der fertige Sapiensmensch erstmals eindeutig fassen. In diesem Fund materialisiert sich gleichsam die mythische Gestalt «Adams». Um 1941 gelang dieser Fund.

In der Qafzehhöhle am Berg des Absturzes (siehe Tafel 34), südlich von Nazareth, fand man in den dreißiger Jahren und nochmals in den Sechzigern Knochenreste von dreizehn Individuen. Das Kindergrab mit der Beigabe eines Damhirschgeweihes haben wir schon genannt (Abb. 23). Ein gut erhaltener Erwachsenenschädel (Q. VI) zeigt alle Formen des heutigen Sapiensmenschen (Abb. 74a). Ein anderer Schädel (Q. IX) hingegen zeigt die «Neandertalerlücke» zwischen Weisheitszahn und Kieferast bei leichter «Vorkiefrigkeit» (Prognathie) (Abb. 72 u. 74b). Man hielt sie lange wegen der morphologischen Modernität insbesondere von Qafzeh VI und der guten Kinnbildungen für zeitlich jünger als die Funde der Tabunhöhle und setzte sie auf 40 000 Jahre alt an. 1981 fanden sich aus der begleitenden Mikrofauna erste sichere Hinweise, daß sie älter als die Neandertaler von der Tabun- und Kebarahöhle sind. Durch neueste Datierungsmethoden stellten sich die Qafzehskelette als um 92 000 Jahre alt heraus, ähnlich alt wie die der Border-Höhle (Valladas et al.). Das ist nun das früheste nachgewiesene Alter des vollentwickelten Homo sapiens in Israel. Die Neandertaler und neandertaloiden Formen des Landes sind damit spätere Seitenent-

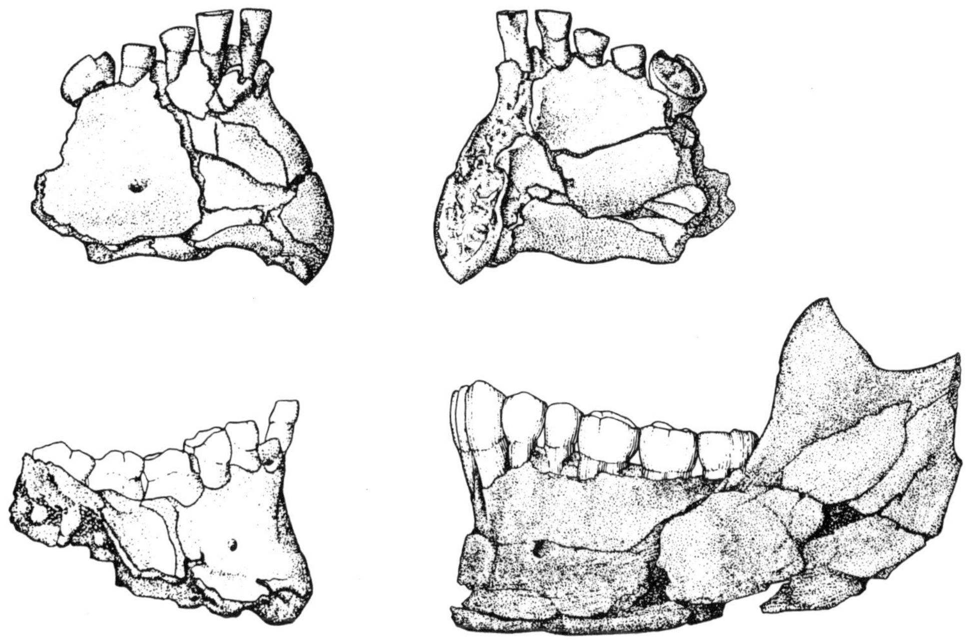

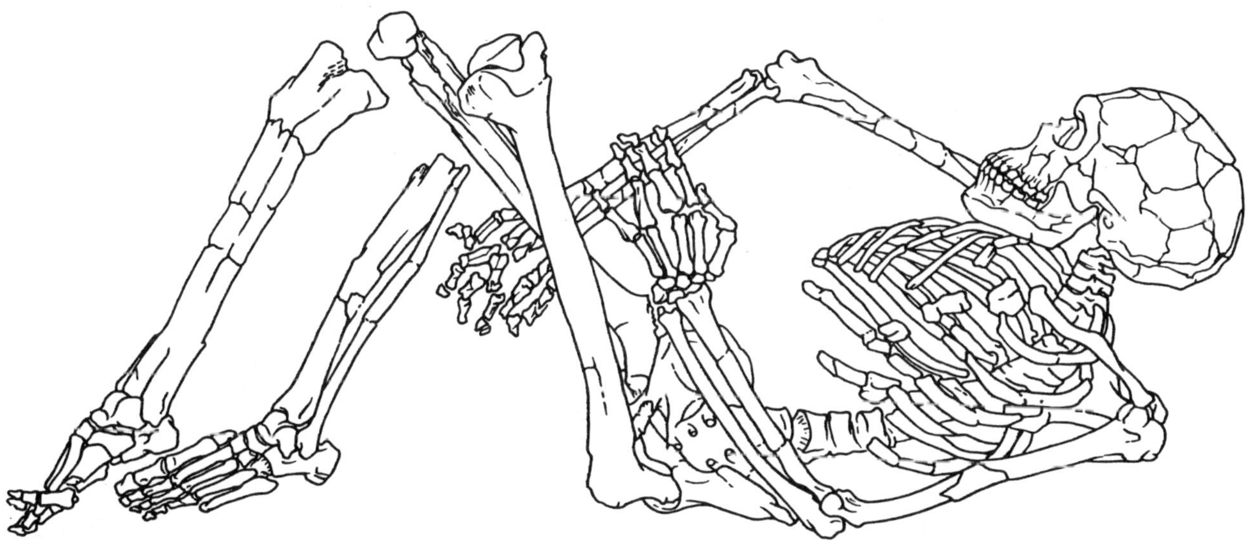

Abb. 72: Menschliche Fossilien aus der Qafzeh-Höhle, alle mit vorstehendem, gut ausgebildetem Kinn. *Oben* Unterkiefer-Bruchstücke von Qafzeh VII, VIII und IX; 0,68x. *Unten* Skelett Qafzeh IX in Bestattungslage (siehe auch Abb. 74b). (Aus Vandermeersch.)

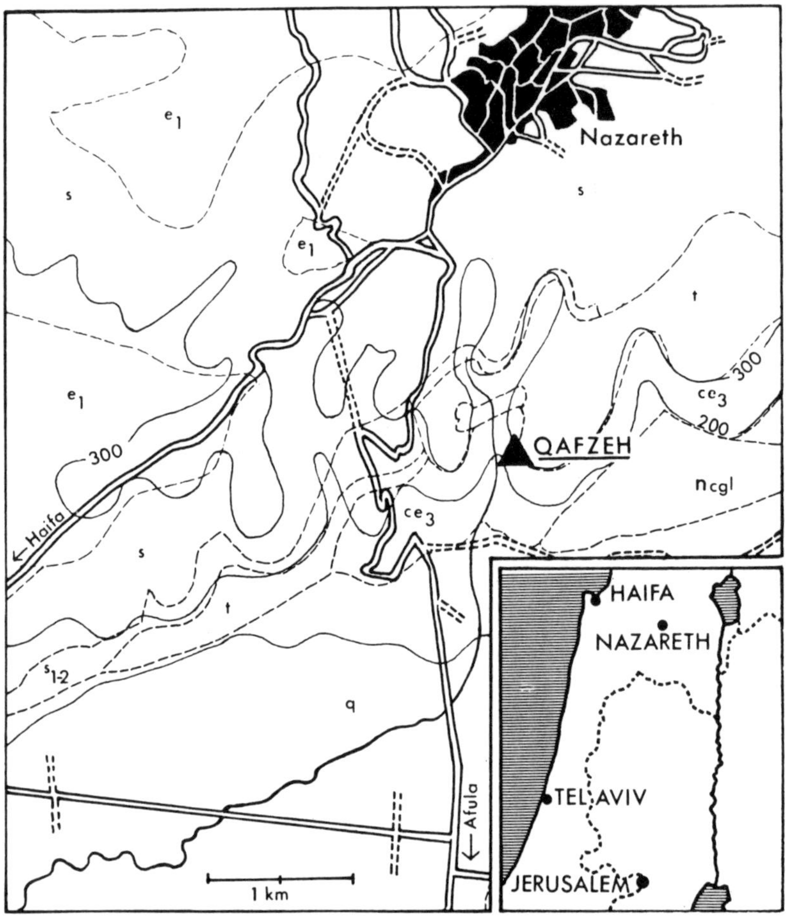

Abb. 73: Lageskizze der Qafzeh-Höhle am Berg des Absturzes, 3 km südlich von Nazareth (nach Vandermeersch.)

wicklungen. Die Qafzehfunde aber schließen sich fast zeitgleich an die ersten echten Sapiensfunde in Afrika an (Beaumont et al., Stringer).

In die spätere Zeit um 45 000 gehören die Funde von der Säulenhöhle im Nahal Amud beim See Genezareth. Diese Höhle (siehe Tafel 34) wurde in den sechziger Jahren ausgegraben. Unter den vielen Knochen gejagter Tiere, zu denen auch der Mesopotamische Damhirsch gehört, fanden sich Reste von vier Menschen, darunter zweier Kinder und das recht vollständige Skelett eines jungen Mannes. Die Schädelform ist flachstirnig mit fehlendem Kinnvorsprung, wenn auch mit senkrechten Zähnen und ausgewölbtem Hinterkopf (Abb. 74e). So sehr er der Tabunfrau gleicht und somit ein Neandertaler ist, so klingen doch in der geraden Formgebung des Unterkiefers Merkmale an, die ihn als eine Übergangsform vom Sapiensmenschen kennzeichnen. Die Kinnpartie ist weder vorgestreckt noch fliehend, sondern intermediär rechtwinklig.

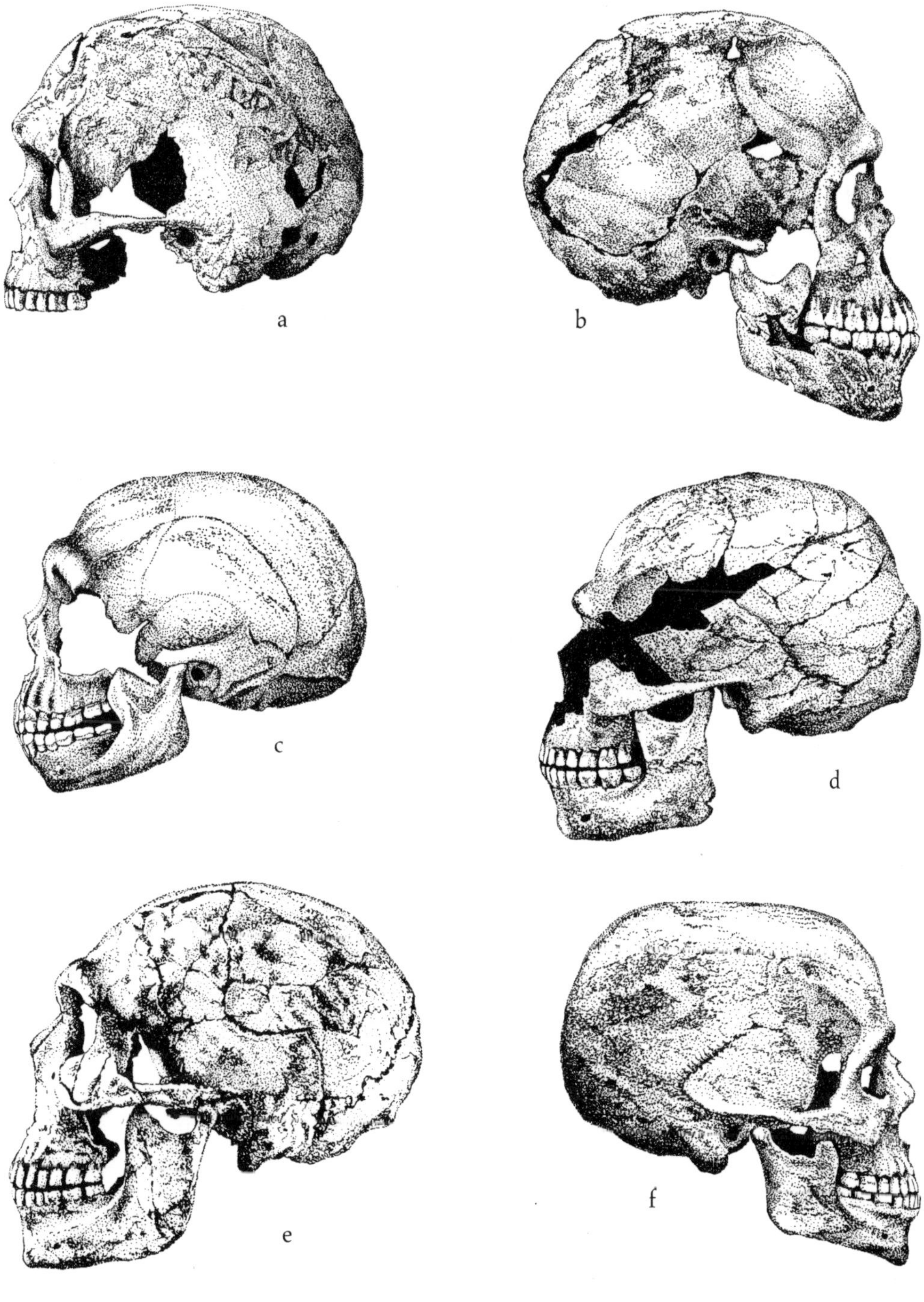

Abb. 74: Schädelformen von Menschen der letzten Pluvialzeit Israels im Spektrum sapienter und neandertaloider Gestaltung nach neusten Datierungen: a. Qafzeh-Höhle/Nazareth (Qafzeh VI), b. Qafzeh-Höhle/Nazareth (Qafzeh IX), c. Tabunhöhle/Atlit (Tabun I, rekonstr.), d. Skuhulhöhle/Atlit (Skuhul V), e. Amudhöhle/Tabgha (Amud I), f. Ahmarhöhle/Wüste Juda. a und b um 92 000, c um 60 000, d und e bei 45 000 – 35 000, f um 25 000 geschätzt; alle 0,26x (Zeichnung W. Schad).

Die drei letztgenannten Fundstellen, Tabunhöhle, Amudhöhle und Qafzehhöhle enthielten die menschlichen Überreste in Schichten, die von Steinwerkzeugen der gleichen Kultur durchsetzt waren: des Levalloiso-Mousterian. So wurden einst alle drei menschlichen Skelettvorkommen auf die gleiche Zeit geschätzt: um 45 000. Inzwischen aber haben die neuesten Datierungen – wie schon erwähnt – die Vorgänger der neandertaloiden Menschen als sapiente Menschen erwiesen (Abb. 74). Das tat der gemeinsamen Steinwerkzeugkultur des Levalloiso-Mousterian jedoch keinen Abbruch! Erst später setzte sich dann der Homo sapiens sapiens völlig durch. Hier im galiläischen Raum zwischen der Meeresküste und dem See Genezareth fand ein intensives Ringen um die Entwicklung des Jetztmenschen statt.

Bei der Ausgrabung der nahe bei der Tabunhöhle gelegenen Skuhulhöhle (Ziegenhöhle, Me'arat Gedi, Tafel 35) wurden in den Sinterschichten des Vorplatzes Reste von zehn Menschen gefunden. Skuhul IV ist jenes große männliche Skelett, zwischen dessen überkreuzten Händen das schon erwähnte Steingerät lag. Die Stirn ist steil, das Kinn vorgestreckt, auch die Scheitelbeine voll steil gestellt, das Hinterhaupt gerundet, das Gebiß geradkiefrig: ein voller Sapiensmensch (siehe Abb. 16). Skuhul V hingegen zeigt leichte Vorkiefrigkeit und flachere Stirn (Abb. 74d). Also auch hier die Neigung zu schwachen neandertaloiden Einschlägen. – Der Kopf des etwa vierjährigen Kindes (heute im Rockefeller-Museum) ist wundervoll ausgewölbt, wie es bei allen Kindern der vorsapienten wie sapienten Menschen immer ist. Diese Überreste werden auf 35 000 bis 40 000 Jahre geschätzt.

In der zwischen der Tabun- und Skuhulhöhle liegenden Wadhöhle (Flußhöhle, Me'arat Nahal) fanden sich Skelette aus drei verschiedenen Zeitabschnitten, alle noch jünger als die der Skuhulhöhle: Bruchstücke zweier Schädel fanden sich mit Stein- und Knochengeräten des mittleren Jungpaläolithikums (Ahmarian), 80 Bestattungen hingegen aus dem frühen und späten Ende des Mesolithikums (Natufian). Die frühen Bestattungen waren in Hockerstellung und oft mit reichlichem Kopfschmuck versehen (siehe Abb. 34), die späten weniger gebeugt in mehr gestreckter Lage ohne besonderen Schmuck (Avi-Yonah).

Überblicken wir das gesamte israelische Fundmaterial pleistozäner Menschenreste, so können wir als ein Ergebnis zusammenfassen, daß seit der wohl ersten Wanderwelle herauf aus dem afrikanischen Kontinent, jener Wiege der Menschheit, sich in dem kleinen Lande alle Stufen der weiteren Menschheitsentwicklung auch leiblich-somatisch dokumentiert haben. Ganz wenige Fundstücke gehören zum frühen und späten Erectus-Menschen (Ubeidiya, Hazorea), wenige Funde stehen am Übergang vom Präsapiensmenschen zum Präneandertaler (Hazorea, Zuttiyeh); wichtige Funde weisen schon früh den vollen Sapiensmenschen nach (Qafzeh), zeitlich spätere Funde erbrachten Neandertaler (Kebara, Tabun) und neandertaloide Sapiensmenschen (Skuhul, Amud). Betrachten wir deshalb zum Abschluß die wesentlichen Motive der gesamten heute bekannten Entwicklung.

Alle fossilen Menschen, auch schon die ersten australopithecinen Formen in Afrika, besaßen die volle Aufrichtung und hatten eine weitgehend dem heutigen Menschen ähnliche Rumpf- und Gliedmaßengestaltung. Die sichtbare leibliche Abwandlung betrifft fast nur noch die Vergrößerung der Gesamtgestalt und die Herausbildung

der heutigen Kopfform. Es ist eine Entwicklung zu immer stärkerer Ausrundung der Schädelwölbung bis zur Zusatzbildung des Kinnvorsprungs.
Indem sich der Hirnschädel und die Antlitzfront vollenden, schließt sich der Mensch in sein eigenes individuelles Bewußtsein ein und stellt sich all dem, was er nicht selber ist – eben der Umwelt, frontal gegenüber. So ist eben auch die leibliche Evolution letztlich Ausdruck des Weges in die volle Individuation im Sinne zunehmender Emanzipation und Autonomie. Die verknöchernde Kopfkalotte, die in ihrer Kugelform ihren Mittelpunkt ganz in sich selbst verlegt hat, wird zum leiblichen Bild der gleichzeitigen Weltentfremdung und Selbstfindung.
Wo dieser Schritt in der leiblichen Entwicklung schon vor der letzten Pluvialzeit gelingt, setzt sich diese Kopfform aber doch nicht gleich völlig durch. Alle Neandertaler, auch – wie wir seit neuestem wissen – die vorderasiatischen, greifen sekundär auf jene spitzgesichtere Gestaltung zurück, die physiognomisch Ausdruck einer noch suggestiv ergriffenen Sinneswahrnehmung ist, die die Distanz meidet. Erst in der langfristigen Auseinandersetzung zwischen beiden so gegensätzlichen Konstitutionen wird die reine Sapiensform die bleibende.
Frühe, folgenreiche Schritte sind dazu gerade in diesem Land gemacht worden. Auf dem heutigen Tell es-Sultan in Jericho stand ja die erste Stadt der Welt. Hier grenzte sich der Mensch einstmals zuerst von seinen Äckern, ja von seinen vorherigen Jagdgründen hinter Mauern und Türmen ab und wurde zum Städter. Wieder war damit eine Art historischer Hieroglyphe in die eigenartige Chronik der Menschheitsgeschichte eingeschrieben. Und noch rätselhafter: Warum können wir einen solch umfänglichen Blick erstmals gerade in unserem Jahrhundert darauf werfen? Ist doch dieses Faktum der Bewußtwerdung unserer vorgeschichtlichen Entwicklung selbst ein vorher so noch nie dagewesenes Ereignis unseres Jahrhunderts. Was schält sich dadurch für das Selbstverständnis unseres allgemeinen, alle Menschen betreffenden Menschseins heraus?
In der kosmischen und ökologischen Einheit war der Mensch mit einem gruppenhaften, unindividuellen Bewußtsein aufgetreten, mehr das andere als sich selbst wahrnehmend. Seine psychische Einstimmung bestand weitgehend darin, stärker von der Geistnatur der Bäume, Gestirne, Quellen, Tiere, Blumen, Felsen und Berge beeindruckt zu sein als von seiner eigenen. Aber dieses geistig-gliedhafte Einssein mit dem Weltganzen bedeutete auch zugleich, von allem anderen bedingt zu sein, nur nicht von sich selbst. Geistoffenheit und Gruppenbindung gehörten noch zusammen. Die langzeitigen Traditionen beherrschten durch geologische Zeiträume hindurch die anfangs so langsame Kulturentwicklung total.
In vielen Stufen und Schritten verfolgten wir an den steinernen und knöchernen Hinterlassenschaften die Andeutungen allmählich zunehmender und sich zunehmend verstärkender Individualisierung. Die Fremdbestimmung ging in allen Übergängen in die Selbstbestimmung über. Der Mensch erwarb sich gewissermaßen die Freiheit, darüber erstmals befinden zu können, wie frei er sein will. Aber die Kehrseite dieser Freiheit ist Welt- und Heimatverlust, Bindungslosigkeit und das Dasein eines Fremdlings. Was uns an Welt begegnet, wirkt nun rätselhaft, unverständlich, als Aufforderung zum Fragen und mit dem Ziel, im Verstehen die verlo-

rene Verbindung wieder neu zu gewinnen. Individuation und geistige Befreiung sind das moderne Ideal, aber erkauft durch Entfremdung, durch Fremdsein in der Welt. Und das in jeglicher Hinsicht: geistig, seelisch und kreatürlich.

Sind wir, ist jeder Mensch auf dieses Lager der größten denkbaren Gegensätze des Daseins gespannt? Entweder ichlos und kosmisch geborgen – oder eine sich selbst bestimmende Persönlichkeit zu sein, die jedoch als verlorener Einzelgänger am Rande des Universums existiert? Es gehört zur erschütterndsten Erfahrung jeder heutigen menschlichen Existenz, dieses harte Entweder-Oder zu erleben; mitsamt der Einsicht, daß im einen wie im anderen das eigentliche Menschsein verlorengeht. Es kann nicht nur das eine oder das andere sein, es muß noch ein Mittleres geben. Wo aber findet sich die Möglichkeit, daß sich der Mensch in unabhängiger Freiheit dennoch in die umgebende Welt offen einbringen und ihre Bedürfnisse in Freiheit zu den eigenen machen kann, gerade weil es vorher nicht seine eigenen waren?

Es gibt die «zarte Empirie», daß so etwas möglich werden kann. Weltgemäßheit aus Freiheit, Liebe zu allem, was man nicht selber war – der Mensch erwirbt sie nicht durch Lehre, nicht durch Einübung, nicht durch Erwartung. Sie werden wirklich, wenn er in Freiheit annimmt, daß er zu mehr gehört, als er selbst ist. Das kann Fernstes wie Nahestes sein. An der Qualität ändert sich dadurch nichts. Zum Nächsten wird das, wofür die Hingabe sich öffnet.

Am tiefsten Punkt, den es natürlicherweise auf der Erde gibt, nicht weit weg davon, wo die erste Ausgrenzung aus der umgebenden Welt durch jene Stadtmauern von Jericho geschehen war, dort, wo das lebendige Jordanwasser auf die allem Leben feindliche Bittersalzlake des Toten Meeres trifft, wurde der Menschheit als Ganzes, ob der einzelne davon weiß oder nicht, dazu die Möglichkeit geschaffen.

Diese Menschheitshilfe geschah aber nicht erst dann. Blicken wir zurück auf den Gang der Menschwerdung. Sie vollzog sich – berücksichtigt man alle heute vorliegenden menschlichen Fossilfunde – nicht geradlinig. Immer wieder wechseln progressive und regressive Bildung gerade der Kopfausformung einander ab, ja zeitweise laufen beide Bildungen, Evolution und Devolution, zeitgleich nebeneinander her (Schad 1985b). Die Menschheitsentwicklung lief nicht geradlinig auf ein vorgesetztes Ziel hin. Der Formenwandel läßt sich nicht in seinen Schritten linear auf der Zeitachse einordnen. Die finale Deutung, des Menschen Ziel sei schon immer im voraus abgesichert gewesen, verfehlt die menschliche Wirklichkeit. Dann stünde seine Entwicklung unter dem Determinismus der Unausweichlichkeit, und das menschlichste Rätsel des Menschen, seine Freiheit, gäbe es nicht. Wahre Entwicklung wäre unmöglich, sondern nur Entwicklung im bloß wörtlichen Sinne als Auswicklung eines unveränderbaren, fertigen Planes, nur auseinandergefaltet im Nacheinander der Zeit: Präformation. Eine solche Auffassung könnte den menschlichen Freiheitskeim nur als Unwert anprangern. Heißt das aber, daß die Entwicklung zum heutigen Menschen nur ein chaotischer Zufall war?

Blicken wir auf die unmittelbarste Art der Menschwerdung heute: das Kind, und lassen uns von ihm belehren. Schon die somatische Phänomenologie spricht wichtige Motive menschlicher Entwicklung aus. In der Säuglingszeit setzen die Bewegungsfähigkeiten vom Kopf her ein, denn die ersten koordinierten Bewegungsleistungen geschehen bei der Nahrungsaufnahme im Saugen. Dann gewinnt das Bewegungsspiel von Hals, den Armen und Händen an zunehmender Abstimmung. Gegen Ende des ersten Lebensjahres werden die unteren Gliedmaßen funktionsreif: Der «*Säugling*» entwickelt sich über den «*Greifling*» zum «*Stehling*»: Die Entwicklung geht vom Kopf zu den Füßen.

Indem die aufrechte Körperbeherrschung erworben ist und der Mensch sich dadurch dem Anspruch des Schwerfeldes aktiv entgegenstellen kann, kehrt sich in bemerkenswerter Weise die Entwicklungsgebärde um. Schon der Erwerb des aufrechten Ganges geschieht aus der Nachahmung der vertrauten Erwachsenen in unentwegter Übung und Eigenleistung. Danach wird eine erneute, gezieltere Handlungsfähigkeit der oberen Gliedmaßen, der Hände, im Spiel aktiv frei. Damit verbindet sich der Erwerb der Muttersprache. Gerade das Sprachvermögen ist eine Fortsetzung der Einübung der gesamten Körpermotorik, aber besonders der Hände (Kolzowa). An der Sprache wiederum erlernt das Kind zumeist seine ersten Verständnisfähigkeiten, die frühesten Formen des Denkens.

Gehen – Handeln – Sprechen – Denken sind die entscheidenden Stufen gelingender menschlicher Entwicklung in den ersten Lebensjahren. Sie sind kein biologisch angeborener Automatismus. Wer die Hospitalismusforschung verfolgt hat, weiß, wie sich alle diese vier Fähigkeiten nur ausbilden können im einigermaßen gesunden Spannungsraum der kindlichen Eigenindividualität und des sozialen Umkreises geliebter, ihr nachahmenswert erscheinender Mitmenschen. Die leibliche Entwicklung ist auf die geistige Dimension des Kindseins bezogen und von derselben ihrerseits abhängig.

So zeigt die unbefangene Beobachtung das ganze Ausmaß, wie intensiv das kleine Kind mit allen Fasern seiner seelisch-geistigen Existenz sich somatisch und in seiner Kulturfähigkeit in eigener Anstrengung aufbaut: An das Gehen schließen sich die selbstintendierten, gezielteren Handfertigkeiten an, daran die großartige Kulturleistung, die Atmung zum Spracherwerb zu benutzen, um dann die ersten kognitiven Autonomien über eine zum Denken befähigende Ausreifung der Cytoarchitektur des Gehirnes zu erbringen. So wird jetzt von den Füßen herauf bis zum Kopf die Leibesorganisation zur Kulturfähigkeit durchgebildet.

Dadurch treffen wir auf einen zweiten durchgängigen Entwicklungsmodus. Der erstere war der Inbesitznahme der Leiblichkeit zugewandt, der zweite nun dem Erwerb der grundlegenden Kulturfähigkeiten. Sie verlaufen deutlich gegensinnig und verschränken sich dadurch wie in einem Doppelstrom der Zeit. Echte Entwicklung geschieht nicht chaotisch-beliebig, sondern sich ordnend, ohne automatisch determiniert zu sein. Mosaikhaftes Durcheinander oder unausweichliche Automatik sind Erscheinungen, die sich in der menschlichen Entwicklung nicht beobachten lassen, es sei denn als pathologische Anomalien. Deshalb kann auch die biologische Mutations- und Selektionstheorie die Menschwerdung in ihrem eigentümlichen Umfang nicht aufklären. Der Forschung ist bekannt, daß der mehrfach erfolgte scharfe Wechsel der Umweltverhältnisse von Eis- und Warmzeiten, bzw. Regen- und Wüstenzeiten, zwar Einfluß auf die geographische Verbreitung der frühen Menschheit hatte, aber keinen nachweisbaren Einfluß auf den Zeitpunkt der genannten grundlegenden Schritte der Menschheitsentwicklung. Es herrschte weder ein naturgegebener, noch ein geistiger Determinismus.

Welchen Gestus zeigt nun die verfolgbare Evolution der Menschheit selber? Die fossilen und artifiziellen Hinterlassenschaften des tertiären und eiszeitlichen Menschen haben uns reiche Einblicke in unser Werden gegeben. Im Gegensatz zur theoretischen Vermutung des letzten Jahrhunderts hat sich inzwischen herausgestellt, daß alle nachweisbaren Menschenformen, sogar die Australopithecinen, die volle Aufrichtung immer schon erreicht hatten. Die angelegte Großzehe, das Fußgewölbe, der besondere Kniegelenkbau und das breite Darmbein des Beckens sind die sicheren – und typisch menschlichen Kennzeichen gegenüber allen Affen. Dann setzte mit Homo habilis die kulturelle Handfertigkeit ein, das Beschlagen der Steine. Noch später, vom späten Erectus- und frühen Praesapiens-Menschen, gibt es Funde mit hoch ausgewölbtem knöchernen Gaumen des Munddaches (Jüngling von Rabat und Fund von Steinheim; siehe Schoch). Das sind anatomische Hinweise dafür, daß wir von nun an mit einer guten Sprachartikulation rechnen dürfen (Kipp 1985). Mit dem Sapiensmenschen treten, wie wir sahen, die für ihn chrakteristischen Kleinwerkzeuge so auf, daß sie auswechselbar geschäftet wurden und damit vom ersten Erwachen des kombinatorischen Denkens erzählen.

Was aber zeichnet sich damit insgesamt ab? Vom Fuß-, Bein- und Beckenbau (Aufrichtung) über die Entwicklung der Handfertigkeit (Steingeräte), dann der Sprachwerkzeuge und zuletzt des Denkorganes verlief die heute anthropologisch und archäologisch erfaßbare Entwicklung des Menschengeschlechtes.

Gehen – Handeln – Sprechen – erstes Denken sind der große Vierschritt in der Urgeschichte der Menschheit, den heute noch jedes Kind in ähnlicher Metamorphose vom Fuß bis zum Kopf in seinen ersten drei Lebensjahren kulturbildend vollzieht. Die menschheitliche Entwicklung war nicht ein bloßes Zufallsspiel, sondern hat ihre eigenen, ihr zugehörigen Entwicklungsgebärden.

Was aber war es, was der Menschheit verhalf, das Menschliche bei aller Veränderung nicht zu verlieren, sondern zu steigern? Wir sagten schon, es war ein Kampf. Darwin sprach vom Kampf ums Dasein. Ich möchte von einem Kampf ums Werden sprechen. Zum Menschsein gehört die Erfahrung der ewigen eigenen Unvollkommenheit. Hält er sich für fertig, so fällt er aus dem Werden und ist kein Mensch mehr. Klammert er sich ans Dasein, so kann er nichts mehr werden. Mensch ist er nur, solange er es wird. Die scheinbare Unlogik dieses sprachlichen Paradoxons ändert nichts an der Tatsache. Nicht das Postulat der logischen Stimmigkeit, sondern das der Erfahrung erfaßt die Wirklichkeit. Und weil das Menschsein immer ein Menschwerden war, entwickelte sich die Menschheit. Und sie war es nur so lange, wie sie es wurde.

So ist es noch heute. Zum Menschsein wie zum Menschwerden gehört immer das Scheitern wie Gelingen. Schöpfungsdogmen begnügen sich mit einem fertigen Heilsplan, biologistische Anthropologien mit seinem kreatürlichen Sosein. Ein vertieftes Menschenverständnis nimmt den Menschen an, wie er im Werden ist, ohne eine der vielen Qualitätsschichten menschlichen Vermögens zu vernachlässigen. Dabei kann jeder Mensch bemerken, daß es zu seinem Menschsein zutiefst gehört, daß menschliche und unmenschliche Seiten gleichermaßen in ihm selbst im Kampf liegen. Heilendes, Aufhelfendes und Krankmachendes, Böses sind in ihm in ständiger Auseinandersetzung. Die Entwicklung des Menschen war und ist ein Kampf im Menschen selber um das Menschsein, ein Kampf, der nicht von ihm allein aus zu bewältigen ist.

Rudolf Frieling hat einmal darauf aufmerksam gemacht, daß in der Erzählung des Lukas vom Gang der beiden Jünger nach Emmaus die Zeitgestalt der Entwicklung zum Menschen hin in einem urbildlichen Geschehen aufs neue vollzogen wird. Der Herr gesellt sich zu ihnen und geht mit ihnen. Das *gemeinsame Gehen* im Wandern ist das erste. Dann kommt es zum *Gespräch*, er spricht mit ihnen. Als sie in der Herberge zum abendlichen Mahl ankommen und er ihnen die Nahrung reicht, erfolgt der dritte Schritt: Sie können ihn *erkennen*. Was sich durch die Menschheitsurgeschichte vollzogen hat, das geschah erneut zur Zeitenwende am ersten Ostertag, als immerwährende Antwort auf unsere Fragen nach dem Werden des Menschen.

WOLFGANG FACKLER

Palästina im Schnittpunkt menschheitsgeschichtlicher Entwicklungsströme

Begegnung

Nach dem Spaziergang durch Jerusalem finden wir Erholung in einer kleinen Garküche bei frischgepreßtem Orangensaft. Hier, mitten im Gedränge der Altstadt, herrscht friedliche Ruhe, und wir können noch einmal an das zurückdenken, was wir gesehen und erlebt haben. In die Erinnerungen mischen sich die Bilder der Menschen, die in die Schenke kommen und sich vor ihr durch die engen Gassen drängen.

Was gibt es nicht alles zu sehen in dieser Stadt! Angefangen bei den Neubauten, mit denen versucht wird, einfühlsam in die Gestaltung der Stadt einzugreifen (von den Hochhausbauten, die die Silhouette der Stadt so empfindlich stören, versucht man seit einiger Zeit abzukommen). Der für die Fassaden verwendete honigfarbene Kalkstein der Umgebung fügt sich gut in das Bild der älteren Häuser ein. Mächtig erhebt sich die Knesset, als wollte sie zeigen, was man der Wüste abgerungen hat. Daneben stehen die Bauten des Israelmuseums mit seinen schönen und seltenen Ausstellungsstücken. Doch schon mit dem Rockefellermuseum führt die Baugeschichte aus dem jungen Staat Israel heraus und zurück in die Zeit des britischen Mandats. Und wer auf den Mauern um die Altstadt gewandert ist und in die Hinterhöfe geblickt hat, in denen Weihnachtssterne blühen und Zitronenbäumchen stehen, wer von dort aus die Mönche in ihren Zellen erspäht und beim Lesen der «Jerusalem Post» beobachtet hat, der hat alle diese intimen Einblicke von einem Bauwerk aus tun können, das zu Beginn der osmanischen Zeit (Anfang 16. Jh. n. Chr.) errichtet wurde. Es ist sehr lohnend, so auf den Mauern zu spazieren und dabei in die verschiedenen Viertel der Stadt zu schauen: Man ist mitten darin und steht doch gleichzeitig als Zuschauer darüber, alles überblickend. Weiter erinnern wir uns an jenen kleinen Brunnen in der Altstadt, der aus der Zeit der Mamlucken (13.–15. Jh. n. Chr.) stammt. Mit der Jakobuskirche hatten wir dann die Zeit der Kreuzfahrer erreicht, die auch an manchen anderen Stellen der Altstadt, in den Basargäßchen, ihre Spuren hinterlassen hat.

Über allem erhebt sich der Felsendom, Denkmal der großen islamischen Baukunst aus der Anfangszeit (7. Jh. n. Chr.). Viele Einflüsse flossen zusammen, um dieses herrliche Bauwerk, durchaus in Konkurrenz zur Grabeskirche (4. Jh. n. Chr.), so prächtig wie möglich zu gestalten. Auch in der Grabeskirche, die aus byzantinischer Zeit stammt, sind die Spuren einer langen und immer wieder geänderten Baugeschichte zu bemerken. Auf dem Weg zur Grabeskirche, der Via Dolorosa folgend, kamen wir unter einem Bogen hindurch, der seit dem 16. Jahrhundert den Namen Ecce-Homo-Bogen trägt. Er stammt aus der Zeit, als die Römer versuchten, jegliche Erinnerung an Jerusalem auszulöschen – nach der Zerstörung des Tempels und der

Neubenennung der Stadt, die den Namen Aelia Capitolina erhielt –, da gehörte dieses Mauerwerk zur Befestigungsanlage der Stadt. Von der hellenistischen Zeit, in der sich Jerusalem einer gewissen Selbständigkeit erfreuen konnte, zeugen schließlich die Felsengräber im Kidrontal.

Alles, was die Stadt in den Zeiten davor an Bedeutendem, Großem wie Schrecklichem erlebte, ist unter tiefen Schichten verborgen, die von den Archäologen erforscht werden.

Diese vielfältigen Spuren einer bewegten Vergangenheit machen uns neugierig, die Geschichte des umgebenden Landes näher zu betrachten. Zunächst erscheint es jenen mittelmeerischen Inseln zu gleichen – Sizilien etwa – deren Geschichte vor allem diejenige der vielfältig wechselnden Beherrscher ist. Wie steht dieses Land, durch welches sich, wie die anderen Beiträge dieses Buches zeigen, so verschiedenartige Lebensströme hindurchziehen, innerhalb der Geschichte? Gibt es auch dort Strömungen und Züge, deren Spuren sich im Lande finden? Neben den Fragen der Vergangenheit bewegen aber auch die Fragen nach dem Schicksal seiner Bewohner im einzelnen, die ebenso vielfältig zu sein scheinen wie die Geschichte im allgemeinen. Was haben wir als Besucher, als neugierig Reisende mit dem Araber oder mit dem alten Juden im Kaftan zu tun? Bei ihm könnte man meinen, er käme gerade aus einem jüdischen Städtl im Osten Europas, das es längst nicht mehr gibt. Wie kommt er hierher, was hat er erlebt, erlitten? Alle diese vielen Menschen berühren uns innerlich, und wir fragen uns, in welcher Weise unser eigenes Schicksal mit dem ihren verbunden ist. Dies führt direkt zu den religiösen Fragen, die so untrennbar mit dem Lande und der Stadt verbunden sind.

Drei bedeutende Religionen haben hier ihre Zentren. Es erscheint nicht ganz leicht in unserer (verweltlichten) Zeit, einen tieferen Zugang zu den Fragen der Religion zu finden, und manchen mag es befremden, daß dieser Bezug für viele Menschen, die hierher pilgern, in den äußeren Hinterlassenschaften der heiligen Orte zu finden ist. Aus den zahlreichen Motiven, die in den heiligen Schriften zu finden sind, mußten wir an die vielen Wanderungen denken, die in diesem engen Raum stattfanden. War nicht schon Abraham auf einem weiten Wanderzug von Nordosten her ins Land gekommen, war er nicht hier bei der uralten Stadt dem Priester Melchisedek begegnet? Hierhin zog auch Christus auf seinen Wanderungen. Von Jerusalem zogen die Apostel aus, die neue Zeit und die Änderungen in dem geistigen Gefüge der Welt verkündend. Vieles von dem, was damals einzelne durchgemacht haben, indem sie in die Wüsten hinauszogen, in die Einsamkeit – machen wir es nicht heute alle durch, in der Einsamkeit der Städte? Wie viele Menschen heute sind mehr oder minder bewußt auf der Suche nach dem eigentlich Christlichen, das sich frei macht von allen alten konfessionellen Zwängen und Überlieferungen, die nicht mehr verständlich erscheinen, die zur leeren Hülse, zur bloßen Tradition geworden sind. Solche Fragen bewegen uns, während wir in der kleinen Bar sitzen, und ihnen wollen wir im weiteren Verlauf nachgehen. Zunächst anhand der Landesgeschichte, dann im Bereich der Beziehungen des Landes zu den europäischen Verhältnissen, und schließlich soll anhand des Motivs der Wanderung einem besonderen Aspekt des christlichen Elementes nachgegangen werden.

Mitte der Erde – Jerusalem? Während wir hier sitzen, haben wir nicht mehr als eine dunkle Ahnung, wie dies gemeint sein könnte – all die Selbstverständlichkeit, die sich damit noch im 13. Jahrhundert verband, ist verschwunden. Dafür wird das Erleben immer deutlicher, daß man sich selbst auf den Weg machen muß durch die Wüsten hindurch. Die Worte von Angelus Silesius aus dem Cherubinischen Wandersmann (I, 61) gewinnen plötzlich Bedeutung:

Wird Christus tausendmal zu Bethlehem geborn
und nicht in dir: du bleibst doch ewiglich verlorn.

Und jetzt kann man auch, befreit von allem äußeren Schein, bis in die Natur hinein die Mitte der Erde erkennen, die weit über die schöne Stadt oben auf den judäischen Bergen hinaus das umliegende Land mit einbeschließt. Die folgende Darstellung zur Geschichte des Landes fühlt sich vielen Menschen zu Dank verpflichtet. Die Geschichte des Heiligen Landes findet in letzter Zeit wieder ein verstärktes Interesse, das sich in zahlreichen Veröffentlichungen ausdrückt. Unser Anliegen ist es nicht, neue Fakten vorzuführen, vielmehr soll versucht werden, gewisse charakteristische Abläufe der Geschichte herauszuarbeiten, die auf innere Zusammenhänge mit den Geschehnissen im Bereich von Natur und Landschaft deuten, wie sie in den vorangehenden Beiträgen dieses Buches aufgezeigt wurden.

Motiv

Folgt man dem dynamischen Verlauf der Geschichte des Landes, so wird man hineinversetzt in die Wirkungen der Lebensströme, die die ganze Natur des Landes durchpulsen. In auffallender Parallele zu den Nord-Süd- und Ost-West-Einflüssen auf biogeographischer Ebene verhalten sich die Abläufe der historischen Ereignisse. Eine Besonderheit ist jedoch, daß ein regelmäßiger Wechsel zwischen nordsüdlich orientierten Ereignissen und solchen stattfindet, deren Stoßrichtung westöstlich oder ostwestlich orientiert ist, ein Tatbestand, der so auffällig ist, daß er bereits von anderen Autoren bemerkt wurde (Keel u. a. 1984).
Waren es zunächst die Ägypter, welche ihre Macht weit über das Land hinaus nach *Norden* ausweiteten, so geboten ihnen bald die Hethiter Einhalt (Abb. 1). In der darauffolgenden Zeit des Umbruchs entstand ein Machtvakuum in der Levante, in das von *Westen* her die Philister und Phönizier drängten und von *Osten* kommend die Stämme Israels (Abb. 2). Dem aufblühenden hebräischen Königreich bereiteten die Völker Mesopotamiens ein Ende, die ihre Grenzen bis weit nach Ägypten hin verschoben. Von dem großen Ringen Griechenlands mit den Persern wurde das Land schließlich durch Alexander ergriffen. Seine Erben kämpften von Antiochia und Alexandria aus um ihren Einfluß auf die Levante. Dann waren es wieder die von *Westen* kommenden Römer, welche das Land beherrschten. Ihnen folgten die islamischen Herrscher, die mal im *Norden*, dann wieder im *Süden* residierten. Mit den Kreuzzügen waren es wieder *westliche* Mächte, die ihren Einfluß auf die Geschichte des Landes geltend machten und denen von *Osten* die Mongolen entgegenkamen. Diesen Einhalt zu gebieten und auch die Kreuzfahrer endgültig zu vertreiben, gelang den Mamlucken von Ägypten aus. Damit hatte sich die Auseinandersetzung wieder in die *Nord-Südachse* eingependelt, die sie während der Zeit der Türkenherrschaft beibehielt. Schließlich traten mit den Kolonialmächten wieder *westliche* Einflüsse in den Vordergrund, die bis in die Gegenwart die Levante in den *westöstlichen* Spannungsbereich einbeziehen.
Dieser wechselnde Verlauf der Geschichte ist wie das Bild der Natur des Landes. In ihm zeigt sich allerdings so gut wie gar nichts von der menschheitsgeschichtlichen Bedeutung der Ereignisse, die sich dort zugetragen haben. Vielmehr tritt das Land hervor als Brücke zwischen den Kulturen und Kontinenten, ausgeliefert den jeweiligen Machthabern. Immer war es umkämpft, doch immer erscheint es wie im Abseits, am Rande gelegen. Die Zentren der äußerlichen Kultur und die Machtzentren lagen nie im Lande selber. Es war Provinz und das wird auch in den kulturellen Hinterlassenschaften deutlich. Die Gegensätze, das Aufeinderprallen unterschiedlicher Weltauffassungen verlief meist in West-Ost-Richtung. Nordsüdlich waren es

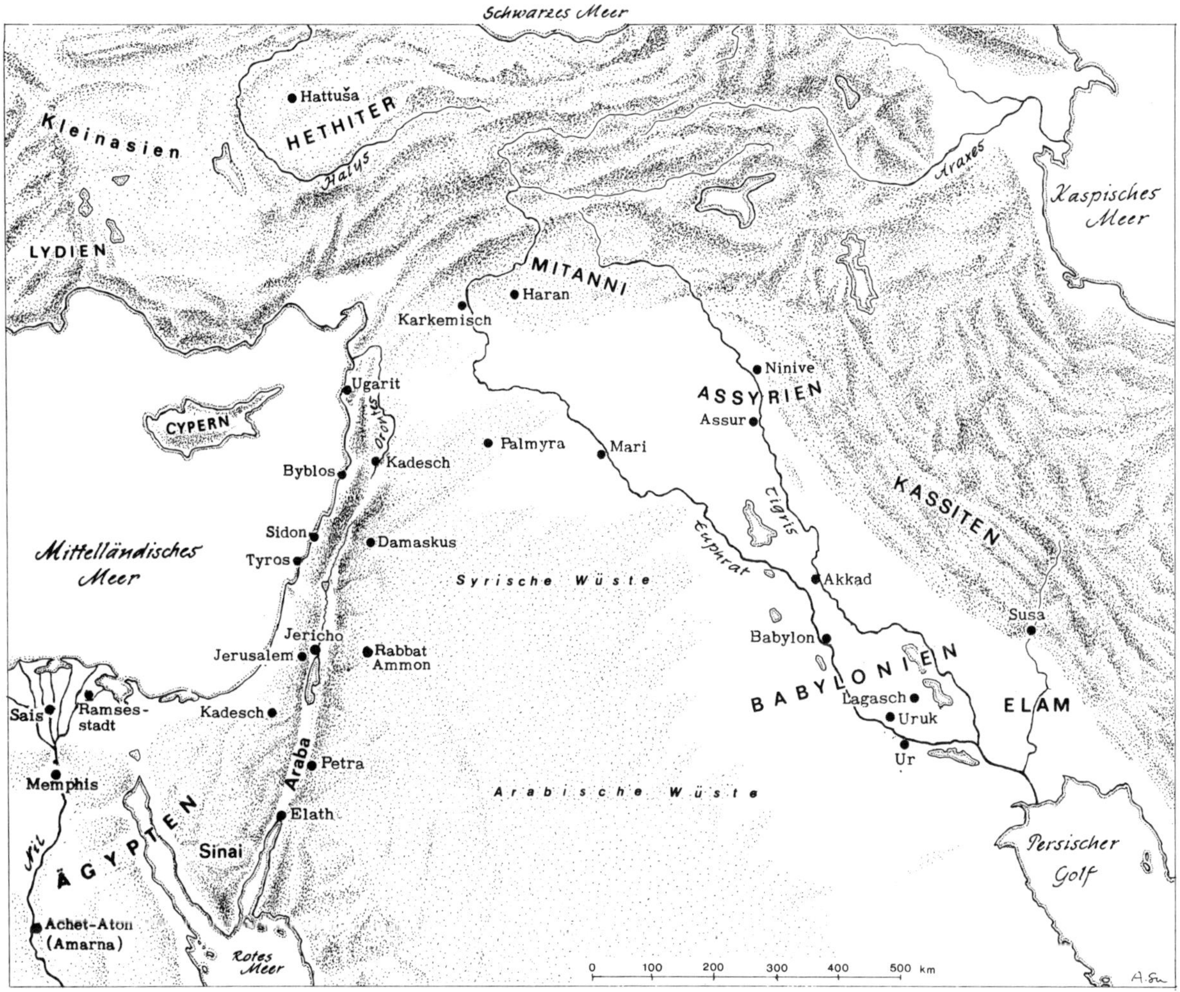

Abb. 1: Der Nahe Osten. Aus Matthiae u. Thiel.

meist die Konkurrenzkämpfe von Nachbarn, das Ringen um die letztlich willkürlichen Grenzziehungen. Wie gegensätzlich die West-Ost-Konflikte stets waren, kann man sich am Antagonismus der Israeliten und der Phönizier verdeutlichen. Beide Völker waren maßgeblich beteiligt am Entstehen der Schrift, beide pflegten Handelsbeziehungen miteinander, ihre Territorien grenzten aneinander. Aber die Hebräer waren aufs innigste mit ihrem Land verbunden, gerade auch mit den kargen und bergigen Landschaften. Dagegen sind die Phönizier gar nicht ohne das Meer denkbar. Ihre Schiffe befuhren die Weiten des Mittelmeers bis Gibraltar und wohl auch darüber hinaus. Zwei gänzlich unterschiedliche Verhältnisse zur Welt stießen mit beiden Völkern aneinander. Ebenso gegensätzlich war auch das Gotteserleben beider Völker. Die Phönizier erlebten die Welt von göttlichen Wesen belebt, die sie in Kultbildern zu verehren und zu besänftigen suchten. Wie anders der Gott Israels, der sich zwar fast wie eine vulkanische Erscheinung in Feuer und Rauch offenbaren konnte, der aber wie das Ich im Menschen aus dem Unsichtbaren wirkte und auch

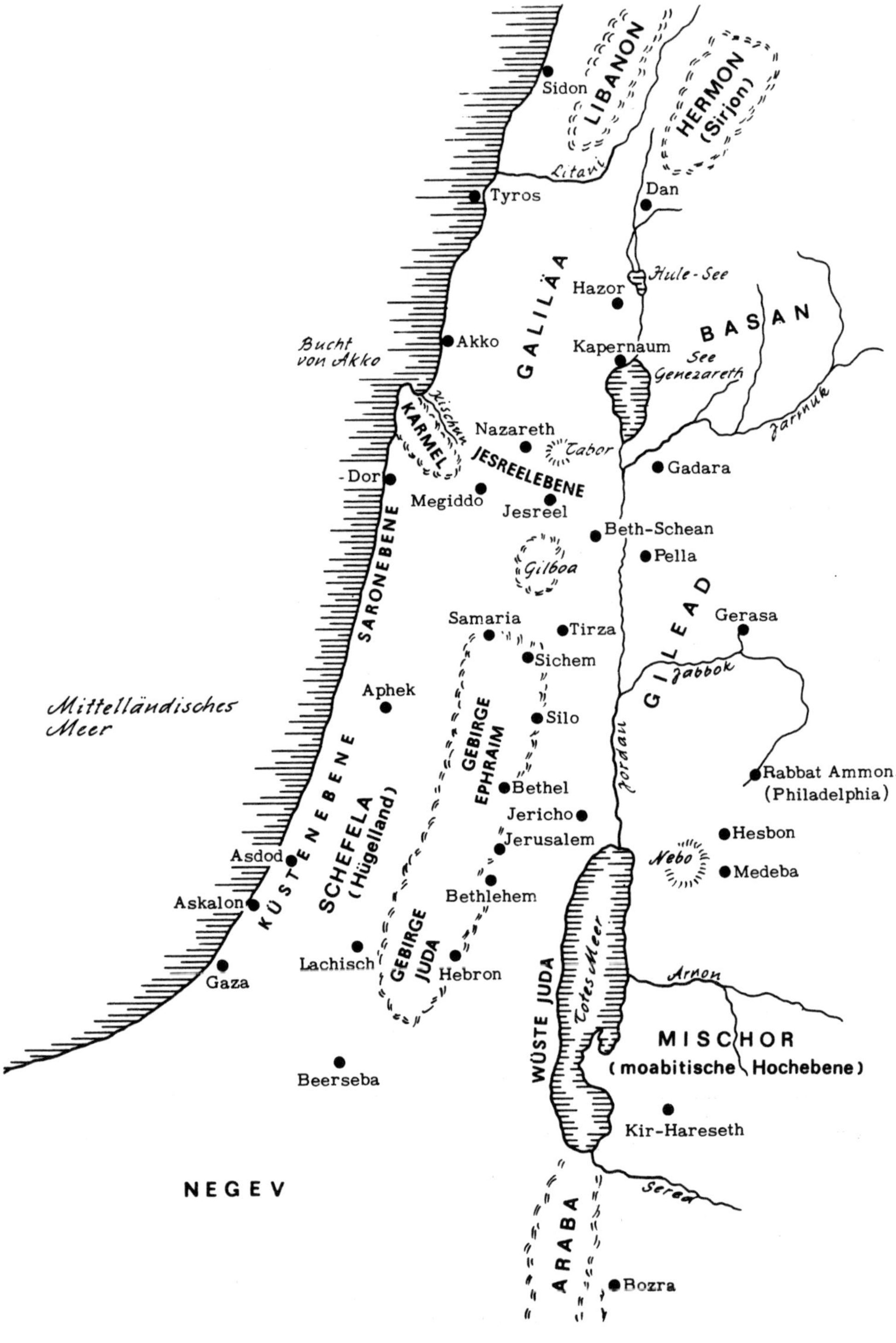

Abb. 2: Geographische Regionen in Palästina. Aus Matthiae u. Thiel.

nur dort gesucht werden konnte. Ein weiteres Beispiel für den weltanschaulichen Gegensatz, wie er den Ost-West-Auseinandersetzungen zugrunde lag, sind die Kämpfe der Kreuzfahrer mit dem Islam.

Die Grenzstreitigkeiten zeigen sich exemplarisch im Diadochenreich, oder zur Zeit des Islams am Gegensatz Damaskus–Mekka. Diese Suche nach der Grenze zwischen Norden und Süden ist letztlich nichts anderes, als der Ausdruck für den Brücken- und Straßencharakter des Landes, der von der Landesnatur aus zu Offenheit und Freizügigkeit für Handel und Wandel veranlagt ist. Der Gegensatz zwischen Ost und West ist in der Natur im Bilde der Wasserscheide zu finden, die im großen und ganzen das Land in eine fruchtbare Region westlich der Berge und eine karge östlich davon teilt. Aber auch der Grabenbruch und die weiter östlich gelegenen Wüsten bilden natürliche Grenzen. Sie zwangen den meisten Auseinandersetzungen, aber auch allen Straßen die dominierende Nord-Süd-Richtung auf (z. B. Der Königsweg, 1987). So zeigt sich im bewegten Verlauf der Landesgeschichte die Naturgrundlage, – ja es erscheint, als folge die Geschichte den Lebensströmen des Landes oder als wirke in Natur und Geschichte ein und dasselbe. Dieser lokalen Betrachtungsweise muß sich eine weitere hinzugesellen, die nach unserer inneren Verbindung mit diesem Land fragt, nach Gründen, die es uns so wichtig erscheinen lassen. Die wenigen angedeuteten Gegebenheiten aus der Geschichte des Judentums und die Wirkungen, die von Islam und Christentum ausgehen, machen deutlich, wie verwoben weite Teile der Erde mit der Geschichte dieses Landes sind. Noch vor jeder persönlichen religiösen Beziehung steht eine Verflechtung mit der Geschichte des Nahen Ostens, die tief prägend ist für die gegenwärtige Kultur. Die besondere Kultur des Judentums beeinflußte Europa nicht weniger (und verstrickte es in Schuld), wie die fast unbemerkte Aufnahme arabischer und islamischer Ideen und Kulturtechniken. Die bis heute wirkenden Kräfte der drei im Nahen Osten entstandenen Religionen lassen Ausschau halten nach dem Kristallisationspunkt ihres Entstehens. Allerdings scheint alles bloß Geschichtliche, alles im wissenschaftlichen Sinne Historische die wirksamen Quellen eher verschleiern, sie mehr zu verhüllen als aufzudecken. Dem Einfühlsamen wird deutlich, daß er *Bethlehem* zuerst in sich selbst gefunden haben muß, um es dann im Lande «wiederfinden» zu können. Äußerlich ist, allen Denkmälern zum Trotz, von den geistesgeschichtlich bedeutsamen Stätten nichts, aber auch gar nichts zu finden. Man beachte, daß die stärksten Wirkungen von nahezu ungreifbaren Gestalten ausgehen, die sich der Geschichtlichkeit zu entziehen scheinen. Versucht man, sie zu fassen, so drohen sie nur allzuleicht in Spekulationen zu verblassen, sie werden zu künstlichen Gebilden. Dies gilt für die Patriarchen ebenso wie für Jesus Christus. Jene verkümmern zu sagenhaften Stammesfürsten aus der nachmosaischen Zeit, dieser wird zum tragisch gescheiterten Vorkämpfer für die Menschenrechte. Beide Zuweisungen müssen als vollkommen verfehlt angesehen werden, angesichts der fortdauernden Wirksamkeit. Erst wenn man weiß, daß nicht äußerlich-physische Machtentfaltung, sondern geistige Wirkungen und Impulse die eigentlich bewegenden Kräfte der Menschheitsgeschichte sind, dann erst erscheint es sinnvoll, nach der Bedeutung der Impulse zu fragen, die von Palästina ihren Ausgang nahmen.

Landesgeschichte

Vorgeschichte

Anknüpfend an das Alte Testament könnte man den Beginn der Geschichte Israels mit der Einwanderung Abrahams gleichsetzen – allerdings mit der Einschränkung, daß der mögliche Zeitpunkt nicht genau zu ermitteln ist. In der Mittleren Bronzezeit (um 2000 v. Chr.) kam es im Zweistromland, wie schon mehrfach zuvor, zu tiefgreifenden Umwälzungen. Die um 2500 v. Chr. dort eingewanderten semitischen Amurru-Völker lösten Wanderungsbewegungen aus, die aus Norden und Nordosten nach Palästina strömten, so daß man animmt, Abraham sei um 1800 v. Chr. in das zu dieser Zeit unter ägyptischer Oberherrschaft stehende Land eingezogen. Daß die abrahamitischen Einwanderer nicht in ein unbevölkertes Land kamen, wird auch in der Genesis deutlich. Von seinen Menschen und ihrer Kultur ist aber nur wenig zu erfahren. Die reichen Funde der Archäologie wiederum schließen nicht nahtlos an die biblischen Überlieferungen an, ihre Forschungsergebnisse sprechen von namenlosen Menschen und ihren materiellen Hinterlassenschaften, lassen aber durchaus auch einen Einblick in die dynamischen Veränderungen der Gesellschaften zu.

Viele Völkerwanderungen, die schon seit Jahrtausenden durch das Land gezogen waren, lassen sich aus den Spuren und Funden ablesen. Zum Teil sind die Fundplätze, vor allem in der Wüste, in dem Gewirr von Felsbrocken und Verwitterungsschotter nur dem geübten Auge erkennbar. Dagegen erheben sich die künstlichen Siedlungshügel, die Tells, die man in der nördlichen Landeshälfte häufiger antrifft, hoch über das umgebende Land. Viele von ihnen sind bis heute noch unerforscht und verbergen die Schuttschichten der zerfallenen oder zerstörten Lehmziegelhäuser unter einer spärlichen Grasdecke. Der Ort, an welchem sich der Beginn der Zivilisation, die ersten Züchtungen von Kulturpflanzen und die Domestikation von Haustieren, der Anfang der Keramikherstellung und der Beginn des Städtebaus wohl am eindrücklichsten verfolgen läßt, ist der Tell es-Sultan nahe der heutigen Oase von Jericho. Seit 1868 wurde an dem rund 20 Meter hohen und etwa 3 Hektar großen Tell gegraben und vor allem Kathleen M. Kenyon von der British School of Archaeology in Jerusalem ist es zu danken, daß wir vieles über diese Jahrtausende alte Stadt wissen. Kurze Perioden ausgenommen, reichen die Siedlungsspuren von etwa 8000 v. Chr. bis in die spätbyzantinische Zeit um das 8. Jahrhundert n. Chr. Wer durch das Grabungsgelände geht, kann einen Blick in lange vergangene Zeiten werfen. Besonders fällt einem dabei ein tief im Schutt verborgener Turm auf. Aus groben Steinen sorgsam aufgeschichtet, ragt er heute 8 m vom tiefen Grunde herauf. Er verjüngt sich leicht nach oben, der Durchmesser an der Basis beträgt etwa 10 m gegenüber 7 m am oberen Ende. An der Ostseite des Turmes führte ein enger Gang zu dem Schacht im Innern, in dem eine steile Treppe mit 22 Stufen nach oben

Abb. 3: Neolithischer Kopf aus Jericho. Zeichnung A. Suchantke.

führte. Holzkohlenreste erlauben eine Datierung des steinernen Turmes von Jericho, der demnach um 7000 v. Chr. errichtet wurde. Rund 1000 Jahre zuvor hatten sich Jäger am Ort niedergelassen und bei ihrem Ruheplatz eine Kultstätte errichtet, nicht weit von der noch heute sprudelnden Quelle. Darum darf man annehmen, daß auch der Turm, neben anderen, kultische Funktionen hatte. Die Kontinuität von Kultstätten trotz wechselnder Besiedelung, auch nach Zeiten ohne Siedlungsspuren, kann man an vielen anderen Fundorten feststellen. So verwundert es nicht, wenn aus späterer Zeit weitere Funde ebenfalls Hinweise auf eine Hinwendung der damaligen Menschen zur göttlich-geistigen Welt geben. Aus der Zeit um 6000 v. Chr. – noch kannte man keine Gefäße aus Keramik, von anderen Orten sind sorgfältig gearbeitete Steinmörser überliefert – stammt ein Steinidol, das in den Ruinen eines Hauses in Jericho gefunden wurde. An der Schmalseite eines rechteckigen Raumes fand man in der Wand eine Aussparung; nur wenig daneben lag ein 46 cm hoher wohl behauener Stein, der genau hineinpaßte, wenn ihm der Feldstein, der am Boden der Nische lag, als Sockel diente. Ähnlich wie viel später in einem kanaanäischen Heiligtum in Hazor (Abb. 63 im Beitrag von Schad) diente diese bildlose Steinsäule dem Kultus. Sind diese bildlosen Zeugen schon erstaunlich, so erfaßt uns geradezu ein Schauer, wenn wir, so unglaublich das klingt, tatsächlich ins Antlitz eines Menschen aus dieser Zeit blicken können. Unter dem Fußboden eines Hauses aus vorkeramischer Zeit fand man – nicht nur in Jericho sondern z. B. auch in Beisamun im oberen Jordantal – (Israel Museum, 1984, S. 24) – sorgsam mit Lehm überformte Schädel (Abb. 3). Schädeldach und Hinterhaupt zeigen keine Spuren des Lehmüberzugs, die ganze Gesichtspartie aber wurde sorgsam aufgetragen, so daß ein ernst blickendes edles Angesicht in Erscheinung tritt (Für die Augen verwandte man Muscheln.). In den Museen in Jerusalem kann man sich mit diesen Gebilden konfrontieren, doch es fällt nicht leicht, zu erahnen, welche Absichten ihre Schöpfer damit verbanden. Den Blicken waren sie durch ihre Bestattung unter dem Boden entzogen und wirkten damit aus dem Unsichtbaren. Sowohl der Turm, der aus rein befestigungstechnischen Überlegungen unmotiviert ist, als auch die lehmüberzogenen Schädel werden verständlich, wenn man in ihnen Vorformen späterer Kultusformen sieht. Die erhaltenen und verewigten menschlichen Köpfe lassen an das denken, was 3000 Jahre später im ägytischen Mumienkult seinen großen Höhepunkt erlebte. Der erhöhte Kultplatz auf dem Turm – ist er nicht wie eine Vorahnung der Tempelberge des Zweistromlandes? Zu fern sind uns diese Zeiten, als daß wir sichere Kenntnisse über sie erhalten könnten. Viel konkreter nehmen sich dagegen die Berichte des Alten Testaments aus, selbst dort, wo sie eher sagenhafter Natur sind. Die ganze Stadt Jericho wurde, nachdem ihre Mauern gefallen waren, dem Feuer übergeben und der Fluch über alle verhängt, die sie wieder aufbauen wollten. In dieser radikalen Distanzierung mag man einen Ausdruck der Abwehr und der Zerstörung dekadent gewordener Kulte erblicken und auch eine Erinnerung an den Untergang von Sodom und Gomorrha.

Gänzlich anders geartet sind die Eindrücke, die man von den Dolmenfeldern bekommen kann, die sich vor allem auf den Golanhöhen, aber auch an anderen Stellen im Jordangraben finden. Von den teils ganz kleinen, teils recht großen steinernen Kammern mit einem oder mehreren Decksteinen hat man eine freie Sicht weit ins Land. Zum Teil sind sie im hohen Gras kaum zu sehen, aber im Winter, wenn die längst verdorrte Vegetation bis auf wenige Disteln verschwunden ist, kann man sie mancherorts schon von weitem erblicken. Meist ducken sie sich nah an den Boden, oder sind von einem Geröllhaufen umgeben (Abb. 4) – fast wie die Cairns in Schottland. Im Innern sind die größten fast 1,50 m hoch, so daß man gebückt stehen kann. Die kleinen werden selbst noch von kurzen Grashalmen überragt. Besonders das Dolmenfeld von Gamla bietet einen weiten Blick nach Westen über den See Genezareth zu den jenseitigen Höhen. Tief gestaffelt reiht sich bei Sonnenuntergang ein Hügelzug hinter den anderen. Bei einem der Dolmen im Nahal Yehudiyya war es einmal, als wäre die Luft ein Vorhang aus feinsten weißen Schleiern, hinter denen eine bleiche Sonne hinabsank. Ungestörte Ruhe umgibt die von Flechten überzogenen vulkanischen Felsen, die ihr Geheimnis seit fünftausend Jahren bewahren. Sicher bestattete man die Toten bei den heiligen Plätzen, doch über die Bedeutung als Grab weisen die Anlagen mit Sicherheit hinaus. Nicht umsonst liegen sie auch heute noch in den Wiesen, in denen neben den schönsten Wildblumen auch die Vorformen unserer Brotgetreide wachsen. Man datiert heute die Dolmen des Golan an das Ende des 3. Jahrtausends v. Chr. Bei Grabungen stellte man fest, daß sie zum Teil über den Spuren einer sehr viel älteren Kultur aus der Zeit um 3500 v. Chr.

Abb. 4: Dolmen in der Taboreichen-Savanne des Nahal Yehudiyya, Golan – inmitten des Gewirrs riesiger Basaltblöcke kaum zu entdecken. Zeichnung A. Suchantke.

erbaut wurden. Damals müssen Bauern auf den Abhängen des Golan gesiedelt haben, heute sind schon eine ganze Reihe ihrer Dörfer entdeckt und zum Teil auch ausgegraben worden. In den kleinen Siedlungen haben jeweils etwa 300 bis 500 Menschen gelebt. Da die Dörfer zum Teil nur wenige Kilometer voneinander entfernt lagen, muß der Golan damals recht dicht besiedelt gewesen sein (Epstein). In dieser chalkolithischen (kupfersteinzeitlichen) Kultur könnte man die letzten Reste aus jener Zeit erblicken, als Menschen die Landschaft des Golan zu einer ganz besonderen Kulturlandschaft umgestalteten, die bis heute in ihrem menschlichen Charakter mit der lockeren Eichenbewaldung zu erahnen ist (siehe den Beitrag von Suchantke).

In die Blüte dieser Periode gehört auch ein Denkmal, das den Streifzug durch die Vorgeschichte beenden soll. Auch dieser Platz liegt im Grabenbruch, etwa 100 Meter über dem Spiegel des Toten Meeres, auf einem natürlichen Hügel, der nur noch wenige Meter bis zu einer kleinen leicht geneigten Platte ansteigt. Diese geht bald in die steil aufragenden Felsklippen über, die hoch aufragend das Tote Meer umfassen. Hier auf der Höhe, mit weitem Blick nach Osten über das «*Asphaltmeer*», liegt unter Akazien und Christusdorn verborgen die «*Quelle des Böckleins*» – En Gedi (Bock 1986). Steinböcke und Klippschliefer kann man hier entdecken. Besonders letztere haben ganz in der Nähe ihren großen Bau und tummeln sich mit der ganzen Familie am Wasser, das in einem flachen Becken als klares und angenehm kühles Süßwasser zu tage tritt. Das Nordwestende der Quelle wird durch einen großen Felsblock geschützt, in dem sieben schalenartige Näpfe eingearbeitet sind: Zeichen für ein altes Quellenheiligtum auf der Höhe. Immer wieder waren es die Propheten, die sich in alttestamentlicher Zeit heftig gegen diese Höhenheiligtümer wandten. Doch selbst unter dem Tempel von Jerusalem darf man ein solches vermuten, auch dort findet man im Felsendom solche Näpfe; statt der Quelle gab es eine Zisterne (Keel u. a., 1982, S. 432). Nur wenige Meter oberhalb der Quelle von En Gedi findet man die guterhaltenen Reste eines ummauerten chalkolithischen Heiligtums. Hat man schon vor der ruhigen baumbeschatteten Quelle einen wunderbaren Blick, so ist er am Tor zu der Tempelanlage von überwältigender Weite (vgl. Tafel 19 oben). Mächtig und fast unmittelbar hinter dem Heiligtum erheben sich die Felsen, die bis zur Wüste Juda hinaufsteigen; herrlich rötliche Wände, die den tiefblauen Himmel zu stützen scheinen, über den die Adler und Störche nach Norden ziehen. Nach Norden und Süden senkt sich der Platz erst langsam, dann, vor allem nach Norden, rasch steiler werdend in die benachbarten Täler des Nahal David und Nahal Arugot. Über letzteres geht der Blick weit nach Süden bis hin zu der im Glast kaum noch erkennbaren Felsennase von Massada. Weit dehnt sich, wendet man sich ostwärts, nach links und rechts das mal leuchtendblaue, dann aber auch wieder fast bleiern wirkende Tote Meer, hinter dem sich die Jordanischen Berge erheben. Der Eingang des schmalen rechteckigen Tempels liegt in der Mitte seiner Längsseite und blickt zum Südende des Toten Meeres. Nur noch die unteren Lagen des Mauerwerks sind erhalten, noch kann man die Basis eines Kultbildes oder eines heiligen Steines erkennen, daneben die Spuren einer schmalen der Wand entlangführenden Bank. Neben dem beinahe ostwestlich sich erstreckenden Tempel findet man die Reste eines weiteren Tores, daneben, die Ostseite der Anlage abschließend, die Grundmauern eines rechteckigen Hauses. Das Haupttor des ummauerten Tempelplatzes liegt am Weg zur En Gedi-Quelle, womit man wohl annehmen darf, daß Tempel und Quelle miteinander in Verbindung standen. Die Errichtung der Tempelanlage wird ans Ende des 3. Jahrtausends v. Chr. datiert, in die letzte Periode des Chalkolithikums. Wohl möglich, daß die nicht weit davon in einer Höhle im Nahal Mischmar gefundenen Kupfergegenstände ursprünglich zur Ausstattung des Kultortes gehörten. Zu den schönsten Funden gehört ein Szepter, das von Steinbockköpfen gekrönt wird (Abb. 5). Bis heute ziehen diese würdevollen Tiere hier an den Felsen entlang und ruhen nicht weit der alten Ruinen während der Nacht. Im Dämmerlicht kann man dann vielleicht gerade noch ein Hörnerpaar als Silhouette gegen den Himmel erkennen, dessen Besitzer unbeweglich und majestätisch wartet, bis der Störenfried das Revier verläßt.

Seit David nach En Gedi kam (1 Sam. 24) (um 1000 v. Chr.), ist der Ort, abgesehen von kurzen Unterbrechungen, bis heute besiedelt. Hier gedieh, sorgsam bewacht, meist in königlichen Gärten, der Balsam; vermutlich zur Zeit Josijas (640 v. Chr.) wurden die Plantagen angelegt, die bis in römische Zeit bestanden. Ruinen von Befestigungen künden von der Geschichte und den Kämpfen um die wertvollen Gärten. Aus römischer Zeit ist ein Bad gefunden worden, der Mosaikfußboden einer Synagoge (um 5./6. Jh. n. Chr.) ist im Rockefeller Museum in Jerusalem zu sehen. Wenig unterhalb der Quelle sieht man das Gemäuer einer alten Mühle aus der

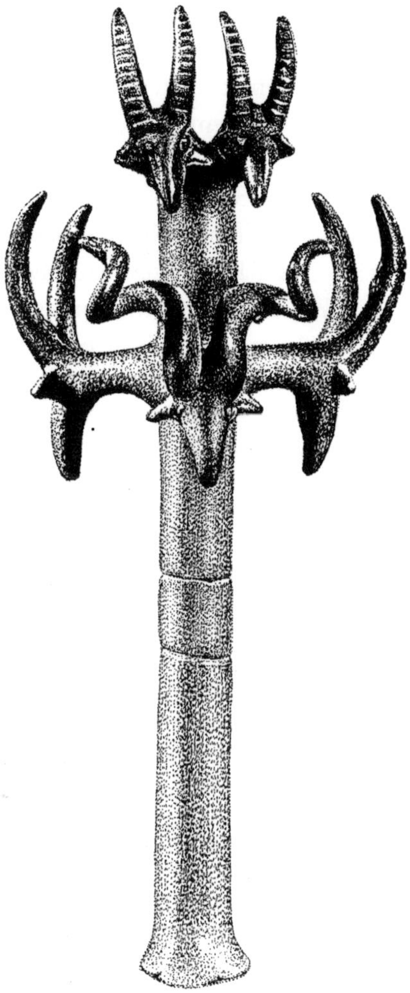

Abb. 5: Bronzeszepter aus dem chalkolithischen Heiligtum von En Gedi. Höhe ca. 34 cm. Flankiert von Steinböcken ist ein spiralig gewundenes Gehörn, das sich keiner lebenden Tierart zuordnen läßt. Gegen reine Stilisierung spricht die unstilisierte Darstellung der Steinböcke. Vielleicht handelt es sich um eine heute ausgestorbene Wildschafart aus der Verwandtschaft des in Kleinasien weitverbreiteten Mufflon. Zeichnung A. Suchantke.

Kreuzfahrerzeit, die mit dem Quellwasser betrieben wurde. So wenig eindrucksvoll die Spuren der Vergangenheit, die praktisch die ganze Geschichte Israels spiegeln, für den Besucher sein mögen, so einzigartig ist der Ort bis heute geblieben – in der Dichte seiner Atmosphäre, seiner landschaftlichen Schönheit und szenischen Vielfalt.

Versucht man die Vorgeschichte Palästinas zu überblicken, so spannt sich der weite Bogen von den Anfängen der Menschheit, den Funden des Homo erectus bei Ubeidiya – die noch aus einer anderen geologischen Epoche stammen – über die Anfänge der Landwirtschaft – auch das Nebeneinander von Viehzüchternomaden und Ackerbauern läßt sich erkennen – den Beginn des Gebrauchs der Keramik und das Ende der Steinzeit, die Kupferzeit mit ihren Kultstätten bis in die Eisenzeit. Während dieser langen Periode, die etwa um 1550 v. Chr. endet, entwickelten sich in den benachbarten Ländern die Kulturen des Zweistromlandes und Ägyptens. Zur Zeit, da in Jericho schon der große Steinerne Turm gebaut wurde, waren von diesen beiden Nachbarkulturen gerade erst die Uranfänge im Entstehen. Zu Beginn des Chalkolithikums (um 4000 v. Chr.) entstanden im Süden Mesopotamiens die ersten Hochkulturen. Mit Beginn der späten Bronzezeit, also am Ende der hier Vorgeschichte genannten Epoche, waren die Ägypter unter Thutmosis I. (1494–1482 v. Chr.) bis an den Euphrat vorgedrungen und beherrschten den Küstensaum der südlichen Levante. Die großen Pyramiden des Alten Reiches gehörten schon seit tausend Jahren der Vergangenheit an, auch das Mittlere Reich war vergangen und die Zeit der Hyksos gerade beendet. In Mesopotamien zeugte nichts mehr von den frühen ersten Tempeln in Uruk und Eridu vom Anfang des 3. Jahrtausends v. Chr., das Sumerische Reich war versunken, ebenso das Reich des Sargon von Akkad, auch Gudea von Lagasch aus der Zeit der 3. Dynastie von Ur, dessen Reich wie ein Aufleuchten der alten sumerischen Kultur war, gehörte längst der Vergangenheit an. Babylon war gegründet worden, und Hammurabi hatte seine überlieferten Gesetze erlassen. Das Völkergewirr des Zweistromlandes erreichte einen neuen Höhepunkt, so daß die weit nach Nordosten vordringenden Ägypter auf Hethiter und auf Hurriter von Mitanni im Norden Syriens stießen (Abb. 1, Nahostkarte). So ist die stumme Zeit Palästinas begleitet von der Entwicklung der beiden großen Kulturen im Nordosten und Südwesten, die zu Beginn der Geschichte Israels zwar einen Höhepunkt ihrer Macht erreicht, doch sicher den ihrer inneren Entwicklung überschritten hatten. Vieles, was für das konservative Ägypten charakteristisch ist, war zu jener Zeit schon voll entwickelt, ja hatte, wie die Zeit des Pyramidenbaues seinen Kulminationspunkt längst überschritten. Die geistigen Grundlagen der beiden Kulturen waren gelegt und zur vollen Entfaltung gekommen. Nun vollzog sich im Ringen um die Herrschaft über den Nahen Osten ein Vorgang, der das dazwischen sich abspielende Geschehen fast von der Bühne der Weltgeschichte zu vertreiben drohte.

Wie sagenhaft muten heute den Historiker die Bilder aus der Geschichte des Hebräervolkes an. Zwar kann er sich des Eindrucks der ungeheuren Wirksamkeit der Mythen nicht entziehen, aber der Mangel an äußeren Zeugen macht es ihm schwer, zu beurteilen, was vor sich gegangen ist. Im Bild könnte man von Mühlsteinen sprechen, zwischen denen die rauhe Schale des winzigen Korns zerrieben wird, um das nährende Mehl hervorkommen zu lassen. Wie sich diese «Mühle Gottes» mehr von außen betrachtet zeigt, wie die Mahlgänge wechseln – dies soll im weiteren gezeigt werden.

Fast tausend Jahre lang, seit Beginn des dritten Jahrtausends, konnte sich Ägypten in Ruhe entfalten, bis sich in großen Wirren und anarchischen Zuständen das Alte Reich auflöste. Nach der Zwischenzeit entstand ein neu geeintes Ägypten, das sich wieder durch große Taten, weniger dem Steinbau sondern dem Wasserbau, der Be- und Entwässerung des ganzen Landes zuwendete (Arbeiten in der großen Fayum Oase). Diese ägyptische Kontinuität kontrastiert mit der Vielfältigkeit Mesopotamiens, dort liefen die Wasser nicht nur – wie es der Ägypter erlebt – verkehrt herum, also gerade dem Nilstrom entgegengesetzt, sondern die Umwälzungen und Einwanderungen immer neuer Menschengruppen bestimmten das Bild der Entwicklung. Waren in der Mitte des vierten Jahrtausends die Sumerer aufgetaucht, so zu Beginn des dritten Jahrtausends die semitischsprachigen Völkerschaften, die in der zweiten Hälfte des Jahrtausends das Reich von Akkad begründet hatten. Dieses fand sein Ende unter dem Einbruch der Gutäer, Völkerschaften, die aus dem Zagrosgebirge in die fruchtbare Ebene hinunterstürmten. Nach einem kurzen Zwischenspiel der Gutäerherrschaft kam es nochmals zu einer Blüte des Sumerischen, allerdings nun vermischt mit dem wiederaufkommenden Akkadischen. In Ur, Uruk und Eridu wurden die gewaltigen Zikkurat-Tempeltürme errichtet. Mit dem Auseinanderbrechen der alten Kultur, zugunsten neu entstehender kleinerer Dynastien in Isin, Larsa, Eschnunna und Uruk, ging vor allem die weise Wirtschaftsführung, die einstmals ganz in der Hand der Tempel lag, zu Ende. Diese Umwälzung vollzog sich unter den Amurru, die seit 2500 v. Chr. nach Mesopotamien eindrangen. Gruppen von ihnen scheinen bis nach Palästina weitergezogen zu sein und sich dort mit syrisch-libanesischen Einwanderern vermischt zu haben. In diesen von Norden und Nordosten ins Land ziehenden Gruppen sieht man die Träger der kanaanäischen Kultur. Zu dieser Zeit (um 2000 v. Chr.), in Kleinasien zeigten sich die ersten Anfänge der Hethitischen Kultur, – die Aramäer begannen aus dem Norden der Arabischen Wüste nach Mesopotamien einzudringen –, hatte sich das ägyptische Reich gefestigt und vor allem gegen die räuberischen und umherziehenden, damit für den Ägypter kaum erträglichen Beduinen (Abb. 6) durch eine Mauer östlich des Deltas geschützt. Wir können davon in der Erzählung Sinuhes (Hornung) aus der Zeit um 1950 v. Chr. (wohl um 1800 v. Chr. aufgeschrieben) hören:

> Ich kam an die «Mauern des Herrschers» heran,
> die errichtet sind, um die Asiaten abzuhalten
> und die «Sanddurchquerer» (Beduinen) niederzutreten.
> Ich ging in Deckung in einem Strauch
> aus Furcht, daß (mich) der Wächter sähe,
> der auf der Mauer seinen Dienst hat.

So schildert Sinuhe, nach dem Tod des Pharaos Amenemhat I., seine Flucht nach Palästina. Verweilen wir noch ein wenig bei Sinuhe, da seine Schilderung sowohl von dem Bewußtsein der Ägypter der damaligen Zeit als auch von der transjordanischen Landschaft einen möglichen Eindruck vermitteln. Y. Aharoni (1984) meint,

Abb. 6: Beduinenzug. Wandmalerei aus Beni Hasan. Ca. 1890 v. Chr. Aus Keel, 1980.

seine Schilderung des Landes «Jaa» könne ‹womöglich auf das Yarmuktal hinweisen›, sie erinnert jedenfalls an das Land, «das von Milch und Honig fließt» (Deut. 26,9).

> Das war ein schöner Landstrich mit Namen Jaa.
> Feigen gab es dort und Weintrauben,
> und es besaß mehr Wein als Wasser.
> Viel Honig hatte es und zahllose Ölbäume,
> allerlei Früchte wuchsen auf seinen Bäumen.
> Gerste gab es dort und Emmer,
> grenzenlos waren die Viehherden.
> ...
> Zahllose Süßspeisen wurden mir zubereitet,
> stets kochte man mit Milch.

In diesem herrlichen Land wurde der Flüchtling aufgenommen, als Schwiegersohn des dortigen Königs und war Verwalter über das ganze Gebiet. So schön und so siegreich er auch war so flehte er doch:

> O Gott, wer immer du bist, der diese Flucht bestimmt hat,
> sei gnädig und gib mich der Heimat zurück!

Als Ägypter konnte er es in der Fremde, und sei das Land noch so schön, nicht aushalten. Pharao Sesostris I. (1971–1926 v. Chr.) hörte von seinem Schicksal und bot ihm in einem Brief die Rückkehr in die Heimat an, um in Ägypten zu sterben:

> Es soll nicht so sein, daß du im Fremdland stirbst,
> nicht Asiaten sollen dich bestatten,
> nicht in ein Widderfell sollst du gehüllt, keine Steinmarkierung
> soll für dich gemacht werden.
> Dies alles vergeht ja!
> Sorge für das leibliche (Fortleben) und kehre zurück!

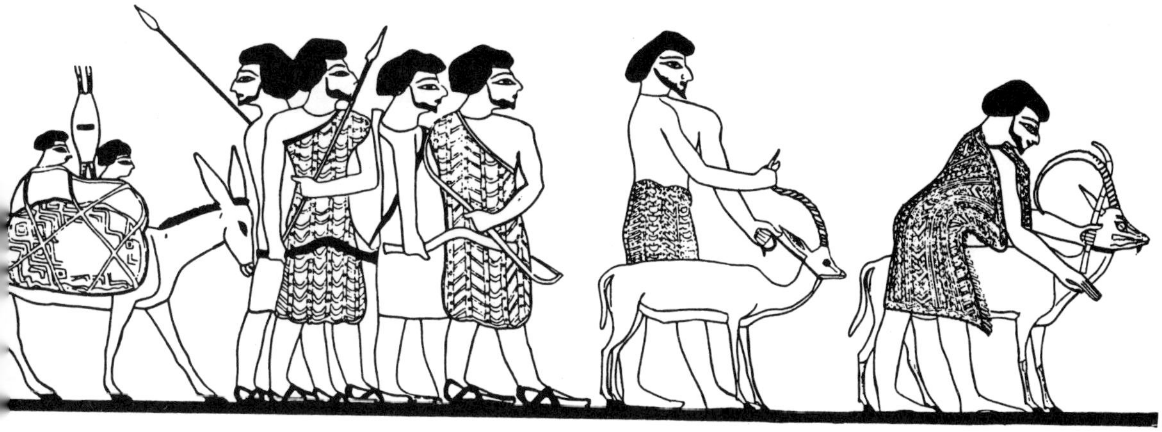

Von tiefem Dank über das verständnisvolle Wissen des Pharaos erfüllt, antwortete Sinuhe diesem und schilderte dabei seine Flucht, die ohne seinen bewußten Willen geschah:

> Vielmehr: Mein Körper schauderte,
> meine Beine liefen davon,
> mein Herz lenkte mich,
> der Gott, der diese Flucht bestimmte, zog mich fort. (Hornung)

Neben der sehr frühen Landschaftsschilderung ist an Sinuhes Bericht vor allem die Bindung des Ägypters an sein Land am Nil bemerkenswert, dies um so mehr, als in den darauf folgenden Jahrhunderten Ägypten zuerst seine Handelsbeziehungen weit nach Norden und Süden ausdehnte, um dann schließlich im 15. Jh. v. Chr. bis an den westlichen Euphrat im Norden Syriens vorzudringen. Und dadurch kann vielleicht auch verständlicher werden, daß es den Ägyptern nie für eine längere Zeit gelang, die Levante zu beherrschen. Ein anderer Grund waren sicher auch die vielen Klein-Fürstentümer in Kanaan. Doch das Heimweh machte es wohl kaum einem Ägypter möglich, für länger sein geliebtes Land zu verlassen.

Zur Zeit, als das Mittlere Reich Ägyptens zu Ende ging, beherrschte Hammurabi weite Teile Mesopotamiens. Unter seiner Regentschaft wurde die Macht der Priester weitgehend auf das kultische Leben beschränkt, während das Wirtschaftsleben immer mehr in die Öffentlichkeit trat. Auch die alte Kultsprache, das Sumerische, wurde nur noch in den Tempeln gepflegt. Der Nachfolger Hammurabis mußte sich wieder gegen Eindringlinge aus dem Zagrosgebirge, die Kassiten, wehren. Im Kampf wurden sie zwar besiegt, aber nach und nach drangen sie in das Land ein, bis 1480 Agum II. erster kassitischer König wurde. Am Oberlauf des Tigris begannen die Hurriter ihr kleines Reich mehr und mehr auszuweiten.

Während man im Lande zwischen Euphrat und Tigris kaum sagen könnte, wer hier heimisch war, so rasch wechselten die verschiedenen Völker, so war es ein unerhörter Prozeß, daß Fremde, die *Herrscher der Fremdländer* ins Land am Nil eindrangen. Diese semitischen Einwanderer, die *Hyksos*, wie die Griechen sie nach dem ägyptischen Wort nannten, beherrschten auch weite Teile Palästinas. Dort fanden sich viele Spuren ihrer befestigten Siedlungsanlagen, die jedoch zum Teil schon eine lange Geschichte hinter sich hatten. Unter anderen gehörten dazu: Yaffo, Aschdod, Jericho, Hebron, Sichem, Hazor und Dan – ihre Stützpunkte reichten bis an den Fuß des Hermon, bis zu den Jordanquellen.

Während der 110 Jahre dauernden Herrschaft der Hyksos entfalteten sich weiter im Norden, in Kleinasien, die Hethiter. Von ihrer Hauptstadt Hattuša aus zogen sie plündernd und erobernd bis Babylon. Dort war das Reich der Amurru Könige «zwar allmählich zusammengeschrumpft – gleich nach Hammurabi war das Meerland, das alte Sumer, abgefallen; dann war durch das Vordringen der Hurriter Westmesopotamien verlorengegangen – aber immer noch war Babel die Hauptstadt des akkadischen Landesteils und vor allem eine der reichsten Städte der Welt. Wie viele Werke von Erz, Silber und Gold fielen dem Sieger in die Hände! Vor allem die überlebensgroßen, aus purem Gold gegossenen Bilder des Marduk und der Sarpanit, der Schutzgötter der Stadt. Was für Beute die Hethiter sonst wegschleppten, ist nicht aufgezeichnet; aber sie werden nichts liegengelassen haben, bevor sie die Stadt zerstörten.» (Cornelius, S. 112)

Während sich im nördlichen Teil der Levante die Hethiter verstärkt als Kraft bemerkbar machten und dadurch auch die Fürsten und Vasallen der Hyksos schwächten, verstärkte sich nach und nach der innerägyptische Widerstand gegen die Fremdherrschaft. Während der Herrschaft des Pharaos Ahmose, aus einem thebanischen Fürstengeschlecht, gelang die Befreiung von den Fremdlingen. Zunächst wurde Memphis, das Tor zum Delta, dann die Stadt Auaris befreit und die Hyksos weit nach Palästina vertrieben. In Mesopotamien wurden nach dem Abzug der Hethiter die Hurriter zur führenden Macht, mit der sich Thutmosis I. (1494–1482 v. Chr.), einer der Nachfolger des Ahmose, als er bis zum Euphrat vorstieß, auseinandersetzte. Ägypten war zu einem Riesenreich angewachsen, das sich vom dritten Katarakt, weit südlich von Abu Simbel, also jenseits des Wendekreises, bis zum westlichen Euphratbogen, im heutigen Syrien erstreckte. Theben wurde Hauptstadt, westlich – auf der anderen Nilseite – wurden in den schwer zugänglichen Felsen der Wüste die Königsgräber angelegt, zum Teil tief unter der Erde verborgen. Von Gaza aus wurde Palästina verwaltet; Byblos war wie seit langem Hafen für den Libanon-Handel, vor allem Verschiffungsplatz für das begehrte Bauholz. Was Thutmosis begründet hatte, wurde unter seinen Nachfolgern fortgesetzt, gleichzeitig aber erstarkte das Hethiter-Reich im Norden, so daß es zu einem nord-südlichen Kräftemessen kam, in welches später immer wieder die verschiedenen Völkerschaften Mesopotamiens hereinspielten.

Während sich unter der Regentschaft der Hatschepsut (1479–1457 v. Chr.) die ägyptischen Interessen weiter nach Süden verlagerten, verselbständigten sich die syrisch-palästinensischen Fürsten wieder. Mächtig und kriegerisch bemächtigte sich Thutmosis III. (1479–1425 v. Chr.) der alten vorderasiatischen Gebiete Ägyptens. In der gewaltigen Schlacht bei Megiddo in der Jesreel-Ebene gelang es ihm, die Widersacher zu besiegen. Durch sein Vordringen bis zum Euphrat kam es zu Kontakten zwischen Babylonien und Ägypten; sicherlich waren sie nicht von Dauer, aber sie hatten doch ein bedeutenderes Gewicht als reine Handelsbeziehungen. Die Lokalfürsten Palästinas bemühten sich nach der erschütternden Schlacht und dem Fall Megiddos um gute Beziehungen zum Hof des Pharao; mancher schickte seine Tochter in den Palast des ägyptischen Herrschers.

Unter der Herrschaft Amenophis III. (1391–1353 v. Chr.) ließ der Einfluß des Nillandes auf den Nahen Osten immer mehr nach. Zwar gab es Heiraten mit Mitanni-Prinzessinnen und babylonischen Königstöchtern, doch die kriegerische Herrschaft über die Länder nordöstlich des Nils wandelte sich mehr und mehr, was ein Machtvakuum unterstützte, in dem nomadische Stämme immer mehr an Ausbreitung gewannen. Öffnete sich Ägypten damals erstaunlich weitgehend den östlichen Einflüssen, so kam es nur wenige Jahre später zu einer tiefgreifenden Wende. Was mit Echnaton (1353–1336 v. Chr.) sich in Ägypten ausbreitete, wem er zur Wirksamkeit verhelfen wollte, ist sicher noch nicht endgültig geklärt. Die Verehrung des Aton, der Strahlensonne, schloß zwar an ägyptische Vorstellungen und Bilder an, war aber in vielem neu und auch bar jeder Fortsetzung der Tradition. Das fast abstrakte Gottesbild mußte der einheitlich-vielgestalteten Auffassung des Ägypters von seiner Götterwelt völlig fremdbleiben. Was sich im Aton Kult und besonders in der bildenden Kunst von Achetaton (Tell el-Amarna) zeigte, kann in seinen Äußerungen wie der schroffste Gegensatz zu dem empfunden werden, was sich einige Jahrhunderte später im religiösen Leben Israels gestaltete, obwohl es auch eine monotheistische Auffassung der göttlich-geistigen Welt war. Während Echnaton versuchte, Ägypten ein völlig neues Bewußtsein zu bringen, fielen die Küstenstädte Ugarit und Byblos in die Hände der Feinde. Mächtig hatten sich im Norden die wieder zur Macht gekommenen Hethiter ausgebreitet. Nach dem Tode Echnatons bemühte sich seine Tochter Meritaton um Ausgleich mit den nördlichen Herrschern. Doch ihre beabsichtigte Heirat mit Zannanza, dem Sohn des hethitischen Königs Schuppiluliuma I., kam nicht mehr zustande, da er auf dem Wege nach Ägypten ermordet wurde. Damit endete eine mögliche Berührung von ägyptischer mit uranfänglich osteuropäisch-kleinasiatischer Kultur, und kriegerische Auseinandersetzungen bestimmten wieder für längere Zeit die Geschichte. Mächtig und gewaltsam war der erneute Ansturm Ägyptens nach Norden – zunächst unter Sethos I. (1293–1279 v. Chr.), um dann unter Ramses II. (1279–1213 v. Chr.) seinen Höhepunkt zu erreichen. Gleichzeitig begann eine äußere Macht- und Prachtentfaltung in Ägypten, die vor allem von den zum Frondienst herangezogenen Gefangenen und *Fremden* ermöglicht wurde. Was in der Schlacht (1274 v. Chr.) bei Kadesch gegen die Hethiter nicht erreicht wurde, die Herrschaft Ägyptens über ganz Palästina, wurde aber in Ägypten als Sieg gefeiert und verherrlicht. Durch Verhandlungen kam es zu einer Einigung über den Grenzverlauf zwischen den Hethitern und Ägyptern. Nicht zur Ruhe kam aber der palästinensisch-jordanische Raum, zahlreich sind die Feldzüge, die gegen die Aufständischen unternommen werden mußten. Möglicherweise waren es die riesigen Bauwerke des Ramses und vor allem der Bau der neuen Residenz, der Ramsesstadt im Osten des Deltas, bei welchem die Hebräer Frondienste leisteten.

Unter der Herrschaft Ramses II. endete das Jahrhunderte dauernde Ringen zwischen den nördlichen Kräften (Hethiter-Ägypten). Die namenlos erscheinenden Herrscher der Städte und Fürstentümer vom Orontes bis zum Roten Meer lebten in wechselnden Bündnissen mit Hethitern, mit mesopotamischen Völkerschaften, oder unter der Oberherrschaft der Ägypter. Ständig zogen sowohl Handelskarawanen als auch Kriegszüge von Norden nach Süden und umgekehrt durch ihr Land, durch das Jordantal und über die Golanhöhen nach Damaskus, durch die Biqaa zum Orontes, durch Sinai und Negev zum Roten Meer. Sowohl in den fruchtbaren Ebenen als auch über die kargen Höhen der judäischen und samaritanischen Landschaften zogen friedlich und feindlich Gesinnte und spannten das Land ein in die Kämpfe und Händel zwischen Süd und Nord.

Von der Landnahme bis zur Reichsteilung

Um 1200 v. Chr. trat eine Völkerwanderung in Erscheinung, die schon seit etwa einem Jahrhundert langsam begonnen hatte, die Verhältnisse im Nahen Osten wesentlich zu ändern. Vom Schwarzen Meer und aus dem Mittelmeerraum drangen Gruppen gegen die Levante und Ägypten vor, verbündeten sich mit libyschen Stämmen und eroberten nach und nach die Küstensiedlungen westlich des Deltas. Zwar gelang es den Ägyptern immer wieder, ihrer Herr zu werden, dazu mußten aber Kräfte abgezogen werden, die die Herrschaft über die palästinische Mittelmeerküste hätten sichern sollen. Gleichzeitig ging das Hethiterreich in inneren Wirren zugrunde, so daß weder nördlich noch südlich Palästinas ein Anspruch auf das Küstenland, die Berge und den Jordangraben erhoben wurden. In der Küstenebene siedelten die von den Ägyptern dorthin gedrängten Philister, und im östlichen Jordanland traten die Ammoniter hervor. In Syrien siedelten die Aramäer, und in dieses Gewirr der Völker, denn dazwischen lebten die alten Kanaanäer, drangen nach und nach die Hebräer ein. Unter Moses waren sie durch die Wüste gezogen, hatten die Arava durchquert und näherten sich, durch Edom und Moab, östlich des Toten Meeres dem Land der Amoriter, um wieder den Graben durchquerend nun von Osten aus das *gelobte Land* zu erobern. Die weitreichenden Wanderungen, die sowohl Südeuropa als auch den Vorderen Orient umfaßten, brandeten an der Levante Küste an, hierher ihre letzten Wellen sendend. Was heute nach der ägyptischen Bezeichnung als die *Seevölker*-Wanderung bezeichnet wird, gehörte zu einer dynamischen Durchmischung der Völker. Die Wanderungen dauerten wohl jeweils Jahrhunderte, konnten aber auch beschleunigt in Erscheinung treten. Ausdruck dieser Wanderbewegungen sind die Churriter, die Hyksos zu Beginn des 2. Jahrtausends, an dessen Ende die Philister und Seevölker. Diese Völkerbewegungen gingen einher mit dem Verfall der nördlichen und südlichen Nachbarreiche Palästinas. Die Schwäche Ägyptens machen den Auszug der Israeliten möglich. Aus dieser Zeit stammt auch die erste außerbiblische Erwähnung Israels, in einer Siegessäule des Pharao Merenptah. Über alles andere schweigt die Weltgeschichte, wenn man nicht die biblischen Texte ernst nimmt. Dies soll weiter unten unter etwas anderem Gesichtspunkt geschehen.

War die Geschichte Palästinas zur Zeit der Hethiter besonders durch eine Nord-Süd-Auseinandersetzung bestimmt, so wechselte die Spannungsachse nun ihre Lage in west-östliche Richtung. Beinahe genau in der Mitte Palästinas drangen die Hebräer von Osten ins Land ein. Neben die Kämpfe mit den dort lebenden Kanaanäern traten bald die Auseinandersetzungen mit den an der Küste siedelnden Philistern. Diese hatten Ägypten bedroht und waren schließlich in die Küstenebene zurückgedrängt worden. Die Zeit der *Landnahme*, die *Zeit der Richter*, war bestimmt von Kämpfen, die sich überwiegend im lokalen Rahmen abspielten und die durch den Gegensatz Küstenebene und Bergland geprägt wurde. So erkämpfte sich das Volk Israel sein gelobtes Land. Wie erschütternd die Kämpfe waren, davon kündet noch das Debora Lied (Ri. 5.4):

> Als du auszogst, Herr, vom Sinai,
> anrücktest von Edoms Gefild,
> da bebte die Erde, die Himmel zitterten,
> die Wolken brachen in Wasser aus.
> Vor dem Herrn zerrannen die Berge,
> vor dem Herrn, dem Gotte Israels.

Doch kaum waren die alten kanaanäischen Stadtstaaten wenigstens zum Teil erobert, da machten sich von Osten andrängende Stämme breit, und im Westen, an der Küste, erstarkten die Philister mit ihren Küstenstädten Gaza, Askalon und Aschdod. Da sie der Herstellung des Eisens kundig waren, waren sie eine ernsthafte Bedrohung für die Israeliten. Mit der Verbreitung des Eisens schwand für einige Jahrhunderte die Bedeutung der Kupferminen von Timna, so daß sich die ägyptischen Truppen aus der südlichen Arava zurückzogen und damit an dieser wichtigen Brückenstelle nach Arabien kein Schutzwall mehr bestand. In dieser Zeit, um 1000 v. Chr., seit dem Auszug aus Ägypten mögen ca. 200 Jahre vergangen sein (Fragen der Chronologie des alten Israel sind strittig, und die Diskussion darüber hat noch kein Ende gefunden), wurde die Auseinandersetzung mit den Philistern so heftig, daß einzelne Stämme ihrer nicht mehr Herr wurden. Da salbte Samuel Saul zum ersten König der Israeliten. Was er in seinen Kämpfen gegen die Ammoniter und Moabiter im Osten und Südosten, gegen die Amalekiter im Süden und gegen die Philister im Westen des Berglandes schuf, war die Grundlage für Davids Königreich (Abb. 7). Diesem gelang die Eroberung der Jebusiterstadt Jerusalem und nach und nach die Ausweitung des Reiches vom westlichen Euphrat im Nordosten bis ans Rote Meer, dem heutigen Elat, im Süden. Für zwei bis drei Generationen war damit ein zunächst kriegerisch dann kulturell aufblühendes Reich geschaffen, dessen Ruhm bis heute mit David und seinem Sohn Salomo verbunden ist. So kurz wie die Blüte im Jahreslauf der Wüste, so kurz strahlte das Reich Davids und Salomos auf. Durch die Verbindungen mit dem Phönizier-König Hiram von Tyros weiteten sich die Handelsbeziehungen nach Süden aus. Mit Hilfe Hirams wurde der Tempel erbaut. Ein kultureller Höhepunkt wurde erreicht, der sich auf längere Zeit nicht erhalten ließ. Der Tempel für die Bundeslade sowie der Brandaltar wurden auf dem Berge Morija, nördlich der Stadtburg Davids, am alten Opferplatz Abrahams, errichtet. Nach dem

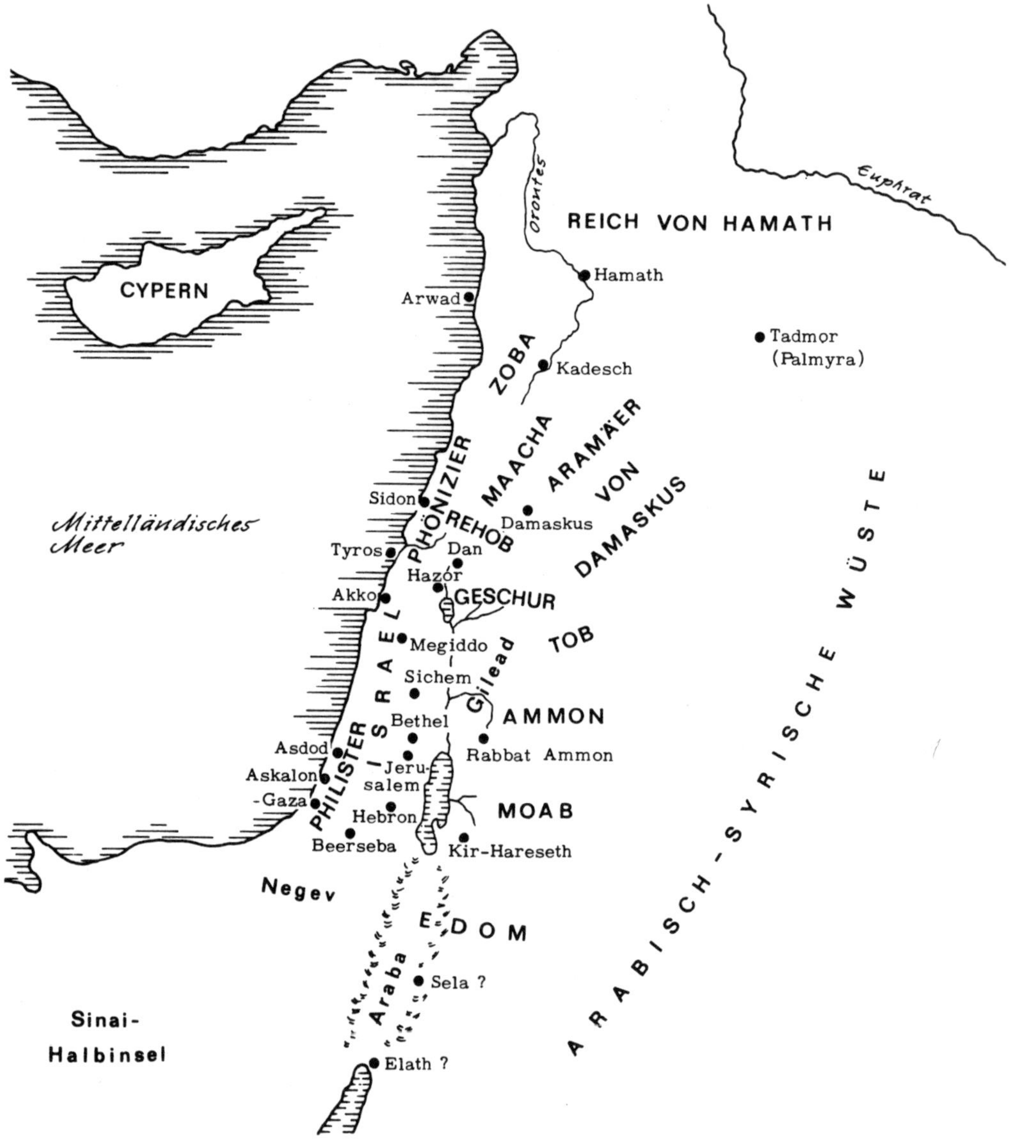

Abb. 7: Die Staatenwelt Palästinas und Syriens zur Zeit Davids. Aus Matthiae u. Thiel.

Tode Salomos (932 v. Chr.) zerfiel das Reich in zwei Staaten. Der Norden wählte Jerobeam zum König, während in Juda Rehabeam vergeblich versuchte, das alte Reich zu erhalten. Die Ammoniter fielen ab, und auch Moab entzog sich bald der judäischen Herrschaft. Und auch gegen einen Feldzug der Ägypter nach Palästina vermochte sich das schwach gewordene Reich nicht zu wehren.

In rund 300 Jahren war die Grundlage für das Volk Gottes geschaffen worden. Aus der *Bedrängnis* Ägyptens waren die Israeliten durch Moses herausgeführt worden, während der Zeit der Richter eroberten sie sich das *Gelobte Land*. Zur Zeit des Niedergangs der großen Nachbarkulturen erhoben sie sich zum Königreich. Besonders während der Kämpfe gegen die Philister wuchsen sie zum Volk zusammen, dessen Einheit gekrönt wurde durch den Bau des Tempels. Bestimmt war diese Blütezeit Israels durch eine west-östliche Auseinandersetzung, da sowohl im Niltal als auch in Mesopotamien die Kulturen geschwächt waren.

Exil

Mit dem Tode Salomos endete auch das gemeinsame Reich der zwölf Stämme. Gleichzeitig begannen im Nordosten die Assyrer verstärkt hervorzutreten, es gelang ihnen, sich gegen die Aramäer wieder einen Übergang über den Euphrat zu verschaffen. Damit wurde die nord-südlich verlaufende Spannungsachse wieder für einige Jahrhunderte beherrschend. Die Zeit der Reichsteilung wurde besonders durch einige Propheten geprägt. Zwar gab es den Tempel in Jerusalem, aber wie in der Zeit, als Mose auf dem Gottesberg weilte, das Volk das goldene Kalb anbetete, so waren auch nach dem Tempelbau für viele Menschen die Idole und Steinmale aus kanaanäischer Zeit oder der Baalkult der Phönizier sehr viel naheliegender als der unsichtbare Gott. In zahlreichen kleinen und größeren Kämpfen gegen die sich immer mehr ausbreitende Macht der Nachbarn bildete sich langsam die Substanz des Volkes mit der ihm eigenen Religion. Dieser Umschmelzungsprozeß fand 722 v. Chr. für das Nordreich Israel sein Ende. Unter Tiglatpileser III. und seinem Nachfolger Sargon II. weitete sich Assyrien aus und bereitete damit auch Israel ein Ende. Assyrien weitete seine Macht im folgenden Jahrhundert immer weiter aus. Mit der Eroberung Babylons drang das Reich weiter bis zum Persischen Golf, ganz Mesopotamien umfassend und stieß durch Palästina, dem Verlauf der Küste folgend bis nach Ägypten vor. Das übriggebliebene Juda versuchte sich mit den Mächten zu arrangieren und geriet dabei mehr und mehr in Abhängigkeit und unter die Oberherrschaft der Assyrer.

Während weit im Westen, wohl von den Phöniziern dorthin gebracht, sich das Alphabet, die Buchstabenschrift, mit der griechischen Kultur verband, die ersten Philosophen in Kleinasien auftraten, war es in Juda, wie schon zuvor in Israel, die mächtige Sprache der Propheten, die die Menschen zu ihrem Gott verwiesen. Jeremias verkündete, daß der Tag kommen werde, an welchem *Jahwe* einen neuen Bund mit dem Volk schließen würde, da der alte, als das Volk aus Ägypten geführt wurde, gebrochen worden war.

«Ich werde mein Gesetz in ihr Inneres legen und ihnen ins Herz hinein schreiben, und ich werde ihr Gott sein, und sie werden mein Volk sein. Dann brauchen sie sich nicht mehr gegenseitig zu belehren und einer zum anderen zu sagen: ‹Erkennet Jahwe!› Sondern sie alle werden mich erkennen, klein und groß, spricht Jahwe. Denn ich vergebe ihre Schuld und denke nicht mehr an ihre Sünde.» (Jeremia 31,31–34)

Assyrien hatte 626 v. Chr. mit dem Tode Assurbanipals seine Dominanz verloren, die Chaldäer errichteten nach der Zerstörung der assyrischen Städte das neubabylonische Reich. Dem Heer Nebukadnezars gelang 587 v. Chr. die Eroberung und Zerstörung Jerusalems. Nun wurde auch aus Juda, wie 722 v. Chr. bei der Eroberung des Nordreichs, die führende Schicht der Bevölkerung deportiert. Unter Sargon II. waren damals die Nordstämme nach Tel Halaf, Ninive am Tigris und weiter nach Osten in die medische Provinz verbannt worden. Unter Nebukadnezar wurden die Judäer nach Nippur, südöstlich von Babylon gebracht. Einige Familien flohen nach Südägypten und siedelten in Elephantine, auf der Nilinsel bei Assuan/Syene. Damit war die Zeit des Exils über die Juden hereingebrochen. Viele der nach 722 v. Chr. Deportierten kehrten nie wieder zurück, die Diasporá, die Zerstreuung hatte begonnen. Der Tempel Salomos war zerstört worden, viele Orte in Juda waren dem Erdboden gleich. In Babylonien erblühte die äußere Kultur, Tempelberge wurden erbaut und die herrliche Prozessionsstraße sowie das Ischtartor entstanden. An den Wassern von Babylon aber lebten die Juden mit ihrer Sehnsucht nach einer neuerlichen Herausführung aus der Fremde, der äußere Verlust des Landes und des Tempels führte zur Hinwendung auf die Vergangenheit. Die Macht der Erinnerung an die Tage in Ägypten und an die Erzväter, die einstmals hier in Mesopotamien ausgezogen waren, schufen das Judentum.

Unterdessen hatte sich im Norden und Osten das Reich der Perser erhoben, Belschazzar wurde 548 v. Chr. babylonischer König, zehn Jahre später reichte das persische Reich unter Kyros II. (559–529 v. Chr.) vom Indus bis nach Kleinasien und Ägypten. Er entließ die Juden aus dem Exil und erlaubte ihnen, nach Jerusalem zu ziehen, um den Tempel wieder aufzubauen.

In den folgenden hundert Jahren gelang es, den Tempel wieder notdürftig zu erstellen. Nehemia, der Statthalter, und Esra, der Priester, verschafften Jerusalem wieder eine gewisse Stärke in der nun sehr kleinen Provinz Juda. Ägypten war untergegangen, hatte gerade noch die Kraft, weniges an alter Weisheit an die jungen, neugierigen und darum auch reisenden Griechen abzugeben, deren Kultur inzwischen erblüht war. Der Mittelmeerraum war in seinem nördlichen Teil weitgehend griechisch, im südlichen waren die Phönizier mit ihren weitreichenden Schiffen vertreten, die vom Libanon aus weit bis nach Gibraltar und darüber hinaus Seehandel betrieben, von zahlreichen Küstenstädten und Ansiedlungen unterstützt. Mit dem Auftauchen Griechenlands verlagerte sich auch die Spannungsachse wieder, die mit ihrer letzten Nord-Süd-Ausrichtung dem Staat der Hebräer ein Ende bereitet hatte. Damit verschwand auch der Gegensatz zwischen Mesopotamien und dem Nilland aus der Geschichte, da sich die Kulturzentren weiter nach Nordwesten verlagert hatten.

Hatten sich die griechischen Städte gegen die Perser zu wehren gewußt, so waren sie schließlich durch inneren Hader untereinander so geschwächt, daß sie den Makedonen zum Opfer fielen: 338 v. Chr., in der Schlacht von Cheironeia, hatte Philipp durch die Reitertruppen seines Sohnes Alexander die Städte besiegt, damit endete spezifisch Griechisches und wurde zugleich in den folgenden Jahren als Hellenentum über einen großen Teil der damaligen Erde verbreitet. In einem großen Zug besiegte Alexander der Große die Perser und eroberte ihr Reich von Kleinasien, Syrien und Palästina, sowie Ägypten bis weit nach Osten, bis zu den Ufern des Indus. Die Überlieferung berichtet, daß Alexander, auf dem Weg nach Gaza und weiter nach Ägypten, auch in Jerusalem Einzug hielt, dabei den Tempel aufsuchte und Gespräche mit den Priestern hatte.

Für wenige Jahre hatte sich mit Alexander die Spannungsachse in West-Ost-Richtung gewendet; kaum war er gestorben, da tobten die Kämpfe um sein Erbe, und der Nahe Osten wurde wieder in nord-südliche Machtstreitigkeiten hineingespannt. Die nördliche Levante, Mesopotamien und Persien, wurden von Antiochia am Orontes aus von den Seleukiden beherrscht, Ägypten und Palästina von Alexandria aus von den Ptolemäern. Für beinahe hundert Jahre blieb das Land unter «ägyptischer» Herrschaft, zwar mit einigen Freiheiten, was die Religionsausübung anlangte, aber auch mit den Gefahren der beständigen Aufnahme hellenistischer Kultur verbunden. 198 v. Chr. besiegte Antiochus III. d. Gr. die Ptolemäer, so daß Palästina unter syrisch-seleukidische Oberherrschaft kam. Während gerade die Annahme hellenistischer Kulturelemente durch die Priesterschaft nach und nach eine innere Widerstandsbewegung nährte, die zu einem letzten Aufbäumen des jüdischen Staates führen sollte, zogen sich in nicht all zu großer Ferne ernste Wolken zusammen. Der mächtige Antiochus III. wurde bereits zehn Jahre nach seinem Sieg über die Ptolemäer den Römern tributpflichtig. Unbemerkt war der Kulturpol weiter nach Westen gelangt, und nur wenige Jahrzehnte später sollte sich die Macht erneut in eine große West-Ost-Richtung verlagern. Zuvor aber nahmen die Zustände im Tempel und im ganzen Land schier unerträgliche Formen an. Aus Furcht vor einer zu starken Hellenisierung brachen Unruhen aus, die schließlich blutig unterdrückt wurden. Zum Triumph der Sieger wurde der Tempel in Jerusalem dem Baal geweiht. Nun brach endgültig ein Aufstand los, dem es schon bald gelang, den Tempel wieder zu reinigen und Jahwe zu weihen. Damit begnügten sich zwar die Frommen, die *Chassidim*, nicht aber die Eiferer, die auch auf dem Gebiet der äußeren Macht selbständig werden wollten. Besonders Judas Makkabäus und seine Anhänger waren es, die den Kampf weiter trieben. Schließlich erlangten sie ihr Ziel; Simon wurde als Hoherpriester und Herrscher von den Seleukiden anerkannt. Damit war eines der Urbilder des jüdischen Reiches aufgegeben, die Trennung in Herrscher und Priester, an das die Gestalten des Moses und des Aaron aus der Zeit des Auszugs aus Ägypten immer wieder erinnerten. Erst recht seit der Königszeit hatte es durch viele Jahrhunderte den Herrscher und den Priester gegeben. Auch nach der Rückkehr aus der babylonischen Gefangenschaft waren es zwei Männer, die den weltlichen Bereich – Nehemia – und den kultischen – Esra – neu ordneten. Das Priestergeschlecht aus dem Haus Davids, von Nathan, Salomos Bruder abstammend, hatte zwar auch Ansprüche auf den Thron, trat aber weit in den Hintergrund. Erst bei Lukas tritt diese königpriesterliche Linie, in Fortsetzung der Würde von Melchisedek, im Stammbaum Jesu wieder hervor. Die Hasmonäer, die auf den Vater des Judas Makkabäus zurückreichten, Hyrkan und Aristobul stritten sich um das Erbe ihres Vaters Alexander Jannäus, welches seine Witwe für sie verwaltet hatte. So wurden die Römer als Richter aufgefordert, und gleichzeitig konnten sich Kräfte durchsetzen, die hier eine Gelegenheit sahen, der Vermischung von Priester und Königsamt ein Ende zu bereiten. Pompejus mußte wohl kaum gerufen werden, als er im Jahre 63 v. Chr. in Damaskus war und dem Seleukidenreich ein Ende bereitete. Da Hyrkan für die Würde des Hohenpriesters gerne auf das Königsamt verzichtete, wurde Palästina den Römern übergeben. Zwar versuchte Aristobul noch den Kampf, doch er unterlag der römischen Übermacht, die ihn auf dem Tempelberg, auf den er sich zurückgezogen hatte, aushob. Damit hatte nun aber unter ganz anderem Vorzeichen als zur Zeit Alexanders d. G. wieder der Westen die Übermacht über Palästina gewonnen.

Während die Macht der römischen Kaiser ausstrahlte, das Imperium Romanum die Welt beherrschte, regierte in Judäa ein Idumäer – Herodes der Große. Die Idumäer waren Edomiter, welche vor den Nabbatäern in das südliche Juda ausgewichen waren und die Johannes Hyrkian I. judaisiert hatte. In Palästina begann unter Herodes d. G. eine weitausgedehnte Bautätigkeit, die aber auch alle Spuren des alten überdeckte. Prachtbauten – Burgen und Paläste – waren das Ziel des in allen Teilen des Landes die Bautätigkeit fördernden Herodes. Besonders der Tempel wurde erneut gebaut, nur Priester sollten ihn erbauen, Hunderte von ihnen wurden angelernt und arbeiteten als Steinmetze und Zimmerleute. Neben den Palästen und dem Tempel wurde die Hafenstadt Caesarea unter der Regentschaft des Idumäers ausgebaut. Grausamkeit und Genußsucht feierten am Hofe des Herodes Triumphe. Wie faszinierend seine Bauten gewesen sein müssen, läßt sich am besten in Massada erahnen. Hier auf der Felsenklippe, hoch über dem Toten Meer, gerade 59 Meter über dem Spiegel des Mittelmeers, ließ er eine Palastanlage errichten. Ihre Erbauung muß mit ungeheuren Strapazen für die Arbeiter verbunden gewesen sein. Gekrönt wurde der massige Fels durch drei Terrassen an seinem Nordzipfel, auf denen sich der Herrscher seine Privatgemächer errichten ließ. Durch die gut dokumentierten Ausgrabungen Y. Yadins (1967) kann man sich ein Bild von der Pracht und dem Luxus machen, den diese Pavillons einmal gehabt haben müssen. Das wirksamste aber ist der Kontrast, den man sich auch heute noch ohne Schwierigkeiten vor Augen führen kann, den die Eleganz dieser Bauten und ihr Luxus, besonders aber das sicherlich vorhandene Wasser mit der toten Landschaft zu Füßen des Beschauers bilden. Die weitgedehnten Schuttfächer eines Wadis und die tief in den Mergel eingeschnittenen kleinen Trockentäler bilden zusammen das Bild einer toten, einer leblosen «Stadt». Die Idealstadt für einen Tyrannen, denn sie liegt stumm und ohne sich zu regen zu seinen Füßen. Hybris bemächtigt sich der Seele beim Blick auf diese tote Landschaft.

Dazu die herrlichen Farben, das Blau des Toten Meeres, der zarte rosa Schimmer der gegenüberliegenden jordanischen Berge, in der Ferne ein Grünschimmer der Oase von En Gedi, dazu die gelbrötliche Farbe der Felsen, das Weiß des Mergels und darüber der weite tiefblaue Himmel. *Alle Länder der Erde* scheinen einem zu Füßen zu liegen. Sinnenlust, Ränkeschmieden und der Gebrauch von Gift sind die hierzu passenden Elemente des Lebens am Hofe des Herodes, des großen Bauherren.

So bildete im Lande die Dynastie der Herodianer das provinzielle Gegenbild zum Machtzentrum Rom. Gleichzeitig begann es im jüdischen Volk zu brodeln. Viele Strömungen fühlten, daß eine besondere Zeit gekommen war, es bildeten sich offen oder im geheimen Gruppen, die sowohl nach einer Unabängigkeit von Rom strebten als auch die alten religiösen Prophezeihungen wiederbelebten und sich wie die *Essener,* die Frommen, die Chassidim, von der Welt zurückzogen. In dieselbe Landschaft, wie Herodes mit seiner Felsenfestung Massada, ans Ufer des Toten Meeres. Hinter all den Strömungen und Turbulenzen verschwand das wichtigste Ereignis der Weltgeschichte beinahe aus dem Blickfeld. Die welterneuernden Folgen von Geburt, Taufe, Kreuzestod und Auferstehung des Jesus Christus mögen sich nicht dem auf die Lokalgeschichte gerichteten Blick zeigen. Da entsteht eher das Bild von dem braven und idealistischen Juden aus Nazareth, der versuchte, das Judentum zu reformieren, der aber, sicherlich ein gelehrter Rabbi, letztlich doch scheiterte und nur durch sein Vorbild noch bis heute für die Christen eine mehr oder minder große Bedeutung zu haben scheint. Während Augustus Kaiser war und Pontius Pilatus Statthalter, ereignete sich in der römischen Provinz das Zentralereignis der Weltgeschichte. Die stillen Anfänge des Christentums wurden begleitet von wachsenden Unruhen der Juden gegen die immer mehr als drückend empfundene Römerherrschaft.

Nur wenige Jahrzehnte nach seiner feierlichen Weihe brannte der herodianische Tempel, – der dritte nach dem des Salomo – und dem aus der Zeit von Esra und Nehemia – 70 n. Chr. bei der Belagerung Jerusalems durch Titus aus. Im Jahre 74 n. Chr. schien der jüdische Widerstand gebrochen, doch noch einmal sollte der Kampf ausbrechen. Zwar war gegen Steuern die Religionsausübung gestattet, doch die Eingriffe in den Kultus lösten 132 n. Chr. die Aufstände aus, an deren Ende Jerusalem *Aelia Capitolina* genannt wurde und den Juden jeder Zugang zur Stadt verboten wurde. Auch verschwand der Name Judäa, indem das endgültig besiegte Land als Provinz *Syria-Palästina* eine neue Bezeichnung erhielt. Jerusalem und das umgebende Judäa waren den Juden verboten; die Zerstreuung, die Diaspora war vollständig. Jüdische Gemeinden gab es nun an vielen Orten der alten Welt – sowohl in Mesopotamien, als auch die griechischsprachige in Alexandria, die in Philä im Süden Ägyptens, aber auch in Syrien und in vielen Hafenstädten des Mittelmeers. Was wie das Ende klingt, ist doch nur wieder ein Übergang, der etwas länger währte als schon manch anderer in der Geschichte des Landes. Denn neben den jüdischen Gemeinden, die sich vor allem um den See Genezareth bildeten – Tiberias wurde zum Zentrum des Judentums, dort wurde der palästinensische Talmud niedergeschrieben – entstanden nach und nach christliche Gemeinden. Während die Christenverfolgungen zunahmen, verfiel das römische Reich mehr und mehr. Erst mit

Konstantin (313 n. Chr.) fanden die Christenverfolgungen ihr Ende. Unter seiner Herrschaft entstanden die ersten großen christlichen Bauwerke in Palästina. Wenige Jahrzehnte später kam es zur endgültigen Teilung des römischen Reiches. Im 6. Jahrhundert, unter Kaiser Justinian, wurden weitere bedeutende Bauten, z. B. in Bethlehem errichtet. Die Jahre der Herrschaft der Byzantiner zeigen sich nicht nur im Kirchenbau, auch herrliche Mosaiken in verschiedenen Synagogen stammen aus dieser Zeit. Mit dem Zug Mohammeds von Mekka nach Medina (622 n. Chr.), der Hedschra, begann der Siegeszug des Islam. Noch einmal kam es zu einer west-östlichen Auseinandersetzung, als die Perser 618 nach Palästina vorstießen und plündernd und zerstörend über die Kirchen und die Bauten der Byzantiner herfielen. 626 n. Chr. gelang es Kaiser Heraklius I., die Perser zu vertreiben und den oströmischen Herrschaftsbereich wieder bis nach Syrien und Palästina auszudehnen. Zwölf Jahre später bereits, 638 n. Chr. wurde Jerusalem von den arabischen Heeren, die den Islam verbreiteten, erobert und bald zu einer der heiligsten Städte des Islam erhoben.

Damit fand eine lange Zeit der West-Ost-Beherrschung über Palästina ihr Ende. Was unter Alexander d. G. begonnen hatte, von seinen Nachfahren im Zwist zerstört, hatten die Römer bei ihrem Zug über die Erde wieder mit Macht ergriffen. Nun schwang die Bahn der Heerscharen wieder in die Nord-Süd-Richtung um.

Von der Islamisierung bis zur Gründung des Staates Israel

Während sich der mittlere Teil Europas in langsam zur Ruhe kommenden Umwälzungen zu konsolidieren begann, die Grundsteine für das christliche Abendland gelegt wurden, die Ausbreitung der Germanen langsam abnahm und die ersten Kämpfe gegen die aus den östlichen Steppen herandrängenden Reitervölker geschlagen waren, breitete sich wie eine Explosion in Arabien der Islam aus. Während das fränkische Reich in Austrien und Neustrien zerfiel, hatten die Araber in kürzester Zeit den ganzen Nahen Osten erobert und *Allah*, der keinen *Sohn* hat (Frieling 1977), unterworfen. Im Jahre 622 n. Chr. war ihr Prophet Mohammed aus Mekka geflohen – mit diesem Auszug beginnt der islamische Kalender –, sechzehn Jahre später, 638 n. Chr., nur sechs Jahre nach Mohammeds Tod, wurde Jerusalem eingenommen, und zwei Jahre später war ganz Palästina unter arabischer Herrschaft. Noch zu Lebzeiten des Propheten war die ganze arabische Halbinsel islamisiert worden, und diese dynamische Ausbreitung setzte sich auch unter seinen Nachfolgern, den *Kalifen*, fort. Bis zum Jahre 660 n. Chr. waren Ägypten und Libyen, Palästina, Syrien, Mesopotamien, der Iran und Teile Afghanistans erobert. In dieser Zeit der ersten vier Kalifen begann auch die Abspaltung der *Anhänger Alis*, des Schwiegersohnes Mohammeds, der *Schi'at Ali*, kurz der *Schiiten*. Ihnen entgegen stand die Mehrheit derer, die die *Überlieferung (Sunna)* für sich in Anspruch nahmen, die *Sunniten*. Diese Parteiung brachte es auch mit sich, daß die Omaijaden-Kalifen die Bedeutung Jerusalems förderten. Dort wo die Ruinen des Tempels

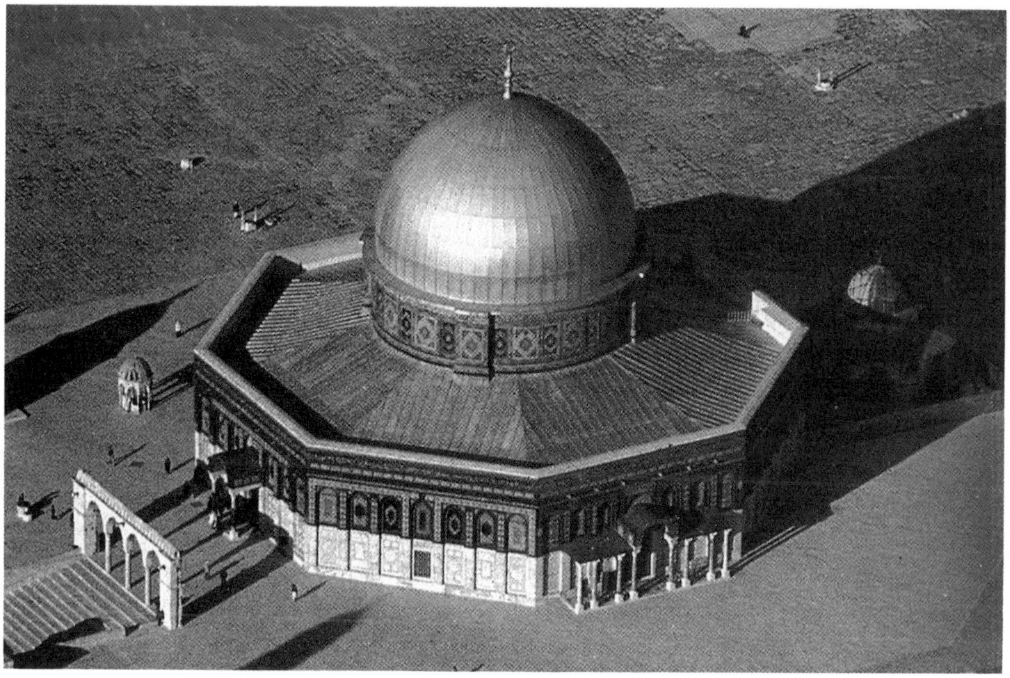

Abb. 8: Der Felsendom über dem Moria-Felsen.

standen, am Moria-Felsen, wo Abraham bereit gewesen war, seinem Gott seinen Sohn Isaak zu opfern, soll der Prophet zu seiner nächtlichen Himmelsreise aufgebrochen sein, von welcher er den Koran mitbrachte. Wie nach Mekka und Medina, so konnte nun auch nach Jerusalem die Hadsch, die Pilgerreise des *Moslems*, des *Gottunterworfenen* führen. Die Omaijaden hatten Damaskus zu ihrem Sitz gemacht und damit das Machtzentrum von Mekka weit nach Norden verlegt. Um der Bedeutung Jerusalems gerecht zu werden, wohl auch als Gegengewicht gegen die Kaaba, ließ der Omaijaden-Kalif Abd al-Malik auf der Plattform des herodianischen Tempels, über dem Moria-Felsen, ein herrliches Bauwerk errichten: den Felsendom (Abb. 8).

Der Haram-asch-Scharif – *das vornehme Heiligtum* – ist eines der schönsten und ältesten Zeugnisse islamischer Architektur. Stark orientierte sich die Architektur an der der byzantinischen Bauten in der Nähe, besonders an der konstantinischen Grabeskirche. Auch im Innern des Baues, mit Türen nach den vier Himmelsrichtungen, sowie einer oktogonalen und einer kreisförmigen, die Kuppel tragenden Arkade, zeigt sich starker christlicher Einfluß. Es waren wohl christlich-syrische Handwerker, die am Bau wirkten, besonders auch an den Mosaiken, die in leuchtenden Farben erblühen. Die westlichen vegetabilen Ornamente, die Akanthusranken und Kränze begegnen sich hier mit östlichen Motiven, dem Lebensbaum, Diadem- und Vasenformen (Renz). So entstand in der Begegnung von Ost und West, von Christentum

und Islam das schönste Bauwerk der Stadt, das im wesentlichen bis heute in seiner ursprünglichen Gestalt erhalten ist.
Nicht nur der Felsendom zeugt von der prächtigen Baukunst der großzügigen Omaijaden, auch ihre Wüsten- bzw. Winterschlösser am See Genezareth und bei Jericho geben einen Eindruck von ihrer Kultur. Sie endete mit dem Übergang des Kalifats an die Abbasiden, die ihren Sitz nach Bagdad verlegten. Die große Distanz zu Jerusalem brachte es mit sich, daß das Land – nun unter der Herrschaft von Statthaltern – wieder zur Provinz, zur ausgebeuteten Randzone des Reiches wurde. Während Mesopotamien, vor allem auch unter Harun al Raschid (786–809 n. Chr.) zu einem bedeutenden Land anwuchs, kam für Palästina eine Zeit des Niedergangs. Der tolerante Geist der Omaijaden fehlte, und so nahm die Bedrückung der religiösen Minderheiten zu, viele Juden wanderten damals nach Spanien aus. Mit dem Statthalter Tulun, einem Türken, begann erneut eine Verselbständigung Palästinas (868–906 n. Chr.). Die Trennung vom abbasidischen Reich ermöglichte es den 969 n. Chr. in Ägypten zu Macht gelangten Fatimiden, sich des Landes zu bemächtigen. Konnten bis dahin die kleinen christlichen Gemeinden und die Pilger mehr oder weniger ungestört ihrem Glauben nachgehen, so traten nun Ereignisse ein, die die Aufmerksamkeit des christlichen Abendlandes auf das Heilige Land lenkten. Schon unter dem Fatimiden-Kalif al-Hakim (996–1020 n. Chr.) war es zu grausamen Unterdrückungen der Christen gekommen, da brachen 1076 n. Chr. die türkischen Seldschucken, gerade erst zum Islam bekehrt, über das Land herein. In Jerusalem wüteten sie unter den Bewohnern und begannen mit Christenverfolgungen. Auch ihr Sieg über die Byzantiner, der 1080 n. Chr. zur Gründung des Sultanats von Rum (Rum-Seldschucken) in Anatolien führte, versetzte das christliche Abendland in Aufruhr.
Möglicherweise wären die Hilferufe der bedrängten Christen in Jerusalem ungehört verhallt, wäre nicht die römische Kirche in einer tiefen Krise gewesen. Weithin bot die Kirche in Europa nicht das Bild einer christlichen Stätte. Die alten römischen Wurzeln traten zum Vorschein und zeigten, daß sie wenig zu dem neuen Reis paßten. Diesen Niedergang durch einen die ganze Christenheit vereinigenden Impuls zu überwinden, mag die Hoffnung derer gewesen sein, die die Pilgerfahrt mit dem Schwert als von *Gott gewollt* ausriefen. So verbanden sich neben anderen die Hoffnung auf die Machtstärkung der römischen Kirche mit der Hoffnung auf eine mögliche Vereinigung mit der Ostkirche. Doch durch die Kreuzzüge war das morsche Kirchenschiff nicht zu erneuern, hätten doch weit eher manche der alten römischen Planken ausgewechselt gehört. Der erste Zug wurde zum Schrecken aller, die an seinem Wege lebten. Mordend und plündernd zog die «fromme» Schar nach Palästina.
Am Freitag, den 15. Juli 1099, wurde unter dem Ruf «Gott will es» – Deus lo volt – die Heilige Stadt blutig erobert (Barret u. Gurgand). Zuerst gelang es im Nordosten, mit dem Belagerungssturm den Wall zu erobern, dann wurde von innen das St. Stephanstor geöffnet, und der wilde Haufen der Kreuzfahrer stürzte in die Stadt. Was in den Jahren zuvor auf dem Weg nach Jerusalem schon geübt worden war, fand in diesem grausigen Massaker seinen traurigen Höhepunkt.

Achtundachtzig Jahre hatte das Königreich Jerusalem Bestand, 192 Jahre hielten sich die Stützpunkte der Kreuzfahrer im Nahen Osten. 1171 n. Chr. wurde Saladin erster der Aijubiden-Sultane in Ägypten. 1187 n. Chr. gelang ihm die Rückeroberung Jerusalems. Seit seiner Zeit entstand am Hofe des Sultans in Kairo eine Garde türkischer Sklavenkinder, die von Kindheit an zum Militärdienst erzogen wurden, die Mamlucken. Sie beendeten auch die Herrschaft der Aijubiden und machten sich bis 1517 n. Chr. zu den mächtigsten Herrschern im Vorderen Orient. Ihnen gelang das Wunder, die mächtig vordringenden Mongolen, nachdem diese 1258 n. Chr. Bagdad überrannt und erobert, zum Teil den christlichen Glauben angenommen hatten, nun auf dem Weg weiter nach Westen und Süden waren, bei der Goliathsquelle in der Emeq Ysreel zur Umkehr zu zwingen.
Damit war das Ende des riesigen Mongolenreiches eingeleitet. Ab 1300 begann die Islamisierung, und das Mongolenreich versank in viele Teilreiche (Weiers). Den Mamlucken aber gelang 1291 n. Chr. auch noch die Eroberung der Feste Akko, und damit endete nach 192 Jahren die Herrschaft der Kreuzritter. So großartig in Ägypten die Hinterlassenschaften der mamluckischen Baukunst auch sind, in Palästina haben sie kaum Spuren hinterlassen. Durch die Ansiedlung turkmenischer Nomaden wurde der Niedergang des Landes beschleunigt. Das Land begann immer stärker zu versteppen.
1517 n. Chr. fiel das Mamluckenreich den von Norden sich ausbreitenden Türken zum Opfer. Diese hatten 1453 n. Chr. Konstantinopel erobert und damit den letzten Resten des byzantinischen Reiches ein Ende bereitet. Palästina blieb unbedeutende Provinz im osmanischen Reich. Was an Verheerungen der Landschaft bisher noch nicht erreicht war, schafften schließlich Steuergesetze der Osmanen, indem sie den Baumbestand besteuerten, was zur endgültigen Entwaldung weiter Landstriche führte (Karmon). Die Steppen mit den Nomaden breiteten sich aus, die Bauern beschränkten sich mehr und mehr auf Selbstversorgerwirtschaft, das Land versteppte und Sümpfe breiteten sich aus, Malaria machte weite Gebiete unbewohnbar. Was mindestens seit nabatäischer Zeit gepflegt wurde, die Bewirtschaftung der nördlichen Wüstenwadis (Evenari) geriet weitgehend in Vergessenheit, die alten Terrassen, die die mittelmeerische Landschaft bestimmten, verfielen, die Ölbaumhaine verwilderten, der uralte Weinbau war bereits seit dem Eindringen des Islams völlig zum Erliegen gekommen. So sank die Provinz, von ihren Landeskindern mehr und mehr verlassen, zu einer Kulturwüste herab, die bis in die erste Hälfte unseres Jahrhunderts Bestand hatte. Aus osmanischer Zeit stammen auch die heutigen Mauern, die die Altstadt Jerusalems umgeben. Sie wurden von Suleiman II. dem Prächtigen (1520–1566 v. Chr.) erbaut. Anders als alle anderen Mauern, die seit alters her die Stadt befestigten, mußten sie bis heute keiner Belagerung mehr standhalten. Heute ist es ein sehr schöner Weg, auf der Mauerkrone um die Stadt zu gehen, in die Hinterhöfe und Straßen, in Klöster und auf Moscheen zu schauen. Bis zum Ende des 18. Jahrhunderts lag die Provinz völlig am Rande der Welt. Das türkische Reich wirtschaftete sie herunter und versank selbst in eigener Schwäche. Die weltweiten Verbindungen, die in den früheren Jahrhunderten durch die Karawanen bestanden, verloren durch die immer mächtiger werdende Seefahrt der westeu-

ropäischen Kolonialmächte fast gänzlich an Bedeutung. So war das Kräfteringen um Palästina, welches seit Beginn des islamischen Zeitalters, abgesehen von der Unterbrechung während der Zeit der Kreuzfahrer, ein im wesentlichen nordsüdlich Geprägtes war, mehr und mehr eingeschlafen. Die Wende trat mit dem Feldzug Napoleons nach Ägypten (Ǧabartī) ein, in dessen Verlauf seine Truppen bis weit in den Norden Palästinas vorstießen. Erst an der Festung von Akko scheiterte 1799 der Vormarsch. 1803 zogen sich die französischen Truppen unter General Kléber aus Ägypten zurück. Der französische Rückzug stärkte gleichzeitig die britische Vormacht über das Mittelmeer. Nochmals erstarkten die Kräfte des türkischen Reiches für kurze Zeit. Dann ernannte sich Mohammed Ali, ein türkischer Offizier, zum Vizekönig von Ägypten und gelangte zur Anerkennung durch die Hohe Pforte. Sein Sohn Ibrahim Pascha besetzte Syrien und Palästina. Die Türkei wandte sich an England, und dieses erreichte, daß sich die Ägypter aus Palästina zurückzogen und die türkische Herrschaft wieder hergestellt wurde. Diesen «Sieg» erkaufte die Türkei mit wachsender Einflußnahme der Europäer, die auch erreichten, daß die christlichen Einrichtungen wieder florieren konnten. So war es nach 500 Jahren erstmals wieder möglich, Kirchen und christliche Hospize zu errichten. Durch die Eröffnung von Konsulaten begannen wieder Pilger ins Heilige Land zu strömen. Die wiederauflebenden Tätigkeiten der verschiedenen christlichen Konfessionen führten immer wieder zu heftigen Streitereien um die heiligen Stätten, und immer wieder waren es die lokalen islamischen Repräsentanten, die den Streit zu schlichten hatten. So haben bis heute zwei islamische Familien die Schlüsselgewalt in der Grabeskirche, nur so kann der Streit und Zank ausgeglichen werden. Solche Streitereien und die falsche Einschätzung der Kräfteverhältnisse führten dann 1853 zum Krimkrieg. Die Russen glaubten, dem dahinsiechenden türkischen Reich einen entscheidenden Schlag versetzen zu können und brachten die Forderung nach dem Privileg der griechischen Kirche über die heiligen Stätten so ultimativ vor, daß es zur Ablehnung durch die Hohe Pforte kommen mußte. Daß britische und französische Interessen das osmanische Reich unterstützten, zeigte der Verlauf dieses verheerenden Krieges. 1854 hatte Sir Moses Montefiore bei Jerusalem Gelände gekauft und übergab es 54 jüdischen Familien aus Zefat (Keel u. a. 1984, S. 630) zur Ansiedelung. Mit der Erweiterung der Rechte für Christen setzte auch eine langsame Einwanderung von Juden nach Palästina ein. Weitere Verstärkung des europäischen Einflusses brachte der Bau des Suezkanals 1859–69; 1860 landeten französische Truppen in Beirut. Nur wenige Jahre später, 1882 besetzten britische Truppen Ägypten, um den Seeweg nach Indien durch den Suezkanal zu sichern. Inzwischen waren zu den nationalen Ambitionen in Deutschland auch koloniale Träume erwacht. Die Kontakte zur türkischen Regierung wurden immer enger, und 1899 wurde der Bau der Bagdadbahn angekündigt. Noch prallten die Interessen der französischen und der englischen Regierungen aufeinander, und der Einfluß Wilhelms II. auf die Türkei nahm zu. Die deutsche Heeresreform in der Türkei ging dann allerdings mit britischer Unterstützung beim Flottenaufbau einher.

In den siebziger Jahren hatte der britische Palestine Exploration Fund mit der ersten Kartierung Palästinas begonnen, zuvor gab es nur ungenaue Karten der Pilger und die Karte der napoleonischen Armee. Diese war von Jacotin während des Feldzuges angefertigt worden und hat darum nur für die küstennahen Gebiete einige Gültigkeit (Atlas of Israel). Mit der britischen Kartierung verbinden sich auch eine ganze Reihe später berühmt gewordener Namen. So war Lt. H. H. Kitchener 1874 an den Vermessungsarbeiten beteiligt, 1913–15 Sir Leonard Woolley und T. E. Lawrence. Mit den Vermessungsarbeiten gingen auch demographische Studien einher, so daß seit dieser Zeit einigermaßen brauchbare Bevölkerungszahlen zur Verfügung stehen. Die Bevölkerung betrug ca. 450000 Einwohner in Palästina, darunter 20500 Christen, von diesen ca. 4500 Europäer, sowie 24000 Juden. In den Jahren vor Ausbruch des ersten Weltkrieges wuchs sowohl der Anteil an Juden (auf 85000) als auch der der europäischen Christen. Unter diesen waren auch die Templer, eine christliche Sekte aus Württemberg, die nach einem Ort suchten, an welchem sie ihre moralischen Ideale verwirklichen konnten. Diesen meinten sie in Palästina gefunden zu haben. Sowohl in der Landwirtschaft als auch im Verkehrs- und Nachrichtenwesen gingen wesentliche Erneuerungen auf ihren Einsatz zurück. Alle diese letztlich europäischen Einflüsse mögen schließlich die Türken bewogen haben, verstärkt islamische Siedler ins Land zu führen. Es waren vor allem Glaubensflüchtlinge aus Algerien und dem Kaukasus sowie Bosnien, die vor der österreichischen Macht geflohen waren. Damit war ein wesentliches Element der weiteren Beunruhigung in den Nahen Osten getragen. Die beiden ersten jüdischen Einwanderungen, vor allem aus Rußland, wo Progrome wüteten, betrugen 1880–1903 ca. 25000, von 1904–1914 ca. 40000 Menschen. Der erste Weltkrieg mit dem deutsch-türkischen Bündnis führte zum endgültigen Niedergang des türkischen Reiches. Im November 1914 wurde Zypern von den Briten annektiert, im Dezember wurde Ägypten britisches Mandat. Das osmanische Reich mußte sich in Palästina und in Mesopotamien auf einen Mehrfrontenkrieg einlassen, im Norden wurde es von Rußland angegriffen, 1918 griffen die Franzosen in Syrien ein (Karmon).

Während der Kriegsjahre wurden die Grundsteine für die spätere Situation im Nahen Osten und ihre Unlösbarkeit gelegt. Um die Araber zum Kampf gegen das osmanische Reich zu gewinnen, kam es 1916 zu einem Abkommen zwischen McMahon und Hussein von Mekka, welches den Arabern nach dem Krieg eine nationale Selbständigkeit zusicherte. Gleichzeitig einigten sich Briten und Franzosen in dem geheimen Sykes-Picot Abkommen über die Aufteilung des osmanischen Reiches: Mesopotamien, Palästina und Transjordanien sollten zur britischen Einflußzone werden; Syrien, das damals den Libanon einschloß, zur französischen. In der Zwischenzeit hatten sich Chaim Weizmann und andere Zionistenführer intensiv um die Schaffung eines jüdischen Nationalstaates in Palästina bemüht. Am 2. November 1917 schrieb der britische Außenminister Arthur J. Balfour an Lord Rothschild ein persönliches Schreiben mit offiziellem Charakter. Dieses sollte den Vertretern der zionistischen Bewegung zur Kenntnis gelangen. Der wesentliche Satz lautete: «Seiner Majestät Regierung betrachtet mit Wohlwollen die Errichtung einer nationalen Heimstätte für das jüdische Volk in Palästina und wird die größten Anstrengungen machen, um die Erreichung dieses Ziels zu erleichtern, wobei selbstverständlich nichts unternommen werden soll, was den bürgerlichen und religiösen Rechten bestehender nichtjüdischer Gemeinschaften in Palästina oder der staatsrechtlichen Rechtsstellung der Juden in irgendeinem Lande Abbruch tun könnte.» Einer der Streitpunkte zwischen Frankreich und England waren die mesopotamischen Ölfelder. Darüber konnte, entsprechend dem Sykes Picot Abkommen, 1920 in San Remo ein Kompromiß gefunden werden. Im selben Jahr kam es zur Errichtung des britischen Mandats in Palästina.

Die Balfour Deklaration wurde 1922 Bestandteil des Völkerbundmandats und den Briten zur Verwirklichung übertragen. Durch diese Zusagen, Versprechungen und die erweckten Hoffnungen war ein Konfliktstoff geschaffen worden, der weit über die wirklichen Beziehungen, die die verschiedenen Menschen und Glaubensgemeinschaften in Palästina untereinander hatten, hinausging. Im Grunde wirken diese Erklärungen bis heute fort, mal von dieser oder jener Partei als Argumente in der Auseinandersetzung gebraucht. Unsäglich erschwert wurde dadurch die unmittelbare Begegnung, das alltägliche Zusammenleben von den Menschen, die aus allen Gegenden der Erde zusammenkamen, um dort zu leben. Es gibt eine Reihe von Beispielen, die zeigen, daß Araber und Juden friedlich zusammenleben können (Efrat). Immer wieder scheitern sie am Fanatismus einiger weniger (Gilbert). Am 14. Mai 1948 wurde in Tel Aviv der Staat Israel ausgerufen. Zwei Tage danach mußten ihn die Israelis mit Waffengewalt gegen die vereinigten arabischen Streitkräfte verteidigen.

Verflechtungen

Abraham hatte zwei Söhne, Ismael und Isaak. Isaak, der Vater des Jakob, der später Israel genannt wurde, war nicht der erste Sohn Abrahams. Von Hagar, der Magd der Sarah, stammte der Erstgeborene Ismael ab. Die Genesis schildert, wie die Magd, nachdem sie sich voller Stolz über die Herrin zu stellen versuchte, auf Sarahs Drängen von Abraham verstoßen wurde. Sie floh mit ihrem Sohn nach Süden in die Wüste. Ismael, für den auch die Prophezeiung galt, er werde der Vater eines großen Volkes werden, wuchs in der Wüste Paran auf. Bis heute wird er von vielen Arabern als ihr Urvater angesehen und verehrt. Daß die Trennung von den Israeliten durch die Verstoßung der Magd nicht endgültig war, zeigen viele Legenden. Während sich das hebräisch-israelische Volk im Pendeln zwischen den Kulturen, der in Mesopotamien und der ägyptischen nach und nach bildete und dabei seine besondere Gotteserkenntnis ausbildete, blieben die Söhne Ismaels wie abwartend am Rande. Uralte, sonst längst in die Dekadenz geratene Kultformen, wie die Verehrung besonderer Steine (z. B. die Kaaba), gegen die sich die Propheten der Hebräer mit aller Härte wehrten, blieben in der arabischen Welt erhalten. Der Höhepunkt der israelitischen Kultur, die Zeit des ersten Tempels, war längst vergangen, die Hebräer zum wiederholten Mal verbannt, deportiert und vertrieben worden, und immer noch lebten die Söhne Ismaels in der arabischen Wüste, als Viehzüchter, Händler, als Jäger und wohl auch als Bauern, bzw. als Grundherren, die das Land von Fellachen bestellen ließen. Mit der Zerstörung des Tempels durch die Römer und durch das Verbot für die Juden, in ihrer heiligen Stadt leben zu dürfen, war deren Exilschicksal endgültig geworden. Im Gegensatz zu anderen Völkern, die zur damaligen Zeit ebenfalls deportiert wurden, gingen die Juden nicht in den Völkern auf, sondern wahrten treu ihre Erinnerung: An die Zeit, die ihre Ahnen in ägyptischer Knechtschaft zugebracht hatten, wie sie durch die Wüstenwanderung zu ihrer Identität gelangten und an die spätere Zeit im babylonischen Exil mit der sicheren Hoffnung «nächstes Jahr in Jerusalem» zu sein. Die Kraft der Erinnerung, die neben der Ausbildung eines zur damaligen Zeit neuen Gottesverständnisses grundlegend war für die Bildung des hebräischen Volkes, wirkte nun fort und wirkt bis heute. «Judentum ist dauerndes Erinnern in Wort und Tat, in Symbolen und Riten.» (Amichai) Trotzdem lebten sich die Juden doch sehr weitgehend in die Kulturen ein, in denen sie sich ansiedelten. Spätestens seit der hellenistischen Zeit traten immer wieder jüdische Gelehrte in der antiken Welt auf. Dies besonders, seit sich der Schwerpunkt der griechischen Wissenschaft mehr und mehr von Athen nach Alexandria und weiter nach Osten verlagert hatte. Schließlich entstanden in Persien und in Mesopotamien Zentren, in denen neben einheimischen Gelehrten, Juden, syrische Christen, aber auch Inder zusammenarbeiteten. Hier flossen viele Kenntnisse, sowohl der Griechen als auch der Babylonier und der Ägypter zusammen. Diese reichen Quellen des Wissens eroberten die Araber, als sie den Islam im Siegeszug verbreiteten. Begierig nahmen die Araber die Wissenschaft auf und verbreiteten sie in ihrem weitem Kulturraum (Nasr). So heftig sich die europäischen Völker gegen den Islam wehrten, arabische Wissenschaft drang weiter vor und gelangte auf verschiedenen Wegen nach Europa (Schacht u. a. 1983).

Bis ins tägliche Leben hinein gehen die Auswirkungen, die arabische Kultur und Wissenschaft auf die europäisch-westliche Kultur haben. Bewußt ist man sich dessen gerade noch bei der Schreibweise der Ziffern, die wir für gewöhnlich benutzen. Sonst haben sich die Spuren der arabischen Wissenschaften nur noch in vielen Wörtern erhalten, sei es in «Tarif», «Laute» oder im «Alkohol». Langsam entdeckt Europa wieder den mächtigen Einfluß, der einmal von Arabien ausging. Viele Entdeckungen, die wir gewöhnlich für Europäer beanspruchen, lassen sich schon Jahrhunderte früher in arabischen Handschriften finden. Das gilt für die Astronomie, die Medizin und die Geographie ebenso wie für die Algebra (ebenfalls ein arabisches Wort). Dabei darf aber nicht vergessen werden, daß an vielen Orten arabischer Gelehrsamkeit immer auch Juden waren, die ihrerseits Wesentliches beitrugen (z. B.: Levi ben Gerson, 1288–1344). Die syrischen Christen waren von Anfang an in die islamische Welt eingebunden worden, stellten zum Beispiel die Leibärzte der Kalifen in Bagdad. So waren es Menschen aus dem nahöstlichen Raum, die die Brücken schufen, über die die Gelehrsamkeit der Griechen und des alten Orients allmählich nach Europa vordringen konnten.

So allgemein die Einflüsse des Arabismus und des Islams auf das Schicksal Europas waren, so speziell war das der Juden. Zwar waren einzelne von ihnen wie angedeutet an jenem Überlieferungsprozeß beteiligt, aber viele Juden, die seit römischer Zeit in Europa siedelten, wurden Opfer einer nicht abreißenden Kette der Gewalt und Schikane. Was den Muslims besonders während der Kreuzzüge widerfuhr, das hatten die jüdischen Mitbürger immer wieder erfahren, gleich wo sie wohnten.

Seit der Zeitenwende gab es jüdische Gemeinden sowohl in den meisten Hafenstädten des Mittelmeers als auch weit nach Nordwesten in den gallischen und germanischen Provinzen Roms. Diese jüdischen Gemeinden sorgten auch über den Untergang des Imperiums hinaus, ja durch die Stürme der Völkerwanderung hindurch für weitreichende Handelsverbindungen. So waren an vielen Orten des Abendlandes, bevor die ersten christlichen Gemeinden entstanden, schon jüdische Gruppen angesiedelt, welche bald unter die Obhut der Bischöfe gelangten, die für die Mission verantwortlich waren. Mit der Gründung des Kaiserreichs gelangten die Juden unter den Schutz des Kaisers und wurden schließlich in die *Kammerknechtschaft* genommen. Dies bedeutete, daß sie als reichsunmittelbare Bürger direkte Abgaben an den kaiserlichen Hof zu leisten hatten, eine Vorform der späteren Schutzgelder. Im Zuge von Verwaltungsreformen wurden sie den Kurfürsten unterstellt.

Das weitgehend friedliche Leben jüdischer Bürger in Europa änderte sich mit den Kreuzzügen radikal. Neben den Ritterheeren, die später in Jerusalem das fürchterliche Blutbad anrichteten, gab es eine große Zahl Menschen, die Haus und Hof verließen und meinten, ihr Seelenheil durch äußeren Kampf gewinnen zu können. Ihr chaotischer Zug, der nie in Palästina ankam, warf sich noch in Mitteleuropa auf die «Heiden im eigenen Land» und die «Feinde des Herren». So kam es in Deutschland und weiter entlang ihres Weges nach Konstantinopel zu schrecklichen Pogromen. Die Rolle des Sündenbocks sollten die Juden für den ganzen Verlauf des Mittelalters nicht mehr loswerden. Die Gründe, die zu ihrer Verfolgung oder Vertreibung führten, waren zahllos, reichten vom angeblichen Ritualmord bis zur Verleumdung als Brunnenvergifter. Gespalten war auch das Verhältnis der Reformatoren zu den jüdischen Mitmenschen: während Johannes Reuchlin tiefes Verständnis für den Talmud hatte, wandelte sich Martin Luther zum wortgewaltigen Gegner, von dessen Pamphleten später unseliger Gebrauch gemacht wurde.

Der Einfluß jüdischer Kultur wurde durch die Einrichtung der Ghettos und durch Sondergesetze eingeschränkt. Das Zeitalter der Aufklärung versprach, die überkommenen Barrieren zu beseitigen, was auch im einzelnen zu gelingen schien, durch die restaurativen Kräfte aber gründlich verhindert wurde. Gerade das Geschichtsbewußtsein, das in der jüdischen Kultur so großartig ausgebildet war, wandte sich gegen die Strömung der Aufklärung. Während Juden und Christen auf der Grundlage eines naturwissenschaftlichen Weltbildes, das das Abendland auch den Arabern verdankt, die Freiheit in das kulturelle Leben zu bringen versuchten, setzte der bis heute wirkende Antisemitismus mit Macht ein. So verborgen die Wirkungen des Islam auf Europa blieben, so unterdrückt wurden die jüdischen bei gleichzeitiger Ausbreitung der Kenntnis des Alten Testaments. War der Islam einfach heidnisch, so verband sich mit dem Jehova-Glauben sehr leicht das Bild der blinden Synagoge, deren Macht durch die triumphierende Ecclesia gebrochen worden war. Zwar hatten die Römer Christus ans Kreuz geschlagen, aber die Juden hatten Freiheit für Barrabas gefordert, so wurden sie zu den Hauptschuldigen am Kreuzestod Christi. Da das Christentum weitgehend das Erbe Roms angetreten hatte, letztlich also ein streitbares war, überforderte die Forderung nach Religionsfreiheit viele Menschen. Vielleicht muß es aber bald ein Christentum geben, welches nicht lau und gleichgültig ist, welches es trotzdem erträgt, daß es unterschiedliche Formen der Gottesbegegnung gibt.

Im Märchenbild läßt sich die Idee der Religionsfreiheit zurückverfolgen bis in die Zeit Friedrichs II. von Hohenstaufen. Vom Papst gebannt, schloß er in Jerusalem mit Sultan Saladin Frieden und ermöglichte, von der Kirche nicht mehr als Christ betrachtet, den friedlichen Zugang zu den heiligen Stätten für die Pilger. Aus dieser Zeit stammen die ersten Hinweise auf die Erzählung von den drei Ringen, der Parabel auf die drei großen Religionen, die alle ihren Ursprung im Nahen Osten haben. Lessing, der Freund des Juden Moses Mendelssohn, war es, der sie uns wieder zugänglich machte, nachdem sie ihren Weg über das Novellino aus der zweiten Hälfte des dreizehnten Jahrhunderts und Bocaccios Decamerone (I, 3) gemacht hatte. Gotthold Ephraim Lessing kleidete sie in die schönen Worte Nathans und bot auch in der Gestalt des Richters eine Lösung an «so glaube jeder seinen Ring den echten ...» Die Wirksamkeit des wahren Ringes zeigt sich nicht durch den Streit um den Anspruch auf ihn, sondern durch Handeln im Vertrauen auf seine Wirkung.

Den Grundstein zu einer zeitgerechten Lösung legte Lessing dann in seiner «Erziehung des Menschengeschlechts». In dieser Schrift zeigte er die Denknotwendigkeit der wiederholten Erdenleben für die menschliche Kultur. Das Nebeneinander der verschiedenen Religionen erhält dadurch einen neuen Aspekt, beispielsweise den einer inneren Begründung, die über das Zufällige von Tradition und Erziehung hinaus weist. «Ein Jude aus dem Geiste Christi ist darum der denkbar gebundenste Mensch. Denn ihm ist vonnöten, sich jeden Tag neu zu bekehren. Wenn er dies nicht vermag, dann wird bald der jüdische Untergrund (seiner Seele) seinen Glauben durchdringen, und er wird heimkehren...» (A. Rosenberg). Dieses Heimkehren ist ja keineswegs etwas nur zum Judentum Gehörendes. Vom Judentum kann aber die Kenntnis der Macht der Tradition, von Erziehung und Vererbung, all den Prägungen der Vergangenheit erfahren werden. Die immer wieder im Judentum auftauchende Form der Heimatlosigkeit kann dann auch verstanden werden als ein Durchgang zu einer neuen Beheimatung, die in freien Menschengemeinschaften zu finden ist. Vor diesen Fragen steht nicht nur Europa, gerade auch im Nahen Osten drängt alles auf eine Heimat der Heimatlosen, als ein Ort des Zusammenlebens freier Menschen.

So sind wir, so ferne auch der Nahe Osten sein mag, so sehr auch der Konflikt dort, die blutigen und kriegerischen Auseinandersetzungen uns in den Medien als weit und am Rande erscheinen, intensiv mit den Menschen und ihrem Schicksal verbunden. Man mag zwar Partei ergreifen, man kann durch die Vergangenheit bewogen werden zur Zurückhaltung oder zum Engagement, aber die Ausweglosigkeit der politischen Situation kann jeden, der nicht dort lebt, eigentlich nur zum Verstummen bringen. Man muß damit anfangen, es zu riskieren, den einzelnen Menschen ohne Unterschied der Nation, des Standes, der Religion, der wissenschaftlichen oder künstlerischen Überzeugung als solchen ernstzunehmen. Dazu gehört auch, daß die Kenntnis der Vergangenheit das Wissen bereichern sollte und nicht die Motive unseres Handelns bestimmen sollte. Es erscheint manchen Menschen vielleicht naiv, aber im Angesicht der Besonderheit dieses Landes kann es eine Hilfe sein, wenn man die Worte des Psalmisten für die ganze Region, möglicherweise auch darüber hinaus für die ganze Erde denkt: Erflehet für Jerusalem, was ihm dienet zum Frieden! (Ps 122,6) Israel geht uns so an, weil sich in ihm brennpunktartig die Aufgabe der ganzen Menschheit konzentriert. Wir alle sind in gewissem Sinne Israel.

Wanderungen

Die Patriarchen

In manchen Erzählungen des Alten und Neuen Testaments tauchen Motive auf, die uns die Besonderheit dieser Geschichten erkennen lassen, oder die doch wenigstens als Fingerzeige zu ihrem Verständnis aufgefaßt werden können. Das Motiv, auf welches aufmerksam gemacht werden soll, ist dasjenige der *Wanderung.*

Immer wieder haben wir es mit Wanderungen zu tun, sei es bei den Pilgerfahrten, oder den Reisen, die der Geschichte und den Altertümern gewidmet sind. Die Reisen der Apostel waren große Wanderungen, die wesentlichen Ereignisse im Leben des Jesus Christus ereigneten sich bei Wanderungen durch das Land. Immer wieder erzählt das Alte Testament von Wanderungen, und die Psalmen singen Pilger- und Wallfahrtslieder. Von all diesen Wanderungen trägt eine wohl am meisten urbildliche Züge: die der Urväter ins Gelobte Land. Sie legt den Grundstein und durchzieht auf eine Weise, die später immer wiederkehren wird, das Land. In ihr ist das Motiv am deutlichsten zu fassen, mag sie auch noch so sehr mythologisch entrückt sein. Es handelt sich um Wanderungen, von denen nicht nur die Genesis (das 1. Buch Moses) berichtet, sondern auch zahlreiche Sagen.

Geboren wurde Abram in Mesopotamien, – am Ende der großen Zeit der bedeutenden Kultur des Zweistromlandes. Überall standen die Tempelberge, und die Priester waren geübt und kundig im Lesen der Schrift der Sterne. Ihre Blicke waren zum Kosmos gewendet, von dort lasen sie alle Regeln für die Gestaltung des Lebens ab. Ursprünglich hatte es riesige Tempelkommunen gegeben, die unter der Aufsicht der Priester die Kultivierung des Landes in die Wege leiteten. Dann war das Königtum entstanden und nach und nach verhüllte sich die Welt der Offenbarungen. In diese Kultur wurde Abram hineingeboren. Die Sagen berichten von einem Stern, der bei seiner Geburt erschien und der den Sterndeutern des Königs kündete, ein neuer König sei geboren. So eingewurzelt in die Sternenwelt zog Abram auf Geheiß Gottes aus dem Lande seiner Voreltern. Der Weg führte ihn nach Nordwesten bis nach Haran. Dort mußte er sich nach Süden kehren, den uralten Handelsstraßen und Karawanenwegen folgend, am heutigen Damaskus zog er wohl vorbei, bis er schließlich in das verheißene Land gelangte. So wurde der Urvater, der noch mit Gott wie von Angesicht zu Angesicht sprach, in das Heilige Land geführt. Doch das Land war *verarmt* und eine Hungersnot zwang ihn weiter nach Ägypten zu ziehen. Was sich dort ereignete, ist schwer verständlich. Möglicherweise deuten die Erzählungen auf eine Einweihung in den Isis- und Osiris-Kult hin. So kam er als Sternenkundiger aus der dem Kosmos offenen Welt Mesopotamiens in das Reich, das wie an der Grenze zum Totenreich lag, denn am Westufer des Nils begann für den Ägypter das Totenreich, in welchem Osiris herrschte. Doch scheint es, als habe auch Abram den

Ägyptern etwas gebracht. Noch Flavius Josephus weiß davon zu berichten, daß der Urvater die Priester am Hofe des Pharao in der Sternenkunde unterwiesen habe. *Reich*, wohl vor allem an Weisheit, kehrte Abram aus Ägypten in den Negev zurück, griff mächtig in die Geschichte des Landes ein und begegnete dem Priesterkönig von Jerusalem Melchisedek, welcher zuerst Brot und Wein opferte. So war die erste Wanderung Abrams, die ihn aus Chaldäa ins Land der Verheißung führte, dann weiter nach Ägypten, wo er alte Weisheiten und Gold erhielt und schließlich wieder nach Kanaan, wo er das Opfer von Brot und Wein des Melchisedek erlebte, wie ein großer Übungsweg, bei welchem sich Kulte und Kulturen auf geheime Weise verbanden. Gleichzeitig aber trat für Abram immer deutlicher sein eigenes Gotteserleben zum Vorschein. Hier war es auch, daß ihn Gott hinaus ins *Freie* führte. In dem Gespräch mit Gott gibt Abram etwas von seinen Künsten in der Sterndeuterei preis. Aus seinem Sternbild habe er geschaut, daß er nur einen einzigen Sohn haben werde. Da sprach der Herr zu ihm: «Gehe heraus aus deiner Sterndeuterei! Für Israel gilt kein Sternbild.» – «Tritt heraus aus deinem Sternenschicksal», – dies könnte über der Gestalt Abrahams stehen, mit den Worten des babylonischen Talmud. Damit wird jede Spekulation auf eine Vermischung von ägyptischer und babylonischer Kultur zurückgewiesen, die Eigenständigkeit sollte sich in der Auseinandersetzung mit den benachbarten Kulturen formen. In der Fremde erst, nachdem er mit Hagar, der Magd der Sarah, die ihm kein Kind geboren hatte, Ismael, den Stammvater der Araber gezeugt hatte, erhielt er von seinem Gott den Namen: *Abraham*. Unter dem Terebinthenbaum in Mamre hatte er dann die dreifältige Gotteserscheinung, welche den inzwischen altgewordenen Eheleuten die Geburt eines Sohnes ankündigte. Sarah hinter dem Zeltvorhang lachte. Die ganze Schilderung läßt einerseits Bilder der zeltbewohnenden Nomaden auftauchen, bis in die Details werden noch heute übliche Bräuche der Gastfreundschaft geschildert. Gleichzeitig hat man die Empfindung, in dem unausgesprochenen Wehen des Windes in der Terebinthe eine unmittelbare Anwesenheit der Gottheit zu erleben, die viel eindrücklicher ist als alle mythologischen Bilder.

Nach einem Jahr wurde dem Abraham der verheißene Sohn geboren. Wegen des ungläubigen Lachens, welches nun zum freudigen Lachen der glücklichen Mutter geworden war – «ein Lachen hat mir Gott bereitet. Jeder, der es hört, wird mir zulachen» – wurde er Isaak genannt. Abraham aber mußte seine schwerste Prüfung bestehen, als er auf Geheiß Gottes seinen *einzigen* Sohn auf dem Moria-Felsen hinopfern sollte. Die Bereitschaft des *Vaters*, den *Sohn* hinzugeben, die Folgsamkeit und das Vertrauen des Knaben, sich opfern zu lassen, war sicher für den Vater seine letzte und tiefste Einweihung. Sein Ein und Alles war er bereit hinzugeben. Was das für den Sohn wohl am Ende einer mehrjährigen Erziehung zu bedeuten hatte, kann nur aus den Sagen deutlich werden. Seine Seele verließ, als er geopfert werden sollte, den Körper und fuhr wieder in diesen hinein, als er die Stimme Gottes zwischen den Cherubim erschallen hörte: «Lege deine Hand nicht an den Knaben.» Wie in diesem Bruchteil der Zeit sich Großes erleben läßt, kann der nun Eingeweihte in die Worte fassen: «Gelobet sei der Herr, der die Toten erweckt.» (Bin Gorion)

So könnte man die Wanderungen Abrahams und seine Gottesbegegnungen, wie die mit der dreifaltigen Gottheit im Hain Mamre, als die Herausbildung eines neuen Gottesverständnisses verstehen. Die alten Künste der Sterndeuterei und der ägyptischen Kulte hatte er kennengelernt; nun erlebte er im reinen Folgen der Stimme Gottes, wie er sein liebstes und einziges von seiner Seele zu trennen bereit sein mußte. Der Schmerz, der erst das Opfer zu einem solchen machte, weitete seine Seele so, daß noch durch Jahrhunderte hin Menschen sich sehnen konnten nach der Geborgenheit in *Abrahams Schoß*.

Nicht weit von Mamre bei Hebron erwarb Abraham die Höhle Machpela, welche er zur Begräbnisstätte für seine Frau und sich bestimmte. Noch heute rätseln die Archäologen über das genaue Aussehen und die Gestaltung dieser unterirdischen Anlage unter der Abraham-Moschee, dem Haram el-Chalil, dem Heiligtum der Patriarchengräber. Der rechteckige Hauptbau scheint zu den Bauten von Herodes dem Großen zu gehören. Daß sich unter der heutigen Moschee, der alten Kreuzfahrerkirche, Räume und Höhlen befinden, ist unumstritten, doch sie sind seit langem nicht zugänglich, und die Berichte derer, die sie betreten haben, widersprechen sich (Keel u. Küchler). Besonders an diesem Ort treffen mit aller Härte die Söhne Abrahams aufeinander. Auch die Christen mischen sich darunter, ein Pilgerziel seit wohl beinahe dreitausend Jahren.

Der Sohn Isaak, der Opferbereitschaft am Vater und in sich gefunden hatte, war durch sein Erlebnis ebenfalls ein Eingeweihter geworden. Anders aber als der Vater brauchte er das Vergangene im Nilland und in Mesopotamien nicht aufzunehmen, er war ein Sohn des Landes, welches er durch die weisheitsvolle Pflege von Brunnen und ihre Neuanlage in ein fruchtbares Land verwandelte. Abraham ließ sogar seinen Knecht schwören, dem Isaak zwar eine Frau aus der Verwandtschaft zu bringen (aus Haran, wohin Abrahams Verwandte gezogen waren), aber Isaak dürfe niemals in das Land seines Vaters – nach Mesopotamien – zurückkehren. Es gehört zu den wunderbarsten Erzählungen des Alten Testaments, wie der Knecht Abrahams die rechte Braut für dessen Sohn Isaak in Aram, in Obermesopotamien in der Nähe von Haran fand. Mit seinen Tieren am Brunnen, nach der langen Reise rastend, bat er zu Gott, das Mädchen, welches auf seine Bitte ihm und den Tieren zu trinken gäbe, sollte die rechte sein. Und er traf auf die rechte, Rebekka, welche, nachdem sie ihm zu trinken gab, auch für die Tiere sorgte. Damit war am Brunnen in der Heimat der Brüder Abrahams und deren Nachkommen die Frau gefunden worden, die zugleich der Familie angehörte als Großnichte Abrahams. Sie war es aber auch, die zu dem wasserspendenden und wasserbewahrenden Isaak gehörte. Wenn man heute im Negev die Spuren der alten Terrassen (Evenari 1987, S. 236) und das üppige Leben um die Brunnen und Quellen herum erlebt, so kann man vielleicht ahnen, welche bedeutsame Aufgabe Isaak für das Land hatte. Dabei soll aber nicht vergessen werden, daß es sich bei dem Wasserspender, dem Lebenverbreitenden sicherlich auch um ein Bild für eine bestimmte Beschaffenheit einer Seele handelte, weniger die äußeren Taten mögen dabei von Bedeutung sein, als was eine solche Persönlichkeit an Seelenkultur um sich verbreitet hatte. Dazu gehört auch die Frau, die ihm der Knecht des Vaters zuführte, die er nicht selber erwarb, die ihm wie bestimmt war. Neben seiner für Wasser sorgenden Tätigkeit gehört zum Schicksal Isaaks, daß er das

Land nicht verlassen sollte. Zwar zog er mit seinen Herden umher, vor allem durch den Negev, aber weder zur Brautschau durfte er das Land verlassen, noch als die Hungersnot das Land heimsuchte. Ihm erschien Gott (Gen. 26,2–5) und erneuerte ihm den Segen Abrahams und hieß ihn nicht nach Ägypten ziehen, sondern als Fremdling im Lande zu bleiben, das er seinen Nachkommen bestimmt habe.

Rebekka hatte dem Isaak Zwillinge geboren, Esau und Jakob. Der Erstgeborene war behaart und rot von Farbe. Als es ihn eines Tages (er hatte den furchtbaren Jäger Nimrod aus dem Hinterhalt erschlagen, weil sie sich darum stritten, wer der größere sei) furchtbar hungerte und Jakob ein Gericht zubereitet hatte, bat er diesen um Speise. Die wollte ihm Jakob nur gewähren, wenn er ihm durch Schwur den Verzicht seines Erstgeburtsrechts zusichere. Esau willigte ein. Und als Isaak im hohen Alter erblindet war, gelang es Jakob, sich seinen Segen zu erschleichen.

Jakob aber zog selber nach Haran, um sich eine Frau aus der Familie Tharahs, des Vaters von Abraham zu erwählen. Wie die Genesis (1. Mos.) zu berichten weiß, freite er die Tochter des Laban, des Bruders seiner Mutter Rebekka. Rahel ersehnte er, aber er erhielt zuerst ihre Schwester Lea, und nachdem er weitere Jahre dem Laban gedient hatte, die erwählte Rahel. Sein Weg zu seinem Schwiegervater und Onkel führte ihn vom Negev durch Judäa, weiter durchs Land, bis der alte Weg nach Nordosten abbog und er an den Euphrat kam. Beginnend mit seinem Traum an der uralten Kultstätte in Beth-El errichtete er immer wieder Steine. So auch den Stein zum Gedenken an die großartige Himmelsschau, die er an dem Platz des alten Heiligtums gehabt hatte.

Er errichtete den Grenzstein, nachdem er Laban verlassen hatte und dieser ihn verfolgt hatte, da dessen Tochter Rahel die Hausgeisterfigürchen mitgenommen hatte. Und er errichtete der Rahel den Stein auf ihrem Grab, welches noch heute von vielen Nachkommen Abrahams am Weg von Jerusalem nach Bethlehem besucht wird. Der alte Vater, dessen zwölf Söhne von Lea und Rahel und ihren Mägden die Stammväter des hebräischen oder israelischen Volkes werden sollten, zog schließlich, dem Ruf seines Lieblingssohnes Joseph folgend, in der Zeit der Hungersnot nach Ägypten, um dort auch zu sterben. Ihn hatte sein Gott geheißen, mit seiner Familie nach Ägypten zu ziehen, dort würden sie zu einem großen Volk werden. Aber Jakob erbat sich sterbend von seinem Sohn, in Machpela bei seinen Vätern beerdigt zu werden, und so geschah es.

Die drei Patriarchen, Abraham, Isaak und Jakob sind jeder für sich und zusammen wie Urbilder für das weitere Geschick des Volkes und wie weit darüber hinausragende Urbilder. Ihre jeweiligen Eigenarten verdienten eine weit eingehendere Betrachtung. (Andeutend wurde Anregungen von Rudolf Frieling [1983] gefolgt.) Hier kam es aber vor allem auf die Bilder von den Wanderzügen an, die *Israel – Gott möge sich als stark erweisen*, der Name des Urvaters Jakob nach seinem Kampf mit Gott in *Penuel (Angesicht Gottes)* – zurücklegte, um das Volk Gottes zu werden. Abraham, der auszog aus dem alten Kulturland Mesopotamien, durch das Heilige Land hindurchwanderte, um es wiederum nach Ägypten hin für einige Zeit zu verlassen. Der Sohn Isaak, der das Land nicht verließ, der vor allem den Negev durchwanderte und wie geheimnisvoll hinter seinen Söhnen Esau und vor allem

Jakob zurücktritt. Schließlich der im Land geborene Jakob, der nun aber wieder nach Nordosten zieht und schließlich auch nach Südwesten, nach Ägypten, wie noch einmal die Urwanderbewegung Abrahams nachvollziehend. Bluts- oder Verwandtschaftsbeziehungen banden an Mesopotamien, in der Not zog man nach Ägypten, dessen Kultur von einer schier ewigen Dauer wie der Nillauf in längst vergangene Zeiten zurückreichte. Aber die eigene Identität war nur in der Fremde, im verheißenen Land, zwischen den Kulturen, letztlich nur aus sich selbst heraus zu finden. Diese wandernde Selbstfindung, die Abschleifung an den Nachbarkulturen und schließlich die Besonderheit des unsichtbaren Gottes, der von sich sagt «Ich bin der Ich bin», sie hat in den Patriarchen und ihren Wanderungen ihr Urbild.

Bilder aus der Geschichte Israels

Was mit dem Zug Jakobs nach Ägypten begonnen hatte, fand mit Moses und dem Auszug aus Ägypten seine Vollendung. Bis heute bestimmen die Ereignisse des historisch sagenhaft anmutenden Auszuges der Israeliten aus Ägypten die kultischen Handlungen und Gebräuche der Juden. Der in Ägypten geborene und am Hofe des Pharao aufgewachsene Moses war sicher in die Mysterien Ägyptens eingeweiht worden. Davon trennte er sich in seinem Rückzug nach Osten in die Wüste, wo er in der Einsamkeit der Berge des Sinai, fern aller Götterbildnisse im brennenden Dornbusch seines Gottes ansichtig wurde, der sich ihm mit Namen zu erkennen gab. Der Gott Abrahams, Isaaks und Jakobs, der als seinen Namen das »Ich bin der Ich bin» aussprach und so mit seinem für Menschen unaussprechbaren Namen zur Aufgabe für jeden einzelnen wurde. Hier entzündete sich das Feuer, in welchem das Volk geschmiedet wurde, um in die Menschheit einen weiteren Schritt der Bewußtseinsentwicklung hereinzubringen. Die Lösung aus Ägypten war fürchterlich, – das Buch Exodus berichtet von den zwölf Plagen, zu denen schließlich der Engel gehörte, der durchs Land ging und alle Erstgeburt tötete. Damals wurde das Passamahl eingesetzt und aus der Erinnerung an diese Ereignisse beziehen die Nachfahren die Kraft, in der Fremde zu leben. Seit dieser Zeit auch kannte das Volk den, der es führte und den, der im Gottesdienst tätig war. Die Urgestalten von Moses, der das Volk aus der ägyptischen Bedrängnis führte und seinem Bruder, dem Priester Aaron.

Eine Dreiheit bestimmte die Person des Moses und seine Taten. Zuerst war er der Befreier seines Volkes, das er aus der Knechtschaft herausführte. Dann wurde er dessen Gesetzgeber, als er am Berge Sinai von Gottes eigener Hand die Gesetzestafeln erhielt. Schließlich war er Erzieher, als er die aus Ägypten Ausgezogenen nicht sogleich ins Land der Verheißung führte, sondern zuerst in die Wüste. Auszug, Sinai und Wüste sind die drei Stationen des Weges, der im Bilde die Entstehung eines geeinten Volkes zeigt. Auch die großen Festeszeiten der Juden zeigen diese drei Stationen. Pesach erinnert an das Vorübergehen des Engels, der die Erstgeburt der Ägypter tötete, wonach der *Auszug* möglich wurde. Das Wochenfest Shabuot erin-

nert an die Offenbarung der *Gesetze* am Sinai und schließlich das Laubhüttenfest an die Zeit in der *Wüste*. Die Tat des Moses schuf schließlich die besondere Grundlage für das Leben der Menschen in engster Verbindung mit Gott. Der *Auszug* brachte die Freiheit, die allen von Gott gewährt wurde, die auch in den Jubeljahren die inzwischen entstandenen sozialen Ungerechtigkeiten wieder ausglich, indem die Freiheit über Mensch und Land ausgerufen wurde. Die Offenbarung am Sinai brachte das *Gesetz*, welches nicht nur das Leben des Menschen vor Gott, sondern auch ihr Leben untereinander regelte. Schließlich wurde aus den ehemaligen ägyptischen Sklaven durch die harte Erziehung der *Wüstenwanderung* das Gottesvolk, welches sich auch nach Abirrungen immer wieder daran erinnern sollte, wie es durch die Taten Gottes erst zu einem Volk geworden war (Bernhard-Cohn u. Perelmuter). Denn, wie die Stimme Gottes schon zu Abraham sagte, «Israel hat kein Sternbild», Israel – so könnte man heute sagen – ist kein Volk wie alle anderen, sondern eine besondere Menschengemeinschaft, aus welcher der Christus geboren werden sollte. Damit ist es aber auch wie eine Vorwegnahme zukünftiger Gemeinschaften.
Nach langer entbehrungsreicher Wanderung erreichte die von Moses und Aaron geführte Schar schließlich das Ostjordanland. Das heißt: sie waren weit südlich der Küstenstraße gezogen, welche die Ägypter beherrschten. Mehr oder weniger unbemerkt durchquerten sie die Arava und zogen dann durch Moab (im heutigen Jordanien) nordwärts. Um der Bedrohung durch die heranziehenden Hebräer Herr zu werden, ließ der König von Moab den mächtigsten Magier seiner Zeit rufen. Dieser lebte weit im Nordosten an den Ufern des Euphrat. Zu Bileam sandte der Moabiterkönig seine Fürsten mit der Bitte, er möge das heranziehende Volk verfluchen. Der ersten Gesandtschaft verweigerte Bileam seine Gefolgschaft, da ihm des Nachts Jahwe erschienen war und ihn so handeln hieß. Einer zweiten Gesandtschaft leistete er, ebenfalls nach einer Gottesschau, Folge. Weiter wird berichtet, wie Bileam, der auf seiner treuen Eselin ritt, nicht bemerkte, daß sich ein Engel ihm in den Weg stellte; die Eselin bemerkte es und wollte ihm ausweichen. Darauf schlug Bileam sie. Beim dritten Mal stellte sich der Engel dem Propheten in einem Hohlweg entgegen, und immer noch bemerkte Bileam nichts. Erst als die erneut geschlagene Kreatur zu ihm zu sprechen anfing, sah er den Engel und warf sich zu Boden. Er gelobte, den Männern des Moabiterkönigs zu folgen, aber nur zu tun, was ihm Gott befehlen würde. In Moab angekommen, nach verbrachter Nacht und dargebrachten Opfern, hielt Bileam dem Moabiterkönig eine von Gott inspirierte Rede, die von der Größe und Einzigartigkeit Israels Zeugnis gab. Es war, als stünde er auf einer felsigen Kuppe und sah herab auf die Zukunft des israelischen Volkes. Er sah, wie es, anders als die anderen Völker, nicht von einem eigenen Engel, sondern von Gott geführt wurde, und er segnete es. Der Moabiterkönig Balak konnte dagegen nichts einwenden, da Bileam nur unter der Voraussetzung zu sprechen bereit war, daß er Gottes Wort verkünden könne. Aber Balak wußte um die Wirksamkeit von Orten, so führte er ihn auf einen anderen Hügel, in der Hoffnung, daß Bileam von diesem aus die Israeliten verfluchen möge. Doch auch von hier verkündete er den Segen über Israel, weit in die Zukunft richtete sich der Seherblick Bileams:

> Ich sehe ihn, doch nicht jetzt,
> ich schau' ihn, doch nicht nahe.
> Ein Stern geht auf aus Jakob,
> und ein Zepter erhebt sich aus Israel. (Numeri 24,17)

Drei Berge hatte Bileam auf das Geheiß Belaks bestiegen, dreimal erhob er sich zu Gott. Er schaute die Besonderheit Israels, die Zwölfstämme, wie eine Synthese aller Völker und so keinem Volk gleich und schließlich, wie in weiter Ferne, die Ankunft des Messias. Das alte Hellsehen lebte noch in ihm. Nachts, in der Dunkelheit, hatte er seine Erlebnisse, am Tage war er schier blind, blinder als die Eselin, auf welcher er ritt. Aus dem Morgenlande kommend sah er den Stern aufgehen, welchen über ein Jahrtausend danach die Magier sahen und ihm folgten. So begegneten sich vor dem Einzug ins Gelobte Land die aus Ägypten geführten Israeliten mit der Sternenkundigkeit des alten Orient und diese spendete ihren Segen über die kriegerische Schar. Es war ein Zusammenkommen von neuen Bewußtseinskräften, erwachendem Selbstbewußtsein jener, denen sich Gott mit dem «Ich bin der Ich bin» offenbarte und dem zu Ende gehenden träumenden Hellsehen, das die Nacht und die Entrükkung vom Leib benötigte, um zu seinen Schauungen zu gelangen.

Viele Jahre später war aus der kriegerischen Schar, die sich ihr Land erobern mußte, welches ihr erster Anführer Moses von einem Berge aus sehen durfte (welcher nicht fern lag von denen, auf welchen Bileam seine Altäre errichtet hatte) ein kleines, aber mächtiges Königreich geworden. Saul war als erster zum Königtum gesalbt worden, eine wilde Gestalt, von welcher, neben den Heldentaten des Kriegers, besonders ihr Altersschicksal, die tief aus dem Leib aufsteigende Schwermut beeindruckt. Der zweite König war David, der die Schwermut Sauls mit seiner Musik zu sänftigen vermochte. Ihm folgte der weise Salomon, welcher den Tempel erbauen ließ. Zwischen der Zeit der Landnahme und der Errichtung des davidischen Königreiches lag die Zeit, welche man nach den Führern und Rechtsprechern des Volkes *Zeit der Richter* genannt hat. Unter ihnen ragt eine Gestalt heraus, der Mittler zur Zeit des Königtums; der Priester Samuel. Betrachtet man neben seinen, das Königsamt stiftenden Taten seine Wanderungen durch das Land, so kann auffallen, wie er, darin Isaak ähnlich zwischen den Zeiten stehend, nun durch kultische Handlungen das Zentrum des neuen Landes zu festigen suchte.

> Samuel aber übte sein Leben lang das Richteramt
> in Israel aus. Jahr für Jahr pflegte er umherzu-
> ziehen, wobei er Bethel, Gilgal und Mizpa besuchte
> und an allen diesen Orten über Israel Recht sprach.
> Dann kehrte er nach Rama zurück. Daselbst erbaute
> er auch Jahwe einen Altar. (1. Sam. 7,15)

Diese uralt heiligen Orte lagen nur wenig nordöstlich Jerusalems, welches damals noch dem kanaanäischen Stamm der Jebusiter gehörte. In Beth-El hatte Jakob auf seinem Weg nach Norden die großartige Himmelsschau der auf- und niedersteigenden Engel. Erst nach diesem traumartigen Gesicht erkannte er, daß er am Ort eines uralten Heiligtums war. In Gilgal ließ Josua als Erinnerung an die Jordanüberquerung Steine errichten. Alle diese Orte waren von besonderer Bedeutung. Der im jährlichen Turnus an ihnen abgehaltene Kultus durch Samuel, seiner Rundwanderung durch das Kerngebiet bildete das Fundament für das Königreich. Die Pflege der alten Altäre und die jährliche Wanderung des priesterlichen Richters wirkte wie das Schmieden eines Ringes innerhalb der zwölf Stämme.

Von ganz anderer Art ist das Bild, welches sich vor allem aus den Legenden vom Bau des salomonischen Tempels ergibt. Beim Bau dieses Wunderwerkes, dem Haus für den «Ich bin der Ich bin», als ein Bild ihm ähnlich, trafen, wie das Alte Testament und die Sagen berichten, verschiedene Menschen als Vertreter verschiedener Kulturströmungen zusammen. Dem König Salomo half der Baumeister Hiram, auch der Phönizierkönig Hiram von Tyrus. Als der Bau vollendet war, kam ferne aus dem Süden Balkis, die Königin von Saba. Der Meister des Erzgusses, welcher die Kultgeräte für den Tempel zu verfertigen hatte, war Hiram, der Sohn einer Witwe aus dem Stamm Naphtali. Er stand in der Nachfolge aller großen Schmiede, die ihr Geschlecht auf Kain zurückführten. Er war auch der Erbauer des gewaltigen Ehernen Meeres, dem großen Becken, das von zwölf Stieren, die zu je dreien in die vier Weltgegenden blicken, getragen wurde. Kunstvoll wurde das Erz in die von Menschenhand gebildeten Formen gegossen. Der ganze kunstvolle Bau und seine Ausstattung waren zwar das Werk von Menschen, aber immer in dem Bemühen, es in Einklang mit den geistigen Weltgesetzen zu bringen. Äußerlich erinnerte der Tempel zwar an Bauten, wie sie auch für die heidnischen Götter errichtet wurden. Seine Besonderheiten hatte der Tempel sowohl durch seine Maßverhältnisse als auch durch die Eigenart des Gotteserlebens seiner Erbauer.

Die Weisheit des Königs und die Kunstfertigkeit, die tief in die Geheimnisse der Metalle und ihrer Gesetze hineindrang, begegneten sich bei diesem Bau. Äußerlich kamen weitgespannte Handelsverbindungen sowohl nach Norden, über König Hiram von Tyrus, als auch nach Süden hinzu. Die alten ägyptischen Kupferminen in Timna und vor allem der Rotmeerhafen beim heutigen Elat eröffneten weite Horizonte. Die Sagen erweitern ihn noch beträchtlich: die aus dem Süden der arabischen Halbinsel stammende Königin von Saba habe von Salomon ein Kind empfangen, dieses sei Ahnherr der Könige von Äthiopien geworden. So entstand um den Tempel in Jerusalem das Bild weitgespannter Verflechtungen, sie brachten sowohl Arabien und Ostafrika mit der Levante, Kleinasien und Mesopotamien zusammen. Wie für die drei großen Religionen noch heute Jerusalem ein wichtiges Zentrum bildet, so war es für die damaligen Menschen das Herz der Welt, und das Herz Jerusalems war der Tempel (Nerval).

Lange dauerte dieser glanzvolle Zustand nicht an, und mit Pracht und Schönheit wurde im Reich Salomons nicht gegeizt. Gerade diese Herrlichkeit war es, welche einen Großteil seines Ruhmes ausmachte und neben anderem zu seinem Ende führte. Schon unter Salomons Sohn zerbrach die Einheit des Reiches, bald existierten nur mehr die Teilkönigreiche von Israel im Norden und Juda im Süden des Landes. Damit war der Tempel in Jerusalem äußerlich seiner Kraft als einheitsstiftender Kultort beraubt. Nur wenige Jahrhunderte nach der glanzvollen Prachtentfaltung lagen die Stadt und der Tempel in Trümmern. Schon einige Zeit zuvor war das

Nordreich dem Ansturm der Feinde erlegen, und die elf Stämme wurden entführt und verschleppt oder flohen in alle Winde. Juda wurde aber in die babylonische Gefangenschaft geführt. Diese Zeit des Exils nach der Zerstörung des Tempels Salomons beendete den Teil der mehr universalen Bedeutung der Geschichte des hebräischen Volkes. Hatte schon mit der Begründung des Königtums mit der Reichsgründung ein Schritt zur stärkeren Nationalisierung begonnen, so wurden in der Zeit des babylonischen Exils die Anfänge der jüdischen Religion begründet, wie sie zum Teil bis heute ihren Bestand haben. Viel von dem, was uns bis heute in den Schriften überliefert ist, wurde in Babylonien niedergeschrieben. Es waren vor allem die führenden Schichten der Bevölkerung Judäas, die exiliert worden waren und die nun weit ab vom Tempel daran arbeiteten, ihre Überlieferung und die Weisheiten, die seit Generationen vor allem mündlich weitergegeben wurden, in Schriftform zu bringen. So kann man vielleicht sagen, wie die Befreiung aus der ägyptischen Knechtschaft Anfang und Urbild waren, so wurde das babylonische Exil zur Zeit der Ausbildung und Ausgestaltung vieler Formen des jüdischen Lebens. Hieß es noch bei Abraham, Israel hat kein Sternbild, ist also kein Volk wie die anderen, so konnte erst in salomonischer Zeit und danach vom Löwen von Juda die Rede sein, hierin durchaus an das Sternbild anknüpfend. Nach der Rückkehr aus dem Exil wurde der Tempel recht klein wieder erbaut. Dieser Bau zählt für manche so wenig, daß vom späteren herodianischen Tempel, als vom zweiten Tempel gesprochen wird. Aus dem Exil stammen die ersten Versammlungen zum gemeinsamen Gottesdienst, aus denen später die Synagogen hervorgegangen sind.

Faßt man die Bilder des Alten Testaments unter dem Urbild der Wanderungen der Patriarchen zusammen, so ergibt sich die Pendelbewegung als Wüstenwanderung und als Wanderungen der Landnahmezeit. Wie Abraham sich vor den alten Kulturen befreien mußte, so waren auch die Zeiten nach Ägypten ein Freiwerden von Altem, eine Zeit der ersten Neubildung. Dann gab es die relativ kurze Zeit des geeinten Königreiches: ein Ruhen im Lande und der Bau des Tempels als bildlicher Ausdruck für dieses in sich Ruhen. Schließlich die Zeit der babylonischen Gefangenschaft: wieder ein Hineinpendeln in alte Kulturräume und erneut eine Zeit der Selbstfindung, aber auch der Anfang eines mehr isolierten und weniger universalen jüdischen Weges.

Zwischen diesen großen, fast gestenhaft anmutenden Zügen des Geschichtsbildes sind die kleinen hineinverwoben, wie beispielsweise die Gestalt des Propheten Bileam, – Bild für das alte Magiertum und gleichzeitig einer der frühesten Künder der Ankunft des Sternes, welcher bei der Geburt Jesu Christi leuchtete. Oder die mehr verborgenen Bilder, die sich um das Zusammentreffen des klugen Salomon mit dem die Feuergluten des glutflüssigen Metall bändigenden Hiram und jener, fern wie ein Stern aufblitzenden Königin, die sich als Königin von Saba eigentlich historisch dem Zugriff entzieht, ranken.

Alle diese Bilder weben ein Gemälde, in welchem die geistesgeschichtliche Entstehung des jüdischen Volkes aus einer gewissen Universalität heraus erscheint. Für den christlichen Betrachter geht die Entwicklung durch den Nullpunkt der Zeitenwende hindurch. Alles Äußere wird von der römischen Provinz und der Welt des

Imperium Romanum verdeckt. Aber in diesem scheinbaren Nichts, unbemerkbar für die Welt, wurde der geboren, auf den die geistesgeschichtliche Entwicklung hinorientiert ist. Das in die physische Welt Eintreten eines göttlichen Wesens, wie es sich in der Taufe im Jordan vollzogen hat, ist wie der Ausgangspunkt für eine Umwandlung der ganzen Erde. Doch wer sich bemüht, dies so zu erahnen, darf dabei nicht vergessen, welches Opfer die Menschen gebracht haben und bis heute bringen, deren Volk dazu ausersehen war, den Heiland aus sich zu gebären. Der «Stern aus Jakob» ging nicht ohne Schmerzen auf, und es schmerzt wohl besonders, daß diejenigen, die sich bemühen diesem Stern zu folgen, es so schwer haben, sich mit den Nachfahren Abrahams zu verständigen.

Die Zeitenwende

Nordwärts war Isaak mit seinem Vater Abraham gezogen, als er geopfert werden sollte, aus dem Negev, wo sie lebten, waren sie zur Kultstätte am Moria-Felsen gewandert. Der Sohn, der geopfert werden sollte, trug das Holz für das Opferfeuer. An die Wanderungen der Urväter und besonders an die des Sohnes Isaak wird man erinnert, wenn man die Bilder aus dem Leben des Jesus Christus betrachtet, wie sie im Neuen Testament und in Sagen geschildert werden. Schon vor seiner Geburt wanderten seine Eltern von Nazareth nach Bethlehem. Nicht ein Gott hatte es ihnen befohlen, sondern der sich zum Gott aufschwingende Kaiser Augustus. Durch die galiläische und die samaritanische Landschaft waren sie nach Judäa gezogen, um dem Volkszählungsgesetz zu folgen. Wie bei Abrahams Geburt waren die Weisen im Morgenland durch die Sterne von der Geburt des besonderen Kindes belehrt worden. Auf ihrem Zug von Nordosten und von Süden, denn der Sage nach war ja auch ein Mohrenkönig dabei, folgten sie den alten Straßen, auf denen auch Abraham gekommen war und wohl auch jenen, die die Königin von Saba lange zuvor gezogen war. Vor den Verfolgungen des unrechtmäßigen Königs Herodes, der nicht aus dem Hause Davids stammte, flohen die Eltern mit dem Kind auf Geheiß des Engels nach Ägypten. Was sich dort zutrug, kann man aus Sagen und Legenden erahnen, von denen eine erzählt, die Familie habe in Sais am Hofe eines Priesters gelebt. Weiter wird erzählt, daß die Kinder des Priesters dem Christkind zur Freude auf ihren Harfen musiziert hätten.

Von den weiten Wegen, die der Heranwachsende durchwanderte, ist wenig bekannt. Er scheint in Nazareth aufgewachsen zu sein. Vom Besuch des Zwölfjährigen im Tempel wird wieder berichtet, dann sind seine weiteren Wege in Dunkel gehüllt (Steiner 1913). Erst als er als Dreißigjähriger an den Jordan kommt, wo Johannes taufte, schildern die Evangelien wieder seine Wege. Die Taufstelle liegt, heute unzugänglich, südöstlich der Oase von Jericho, nur wenig vor der Mündung des Flusses ins Tote Meer. Markus schildert in wenigen Worten, was sich als *Versuchung in der Wüste* an die Jordantaufe anschloß:

«Und plötzlich fühlte er sich vom Geiste in die Wüste geführt, und er blieb in der

Einsamkeit der Wüste vierzig Tage lang, vom Widersacher versucht. Und er war bei den Tieren, und die Engel dienten ihm.» (Mark 1,12–13)

Vergegenwärtigt man sich die Schilderungen von der Herodes-Burg Massada, von der Lisanmergel-Landschaft mit ihren toten Fluß- und Bachbetten, den trockenen Wadis, dann kann etwas von der Kraft des Versuchers empfunden werden. Wie der *Herrscher der Erde* kann man über die stumme zu Füßen ausgebreitete Landschaft blicken, in der sich nichts zu regen scheint.

Gänzlich anders ist das Land um den See Genezareth beschaffen. In der Zeit nach der Taufe war es immer wieder die Gegend um den See, in der Christus wirkte. Eine Landschaft voll Ruhe und zurückhaltender Farbigkeit, dazu das alles überziehende fruchtbare Grün und die Wellen des fischreichen Sees, weit im Hintergrund der hohe, schneebedeckte Hermon. Vom Abhang des Golan geht der Blick über den See und im Westen zur Kuppe des Tabor. Eine Landschaft von so seltener Friedlichkeit, die von einem zurückhaltenden Hauch überzogen ist, der sie wie in Bescheidenheit zu hüllen scheint. Man kann völlig frei atmen und wird auf angenehmste Weise auf sich selbst verwiesen, ohne dabei die übersteigerte Überheblichkeit in sich zu verspüren, wie dies in der Wüstenlandschaft leicht der Fall ist. Diese Überheblichkeit entsteht fast notwendig. Man braucht sie, um sich selbst zu behaupten. Wie anders wirkt die Gegend um den See Genezareth. Diese alte, fruchtbare und vom Menschen gestaltete Landschaft mag bereitgewesen sein, den Christus aufzunehmen und noch heute scheint sie davon zu leuchten: gänzlich bescheiden und unaufdringlich, eben so, daß man Mensch im wahrsten Sinne des Wortes sein kann. Fast scheint es so, als könne man im Wesen dieser Landschaft etwas vom Geist des Christlichen besser verstehen. Man kann eigentlich nur von einer völligen Aufnahmebereitschaft sprechen, die für sich sein will. Wie alt die Vorbereitung dieser so wunderbar wirkenden Landschaft ist, wurde erst vor wenigen Jahren deutlich, als mehr und mehr alte Siedlungen auf den Abhängen des Golan entdeckt wurden. Sie reichen weit in die frühe Kupfersteinzeit zurück, und man vermutet heute, daß damals viele Bauern bemüht waren, den vulkanischen Boden zu einem fruchtbaren Land umzuwandeln. Nur wenige Kilometer weiter östlich schufen die Lavamassen der recht jungen Vulkane eine bis heute schier unüberwindliche Barriere, eine Grenze, die es mit sich bringt, daß alle Karawanen und Handelszüge nach Osten den weit nach Norden ausholenden Bogen an Damaskus vorbei und in die Nähe jenes Haran machen müssen, in welchem sich die Familie Abrahams niedergelassen hatte.

Vergleicht man die Landschaft der Versuchungsgeschichte, die judäische Wüste, mit dem christlichen Wirkungsbereich beim See Genezareth, so wird der Weg vom äußerlich Eindrücklichen zum inneren Frieden gewiesen. Von den äußeren Gefilden führt uns Christus auf andere Wege. In den Abschiedsreden heißt es:

> Ich gehe hin, um euch die Stätte zu bereiten.
> Und ihr kennt den Weg dorthin, wohin ich jetzt gehe.
> Da frug Thomas nach dem Weg
> Jesus antwortete: Ich bin der Weg und die Wahrheit und das Leben.
> Keiner findet den Weg zum Vater außer durch mich. (Joh. 14,2)

Verbundenheit

Mehrere Flugstunden von Israel entfernt und gleichzeitig doch so nah verdichten sich die Erinnerungen, die Eindrücke von den Besuchen und mischen sich mit den Bildern aus der Kindheit, als zum ersten Mal von den Taten und Leiden des hebräischen Volkes erzählt wurde. In den Weihnachtsgeschichten war dann das ferne Land ganz nahe gerückt, nicht in fernen Ländern spielte sich das Weihnachtsgeschehen ab, sondern in geistig-seelischer Nachbarschaft. Diese Nähe verblaßte mit dem älterwerden, machte aber auch nie der Hoffnung Platz, daß sie durch eine Reise nach Bethlehem wiedergewonnen werden könnte. So war die erste Reise nach Israel verbunden mit der freudig-neugierigen Erwartung, die das Neue, Unbekannte einem so leicht zuteil werden läßt. Dann erfüllten die Eindrücke alles. Die gewaltigen Landschaften, vor allem des Negev und der Arava ließen keinen Raum für die zarten Anklänge, die die Gegenwart der Vergangenheit mit sich bringt. Erst recht waren diese zarten Eindrücke nicht an den heiligen Stätten zu finden. Allerdings beeindruckten die Menschen, die unter solch schwierigen politischen Situationen versuchen, ein «normales» Leben zu führen. Erst am See Genezareth tauchten die ersten möglichen Anklänge auf. In dieser zarten, wenig bedrängenden, gänzlich freilassenden Landschaft konnte etwas von dem erlebt werden, was über die weihnachtlichen Empfindungen der Kindheit hinauswies. Die freiheitliche Schönheit und Anmut dieser Seelandschaft, die durch Hermon und Tabor und die Anhöhen des Golan und denen des galiläischen Berglandes wie in einem feinen Beziehungsgefüge darinnen liegt, – sie erlaubt die Ruhe, das *Bethlehem* in sich zu erleben. So scheint dem Land auf feinste Weise etwas einverwoben zu sein von der unendlich gütigen Wirksamkeit dessen, der sich auf Golgatha für die Menschheit opferte. Alle Dramatik, die dieser Boden durch die Geschichte erlitten hat, betäubt die feinen, freilassenden, wie im atmosphärischen verbreiteten Spuren der Wirksamkeit des göttlichen Sohnes.
Die stürmischen Wechsel der Geschichte sind in ihren Hinterlassenschaften allerorts zu finden. Wer der Landesgeschichte nachgehen will, findet zahllose Spuren der sehr lange wirksamen Dynamik. Dabei brachte der wiederholte Wechsel vor allem Zerstörung mit sich, so daß die wesentlichsten Zeugnisse nur noch in marginalen Resten oder überhaupt nur aus der Überlieferung zu erahnen sind. Bemerkenswert ist, daß die Bildlosigkeit der jüdischen Kultur durch die Wechselhaftigkeit der Landesgeschichte auf radikalste Weise unterstützt wurde. Vom Wunderbau des salomonischen Tempels künden seit Jahrtausenden nur noch die Überlieferungen. Andererseits markiert das Land mit seinen Bewohnern und den jeweiligen Fremdherrschern auf eindrückliche Weise einen auch äußerlich bedeutsamen Ort der Weltgeschichte. Dies kann noch deutlicher werden, wenn man sich auch als Tourist darüber im

klaren ist, daß die eigene Vergangenheit und Kultur ohne ihre Verflechtungen mit Menschen und Kulturströmungen des Nahen Ostens überhaupt nicht denkbar wäre. Die Nähe und Wirksamkeit der Vergangenheit, ihre Gegenwärtigkeit kann erschrekken, kann aber auch Aufgaben deutlich machen, vor die wir alle gestellt sind. Wie wir mit dem Nahen Osten verbunden sind, so ist es die ganze Welt. Durch die Verstreuung der Juden über die Erde und ihr Zusammenkommen in Israel ist dort heute eigentlich die ganze Welt vertreten. So könnte sich in Israel eine geistige Gemeinschaft bilden, in der die ganze Welt zusammenströmt, als ein Vorbild für Zukünftiges. Aus vielen Ländern fließen die unterschiedlichsten Kulturströmungen nach Israel. Die verstreuten Juden verbreiteten nicht nur die Impulse des Hebräertums, sondern nahmen auch gesamtmenschheitliche Impulse auf. Kann Bestehendes darin verwoben werden, gelingt es aufzugreifen, was sich in den Lebensströmen der Natur zeigt, dann hat der Nahe Osten eine Aufgabe und Chance.

Literaturverzeichnis

Hinweise für den Israel-Besucher

Grundlegende biogeographische Arbeiten, die auch auf die Entstehungsgeschichte der regionalen Tier- und Pflanzengemeinschaften eingehen: Bodenheimer 1935, 1937; Davis et al. 1971; Kosswig 1955, 1959; de Lattin 1951, 1957, 1967; Larsen 1984b; Mendelssohn u. Steinitz 1945; Orshan 1986; Por 1975, Por et al. 1977 (Sinai-Mangrove); Shmida 1985; Tchernov 1981; Zohary 1973, 1981, 1982.*

Bestimmungs- und Übersichtswerke, Handbücher:

Säugetiere: Harrison sowie Kumerloeve behandeln zwar nur die angrenzenden Gebiete, aber vieles davon gilt auch für Israel. Ein vom Tiermaler Ferguson ansprechend illustriertes Heft über die Säugetiere Israels bekommt man in den Geschäftsstellen der Society for the Protection of Nature in Israel (SPNI) – der Text ist hebräisch, die Artnamen sind lateinisch (die deutschen Namen und weitere Informationen findet man in «Grzimeks Tierleben»).

Vögel: Pareys Vogelbuch enthält (mit Ausnahme des Mangrovereihers) alle im Gebiet vorkommenden Arten. Eines der besten Bestimmungsbücher für Greifvögel deckt auch Vorderasien ab: Gensbøl u. Thiede. Artenliste der Vögel Israels: Hövel 1987, zur Lebensweise: Paz 1987. Siehe auch Benson, Cramp, Hüe u. Etchécopar, Meinertzhagen.

Tierwelt der Korallenriffe des Roten Meeres: Carcasson, Randall, Vine.

Schmetterlinge (Tagfalter): Benjamini, Larsen 1974, 1984a.

Pflanzen: Ausgezeichnete Einführungen in die Lebensweise der Wüstenpflanzen sind die Veröffentlichungen von Danin 1983 und Evenari 1982. Die Orchideen des Gebietes behandeln Baumann u. Künkele 1982, Buttler 1986. Neben der grundlegenden «Flora Palaestina» von Zohary und Feinbrun, die in vier Doppelbänden alle Farn- und Blütenpflanzen abbildet und beschreibt, ist als Bestimmungsbuch im Gelände der Band von Plitmann et al. zu empfehlen, da er eine reiche Auswahl der häufigeren, typischen Arten vorführt (Text hebräisch, die Namen lateinisch, Verbreitungskarten); erhältlich nur in Israel, in den Geschäftsstellen der SPNI:
Jerusalem: 13 Helena HaMalka Street
Tel Aviv: 4 Hashfela Street

Eine Fülle besonders schöner und interessanter Ausflüge in die verschiedensten Landschaften wird in dem Buch von Ori Devir, Off the beaten track in Israel, a guide to beautiful places, Adama Books New York 1985, in Wort und Bild vorgestellt.

* Während der Drucklegung erschien das Sammelwerk von Y. You-Tom und E. Tchernov: The Zoogeography of Israel – The Distribution and Abundance at a Zoogeographical Crossroad, Dordrecht und Boston 1988, das in seinem breit angelegten Spektrum (zum Beispiel zur Geologie und Vegetationskunde) in manchem einem ähnlichen Duktus folgt wie die vorliegende Veröffentlichung.

(ILAN = Israel Land and Nature; Quarterly Journal of the Society for the Protection of Nature in Israel. Vierteljahresschrift in englischer Sprache).

Akman, Y. (1973): Aperçu préliminaire sur les conditions phyto-écologiques de la Chaine de l'Amanus dans la région du Hatay, comm. Fac. Sci. Université d'Ankara, Série C: Sciences naturelles.

Alon, A. (1985): Gilboa, mountain of flowers. ILAN 10, no. 3: 103–109.

Altheim, F. (1955): Reich gegen Mitternacht. Asiens Weg nach Europa. Hamburg.

Anon. (ohne Jahr): Checklist of the birds of Israel. Society for the Protection of Nature in Israel. Tel Aviv.

– (ohne Jahr): Birds of the Huleh Reserve. Nature Reserve Authority Jerusalem.

Arbel, A. (Hrsg.) (1984): Plants and Animals of the Land of Israel. Vol. 5: Reptiles and Amphibians. Soc. f. the Protection of Nature in Israel, Tel Aviv (hebräisch).

Arnold, R. (1952): Das Verbreitungsgebiet der Elefanten zu Beginn der historischen Zeit. Zeitschr., Säugetierkunde 17: 73–82.

Aronson, L. (1976): The Ibex of En Gedi. ILAN 1: 97–104.

Avishai, M. (1981): Irises in Eretz Israel. Soc. f. the Protection of Nature in Israel, Tel Aviv (hebräisch).

– u. M. Zohary (1977): Chromosomes in the *Oncocyclus* Irises. Bot. Gaz. (Chicago) 138: 502–511.

– u. M. Zohary (1980): Genetic Affinities among the *Oncocyclus* Irises. Bot. Gaz. (Chicago) 141: 107–115.

Atlas of Israel (1970). Jerusalem und Amsterdam.

Bacaner, V. (1976): Among Arabian Babblers. ILAN 1: 86–88.

Bader, W. (1960): Die Verbreitung borealer und subantarktischer Holzgewächse in den Gebirgen des Tropengürtels. Nova Acta Leopoldina NF.Nr. 148, Bd. 23, Leipzig.

Baharav, D. (1976): The 1500 Gazelles of Ramot Yissakhar. ILAN 2: 15–22.

– (1983): Observations on the ecology of the Mountain Gazelle in the Upper Galilee, Israel. Mammalia 47: 59–69.

Bahat, O. (1987): Raptor nesting in Israel. ILAN 12: 100–104.

Bar-Yosef, O. (1978): Man – an outline of the Prehistory of the Kinneret area, in C. Serruya (Hrsg.): Lake Kinneret. Monographiae Biologicae Vol. 32, Den Haag.

– u. M. E. Kislev (1986): Earliest domesticated Barley in the Jordan Valley. National Geographic Research 2 (2): 257.

Baumann, H. u. S. Künkele (1982): Die wildwachsenden Orchideen Europas. Stuttgart (umfaßt auch Vorderasien).

Ben-David, Z. (1987): Crocodile River: the last unpolluted stream in the coastal plain. ILAN 12: 143–147.

Ben-Dor, M. (1975): Roe Deer in the Hula Valley. ILAN 1: 27–28.

Benjamini, D. (1983): Distribution list of the butterflies of Israel west of the Jordan river. Israel Journ. Entom. 17: 23–36.

Benson, S. V. (1970): Birds of Lebanon and the Jordan Area. London u. New York.

Ben-Tuvia, A. (1978): Fishes, in C. Serruya (Hrsg.): Lake Kinneret. Monographiae Biologicae Vol. 32. Den Haag.

Berne, T. u. M. Evenari (1978): The influence of the temperature and light penetration on the abundance of the hypolithic algae in the Negev desert of Israel. Oecologia (Berlin) 33: 255–260.

Bierkamp, M., W. Frey u. H. Kürschner (1986): Bibliography of the Geobotanical Literature on Southwest Asia. Beihefte z. Tübinger Atlas d. Vord. Orients, Reihe A Naturwiss. Nr. 25. Wiesbaden.

Bock, E. (1978): Urgeschichte. Beiträge zur Geistesgeschichte der Menschheit. 7. Aufl. Stuttgart.

– (1986): Reisetagebücher: Italien, Griechenland, Heiliges Land. 3. Aufl. Stuttgart.

Bodenheimer, F. S. (1935a): Animal Life in Palestine. Jerusalem.

– (1935b): Ökologisch-zoogeographische Untersuchungen über die Orthopterenfauna Palästinas. Archiv f. Naturgesch. (N.F.) 4: 88–142.

– 1937): Problems of Animal Distribution in Arabia. Proc. Linn. Soc. London 1936: 47–48.

– (1960): Animal and Man in Bible Lands. Jerusalem.

Boetticher, H. v. (1953): Gedanken über eine natürliche systematische Gruppierung der Gazellen *(Gazellae)*. Zeitschr. Säugetierkunde 17: 83–92.

Boissier, P. E. (1867–1888): Flora Orientalis, 5 Vols. & Suppl. Basel u. Genf. Faksimile-Nachdr. 1975.

Bouskila, Y. (1985) A closer look at the Striped Hyena. ILAN 10: 50–55.

Butzer, K. W. (1958): The Near East during the last glaciation. A paleogeographical sketch. Geogr. Journ. 124: 367–369.

Boye, P., C. Holzapfel u. J. Wittenberg (1986): Biogeographische Betrachtung einer Gebirgsregion in Südjordanien. Natur und Museum 116: 385–402.

Bruun, B. (1981a): Quest for the Lappet-faced Vulture. ILAN 7: 22–27.

– (1981b): The Lappet-faced Vulture in the Middle East. Sandgrouse 2: 91–95.

– , H. Mendelssohn, J. Bull (1981): A new subspecies of the Lappet-faced Vulture *Torgos tracheliotus* from the Negev Desert, Israel. Bull. Brit. Orn. Club 101: 244–247.

Buttler, K. P. (1986): Orchideen. Die wildwachsenden Arten und Unterarten Europas, Vorderasiens und Nordafrikas. München.

Bytinski-Salz, H. (1954): Insects associated with desert acacias in Israel. Israel Bull. Res. Council: 284–292.

Carcasson, R. H. (1977): A Field Guide to the Coral Reef Fishes of the Indian and West Pacific Oceans. London.

Clark, B. (1983): The story of the White Oryx *(Oxyc leucoryx)*. Re'em (Oryx), Journ. of the Israel Mammal Information Center No. 2: 67–69.

Clutton-Brock, J. (1978): Early Domestication and the Ungulate Fauna of the Levant during the Prepottery Neolithic Period, in W. C . Brice (Hrsg.): The Environmental History of the Near and Middle East since the last Ice Age. London.

Cohen, S. (1975 u. weitere Aufl.): Red Sea Divers Guide. Tel Aviv.

Collenette, S. (1985): An Illustrated Guide to the Flowers of Saudi Arabia. London.

Cramp, S. et al. (1977–): Handbook of the Birds of Europe, the Middle East and North Africa – The Birds of the Western Palearctic. Oxford. Bisher 4 Bde.

Dahari, U. (1982): The oasis of En Gedi as a model of human settlement in the Dead Sea Valley. ILAN 8: 6–9.

Danin, A. (1979): Die Pflanzenwelt – Wild- und Kulturpflanzen, in B. Rothenberg (Hrsg.): Sinai. Bern.

– (1983): Desert Vegetation of Israel and Sinai. Jerusalem.

– F. A. Shmida u. A. Liston (1985): Contributions to the flora of Sinai. III: Checklist of the

species collected and recorded by the Jerusalem team 1967–1982. Willdenowia 15: 255–322.
Davis, P. H. (1965–1985): Flora of Turkey and the East Aegean Islands. 9 vols. Edinburgh.
– , P. C. Harper u. I. C. Hedge (1971): Plant life of South-West Asia. Edinburgh.
Dietz, R. S. u. J. c. Holden (1970): The breakup of Pangaea. Scientific American 1970, no. 10: 30–41.
Dov, A. B. (1983): Verreaux Eagle in Israel. Torgos, Journal of the Israel Raptor Information Center 3, no. 1: 122.
Dykes, W. R. (1913): The Genus *Iris*. Cambridge. Reprint 1974.
Eberle, G. (1965): Pflanzen am Mittelmeer. Frankfurt a. M.
Edelstein, G. u. Y. Gat (1980/81): Terraces around Jerusalem. ILAN 6: 72–78.
Engler, A. (1910): Die Pflanzenwelt Afrikas, Bd. I. Leipzig. Reprint 1976.
Epstein, C. (1977): The Dolmens of the Golan. ILAN 1: 97–100.
Etchécopar, R. D. u. F. Hüe (1964): Les Oiseaux du Nord de l'Afrique. Paris.
Evenari, M. (1963): Zur Keimungsökologie zweier Wüstenpflanzen. Mitt. Florist. -soziol. Arbeitsgem., N.F. 10: 70–81.
– (1982): Ökologisch-landwirtschaftliche Forschungen im Negev. Analyse eines Wüsten-Ökosystems. Darmstadt.
– (1984): Die Wüste blüht. Bewässerung wie zu Salomons Zeiten. Bild d. Wissensch. 21, Nr. 9: 90–102.
– (1985): The desert environment. In M. Evenari, I. Noy-Meir, D. W. Goodall (Hrsg.): Hot deserts and arid shrublands, A. Ecosystems of the world, Vol. 12A. Amsterdam.
– (1986): Gibt es eine Zukunft in der Vergangenheit? Natur u. Museum 116: 365–384.
– (1987): Und die Wüste trage Früchte. Ein Lebensbericht. Gerlingen.
– u. G. Orshan (1948): The Middle Eastern hammadas. Lloydia 11: 1–13.
– L. Shanan u. N. Tadmor (1971): The Negev. The Challenge of a Desert. New Haven.
Feldman, M. u. E. S. Sears (1981): Genreserven in Wildformen des Weizens. Spektrum d. Wissenschaft 1981, Nr. 3: 95–105.
Fischman, L. (1977): The White-crowned Black Wheatears at Saint Catherine. ILAN 1: 101–106.
Frey, W. u. H. Kürschner (1986): Golf von Aqaba. Mangroven und Küstensalinen./ Gulf von Aqaba. Mangroves and littoral salt marshes. 1 : 70000. Karte/map A VI 10.8a Tübinger Atlas Vord. Orient. Wiesbaden.
Frumkin, R. u. S. Man (1984): Raptor nesting in the desert areas of Israel 1980–1984. Torgos, Journ. of the Israel Raptor Information Center 4, no. 2: 98.
Furth, D. G. (1983): Aquatic entomofauna of a Dead Sea oasis. Hydrobiologica 102: 3–25.
Gams, H. (1956): Die *Tragacantha*-Igelheiden der Gebirge um das Kaspische, Schwarze und Mittelländische Meer. Veröff. Geobotan. Inst. Rübel Zürich 31: 217–243.
Génsbøl, B. u. W. Thiede (1986): Greifvögel. München-Wien-Zürich.
Géroudet, P. (1974): Les Passereaux d'Europe Vol. II. 3. ed. Neuchâtel.
Glutz von Blotzheim, U. (Herausg.) (1971): Handbuch der Vögel Mitteleuropas, Bd. 4: *Falconiformes*. Frankfurt a. M.
Göbel, T. (1976): Feuererde. Stuttgart.
Gorion, M. J. bin (1962): Die Sagen der Juden. Neu herausgegeben von E. bin Gorion. Frankfurt.
Gradmann, R. (1934): Die Steppen des Morgenlandes in ihrer Bedeutung für die Geschichte der menschlichen Gattung. Stuttgarter Geogr. Abh. Reihe 3, Nr. 6: 1–66.

Gross, F. J. (1961): Zur Geschichte und Verbreitung der europäischen Satyriden *(Lepidoptera)*. Verh. Deutsche Zool. Ges. Bonn 1960: 513–529.
– (1962): Zur Evolution euro-asiatischer Lepidopteren. Verh. Deutsche Zool. Ges. Saarbrücken 1961.
Haas, G. (1966): On the Vertebrate Fauna of the Lower Pleistocene Site 'Ubeidiya. Publ. of the Israel Academy of Sciences and Humanities, Jerusalem.
Hakham, E. (1985): Ibex nursery in En Gedi. ILAN 10: 94–97.
Halevy, G. (1974): Effects of gazelles and seed beetles *(Bruchidae)* on germination and establishment of *Acacia* species. Israel Journ. Bot. 23: 120–126.
Haltenorth, T. (1959): Beitrag zur Kenntnis des Mesopotamischen Damhirsches. Säugetierkundl. Mitt. 7, Sonderheft: 1–89.
– (1961): Lebensraum, Lebensweise und Vorkommen des Mesopotamischen Damhirsches. Säugetierkundl. Mitt. 9: 15–39.
Handrinos, G. et al. Demetropoulos (1983): Raubvögel in Griechenland. Athen.
Harlan, J. R. (1977): The Origins of Cereal Agriculture in the Old World, in C. Reeds (Hrsg.): The Origins of Agriculture. Den Haag.
– u. D. Zohary (1966): Distribution of wild wheats and barley. Science 153: 1074–1080.
Harrison, D. L. (1964, 1968): The Mammals of Arabia, 2 vols. London.
Hartmann-v. Monakow, L. (1982): Dieses Land, das verwüstet war ... En Gedi, Kibbuz am Toten Meer. Herausg. v. d. Freunden des Schweizer Kinderdorfes Kirjath Jearin. Zürich.
Hasson, O. (1983): The social life of the Bulbul. ILAN 8: 104–109.
Heck, L. (1970): Mesopotamischer Damhirsch, in Grzimeks Tierleben Bd. 13: 167–169.
Hedberg, O. (1961): The phytogeographical positon of the Afroalpine flora. Recent advances in Botany: 914–919. Toronto.
Heinzel, H., R. Fitter, J. Parslow (1972): Pareys Vogelbuch. Hamburg u. Berlin.
Hemming, A. F. (1932): The butterflies of Transjordan. Transactions Entom. Soc. London 80: 269–299.
Higgins, L. G. u. N. D. Riley (1971 u. folg. Aufl.): Die Tagfalter Europas und Nordafrikas. Berlin u. Hamburg.
– u. B. Hargreaves (1985): The Butterflies of Britain and Europe, 2. Aufl. London.
Hooiyer, D. A. (1962): The Middle Pleistocene Fauna of the Near East, in G. Kurth (Hrsg.): Evolution und Hominisation. Stuttgart.
Horowitz, A. (1978): The Quaternary evolution of the Jordan Valley, in C. Serruya (Hrsg.): Lake Kinneret. Den Haag.
Hovel, H. (1987): Check-list of the birds of Israel. Soc. for the Protection of Nature in Israel, Tel Aviv.
Hüe, F. u. R. D. Etchécopar (1970): Les Oiseaux du Proche et du Moyen Orient. Paris.
Ilani, G. (1975): Hyenas in Israel. ILAN 1: 10–18.
– (1976): More about Dugongs. ILAN 1: 161.
– (1978): Protecting Israel's Carnivores. ILAN 4: 5–55.
– (1979): Hyrax pyramid. ILAN 4: 171.
– (1981): The Leopards of the Judean Desert. ILAN 6: 59–71.
– (1985a): Nature protection in Jordan. ILAN 10: 124.
– (1985b): More Leopards! ILAN 10: 166.
– (1986): The life and time of Humibaba the leopard. ILAN 12: 82–83.
– u. B. Shalmon (1984): Rare desert gazelles. ILAN 9: 127.
Inbar, R. (1980): Crimson-winged Finches *(Rhodopechys sanguinea)* on the Golan Heigths. ILAN 6: 147–149.

– (1982): The Hoopoe Lark. ILAN 8: 111–115.
Isserlin, B. (1955): Ancient forests in Palestine: some archaeological indications. Palest. Explor. Quart. 87: 88–89.
Ivri, Y. u. A. Dafni (1977): The pollination ecology of *Epipactis consimilis* Don. = *Epipactis veratrifolia* (Orchidaceae) in Israel. New Phytologist 79: 173–177.
Jennings, M. C. (1981): The Birds of Saudi Arabia: a check-list. Whittlesford, Cambridge.
– u. R. N. Fryer (1984): The Occurence of the Lappet-faced Vulture *Torgos tracheliotus* (J. R. Forster) in the Arabian Peninsula, with new Breeding Records from Saudi Arabia. Fauna of Saudi Arabia Vol. 6: 534–544. Basel.
Kaltenbach, A. (1982): Insects of Saudi Arabia: *Mantodea*. Fauna of Saudi Arabia Vol. 4: 29–72. Basel.
Karmon, Y. (1983): Israel. Eine geographische Landeskunde. Darmstadt.
Keel, O., M. Küchler, Ch. Uehlinger (1984): Orte und Landschaften der Bibel. Ein Handbuch und Studienreiseführer zum Heiligen Land, Bd. 1: Geographisch-geschichtliche Landeskunde. Zürich.
Kerfoot, O. (1961): *Juniperus procera* Endl. (the African pencil cedar) in Africa and Arabia. I: Taxonomic affinities and geographical distribution. East African Agric. and Forestry Journ. 26: 170–177.
– u. J. J. Lavranos (1984): Studies on the flora of Arabia. X: *Juniperus phoenicea* L. and *J. excelsa* M. Bieb. Notes Roy. Bot. Garden Edinburgh 41: 483–489.
Keynar, D. (1986): Ancient agriculture at En Gedi. ILAN 12: 31–34.
Klausewitz, W. (1983): Die Entwicklung des Roten Meeres und seiner Küstenfische. Natur u. Museum 113: 103–111.
Knapp, R. (1965): Die Vegetation von Nord- und Mittelamerika und der Hawai-Inseln. Stuttgart.
– (1973): Die Vegetation Afrikas. Stuttgart.
Koch, A., D. Magnus, H. Seilkopf, H. Baron, E. Schüz (1966): Der Weißstorchzug im Raum Sinai bis Kenia in landschaftsmorphologischer Sicht. Die Vogelwarte 23: 209–220.
Kosswig, C. (1955): Zoogeography of the Near East. Systematic Zoology 4: 50–73.
– (1959): Contributions to the knowledge of the zoogeographical situation in the Near and Middle east. Experimentia 7: 401–406.
Kruuk, H. (1966): Clan-system and feeding habits of spotted hyenas (*Crocuta crocuta* Erxl.). Nature 209: 1257–1258.
Kuhle, W. (1979): Das Rechts-Links-Phänomen bei Mensch und Tier unter besonderer Berücksichtigung der Händigkeit des Menschen und der Scheren-Asymmetrie bei Krebsen. Abschlußarbeit Inst. f. Waldorfpädagogik Witten-Annen (Manuscript).
Kumerloeve, H. (1975a): Die Säugetiere *(Mammalia)* der Türkei. Veröff. Zool. Staatssamml. München 18: 71–158.
– (1975b): Die Säugetiere *(Mammalia)* Syriens und des Libanon. Veröff. Zool. Staatssamml. München 18: 159–225.
Kürschner, H. (Hrsg.) (1986): Contributions to the Vegetation of Southwest Asia. Beih. Tübinger Atlas d. Vorderen Orients, Reihe A: Naturwissenschaften, Nr. 24. Wiesbaden.
Lattin, G. de (1951): Über die zoogeographischen Verhältnisse Vorderasiens. Verh. Deutsche Zool. Ges. Marburg 1950: 206–214.
– (1957): Die Ausbreitungszentren der holarktischen Landtierwelt. Verh. Deutsche Zool. Ges. Hamburg 1956: 380–410.
– (1967): Grundriß der Zoogeographie. Jena.
Larsen, T. (1974): Butterflies of Lebanon. Beirut.

– (1984a): Butterflies of Saudi Arabia and its Neighbours. Riyadh u. London.

– (1984b): The zoogeographical composition and distribution of the Arabian butterflies *(Lepidoptera; Rhopalocera)*. Journ. Biogeography 11: 119–158.

– u. I. Nakamura (1983): The butterflies of East Jordan. Entomol. Gaz. 34: 135–208.

Leshem, Y. (1979): Zoological treasure in Jerusalem. ILAN 4: 56–61 (Zoolog. Sammlung des Pater Schmitz).

– (1979): Humes Waldkauz *(Strix butleri)* – die Lilith der Wüste. Natur u. Museum 109: 375–377.

– (1980): Golden Eagles in our backyard. ILAN 5: 70–75.

– (1981): Israel's Raptors. The Hawk Trust Vol. 11, Annual Report 1981: 30–40.

– (1983): The Status of the Falconiformes in Israel. Torgos, Journ. of the Israel Raptor Information Center Vol. 3, no. 1: 15–16.

– (1985a): Trails in the sky – fall migration of raptors over Israel. ILAN 10: 70–77.

– (1985b): Israel: an international axis of raptor migration. Conservation Studies on Raptors, Internat. Council for Bird Preservation, Technical Publ. No. 5.

– (1987): Gliding with the birds. ILAN 12: 94–99.

Livneh, M. (1982): The Odum Forest. ILAN 7: 74–79.

– (1986): Plant life along the upper Jordan. ILAN 11: 170–174

Litzelmann, E. (1938): Pflanzenwanderungen im Klimawechsel der Nacheiszeit. Öhringen.

Lotan, R. (1982): The Killifish *Aphanius dispar*. ILAN 8: 28–30.

Lurie, A. (1984): Too many gazelles... ILAN 10: 7–10.

MacDonald, D. W. (1978): Observations on the behaviour and ecology of the Striped Hyena *Hyaena hyaena*, in Israel. Israel Journ. Zool. 27: 189–198.

Marx, E. (1967): Beduins of the Negev. Manchester.

Meinertzhagen, R. (1954): Birds of Arabia. Edinburgh u. London.

Mendelssohn, H. (1971): The impact of pesticides on bird life in Israel. Bull. Int. Council Bird Preservation 11: 75–104.

– (1974): The development of the population of gazelles in Israel and their behavioral adaptions, in V. Geist (Hrsg.): The Behavior of Ungulates and its relation to Management Vol. 2: 722–743. IUCN-Publ. No. 24, Morges.

– (1982): Nature reserves and wildlife conservation in Israel. ILAN 7: 142–145.

– (1987): Can Israel's Lapped-faced Vultures be saved? ILAN 12: 105–108.

– u. H. Steinitz (1945): Contribution to the Ecological Zoogeography of the Amphibians in Palestine. Revue de la Fac. de Sciences de l'Université d'Istanbul B, IX 4: 289–298.

– u. Y. Yom-Tov (1987): Mammals, in A. Alon (Hrsg.): Plants and animals of the Land of Israel. Soc. f. the Protection of Nature in Israel, Tel Aviv (hebräisch).

Moreau, R. E. (1952): Africa since the Mesozoic, with particular reference to certain biological problems. Proc. Zool. Soc. London 121: 869–913.

– (1963): Vicissitudes of the African biomes in the Late Pleistocene. Proc. Zool. Soc. London 141: 395–421.

– (1966): The Bird Faunas of Africa and its Islands. London.

– (1972): The Palearctic-African Bird Migration Systems. London.

Mountford, G. (1965): Portrait of a Desert. The Story of an Expedition to Jordan. London.

Noy-Meir, I. (1985): Desert ecosystem structure and function. In M. Evenari, I. Noy-Meir, D. W. Goodall (Hrsg.): Hot deserts and arid shrublands, A. Ecosystems of the world, Vol. 12A. Amsterdam.

Orshan, G. (1986): The deserts of the Middle East. In M. Evenari, I. Noy-Meir, D. W.

Goodall (Hrsg.): Hot deserts and arid shrublands, B. Ecosystems of the world, Vol. 12B. Amsterdam.
– u. M. Zohary (1963): Vegetation of the sand deserts in the Western Negev of Israel. Vegetatio 11: 112–120.
Ortal, R. (1986): Israel's white acacias. ILAN 12: 60–63.
Ozenda, P. (1983): Flore du Sahara. Paris.
Pavoni, N. (1962): Die nordanatolische Horizontalverschiebung. Geol. Rundschau 51: 122–139.
– (1969a): Zonen lateraler Verschiebung in der Erdkruste und daraus ableitbare Aussage zur globalen Tektonik. Geol. Rundschau 59: 56–77.
– (1969b): Die Erdkruste in Bewegung. SR Schweiz. Rückversicherungsgesellschaft Zürich.
Paz, U. (1982): The fauna of the Holy Land at the end of the Ottoman Period. ILAN 8: 104–110.
– (1983): Portrait of the Palestine Sunbird. ILAN 9: 7–10.
– (1987): The Birds of Israel. London.
Plitmann, U., C. Heyn, A. Danin, A. Shmida (1983): Pictorial Flora of Israel. Jerusalem.
Pollak, G. (1984): On the vegetation of Mount Carmel. ILAN 9: 156–161.
Por, F. D. (1975): An Outline of the Zoogeography of the Levant. Zoologica Scripta 4: 5–20.
– I. Dor u. A. Amir (1977): The mangal of Sinai. Limits of an ecosystem. Helgoländer wiss. Meeresunters. 30: 295–314.
Post, G. E. (1883–1896): Flora of Syria, Palestine, and Sinai. 2nd ed. by J. E. Dinsmore, Beirut 1932–33.
Quenell, A. N. (1958): The Structure and Geomorphic Evolution of the Dead Sea Rift. Journ. Geol. Soc. London 114: 1–24.
Randall, J. E. (1983): Red Sea Reef Fishes. London.
Rikli, M. (1943–1948): Das Pflanzenkleid der Mittelmeerländer. 3 Bde. Bern.
Safriel, U. (1968): Bird migration at Eilat, Israel. Ibis 110: 283–320.
Serruya, C. (1978): The Lacustrine environment. In C. Serruya (Hrsg.): Lake Kinneret. Monographiae Biologicae Vol. 32. Den Haag.
Schmitz, P. E. (1910, 1911, 1913): Tagebuchnotizen aus Jerusalem. Ornitholog. Jahrbücher 1910: 40–45, 182–186; 1911: 204–212; 1913: 85–91. (Siehe auch Leshem 1979).
Schönenberg, R. (Hrsg.) (1975): Die Entstehung der Kontinente und Ozeane in heutiger Sicht. Darmstadt.
Schwabe, G. H. (1968): Towards an Ecological Characterisation of the South American Continent, in E. J. Fittkau et al. (Hrsg.): Biogeography and Ecology in South America Vol. 1. Den Haag.
Schwarz, O. (1939): Flora des tropischen Arabien. Mitt. Inst. Allg. Bot. Hamburg 1: 1–393.
Schüz, E. (1971): Grundriß der Vogelzugskunde. 2. Aufl. unter Mitarb. v. P. Berthold, E. Gwinner, H. Oelke. Berlin u. Hamburg.
Shalmon, B. (1982): Miniature tropical world among acacias. ILAN 7: 152–161.
– (1983a): *Gazella gazella ssp.* – a vanishing subspecies. Re'em (Oryx), Journ. of the Israel Mammal Information Center No. 2, June 1983: 10–13.
– (1983b): The ungulates that vanished from Israel's landscape – should they be reintroduced? Re'em (Oryx), Journ. of the Israel Mammal Information Center No 2, June 1983: 34–43.
– (1987): The Aravah Gazelle. ILAN 13: 15–18.
Shkolnik, A., A. Borut, J. Chosniak (1972): Water economy of the Bedouin Goat, in G. M. Maloiy (Hrsg.): Comparative Physiology of Desert Animals. London.

Shmida, A. (1981): Red display flowers of the Mediterranean. ILAN 6: 106–115.
– (1984a): Singular Flora on Mount Carmel. ILAN 9: 162–164.
– (1984b): Endemism in the flora of Israel. Bot. Jahrb. Syst. 104: 537–567.
– (1985): Biogeography of the desert flora. In M. Evenari, I. Noy-Meir, D. W. Goodall (Hrsg.): Hot deserts and arid shrublands, A. Ecosystems of the world, Vol. 12A. Amsterdam.
– , M. Evenari, I. Noy-Meir (1986): Hot desert ecosystems: an integrated view. In M. Evenari, I. Noy-Meir, D. W. Goodall (Hrsg.): Hot deserts and arid shrublands, B. Ecosystems of the world, Vol. 12B. Amsterdam.
– u. G. Pollak (1987): Harbingers of rain – Guide to fall-blooming wild flowers. ILAN 13: 23–28.
Steinbacher, J. (1979): Neue Erkenntnisse über den Fahlkauz *(Strix butleri)*. Natur u. Museum 109: 375.
Steiner, R. (1919): Allgemeine Menschenkunde als Grundlage der Pädagogik. 8. Aufl. Gesamtausgabe Bibl.-Nr. 293. Dornach 1980.
– (E. A. K. Stockmeyer 1976): Rudolf Steiners Lehrplan für die Waldorfschulen. Herausg. v. d. Pädag. Forschungsstelle beim Bund der Freien Waldorfschulen Stuttgart.
Steinhorn, J. u. J. R. Gat (1983): Das Tote Meer. Spektrum d. Wissenschaft 1983, H. 12: 110–119.
Suchantke, A. (1978): Der dreigliedrige Landschaftsorganismus Afrikas, in J. Bockemühl, W. Schad, A. Suchantke: Mensch und Landschaft Afrikas. Stuttgart.
– (1982): Der Kontinent der Kolibris. Landschaften und Lebensformen in den Tropen Südamerikas. Stuttgart.
– (1985): Schwarze Schwertlilien in Palästina. Die Drei 55: 233–248.
– (1986): Die Landschaft des Menschen. Eichen-Savannen und Wildgetreide-Fluren in Palästina. Die Drei 56: 259–278.
Takhtajan, A. (1973): Evolution und Ausbreitung der Blütenpflanzen. Stuttgart.
Taylor, C. R. (1972): The desert gazelle: a paradox resolved; in G. M. O. Maloiy (Hrsg.): Comparative Physiology of Desert Animals. London.
Tchernov, E. (1981): The Impact of Postglacial on the Fauna of Southwest Asia, in W. Frey u. H. P. Uerpmann (Hrsg.): Beiträge zur Umweltgeschichte des Vorderen Orients. Beih. Tüb. Atlas d. Vorderen Orients Reihe A (Naturwiss.) Nr. 8. Wiesbaden.
– (1983): Evolution of the Gazelles (Genus *Gazella*) in the Middle East. Re'em (Oryx), Journal of the Israel Mammal Information Center No 2 June 83: 7–9.
Thenius, E. (1977): Meere und Länder im Wechsel der Zeiten. (Verständliche Wissenschaft Bd. 114). Berlin u. Heidelberg.
– (1979): Die Tierwelt am Treffpunkt zweier Kontinente, in B. Rothenberg (Hrsg.): Sinai. Bern.
– (1980): Grundzüge der Faunen- und Verbreitungsgeschichte der Säugetiere. Stuttgart.
– u. H. Hofer (1960): Stammesgeschichte der Säugetiere. Berlin-Göttingen-Heidelberg.
Thompson, E. (1929): Crusaders Coast. London (S. 127: The Palestine Crocodile).
Tristram, H. B. (1884): The Survey of Western Palestine. The Fauna and Flora of Palestine. Palestine Exploration Fund. London.
Troll, C. (1970): Das «Baumfarnklima» und die Verbreitung der Baumfarne auf der Erde. Tübinger Geographische Arbeiten Heft 34: 179–189.
Tutin, T. G. et al. (Hrsg.) (1964–1980): Flora Europeae. 5 Vols. Cambridge.
Vesey-Fitzgerald, D. F. (1957): The vegetation of Central and Eastern Arabia. Journ. Ecology 45: 779–798.

Vine, P. (1986): Red Sea Invertebrates. London.
Voous, K. H. (1960): Atlas of European Birds. London.
Wahrmann, J. (1970): Distribution of Land Vertebrates, in: Atlas of Israel. Jerusalem and Amsterdam.
Walter, H. (1968, 1973): Die Vegetation der Erde in öko-physiologischer Betrachtung. 2 Bde. Stuttgart.
– (1974): Die Vegetation Osteuropas, Nord- und Zentralasiens. Stuttgart.
Werner, Y. L. (1982): Herpetofaunal survey of Sinai peninsula (1967–77) with emphasis on the Saharan sand communities, in N. J. Scott (Hrsg.): Herpetological communities, Sympos. U.S. Fish and Wildlife Service, Wildlife Research Report 13: 153–161.
Wissmann, H. v. (1948): Pflanzenklimatische Grenzen der warmen Tropen. Erdkunde 2: 81–92.
– (1972): Die *Juniperus*-Gebirgswälder in Arabien, in C. Troll (Hrsg.): Geoecology in the high-mountain regions of Eurasia. Wiesbaden.
Wunderlich: Das neue Bild der Erde. 1975. Hamburg.
Zahran, M. A. (1976): Biogeography of mangrove vegetation along the Red Sea coasts. Int. Sympos. Biol. Managemt. Mangrove, S. 43–51. Honolulu.
Zinner, H. (1976): Six venomous snakes of Southern Israel. ILAN 1: 140–146.
Ziv, D. u. S. F. Hochstein (1977): Environmental Education in Israel. Israel National Report to the United Nations Conference on Environmental Education. Ministery of the Interior – Ministery of Education and Culture. Environmental Protection Service, Publication No. 77-05. Jerusalem.
Zohary, D. (1969): The progenitors of wheat and barley in relation to domestication and agricultural dispersal in the Old World, in P. J. Ucko u. G. W. Dimbleby (Hrsg.): The Domestication and Exploitation of Plants and Animals. London.
Zohary, M. (1935): Die phytogeographische Gliederung der Flora der Halbinsel Sinai. Beih. Botan. Centralblatt Abt. B, 52: 549–621.
– (1951): The Arboreal Flora of Israel and Transjordan and its Ecological and Phytogeographical Significance. Imperial Forestry Institute, University of Oxford, Institute Paper 26.
– (1962): The Plant Life of Palestine (Israel and Jordan). New York.
– (1970): Vegetation of Israel and the Near East, in: Atlas of Israel. Jerusalem and Amsterdam.
– (1973): Geobotanical Foundations of the Middle East. 2 Vols. Stuttgart u. Amsterdam.
– (1981): On the Flora and Vegetation of the Middle East, in W. Frey u. H. P. Uerpmann (Hrsg.): Beiträge zur Umweltgeschichte des Vorderen Orients. Beihefte z. Tübinger Atlas d. Vorderen Orients Reihe A (Naturwiss.) Nr. 8. Wiesbaden.
– (1982): Vegetation of Israel and Adjacent Areas. Beihefte z. Tübinger Atlas des Vorderen Orients Reihe A (Naturwiss.) Nr. 7. Wiesbaden.
– (1982): Plants of the Bible. Cambridge. (Deutsch: Pflanzen der Bibel. Stuttgart 1983).
– u. N. Feinbrun (1951): Outline of the vegetation of the Northern Negev. Palest. Journ. Bot. 4: 90–104.
– – (1966–1986): Flora Palaestina. 4 Vols. Jerusalem.
– u. G. Orshan (1956): Ecological Studies in the Vegetation of the Near East Deserts, II: Wadi Araba. Vegetatio 7: 15–37.
– (Shmida, A. u. D. Heller 1983: Michael Zohary – Giant of Israel Botany. ILAN 9: 33–35. Nachruf auf den Nestor der israelischen Botaniker).

Als zusammenfassende Einführungen in die Geologie Israels seien die Artikel von Freund (1978), Schulmann (1978) und Garfunkel (1978) empfohlen, alle erschienen in *Guidebook* für die Exkursionen, welche im Rahmen des «Tenth International Congress on Sedimentology», 1978 in Israel abgehalten, durchgeführt wurden. In diesem *Guidebook* finden sich auch gute lokale Exkursionsbeschreibungen. Im weiteren sei auf den geologischen Teil des *Atlas of Israel* (1968) verwiesen, wo nebst den Karten auch Kurzbeiträge zur Geologie zu finden sind. Als Einführung in die Plattentektonik kann der Sammelband *Ozeane und Kontinente* von Giese (1983) und das Werk von Frisch (1986) gute Dienste leisten.

Bayer, H.-J. (1988): Wadi Araba und Jordantal. Natur und Museum 118(2): 33–64.

Bender, F. (1968): Über das Alter und die Entstehungsgeschichte des Jordangrabens am Beispiel seines Südabschnittes (Wadi Araba, Jordanien). Geol. Jb. 86: 117–196.

– (1982): On the evolution of the Wadi Araba-Jordan rift. Geol. Jb. B 45: 3–20.

Bentor, Y. K. (1952): Magmatic intrusions and lava sheets in the Ramon area of the Negev (southern Israel). Geol. Mag. 89: 129–140.

Bischoff, G. (1987): Ein erweitertes, globales Modell der Plattentektonik. Spektrum d. Wiss. März: 62–72.

Buchbinder, B. (1981): Morphology, Microfabric and Origin of Stromatolites of the Pleistocene. Precursor of the Dead Sea. In Monty, C. (1981): Phanerozoic Stromatolites, New York/Berlin/Heidelberg: 181–196.

Burchfiel, B. C. (1983): Die kontinentale Kruste. Spektrum d. Wiss., 11/1983, 64–76.

– (1987): Die Dynamik der Erde, Heidelberg. 80–94.

Dietz, R. S. u. Holden, J. C. (1970): The breakup of Pangaea. Scientific American October: 30–41.

Druckman, Y. (1981): Sub-Recent Manganese-Bearing Stromatolites Along Shorelines of the Dead Sea. In Monty, C. (1981): Phanerozoic Stromatolites, New York/Berlin/Heidelberg: 197–208.

Dubertret, L. (1956): La bordure orientale de la Méditerranée en tant que témoin de l'évolution des accidents de l'Est Africain. XX Int. Geol. Congr., Assoc. Serv. Geol. Afr., Mexico: 377–384.

Freund, R. (1965): A Model for the structural development of Israel and adjacent areas in Upper Cretaceous times. Geol. Mag. 102: 189–205.

– (1966): Upper Cretaceous reefs in Northern Israel, Israel J. Earth Sci. 14: 108–121.

– (1970): The Geometry of Faulting in Galilee. Israel J. Earth Sci. 19: 200–227.

– (1977): Updating the stratigraphic sequence of Israel. Israel J. Earth Sci. 26: 30–33.

– (1978): Judean Hills and Galilee Regional Synthesis of Sedimentary Basins. Tenth Intern. Congr. on Sedimentology, Guidebook, International Association of Sedimentology (IAS), Israel: 5–34.

Garfunkel, Z. u. I. Zak (1968): On the age and rate of the sinistral movement along the Dead Sea Rift. Nature 220: 253–255.

Frisch, W., u. J. Loeschke (1986): Plattentektonik. Erträge der Forschung Bd. 236, Wiss. Buchgesellschaft, Darmstadt.

Garfunkel, Z. (1978): The Negev-Regional Synthesis of Sedimentary Basins. Tenth Intern. Congr. on Sedimentology, Guidebook, IAS, Israel, 35–105.

Garfunkel, Z., I. Zak u. R. Freund (1981): Active faulting in the Dead Sea rift. Tectonophysics 80: 1–26.
Giese, P. (Hrsg.) 1983: Ozeane und Kontinente: Heidelberg.
Grove, A. T. (1986): Geomorphology of the African Rift System. Geological Society Special Publication No. 25: 9–16.
Heirtzler, J. R. (1968): Sea-floor Spreading; Scientific American 221/December: 60–70.
Issar, A. (1985): Fossiles Wasser unter dem Sinai-Negev-Gebiet, Spektrum d. Wiss., September: 120–126.
Mazor, E. (1987): Dry riverbeds reveal the story of M. Ramon: Israel Land and Nature 13/2: 56–60.
Müller, St. (1984): Tiefenstruktur, Dynamik und Entwicklung des Mittelmeer- und Alpenraums. Vierteljahresschr. d. Naturf. Ges. in Zürich 128/4: 217–245.
Reading, H. G. (1982): Sedimentary basins and global tectonics. Proc. Geol. Assoc. 93: 321–350.
Schmutz, H.-U. (1986): Die Tetraederstruktur der Erde, Stuttgart 1986.
Schneider, W. u. H. Wachendorf (1973): Vulkanismus und Grabenbildung im Roten Meer. Geol. Rdsch. 62, 754–773.
Schulman, N. (1962): The geology of the central Jordan Valley, Ph. D. thesis, Hebrew University, Jerusalem (hebräisch).
Schulman, N., u. Y. Bartov (1978): Tectonics and Sedimentation along the Rift Valley. Tenth Intern. Congr. on Sedimentology, Guidebook, IAS, Israel:37–96.
Smith, A. G. et al. (1982): Paläokontinentale Weltkarten des Phanerozoikums. Stuttgart.
Steiner, R. (1920): Lehrplanangaben 22. 9. 1920 in: E. A. K. Stockmeyer: Rudolf Steiners Lehrplan für die Waldorfschulen, Stuttgart 1955.
– (1924): Gestalt und Entstehung der Erde und des Mondes – Ursachen des Vulkanismus. Vortrag vom 18. Sept. 1924 in: Die Schöpfung der Welt und des Menschen. Gesamtausgabe Bibl.-Nr. 354, Dornach 1977: 194–211.
Trümpy, R. (1985): Die Plattentektonik und die Entstehung der Alpen. Neujahrsblatt der Naturforsch. Ges. in Zürich: 1–47.
Vine, F. J., u. D. H. Matthews (1963): Magnetic Anomalies over Oceanic Ridges. Nature 199: 947–9.
Wagner, G. (1934): Vom Jordangraben. Aus der Heimat, Verlag der Hohenloheschen Buchhandlung Rau, Öhringen: 193–204.
Zak, I. (1967): The Geology of Mount Sedom. Ph. D. thesis, Hebrew University, Jerusalem (hebräisch).

Albright, W. F. (1962): Archäologie in Palästina, Einsiedeln/Zürich/Köln.
Ampolo, C. (1981): Archäologie in der Antike. In H. G. Niemeyer u. R. Pörtner (Hrsg.): Die großen Abenteuer der Archäologie, Salzburg.
Anati, E. (1963): Palestine before the Hebrews, a history of the earliest arrival of man to the conquest of Canaan, New York.
– (1981) Felskunst im Negev und auf Sinai, Bergisch-Gladbach.
Anati, E. u. N. Haas (1967): The Hazorea Pleistocene site: a preliminary report. Man, N. S., Vol. 2, No. 3: 454–456, London.
Anati, E. et al. (1973): Hazorea I. A report on the Excavations of a Palaeolithic and Neolithic site in Israel. Centro Camuno di Studi Preistorici, Capo di Ponte.
Arensburg, B. u. O. Bar-Yosef (1967): Yacimiento paleolitico en el valle de Refaim, Jerusalén, Israel. Ampurias, 29: 117–133, Barcelona.
Avi-Yonah, M. (Hrsg.) (1976–1978): Encyclopedia of archaeological excavations in the Holy Land. Vol. I–IV, London.
Atkinson, R. J. C. (1981): Was ist Stonehenge? Illustrierter Reiseführer (Hrsg. Department of the Environment) London.
Bar-Yosef, V. (1978): Man – an outline of the Prehistory of the Kinneret area. In Serruya, C. (Hrsg.): Lake Kinneret. Den Haag, Boston, London.
– (1984): Near East. In Müller-Karpe, H. (Hrsg.): Neue Forschungen zur Altsteinzeit. Forschungen zur Allgemeinen und Vergleichenden Archäologie, Bd. 4, München.
Bar-Yosef, V. u. B. Vandermeersch (1981): Notes concerning the possible age of the Mousterian Layers in Qafzeh-Cave. In: Cauvin/Sanlaville (Hrsg.): Préhistoire du Levant. S. 281–286. Paris.
Baumann, Hans: Die Höhlen der großen Jäger, Ravensburg 1967.
Beaumont, P. B., H. de Villiers u. J. C. Vogel (1978): Modern Man in Sub-Saharan Africa prior to 49 000 Years B. P.: a review and evaluation with particular reference to Border Cave. South African Journal of Science, Vol. 74, S. 409–419.
Beltran, A. (1982): Felskunst der Spanischen Levante, Bergisch-Gladbach.
Bindel, E. (1983): Logarithmen für jedermann. Schlußkapitel. Stuttgart.
Blanckenhorn, M. (1905): Über die Steinzeit und die Feuersteinartefakte in Syrien/Palästina. Zeitschrift für Ethnologie, 37: 447–471, Berlin.
Bock, E. (1977): Könige und Propheten, Stuttgart.
– (1978): Moses und sein Zeitalter, Stuttgart.
Bosinski, G. (1967): Die Mittelpaläolithischen Funde im westlichen Mitteleuropa, Köln.
– (1985): Der Neandertaler und seine Zeit, Bonn.
Boule, M. u. H. V. Vallois (1952): Les hommes fossiles, Paris.
Breuil, H. (1952): Die ältere und mittlere Altsteinzeit – Alt- und Mittelpaläolithikum. In Valjavec, F. (Hrsg.): Historia mundi, Bd. 1: 259–288, München.
Clark, G. (1964): Frühgeschichte der Menschheit – ein Überblick, Stuttgart.
Fraas, O. (1878): Geologisches aus dem Libanon. Jahreshefte des Vereins für vaterländische Naturkunde in Württemberg, 34: 257–291, Stuttgart.
Frieling, R. (1982): Christologische Aufsätze, Bd. III. S. 148–157, Stuttgart.
– (1983): Von Bäumen, Brunnen und Steinen in den Erzvätergeschichten. In: Gesammelte Schriften zum Alten und Neuen Testament Bd. 1, Stuttgart.

Gardner, E. W. u. D. M. A. Bate (1937): The bone-bearing beds of Bethlehem: their fauna and industry. Nature 150: 431–432, London.
Garrod, D. A. E. (1954): Excavations at the Mugharet Kebara, Mount Carmel, 1931: the Aurignacian industries. Proceedings of the Prehistoric Society (of East Anglia) 20: 155–192, Cambridge.
Garrod, D. A. E. u. D. M. A. Bate (1937, 1939): The stone age of Mount Carmel, excavations at the Wady el-Mughara. Vol. I u. II, Oxford.
Gieseler, W. (1974): Die Fossilgeschichte des Menschen. In Heberer, G. (Hrsg.): Die Evolution der Organismen, Bd. 3, Stuttgart.
Gilead, D. (1970): Handaxe industries in Israel and the Near East. World Archaeology, 2, I: 1–11, London.
– (1973): Cleavers in early Palaeolithic industries in Israel. Paléorient, 1: 73–86, Paris.
Gisis, I. u. O. Bar-Yosef (1974): New excavations in Zuttiyeh-Cave, Wadi Amud, Israel, Paléorient 2: 175–180, Paris.
Grosse, R. (1983): Der Silberkessel von Gundestrup – ein Rätsel keltischer Kunst, 2. erw. Aufl. Dornach.
Hahn, J. (1984): Südeuropa und Nordafrika. S. 55. In: Neue Forschungen zur Altsteinzeit. (Forschungen zur Allgemeinen und Vergleichenden Archäologie Bd. 4), München.
Henry, D. O. (1976): Rosh Zin: a Natufian settlement near Ein Avdat. Siehe Marks, A. E. (Hrsg.): Vol. I.
Hugot, H. J. u. M. Bruggmann (1976): Zehntausend Jahre Sahara, Bericht über ein verlorenes Paradies, S. 33, München/Luzern. Siehe auch das ausgestellte Exemplar im Naturhistorischen Museum in Basel.
Isaac, G. u. R. E. F. Leakey (1979): Human Ancestors, Readings from Scientific American, San Francisco.
Karge, P. (1917): Rephaim, die vorgeschichtliche Kultur Palästinas und Phöniziens, Paderborn.
Karmon, Y. (1971): Israel, a regional geography, London, New York.
Keel, O., M. Küchler u. Ch. Uehlinger (1984): Orte und Landschaften der Bibel. Ein Handbuch und Studienreiseführer zum Heiligen Land, Bd. 1: Geographisch-geschichtliche Landeskunde. Zürich.
Kipp, F. A. (1980): Die Evolution des Menschen im Hinblick auf seine lange Jugendzeit, Stuttgart.
– (1985): Indizien für die Sprachfähigkeit fossiler Menschen. In Schad, W. (Hrsg.): Goetheanistische Naturwissenschaft Bd. 4: Anthropologie, Stuttgart.
Kolzowa, M. (1975): Untersuchungen zur Sprachentwicklung. Der Kinderarzt, Jg. 6, Nr. 6, S. 643–648 u. Nr. 7, S. 757–758.
Leakey, R. E. (1981): Die Suche nach dem Menschen, S. 135, Frankfurt a. M.
Leakey, R. E. u. A. Walker (1985): Homo erectus unearthed, a fossil skeleton 1 600 000 years old. National Geographic 168 (5): 624–629, Washington.
Lévi-Strauss, Cl. (1978): Traurige Tropen, Frankfurt.
Marks, A. E. (1975): An outline of prehistoric occurences and chronology in the Central Negev, Israel. In Wendorf, F. u. A. E. Marks (Hrsg.): Problems in prehistory: North Africa and the Levant, Dallas/Texas.
– (Hrsg.) (1976, 1977, 1983): Prehistory and palaeoenvironments in the Central Negev, Israel. Vol I, II, III, Dallas/Texas.
Mauser, P. F. (1972): Die eiszeitliche Technik als Ausdruck der unterschiedlichen Bewußtseinsstruktur von Urmensch und Homo sapiens. Homo, 23, 1/2: 129–144, Göttingen.

Meyers, N. (1986): Nature 321: 552, London.

Müller-Beck, H. (Hrsg.) (1983): Urgeschichte in Baden-Württemberg, Stuttgart.

Müller-Karpe, H. (1966): Handbuch der Vorgeschichte. Bd. 1: Altsteinzeit, München.

– (1976): Geschichte der Steinzeit, München

– (1980): Das vorgeschichtliche Europa, Baden-Baden.

Narr, K. J. (1966): Handbuch der Urgeschichte, Bd. 1, Bern u. München.

Neuville, R. (1951): Le paléolithique et le mésolithique du désert de Judée. Archives de L'Institut de Paléontologie Humaine, Paris.

Okladnikow, A. P. (1974): Der Mensch kam aus Sibirien. Russische Archäologen auf den Spuren fernöstlicher Frühkulturen, Wien – München – Zürich.

Picard, L. (1963): The Quaternary in the Northern Jordan Valley. Proceedings of the Israel Academy of Sciences and Humanities, 1 (4): 1–34, Jerusalem.

Repenning, C. A. u. O. Fejfar (1982): Evidence for earlier date of Ubeidiya, Israel, hominid site. Nature 299: 344–347. Ebenso: Naturwissenschaftliche Rundschau, 36(1983): 458.

Abbé Richard (1878): Les instruments de pierre, les couteaux en silex du tombeau de Josué, Paris.

Roe, D. A. (1981): The lower and middle palaeolithic periods in Britain. London.

Ronen, A. (1975): The palaeolithic archaeology and chronology of Israel. In Wendorf, F. u. A. E. Marks (Hrsg.): Problems in Prehistory and the Levant, Dallas.

Rothenberg, B. (1973): Timna. Das Tal der biblischen Kupferminen, Bergisch-Gladbach.

Schad. W. (1984): Aggression und Frieden zwischen den Menschen und im Menschen. In: Bühler, W. et al.: Friedensfähigkeit durch Anthroposophie, Stuttgart.

– (1985a): Stauphänomene am menschlichen Knochenbau. In Schad, W. (Hrsg.): Goetheanistische Naturwissenschaft Bd. 4: Anthropologie, Stuttgart.

– (1985b): Gestaltmotive der fossilen Menschenformen. In Schad, W. (Hrsg.): Goetheanistische Naturwissenschaft Bd. 4: Anthropologie, Stuttgart.

– (1985c): Die frühen Erfahrungen am Stein der Erde, von der Kunst des späten Atlantiers. Die Drei, 55: 795–825, Stuttgart.

– (1986): Wandlungen des Zeitbewußtseins beim späten Atlantier. Die Drei, 56: 86–107, Stuttgart.

Schoch, E. (1973): Fossile Menschenreste. Wittenberg-Lutherstadt.

Smolla, G. (1966): Die frühe und mittlere Altsteinzeit südlich der Sahara. In Narr, K. J. (Hrsg.): Handbuch der Urgeschichte, Bd. 1: 97–112, München.

Steiner, R. (1888): Goethe als Vater einer neuen Ästhetik in: Methodische Grundlagen der Anthroposophie 1884–1901. Gesammelte Aufsätze zur Philosophie, Naturwissenschaft, Ästhetik und Seelenkunde. Gesamtausgabe Bibl.-Nr. 30 (=GA 30) Dornach ^{2}1961, S. 23–46.

– (1910): Das Matthäus-Evangelium. 3. Vortrag vom 3. 9. 1910. GA 123, Dornach ^{6}1978.

– (1980): Themen aus dem Gesamtwerk Bd. 3: Zur Sinneslehre (herausg. v. Chr. Lindenberg). Stuttgart.

Stekelis, M. (1947): Rephaim-Baqa'a: a palaeolithic station in the vicinity of Jerusalem. Journal of the Palestine Oriental Society, 21: 80 – 97, Jerusalem.

– (1960): The palaeolithic deposits of Jisr Banat Yaqub. Bulletin of the Research Council of Israel, Section G, 9: 61 – 90, Jerusalem.

– (1966a): Archaeological excavations at Ubeidiya 1960 – 1963. The Israel Academy of Sciences and Humanities, Jerusalem.

– (1966b): Die Yarmuk-Kultur, Hebräische Universität Jerusalem (Hebräisch).

Stekelis, M. u. D. Gilead (1966): Ma'ayan Barukh, a Lower Palaeolithic site in Upper Galilee. Center for Prehistoric Research, Jerusalem.

Stringer, C. (1988): The dates of Eden. Nature Vol. 331, S. 565–566. 18. 2. 1988, London.
Taute, W. (1981): Mesad Mazzal, ein Siedlungsplatz des präkeramischen Neolithikums südlich des Toten Meeres. In Frey. W. u. H.-P. Uerpmann (Hrsg.): Beiträge zur Umweltgeschichte des Vorderen Orients (Beihefte zum Tübinger Atlas des Vorderen Orients, Reihe A, Nr. 8): 237–256, Wiesbaden.
Teichmann, F. (1978, 1983): Der Mensch und sein Tempel. Bd. 1: Ägypten; Bd. 3: Megalithkultur, Stuttgart.
Toth, J. (1987): Die ersten Steinwerkzeuge. Spektrum der Wissenschaft Nr. 6: 124 – 134. Siehe auch: Der Spiegel, Nr. 19, S. 246 u. 249, 1987.
Tristram, H. (1866): Report on the mammals of Palestine. Proceedings of the Zoological Society, S. 86, London.
Valladas, H. et al. (1987): Thermoluminescence dates for the Neanderthal burial site at Kebara in Israel. Nature 330/12. 11. 1987:159–160. London.
– et al. (1988): Thermoluminescence dating of Mousterian «Proto-Cro-Magnon» remains from Israel and the origin of modern man. Nature 331/18. 2. 1988: 614–616. London.
Vandermeersch, B. (1981): Les hommes fossiles de Qafzeh (Israel). Cahiers de Paléontologie (Paléoanthropologie), Paris.
Vlček, E. (1964): Einige in der Ontogenese des modernen Menschen untersuchte Neandertalmerkmale. Zeitschrift für Morphologie und Anthropologie 56 (1/2): 63 – 83, Stuttgart.

Wolfgang Fackler: Palästina im Schnittpunkt menschheitsgeschichtlicher Entwicklungsströme

Aharoni, Y. (1984): Das Land der Bibel. Neukirchen-Vluyn.
Aharoni, Y. u. M. Avi-Yonah (1982): Der Bibelatlas. (The Macmillan Bible atlas. dt.) Hamburg.
Alt, A. (1968): Kleine Schriften zur Geschichte des Volkes Israel. 2. Aufl. München.
Amichai, Y. (1986): s. Schultz, H. J. (1986).
Atlas of Israel (1970) Amsterdam.
Barret, P. u. J.-N. Gurgand (1986): Wenn ich dein vergesse, Jerusalem. Das wunderbare Abenteuer des ersten Kreuzzuges 1095–1099. München.
Ben-Chorin, S. (1986): Bruder Jesus. Der Nazarener in jüdischer Sicht. 9. Aufl. München.
Bernhard-Cohn, E. u. H. G. Perelmuter (1986): Von Kanaan nach Israel. Kleine Geschichte des jüdischen Volkes. München.
Die Bibel (1983): Deutsche Ausgabe mit den Erläuterungen der Jerusalemer Bibel. 17. Aufl. Freiburg i. Br.
Bin Gorion, M. J. (1962): Die Sagen der Juden. Frankfurt/M.
Bittel, K. (1983): Hattuscha – Hauptstadt der Hethiter. Köln.
Bock, E. (1978): Urgeschichte. 7. Aufl. Stuttgart.
– (1984): Das Evangelium. Betrachtungen zum Neuen Testament. Stuttgart.
– (1986): Reisetagebücher. Italien, Griechenland, Heiliges Land. 3. Aufl. Stuttgart.
Broder, H. M. (1986): Der Ewige Antisemit. Frankfurt/M.
Clauss, M. (1986): Geschichte Israels. München.
Cohen, R. u. G. Schmitt (1980): Drei Studien zur Archäologie und Topographie Altisraels. Beihefte zum Tüb.Atl.d.Vo.Or. Reihe B. Nr. 44. Wiesbaden.

Cornelius, F. (1973): Geschichte der Hethiter. Darmstadt.
Cornfeld, G. u. G. J. Botterweck (1972) dtv-Lexikon, Die Bibel und ihre Welt. 6 Bde. München.
Donner, H. (1984): Geschichte des Volkes Israel und seiner Nachbarn in Grundzügen. Teil 1. Von den Anfängen bis zur Staatenbildungszeit. Göttingen.
– (1987): Geschichte des Volkes Isr.u.s.N.i.G. Teil 2. Von der Königszeit bis zu Alexander dem Großen. Göttingen.
Efrat, A. (1983): Nachbarn im Negev. Ein Kibbuz zwischen Bauern und Beduinen. Gerlingen.
Epstein, C. (1982): Die chalkolithische Kultur auf dem Golan. Antike Welt. 13. Jg. Heft 2. S. 34–38.
Evenari, M. (1982): Ökologisch-landwirtschaftliche Forschungen im Negev. Darmstadt.
– (1987): Und die Wüste trage Frucht. Ein Lebensbericht. Gerlingen.
Fohrer, G. (1982): Geschichte Israels. Von den Anfängen bis zur Gegenwart. 3. Aufl. Heidelberg.
Frieling, R. (1983): Studien zum Alten Testament. Stuttgart.
– (1977): Christentum und Islam. Der Geisteskampf um das Menschenbild. Stuttgart.
Ǧabartī, A. al- (1983): Bonaparte in Ägypten. Aus der Chronik des ʾAbdarrahmān al-Ǧabartī (1754–1829). Übers. A. Hottinger. Zürich.
Gilbert, M. (1985): The Arab-Israeli Conflict. Its History in Maps. 4. Aufl. Tel Aviv.
Gordon, C. H. (1961): Geschichtliche Grundlagen des Alten Testaments. 2. Aufl. (VMA, Wiesbaden) Einsiedeln.
Gorys, E. (1984): Das Heilige Land. Köln.
Grant, M. (1985): Das Heilige Land. Geschichte des Alten Israel. Bergisch Gladbach.
Hornung, E. (1979): Meisterwerke altägyptischer Dichtung. 2. Aufl. Zürich.
Israel Museum, The (1984): Highlights of Archeology, Jerusalem.
Israel (1982): Die Blauen Führer. Israel und angrenzende Gebiete. Wien.
Israel (1978): Nagels Enzyklopädie-Reiseführer. 3. Aufl. Genf.
Jepsen, A. (1976): Von Sinuhe bis Nebukadnezar. Dok. aus d. Umwelt des AT. Hrsg. A. Jepsen, 2. Aufl. Stuttgart.
Jirku, A. (1970): Die Ausgrabungen in Palästina und Syrien. 2. Aufl. Graz.
– (o. J.): Die Welt der Bibel. Stuttgart.
Karmon, Y. (1983): Israel, eine geographische Landeskunde. Darmstadt.
Keel, O. (1980): Die Welt der altorientalischen Bildsymbolik und das Alte Testament. Am Beispiel der Psalmen. 3. Aufl. Zürich.
– u. M. Küchler (1982): Orte und Landschaften der Bibel. Bd. 2. Der Süden. Zürich.
– – u. C. Uehliger (1984): Orte und Landschaften der Bibel. Bd. 1. Geographisch-geschichtliche Landeskunde. Zürich.
Kenyon, K. M. (1968): Jerusalem. Ausgrabungen 1961–1967. Bergisch Gladbach.
– (1976): Archäologie im Heiligen Land. 2. Aufl. Neukirchen-Vluyn.
– (1980): Die Bibel im Licht der Archäologie. Düsseldorf.
Der Königsweg (1987): 9000 Jahre Kunst und Kultur in Jordanien und Palästina. Ausstellungskatalog. Köln.
Konzelmann, G. (1987): Jerusalem. Erw. Aufl. München.
Lauenstein, D. (1971): Der Messias. Eine biblische Untersuchung. Stuttgart.
Länder der Bibel (1981): Archäologische Funde aus dem vorderen Orient. Katalog. Mainz.
Land des Baal (1982): Syrien – Forum der Völker und Kulturen. Katalog. Mainz.
Maier, J. u. P. Schäfer (1981): Kleines Lexikon des Judentums. Stuttgart.

Matthiae, K. u. W. Thiel (1985): Biblische Zeittafeln. Neukirchen-Vluyn.
Nasr, S. H. (1976): Islamic Science. World of Islam Festival Publ. Com. o. O. (Westerham).
Nerval, G. d. (1967): Die Geschichte von der Königin aus dem Morgenland und von Soliman, dem Fürsten der Genien. Dt. von M. Krüger, Stuttgart.
Das Neue Testament (1983): in der Übersetzung von Emil Bock. Stuttgart.
Otto, E. (1980): Jerusalem, die Geschichte der Heiligen Stadt. Stuttgart.
Oz, A. (1984): Im Lande Israel. Frankfurt/M.
Palästina (1981): P. Historisch-Archäologische Karte. Göttingen.
Pernoud, R. (Hrsg.) (1975): Die Kreuzzüge in Augenzeugenberichten. 3. Aufl. München.
Perrot, J. (1985): Syrien und Palästina. Propyläen Kunstgeschichte. Bd.14. Berlin, Frankfurt/M.
Ranke-Graves, R. v. u. R.Patai (1986): Hebräische Mythologie. Reinbek.
Renz, A. (1977): Geschichte und Stätten des Islam von Spanien bis Indien. München.
Riessler, P. (1984): Altjüdisches Schrifttum außerhalb der Bibel. 5. Aufl. Freiburg.
Rosenberg, A. (1986): s. Schultz, (1986).
Rothenberg, B. (1973): Timna. Bergisch Gladbach.
Schacht, J. u. C. E. Bosworth (1983): Das Vermächtnis des Islam. München.
Steiner, R. (1902): Das Christentum als mystische Tatsache und die Mysterien des Altertums. Gesamtausgabe Bibl.-Nr. 8. Dornach 1976.
– (1913): Aus der Akasha-Forschung. Das fünfte Evangelium (Vorträge 1913/14). Gesamtausgabe Bibl.-Nr. 148. Dornach 1963.
Schultz, H. J. (Hrsg.) (1986): Mein Judentum. (u. a. Amichai u. Rosenberg.) München.
Weiers, M. (Hrsg.) (1986): Die Mongolen. Darmstadt.
Wyman, D. S. (1986): Das unerwünschte Volk. Amerika und die Vernichtung der europäischen Juden. Ismaning bei München.
Yadin, Y. (1967): Massada. Hamburg.

Über die Autoren

Andreas Suchantke, geboren 1933 in Basel. Studium der Zoologie, 1963–1982 Lehrer an der Rudolf Steiner-Schule Zürich, seither in der Lehrerbildung, vor allem am Institut für Waldorfpädagogik Witten/Ruhr. Zahlreiche Forschungsaufenthalte und Reisen in Südamerika, Afrika, Südasien und in den letzten Jahren vor allem in Israel. Autor und Co-Autor mehrerer Bücher, u. a. *Sonnensavannen und Nebelwälder* (1972), *Der Kontinent der Kolibris* (1982).

Hans-Ulrich Schmutz, geboren 1945 in Zürich. Studium der Geologie und Promotion zum Dr. sc. nat. an der ETH Zürich. Anschließend in der Sozialarbeit tätig. Von 1979–1988 geologische Forschungsarbeit: Rekonstruktion eines fossilen Erdbebenherdes im Unterengadin. Gegenwärtig Lehrer an der Oberstufe der Rudolf Steiner-Schule Zürcher Oberland in Wetzikon. Veröffentlichungen: u. a. *Die Tetraederstruktur der Erde* (1986); *Die makroskopische Geometrie der Pseudotachylite am NW Rand des Unterengadiner Fensters,* in «Beiträge zur geologischen Karte der Schweiz».

Wolfgang Schad, *geboren 1935 in Biberach/Riß. Studium der Biologie, Chemie und Physik in Marburg und München und der Pädagogik in Göttingen. Ab 1962 Lehrer an der Freien Waldorfschule in Pforzheim. Seit 1975 in Stuttgart Dozent am Seminar für Waldorfpädagogik, Leiter der Pädagogischen Forschungsstelle beim Bund der Freien Waldorfschulen und des Freien Hochschulkollegs Stuttgart. Reisen in Ostafrika, Israel und Nordeuropa. Buchveröffentlichungen:* Säugetiere und Mensch *(1971);* Blütenspaziergänge *(1975);* Die Vorgeburtlichkeit des Menschen *(1982); Herausgeber der Reihe «Goetheanistische Naturwissenschaft» mit bisher vier Bänden (1982–1985).*

Wolfgang Fackler, geboren 1952. Buchhändlerlehre und Tätigkeit im Antiquariat. Freier Mitarbeiter bei der Entwicklung eines Betriebsdatenerfassungssystems. Tätigkeit als Programmierer. Ausbildung zum Lehrer an Waldorfschulen am Institut für Waldorfpädagogik Annener Berg in Witten/Ruhr. Dort als Mitarbeiter und Dozent tätig.

Register

Orts- und Landschaftsnamen

* s. = siehe
s. a. = siehe auch
s = südlich
w = westlich
n = nördlich
ö = östlich

Urgeschichte

Geologie

Biologie

Tier- und Pflanzennamen

Tiere

Pflanzen

Nachweis der Abbildungsvorlagen (soweit nicht bereits an der betreffenden Stelle erwähnt): A. Alon: 32 pro parte. Sherif Baha: 85 p.p. A. Ben-Tuvia: 111 p.p. S. Cramp: 44, 112. A. Danin: 29. Y. Eshbol: 63, 108. W. Fackler: 16, 113. W. W. Ferguson: 13. Y. Leshem: 35, 100. A. Na'or: 34 p.p. M. Oyserman: 110. P. Petit: 40 p.p. A. Schad: 74. W. Schad: 74. C. Vaucher: 40 p.p.
Abdruck der Abbildungen 38, 47 und 50 auf S. 371, 380 bzw. 382 mit freundlicher Genehmigung des Israel Department of Antiquities and Museums.

ANDREAS SUCHANTKE

Der Kontinent der Kolibris

Landschaften und Lebensformen in den Tropen Südamerikas.
444 Seiten mit 265 Zeichnungen des Autors und 32 Farbtafeln, Leinen.

«Grundlage dieser reich illustrierten Darstellung sind Reiseeindrücke eines Naturforschers unserer Tage, der damit eine große Tradition europäischer Biologen und Geographen in Südamerika fortsetzt. Suchantke bemüht sich um ganzheitliche Erfassung der von ihm studierten Lebensräume, um die ‹Suche nach übergreifenden Formbildungstendenzen, die eine Landschaft als Ökosystem ebenso gestalten wie seine Bewohner›. Der Autor bringt dazu viele Voraussetzungen mit, unter anderem vielseitige Praxis in der Freilandbeobachtung, umfangreiches Wissen und große Belesenheit, Erfahrung im Bücherschreiben und nicht zuletzt großes zeichnerisches Talent: Über 260 Zeichnungen nehmen jeden, der dieses Buch aufschlägt, sofort gefangen. . . . ein sehr gescheites, nachdenklich machendes Buch, das hervorragend geeignet ist, ökologische Zusammenhänge anschaulich zu machen.»

E. Bezzel, Journal für Ornithologie

J. BOCKEMÜHL, A. SUCHANTKE, W. SCHAD

Mensch und Landschaft Afrikas

Zur Ökogeographie, Biologie und Völkerkunde.
236 Seiten mit zahlreichen, zum Teil farbigen Abbildungen, Leinen.

Andreas Suchantke beschreibt das Wesen der Landschaft als Lebensraum allgemein, dann im besonderen die afrikanische Landschaft in ihrer ökologischen Gliederung nach Regenwald, Savanne und Wüste. Reich unterstützt durch zahlreiche Tafeln und Abbildungen schildert er das pflanzliche und tierische Leben in diesen Landschaften. – Jochen Bockemühl wertet die unmittelbaren Erfahrungen methodisch aus, indem er zeigt, daß die Betrachtung der Natur vielgliedrig ist und je nach Art auch die verschiedenen Schichten der gestaltbildenden Kräfte aufdeckt. – Wolfgang Schad läßt die Entdeckungsreise, die dieses Buch anbietet, in den Begegnungen mit den Einheimischen kulminieren. Ein tiefes Berührtsein mit den Stämmen spricht durch die Schilderung. Der afrikanische Mensch offenbart gerade im Einklang mit der tragenden Natur sein geistiges Wesen mit Eigenschaften, die wir Europäer kaum noch kennen.

THOMAS GÖBEL

Feuer-Erde

Von Australiens Vögeln, Blumenheiden und Feuerwäldern. Eine Naturkunde Australiens.
282 Seiten mit 50 farbigen Abbildungen und 85 z.T. ganzseitigen Zeichnungen, Leinen.

«Es ist dies nicht nur ein Erlebnisbericht, sondern auch die atemberaubende Schilderung australischer Wälder. Die lebendigen Landschaftsschilderungen, die dem Buch beigegebenen herrlichen Farbfotos und instruktiven Zeichnungen geben einen nachhaltigen Eindruck von den der Zivilisation noch weitgehend entrückten Landschaften Australiens.»

Zeitschrift für angewandte Zoologie

VERLAG FREIES GEISTESLEBEN

HANS-ULRICH SCHMUTZ

Die Tetraederstruktur der Erde

Eine geologisch-geometrische Untersuchung anhand der Plattentektonik.
94 Seiten mit 45 Abbildungen, gebunden.

«Hans-Ulrich Schmutz, Geologe und Waldorflehrer aus Zürich, hat den Versuch unternommen, die erdgeschichtliche Evolution darzustellen, die, wenn sie aufgenommen wird, auch ein ganzheitliches Bild des Erdglobus zu vermitteln vermag. Das Ergebnis ist die Erkenntnis, daß hier in der Anschauung die symmetrische Gestalt von zwei ineinander geschobenen Tetraedern sichtbar wird, die sich im Laufe der Erdgeschichte verwandelt hat, daß aber diese Bewegungsgestalt der Erde auf einem übersinnlichen Kräfteorganismus beruht, aus dem eine solche Entwicklung möglich wurde. Das Buch zeichnet sich durch viele instruktive Zeichnungen aus, enthält eine geologische Zeittafel und eine Übersicht der wesentlichsten geologischen Fachtermini. Es ist also auch ohne Vorkenntnisse geeignet, verstanden zu werden.»

Die Kommenden

Waldsterben

Aufforderung zu einem erweiterten Naturverständnis.
Denk- und Handlungsansätze für den Umgang mit dem Lebendigen.
Mit Beiträgen von Christoph Leuthold, Peter Schütt, Gerhard Preuschen, Martin R. Schüpbach, Pierre Fornallaz, Jean-Philippe Schütz, Wolfgang Schad, Ernst Zürcher, Andreas Suchantke und Jochen Bockemühl. 177 Seiten, kartoniert.

«Wenn wir so lange warten wollen, bis jeder Bürger seine Gewohnheiten ändert, wird auch bei uns der Wald bald so aussehen wie im Riesengebirge, im Bayrischen Wald oder Teilen des Schwarzwaldes schon heute. Man kann daher nur wünschen, daß diese Referate, die auf einer 1986 veranstalteten Tagung der ETH Zürich gehalten wurden, vor allem von den Politikern zur Kenntnis genommen werden. Ihr Fazit: Der Wald ist ein kompliziertes Ökosystem, gegen dessen Erkrankung kurzfristige Maßnahmen nichts nützen. Eine neue Qualität der Erkenntnisse ist gefordert, der Alleinverursacher Mensch muß die Grundlagen seines Denkens und Handelns ändern.» *Landtechnische Zeitschrift, München*

Der Organismus der Erde

Grundlagen einer neuen Ökologie. Herausgegeben von Bruno Endlich.
241 Seiten mit 53 Abbildungen, kartoniert.

«Es wird die Situation der Erde im System der kosmischen Hüllen dargestellt, die Strömungsgestalt der Flüsse und die Strömungen in den Weltmeeren verfolgt, das Pflanzenleben und seine Beziehung zum Licht und zum Rhythmus des Jahres behandelt und an bemerkenswerten Beispielen aus dem Tierreich die Rolle der Landwirtschaft umrissen.»

Bundesforschungsanstalt für Naturschutz und Landschaftsökologie, Bonn

GOETHEANISTISCHE NATURWISSENSCHAFT

Herausgegeben von Wolfgang Schad.

Daß Goethe nicht nur im historischen Rückblick gesehen wird, verdanken wir Rudolf Steiner, dessen Erkenntniswissenschaft der Goetheschen Weltanschauung erst ihre methodische Grundlegung gegeben hat. In den Bänden der naturkundlichen Reihe «Goetheanistische Naturwissenschaft» sind Arbeiten aufgenommen, in denen zeitgenössische Naturwissenschaftler eine Weiterentwicklung der goetheanistischen Naturauffassung begründen und an exemplarischen Themen darstellen.

Allgemeine Biologie

Band 1, 141 Seiten mit zahlreichen z.T. farbigen Abbildungen, kartoniert.

Wolfgang Schad: Biologisches Denken; *Jochen Bockemühl:* Lebensrhythmen im Pflanzen- und Tierreich; *Henning Kunze:* Gestaltentstehung bei Pflanze und Tier; *Wolfgang Schad:* Zum Todesgeschehen in der Natur; *Gunther Zickwolff:* Leben und Bewußtsein; *Andreas Suchantke:* Skizzen zu einer ökologischen Ethik.

Botanik

Band 2, 223 Seiten mit zahlreichen z.T. farbigen Abbildungen, kartoniert.

Jochen Bockemühl: Der Pflanzentypus als Bewegungsgestalt; *Andreas Suchantke:* Die Zeitgestalt der Pflanze; *Robert Bünsow:* Die Bedeutung des Blühimpulses für die Metamorphose der Pflanze; *Thomas Göbel:* Die Metamorphose der Blüte; *Roland Schaette:* Vergleichende Studien im Bereich der Lippenblütler; *Hans Krüger:* Lärche und Eiche und ihre Beziehungen zum menschlichen Organismus; *Wolfgang Schad:* Zur Biologie der Gestalt der mitteleuropäischen buchenverwandten Bäume; *Wolfgang Schaumann:* Die Bildung der Pflanzenqualität als Ergebnis der Wirkungen von Erde und Sonne.

Zoologie

Band 3, 180 Seiten mit zahlreichen z.T. farbigen Abbildungen, kartoniert.

Friedrich A. Kipp: Arterhaltung und Individualisierung in der Tierreihe; *Thomas Göbel:* Naturbilder menschlicher Gestaltungskräfte. Tintenfisch, Schnecke und Muschel; *Wolfgang Schad:* Vom Leben im Lichtraum; *Friedrich A. Kipp:* Bezahnung und Bildungsidee des Organischen; *Andreas Suchantke:* Biotoptracht und Mimikry; *Friedrich A. Kipp:* Über den Vogelzug; *Andreas Suchantke:* Prachtkleider der Vögel.

Anthropologie

Band 4, 276 Seiten mit über 200 Abbildungen, kartoniert.

Wolfgang Schad: Stauphänomene am menschlichen Knochenbau; *Matthias Woernle:* Grundzüge der menschlichen Knochenbildung; *Friedrich A. Kipp:* Indizien für die Sprachfähigkeit fossiler Menschen; *Wolfgang Schad:* Gestaltmotive der fossilen Menschenformen; *Paul Paede:* Das Ohr als Abbild des dreigliedrigen Organismus; *Wolfgang Schad:* Die Ohrorganisation; *Wolfgang Schad:* Dynamische Morphologie von Herz und Kreislauf; *Heinrich Brettschneider:* Der periphere Blutkreislauf als Strömungsorgan; *Andreas Suchantke:* Der Beitrag der Verhaltensforschung zum Selbstverständnis des Menschen.